DAL MONDO

FRANCIA

Della stessa Autrice presso le nostre edizioni:

Belle Greene
La donna dalle cinque vite

FANNY STEVENSON

Alexandra Lapierre

FANNY STEVENSON

Tra passione e libertà

Traduzione dal francese
di Sergio Atzeni

edizioni e/o

Edizioni e/o
Via Camozzi, 1
00195 Roma
info@edizionieo.it
www.edizionieo.it

Titolo originale: *Fanny Stevenson. Entre passion et liberté*

Art direction: Emanuele Ragnisco
instagram.com/emanueleragnisco
In copertina: Joaquin Sorolla, *Passeggiata in riva al mare*, olio, 1909
© Heritage Image Partnership Ltd/Alamy Foto Stock

Impaginazione di Martina Perseli

ISBN 978-88-3357-738-8

FSC
www.fsc.org
MISTO
Carta
da fonti gestite in
maniera responsabile
FSC® C131267

Al lettore

Con Fanny ho vissuto cinque anni. L'ho seguita per le vie del mondo.

Sulle sue tracce ho percorso circa centomila chilometri. Ho visitato tutti i luoghi in cui ha vissuto, eccetto Davos, Bournemouth e qualche isola del Pacifico.

Molte lettere qui riprodotte sono inedite. La maggior parte non erano mai state tradotte. Spero di tutto cuore di non aver tradito il pensiero di coloro che le hanno scritte né lo stile di Robert Louis Stevenson.

Il lettore può credere veridici e precisi i fatti narrati in questo libro.

Nella bibliografia troverà le poche scommesse fatte quando mancavo di certezze, nonché la spiegazione delle mie ipotesi e scelte.

A.L.

a J.C.F.

MIA MOGLIE

Leale e profonda, viva e vera
Con occhi d'oro e di mora selvatica
Dritta come una lama
Integra come l'acciaio
È colei che l'Artefice
M'ha dato.

Furore e valore, onore e fiamma
Un amore che la vita non ha mai potuto consumare
La morte stremare
L'inferno massacrare
È colei che l'Onnipotente
M'ha dato.

Maestra e tenera, amica e amante, sposa
Compagna di cammino
Fedele fino alla fine del viaggio
Anima libera, cuore saldo
È la donna che Dio
M'ha dato.

ROBERT LOUIS STEVENSON

Prologo
Le nostre voci confuse

Era la sola donna al mondo per la quale potessi immaginare che un uomo sarebbe stato pronto a morire.

Parigi, 1988

R.L.S.

Tutto comincia con queste tre iniziali. R.L.S.: Robert Louis Stevenson.

Ho scoperto le sue opere più famose non da adolescente, ma molto tempo dopo, quando ho divorato quasi per caso i romanzi che, nei desideri più folli, sognavo di scrivere, e le avventure che avrei voluto vivere. Avida e incantata mi sono addentrata nel cuore dell'opera, confrontando note e varianti, spulciando prefazioni.

Dappertutto trovavo risposte, spiegazioni, chiavi di lettura. Da un'edizione all'altra, in Francia, negli Stati Uniti e in Gran Bretagna, di epoca in epoca si riproponeva invariabilmente una stessa immagine: Stevenson romanziere per ragazzi, avventuriero coraggioso, uomo esemplare. La staticità e coerenza dell'immagine mi invitavano a un approfondimento. Tutte le introduzioni, dopo aver detto della fedeltà dello scrittore agli amici, accennavano alla presenza di una donna al suo fianco, una sola, la moglie. A questo punto cominciavano le divergenze.

A seconda dei prefatori la compagna del grand'uomo era musa e madonna oppure megera e virago. Un'avventuriera o una borghesuccia. Un'analfabeta, una precorritrice. Una saccente, una svergognata. Un demonio, una martire. Mi divertì la passione da tutti messa in campo nel denunciare quella donna.

L'ultima dedica dell'opera scritta da Stevenson nell'anno stesso della morte mi incuriosì:

Prendi tutta l'opera: è tua.
Chi ha affilato la spada, chi ha soffiato sulle braci morenti,
Chi ha sostenuto il bersaglio? Immobile. Sempre più in alto.
Avara di complimenti, prodiga di consigli. Chi, se non tu?
Alla fine del tragitto, se la scrittura vale qualcosa,
Se il lavoro è compiuto,
Se il fuoco brucia su questa pagina imperfetta,
A te sola la gloria è dovuta.

A cosa mai poteva somigliare la donna così cantata da un tale scrittore?

Dal nostro incontro sarebbero dipesi cinque anni della mia vita. Me la cavo a buon prezzo. Molti di coloro che conobbero Fanny Vandegrift le morirono accanto.

Più barbara, più stravagante di quanto avessi potuto immaginare, più umana e più mostruosa, quest'americana incarna un mito e un mondo. Se l'intimità con Robert Louis Stevenson le dà diritto di cittadinanza nella leggenda, la sua storia oltrepassa l'ambito di un matrimonio con un uomo celebre. Lei ha vissuto prima di lui. Continua a esistere dopo. Ne sono testimonianza i ricordi del suo ultimo compagno, l'uomo che le chiuderà gli occhi il mattino della morte, il giovane amante che trascorrerà il resto dei propri giorni all'ombra di lei.

San Francisco, febbraio 1914

Racconto di Ned Field (Edward Salisbury Field), illustratore, drammaturgo e futuro sceneggiatore di *Piccole donne* di George Cukor.

Era la sola donna al mondo per la quale potessi immaginare che un uomo sarebbe stato pronto a morire.

La vidi per la prima volta undici anni fa. Nel 1903, gennaio 1903, nella bottega di William Doxey, il libraio d'avanguardia di San Francisco. Come ogni ultimo mercoledì del mese aspettavo il mio incontro con il grafico e i redattori del famoso Overland Monthly. *Il giornale occupava il secondo piano nello stesso palazzo della libreria di Doxey, a Market Street, e sfogliando riproduzioni d'arte tentavo di scacciare l'angoscia di un nuovo rifiuto delle mie illustrazioni, caricature e strip.*

*Se l'atmosfera della redazione dell'*Overland *ancora mi impressionava, le pose* fin de siècle *degli intellettuali che frequentavano Doxey non mi facevano né caldo né freddo. Avevo ventitré anni, avevo trascorso sei mesi a Parigi, credevo di saper tutto degli eccessi della* bohème.

Quando la campanella della porta tintinnò, non mi degnai di levare il naso, ma da dietro il libro scorsi un piede piccolissimo in una ballerina rossa da danzatrice, che scendeva agile i tre scalini traballanti. Qualcosa di incredibilmente civettuolo nell'avvolgersi dei nastri, nel volume del nodo sulla caviglia, nella cascata di pizzi e seta marezzata sulle gambe, mi inebriò subito. Era il piede più impertinente che avessi mai visto, dopo gli stivaletti delle signorine del Moulin Rouge.

Da giovane era stata forse graziosa. Quel giorno era bella. Con l'ampia veste frusciante, senza busto, senza corsetto, con gioielli barbarici e una straordinaria criniera di boccoli grigi, nervosi, tagliati corti; con lo sguardo penetrante e fermo, evocava una pianta tropicale, un mondo di steli, di liane e di fiori, intenso e vitale, senza età e senza nome.

Nonostante i modi un po' affettati, i primi segni di pinguedine e la bassa statura – non superava il metro e cinquanta – quella donna emanava un'aura di ferinità. Ricordo d'essermi detto che probabilmente possedeva poteri misteriosi coi quali era meglio non scherzare. Fu anche infinitamente riservata e femmi-

nile nel suo modo di salutare Doxey, paonazzo d'agitazione nel riceverla mentre lei lo supplicava a voce bassa, voce priva d'inflessioni, di non disturbarsi, di smetterla di attirare l'attenzione, e di condurla nell'ufficio in fondo al locale. Posò sulla manica del libraio una mano agile da ragazzino. Attraversarono la bottega e sotto le fantastiche piume del cappello vidi passare un profilo ambrato, napoleonico, sul quale non aleggiava alcun sorriso. La porta si chiuse alle loro spalle. Un silenzio, un vuoto, scese nella bottega. Un lungo momento di stupore.

«Accidenti!» esclamò un cliente. «Chi era?».

La doppia impressione di stravaganza e di timidezza, la mescolanza per noi contraddittoria di pudore, che in quella donna sentivamo quasi eccessivo, e intensità teatrale dell'abbigliamento, e la quasi violenza del suo sguardo, la forza vitale che da lei promanava, bruta, disordinata, dolente, incuriosivano tutti e i nostri occhi erano inchiodati alla porta dell'ufficio. Ero certo che anche a distanza di vent'anni, ammesso che fosse stata ancora di questo mondo, avrei potuto riconoscerla di schiena, di notte, fra due lampi.

«Scusi» insistetti col cassiere, «ma chi era?».

«Mia madre» rispose alle mie spalle una voce melodiosa che riconobbi per quella di Belle Strong.

Le avevo parlato, qualche volta. Lavorava episodicamente per Doxey, cercando per il mondo prime edizioni di autori americani. Cosmopolita e divorziata, m'era parsa piuttosto procace e trovavo non prive di fascino le sue ciarle e occhiate e gli ancheggiamenti, la risata pronta e spontanea – un carattere da uccello delle isole tropicali.

Belle Strong aveva da qualche parte, alle Hawaii o in Australia, un figlio che come me cercava di farsi un nome, un figlio della mia età – insomma: Belle andava per i cinquanta.

«Mia madre» ripeté, senza cercare di dissimulare la propria fierezza, «la signora Stevenson».

Visto che non reagivo, sottolineò: «Lo strano caso del dottor Jekyll e del signor Hyde... *R.L.S.*».

«La moglie?».

«La vedova».

È sorprendente: da almeno sei mesi tenevo al sicuro nel portafoglio l'indirizzo della signora Stevenson, e non passava giorno a San Francisco nel quale non sentissi parlare di lei. Le tante avventure, i viaggi, gli scandali, la relazione con uno scrittore fra i più lodati della sua generazione fornivano materia a innumerevoli articoli, pettegolezzi letterari, maldicenze mondane e avevo sempre stentato a riunire in uno stesso sfondo, attorno a uno stesso ritratto, i contorni di quelle mille sagome proiettate nella mia immaginazione. E nessuna somigliava a quella che avevo appena scorto in libreria.

Mi avevano dipinto la rude pioniera del Far West, la cercatrice d'oro della leggenda americana. Appollaiata sul carro nei deserti del Nevada, con il Winchester sulle ginocchia e le pepite del suo uomo nel corpetto... Difficile tuttavia, difficilissimo, immaginare il raffinato e fiammeggiante personaggio della libreria di Doxey lanciarsi, in cappotto militare di cotone polveroso e gonnella di calicò, con tutta una carovana di cercatori sulle miniere di Virginia City. Mi avevano descritto, nella Parigi infiammata della Comune, una pittrice della scuola di Barbizon, emula spiantata di Corot, allieva con Marie Bashkirtseff all'atelier Julian. Mi avevano raccontato la storia di una piantatrice di cacao in un'isola delle Samoa, che aveva osato sostenere i diritti degli indigeni contro gli interessi dei bianchi...

Tutte queste facce, tutte queste fisionomie, si accalcavano nella mia mente coi nomi di coloro che la moglie di Robert Louis Stevenson aveva amato: mariti, figli, amici, il re delle Hawaii, l'oste di Monterey, Henry James. E coi nomi, sia celebri sia oscuri, di coloro che la signora Stevenson aveva odiato.

Per finire di ingarbugliare il quadro, lei era stata compagna di classe di mia madre ed era la sola personalità di Indianapolis che potesse aiutarmi a conquistare un posto al sole. Quando avevo lasciato Los Angeles, dove la mia famiglia si era stabilita, per andare a vivere a San Francisco, i miei genitori mi avevano vivamente consigliato di andare a farle visita. Benché l'avessero persa di vista da oltre quarant'anni, le avevano scritto per annunciarle il mio arrivo e pregarla di vegliare su di me. Per timidezza, o per rifiuto di frequentare altre persone dell'Indiana, avevo sempre rimandato la visita.

Ma l'indomani dell'8 marzo 1903 mi trovò fin dalle dieci in cima a Telegraph Hill, davanti a un'enorme casa intonacata di bianco che all'angolo fra Hyde e Lombard Street dominava dall'alto il Pacifico, come una fortezza.

Non ebbi nessun presentimento. Nessun sospetto. Nulla. Neppure l'ombra di un'intuizione che, intrufolandomi dietro la cortina d'alberi che nascondeva completamente la scala agli sguardi della via, stessi mettendo in gioco il mio destino. Tuttavia ero commosso. Ne avevo ben donde. Entrando là penetravo nel santuario dell'eroe della mia giovinezza, del maestro dell'Isola del tesoro, dell'avventuriero che aveva vissuto i propri sogni e che da qualche parte nei mari del Sud si era costruito un regno: Stevenson. Stavo per conoscere l'innamorata che lui aveva inseguito attraverso un continente, la sposa per cui aveva sfidato tutto: scandalo, miseria, malattia. L'amica, la musa, la giudice. La sirena formidabile che avevo incontrato da Doxey... C'era quanto bastava a esaltare il più disincantato viveur di ventitré anni. Ma da qui a immaginare che, varcata quella soglia, non avrei più lasciato quella donna neppure un giorno per undici anni e che ogni istante al suo fianco sarebbe stato il più intenso, spesso il più divertente della mia vita e che insieme avremmo percorso l'Europa, avremmo esplorato il Messico e costruito case e piantato recinzioni... impossibile immaginarlo.

In quel giorno del marzo 1903, sulla piattaforma che faceva da veranda in cima alla scalinata esterna della fortezza di Fanny Stevenson, ricordo di essermi voltato a guardare il mare. Sotto di me, al termine della strada che scendeva a picco, c'era una goletta pronta a salpare. Le vele si affiancavano in silenzio alle rocce *rosse dell'isola di Alcatraz. L'orizzonte era circolare, pesante e oleoso. Contemplavo l'oceano con esultanza stupita. Come se lo vedessi per la prima volta.*

«La mia vita» mi avrebbe detto lei non senza ironia quella mattina, «la mia vita, giovanotto, somiglia a una corsa folle sulla cresta di un'onda che corre e non si spezza mai».

Come accettare che oggi, mercoledì 18 febbraio 1914, sia stato io a chiuderle gli occhi per l'ultima volta?

Aveva settantaquattro anni e la credevo immortale. Intendiamoci: non sono un sognatore né un sempliciotto. Né, contrariamente alle maldicenze, uno scroccone. E, non dispiaccia a certi eredi della signora Stevenson, non sono neppure un gigolò.

Fanny era soltanto, per chiunque rifiuti la mediocrità, l'unica donna al mondo. Averla conosciuta, averla amata, avrebbe dato grandezza alla vita di qualunque uomo. Ma essere stato amato da lei!...

* * *

Qui si conclude la narrazione di Ned Field. Abbozzo per un necrologio? Inizio di una biografia? Tre foglietti.

Quando, innamorata dell'opera di Robert Louis Stevenson, sono partita sulle tracce della sposa citata da tutte le prefazioni di tutte le edizioni fin dal 1901, e ho ritrovato in California gli archivi dell'uomo che era stato il suo segretario – e verosimilmente amante – sono rimasta sbigottita. Venti volumi di documentazione e soltanto tre foglietti redatti! I materiali di una indagine esauriente, il lavoro di tutta una vita, l'opera che Ned Field non ha mai scritto. Interviste ai parenti di Fanny Stevenson, pile di corrispondenza, ritagli di giornale, fotografie – aveva raccolto tutto.

I suoi fascicoli, le mie annotazioni, le sue letture, i miei viaggi, hanno finito per confondersi. Braccando Fanny, facevamo la stessa caccia. Condividevamo la stessa visione. Per evocare la donna da lui tanto amata, oggi non posso far altro che prendere in prestito gli occhi e la voce di Ned.

Egli preferì tacere. Io scelgo di raccontare. Ma esiste del suo silenzio una ragione che ignoro?

Il 29 agosto 1914, ovvero sei mesi dopo il decesso di Mrs Stevenson, Ned Field si univa il più strettamente possibile alla memoria di lei sposandone il doppio: la figlia, quella Mrs Belle Strong cui accenna raccontando l'incontro nella libreria di Doxey.

A quel tempo Belle aveva cinquantasei anni. Lui trentasei.

Lei somigliava in tutto e per tutto a Fanny.

Di quasi mezzo secolo più giovane dell'una, di due decenni più giovane dell'altra, Ned Field trovò la felicità con entrambe le generazioni.

La sua straordinaria avventura non si concluse allora.

Ned aveva consigliato a Mrs Stevenson di collocare i diritti d'autore del defunto marito in investimenti immobiliari. Le aveva fatto comprare dei terreni nei dintorni di Los Angeles. Belle li ereditò. Nel 1921 ci trovarono il petrolio. Belle e Ned diventarono miliardari! Una delle coppie più balzane – e più ricche – della Hollywood dei ruggenti anni Venti. Fino alla morte di Ned, sopraggiunta alla vigilia del settantottesimo compleanno di Belle... Mrs Field sarebbe sopravvissuta ancora diciassette anni al giovane marito. Come Fanny era sopravvissuta a Stevenson.

Strani poteri esercitati dalle due donne sugli stessi uomini. Echi misteriosi da un'esistenza all'altra. Ripetizioni. Coincidenze.

Madre e figlia si erano sposate una prima volta, avevano divorziato e perduto il figlio secondogenito cui avevano dato lo stesso nome. Avevano imparato a dipingere con gli stessi maestri, condiviso gli stessi amici, navigato sotto gli stessi tropici. Con uguale entusiasmo avevano amato e capito la Polinesia, e assieme avevano dovuto lasciarla.

Qui si interrompe una sorprendente comunione.

Belle aveva vissuto la propria vita attraverso quella della madre. Ma Fanny l'aveva vissuta attraverso quella dell'amato: Robert Louis Stevenson. Per lui, per salvarlo dalla morte che lo minacciava, lei per quindici anni aveva forzato il destino.

La costanza di Fanny, la violenza, l'eccesso delle sue contraddizioni e disperazioni... Belle non ne avrebbe avuto mai neppure l'ombra.

Heart whole and soul free, scriverà Robert Louis Stevenson a proposito della sposa. Anima libera e cuore saldo, Fanny sacrifica a Stevenson interessi e bisogni, persino la salute. Ma non rinuncia a nulla. Neppure per un attimo perde di vista se stessa. Lavora senza posa alla realizzazione delle proprie esigenze più intime...

Un uomo conta poco se non rischia, annota lui imbarcandosi per seguirla attraverso un continente.

Oltrepassare i propri limiti, fondersi nell'amore altrui, dare il massimo di se stessi – Fanny tenterà l'avventura. In lei la speranza ha vinto la paura.

Agli occhi di chi l'ha amata, lei resta colei che osò.

PARTE PRIMA
La sfinge
1864-1875

I
La figlia di Jacob

> Una miniera è un buco nella terra che appartiene a un bugiardo.
>
> Mark Twain

Indianapolis, maggio 1864

Quando penso a Fanny, la Fanny ventiquattrenne, che si separa in silenzio da una famiglia che venera per girare il mondo senza molte speranze di ritorno, sento un moto di pietà. Pietà sorprendente perché Fanny, diventata un'anziana signora, non susciterà più tal genere di sentimento. Troppo riservata, troppo dignitosa. Credo che in dieci anni Ned non l'abbia sentita una sola volta lamentarsi o rimpiangere qualcosa. Non indugiava sulle circostanze della sua vita né sui moventi delle azioni compiute. Impossibile farla parlare di sé.

Da qualche parte Ned osserva che se la interrogava sul corpo, l'aspetto, gli stati d'animo e i sogni che aveva a vent'anni, lei si stringeva nelle spalle... Oppure svicolava, evocando gli scenari dei viaggi. Da ciascun mondo che portava in sé Fanny restava risolutamente assente. Con una parola – parola sempre radicale, insulto o carezza – sapeva tuttavia rendere tangibili i rapporti con gli altri, riusciva a ridar vita alla più insignificante delle creature incontrate sul cammino. Provava per esseri scomparsi da lungo tempo amicizie tanto violente, antipatie tanto vive, che Ned senza averli conosciuti finiva per schierarsi... Ma su se stessa nulla, silenzio. Era come una pietra: muta. Muta come era stata forse in gioventù... Che cosa aveva provato, lasciando l'Indiana per la prima volta? Paura? Ira? Rimpianti? O era stata impaziente ed esaltata?

E che andava a cercare all'altro capo del continente? Silenzio. Un vago sorriso da sfinge aleggiava sulle labbra chiuse. Non un gesto. Non una parola. Pudore? Umiltà? Incoscienza dei propri sentimenti? Eppure Fanny aveva creduto soltanto nei sentimenti! Nessuna si era con minor ritegno abbandonata alle proprie emozioni. Nessuna aveva obbedito al proprio istinto con maggiore impudenza, senza por tempo in mezzo, a qualunque prezzo e fino alla fine. Per tutta la vita Fanny aveva seguito soltanto il proprio intuito. Raccontare i suoi percorsi? Impossibile... Sentendo – e risentendo – con tanta forza la vita, Fanny dimenticava probabilmente se stessa. Altri, per fortuna, tennero incisa nella memoria l'immagine della fanciulla in cappotta gialla che si congedava da un passato felice sulla banchina della stazione di Indianapolis.

La vedo, in quel giorno del maggio 1864, minuscola e fragile nella "crinolina da viaggio", una crinolina molto corta che risaliva in sbuffi su una sottogonna ocra. Lo stivaletto scoperto. I nastri del cappellino annodati sotto il mento. La borsetta al polso.

«È così difficile lasciarvi...» aveva sussurrato sollevando verso il padre uno sguardo che pareva tutto attesa. «Tanto difficile che temo di non riuscirci».

Lui l'aveva stretta al petto senza rispondere.

Indifferenti ai viaggiatori che si pigiavano sulla banchina, ai cani che fiutavano i bauli, al pollame che starnazzava nelle ceste, erano rimasti abbracciati in pieno sole, ai piedi del serbatoio dell'acqua.

Un po' in disparte, sotto la tettoia della stazione, Mrs Vandegrift, la madre di Fanny, li guardava. Un vago smarrimento sulle labbra, la sagoma come schiacciata dall'ammasso di bagagli, aspettava la fine delle loro effusioni trattenendo per mano una bambina di sei anni, divorata dal desiderio di attraversare i binari. Lungo il treno si affaccendavano le quattro sorelle di Fanny, il fratello cadetto e gli amici d'infanzia. Scortavano i bauli fino al vagone bagagli, andavano avanti e indietro nei corridoi, posavano sui sedili le cappelliere, la borsa dei giocattoli, il cestino da viaggio con la colazione, il mazzolino di gigli tigrati. Si muovevano, passavano e ripassavano davanti a Fanny senza una parola, senza un segno che tradisse il loro affetto. Tutti accettavano l'intimità privilegiata fra padre e figlia, che avevano sempre avuto un'intesa totale. I princìpi di Jacob Vandegrift in tema d'educazione suscitavano la tenerezza ostentata dei figli nei suoi confronti come pure i commenti dei vicini. Credendo fermamente che una buona indole resti buona e una cattiva resti cattiva, il padre aveva scelto di non intervenire nella formazione della prole. Lasciava fare all'istinto.

L'epoca voleva che coi giovani si fosse severi: «Chi molto ama molto castiga». Taluni affermavano che le cinque figlie di Jacob fossero orgogliose, insolenti, con la testa fra le nuvole e cattive padrone di casa. Insomma, difficili da maritare. Altri constatavano che la bella casa delle sorelle attirava tutta la gioventù della regione, le due maggiori si erano sposate sedicenni e i generi, molto perbene, avevano traslocato dai suoceri, e a dispetto o forse a causa della guerra di Secessione i ragazzi di Danville, di Clayton e di Indianapolis continuavano a precipitarsi dalle Vandegrift. A qualunque ora del giorno e della notte la porta era aperta; ci si installava da loro per un giorno o per quindici; e il salone serviva anche da luogo di riunione per gli universalisti che non avevano finito di costruire la loro chiesa. A Natale e il giorno del Ringraziamento, per i compleanni dei vicini o i fidanzamenti dei cugini, il lungo tavolo di quercia si riempiva di panna, sidro, fumanti torte di mele e gli ospiti danzavano per tutta la notte al suono del violino di Jake, il maschio di casa. D'estate, al chiarore dell'alba, facevano la prima colazione con pancakes e sciroppo d'acero sul pendio del prato. D'inverno correvano in slittino fra gli alberi del boschetto che scendeva fino alla strada. Chi si rovesciava ai piedi degli alberi poteva vedere i nomi dei ragazzi caduti là prima di lui, Alex, Tom, Dan, e i cuori incisi nella corteccia con le iniziali F.V., Fanny Vandegrift, la maggiore delle figlie di Jacob.

A discapito di tutti gli spasimanti, lei era ormai sposata e madre di una bambina. Aveva ventiquattro anni. Ne dimostrava quindici. Somigliava a una bohémienne per il colorito ambrato e la crocchia, una treccia nervosa e attorcigliata dalla quale sfuggivano sulla fronte, sulle tempie e sulla nuca riccioli bruno dorati che l'umidità increspava. Per molto tempo si era creduta brutta. La moda vittoriana riteneva graziosa una fanciulla che avesse pelle chiara e capelli lisci biondi. Nella speranza chimerica di proteggersi dal sole e dall'aria aperta, Fanny aveva portato cuffiette sulla testa fino all'età di dodici anni, e aveva sfregato mani, viso e collo con un ignobile decotto il cui odore le dava la nausea. Ma la civetteria si era presa la rivincita, sfidando tutte le regole. Dal matrimonio in poi aveva indossato soltanto colori chiassosi, rosso sangue, ocra e blu carico, che la scurivano ancor di più. Prediligeva assortimenti bizzarri di monili di vetri colorati e se ne infischiava dei cappelli.

Sul temperamento della figlia maggiore l'educazione di Jacob aveva avuto le conseguenze più nette. Non essendo mai stata contrastata né sia pur vagamente diretta, la sua personalità si era sviluppata in tutte le direzioni, disordinata e ridondante come una pianta rampicante, sicura di sé, spontanea, dominatrice, incapace del minimo calcolo, incapace anche di autocoscienza. Introspezione e studio non erano il suo forte, la scuola non aveva avuto gran posto nella sua vita.

Tuttavia Fanny era stata di quei bambini che insegnanti e compagni ricordano. Perché faceva con più passione degli altri tutto ciò che amava – dipingere e raccontare storie; perché la sua fantasia sfrenata trovava piacere nel bizzarro e nel tragico;

perché aveva senso dell'umorismo e le sue caricature, i suoi disegni aneddotici, i suoi temi deliziavano tutta la classe. Sapeva teatralizzare la vita quotidiana e da un tema banale trarre una storia. Le importavano poco i fatti e le date. Un passante qualunque diventava un cospiratore, tutte le principesse erano fantasmi. Puntava all'effetto, non lesinava i superlativi e i compagni di scuola la supplicavano di leggere i suoi compiti ad alta voce. La ascoltavano col fiato sospeso. Lei ubbidiva senza schermirsi.

Amava farsi temere. Amava produrre forti impressioni. Ma al di là di tali circostanze Fanny parlava poco. Dalla madre aveva ereditato il gusto del silenzio e del segreto. D'istinto, quell'istinto tanto caro a Jacob, lei faceva causa comune con la terra. Conosceva il nome degli alberi, dei fiori, dei frutti selvatici; coltivava, faceva lavori manuali, montava a cavallo, addestrava i cani come nessun altro. Perfettamente a proprio agio nel mondo concreto, Fanny non se ne accontentava. In ciò era diversa dal padre.

Per il resto lui le aveva trasmesso la propria impetuosità e la propria generosità, un temperamento fondamentalmente bellicoso, con una netta inclinazione per le cause perse, i deboli e i vinti. Tale aspetto "protettivo" dell'indole paterna nascondeva una certa fragilità interiore. Sotto le spalle massicce e l'intensità dello sguardo blu di Jacob, Fanny percepiva una debolezza che la commuoveva. Venerava suo padre. Dirigeva per lui la tenuta familiare. La fattoria non fruttava alcuna rendita, ma era autosufficiente: gli ortaggi di Fanny, i suoi alberi, le sue pecore, il suo pollame sfamavano gli otto Vandegrift e fornivano mobili e abiti. Poco lusso. Poche preoccupazioni. Jacob non era contadino e non si curava granché di vendere i raccolti. In città gestiva un emporio di legna all'ingrosso per la costruzione di case e approvvigionava di combustibile i treni della Vandalia Railroad nel tratto dell'Indiana.

Uno sbuffo di vapore uscì dalla locomotiva. Avevano ritirato il tubo del serbatoio dell'acqua. Il tempo stringeva.

«Ti ho raccomandata a tutti i capistazione» le sussurrava lui all'orecchio senza allentare l'abbraccio. «Dovresti viaggiare comodamente fino a New York. Poi...».

Poi Jacob sapeva che avrebbe perduto ogni controllo sul benessere e la sopravvivenza di Fanny. Lei si sarebbe imbarcata con la bambina, avrebbe navigato sull'oceano Atlantico scendendo fino ad Aspinwall, avrebbe attraversato l'istmo di Panama, risalito il Pacifico, sarebbe sbarcata a San Francisco e si sarebbe inoltrata nell'entroterra insanguinato dalle guerre indiane. Il treno Est-Ovest che nel 1869, dopo cinque anni di lavori, avrebbe collegato le due coste americane, ancora non esisteva. Per chi voleva raggiungere la California senza valicare coi carri le montagne e attraversare le pianure interminabili e i deserti di tutto un continente, la "via di Panama" era il percorso più sicuro. Diciamo il meno lungo. Trentadue giorni invece di sei mesi. Si preferiva dimenticare che di recente due navi erano colate a picco con corpi e beni. Che la dissenteria, la febbre gialla e il colera uccidevano più di un quarto dei viaggiatori. Che i bambini non resistevano alle "febbri di Panama"...

Jacob rivolse uno sguardo ansioso alla piccola Belle, che gridava di gioia passando di braccia in braccia sotto la tettoia della stazione. La famiglia si era raccolta attorno all'anziana Mrs Vandegrift e le sorelle di Fanny giocavano ancora un attimo con la nipote.

«Sei sicura di avere abbastanza denaro?».

«Oh sì, non ti preoccupare, ne ho tanto».

Per quel viaggio Fanny aveva venduto tutti i beni di sua proprietà. Aveva svenduto la casa che il padre le aveva regalato come dono di nozze e aveva monetizzato la dote, cedendo la propria quota di eredità alle sorelle. Jacob però ignorava che, se la figlia non possedeva più nulla nell'Indiana, non disponeva neppure di contanti. La somma che aveva raggranellato era già spesa, nell'Ovest. Fanny partiva per andare in capo al mondo e non aveva il becco di un quattrino.

«Mia cara, è ora che tu vada ad abbracciare tua madre».

* * *

Sporgendosi con tutto il busto dal finestrino aveva guardato le figure tanto amate sparire in fondo alla banchina.

L'angoscia le inaridiva la gola, le comprimeva il petto. Era talmente straziata che non riusciva a piangere. Tanto strazio, e tanta paura... Come vivere senza di loro, senza la dolcezza di Mamma, senza Betty, senza Cora, senza Jake, senza Nellie? Come vivere senza Jo, la complice di sempre, minore di due anni, ora incinta e vedova, che aveva tanto bisogno di lei? Le immagini della felicità perduta sfilavano davanti ai suoi occhi asciutti. Rivedeva l'aperta pianura lungo la strada ferrata, Jo a tredici anni sul vecchio pony mentre lei cavalcava avanti col bel George Marshall. Probabilmente Jo era già innamorata di George, come George di Fanny e Fanny di Sam Osbourne. La leggenda familiare voleva che Sam e Fanny si fossero amati fin dal primo sguardo.

Originario del Kentucky, Sam Osbourne aveva fatto vaghi studi di giurisprudenza e a quel tempo era segretario particolare del governatore dell'Indiana. Appena arrivato in città era andato a presentarsi ai Vandegrift, il cui emporio di legname all'ingrosso era sulla piazza principale, di fronte alla residenza. Jo raccontava che Fanny, sempre maschio mancato, andava su e giù per il giardino sui trampoli quando il tenente Osbourne, stretto nell'uniforme lavanda, aveva spinto il cancello. Lei l'aveva osservato con lo sguardo scrutatore, intenso e fisso che, come quello di Jacob, pareva inchiodarti al muro.

«Jo» aveva poi esclamato, «puoi avere Marshall, io prendo Osbourne». Lei aveva sedici anni, lui diciotto. Si erano sposati la sera di Natale del 1857. Un matrimonio tra bambini, la felicità nella casa ammantata di rose d'inverno, il grande amore – fino alla Guerra civile.

Trascinati dallo slancio patriottico che sollevava il Nord contro gli Stati secessionisti, Sam Osbourne e George Marshall si erano arruolati volontari per difendere l'Unione. Per due anni avevano combattuto nelle file yankee, nella stessa compagnia. Erano tornati coi gradi di capitano. Mai Fanny avrebbe potuto avere idea delle loro sofferenze.

Il 15 gennaio 1863, cinque anni dopo il matrimonio di Sam e Fanny, George aveva sposato Jo. Ma le due famiglie non erano state felici. Negli eserciti dell'Unione, George aveva contratto la tubercolosi. Le piogge dell'Indiana lo minavano. Soltanto il clima californiano avrebbe potuto salvarlo. Sam, irrequieto da quando era tornato della guerra, aveva preso in prestito milleduecento dollari per portare il cognato a San Francisco, piazzarlo al sole e tornare. Il 20 gennaio dell'anno seguente, sotto un temporale, i due amici si erano imbarcati sull'Ocean Queen. Le fatiche della traversata, lo scorbuto e le febbri avevano completato quel che l'umidità dei bivacchi aveva tanto ben cominciato: il 23, George Marshall si era spento. Riposava in uno dei tanti cimiteri dell'istmo di Panama.

Fanny aveva ricevuto la lettera: Sam non tornava. Le chiedeva di liquidare tutti i loro beni, lasciare i genitori, imbarcarsi con la bambina e seguirlo. Lei aveva obbedito. Disperata. Senza un'esitazione. La primogenita dei Vandegrift venerava il padre ma idolatrava il marito. L'arruolamento volontario in guerra e, dopo così lunga assenza, la decisione di accompagnare George in California, non avevano diminuito in nulla il tenero affetto di Fanny per Sam. Lo amava come amava Jacob, con lealtà violenta e appassionata e con una fiducia in nome della quale accettava di sacrificare tutto. Anche la felicità.

Andava a raggiungerlo.

Poco importava che Sam Osbourne avesse speso la dote della moglie e tutti i loro risparmi per comprare da qualche parte nella Sierra Nevada un buco nella terra. Quel buco che Fanny, con la fede delle spose di cercatori chiamava «una miniera d'argento».

New York, Reunion House, n. 10 West Street, maggio 1864

Carissima Jo, impossibile scriverti in treno: per cinque giorni siamo state scosse, sballottate, sbatacchiate come sacchi d'ossa. Quando riceverai questa lettera, attorno al ventuno del mese, noi abbrustoliremo, spero, sotto il sole di Panama. Viaggio trionfale fino a New York – a parte il fatto che il controllore non ha accettato il "pass" gratuito che papà aveva ottenuto per me dai dirigenti della Vandalia. Quello zoticone mi ha fatto pagare il biglietto più una multa! E non è finita. A Dayton cambio di treno, cambio di controllore. Rispondo (cortesemente) all'idiota che esige il pagamento del biglietto, che il suo predecessore mi ha alleggerito di tredici dollari e si è tenuto il mio biglietto.

«Niente biglietto, niente viaggio».

Esplodo. Lui getta i bagagli sui binari. Chiamo a testimone tutto il vagone. I passeggeri insorgono. È una sommossa.

«Inammissibile!» urla il mio vicino, un certo Mr Hill (te ne riparlerò).

«Ho visto questa ragazza pagare il biglietto. Tutti l'hanno vista».

«Non sono cose che mi riguardano, o paga o la caccio via».

E mi trascina fino alla piattaforma.

Il prossimo treno passa lunedì, mi aggrappo alla maniglia e cambio tattica:

«Ventisei dollari? Oh, signor controllore, è più della metà del mio budget per tutto il viaggio. E vado fino in California passando per Panama».

«Non sono cose che mi riguardano. La gente non dovrebbe viaggiare se non ha le tasche piene di soldi. Soprattutto le donne...».

E guarda Belle che si aggrappa alla mia crinolina e continua a ripetere:

«Schiavista, tiranno, sudista...».

«Signora, questa bambina parla troppo bene per la sua età. Ha certamente più di cinque anni. Lei pagherà tredici dollari per sé e tredici per la bambina».

Insomma, cara Jo, la Railroad di papà mi ha scroccato trentanove dollari...

Niente panico, ne ho recuperati quindici. Mr. Hill ha organizzato una piccola colletta fra i passeggeri. E, sta' tranquilla, sono stata dignitosissima: in prima battuta ho rifiutato di prenderli. Non raccontarlo ai genitori. Inutile preoccuparli. Povero caro papà. Nella busta che mi ha consegnato alla partenza ho trovato la stupenda pistola dello zio Knodle, la Derringer tascabile dal calcio d'avorio, e la più commovente delle lettere: «Stai bene attenta alle canaglie, mia cara. Il Far West è un posto promettente ma pericoloso. Temo che ci troverai una vita molto diversa da quella che hai conosciuto. Sfiorerai il bene e il male. So che sei coraggiosa, Fanny. Sii prudente».

Jo, forse diventeremo ricchissime! Sam dice che i filoni del Nevada hanno pagato in oro tutte le spese di tutti gli eserciti dell'Unione. Milioni e milioni di dollari. Sam dice che soltanto grazie alle ricchezze delle miniere il Nord ha potuto pagare la guerra e che grazie ad esse sconfiggeremo i confederati.

Dice che a San Francisco i cercatori hanno camicie con bottoni di diamante, che le loro mogli fanno il bagno nello champagne, che le loro case di marmo somigliano a torte nuziali. Se la nostra miniera frutterà centomila dollari al mese come quelle dei compagni di Sam, visiteremo l'Europa tutti assieme, che ne dici?... Faccio castelli in aria, vecchia Jo, modo balordo di vincere la tristezza. Abbi molta cura di te e del bambino, avrei tanto voluto esserti vicina per la nascita! Abbi molta cura di papà. Mi mancate tutti così tanto! Ho l'impressione di essere partita da un'eternità. Mi dirai se i tulipani hanno attecchito. Spero che dalle tuberose spunti qualcosa. Mi piacerebbe sapere come crescono i ribes che ho piantato.

L'idea del ribes mi fa venire l'acquolina. Rimpinzo Belle di pinoli che abbiamo comprato dagli indiani alle stazioni. Ma stanotte si è svegliata tre volte ripetendo: «Ho fame, mamma». Non oso spendere più nulla fino a Panama. Ci chiederanno ottanta dollari e venticinque centesimi per ogni chilo di bagaglio, per traversare l'istmo. Dobbiamo assolutamente fare economia, perché, figlia mia – come direbbe papà – figlia mia, non siamo ancora arrivati!

Con fegato e pudore, con quella magnifica audacia da adolescente che i nemici un giorno definiranno «incoscienza da scolaretta», Fanny non dice che negli ultimi tre giorni non ha mangiato nulla, che scrive da una camera in cui scorrazzano i ratti mentre una tempesta devasta da due giorni il porto di New York.

Il piroscafo ha aspettato anche troppo: con settecentotrenta passeggeri, compresi quaranta donne e sessanta bambini, l'*Iroquois* salperà domani, su un oceano scatenato.

Aspinwall, maggio 1864

«Mamma, ho caldo».

Non un refolo d'aria. Il vapore che si alzava dagli acquitrini avviluppava il porto in una coltre grigia e nauseabonda.

«Ho caldo» ripeté Belle.

Fanny allontanò dal proprio petto la guancia umida della bambina lamentosa. Rannicchiate una sull'altra in una stessa amaca, cercavano invano il sonno in quel terreno incolto che

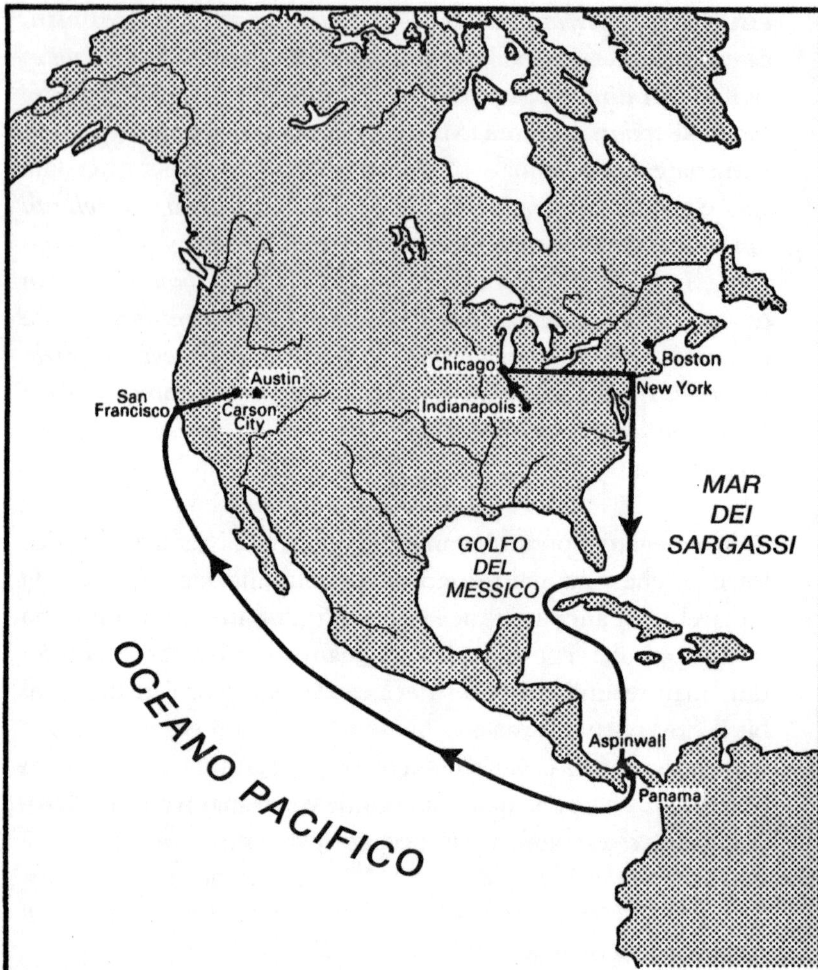

PRIMO VIAGGIO DI FANNY E BELLE OSBOURNE
aprile-giugno 1864

Indianapolis → Chicago → New York (treno)
New York → Aspinwall (battello)
Aspinwall → Panama City (treno)
Panama City → San Francisco (battello)
San Francisco → Carson City → Austin (diligenza).

era il cortile dell'Union Hotel. Nel buio tutt'attorno paletti irti, come una foresta bruciata, e gigantesche crisalidi che parevano dondolarsi fra i ceppi e gemevano sotto una coltre di zanzare. Erano il centinaio di amache in cui si agitavano gli altri passeggeri sbarcati quella mattina dall'*Iroquois*. I passeggeri di prima classe erano riusciti a trovare un letto e riposavano in camerate riparate da veneziane, dietro i balconi.

Dalla grande epoca della Corsa all'oro – quindici anni prima – le compagnie di New York continuavano a sbarcare sulla costa atlantica dell'istmo di Panama una media di mille persone a settimana. Le lasciavano là per risalire subito a imbarcare nuovi passeggeri. Di solito i viaggiatori passavano una sola notte ad Aspinwall. All'alba si stipavano in un trenino che impiegava da sei a otto ore per attraversare l'istmo. Giunti a Panama City potevano di norma imbarcarsi per la California fin dal giorno successivo. La risalita sul Pacifico, da Panama City a San Francisco, durava quindici giorni. Ma stavolta Dio solo sapeva se ci si sarebbe mai imbarcati. Disperso nei mari del Sud o trattenuto sulle coste messicane o deliberatamente fatto sparire dagli armatori, il *Saint Louis* non compariva. Un mese senza nave. La società ferroviaria approfittava del panico per quintuplicare il prezzo del passaggio attraverso l'istmo. Niente denaro, niente treno per Panama City. Chi non poteva pagare il prezzo richiesto restava accampato sulla costa atlantica. E tutti erano ammassati a migliaia in quel buco infetto di Aspinwall, dove marcivano i rifiuti dei tropici.

Là era morto George Marshall, l'amico d'infanzia, il marito di Jo. Fanny ne ebbe la certezza non appena scorta la baia. Nulla di oppressivo tuttavia in quelle colline verdi e ocra, boscose, muscose, che scendevano dolci fino alla schiuma dei frangenti. Una flottiglia di barche indigene. I neri e gli indiani pescavano con la lenza, punteggiando la laguna dorata che il sole bruciava. Gli alberi di tre velieri americani dondolavano in fondo ad altrettanti moli che tagliavano il mare fermo con lunghe linee parallele. Perpendicolare alle gettate correva la strada ferrata, nera. Dalle dighe ai depositi, dai depositi alla stazione, dalla stazione ai velieri, avanzavano lente due lunghe file di cappelli e pantaloni bianchi che portavano, spingevano, trascinavano immensi fagotti rossi su carrette a mano, carriole azzurre e schiene abbronzate.

Negli ultimi sei giorni della traversata l'atmosfera sull'*Iroquois* aveva oscillato fra un rigido conservatorismo e un'eccitazione licenziosa. Passato Santo Domingo si erano visti, cosa inconcepibile all'imbarco, i gentlemen di prima classe giocare a carte coi signori di seconda e gli emigranti della stiva comparire seminudi al sole dell'interponte. La calura aumentava senza sosta. Guanti, crinoline, sottogonne e corsetti erano scomparsi nei bauli. Al diavolo la moda e le buone maniere: si arrivava sotto i tropici. Quanto a decenza e convenienze, buona creanza e protocollo, non se ne parlava neppure. Contrariamente agli uomini, le quaranta passeggere non si mescolavano da un ponte all'altro: i loro pudori, affettazioni e snobismi restavano l'unica e ultima certezza nel momento in cui tutti i valori si ribaltavano. Cercavano la compagnia di quelle che ritenevano proprie pari. Compito tanto più arduo in quanto le passeggere provenivano da tutti i punti cardinali e i segni di riconoscimento erano ormai confusi. Borghesi e contadine, americane di nascita o immigrate di recente, condividevano tuttavia lo stesso sogno – fare fortuna – e seguivano un uomo tormentato dalla febbre dell'oro. Come Fanny erano giovani, in maggioranza sposate, madri di uno o due figli. Sola differenza: le altre non giravano per il mondo senza scorta. Un fratello, un cugino, un figlio maggiore, un eventuale amante, nella maggior parte dei casi un marito fungevano da guardie del corpo. Fino in California. Raggiunta la meta, il gioco sarebbe cambiato...

A bordo l'assenza di un accompagnatore aveva conferito a Fanny e a sua figlia uno statuto particolare, tanto particolare che, a dispetto di una tempesta nelle acque di New York, la traversata era parsa loro una meravigliosa crociera. Senza che nulla domandassero, il commissario di bordo le aveva sistemate in cabine di classe superiore, il medico le aveva curate e il capitano invitate alla sua tavola quasi ogni sera. Mr Hill, il vicino di treno, che probabilmente non era privo di mezzi visto che in nave viaggiava in prima classe, con zelo molto paterno aveva vegliato sulla comodità del loro viaggio. E tutti quegli uomini facevano a gara per distrarle e proteggerle.

La freschezza di Fanny, i suoi silenzi, la sua spigliatezza, esercitavano spesso quell'effetto sugli uomini. Bastava che la guardassero, minuscola e dritta davanti all'oceano, con la bambina fra le braccia, ridente in pieno vento, per desiderare di interpretare il ruolo di parapetto fra lei e il vasto mondo. Lei lo sapeva, e ne approfittava. Accettava tutti gli inviti, tutti i doni, tutti gli aiuti. Senza avidità. Senza scaltrezza. E senza un briciolo di ingenuità. Desideravano aiutarla? Non chiedeva di meglio! Ma non si aspettava nulla da Mr Hill o da qualche spasimante, non aveva neppure idea di quel che avrebbe potuto ottenere da loro. Si limitava a conformarsi all'immagine che avevano di lei. Era riservata, muta e camaleontica – la sua immagine si riassumeva in quella della bambina disarmata. La maggior parte degli uomini in presenza di Fanny provava un turbamento venato d'ammirazione, un pizzicore che Mr Hill traduceva con un eterno: «Ma che donnina coraggiosa!».

Senza pregiudizi di classe o ricchezza, lei andava su e giù per tutti i ponti, giocava a dadi con i marinai, fraternizzava con l'equipaggio. Il suo potere di seduzione stupiva puntualmente le signore, qualunque fosse il loro ambiente di provenienza. Non trovavano nulla di toccante, loro, in quel profilo scuro; nulla di vulnerabile in quello sguardo fisso e sicuro; nulla di particolarmente femminile in quel corpo agile, sì, forse snello, ma troppo nervoso e troppo sodo. Insomma, il fascino di Fanny non faceva presa sul sesso debole e l'antipatia era reciproca. Eccettuate madre e sorelle, che ammirava, la figlia di Jacob trattava le altre donne con indifferenza. Ma attenti: Fanny amava i regolamenti di conti e in casa passava per essere vendicativa come un'indiana. Sapeva odiare con la stessa fedeltà con cui amava.

Appena sbarcata ad Aspinwall batté la campagna per cercare il cimitero dove pensava riposasse George Marshall. Senza preoccuparsi dei bauli, che venivano accatastati a caso, e senza cercare una di quelle camere che ci si contendeva a caro prezzo, Fanny si avviò per la strada principale e si intrufolò con la figlia fra bettole e bordelli, sale da biliardo e bische. Oltrepassò la strada ferrata davanti al mare e costeggiò i capannoni dove, sotto tetti di lamiera, cuocevano caschi di banane, noci di cocco, cumuli di coralli e mucchi d'avorio vegetale bianchi e farinosi come patate giganti, in partenza per New York. Arrivò così alla seconda strada principale. Per un centinaio di metri capanne costruite su palafitte per sfuggire ai serpenti allineavano i balconi. Il pianterreno aperto a tutti i venti serviva da magazzino per le cataste di bagagli che i viaggiatori speravano di portare con sé attraverso l'istmo; il primo piano faceva da albergo. Là, nel cuore del villaggio, stagnavano due pozze profonde, un tempo bracci di mare, chiusi poi dalla costruzione della ferrovia. Vi galleggiava ogni sorta d'immondizia: stracci, bambù, foglie di cocco, pesci e scimmie morte, persino muli che si decomponevano in un odore soffocante di carogna.

I miasmi di quegli stagni uccidevano ogni settimana qualche famiglia indigena. Non necessariamente si soccombeva sul posto. Quattro passeggeri dell'*Iroquois*, che avevano già visitato Panama, erano morti in mare avvicinandosi ai tropici. Anche i fortunati che credevano di essere sfuggiti alle famose "febbri di Aspinwall" avrebbero conosciuto per tutta la vita accessi di malaria.

Presa alla gola dal fetore, Belle cominciò a piangere. Proprio là davanti, all'ingresso dell'Union Hotel, tre avvoltoi smembravano una tartaruga di mare. L'orlo di pizzo dei mutandoni della bambina era immerso in un liquido verdastro. Fanny prese la piccola in braccio e continuò verso l'interno del villaggio. Con la mano libera si sollevò sul davanti l'archetto della crinolina di cotone rosso sangue, molto ampia, scoprendo fino al ginocchio le calze bianche e la parte alta degli stivaletti. Lo strascico era immerso nel fango. Di nuovo in guanti, corsetto e cappello, indossati per scendere a terra, come tutte le passeggere, Fanny offriva un formidabile contrasto con le indiane, accoccolate sulle soglie, con le camicie arrotolate fino alle anche, che la guardavano passare mentre impastavano della mussola azzurra in tinozze di ferro. Sotto i ricami neri della corta veletta, gli occhi di Fanny si trattenevano, fuggivano, tornavano su quei petti chini, nudi e lucenti.

Arrivò in fondo alla via. Là, al margine della foresta equatoriale, si estendeva il cimitero. Era un cimitero bianco dove le tombe e le croci si allineavano tranquille fra quattro muriccioli. Era sparito l'odore nauseabondo, quella necropoli solidificata dalla calura contrastava con la sporcizia, il rumore e il brulichio del porto. Una pace che Fanny non sapeva esistesse dominava i morti.

Posò la bambina e avanzò nel viale senza staccare lo sguardo dagli alberi della foresta, le cui liane villose scavalcavano i muriccioli per mettere radici sotto le tombe. Si sentiva spiata. E forse anche Belle condivideva l'impressione, la seguiva a passi misurati tenendo, sotto il cappellino di paglia, il viso levato verso il cielo compatto e fioccoso.

Il verso acuto di un cacatua lacerò brutalmente il silenzio. La bambina si aggrappò alla mano della madre. E a quel punto da ogni dove si riversarono su di loro, come una fulminea fiumana di ingiurie, gli strilli di migliaia di scimmie. Lagna acutissima, minacciosa, che inchiodò Fanny e Belle spaventate fra le stele, minuscole macchie rosse nel cuore dell'immensità bianca. La pace tornò di colpo, più pesante.

Non ebbero alcuna difficoltà a trovare quel che cercavano. Sam, il marito di Fanny, aveva dimenticato di precisare luogo e nome del cimitero, ma la lettera traboccava di indicazioni topografiche. A partire dal viale centrale, terza a destra, ultima croce. Era proprio là, ad Aspinwall. L'intuizione non aveva ingannato Fanny. «Capitano George Marshall. 1836-1864».

Il gesso cominciava a scrostarsi, le erbacce spuntavano dalle crepe. Sollevata dalle liane e ricoperta d'edera, la tomba sarebbe presto scomparsa.

«Belle, recita una preghiera».

Pur non trovando in sé alcun sentimento verso quello zio appena intravisto, la piccola giunse le mani e tenne per un po' la testa bassa. Rimettendosi diritta osservò con sorpresa grosse lacrime colare sul viso della madre. Era la prima volta che la vedeva piangere.

Piangeva di pietà, di rimpianto per il compagno di giochi, sua prima fiamma. Piangeva per Sam che là, solo, aveva sepolto l'amico tanto amato. Piangeva per Jo, la cui vita era stata stroncata da quel sepolcro. Piangeva sulla gioventù di tutti loro.

Col matrimonio Fanny non era uscita dall'infanzia. Non era diventata adulta mettendo al mondo Belle e neppure separandosi dal padre sotto il serbatoio dell'acqua della stazione di Indianapolis. Soltanto davanti a quella tomba rinunciava all'infanzia. E lo sapeva.

* * *

«Creperemo qui tutti quanti, non arriveremo mai in California».

Parole bisbigliate da alcuni accampati nel cortile dell'Union Hotel che tentavano invano di accendere un fuoco. Parole che correvano come folgore da un'amaca all'altra: «Creperemo qui tutti quanti». In serata era caduto un acquazzone gelido. La legna non si accendeva. Gli abiti si appiccicavano alla pelle. Nonostante o a causa della calura gli accampati non riuscivano ad asciugarsi. Avevano freddo, soffocavano. Il panico vinceva. Nelle ultime quattro notti nessuno era riuscito a dormire. Le vittime delle febbri cominciavano a battere i denti. Le sentivi gemere e delirare sulle amache. Accanto a Fanny una donna singhiozzava. Dalle bettole della spiaggia giungevano le urla degli uomini che giocavano e si ubriacavano. Bere. Fanny aveva impedito alla figlia di dissetarsi dal cucchiaione d'acqua torbida che ogni sera al tramonto veniva distribuito ai viaggiatori. Nella lettera Sam le aveva molto raccomandato di non toccare l'acqua. Lei seguiva punto per punto le istruzioni, procurando a Belle bevande bollite, tè o caffè, che eccitavano la bambina e non la dissetavano. Per sé Fanny mercanteggiava una tazza d'alcol di cocco, il torcibudella locale. Era meno caro, molto meno caro di un pasto... Dopo la visita al cimitero fu sempre vagamente ebbra, per quasi una settimana... Anche se il prezzo del biglietto per attraversare l'istmo fosse finalmente diminuito, lei non aveva più gli ottanta dollari necessari. Fra affitto dell'amaca e cibo il denaro se n'era andato. Cibo? Per carità! Aspinwall non poteva provvedere ai bisogni di tutti quei visitatori la cui attesa rischiava di protrarsi. Altri passeggeri provenienti da New York potevano sbarcare da un momento all'altro. Mentre gli indigeni facevano razzie di bagagli e i bottegai yankee aumentavano i prezzi già vertiginosi, i passeggeri dell'*Iroquois* si cibavano di iguana, di scimmia cruda e di frutti rubati nei magazzini, frutti che provocavano diarree. Andare via di là. A qualunque costo. Come?

Fanny non poteva più contare sugli aiuti degli spasimanti. I "ricchi", quelli che avevano accettato di spendere in un sol colpo tutta la liquidità, erano saliti sul primo treno, il solo che aveva percorso i settantacinque chilometri da est a ovest. Gli altri che, come Fanny, non avevano potuto pagare, rischiavano di perdere la nave. Ammettendo che prima o poi il *Saint Louis* arrivasse, avrebbe potuto imbarcare soltanto milleduecento persone; ce n'erano già duemila ad aspettarlo a Panama City. Certo, Jacob Vandegrift aveva prenotato una cabina, aveva mandato per cablo i seicento dollari alla compagnia californiana. Ma a che sarebbero valsi quei dollari se Fanny non si fosse trovata al porto, pronta a prendere d'assalto il piroscafo?

Per l'ennesima volta uscì dall'Union Hotel, aggirò gli stagni, seguì le rotaie e penetrò nel casotto che fungeva da stazione. Belle la seguiva barcollando. Era forse mezzanotte; forse più tardi. Le ore non contavano. Si dormiva di pomeriggio. Di notte si errava. «Papà» gemeva la bambina semiaddormentata, «papà...» Anche Fanny, come Belle, nell'intimo invocava Sam. Soltanto l'idea di poterlo un giorno ritrovare cancellava la paura di morire ad Aspinwall. Quella sera era decisa a scovare il capostazione. Voleva ammansirlo e sedurlo, per ottenere che noleggiasse un treno. Fino a Panama. Per lei.

Conosceva i luoghi. Sotto il tetto di lamiera di quella "sala d'attesa" rovente aveva aspettato in piedi per due giorni interi. Nessuno, mai nessuno per un'informazione. Non una panca, non una sedia su cui sedere. Ma di notte la stanza pareva meno vuota, meno sudicia, e Belle si raggomitolò in un angolo. Fanny guardò preoccupata la bambina che si adagiava a terra. Paventava il serpente acciambellato, la tarantola invisibile nell'oscurità. Non ci si coricava al suolo, pena non risvegliarsi più. «No, Belle. No, no». Di continuo impediva alla figlia di bere, di mangiare, di seguirla in riva agli stagni: non se la sentì di impedirle di dormire... Dopo aver gironzolato per qualche minuto attorno alla bambina, Fanny si avvicinò allo sportello. Dietro la grata rosseggiava la punta di un sigaro. Dalla piccola apertura uscivano rare zaffate di fumo. Finalmente qualcuno! Lei si sporse. Un uomo, nell'oscurità, si dondolava sulla sedia intagliando un pezzo di legno.

«È lei il capostazione?».

Non rispose. Non capiva l'inglese? Lei lo distingueva male. Gli pareva avesse la barba. Forse. Il panama calato sugli occhi. Gli stivali sul tavolo dov'era poggiato il telegrafo.

«*Quiero ver*» tentò lei in spagnolo. Le due sole parole imparate in una settimana ad Aspinwall.

«Non t'affaticare...».

Era americano.

«Quando parte il prossimo treno per Panama City?». Nessuna risposta. «Che fa dietro questo sportello?».

«Aspetto».

«Aspetta cosa?».

Lui ridacchiò. «Il prossimo treno».

«Per quando?».

«Questa è una cosa...» ridacchiò di nuovo. «Questa è una cosa, cara signora, che bisognerebbe chiedere al capostazione».

Lei gli lanciò un'occhiataccia e lo abbandonò per accertarsi che nessun pericolo immediato minacciasse Belle. Poi si diresse verso la porta aperta sulla banchina e si appoggiò allo stipite. Nel buio faceva la posta a un ferroviere, uno scambista, un macchinista, chicchessia, purché capace di farle attraversare l'istmo. In cambio gli avrebbe offerto la fede d'oro.

«Sono stato più di una volta nella sua situazione...» sussurrò l'uomo che cominciava a diventare ciarliero. «Se pensa di offrirgli il suo anello, non credo che gli interesserà...».

Lei vedeva ratti correre sulla massicciata, sagome passare lontane sbraitando da un bar all'altro sul lungomare e l'oceano lucente, nero, che si frangeva sulla spiaggia fra le bettole.

«...No, penso davvero che la cosa non gli interesserà...» ripeté lui. Lo sentì spostare indietro la sedia e alzarsi. Lei pensava alla preoccupazione di Sam non trovandola sulla banchina di San Francisco fra i passeggeri del *Saint Louis* – e all'orrore di restare ad Aspinwall un giorno di più.

«...Io» le sussurrò l'uomo all'orecchio, «prenderei davvero

quel che hai da vendere: ti pago il viaggio, se vieni con me sull'amaca...».

La sorpresa impietrì Fanny. Mai nessun uomo l'aveva insultata.

Non sapeva neppure cosa fosse un insulto. Prendendo il silenzio per un assenso, l'uomo la abbracciò alle spalle stringendola contro lo stipite. Non appena l'ebbe toccata, sentì la canna della Derringer contro la gola. Col braccio teso lei lo teneva sotto tiro. Lui indietreggiò. Lei avanzò, senza mollarlo.

«Ho forse l'aria di una donna che può essere insultata?».

L'uomo credette di poter scherzare:

«Non proprio, Lady, ma non hai il becco di un quattrino».

Spingendolo contro il muro lei gli piantò la canna in gola.

«Ho questa».

«Che non ti gioverà granché...» ansimò lui.

Vide l'indice di lei avvolgersi al grilletto. Credette stesse per sparare. Anche lei lo credette. Il dito stava per premere. Lui chiuse gli occhi. Lei sputò:

«Sparisci!».

Lui filò senza fiatare. Lei rimase col braccio teso, incerta, attonita. La inebetiva non la paura ma la collera, la brutalità del proprio odio. Restò raggelata, il viso impenetrabile, l'occhio fisso. Il braccio scese lungo la gonna che il sole e il sudore avevano scolorito. Teneva la pistola incollata alla coscia... e cominciò a tremare.

Lo sguardo le cadde su Belle. Una bestiola presa in trappola. Seduta nell'angolo la bambina aveva seguito la scena e non osava muoversi. Un impeto di compassione scosse Fanny. Con un leggero colpo di pollice disinnescò la pistola, la rimise in tasca con noncuranza e tentò di sorridere a Belle.

«Guarda un po'» scherzò, «c'è mancato poco... Tua madre ha corso il rischio di uccidere un uomo...».

Le tese la mano: «Vieni».

*

«Attraversare l'istmo a piedi? Lei scherza, piccola mia!».

Era andata a svegliare Mr Hill che riposava coi passeggeri di prima classe nelle camerate del primo piano. Là gli uomini e le donne dormivano separati e la sua presenza a quell'ora accanto a un letto maschile suscitava già commenti.

«Andiamo, andiamo, lei scherza?! Settanta chilometri a piedi? Con le febbri dello Chagres e il caldo che c'è! E come passerà il fiume? Non ci sono ponti!».

Imperturbabile, lei spazzò via l'argomento:

«Esiste per forza un ponte, Mr Hill».

«E le montagne?» bisbigliò lui. «La foresta tropicale, gli acquitrini, settanta chilometri di acquitrini... Piccola mia, c'è da perdersi!».

«Seguiremo la strada ferrata».

«La schiacceranno! Ci sono soltanto tornanti e precipizi. Niente banchina né a destra né a sinistra della ferrovia. Se arrivasse un treno!».

«Ma andiamo proprio perché non ci sono treni».

«Qualche treno arriverà... porti pazienza!».

«Taccia. Si vesta. Mi raggiunga in basso».

Un tono che non ammetteva repliche. Mr Hill non si diede la briga di offendersi e si alzò. Fanny imboccò il corridoio esterno e, sempre seguita da Belle, tanto piccola che non arrivava neppure all'altezza della balaustra, si precipitò giù per la scala. Immobile sotto la palafitta dell'Union Hotel con gli stivaletti nel fango, aspettava Mr Hill e architettava un piano – ancora non ci aveva pensato.

...Era possibile. Altri prima di lei avevano attraversato l'istmo a piedi. Quando la ferrovia non esisteva, i viaggiatori non avevano altra scelta... Sì, era possibile, era fattibile. Doveva esserlo perché non voleva rischiare oltre di perdere la nave. Contava su tale argomento per convincere Mr Hill, che aveva commesso l'errore di non salire sul primo treno, lui che ne aveva i mezzi.

A cinquant'anni Mr Hill credeva nella ragione. Credeva anche nella nobiltà degli Stati Uniti e nella solidarietà coi connazionali all'estero. In ciò era un uomo del XVIII secolo e un poeta. Si recava a San Francisco via Panama per scegliere sementi e piante tropicali che contava di coltivare nelle sue serre dell'Indiana. La passione per l'orticoltura l'aveva avvicinato a Fanny. Con interesse lei l'aveva ascoltato dissertare sul trapianto delle orchidee. I corsi di giardinaggio erano proseguiti fino a quel momento, fino a quella sera. Fanny aveva saputo fra l'altro che lui apparteneva alla stessa loggia massonica di Jacob Vandegrift. Argomento di un certo peso, nella prossima discussione.

Lei sperava soltanto che i prezzi proibitivi di Aspinwall non lo avessero completamente ripulito e Mr Hill possedesse ancora dollari bastanti a comprare i viveri e i muli necessari. Quattro muli che trasportassero Belle e i bagagli.

«Potremo sempre rivenderli a Panama City» bisbigliò quando lui l'ebbe raggiunta sotto il balcone dell'Union Hotel. «Dovremmo arrivarci in tre giorni».

«Il nocciolo della questione» sospirò lui, «è arrivarci».

«Se saprete tacere, Mr Hill, vi ci condurrò».

Il fatto sorprendente è che lui cominciava a crederle. Lei non aveva la metà degli anni di Hill, né alcuna conoscenza della vita né alcuna esperienza dei tropici. Ma lui si lasciava sedurre dalla solidità di quella piccola donna, dal suo senso pratico e soprattutto dalla sua prodigiosa sicurezza di sé. La volontà di Fanny, quella determinazione che non conosceva il dubbio o l'insuccesso, lo sorprendevano e cominciavano a soggiogarlo. Mr Hill perdeva terreno. Lei lo sentì.

Abbassando la voce fin quasi al silenzio, lei riprese:

«Non una parola con gli altri... Se tutti i passeggeri si mettono in testa di partire a piedi, gli indigeni venderanno le loro bestie a peso d'oro. Quindi silenzio finché non avrò trovato i muli. Quanti soldi avete?».

«Cento dollari».

«Datemeli. Recuperate i vostri bagagli e fateli portare al cimitero senza perderli di vista. All'alba sarò là. Partiremo subito».

Era la prima volta che pronunciava davanti a lui più di cinque parole di fila. Colpito dal tono d'autorità, Mr Hill non sospettò, neppure per un momento, quanto l'esaltazione di Fanny lo inebriasse. A tal punto era contagiosa la passione di lei per l'azione, il segreto, il dramma.

«Fra tre ore avrò una guida, viveri e muli... Andate al cimitero, Mr Hill, e fra tre giorni saremo a Panama City...».

"E fra quindici" soggiunse fra sé e sé, "da Sam!".

Con la bambina alle costole scomparve lungo gli stagni, verso l'oceano.

* * *

Né Fanny né Belle racconteranno la marcia attraverso l'istmo. Non una parola sul loro viaggio con Mr Hill. E neppure una riga nella corrispondenza. Le lettere alla famiglia si persero per strada? Oppure Fanny cancellò dalla memoria l'episodio, troppo penoso? Tacere quel che la mette a disagio è tipico di lei...

Tuttavia non dimenticherà nulla dei tormenti di Aspinwall. Il fetore di quegli stagni le resterà vivissimo nelle narici. E i suoi incubi saranno a lungo abitati dalla paura di morire di "febbri" sull'amaca dell'Union Hotel e di lasciar sola Belle nell'istmo, nonché dal terrore di non rivedere più Sam.

È probabile che non abbia fatto tutta la strada a piedi. Fra Matachin e Panama forse riuscì a prendere un treno: Belle infatti, rievocando nell'autobiografia le avventure dell'infanzia, accenna al finestrino di un vagone da cui guardava «scimmie e pappagalli; tutta una giungla misteriosa, calda e frusciante». Ma si riferisce a quel viaggio? Non aveva ancora sei anni. E a dieci ripasserà per i tropici.

Neppure una parola sul soggiorno nel porto di Panama City.

Nulla sulla traversata a bordo del *Moses Taylor*, il piroscafo proveniente da San Juan che infine le imbarcò. Quanto a Mr Hill, il suo nome non compare nella lista dei passeggeri... Arrivò vivo a Panama?

Fanny, che so incapace di indifferenza, sosterrà di non averne alcuna idea, alcuna memoria...

E nulla sulle sue impressioni, le primissime impressioni del Pacifico. Nulla su San Francisco.

Il 20 giugno 1864, lunedì, dopo quarantasette giorni di viaggio approdò nella città del Golden Gate.

Sam non era più là ad aspettarla.

Mancarono l'appuntamento per circa ventiquattr'ore.

Anche se Belle nelle sue memorie ricorderà di essersi riposata per qualche giorno prima di partire per il Nevada col padre, già l'indomani, il 21 giugno, Fanny salì sulla diligenza della Pioneer Line. Destinazione Placerville. Sola, ancora una volta...

Eppure Sam era sceso dalla sierra per accogliere al porto moglie e figlia. Aveva cavalcato per una settimana nella calura dei deserti che separavano il campo minerario dall'oceano. Impaziente e febbrile aveva fatto la posta alle navi che entravano nella baia, sperando sempre di scorgere la sagoma di Fanny al parapetto. Ma giorno dopo giorno il *Saint Louis* tanto atteso non compariva. Il 19 del mese un telegramma disperato del socio l'aveva chiamato indietro.

Nessun cercatore, anche se legalmente proprietario del suolo, osava lasciare la miniera non sfruttata e ancor meno si azzardava ad allontanarsene. «Chi va via perde il posto all'osteria» era l'usanza e altri cercatori, felicissimi di trovare pozzi e gallerie già scavati, si impegnavano a estrarne il minerale; un'espressione consacrata riassumeva tale attività: *to jump a mine*. Sam aveva perduto la miniera. La legge non lo tutelava. Unica legge valida in quel caso, la legge del più forte – della Colt, o della dinamite, se voleva recuperare la proprietà...

Occidental Hotel, 21 giugno 1864

Cari genitori,
due righe da San Francisco. Sam ci aspetta a Austin, oltre Placerville e Carson City. Partiremo fra un'ora – e fra diecimila novecento e ottantotto minuti saremo con lui! Anche a distanza avvolge e protegge me e Belle coi suoi pensieri. Sulla banchina a mezzanotte abbiamo trovato uno dei suoi amici, incaricato di aspettare tutte le navi. Ingombrato da un mazzo di gigli tigrati, questo Mr Atchinson ci ha accompagnate in landò all'Occidental Hotel, dove Sam ci aveva prenotato la camera più bella. I proprietari ci hanno accolto con mille riguardi perché amano Sam come un figlio. Non potete immaginare quanto sia popolare e quanta gente abbia conosciuto in sei mesi a San Francisco. Quasi tutta la città è venuta stamane a salutarci a nome suo. Vabbè, esagero... ma all'hotel gli uomini parlano soltanto di lui. Della sua bontà. Del suo coraggio. E dell'oro. Sacchetti di polvere circolano di tavolo in tavolo e Mr Atchinson mi ha mostrato un campione della nostra miniera. È verdastro. Somiglia a un banalissimo sasso e mai si potrebbe immaginare che con simili pezzi di quarzo Sam ci porterà in paradiso!

Stessa leggerezza di tono nel seguito della lettera. Neppure un lamento, nulla che esprima la delusione, la terribile delusione di non aver trovato Sam dopo un viaggio come quello... Soltanto l'impazienza di raggiungerlo!

Insensibile ai piaceri di San Francisco, Fanny s'inoltrava

nella regione più isolata, nonché più arida, di tutto l'Ovest americano. Settecento chilometri in diligenza, di cui trecento sulle pendici vertiginose delle *sierras* e quattrocento nel deserto. Il famoso percorso del "Pony Express"...

Nevada, giugno 1864

«Austin, fra quanto?».

«Bella mia, faresti bene a berti una pinta prima di Devil's Gate! Le *sierras* non sono una passeggiata, di notte. Chinati un po', m'intralci».

Fanny, a cassetta della diligenza, coi pugni stretti attorno alle corregge e il viso fra le ginocchia, si rannicchiò affinché il postiglione potesse posarle la canna del Winchester sulla schiena.

Nelle gole teneva le redini con una mano sola; con l'altra impugnava l'arma, perpendicolare al fianco; l'occhio destro sorvegliava i cavalli e il precipizio; il sinistro le rocce a strapiombo. Da quella parte potevano arrivare i banditi. Dal lato di Fanny. In caso di attacco era sulla linea di tiro.

«Abbassati, Dio santissimo!».

Alla stazione di cambio di Placerville l'aveva convinto a prenderla a cassetta. Lui di solito non tollerava d'avere a fianco altri che l'impiegato della Wells Fargo con forziere e fucile. Ma nelle *sierras*, propizie agli agguati, nessuno voleva il posto esterno e la banca dissimulava fra i passeggeri l'agente che portava l'oro. Ne derivò la nuova abitudine dei banditi: ispezionare e, nel dubbio, malmenare tutti. In vent'anni di assalti alle diligenze mai nessun viaggiatore era stato rapinato prima che i portatori di denaro si camuffassero da minatori.

Nella vettura si somigliavano tutti. Colt alla cintola, fiaschetta di whisky a tracolla, senza colletto né fazzoletto, i tre bottoni della camicia felpata rossa abbottonati fino a mezza barba, feltro bruno pigramente calcato fino alle sopracciglia. Gli uomini, dodici in tutto, avevano l'aspetto banale dei cercatori abbandonati dalla fortuna e che si ostinano a darle la caccia di montagna in montagna. Sguardi tetri, si squadravano a vicenda, stretti, scossi, sballottati. Ciascuno si chiedeva quale di quei viaggiatori miserabili portasse addosso, negli stivali scalcagnati o nelle brache, i dollari della Wells Fargo. E tutti a sorsate si ubriacavano, in silenzio. Paura dei banditi. Paura degli indiani. Paura dei tornanti che il postiglione prendeva senza rallentare. E paura della diligenza che avanzava in senso contrario, lanciata sulla china coi sei cavalli al galoppo i cui sonagli non si sentivano perché soffocati dall'ululato del vento fra i pini.

Neppure un metro fra un tornante e l'altro. A monte le rocce. A valle il vuoto.

Fanny, testa bassa sul sedile, scorgeva gli scheletri biancastri delle bestie sfracellate in fondo ai burroni, le ruote e gli assali appesi agli alberi. Per fortuna Belle dormiva nella carrozza, fra gli stivali dei passeggeri che l'alcol cominciava a scaldare. Anche il postiglione si dava coraggio. Ma occhi attenti, redini in una mano e fucile nell'altra, la canna ben poggiata sulla schiena della viaggiatrice e puntata verso le rocce a strapiombo.

«Arriveremo...» singhiozzò lei fra due sobbalzi, con la bocca contro la gonna. «Fra quanto?».

«Se ti muovi» bofonchiò lui tenendola piegata, «la tua testa è la prima che salta... Avresti dovuto bere un buon bicchiere!».

«Grazie, non bevo».

«Ho visto: acqua tiepida».

«Sì, acqua tiepida».

«Sei a Ovest da molto tempo?».

«Da ieri».

«Ci avrei giurato. Le donne di qui non fanno tanti complimenti per inumidirsi il becco. Contro la fifa è l'unica... Imparerai».

Imbecille. Perché avrebbe dovuto aver bisogno di un corroborante, lei? Non aveva paura, né freddo né dolore. E non sentiva la scomodità della posizione. Risolutamente si risollevò. Ma nella ferocia dello sguardo nessuna traccia di coraggio, nulla di quel "fegato" che non molto tempo prima aveva sedotto Mr Hill, bensì qualcosa di fisso, di stravolto, di sovreccitato.

«Abbassati!».

Lei si dibatté a casaccio, resistendo con tutte le forze alla pressione del calcio del fucile che lui le aveva piantato fra le scapole.

«...Vuoi proprio farti rompere il muso?».

L'idea che lei potesse cadere non lo sfiorò neppure e finì per lasciarla stare.

«...Tanto peggio per te».

Lei sedette ben dritta, la testa proprio sulla linea di tiro del fucile che il postiglione teneva puntato contro la montagna.

Probabilmente Fanny attraversava la prima di quelle crisi che avrebbe chiamato, non senza ironia, «le mie piccole infiammazioni del cervello».

Già alla partenza da Sacramento, quando i cavalli si erano messi al galoppo, lei aveva cominciato a tremare. Stanchezza? Impazienza? Alla stazione di cambio di Placerville, Belle l'aveva vista ronzare come un tafano attorno agli animali che venivano sostituiti. Gesticolava, parlava da sola. Troppo vicina alla meta, o troppo lontana, non ne poteva più di aspettare. In lei tutto esplodeva. Finito il tempo in cui il ricordo di Sam, la prospettiva di rivederlo, di passare assieme il resto dei giorni, le placava l'angoscia. Non riusciva neppure più a figurarsi Sam, il momento dell'incontro tanto atteso, la vita futura. Non immaginava nulla. Ma tendeva con tutti i muscoli e con tutti i nervi verso Austin. Ogni frustata ai cavalli si imprimeva nella sua carne. La mente, come allucinata dall'ossessione di arrivare, si precipitava dai pendii cento metri prima dei cavalli. Più in fretta. Più in fretta! Percepiva tutto, le contrazioni delle otto groppe, l'urto degli zoccoli, il soffio delle narici giù in fondo al vallone, quando le ruote avevano appena passato la china. Dopo una notte e un giorno la diligenza scese nel deserto.

Una linea ocra appena più pallida nel mezzo dell'immensità bruna: la via. Diritta a perdita d'occhio. Fino alle nuove catene di *sierras* che chiudevano l'infinito. Da qualche parte in quelle montagne si inerpicava Austin. Ma lontano, tanto lontano che le creste nere parevano rasenti alla linea rosata dell'orizzonte. E dietro, senza una piega, senza un'increspatura, teso come una tela immensa e vuota, il cielo. Azzurrognolo e senza nubi. Senza sole e senza luna. Imbruniva. Né vapore né nebbia. Neppure polvere. Il galoppo dei cavalli non sollevava nulla. Intollerabile impressione di vuoto. Non un albero, non una roccia, non una forma su cui arrestare lo sguardo. Confusi dalla velocità in una piattezza nero di seppia, il grigio della pietra e l'argento dei cespugli di salvia si mescolavano alle carcasse disseminate lungo la via. Carri rovesciati, carriole, fagotti abbandonati, zappe, pale arrugginite, le macerie di una corsa già antica si dissolvevano nell'aridità del deserto.

Bisogna aver percorso quella regione del Nevada per misurare la desolazione in cui Sam trascinava la moglie e la figlia. Quando, sulle tracce di Fanny, ho finito per metter piede a mia volta a Austin, non ho avuto altro pensiero che andarmene. E alla svelta! Sassi. Sabbia. Cespugli spinosi. Polvere d'alcali che brucia gli occhi, screpola le labbra, inquina l'acqua; su quel pianoro non cresce nulla, come nel deserto. Non odori né colori ma capanni senza tetto, senza finestre, incastrati nel canyon o infilzati di sghembo sul fianco della collina. Sentieri ripidi che si arrampicano sulle pendici come dita di una mano aperta e d'improvviso finiscono. Quaranta gradi d'estate. Meno trenta d'inverno. E in più *blizzard* e valanghe. Un fiume, dicono, da qualche parte.

Il campo minerario era incassato lì in mezzo? Con la coltre di buio che gli piombava addosso in pieno pomeriggio? Le piramidi di scorie, i pozzi aperti, le rotaie – tutta la tristezza tipica dei paesaggi minerari? Il luogo mi provocò una tale depressione che pensai seriamente di ridiscendere nel deserto. Era la certezza che quel buco somigliava in tutto e per tutto alla Austin che Fanny aveva trovato alla fine del viaggio? Il campo non era una città fantasma. Nulla si poteva ricostruire fantasticando. Nessuna nostalgia possibile.

In quel posto tutto era cominciato soltanto quattro anni prima dell'arrivo di Fanny. In precedenza nulla. Neppure la pista. Piuttosto che attraversare una teoria di montagne i carri giunti dall'Est preferivano il percorso più lungo, ma più facile, che a nord seguiva il corso dell'Humboldt River. Neanche i cercatori degli anni attorno al 1849 si erano avventurati in quella regione priva di risorse naturali.

Due fattori avevano tuttavia trasformato quel gigantesco terreno incolto in un formicaio: il Pony Express e il telegrafo. Due innovazioni che derivavano dall'impazienza dei californiani di comunicare rapidamente con l'Est, più rapidamente che per la rotta di Panama...

Cerchiamo giovani. Magri. Robusti. Scattanti. Cavalieri provetti. Massimo 18 anni. Pronti a morire ogni giorno. Meglio se orfani.

Con questo piccolo annuncio affisso in tutte le banche, le stazioni e i saloon dell'Ovest, il Pony Express offriva venticinque dollari la settimana – una miseria – ai senzafamiglia suicidi pronti a collegare a cavallo la California al Missouri in otto giorni. Duemilanovecentosessantuno chilometri in linea retta, sui terreni più difficili, fra le frecce indiane. Quindici chilometri all'ora in un'epoca in cui trentacinque chilometri al giorno passavano per un risultato eccezionale.

Fu un'impresa di breve durata. Qualche mese dopo che il galoppo dei cavalieri aveva per la prima volta turbato la pace dei deserti, sullo stesso percorso, il più corto, s'innalzavano i pali del telegrafo. Comunicare con l'Est richiedeva ormai tre giorni. Tre giorni invece di otto. Il Pony Express non aveva più ragione di esistere. Soltanto lo sfrigolare dei fili si mescolava ormai al muggito del vento fra i pini delle *sierras*. Non un viso pallido per quattrocento chilometri attorno. A parte i cavalieri alla deriva che continuavano ad attardarsi attorno alle stazioni di cambio abbandonate.

E uno di loro, ex messaggero del Pony Express, un certo Talcott, aveva portato nel 1862 a Jacob Station, l'ultima stazione di cambio prima delle montagne, una pietra di colore verdastro che l'aveva incuriosito. Verdastro come le vene d'argento nel quarzo... La voce era corsa da una stazione all'altra.

Nell'ottobre 1862 erano una decina quelli che scavavano il terreno gelato. Privi di viveri e di riscaldamento. Dormendo sotto una tenda o in capanni. A quindici gradi sottozero, la notte.

In dicembre i campioni mandati all'Ufficio di Garanzia di Virginia City avevano rivelato una vena che conteneva una quantità d'argento eccezionale. Il miracolo era avvenuto.

A gennaio cinquanta cercatori vivevano nel campo fra Jacob Station e il Reese River, un filo d'acqua quasi sempre asciutto ai piedi della montagna. A febbraio battezzavano Austin il villaggio sotto il pendio. Austin, in ricordo del Texas natìo. In marzo due bordelli, due hotel, cinque saloon e un giornale si erano insediati nel "Pony Canyon". In totale cinquanta edifici. In luglio duecentosessantanove. In ottobre trecentosettanta.

E milletrecento compagnie minerarie. E quattromila persone.

Nel deserto, sull'antica pista diritta e interminabile del Pony Express, le carovane cariche di fieno, legna, materiale da perforazione, da frantumazione, da raffinazione, i convogli da venti mule, i carri, le carrette, i cavalieri, i pedoni, le diligenze, avanzavano in fila indiana. Se per sbaglio un tiro di cavalli si spostava di lato, doveva aspettare un'ora, sotto la neve dell'ottobre 1863, prima di potersi nuovamente intrufolare fra due carovane.

La corsa era durata un anno. In dicembre tutto era finito. Nessuno osava andarsene. Ma a Austin invece dei cento cercatori al giorno ne arrivavano venti. Poi dieci. Poi cinque, nell'aprile 1864. Fra loro Sam Osbourne. Era uno degli ultimi avventurieri che continuavano a sognare di far fortuna sulle rive del Reese River.

Da tre mesi correva voce che i filoni non valessero nulla e che i giacimenti, se giacimenti c'erano, fossero troppo cari da sfruttare. E che l'infatuazione per quelle regioni si basasse su favole degli speculatori... Vero? Falso? Mentre Fanny continuava il viaggio fra le macerie della Corsa all'oro, la Borsa di San Francisco crollava.

Austin, fine giugno 1864

Mezzanotte. Sotto le finestre a ghigliottina dell'International Hotel, proprio all'uscita del saloon, una cinquantina di minatori in attesa. Stesso feltro sbiadito e calato sugli occhi, stessa camicia di flanella, stessi pantaloni bruni in tela di tenda – una gamba fuori, l'altra dentro gli stessi stivali a punta quadrata –, stessa pipa d'erica in bocca e stesso fucile a doppia canna, terrore degli avvoltoi, trattenuto sotto il braccio destro dalla stessa corda a tracolla. Tutti barbuti e capelluti, cenciosi e rattoppati, esalavano lo stesso odore acre di sudore, unito a quello del tabacco da masticare e della dinamite che usavano per scavare le gallerie. E tutti nascondevano nelle tasche deformate sassi che maneggiavano con gli stessi gesti febbrili.

La sovreccitazione di quei giovani senza età, quasi identici e intercambiabili, non somigliava a nient'altro. Immaginate un esercito di pezzenti tutti convinti di essere Creso. Nessuno di loro aveva denaro a sufficienza per tornare nella città d'origine, ma ognuno credeva di essere l'uomo più ricco del mondo. E come tale si comportava.

«Guarda qua» bisbigliavano, tirando fuori dai pantaloni una pietra grossa come una nocciola, «vedi le macchie d'oro? E la striatura d'argento? Questa, questa viene dalla mia miniera, la Regina delle montagne. Ed è proprio in superficie! Appena qualche colpo di piccozza. È satura d'argento. Perché sei tu, e perché sei un amico, te ne do sei piedi e tu mi paghi la cena. Per me, sei piedi in più o in meno, la Regina delle montagne è talmente ricca, che differenza fa? Ma per te! Guarda le analisi... Non voglio che tu mi creda senza aver visto le analisi. Guarda...».

L'uno o l'altro sventolava allora un pezzo di carta unto che certificava come la roccia analizzata racchiudesse una proporzione d'argento da migliaia di dollari a tonnellata. Prestando fede a quelle analisi presentavano la pietra come caratteristica della miniera – mentre evidentemente il cercatore d'oro aveva fatto analizzare soltanto il campione più ricco, l'unico minuscolo sasso, in una tonnellata di scorie, che contenesse una particella di metallo. Prestando fede a quelle "analisi" la regione era impazzita.

Chi da lontano credesse a una dolce follia, si ingannerebbe. Quei visionari vivevano come cani e lavoravano come forzati. Avevano liberamente scelto il lavoro più estenuante, più pericoloso e più ingrato. Sotto terra le esplosioni di gas, gli incendi e le frane facevano innumerevoli vittime. Chi non veniva ucciso dagli incidenti, dalla spossatezza, dallo scorbuto, dalle risse e dal whisky, moriva della famigerata "malattia del minatore", la silicosi, asfissia polmonare causata dal deposito della fine polvere di roccia prodotta dalle "creatrici di vedove", le prime trapanatrici ad aria compressa. Poco importava, continuavano a usarle e a pensare che l'argento, il loro argento, si trovasse in superficie. Altro errore. Per quel che ne sapevano il filone, se filone c'era, poteva benissimo correre a cinquecento metri di profondità. Avevano quindi la scelta: o trivellare un pozzo in verticale fino alla roccia contenente "la vena", o scendere nel deserto e scavare una galleria che raggiungesse la vena dal basso. Ammettendo che riuscissero ad arrivare alla roccia contenente il minerale, dovevano estrarlo e scortarlo, migliaia di tonnellate, fino agli impianti di raffinazione, per ottenere pochi grammi d'argento. Se si pensa che la semplice separazione dalla scoria costava al minatore cento dollari la tonnellata, si capisce bene che i suoi lingotti distavano anni luce. Idea che non lo affliggeva. Euforico scavava la galleria e tutti i sabati scendeva dalla lontana concessione e andava a Austin, percorrendo tra le montagne anche venti chilometri, per non perdersi l'arrivo della diligenza, grande distrazione.

I riti erano sempre gli stessi. Bevevano, giocavano, vendevano e compravano appezzamenti di sottosuolo fino all'ora incerta in cui dal bastione di rocce che dominava il deserto qualcuno scorgeva i due lumi della vettura.

Subito tacevano il muggito degli ubriachi e la tiritera delle pianole. Tutto il campo, col rumore sordo degli stivali sulle assi del marciapiede, si affrettava verso l'International Hotel.

Ascoltando il suono di sonagli che si perdeva nei tornanti, tutti quegli uomini sognavano. Ma non aspettavano la posta, i giornali, le notizie diffuse dai passeggeri, le quotazioni dell'argento a San Francisco, quelle dell'oro a New York, le informazioni sulla situazione mineraria negli altri campi... stavolta speravano di "vedere una donna".

Ah! Il fruscio dell'abito che forse sarebbe uscito dalla vettura. Il profumo dello chignon che forse sarebbe passato accanto. Il suono smorzato dello stivaletto sul legno. Una caviglia intravista... il pizzo dei mutandoni... chissà?... una calza. Immaginavano un complimento galante, un dono...

All'Ovest, curiosamente, il sesso forte aveva una mentalità da sartina. Non pensava ai bagordi. Pensava al matrimonio.

Nei campi di minatori erano le donne a scegliere lo sposo. Potevano divorziare, risposarsi, ridivorziare a piacimento. Tradire i mariti? In completa impunità. Derubarli, assassinarli... Mai fino a quel giorno una corte del Nevada aveva condannato una gonnella. La dama, purché fosse di razza bianca, se la cavava, indenne, con le scuse rispettose dei giurati.

La clemenza, il rispetto e, in molti casi, l'autentica cavalleria degli uomini dell'Ovest si spiegavano con la tremenda carenza di cui soffrivano: in tutto il distretto attorno al Reese River le donne erano cinquantasette. Cinquantasette donne per quattromila uomini. Cinque avevano meno di dieci anni, dodici erano prostitute. Anche le più anziane, sulla trentina, trovavano tanti partiti quante erano le concessioni sulla montagna. Bisognava fare in fretta. Acciuffare la dama appena scesa dalla diligenza. La cerimonia del matrimonio durava quanto il fidanzamento: sessanta secondi.

«Tu lo vuoi?».

«Sì».

«Tu la vuoi?».

«Sì».

«Affare fatto. Un dollaro, prego».

Quando Fanny, labbra tagliuzzate dal vento, occhi arrossati, capelli arruffati, saltò giù da cassetta, un silenzio quasi religioso cadde su Austin. Non una battuta. E neppure il rumore di uno che continuasse a masticare tabacco. Immobile e muta la folla dei minatori, appoggiati alle ruote che servivano da parapetto all'International Hotel, la guardò aprire la portiera e prendere fra le braccia una bimba. Le due si piantarono al centro della strada. La luce livida della luna le avvolse in un'aureola. Non un soffio d'aria. Notte di piombo. Erano sole. Gli altri viaggiatori erano scesi nei campi lungo il percorso. Per un istante Fanny esitò. I minatori colsero quell'istante per avanzare. Tutti assieme in un sol moto la circondarono. Senza aggressività. Ma con sguardi avidi. Lei non si mosse. Ne approfittarono per stringerla più da vicino, sfiorandola, serrandola, spingendola. A malapena li sentiva. Immobile, li squadrava. Nei suoi occhi febbrili c'era la stessa fretta, lo stesso desiderio che vedeva nei loro occhi. Sbatteva contro l'uno o l'altro, cercando ingorda sotto tutti quei cappelli, dietro tutte quelle ciocche e quelle barbe tagliate col coltello, gli occhi, la bocca, il corpo di Sam.

Infine la pressione della folla le fece perdere l'equilibrio. Fece un passo e avanzò, come un'incerta farfalla, verso la luce dell'hotel. I ranghi si schiusero, rispettosamente. Lei passò. Fu allora che in controluce sulla porta apparve un'alta figura, braccia aperte a croce per respingere le ante del saloon. Belle fu la prima a riconoscerlo.

«Papà!».

Caddero contro di lui, che le tenne serrate entrambe in una stretta. Non parlarono.

Lui non chiese nulla del viaggio. Lei non raccontò nulla. Non una parola per dirsi con quanto fervore avessero atteso. Quanto avessero sentito la sua mancanza.

Rannicchiata, acciambellata contro di lui, lei teneva gli occhi chiusi, la fronte alta, le labbra posate sul collo dell'uomo che amava. Respirava la dolcezza molto particolare della carne di Sam, una pelle meravigliosamente liscia e calda, la pulsione regolare del sangue nella vena, il cuoio e il miele del tabacco, quel profumo diverso da ogni altro, l'odore di Sam...

E sotto la barba che non gli conosceva sentì le labbra di Sam che le sfioravano le labbra. Un bacio furtivo. Lei ci affondò come in un'acqua tiepida e profondissima.

Dolcemente lui la staccò da sé e, issandosi Belle a cavalcioni sulle spalle, le portò via.

«Era la moglie di Sam» commentò un minatore.

La folla guardò le loro figure inerpicarsi verso la parte alta di Austin e, malinconica, si disperse.

Contro ogni logica non furono né sorpresi né delusi l'uno

dall'altra. La riunione procurò loro l'immensa felicità che si aspettavano.

Le avventure che Sam aveva vissuto senza di lei, le esperienze fatte da Fanny durante il viaggio e la sua nostalgia della famiglia, della comodità, della sicurezza – nulla si frappose. Lei non sentì l'infinita tristezza del campo, non soffrì della povertà, della solitudine.

Si ritrovarono vicini come un tempo, forse anche di più... La personalità e la presenza di Sam davano a Fanny quel che si aspettava dalla vita. Ad Austin tutto fu come aveva sognato.

II

La moglie di Sam

Non è mai oro quel che luccica.
Aforisma di cercatore

Austin, luglio 1864 – marzo 1865

Biondo, la riga da una parte. Zigomi sporgenti. Labbra carnose. Occhi chiari, probabilmente molto azzurri, a mandorla. Nell'espressione qualcosa di benevolo e straordinariamente sognatore. Sam Osbourne, nelle rare foto che ho visto, sembra un gran bell'uomo.

Mi colpisce anche, in lui, la mescolanza interessante, quasi commovente, di virilità e infanzia, forza e assenza.

Il ricordo che ha lasciato nell'Indiana, la sua reputazione al Bohemian Club di San Francisco, la qualità degli amici, la loro fedeltà alla sua memoria, me lo rendono simpatico. Simpatico anche per l'adorazione di cui sono testimonianza le parole dedicategli dalla figlia. Belle, sempre sensibile all'estetica, non risparmia elogi alla bellezza fisica e morale del padre. Quarant'anni dopo l'incontro di Austin lei lo descriverà come le era apparso quell'estate, forte e grande quanto Fanny era piccola, biondo quanto lei era bruna, spensierato, tenero e leggero quanto lei poteva essere intensa.

Per quanto ne so, la parola che riassume Sam Osbourne dovrebbe forse essere "fascino"... Affascinante perché espansivo, senza nessuna traccia di meschinità o di fanatismo.

Affascinante anche perché inafferrabile.

Contrariamente agli altri cercatori, in maggioranza immigrati della prima generazione, privi di terra e di casa, poveri cristi che avevano tutto da guadagnare nelle miniere o disertori dell'uno e dell'altro esercito o assassini che in quella regione isolata si nascondevano alla giustizia, Sam Osbourne era ufficiale, laureato in giurisprudenza, di buona famiglia. Avrebbe potuto benissimo continuare a prosperare nell'Indiana. L'impiego alla Corte Suprema dello Stato, i buoni rapporti con i suoceri, la felicità coniugale l'avevano del tutto appagato – fino alla guerra di Secessione. Come molti soldati era tornato "diverso", incapace di reinserirsi nelle abitudini quotidiane, incapace, direbbe qualcuno, di mettere radici.

Era instabile. Neppure Belle potrebbe negare che correnti oscure, richiami morbosi e dolorosi si nascondessero sotto la salute e l'apparente semplicità di suo padre. Sospetto che proprio tali forze abbiano sedotto Fanny.

Nulla costringeva Sam a esiliarsi in capo al mondo. L'oro in quanto tale non gli interessava. E se la prospettiva di fare fortuna lo inebriava, se pensava ai mille modi in cui avrebbe speso il denaro, in fondo il successo o lo scacco delle sue imprese lo lasciavano abbastanza indifferente. Perché allora dissiparvi tutti i beni? Perché rischiare in quel canyon sinistro la propria vita e quella dei due esseri che adorava? Nulla lo costringeva. Nulla, se non il gusto del rischio, dell'erranza e del sogno.

Il marito di Fanny era probabilmente uno dei rari autentici avventurieri di Austin.

Lei parlerà poco di lui – le era troppo vicino! Muta, come sempre, sulle proprie emozioni.

Ma all'epoca in cui incontrerà Ned Field, Fanny Stevenson sarà spietatamente critica del primo marito. Il giovane Ned si guarderà bene dal farle notare che in un uomo né la coscienza a posto né la comodità né il denaro l'avevano mai sedotta. La sicurezza – qualunque cosa ne dicesse a settant'anni – non le interessava. D'istinto amava i vagabondi, i giocatori e gli idealisti. Gli esseri che inseguivano un sogno. Quelli come Sam

Osbourne – e come Robert Louis Stevenson – che cercavano l'avventura per l'avventura. Persino quelli come Ned Field, che a ventiquattro anni diventerà il compagno di una donna di quasi mezzo secolo più vecchia, di cui più tardi sposerà la figlia quinquagenaria.

Ned Field nelle sue osservazioni non sottolinea che proprio la precarietà e l'irregolarità della loro situazione, l'incoscienza, il coraggio, il granello di follia, piacevano di lui a Mrs Stevenson. L'ultimo affetto di Fanny ha più di un punto in comune col primo. Similitudini che Ned preferirà tacere: nel confronto perderebbe troppo.

Fra Fanny Vandegrift e Sam Osbourne i sentimenti avevano messo radici al livello più profondo.

Nulla di fugace nel loro amore. Nulla che non fosse essenziale a entrambi. La loro passione avrebbe resistito a lungo alle circostanze. Esclusiva da parte di lei, pacata da parte di lui.

* * *

Calura senza umidità. Sole allo zenit. Non un movimento. Nessuno sui sentieri. Non un cane, non un gatto, neppure mule nei fienili. Nei capanni non c'era anima viva. Qua e là tuttavia gli avanzi di una prima colazione, una tazza rovesciata, una caffettiera, un sacco a pelo aperto, una camicia in terra. Fossilizzati. Sulla montagna soltanto le centinaia di cartelli, le pale infilzate in verticale e le piccole piramidi di sabbia che parevano vibrare nell'ardore di luglio. Ma sulle piattaforme e attorno ai pozzi, nulla. Uomini e bestie si davano da fare in fondo alle gallerie. Dall'alba al tramonto, ogni giorno dell'anno, il campo restava morto e muto. Non un respiro. Non un grido. Il silenzio. Chi ascoltava davvero sentiva salire dal fiume colpi sordi e intermittenti.

In ginocchio su un masso Fanny batteva il bucato. Il letto

del fiume era secco, ma fra le pietre ristagnavano pozzanghere color ocra.

Collo e braccia nudi, in un bagno di sudore, i capelli raccolti dentro il vecchio feltro di Sam, lei batteva, sfregava, sciacquava, ricominciava. L'acqua, ricca di alcali, non lavava. Era salata e non potabile.

Non c'era acqua, né pane né zucchero né caffè. Austin, troppo lontana dai mercati, mancava di tutto. Il sostentamento della famiglia Osbourne, l'organizzazione della sua vita, dipendevano esclusivamente dall'inventiva di Fanny. Creare il gusto dello zucchero, fabbricare lievito col bicarbonato, caffè a base di crusca, sapone di lardo: elaborazioni che richiedevano giorni, talora mesi. Senza medico e senza farmaci, come curare la tosse di Belle, una diarrea, un taglio infetto? Lei osservava gli indiani, il loro modo di usare piante e radici.

Gli indiani. I minatori facevano di tutto per non vederli, Fanny invece aveva la sensazione di vivere in mezzo a loro.

Appena Sam spariva sotto terra i paiute appiccicavano le facce alle finestre di casa. Il mento tatuato, le pinne del naso attraversate da righe rosse che arrivavano alle tempie, testa e torso nudi, senza penne e senza collane. Ma armati. Coltello alla cintola, fucile sulla schiena.

Uomini, donne e bambini andavano ad accalcarsi contro i vetri. La guardavano attendere alle faccende domestiche. Per ore intere seguivano con lo sguardo ogni movimento, commentavano a bassa voce ogni minimo gesto. Lei fantasticava di cacciarli via ma non osava. Li sapeva fieri e li temeva.

Forse in lei, nella sua pelle olivastra, nelle pupille scure, nella chioma che portava spesso a treccia sulla schiena, riconoscevano una donna della loro razza. Sam, semiserio, temeva un rapimento. Forse desideravano soltanto il "caffè" che lei finiva per offrirgli dalla finestra. Porgeva loro una tazza, una sola per volta, con freddezza. Stesso riserbo e stessa timidezza nella donna bianca che offriva la bevanda e negli indiani paiute che accettavano severi. Da una parte e dall'altra neppure un gesto teso a comunicare. Non un sorriso. Non una gentilezza. Tuttavia Fanny era la sola persona di Austin che si interessasse alle loro abitudini. La sola, oltre Sam, che nei loro confronti non provasse alcun senso di superiorità.

Appena bevuto il caffè sparivano. Di solito la scomparsa era un sollievo. Ma l'assenza prolungata degli indiani poteva significare preparativi di guerra e massacro dei bianchi. Da una settimana non li vedeva! Anche gli shoshone, che di solito incontrava al fiume, erano spariti.

Con il mestolo da lavandaia sollevato, si immobilizzò. Aveva udito qualcosa dietro la schiena, come ghiaia smossa.

Fra le rocce strisciava nella sua direzione un serpente a sonagli. Lei attese con le mani sulla biancheria, la testa stretta nelle spalle, il corpo inarcato. Il serpente si avvicinava, lo sentiva a meno di un metro dalle caviglie. L'avrebbe morsa. Un crepitio di trottola, il serpente si rizzò.

Chi sarebbe riuscito a vederla sfoderare a quella velocità, voltarsi, mirare, tirare? La testa del rettile esplose. Ucciso a bruciapelo. Il corpo continuava furiosamente a contorcersi fra le gambe di Fanny.

Il rinculo le aveva fatto perdere l'equilibrio sbattendola contro i massi. Schiena raschiata, sanguinante. Ma lei esultava... Tanto abile con la Colt Navy calibro 41, la più micidiale fra le pistole, quanto rapida con la Derringer da tasca! Sollevò uno sguardo trionfale verso lo strapiombo delle miniere... Che si aspettava di preciso? Un'ovazione? Non c'era nessuno. Nessun minatore era uscito dalle gallerie. Neppure Sam, ammettendo avesse sentito lo sparo, emergeva per informarsi della sua sorte. Così era la vita di una pioniera fra i cercatori d'oro: aspra, sfibrante. E, soprattutto, tremendamente solitaria.

L'idea di rimproverare Sam non la sfiorava. Mai una parola, uno sguardo o un sospiro che esprimessero il sia pur minimo rimpianto per il benessere di un tempo.

Da quando l'aveva raggiunto Fanny pensava soltanto a una cosa: ricreare per lui un nido confortevole. La comodità di Sam, gli agi di Sam. La serenità di Sam. Si era data da fare per trasformare la capanna di tela e carta in cui l'aveva portata, senza stufa, senza mobili e senza neppure finestra – un antro – in una casetta con l'orto... in quel paesaggio arido! Tavolo, sedie, letti, aveva fabbricato tutto con le sue mani. Si era messa al lavoro, efficace e riservata.

Questo carattere da formica, quest'indole protettiva, rendeva Fanny estremamente attraente agli occhi degli uomini. Sam Osbourne, come Stevenson e come Ned Field, era uno di quei giovani maschi molto virili che amano ci si occupi di loro. Lei era una di quelle donne, a un tempo misteriose e terragne, che tessono un bozzolo attorno a chi gli sta vicino. Bozzolo che Stevenson e gli altri avrebbero trovato rassicurante. Bozzolo che un giorno i suoi detrattori avrebbero definito soffocante. Manifestamente non ne avevano sperimentato l'incantesimo...

È vero che senza parere lei imprimeva il proprio marchio.

Tre mesi dopo l'arrivo aveva già messo a soqquadro la vita del campo. Soltanto per la gioia di Sam. Sette estati dopo il primo incontro lui continuava a incarnare per lei l'unico uomo al mondo, l'amante. Per lui lei era la sposa. Sposa ammirata, sposa rispettata, che rendeva concreta l'immagine diletta della famiglia e della casa. Belle tuttavia stava fra loro: Fanny tendeva a escludere la bambina dal rapporto col suo uomo, Sam comprendeva totalmente la figlia nella tenerezza che rivolgeva alla moglie.

"La moglie di Sam". Col suo sorriso da sfinge, la capacità di ascoltare e tacere, la prodigiosa efficienza in un universo dove sapersi trarre dagli impacci poteva cambiare o salvare una vita, il senso pratico e la fantasia, lei apparteneva a quella specie d'esseri che gli uomini pongono su un piedistallo. E se le rare donne della regione l'avevano subito trovata altezzosa, i minatori la ritenevano "ideale".

Con gran gioia di Sam, che da dopo la guerra nulla amava

quanto il cameratismo maschile – gli amici, i compagni, i sodali – tutta Austin affluì a casa sua, che divenne il centro della vita sociale, un rifugio dove si assaporavano i piatti che la padrona riusciva ad architettare, si discuteva il rendimento delle miniere o si giocava agli indovinelli e i minatori nostalgici cantavano arie del loro paese... Nulla di intellettuale, nulla di artistico. Ma a quegli uomini che di rado le compagnie teatrali andavano a distrarre, che nessuna piacevolezza del vivere rincuorava, l'arrivo della moglie di Sam mutò l'esistenza. Incarnò il sogno cui non potevano ambire in quella solitudine. E lei, amando essere amata, li accolse tutti, riunendo in sé i ruoli di confidente, di consigliera e di dea. Così in quel campo minerario nel cuore del deserto, a centinaia di chilometri dalla città più vicina, Sam godeva delle raffinatezze della civiltà, di ciò che in altri luoghi e in altra epoca avrebbe chiamato il suo "club" e che lei un giorno avrebbe chiamato "un salotto".

* * *

«Tu sei figlia dell'amore, Belle» mormorò Sam all'orecchio della bambina. «Per questo sei bella...».

China su un tavolo a poca distanza Fanny, che tagliava uno dei suoi vestiti per farne tende, sollevò su di loro gli occhi color mora. In quell'istante fu sopraffatta dalla certezza che mai in questo mondo avrebbe potuto essere più felice.

Sam aveva appena finito di leggere ad alta voce *La Bella e la Bestia*, il loro racconto preferito. La notte di settembre scendeva tardiva e calda. Lui si dondolava dolcemente, tenendo accucciata su di sé la figlia, quella bambina che somigliava in tutto e per tutto a Fanny, bruna come lei, minuscola per la sua età, elegante e sfrontata...

«...Per questo» continuò lui con tenerezza, «tu sei così bella e allegra. Perché tua mamma e io ti abbiamo desiderata durante la nostra luna di miele».

Lo sguardo di Sam corse gioiosamente su Belle e si aggrappò agli occhi di Fanny. Le sorrise. L'affetto, la complicità, il desiderio: nel calore di quel sorriso riconobbe quel che anche lei provava. Fanny tentò di restituirglielo ma, incapace di sostenere la violenza della propria emozione, abbassò bruscamente il capo. Turbata guardò senza vederlo il calicò semitagliato sul tavolo. Non era cosciente d'altro che non fosse la presenza di Sam. Lui si alzò e portò delicatamente la bambina già addormentata verso il piccolo materasso posato a terra. Poco importava che Fanny potesse scorgere dall'unica finestra, per cui tagliava le tende, una decina di piccoli fuochi nella notte. E nubi di fumo che salivano a singhiozzi verso il cielo stellato. Dappertutto segnali di fumo, nel cuore della montagna. Poco importava che la tribù degli shoshone si fosse alleata con quella, più bellicosa, dei paiute. Allo scopo, si diceva, di attaccare tutti i campi dei bianchi attorno al Reese River. La notte precedente erano stati massacrati i minatori di Hangtown, venti chilometri più a nord. Nessun sopravvissuto.

Messa a letto la bambina Sam staccò il fucile e lo caricò. Caricò anche le due pistole che aveva ai fianchi. Poi allacciò il cinturone intorno alle anche di Fanny. Cominciava la terribile veglia dei pionieri in territorio indiano.

Lei aveva già imparato a convivere con la morte. Chi passeggiava nel territorio di Austin e leggeva le date e gli epitaffi sulle tombe, si accorgeva che nessuno degli occupanti aveva compiuto venticinque anni e che tutti erano finiti malamente. Ma ciò che ossessionava gli incubi di Fanny erano i racconti delle donne della regione. Durante la loro prima e unica visita le avevano raccontato con molti dettagli le torture inflitte dai paiute a una delle vicine, la povera signora Patterson. Stuprata da tutta la tribù. Il tatuaggio, una poltiglia rossa e nera che ormai le ricopriva il mento come una barbetta sanguinolenta. Le bruciature. Il naso era stato bruciato fino all'osso.

Sam conosceva il destino che attendeva moglie e figlia.

Sapeva che alla prima spallata, alla prima grandinata di frecce o di pallottole, la capanna sarebbe crollata.

Il che non gli impedirà di ricordare quella nottata come la più bella trascorsa nel Nevada.

Attorno alle undici, grida di guerra e colpi alla parete lo agghiacciarono di terrore. Fanny, perdendo di colpo il sangue freddo, scaricò le due pistole – dodici proiettili contro la porta...

Dopo gli ultimi colpi la finestra, con tutto un pezzo di parete, si staccò e precipitò nella notte. Esposta e disarmata Fanny si trovò di fronte a un gruppo di indiani appiattiti a terra. «Da Lloyd!» urlò Sam spingendola verso il pendio. Lei si lanciò. Lui afferrò Belle. Barcollando e cadendo corsero come forsennati fino al capanno più vicino. La violenza della loro intrusione parve non sorprendere né disturbare i due uomini che giocavano a carte attorno al tavolo.

«Gli indiani» eruttò Fanny in un parossismo di isteria.

«Due assi... a me il mazzo».

Sam barricò la porta, spazzò via le carte, capovolse il tavolo per bloccare l'ingresso. Nessuna reazione dei giocatori.

«Sacchi» ordinò lui, «per le finestre!».

Nulla. Scostandosi un po', gli ospiti guardavano passivamente Fanny nascondere la bambina sotto il paglietiriccio.

«Mi raccomando, sta' zitta... Anche se senti gridare, non muoverti!».

Coprì il letto con tutte le pietre allineate sulle mensole e, voltandosi verso il più giovane dei giocatori, un biondino chiamato John Lloyd, lesta gli prese la Colt. A quel gesto l'altro minatore si rannicchiò su se stesso, portò la mano alla bocca e singhiozzò, lei credette stesse per vomitare. Fuori i colpi e le urla erano ricominciati. Gli indiani accerchiavano il capanno. Infine il ragazzo che lei aveva disarmato si decise. Un accesso di follia. In un balzo attraversò la stanza, spostò il tavolo, aprì la porta e disse:

«Chiudete il becco!».

Brusco silenzio.

«...Basta così... Entrate!».

Belle non ricorderà l'espressione di Fanny. Ma il gigantesco scoppio di risa che salutò l'apparizione di una decina di minatori piumati e imbrattati resterà per sempre inciso nella sua memoria.

«È...» singhiozzavano fra gli attacchi di ilarità, «è uno scherzo! Ci siete caduti come novellini!».

«Banda di farabutti!».

Sam, gli occhi fuori dalle orbite, li guardava ansimante. Inspirò profondamente, riprese fiato, ridacchiò nervoso, poi esplose in una gran risata:

«Mi avete gabbato».

E prese a ridere come un matto, gli vennero le lacrime agli occhi:

«...Porca miseria... se ci ho creduto!».

Non un'esitazione. Non una protesta. La scoperta della burla degli amici lo sgravava dall'angoscia e in tutta sincerità condivise la loro euforia.

«...Quando la parete è crollata... Dio santo, ho creduto fosse giunta l'ora!» esultava. «Ho visto lo scalpo di mia moglie dondolare nella notte!».

L'allegria crebbe, si tramutò in una formidabile bevuta. Sam era abituato a distrazioni di quel genere, ne apprezzava l'umorismo.

Mascherarsi da banditi, derubare il proprio socio, farlo danzare di terrore per mezz'ora, era uno dei divertimenti tradizionali. Si divertivano come potevano, nel Nevada... Fra quei minatori non era il posto giusto per cardiopatici e permalosi. Statisticamente i due terzi degli *hold-up* erano scherzi dei migliori amici della vittima.

Anche Fanny non si adirò. Tacque.

Passato lo shock, aiutò Belle a uscire dal nascondiglio, la

mise a letto e la cullò. E quando nonostante il baccano la bambina si addormentò, la moglie di Sam si ritirò in un angolo e attese la fine delle libagioni.

Però mi stupisce che non abbia reagito. Che non abbia espresso una qualche indignazione. La donna che vivrà con Stevenson insorgerà contro ciò che giudica stupido e pericoloso. La moglie di Sam Osbourne pareva invece capace di digerire tutto, la gioia come il corruccio. Ma Fanny archiviava e non dimenticava nulla.

Fra la Fanny di Austin, che sognava soltanto i sogni di Sam e non aveva vita interiore, ambizione o idea che non fossero quelle del marito, fra questa Fanny e la strana sirena che Ned incontrerà a San Francisco, la distanza pare tale che arrivo a volte a chiedermi come l'una abbia potuto generare l'altra; e se posso sostenere di conoscere l'una o l'altra.

Qualche anno fa, rileggendo quel che Robert Louis Stevenson scrisse sulla moglie, sono capitata su un discorso che risponde, più o meno, alle mie domande: «La più diretta, la più maschile delle donne, potrebbe con vostro grande stupore» osservava Stevenson, «dispiegarsi come un telescopio, allungarsi a tronconi successivi in una sfilza di personalità, delle quali l'ultima in ordine di tempo pare non dover nulla alla prima».

E ancora doveva vederne, incarnazioni di Fanny! Temo che Sam non abbia avuto, o abbia avuto troppo tardi, intuizione dei baratri nascosti dai suoi silenzi.

Lei aveva appena vissuto lo spavento più grande della sua vita e continuava a temere un attacco indiano; lui aveva partecipato controvoglia a uno scherzo la cui pesantezza lo infastidiva; perciò il già citato John Lloyd si ritirò nello stesso angolo di Fanny e si chiuse con lei in uno stesso riserbo. Il mutismo in pieno schiamazzo, la coscienza del pericolo e la passività suggellarono quella sera fra i due un'amicizia che sarebbe durata vent'anni.

Con la carnagione troppo rosea, i ricciolini troppo biondi, il naso troppo lungo, le gambe troppo esili, John Lloyd soffriva della certezza di essere brutto. La sua bassa statura lo ossessionava. Manteneva dunque nei confronti del mondo una distanza per metà galante per metà compassata, sottolineata dalla regolarità molto ostentata delle abitudini.

Certo, beveva; ma sempre alla salute della regina! A ogni compleanno di Sua Maestà si lanciava nella preparazione di una sorta di pudding che assaporava a quattr'occhi con un minatore inglese. Avessero dato dell'inglese anche a lui, avrebbe tenuto il broncio per una settimana. Era gallese. Di che ambiente? Difficile a dirsi. Di sicuro né marinaro né contadino. Né figlio di papà in cerca d'avventure. John Lloyd detestava "l'avventura". Amava l'ordine e le tradizioni. Se aveva sete di ricchezza, era per ambizione sociale. Probabilmente di provenienza piccoloborghese, aveva continuato gli studi fino all'università. La necessità l'aveva costretto a emigrare. Fanny non riuscirà a saperne di più.

La loro relativa cultura, fra uomini che non sapevano leggere né scrivere, aveva attratto l'uno verso l'altro Lloyd e Osbourne. Ideologicamente erano su posizioni contrapposte. Di fronte a Sam, ex volontario dell'esercito yankee, Lloyd si voleva partigiano dello schiavismo e sudista. Poco importava. Austin era lontana dal mondo, la politica là era soltanto un pretesto per libagioni e davanti a una bottiglia i due si intendevano.

L'affascinamento, sempre tinto di diffidenza e gelosia, per la donna del migliore amico renderà John Lloyd incapace di affezionarsi a chicchessia fino all'età di cinquant'anni. E quando, rispettabile banchiere, finirà per sposarsi, romperà senza una spiegazione, e dall'oggi al domani, con quella coppia di vagabondi amati forse un po' troppo. Né Fanny né Sam faranno mai allusione ai sentimenti complicati di Lloyd. Ma daranno il suo nome al loro primo figlio.

* * *

Noi sottoscritti John Lloyd e Sam Osbourne siamo proprietari di una concessione di trecento piedi su questa vena d'argento, che si estende a nord e a sud di questo cartello, con tutte le sue diramazioni, angoli, inclinazioni e sinuosità. E di cinquanta metri di terreno da ogni parte della vena, per sfruttarla.

Questo pezzo di cartone, mezzo bruciato dalla neve e dal vento, davanti a una cavità, costituiva l'unico vestigio delle velleità minerarie di Sam.

«In fondo» riassunse alla fine dell'inverno 1865, «non sono fatto per il lavoro manuale...».

I paiute non avevano massacrato la sua famiglia, ma la dote di Fanny, i prestiti delle banche di San Francisco, le centinaia di dollari dati a più riprese da Jacob Vandegrift e da Jo, la vedova di George Marshall, erano stati inghiottiti dalla miniera. Un baratro. Dopo un anno di privazioni in quel buco, gli Osbourne erano debitori in tre Stati: Indiana, California e Nevada, e all'emporio avevano un conto più lungo delle loro gallerie considerate in tutta la loro estensione.

Quel mercoledì Sam e il socio emersero dal pozzo all'ora di pranzo. Sedettero fianco a fianco sulla piattaforma e, con la testa poggiata al vagoncino, si lasciarono scaldare dal sole di marzo.

«Vuoi che ti dica» riassunse Sam accendendosi la pipa, «il segreto, il vero segreto del successo nelle miniere d'argento?... È non lavorarle!».

«Giusto: non far nulla» approvò Lloyd che, piede alla bocca, tentava di tagliare coi denti il filo di un calzino.

«Parti tranquillo a sondare le montagne, godi del paesaggio, rompi qualche sasso sorseggiando una birra, trovi una vena ben satura d'argento... E vendi il filone agli schiavi del lavoro manuale, che invece si ammazzeranno a sfruttarla».

Sam sorrise al ricordo dei minatori imbecilli che nei giorni del viaggio a San Francisco gli avevano rubato la concessione. Ci si erano rotti la schiena e le corna. Non valeva nulla. Il tormento era che la seconda galleria, quella che scavava da sei mesi con Lloyd, pareva giovare soltanto a Belle.

Piccozza in spalla, la bambina spariva sottoterra ogni mattina. Al fianco del padre scavava il suo piccolo buco e a sera, miracolo, trovava metallo nel suo minerale. Là, fra due pietre – già amalgamato, fuso, coniato – un soldo!

«...Che vuoi, amico mio, né tu né io abbiamo anima da bruto».

«Da azionista sì» interruppe Lloyd. «Fare i cercatori, finito. Vendere agli indipendenti, finito pure. Ma comprare una quota di una grossa azienda... Una grossissima azienda che avesse la grana per importare dall'Europa i migliori geologi... per braccare la vena fino alle viscere della terra... per tuffarcisi dentro con centinaia d'uomini...».

Tacque e i due minatori stettero a pensare, per un attimo.

«Lo sfruttamento delle miniere d'argento costa probabilmente troppo...» ammise Sam. «Troppo per i minatori indipendenti e troppo anche per le compagnie di minatori...».

«Chi ti parla di minatori? I minatori non hanno più nulla a che vedere con la grana. Presto lavoreranno da salariati per aziende che li pagano, questo è tutto... aziende i cui fondi verranno dall'Est...».

Lloyd provava spesso ripugnanza a esprimersi. Si fermò, con lo sguardo spento. Silenzio. Sam, denti stretti sulla pipa, gli diede una gomitata.

«Continua... ti ascolto».

«Quando la guerra finirà, gli industriali dell'Est non avranno più bisogno del denaro per finanziarla... Si volgeranno verso Ovest... E io, per san Giorgio, sarò pronto a riceverli».

Sam fece spallucce: «I tizi di cui parli non hanno bisogno di noi... Non farai mai fortuna con loro».

«E con questa roba?».

Gli sguardi vagarono lenti sulle pendici spelacchiate. Le tende, giù in basso. I capanni miserabili con le botti di whisky a mo' di camino. I cumuli di scorie. I buchi. Guardarono il pozzo aperto alla loro destra. L'idea di ridiscendervi, di perforare per tutto il giorno, di posare qualche candelotto di dinamite, di rischiare di saltare in aria...

«Hai ragione» mormorò Sam. «Ne ho abbastanza. Qui non abbiamo neppure una possibilità».

Saltò in piedi, sbatté il cappello contro la coscia per far volare via la polvere, vuotò il fornello della pipa e concluse:

«Forza, tagliamo la corda!... Ho voglia di un buon bagno e di una bella sbornia in città... Torniamo alla civiltà».

Detto fatto: piantarono lì sei mesi di fatiche. Abbandonarono la miniera, le tonnellate di minerale estratto, i vagoncini, gli attrezzi da lavoro intrasportabili e scesero verso il campo. La conversazione, la prima del genere fra i due, si era svolta il 2 marzo attorno a mezzogiorno. All'alba del 3 la porta della casetta che aveva ospitato la felicità di Fanny sbatteva ai quattro venti.

Se lei facendo fagotto aveva immaginato che quella subitanea disfatta potesse significare "ritorno a casa", non aveva capito nulla della mentalità degli uomini dell'Ovest. Nessun minatore tornava al paese natio se non aveva fatto fortuna. Questione d'amor proprio e di sopravvivenza morale. Avevano sacrificato troppo per poter rinunciare: chi non capitolava la prima settimana non avrebbe capitolato mai. E più a lungo restavano, più si arenavano e meno tornavano. «Non ora... Non così vicini all'obiettivo». Perciò né Sam né Fanny avrebbero tanto presto rivisto la solida casa familiare sulla strada verdeggiante di Danville. In compenso sassi e cespugli di salvia non avrebbero avuto segreti per loro.

Quel mattino di marzo i paiute attesero invano la loro tazza di caffè. Finirono per servirsi da soli. A sera il tavolo, le sedie, i letti, gli oggetti che Fanny aveva fabbricato, le piante che aveva coltivato, tutto era scomparso nella montagna. Il resto, pale, zappe, stoviglie e i pochi bauli sfuggiti alle razzie di Aspinwall, era andato la vigilia a saldare i debiti più vistosi all'emporio. Sul tetto della diligenza traballavano soltanto qualche straccio e qualche giocattolo. Dodici ore dopo la loro partenza, ad Austin non restava più traccia del passaggio degli Osbourne.

Nulla alle spalle, nulla di fronte, senza rimpianti, senza progetti, sulla pista del Pony Express in direzione opposta a quella da cui erano arrivati, ripartivano da zero.

Virginia City, Nevada, marzo 1865 – dicembre 1866

Sette cimiteri d'uomini assassinati. Sette prigioni vuote. Centoventi saloon, ottocento prostitute e sedicimila litri di whisky smerciati ogni settimana. Là, in quel formicaio, in quel postaccio, si svolse il dramma. Virginia City. La città più violenta di tutto l'Ovest americano. La più grande comunità di alcolizzati del mondo. Uno dei sottosuoli più ricchi della storia...

Venti milioni di dollari di minerale estratti in quattro anni, trecento milioni nel decennio successivo.

Tartufi, caviale, astici. In pieno deserto, a migliaia di chilometri dalla Parigi di Napoleone III, champagne Mercier, orologi Boucheron, crinoline Worth.

Adah Menken, ultimo amore di Dumas padre, in un appartamento dell'International Hotel. Modjeska, famosissima attrice, sul palco del Piper's Opera. Mark Twain alla redazione del *Territorial Enterprise*. Virginia City. La Mecca degli artisti. L'Atene dell'Ovest. L'Eldorado dei cacciatori di taglie, dei giocatori di professione e degli avvocati corrotti. Una torcia fra cielo e pietra.

Visibili da ogni luogo nel cuore dell'immensità grigia,

grandi edifici di mattoni. Fustaia fumante di ciminiere d'officine. Costruzioni rosse di legno, banche, borsa, bordelli, false facciate a strapiombo sul vuoto.

A duemila metri di altitudine: un braciere.

In lontananza, addossate a un velo blu da vergine, le nevi eterne.

In primo piano un'immensità di colline dove i laghi luccicano come lune imprigionate. Un'aria tanto rarefatta e tanto leggera che fa palpitare il cuore e fischiare le orecchie. La vibrazione continua del cristallo.

Fanfare, pompieri, cortei, revolver, militari, ottoni, speroni, sciabole – una colata incandescente sulla scacchiera in pendenza delle strade principali e delle viuzze. Ventimila persone in totale, su una superficie di meno d'un ettaro. E otto livelli di gallerie nel sottosuolo, un dedalo che affonda fino a novecentoquattordici metri nelle viscere della terra!

I minatori di Austin non ne avevano idea...

Qui la più piccola miniera sulla Comstock Lode – la vena madre – impiegava seicento uomini, in tre turni, ventiquattr'ore su ventiquattro.

Giorno e notte, eternamente come martelli d'orologio, le piccozze colpivano, la dinamite esplodeva, la morte falciava.

Alle otto, alle quattro e a mezzanotte, lampada e spuntino in mano, caschetto sulla testa, brache rosso vivo e torso nudo, i minatori di Virginia City si stringevano a due o tre per volta in gabbie che li facevano scendere in verticale per quasi un chilometro. Interminabile.

Vapori. Gas. Soffocamenti. Con la profondità il calore aumentava. Se inavvertitamente i gomiti toccavano la parete del pozzo: ustioni di terzo grado.

All'ultimo livello il termometro indicava +65° C. L'inferno. Ci dovevano sopravvivere per otto ore. Dopo trenta minuti in quella fornace il cuore cedeva. Facevano dunque pausa ogni mezz'ora e si precipitavano nella "camera fredda", dove fondevano giganteschi blocchi di ghiaccio. Si sfregavano contro il ghiaccio. Si rotolavano fra i ghiaccioli, li leccavano, li succhiavano e, per finire, si vuotavano le catinelle sulle mutande. Erano previsti cinquanta chili di ghiaccio a persona al giorno. Due camere fredde a galleria. Ma qualche minatore sveniva sempre da qualche parte... Se perdeva i sensi sul montacarichi che lo riportava in superficie, sprofondava nel vuoto.

«Io non sono fatto per il lavoro manuale». Stavolta Osbourne e Lloyd lo tennero per detto.

Tornando al suo primo mestiere Sam aveva trovato un impiego da cancelliere alla Corte, che teneva cinque o sei sedute al giorno. Se la giustizia di Virginia City era venduta, guadagnava bel denaro.

Scriveva Sam a Jacob Vandegrift:

Carissimo babbo,

la buona creanza anzitutto, poi il piacere, come diceva Riccardo III *radendosi prima di assassinare gli infanti nella Torre... Vorrebbe essere tanto gentile da chiedere a Jo di cercare nel mio secrétaire, nella fattoria, le carte militari di uno dei miei uomini, il capitano Plum, e di spedirgliele? Mi ha scritto una lettera di otto pagine su Gesù, gli apostoli, la Bibbia, e chiude chiedendomi il certificato di congedo... Grazie.*

Dica anche a Jo che ho con me le carte di George – fra le altre, il suo attestato firmato da Lincoln. Troppo prezioso per affidarlo alle poste. Fanny glielo riporterà quando verrà a trovarvi.

Vorrei che Fanny e Belle tornassero alla fattoria quest'autunno. Le manderò per la via di Panama se riesco ad avere il lavoro di amalgamatore in uno degli impianti di raffinazione – nulla da spartire con la mescolanza di bianchi, neri e indiani... Amalgamare è un procedimento per separare l'argento dal mine-

rale – per me il primo passo verso la direzione di una miniera. Un sovrintendente qui guadagna cinquecento dollari al mese!

Se non riesco ad avere il posto, a gennaio sarò senza lavoro e dovrò darmi maledettamente da fare. Fanny invece si arrangia magnificamente. Va a cucire tutti i giorni dai nababbi della città e veste tutti i bambini ricchi del Nevada. Le madri, che escono ogni sera, se la contendono perché badi alla loro progenie a domicilio, insomma guadagna quattro dollari a sera, la giornata di un minatore. Aggiunga che gioca a carte come un giocatore professionista. Ieri ha vinto quaranta dollari. Dovrebbe vederla mescolare, smazzare, dare le carte – e vincere! Le ho detto che era l'ultima volta che giocava a soldi. Ma è troppo presa. Impossibile fermarla.

Nessuna lettera in tutta la vita mi ha fatto più piacere della sua. Al suo posto la maggior parte dei genitori avrebbe accoppato un genero che getta migliaia di dollari – dollari loro – dalla finestra. Sia certo che la rimborserò fino all'ultimo centesimo. Oppure resterò qui a tentare di guadagnarli fino al Giorno del Giudizio.

Non voglio tediarla coi ringraziamenti. Ma cercherò di dimostrarle che sono sensibile alla sua gentilezza. Cercherò di dimostrarle quanto le sono riconoscente. Quando tornerò a casa avrò pagato tutti i debiti.

Lavoro sempre come cancelliere da Squires Mills. Purtroppo guadagno soltanto centocinquanta dollari al mese. Ma se ottengo il posto di cui le parlavo, potremmo avere dai due ai trecento dollari al mese.

Tutto considerato, non potrò tornare con Fanny quest'autunno. Lei si taglia già dei vestiti in previsione del ritorno. Soprattutto: Betty attenda il suo arrivo, per sposarsi! Non può immaginare quanto sia contenta di essere con tutti voi per le nozze.

Che tipo di cavallo sta addestrando per Belle? È stata un po' malata. Fanny l'ha portata a riposare una settimana in valle e ora va tutto bene! Ma quanto ci manca la fattoria!

Jo, perché non scrivi? E tu, piccola Cora? E Jake? E Nell? Ho scritto a tutti voi e non avete risposto. Forse le mie lettere finiscono in mani shoshone o paiute; gli indiani hanno ostacolato parecchio il servizio postale, in quest'ultimo periodo.

Mi piacerebbe stare in veranda con lei, babbo. Fumeremmo all'ombra delle rose, mentre le galline razzolano in cortile, i cani ci ronzano attorno e alle nostre spalle è in preparazione il pranzo.

Peccato.

Ma saremo presto fra voi. Se non tutti, qualcuno di noi...

Scriveteci e teneteci per gli affezionatissimi vostri figlio e figlia.

Sam

Non una parola vergata da Fanny. Neppure un post scriptum, un arrivederci, un «baci» o una firma.

Questa lettera tipica dei rapporti di Sam con la famiglia della moglie – affetto e inquietudine, preoccupazioni di denaro e promesse – non dice nulla della loro vita vera a Virginia City.

Parla tuttavia di problemi di salute. Cita un viaggio di Fanny e Belle a San Francisco. Tace quel che è capitato durante la loro assenza, e quel che capita da quando sono tornate a Virginia City.

* * *

Una ventina di giorni dopo l'insediamento degli Osbourne a Virginia City, un'epidemia di scarlattina aveva messo in subbuglio la città. Sam e la sua famiglia abitavano allora in una casetta di legno bianco, prefabbricata, come ne esistevano centinaia alla periferia di Virginia City. Ottanta metri quadri terreno compreso, chiusi da una piccola staccionata. Un portico, due stanze e la cucina sul giardinetto. Fanny aveva dato la caccia a tavole, barili e chiodi, aveva segato, piantato, tagliato e cucito. *Home sweet home*, tendine a fiori e sedie a dondolo, un nuovo nido. E l'amico Lloyd ogni sera a far bisboccia.

Quella mattina, al momento di uscire di casa per andare a cucire da una cliente, Fanny notò che Belle non mangiava di buon appetito.

«Non hai fame?».

«Non tanta...».

Lo sguardo scrutò il viso congestionato della bambina.

«Sei malata?».

«No...».

Preoccupata Fanny prese la bambina con sé, come faceva sempre quando andava a lavorare fuori casa. Quel giorno la bambina stette prostrata ai piedi della madre, non giocò come al solito. Tornarono a casa e a sera Belle delirava.

«Vado a cercare un medico!» esclamò Lloyd. Era tornato a cena con Sam che con gesto brutale lo trattenne per la manica.

«Stai qua, nessun ciarlatano si avvicinerà a mia figlia...».

Durante la guerra Sam aveva dato una mano ai medici durante salassi e amputazioni; e da allora manifestava il massimo disprezzo della professione medica. Era il suo unico pregiudizio.

«...Soltanto Fanny conosce la costituzione di Belle... Se qualcuno può salvarla, è Fanny».

Soltanto Fanny!

«Ci vuole un dottore» insistette Lloyd, «i bambini muoiono, qui attorno».

«Per l'appunto...» replicò Fanny.

China sulla figlia, attentissima al minimo respiro, la vegliò e la curò. Non dormiva, non mangiava quasi nulla. Gli uomini tentavano di darle il cambio, ma finivano sempre per assopirsi.

Alla fine della seconda settimana, mentre spremeva un acino d'uva sulla lingua gonfia della bambina, la sentì sussurrare: «Ancora, mamma». Le prime parole dall'inizio della malattia.

Quando Fanny le ebbe stillato in bocca tutto il grappolo, la piccola parve soddisfatta. Riposava calma. Quella sera la febbre passò. Belle era salva e Fanny crollò.

Sfinita lasciò che Sam mandasse entrambe in convalescenza in riva al mare, dalla famiglia di uno dei suoi tanti amici. All'alba dell'8 aprile 1865 le sistemò sulla diligenza per San Francisco.

Partivano controvoglia.

«Tutte e due avete bisogno di riposo» sussurrò stringendo le loro piccole mani.

Vedendo il fervore dei loro visi, la fissità degli sguardi, lo sconforto, il cuore di Sam ebbe una stretta. Gli attraversò la mente il pensiero che con loro se ne andasse la sua felicità e l'intuizione che quella separazione segnava forse la fine di un'epoca, che quella partenza poteva essere definitiva... Non volle pensarci.

I cavalli, innervositi dall'attesa, si impennarono. Un grido. Sam vide Belle e Fanny proiettate in fondo alla vettura. E già la diligenza filava in C Street, attraversava in un baleno la città in letargo, scompariva dietro la curva, scendeva a precipizio verso il deserto. Non avevano avuto il tempo di dirsi ciao!

Sgomento, vuoto, Sam restò piantato in mezzo alla via. La malattia di Belle, la stanchezza di Fanny, la tristezza, la tensione di quelle ultime settimane avevano messo a dura prova anche lui.

D'improvviso una vampa di gioia lo prese: era finita! Belle stava benissimo. Fanny si sarebbe ripresa. La vita ricominciava. La vita che preferiva: poteva nuovamente ridere e divertirsi...

Divertirsi, dalla guerra in poi, per Sam significava amici, sbronze e prostitute. Le donne non mancavano, a Virginia City. Subito il pensiero di una puntata al casino, a quell'ora, lo rallegrò. Valorosamente resistette e andò a lavorare.

Per strada, fra i rari passanti del primo mattino, riconobbe con sorpresa il musetto di Betty Beaumont Kelly, una vedova giovane e graziosa incontrata una volta sulla nave fra New York e Aspinwall.

«Guarda guarda...».

Mrs Kelly l'aveva aiutato a curare George Marshall negli ultimi giorni. Sam le era grato. Era stata bravissima con George. E bravissima anche con Sam, quando George l'aveva lasciato. Si erano persi di vista a Panama, ma ritrovati all'Occidental Hotel di San Francisco. Una notte, una sola notte passata assieme. Ne avevano entrambi un ricordo piacevole e privo di conseguenze.

«Che ci fa lei qui, in questo buco?».

Betty disse che gestiva una pensione per minatori, sì, proprio là, in C Street. Appena avviata. Aveva fatto le cose in grande, ordinando i mobili a San Francisco. Ma, catastrofe, i mobili non arrivavano! Perciò il salotto era spoglio, le camere senza brocche né catini. I clienti si lamentavano, lei rischiava il fallimento ancor prima di aver avuto il tempo di rientrare dei costi. Fu naturale per Sam proporle in prestito i propri mobili. Poteva prendere le sedie, le stoviglie, anche le tendine: in assenza della moglie e della figlia, non aveva bisogno di nulla. Mrs Kelly accettò, li avrebbe tenuti soltanto fino all'arrivo delle sue casse. Tuttavia ci teneva a ospitarlo, così che non ne fosse danneggiato.

Sam non avrebbe saputo ricordare quel che poi accadde. Non più degli altri ventimila abitanti di Virginia City. Avrebbe potuto soltanto dire che il 10 aprile, in un mattino piuttosto nebbioso, aveva sentito suonare le campane delle chiese. Tutto ciò che poteva crepitare, due cannoni della caserma, le centinaia di fucili, le migliaia di revolver, i chili di dinamite rimbombavano in C Street. La gente correva per strada, si assembrava, urlava. La novità, la straordinaria notizia della resa del generale Lee con tutto l'esercito sudista, era appena arrivata per telegrafo. Aveva fine il conflitto più micidiale della storia americana – per gli Stati Uniti più micidiale della Prima e Seconda guerra mondiale del secolo successivo. E il partito di Sam, a Virginia City, aveva vinto...

Subito le miniere e tutte le attività si fermarono. Tutte, eccetto i centoventi saloon. Un oceano di whisky sommerse la città. Fu la più formidabile bevuta del Far West. Ventimila persone ubriache fradice per cinque giorni e cinque notti.

Al mattino del sesto giorno i canali di scolo erano disseminati di corpi ammassati e ronfanti. Un secondo telegramma arrivò all'ufficio della Western Union:

Il presidente Lincoln assassinato a teatro.

Poi, in subitanea sequenza, due dispacci:

Il presidente Lincoln morto alle 8 e 30 di questa mattina.

Referti contraddittori. Presidente morto alle 9 e 22.

Poi più nulla. Nessuna notizia, per quarantotto ore. Virginia City, stupefatta, cessava di comunicare col mondo.

Due sommosse erano scoppiate a San Francisco. La folla devastava i giornali sospettati di simpatie sudiste. Era stato proclamato lo stato d'assedio. Nel panico, il telegrafo era stato isolato.

Così Fanny, travolta dagli eventi, rientrò senza avvertire. Quel che avrebbe trovato, dopo meno di una settimana di assenza, l'avrebbe sorpresa.

* * *

Entrando in casa non capì. Vuota. Neppure un mobile. Nulla. Anche la stufa era sparita; la canna fumaria pendeva dal tetto, una gran chiazza di fuliggine sul tavolato. E nessuna traccia di Sam.

Uscì, fece due volte il giro del fabbricato, come un animale disorientato, tornò a piantarsi in mezzo alla stanza che una volta era stata il salotto.

Immobile e coperta di polvere, lo zaino di stoffa ai piedi, la figlia stretta contro la crinolina, cercava con lo sguardo, sui muri, sulla porta, un foglio, un pezzo di carta – qualcosa che somigliasse a un messaggio.

«Hanno preso anche i miei disegni» commentò Belle con voce triste.

Stupita quanto Fanny, e assai più indispettita, la bambina fece notare che mancavano anche i suoi tegamini, le sue bambole e i suoi libri.

«...Dov'è papà?».

La piccola piangeva.

Lo sgomento della figlia riscosse Fanny. La prese per mano e andò dai vicini in cerca d'informazioni.

Non sapevano nulla. Sì, avevano visto Mr Osbourne traslocare. Su una carretta, andava verso C Street. No, non aveva un aspetto malato. Era accompagnato da una signora.

«Chi?».

Non lo sapevano. La potevano descrivere: Fanny l'avrebbe riconosciuta, era tutto il contrario di lei. «Bianca. Bella. Bionda. Lunghe gocce di giavazzo alle orecchie. Grazioso colletto di batista. Crinolina in crespo di Cina nero».

Parole che pungevano, mordevano, bruciavano, a ogni dettaglio Fanny si irrigidiva. Non soffriva. Era soltanto una vaga irritazione, un fastidio. Molto netto, il fastidio.

«Un aspetto come si deve. Cortesissima... Forse una vedova? Ricca, di sicuro!».

Fanny cercava affannosamente nella memoria un'immagine, un nome. Non capiva... Non capiva il rapporto fra i suoi mobili, la vedova e Sam.

Per ogni eventualità la vicina le diede l'indirizzo di una pensione familiare, in C Street, dove Fanny avrebbe potuto attendere notizie del marito... Qualcosa nel tono delle parole le fece contrarre i muscoli della gola, stavolta sentì dolore. Ed ebbe anche molta paura.

Reagì come sempre davanti a una minaccia o a un pericolo: si avventò su quel che la terrorizzava.

Col cappellino storto, lo stivaletto rabbioso, la gonna che spazzava furiosa le bottiglie vuote, trascinò la figlia verso C Street.

Cosa immaginò? Che scene, che voce, che visi? Quale relazione fra la vedova e Sam? Quando arrivò al numero 330, Fanny singhiozzava.

La figlia non l'aveva mai vista in quello stato: una piccola donna in singhiozzi davanti alla recinzione di un villino da ricchi. Cosa temeva? Forse non lo sapeva neppure lei.

Ma era la prima volta che sentendosi tanto triste non poteva chiamare Sam in soccorso.

Evocare la loro complicità, quella comunione cui attingeva da otto anni la propria forza, le era diventato doloroso. Peggio: vietato.

L'impossibilità di far riferimento a Sam, quel bizzarro divieto di pensare a lui, lasciavano Fanny vuota d'idee. Priva d'energie. Sradicata. Spremuta. Un vuoto che la spaventava. Un abisso.

Oppure era l'atmosfera della città? Le bandiere a mezz'asta, i drappi funebri che di balaustra in balcone macchiavano il rosso delle facciate con gran riquadri sporchi? Erano gli strepiti di un predicatore che minacciava Virginia City di distruzione? Il silenzio dei minatori davanti alle banche e ai saloon? Il sussurro continuo di preghiere accanto alle chiese? Dappertutto quel nero. E l'ufficio funebre.

Guardando la targhetta «B.B. Kelly Lodgings», Fanny, lo sguardo umido, stringeva disperatamente la mano della figlia.

Il primo riflesso fu tuttavia tener lontana Belle.

«Resta qui in giardino».

La bambina si fermò a metà del vialetto. Fanny avanzò. In cima alle scale, al momento di tirare il cordone del campanello, riprese fiato e diede un'occhiata dalla finestra. Si può immaginare la sorpresa, quando riconobbe, appuntate su carta rossa e oro, le stampe di moda che aveva ritagliato dall'*Harper's*

Weekly. E la credenza, le sedie a dondolo, il tavolo che aveva fabbricato con le proprie mani.

Non suonò. Entrò.

Nel parapiglia che seguì, ritrovo la Fanny conosciuta da Sam. Piombando sulla tanto bionda e tanto bianca affittacamere, la assalì, le diede della ladra con voce che fu udita da un capo all'altro del deserto. In una giornata qualunque le sue ingiurie non sarebbero state notate. Ma il giorno dei funerali di Lincoln, nel cuore dello straordinario raccoglimento, fu uno scandalo di cui Virginia City avrebbe parlato a lungo.

Terrorizzata da quel baccano, la vedova Kelly tentò di farla tacere restituendole sull'istante tutti gli averi. Errore. L'andirivieni del trasloco orchestrato dagli ordini tonanti di Fanny ai facchini attirò ancor più l'attenzione. Assembramento. E sceriffo. Fanny spiegò il caso. Belle non l'aveva mai sentita esprimersi con altrettanta chiarezza:

«I miei mobili».

Su Sam, neppure una parola. Non ne pronunciò il nome, non ne menzionò la scomparsa. Nessuna allusione al marito. Reclamava i "mobili"... Stava per seminare le sue cose su tutti gli oceani, ma impegnò una bella energia a recuperarle.

A sera le donne Osbourne avevano riportato al loro posto salotto, stufa, disegni, incisioni, tegamini, nella scatola del cucito non mancava uno spillo.

Sam, ascoltando la scenata dal letto dell'amante, aveva giudicato prudente non mostrarsi. Ma se credette che ossessionata dai mobili Fanny non avesse sospettato l'infedeltà, la riteneva più ingenua di quanto non fosse.

Lo sguardo che lo accolse a fine giornata non gli diede la misura dello scompiglio in agguato.

Sollevato perché Fanny non gli faceva scenate – non era che l'inizio –, Sam non spiegò.

Minimizzando l'incidente, che sempre si ostinerà a chiamare «una stupida storia di mobili», credeva che lei avrebbe dimenticato presto. Proprio nel momento in cui prendeva sicurezza e pensava persino di presentare la vedova Kelly alla moglie, lei attaccò.

Senza che Sam se ne rendesse conto, l'universo di Fanny era crollato. Apparenza. Inganno. Roba di scarto. Aveva capito che il suo "ideale", ciò per cui viveva da otto anni, l'unione con Sam, non aveva fondamenta. Lo amava, sì, lo amava molto, lo amava meno. Lui probabilmente non avrebbe smesso di correre altrove e questo non era neppure il peggio.

Il peggio era che l'aveva resa perfettamente felice, che lei aveva ricevuto da lui e dalla vita quel che si aspettava. E quel che si aspettava non valeva nulla. Paccottiglia.

Incerta, Fanny non sapeva più cosa volere, verso quale ideale tendere, in cosa investire la sua formidabile energia. Se non forse nella rivolta. Tabula rasa.

È stato detto – la famiglia Osbourne ha detto – che era stata l'intransigenza di Fanny a spingere lo sposo a esserle infedele. Le scappate di Sam, il suo gusto per le donne, il gioco, la speculazione, la rovina a ripetizione... la responsabile era Fanny. Probabilmente avevano ragione. La sposa un tempo tanto leale nelle avversità, tanto discreta e sottomessa, stava per prorompere in un diluvio di rimproveri da far fuggire anche il più costante dei mariti. Scientemente, in otto giorni, Fanny distrusse otto anni di armonia.

Per quella donna istintiva la messa in discussione di tutto quel che aveva mai sentito e voluto giungeva all'apice. Un oceano di dubbi sulla propria vita, un niente così completo che Sam rischiava di non poter salvare nulla del loro passato e del loro futuro.

La vigilia della prima delle scenate, che più tardi lei avrebbe definito «di una mediocrità vergognosa», avevano fatto l'amore.

Più vicini, più uniti che mai. Il canto del cigno... Sam ne avrebbe conservato il ricordo di una dolcezza e di una comunione perfette. Fosse stato meno ingenuo avrebbe visto con quale ferocia Fanny lo guardava annegare nel piacere mentre lei se ne teneva lontana. La brutalità della gioia sentendo lui perdersi nel godimento mentre lei si teneva al confine...

Al mattino si rasava allegro quando, coricata alle sue spalle, lei disse:

«Separiamoci».

Non si sfregiò, ma il braccio gli ricadde. Si voltò.

«Perché?».

«Non voglio vivere con un uomo che non rispetto».

Fanny parlava con voce monocorde, le mani sul lenzuolo, la schiena poggiata al cuscino. In quel momento di totale immobilità, con la criniera di boccoli neri, le pupille fisse che non guardavano nulla, il petto pesante e nudo, le collane di vetro che scintillavano fra le mammelle, evocava qualche idolo primitivo e pericoloso.

Asciugando il sapone che gli macchiava ancora la barba sugli zigomi, Sam si avvicinò.

«Cos'hai?... È ancora quella stupida storia di mobili?».

«Credo di non avere più fiducia».

«Oh, Fanny, tu drammatizzi sempre!».

Lei non rispose. Con gesto esasperato lui frustò il letto con l'asciugamano.

«...Insomma, che t'ho fatto di tanto tremendo? Mrs Kelly era un'amica di George, aveva avuto delle difficoltà, ho voluto aiutarla, non pensavo che questo ti avrebbe dato fastidio... Né tua sorella né tu eravate là per curare George. L'ultima notte l'ha vegliato Mrs Kelly, è morto fra le sue braccia!... E tu ci rovini la vita per una stupida storia di mobili!».

Fanny abbassò la testa. L'istinto la tradiva? Era stata soltanto una sparizione di mobili? S'ingannava? Ma quella sofferenza Fanny non se l'inventava. C'era! E quel disgusto pensando alla vedova Kelly, e la paura... Pazza? Imbecille? Una storia di mobili e il cervello che precipita... Facendola dubitare di tutto, di se stessa, dei propri sentimenti, della legittimità della collera, Sam dava l'ultimo tocco a quel nulla in cui lei precipitava con terrore. Fanny riattaccò. Alla cieca.

«...Le hai dato i disegni di Belle».

«Non le ho "dato" nulla. Le ho prestato le cose in attesa che arrivassero le sue».

«Le "mie" cose».

«Le nostre!... Santo Iddio, Fanny, non ti sapevo tanto gelosa... Gelosa di tutto e di tutti!».

Lui uscì. Lei restò lì. Nuda. Immobile.

Per sei mesi Sam subirà un fuoco continuamente alimentato. E più tenterà di svicolare, più lei si accanirà.

In pubblico Fanny continuò a tacere. Davanti a Lloyd, davanti a Belle, neppure un rimprovero. La bambina non sentì mai le grida dietro l'esile tramezzo. E se Belle s'accorse di un mutamento, trovò che l'avvantaggiava, tutte le attenzioni della madre finalmente su di lei. Sam diventava ogni giorno più complice della figlia, la sentiva vicina e glielo dimostrava. Fanny non mostrava nulla.

Ma quando lo sguardo si posava sugli occhi azzurri del marito, sulla barba bionda, sulle labbra, la luce fissa e folle che passava nelle pupille della signora Osbourne dava la pelle d'oca persino a John Lloyd che l'amava. "Esagera" pensava. Sam era più che d'accordo.

Gli amori con Betty Kelly non gli bastavano più, si circondò di una corte di donne e godette presso tenutarie, proprietari di saloon, minatori e broker di una popolarità di cui Fanny conosceva bene l'incantesimo.

Natale del 1865 fu un inferno.

Lei non era riuscita a tornare dai genitori quell'autunno, come Sam aveva promesso nella lettera ai Vandegrift... Due anni lontana dalla solida casa familiare, lontana da Jo e da suo padre. Che importanza aveva? Sam, senza un soldo, credeva nuovamente di essere milionario. Possedeva circa trentamila "piedi" distribuiti in tutte le miniere non sfruttate di Virginia City. Convinto che ogni piede valesse dai cinque ai diecimila dollari, continuava a prendere denari in prestito, a vendere, a speculare. La febbre dell'oro non lo lasciava più.

E quando uno dei suoi numerosi compagni gli propose di ripartire all'avventura, prese al volo l'occasione. Sarebbe andato a sondare sulle montagne del Montana. Un mese. Il tempo di far fortuna nel cuore di quella regione dove avevano scoperto giacimenti favolosi... Fanny e Belle l'avrebbero aspettato a Virginia City.

La piccola fu la sola a seguire con lo sguardo la carovana, la colonna di muli, gli otto carri e la quarantina di cercatori d'oro a cavallo che la mattina del 28 marzo 1866 si allontanarono nella polvere del deserto.

Fu il primo esodo da Virginia City. Stava per diventare il più famoso massacro di bianchi dell'anno 1866.

* * *

Sai, mia cara Betty, scriveva Fanny alla seconda delle sorelle che stava per sposarsi, *sai che credo avrai un futuro molto felice? Hai ormai tutto ciò che una donna può sognare. Uno sposo che rispetti, nel quale hai fiducia e che ti ama. Tutto ciò che per mia colpa ho perduto.*

La primavera e l'estate trascorsero senza notizie di Sam. Non una parola, non un messaggio. Silenzio totale.

Ogni notte lo sognava. Sempre lo stesso incubo. Si vedeva seduta su una panca, in una stanza vuota e chiusa. Forme agguantavano Sam senza che lei potesse far nulla. Si aggrappava a lui che veniva trascinato in fondo a un corridoio. Fanny restava in una sala, in attesa. Infine la porta si apriva. Gettavano Sam ai suoi piedi. Sam irriconoscibile. Sam sanguinante. La barba bruciata. Le unghie strappate. Gli occhi cavati. Lei urlava. Si svegliava. Sentendosi in colpa. In colpa di non essere stata torturata al posto suo. Una sensazione che non la abbandonava più.

Era colpa sua se lui non tornava. La sua intransigenza l'aveva scacciato da Virginia City. Forse l'aveva mandato a farsi ammazzare. Se fosse morto...

Non osava più andare a lavorare. Temeva che trovando la casa vuota lui se ne andasse ancora. Cuciva a casa e parlava fra sé con Sam.

Avrebbe tanto voluto dirgli che lo perdonava, che ora era lei a chiedere scusa... Un monologo doloroso che non finiva mai.

All'alba, svegliata dall'incubo, si appostava alla finestra. Ogni cinque minuti sentiva aprirsi il cancelletto. Il *blizzard* di novembre scuoteva le tavole, faceva rotolare nella via le balle di fieno, precipitava barili e lenzuola giù per le chine.

Quando andava in città credeva di riconoscere dappertutto la giumenta baia di Sam. Sotto il feltro di un cavaliere, la barba di Sam; sotto il lungo cappotto, gli stivali e gli speroni di Sam. A perdifiato lo seguiva fino al deserto, scivolando sul succo di tabacco che stagnava a pozzanghere fra le assi dei marciapiedi o cadendo distesa sulla neve.

Quell'inverno i trenta pali allineati del telegrafo, le colonne e i tralicci che orlavano C Street sparirono a mezza altezza nella neve farinosa. I portici, le balaustre, i balconi, di un rosso ormai rosato dalla brina, si piegarono sotto il peso delle stalattiti.

Attorno alle miniere le piramidi che si ergevano nell'uniformità livida evocavano un dedalo di vulcani lunari. Coi loro rincalzi di ghiaccio, i pozzi parevano crateri. Nel biancore degli scivoli soffiavano e fumavano lunghe teorie di muli, di cavalli e d'asini fra i quali c'erano uomini che gesticolavano e battevano i tacchi. Oziosi.

Col freddo la recessione che aveva vuotato Austin si abbatté su Virginia City.

Già da qualche tempo la ricchezza della vena madre sembrava esaurita. Gli impianti di raffinazione funzionavano a un terzo della loro efficienza. Crisi. Ma non rovina. Avevano tutti fiducia nella ricchezza del sottosuolo. Bisognava solo scavare più in profondità.

Per reggere fino alla scoperta di nuovi filoni le industrie senza azionisti prendevano in prestito dalle banche grandi quantità di denaro. Due milioni di dollari prestati in un anno ai piccoli proprietari. Su questo punto John Lloyd aveva visto giusto: alla fine della guerra i grandi capitalisti si erano rivolti verso Virginia City. Così in quell'inverno del 1866 gli impianti di raffinazione, gravati di ipoteche, le compagnie di trasporto, insolvibili, e la maggior parte delle miniere della Comstock caddero in mano ai banchieri. Ai privati non restava che far fagotto.

«Sam aveva ragione!» esclamò Lloyd comparendo nel salotto di Fanny la mattina del 3 dicembre. «I pezzi grossi si arricchiscono da soli, non hanno bisogno di noi!».

Immerse il viso paffuto nel fumo che saliva dalla tazza. Ciò che era venuto a dire lo metteva in imbarazzo e il calore del caffè finiva di imporporarlo.

«...La gente lascia la città, i pesci piccoli voglio dire. I rovinati... Ripiegano a San Francisco».

Lloyd esitò e, approfittando del momento in cui Fanny si voltava per poggiare la caffettiera sulla stufa, confessò:

«Parto anch'io».

Lei impallidì sotto l'abbronzatura.

Con Lloyd se ne andava l'ultimo legame con la realtà.

Appoggiandosi allo schienale della sedia contemplò la chioma di ricci rasati, la nuca rosa costellata di lentiggini, il dito corto e nodoso che si ostinava a grattare una macchia immaginaria sulla tovaglia a quadri... Teneva a Lloyd. Almeno quanto lui teneva a lei. Per altre ragioni.

Messo a disagio dal silenzio, lui proseguì:

«Lei farebbe bene a fare altrettanto, Mrs Osbourne!».

«E Sam?» chiese lei.

«Sam si arrangerà sempre. Ma lei da qui a una settimana non potrà più passare. La via di Reno è già interrotta. I torrenti straripano. Valanghe dappertutto. Resterà bloccata per tutto l'inverno... Bisognerebbe anche sbrigarsi: le diligenze sono strapiene. Ho dovuto prenotare il posto con due settimane d'anticipo».

Fanny fece uno sforzo per apparire calma e sedette.

«Quando parte?».

Lloyd esitò ancora. «Stasera».

Lei scosse la testa, pensosa. «Certo, certo...».

«Lei dovrebbe fare altrettanto» insistette Lloyd.

«E se Sam rientra e non ci trova?».

«Sia ragionevole, Mrs Osbourne!... Tutti i suoi clienti sono scesi a passare l'inverno nella valle. Come sopravviverà? Mai Sam avrebbe lasciato lei e Belle a congelare qui! A San Francisco lei troverà facilmente lavoro. Potrete aspettarlo là».

«Come ci troverà, laggiù?».

«Vi troverà».

Preoccupato delle responsabilità che si assumeva nei confronti di una donna che non era neppure sua parente, Lloyd ricominciò a pulire la tovaglia. Era la prima volta, dopo otto mesi di visite quotidiane, che parlava a Fanny in modo tanto diretto. Di solito le loro conversazioni si tenevano alla larga dai fatti, erano entrambi d'accordo di non arrivare al dunque. Comunque Lloyd restava per pochi istanti, Fanny non lo tratteneva e, quando si separavano, di solito non avevano menzionato Sam, anche se il pensiero della sua sorte li ossessionava.

«Sam». Anche Lloyd provava nei confronti di Sam un chiaro senso di colpa. Amava la moglie dell'amico. Ma l'amava con una passione tormentata nella quale attrattiva e rigetto si eguagliavano.

La confusione dei due desideri, fuggire Mrs Osbourne che sentiva nefasta per la tranquillità e la carriera o proteggerla e possederla, si esprimeva in lui con crisi di silenzio e di aggressività. Senza che né l'uno né l'altra sapessero perché, Lloyd poteva tenere il broncio a Fanny per un'intera settimana. Le teneva il broncio, ma andava a trovarla. Non vi era giorno in cui non salisse a prendere il caffè con lei. Ed era quella fedeltà ciò che legava Fanny a John Lloyd.

«Non parta. Non stasera! Verrò con lei fra una settimana... Mi permetta di aspettarlo ancora una settimana».

Lo aspettarono invano.

La vigilia di Natale i vicini videro Mrs Osbourne, armata di scopa e secchio, imbrattare furiosamente la casa di graffiti rossi.

Mezz'ora più tardi si lasciava per sempre alle spalle i famosi mobili e saliva con Belle sull'ultima diligenza che avrebbe valicato le *sierras* prima di primavera.

I saccheggiatori e i senzatetto che faranno a pezzi la casa leggeranno su tutte le pareti lo stesso messaggio color sangue:

A San Francisco. Nell'hotel dove ci avevi mandate. Ti aspettiamo. Vieni!

San Francisco, Occidental Hotel, 1867

«La cercano al bar».

Semivoltata verso il fattorino, Fanny restò immobile in fondo alla poltrona. Ma in controluce il fattorino intuiva il tremito sulle labbra di lei, la domanda che non riusciva a formulare.

«...Chi?».

«Non lo so» ammise lui. «Un uomo».

L'emozione di quella donna metteva in imbarazzo il giovane, al punto che non osava né insistere né ritirarsi. Rimase dunque sulla soglia della stanza numero 11, di cui teneva aperta la porta in attesa che la cliente trovasse la forza di alzarsi per scendere. Lei non si muoveva e nello sguardo scrutatore aveva qualcosa di fisso che somigliava al terrore.

Alle spalle il ribollire delle tende, tra cui arrivava a raffiche la brezza marina, palpitava come un muro di schiuma. In trasparenza si intuiva il sole bianco, il cielo duro e cristallino di una magnifica giornata a San Francisco. L'aria della camera profumava d'oceano, di tabacco, di fragola e d'ananas. La frutta di un cesto maturava fra i candelabri del caminetto, dove fumava anche un posacenere pieno di cicche.

Come tutti i pomeriggi era sola. La bambina se ne andava a passeggio mentre lei restava accanto alla finestra a cucire e rollarsi sigarette. Fanny passiva e industriosa.

Ricci bruni giudiziosamente sollevati sulla nuca. Orecchie libere, senza ornamenti. Colletto bianco. Crinolina color pulce. Giacca a falde corte di lanetta scozzese. La semplicità, l'austerità del suo abbigliamento, congiunta all'eccentricità di talune sue abitudini, stupiva il personale. Quella donna confondeva l'Occidental Hotel con una miserabile pensione per minatori? Si rammendava le calze, lavava la biancheria, rifaceva il letto, mangiava sul tappeto cibi freddi che si preparava da sé. Problemi economici? Timidezza? Non sembrava tuttavia colpita dal bel mondo che si incontrava in sala da pranzo e neppure impressionata dal lusso dell'hotel. Navigava fra le tappezzerie, affondava i piedi nelle moquette, si acciambellava sulla seta del copriletto con la massima naturalezza. Come se per tutta la vita avesse vissuto in alberghi di lusso. Sapeva anche distribuire mance e dare ordini. Ma non permetteva a nessuno di occuparsi delle sue cose.

Insomma, Mrs Osbourne era del tutto diversa dai clienti dell'Occidental.

Era comparsa in albergo meno di una settimana prima. Un sabato attorno alle cinque, nel momento in cui le signore da poco arricchite dalle speculazioni minerarie degustavano vassoi di ostriche ripiene, dopo il passeggio in Montgomery Avenue. Il primo snobismo della San Francisco danarosa, ormai già tradizione...

Scendendo dalla diligenza la sera dell'arrivo, mentre Fanny e Belle si scuotevano di dosso la polvere, John Lloyd aveva contato le banche. Otto banche in un isolato. Otto banche illuminate a gas, ognuna con un patchwork in vetrina a mo' di pubblicità: biglietti di banca del mondo intero che si arrampicavano, variopinti, dal suolo alle insegne.

«Quanto denaro!».

Risalendo verso l'Occidental, Lloyd, metà affascinato e metà allibito, aveva voluto contare anche i ristoranti. Innumerevoli e affollati. Aveva notato i due ingressi, uno sulla via, per le "famiglie"; l'altro nel vicolo buio, per i "privati". Cinque piani di stanze organizzate sempre allo stesso modo. A pianoterra, sala comune riservata alle coppie pseudolegittime e alle donne sole con bambini che pranzavano in città. Al primo, saloni riservati alle riunioni massoniche, ai club e ai banchetti. Infine negli ultimi tre piani i "P.C." riservati alle cene galanti. P.C., Private Cooking, traduzione molto approssimativa ma iniziali identiche a quelle dei "*cabinets particuliers*" dei famosissimi ristoranti parigini! La Maison Dorée, Le Café Riche, Tortoni, stessi nomi riprodotti sulle insegne di San Francisco. E stesso ambiente, stesso arredamento. Corridoi, porte basse, panche rosse, specchi molati, campanelli a cordone e chiavistelli. Ma in California erano previsti «asciugamani e saponette al piano», «docce e spogliatoi in fondo al corridoio». Stava lì tutta la differenza...

«Quanto denaro!» aveva ripetuto Lloyd con un lungo sospiro in cui desiderio, piacere e sdegno si mescolavano. «È sicura di voler scendere all'Occidental?».

«I proprietari sono amici di Sam».

Spiegazione che agli occhi di Fanny bastava a giustificare qualunque stravaganza: senza un soldo in tasca andava ad alloggiare nell'albergo più caro della città.

"Dev'essere molto più ricca di quanto non immaginassi" aveva pensato Lloyd tendendole la borsa davanti all'ingresso. Momento di disagio. Né l'uno né l'altra avevano saputo che dirsi e come lasciarsi.

«Quando mi sarò sistemato, Mrs Osbourne, verrò a trovarla. Buona fortuna».

«Aspetterò la sua visita. Non mi dimentichi, John!».

Si erano separati. Lei aveva guardato la corta sagoma sparire nella nebbia, svanire dietro il dosso d'asino, verso l'oceano. Poi, voltandosi, era entrata.

Effervescenza. Brulichio. Umidità da serra. Nel brusio, fra i taffettà, le sete pure e marezzate, non un'esitazione. Dritta alla reception. Capelli sciolti, coperta dalla polvere d'alcali che seminava dappertutto, avendo come solo bagaglio una borsa logora e seguita da una bambina vestita da maschietto, Fanny Osbourne aveva fatto scalpore. Era probabilmente la prima delle formidabili apparizioni negli atri di alberghi, scadenti o di lusso, dell'intero mondo, cui Ned Field avrebbe assistito negli ultimi dieci anni della vita di lei.

Ma ai tempi di Ned segretario, quando clienti e domestici lo inseguiranno fino agli ascensori coi loro eterni «Chi è?», «Come si chiama?», la barbarie stravagante della signora Stevenson, i cappelli barocchi, i vestiti crocchianti e i gioielli tribali motiveranno la curiosità degli astanti. Lei continuerà a non accorgersi di nulla. «...Mio Dio, come sono gentili queste persone!» si stupirà davanti a tutti i fattorini che si contenderanno il piacere di aprirle una porta, a tutte le cameriere che vorranno servirla. Troppo naturale, troppo istintiva, e anche troppo modesta, non riuscirà a immaginare che quegli omaggi, o quelle critiche, possano aver lei come oggetto. «Io? E chi può interessarsi alle mie piccole manie?». Farà di tutto per credersi invisibile, "ordinaria", come si credeva a ventisei anni attraversando l'atrio dell'Occidental Hotel.

Fu tuttavia sul punto di farsi linciare. A passo imperioso, mento sollevato, sguardo nero e fisso, fendette la calca delle signore sedute, spazzando via col gomito le piume infilate nelle crocchie, impigliando la borsa da viaggio ai frutti dei cappelli, scuotendo i sonagli dei "mi segua, giovanotto", i lunghi nastri che le elegantone lasciavano cadere dai boccoli posticci fino alle reni. Scarmigliate, stropicciate, la parrucca di traverso, le dame mostravano i denti. Fanny, incosciente dello scompiglio, proseguiva. Batteva già sul campanello della reception e con voce insistente ma bassa, quasi inaudibile, chiedeva del padrone presentandosi come la moglie di Sam.

«Mrs Osbourne?».

Con gran sorpresa del personale il manager si era precipitato.

«Mrs Osbourne! Qual buon vento? Sia la benvenuta, mia cara... La undici per la signora Osbourne!».

Turbine di sorpresa, vibrazione di rivolta nell'atrio: la suite numero 11 occupata un mese prima dalla regina Emma delle Hawaii?

«È la camera che Sam aveva prenotato per il suo arrivo, ricorda?». Fanny ricordava. E quanto!

«Abbiamo dovuto ritappezzarla... si troverà bene, in attesa del suo arrivo...».

Appena la porta rosso e oro fu chiusa alle sue spalle, Fanny si gettò sul letto e si rilassò. Finalmente in un posto sicuro!

Non era il lusso della camera, né lo spessore dei muri. Neppure la solidità dei mobili. Era il luogo che Sam aveva scelto per accoglierla, un tempo. Lui là era stato amato, ammirato, vezzeggiato. Là lei ridiventava la signora Osbourne, "la moglie di Sam"... Là lui l'avrebbe cercata, l'avrebbe trovata.

*

«C'è qualcuno al bar...» finì per insistere il fattorino. «Un uomo dabbasso la aspetta...».

Ebbra di gioia, gli archetti della crinolina sollevati fino al mento, Fanny correva nei corridoi, si precipitava per le scale, attraversava l'atrio. L'incubo era finito!

«Mrs Osbourne?».

Appoggiato coi gomiti sul bancone del bar, dal lato che comunicava con l'hotel, stava uno sconosciuto. Camicia a quadri rossi, pantaloni dentro gli stivali, vestiva l'uniforme abituale dei cercatori. Ma pulito, aveva un buon profumo di lavanda e si era ben rasato per l'occasione.

«...Mrs Osbourne?».

Non riuscì a rispondere. Non era più in grado di parlare. Si era pietrificata sulla porta.

Trovandola tanto piccola e con un'aria già tanto ferita, il volto dell'uomo si indurì. Posò il bicchiere, si tolse il cappello e ripeté:

«Lei è Mrs Osbourne?».

«Sì» ansimò lei.

Lui esitò. Il sangue di Fanny abbandonando le gote rifluiva a balzi sul cuore.

Pallidi entrambi, si guardarono. Lo sconosciuto finì per distogliere lo sguardo. Chiese molto in fretta:

«Suo marito ha lasciato Virginia City il 26 marzo con la carovana Atchinson?».

«Sì».

«Ho cattive notizie per lei...».

Lei barcollò. Non aveva più una goccia di saliva in bocca. Respirava a fatica. L'uomo s'affrettò a continuare:

«È accaduto in luglio. A nord di Hangtown, a pochi chilometri. Gli indiani hanno attaccato. Di primo mattino. Una ventina. Suo marito è stato ferito».

Un torrente, un tornado di gioia sollevò il cuore di Fanny: Sam era soltanto ferito!

L'uomo lesse il sollievo negli occhi di lei ma non disse nulla. Lei comprese che il peggio doveva ancora arrivare.

«Non è...?».

L'uomo annuì. Affermativo. Poi, come per attenuare l'orrore della notizia, concluse:

«Non c'è stato alcun sopravvissuto».

Fanny non svenne. Non emise un grido, non un lamento, non un singhiozzo, non un gemito.

Quel che da otto mesi temeva giorno e notte, era accaduto. Ringraziò l'uomo d'essersi preso la briga d'avvisarla. A passi lenti tornò in camera.

Quando fu sola cedette. Ma non crollò.

Da quel momento Fanny Osbourne si proibì anche il sollievo dei rimpianti e dei rimorsi. Si negò anche il permesso di confessare il proprio dolore e di abbandonarsi a esso.

Sam era morto. Lei l'aveva ucciso. Non era la vedova ma l'assassina. Indegna persino di piangerlo. Si negava per sempre il diritto alle lacrime, alla pena e al lutto.

* * *

«Ora tornerà a casa dai suoi» mormorò John Lloyd guardandola far fagotto.

«No».

La risposta lo sorprese. Ma temendo di mostrarsi indiscreto tacque. Indifferente a quel che avrebbe detto la gente, Fanny riceveva John in camera. Si era seduta sul letto, accanto alla borsa che stava chiudendo. Fu lei a proseguire:

«Il ritorno per me e Belle costerebbe più di mille dollari, non li ho».

«La sua famiglia le invierà il denaro... o il biglietto».

«Non credo».

Lloyd esitò. Si dondolò su una gamba e sull'altra. Timidamente chiese:

«Ha scritto?».

«No».

«Non ha scritto!».

Costernato, sobbalzò.

«...Non ha detto nulla di Sam...? Non sanno che Sam è...?».

Lei non rispose e chiuse con un colpo secco i ganci del borsone. Lui la guardò afferrare la cinghia, sollevare il borsone e posarlo a terra.

«E pensa di restare qui?» chiese incredulo.

«Sì».

«Da sola?».

«Sì».

«Ma... perché?».

Ancora una volta non rispose. Il suo sguardo, di solito tanto diretto, sfuggiva. Si chinò e riaprì la borsa da viaggio.

«Che farà a San Francisco, sola con la bambina?».

«Lavorerò».

Lui trotterellava avanti e indietro nervoso. Non capiva!

«Ma aveva così tanta voglia di tornare a casa! Parlava di continuo della famiglia. Mi ha detto che le sorelle le mancavano. Mi raccontava che con suo padre...».

Lei si alzò. I loro sguardi si incrociarono. Lloyd comprese che la stava torturando.

La disperazione di quella donna gli fece allora tanta paura che d'improvviso abbandonò la partita.

«...Ebbene» ammise, «ovviamente, se lei lo desidera, immagino potrà affittare una camera nella pensione in cui abito... Non è un posto allegro, ma è pulito. E l'affittacamere fa credito».

Incapace di parlare, Fanny accondiscese. Prese Belle per mano.

John Lloyd afferrò il borsone. Scesero.

Nei lunghi corridoi dalla tappezzeria imbottita, sui gradini rossi della scala, sulla moquette dal disegno a foglie, pareva smarrita. Aveva indossato abiti che la rattrappivano. Minuscola e pietosa sagoma nera. Sradicata.

«Dai suoi» insistette Lloyd, «a casa, Mrs Osbourne, fra i familiari, il dolore sarebbe meno duro da sopportare...».

«Per l'appunto...» mormorò lei.

Lui fece spallucce. Poi, d'improvviso spazientito, passando davanti alla cassa sferrò:

«E si può sapere quel che intende fare col conto dell'albergo?».

Lei non lo guardò. Disse:

«Lo pagherò».

* * *

Infatti pagò il debito. Conoscendo la morale di Fanny, ho motivo di pensare che cercasse di espiare.

Mi spiace che Ned non l'abbia interrogata più a fondo su quel periodo! Lei ripeteva in continuazione di non averne alcun ricordo. Ma lui sapeva che Fanny avrebbe potuto descrivere listello per listello il parquet della camera, il colore delle pareti, l'odore della pensione e che conservava catalogati nella memoria i più infimi dettagli dell'inverno 1867... Ned non riuscì a farsi dir nulla! Neppure un'impressione.

Fanny taceva per meglio combattere l'atrocità di certi ricordi, di certe emozioni che continuavano a ossessionarla? Oppure si difendeva dall'idea retrospettivamente insostenibile d'essersi torturata senza motivo? Per caso. Per tedio. Per indifferenza...

Forse soffriva anche di un vago e tenace senso di colpa nei confronti di Belle. Colpa che di primo acchito negava ma che l'aveva dilaniata. Con quale diritto aveva negato alla figlia il ritorno alla solida casa familiare, le consolazioni e il sostegno di Jacob Vandegrift?

Con quale diritto Fanny, in una indigenza materiale e morale prossima alla disperazione, aveva tenuto la bambina a San Francisco?

* * *

Fanny aveva conosciuto l'isolamento in un mondo d'uomini, la lotta per la sopravvivenza nei grandi spazi; stava per scoprire la miseria e la solitudine in una città brulicante. Vedova. Una bambina a carico. Senza risorse. Senza amici. Con tutto un continente che la separava dalla famiglia. E triste, così triste che per tutta la vita non riuscirà più a piangere. Stava tuttavia per ricostruire il suo mondo.

Trovò presto lavoro come addetta alle modifiche in un negozio d'abbigliamento. Qualcosa di diverso, di misterioso, nelle sue maniere, forse la struttura minuta o la destrezza nel maneggiare l'ago, la fece passare per una francese in esilio. "Francese" è tanto più elegante nel mondo della moda! Fanny non smentì. Finì anzi per presentarsi come una sartina di Parigi. Poco importava che non parlasse la lingua, che non avesse la più elementare nozione della geografia o del governo del suo paese putativo; bluffava senza vergogna.

In seguito, lo volesse o no, sarebbe passata spesso e dappertutto per straniera. Anche nel suo paese. Dalle pianure dell'Indiana alle isole del Pacifico, da San Francisco a Grez-sur-Loing, da Edimburgo a Sydney: una creatura giunta da altrove. Curioso paradosso. Perché nessuno più di lei seppe fondersi con l'ambiente, nessuno meglio di lei si adattò alle circostanze.

La "francese" sgobbava dall'alba al tramonto nel retrobottega di Singers. Non una parola per lamentarsi del lavoro. Al contrario: ne chiedeva. La sera si portava il lavoro alla pensione e accanto alla bambina addormentata continuava a orlare la parte bassa delle crinoline con lunghi bordini di lavanda essiccata che avrebbero profumato i balli di San Francisco.

Per lei, finiti i giri di valzer, le scozzesi e le quadriglie. Finite le galoppate, le passeggiate nella natura, il legame con la terra. Si negava qualunque diritto alle pause e al piacere. Anche la domenica, quando al richiamo dei gabbiani Belle e John Lloyd andavano a esplorare i dock, Fanny restava confinata. Oltre ai lavori per Singers ricamava corredini, tovaglie, cuscini che vendeva a Market Street tramite il Women's Exchange. In tutti quei mesi non vide il mare né gli alberi delle barche che si dondolavano in fondo alla via. Ma a settembre sapeva che sarebbe riuscita a sfamare, vestire e educare la bambina senza chiedere l'aiuto dei Vandegrift – riteneva di non meritare più il loro sostegno. Soltanto allora scrisse a casa della morte di Sam. E la stessa sera si preparò a festeggiare il nono compleanno di Belle.

Mia madre – racconterà Belle – *a prezzo di Dio solo sa quante veglie e non oso immaginare quanti punti, aveva comprato la testa di una bambola cinese e fabbricato il corpo con la stoppa.*

Se a Mathilda (è il nome che diedi alla bambola: Mathilda era il secondo nome di battesimo di mia madre) mancava la grazia, recuperava con l'eleganza. Con gli scampoli degli abiti che confezionava, mia madre aveva fatto un guardaroba completo per la bambola. Abiti che si potevano mettere e levare, con biancheria intima orlata di pizzi, perfetti fin nei dettagli, minuscoli bottoni, asole smerlate... John Lloyd aveva comprato una serie completa di stoviglie giocattolo, con una teiera, tazze e piattini. E con scatole di sigari aveva fabbricato un tavolo.

Il mio compleanno fu incantevole. Io, mamma e John sedemmo per terra attorno alla minuscola tavola, con Mathilda a capotavola. C'era un piccolo dolce che mangiammo col servizio giocattolo. Mia madre in abito nero faceva del suo meglio per sorridere e quando le chiesi: «Quanti anni hai?» rispose che aveva più di un quarto di secolo! John era molto allegro, aveva un'aria felice e infantile con le sue gote rosse e i capelli ricci. Immagino facesse tanti sforzi per divertire me ma anche per distrarre mia madre...

Distrarre Fanny. John Lloyd qualche volta ci riusciva. Ma né lui né lei avevano tempo per le sciocchezze.

Lui l'amava, sì. L'amava tanto più e meglio quanto più lei gli pareva inaccessibile all'amore. Se Fanny avesse gettato alle ortiche l'abito da vedova lui sarebbe fuggito. Lei lo sapeva. E anche lui. Durante il giorno Lloyd lavorava come fattorino in una banca; di notte, con libri presi in prestito alla biblioteca municipale, studiava giurisprudenza. Esistenza difficile per entrambi. Esistenza senza lusso e senza speranza. Esistenza che lei finì per accettare senza tentare di ribellarsi.

Poi, ai primi di ottobre, accadde il miracolo.

* * *

Trantran mattutino. La pensione sa dell'odore acido, che dà quasi alla testa, di cavolo e di gas. Lontano suona una campana: un incendio da qualche parte. Fanny, china sulla porta che cerca di chiudere, rialza la testa. Ascolta. Conta. Cinque rintocchi? Il fuoco corre in questo quartiere. Quattro? Sei rintocchi? Il sinistro colpisce un'altra parte della città. Fuori si è fermato anche lo scalpiccio sulla pavimentazione di legno. A cavallo, a piedi, a letto, tutti gli abitanti di San Francisco contano. Taluni si precipitano verso casa, altri ne fuggono in fretta. D'estate la campana li mobilita parecchie volte al giorno. Lo scampanio dei pompieri è il canto distintivo di San Francisco. Oggi piove. Con la campana, le gocce che tamburellano sui vetri fanno vibrare le ghiande di seta e le passamanerie del corridoio. Nove colpi. Il pericolo si è allontanato. Fanny finisce di chiudere la porta. Riccioli bruni sull'occhio, borsa in mano, tira il battente sollevando la maniglia e gira la chiave.

Non facile. La serratura è deformata. La camera sovrasta la scala. A pochi passi Belle aspetta fantasticando.

In basso il campanello della porta tintinna. Un uomo, cappello Stetson sugli occhi. Lungo cappotto gocciolante. Stivali dai tacchi consunti. Belle civettuola ammira la punta degli stivali. Le piacciono molto gli stivali texani. Ma puliti. Fanny ha rimesso la chiave nella borsa, infilato i guanti, abbassato la veletta sul viso. Si accinge a scendere. Fruscio della crinolina contro la balaustrata. L'uomo solleva la testa. Un urlo squarcia l'aria.

«Fanny!... Baby!».

«Papà!».

Belle è volata fra le braccia di lui. Fanny è impallidita.

In cuore una felicità così violenta che pare dolore... Somiglia alla sofferenza. Sam vivo.

Sam vivo. Sam. Quante volte in due anni ha sognato Sam vivo, Sam di ritorno, Sam. Fanny affonda. Un'onda la copre e la trascina. Lei annega. Sam la soffoca. La stringe. Fanny è passiva. Morta dentro.

* * *

«E allora?».

«In uno stesso giorno ho sfiorato la morte quattro volte!... Dapprima io e Sam Orr – Sam Orr è il mio nuovo socio – ci siamo ritrovati soli in pieno deserto. Non chiedetemi come abbiamo fatto, non l'abbiamo mai capito. Orr dice che ci siamo addormentati a cavallo! Possibile. E davanti a noi, sparita la carovana! I carri scomparsi. Chiamiamo, gridiamo, ci lanciamo all'inseguimento. Fatica inutile. Perduti in pieno deserto... E perciò l'abbiamo scampata. Gli indiani hanno attaccato gli altri a pochi chilometri da quel punto. Non abbiamo sentito nulla. Noi non eravamo in condizioni migliori. Né acqua né viveri. Nulla. Anche le bussole e le mappe erano rimaste nei carri. Sole a picco. Rocce dappertutto. E nulla. Neppure una linea d'orizzonte cui agganciare lo sguardo. Un'immensità bianca. Caldissima. I cavalli sono morti di sete l'indomani. Ho dovuto abbattere Myra. Abbiamo continuato a piedi. Il sole e la sete ci facevano impazzire. Camminando abbandonavamo uno a uno tutti gli indumenti, credendo probabilmente che nudi avremmo avuto meno caldo. Man mano mi sono sbarazzato di tutto... eccetto una cosa, una sola... Tu sai cos'è, Belle... Non lo sai?».

La bambina fece un cenno di diniego con la testa e si acciambellò contro il padre. Con delizia ritrovava l'odore dolce del tabacco, il calore di quel corpo, di quella voce. Una voce grave e allegra, un po' cantilenante, l'accento del Sud, del Kentucky dov'era nato. Un gentleman, suo padre. Nonostante la barba ispida e i capelli lunghi bruciati dal vento, Sam restava straordinariamente elegante. Aveva i gesti distinti, cosa a cui Fanny era stata tanto sensibile. Tirò fuori dalla camicia un piccolo libro di tela.

«Lo riconosci? Te l'ho riportato».

La piccola se ne impadronì. Lo riconosceva? Eccome! Era il suo racconto preferito, *La Bella e la Bestia*, che aveva donato al padre il giorno della partenza. «Te l'ho riportato». Tutto Sam, in quel gesto. Sentimentale. Cavalleresco. Affascinante. «Te l'ho riportato». Con una frase cancellava due anni d'assenza.

«E allora?».

«Credevamo d'esser morti. Vi immaginavo tutte e due sul prato verde di nonno Vandegrift quando d'improvviso, là, fra due rocce, una pozza. Piccola. Ma una pozza! Acqua! Ci trasciniamo. Arrivo prima di Orr. Sto per tuffare la testa quando dietro di me Orr ringhia: "Non muoverti!". Mi volto. A due dita dal viso, un serpente a sonagli! Orr spara. Abbatte il serpente. Un sasso rimbalza e mi colpisce alla tempia. Perdo coscienza. Salvato! Salvato una quarta volta! Se avessi bevuto una sola goccia di quell'acqua, sarei morto. L'hanno detto i cercatori attirati dallo sparo. La pozza era avvelenata dagli alcali. Una giornata fortunata – gli indiani, la sete, il serpente, l'acqua. La morte non mi aveva voluto! I cercatori ci hanno raccolto, siamo ripartiti con loro, ed eccomi qua...».

Il resto delle avventure si perdeva nel caos dei ricordi. Lunghe marce, barbieri, saloon, lunghe marce. E Fanny non capiva perché Sam non avesse dato cenno di vita. Lunghe marce, barbieri, saloon, perché non aveva scritto?

«Forse le mie lettere si sono perse».

Cos'aveva fatto giorno dopo giorno, mese dopo mese, per due anni? A sentir lui, si era perduto in altri deserti.

Non chiese oltre. Sam a casa. Sam che la abbraccia. Sam che legge ad alta voce un racconto di Natale. Sam che solleva Belle addormentata. La mattina di Natale Sam e Fanny nascosti assieme dietro il letto guardano la bambina scoprire la pila dei regali.

Abbagliamento. Osmosi. Famiglia. Come un tempo.

* * *

Non evocarono i mesi che avevano preceduto la partenza di Sam. Nel dimenticatoio la vedova Kelly. Ripresero il filo dove l'avevano lasciato al campo di Austin. Un'intesa, una felicità, immuni alla durezza delle circostanze.

Le condizioni di vita migliorarono parecchio col ritorno di Sam. La spigliatezza, la cortesia, la buona educazione gli permisero di legare in fretta con gli intellettuali e gli avventurieri di San Francisco. In città non mancavano ed erano della miglior genia.

In quindici giorni, grazie alle numerose amicizie, trovò un impiego come cancelliere di tribunale, portò via la famiglia dalla sinistra pensione, la sistemò in una casetta sulla Quinta Strada. Come un tempo. E come un tempo John Lloyd fu ospite fisso a cena. Il ritorno di Sam facilitava la vita anche a lui. Finite le esitazioni, le angosce, gli «oso o non oso?». Moglie del miglior amico, Fanny ridiventava l'amore impossibile. Il dolore e il conforto della vita.

* * *

Come prima. Tutto è come prima. Fanny esulta. Sam tenero. Sam innamorato. Sam – come prima. Dagli Osbourne si incontrano i giovani leoni della città. Avvocati senza cause, pittori senza commesse, banchieri senza denaro. Una sorta di bohème. Si discute d'arte, di politica e di speculazioni minerarie. Si suona, flauto e chitarra. La graziosa padrona di casa cucina, ascolta e tace. Diffidare dei silenzi di Fanny.

Per chi sa ascoltarlo, il suo mutismo cambia senso. Ascolta, tace, ma con un'asprezza che Lloyd non le conosceva. Lei si istruisce.

Seguo dei corsi d'acquerello – confida alla sorella. *Vorrei imparare a colorare le foto. Se mai mi trovassi di nuovo nel bisogno, sarebbe utile. C'è molta richiesta, i colori non costano troppo e posso farle rapidamente. Buono per guadagnarmi la vita.*

È nata l'idea di dover sopravvivere senza Sam. Nelle lettere alle sorelle tace ancora quel che avvince lei e il marito in quel mese di febbraio 1868. Una nuova gravidanza. Nessuno nell'Indiana lo sa, nessuno saprà che lei aspetta un figlio. Però non lesina gli elogi a John Lloyd.

Mentre vi scrivo, una foto di papà mi guarda. Non aveva mai avuto una cornice e l'altro giorno John l'ha presa di nascosto e l'ha riportata incorniciata – non è stato gentile e premuroso da parte sua? Pensa di essere talmente brutto che soffre d'ogni allusione all'apparenza fisica, o anche a una fotografia... Non è bello, questo è certo. Ma più lo si conosce, più si ha fiducia in lui... Più ne scopri l'onestà e la gentilezza, più gli vuoi bene. E più lo trovi bello.

Sul "bel Sam" nemmeno una parola.

Come prima. Sì, tutto è come prima – ai tempi della vedova Kelly. Durante la gravidanza della moglie Sam ha ricominciato a correre la cavallina. Scappatelle che stavolta Fanny intuisce all'istante. L'odore di lui, qualcosa di febbrile, di sfuggente nello sguardo. Lo fiuta, lo spia. È la gelosia. L'ignobile gelosia, con la sequela di notti insonni e collere dubbiose.

Nuovamente dramma. Sam passa le notti altrove, Sam ha un'amante, una divorziata che mantiene col denaro di casa. Una cosa senza importanza, dice, un capriccio, nulla, pazienza, Fanny, pazienza. Lei lo immagina mentre tiene l'altra fra le braccia e dice le stesse parole...

«O lei o me» minaccia Fanny.

«Ma tu, che discorsi».

Fanny si arrotonda. Sam non interrompe la tresca.

Stavolta è chiaro: Fanny ha paura. Un'angoscia che le stringe il cuore e non la abbandona. Paura che lui se ne vada. Ancora una volta. Che lui la lasci. Ancora una volta. Paura della vita senza di lui. E paura della vita con questa minaccia. Quando pensa all'orrore dei due anni d'abbandono si dice: «Mai più». Ossessionata dal terrore di essere lasciata un'altra volta.

Il 28 aprile 1868 nella casetta degli Osbourne nasce un maschio. Un mese dopo, appena ripresasi dal parto, Fanny fa i bagagli. Lascia Sam. Fugge. Finita l'illusione di felicità, l'illusione dell'amore. Torna nell'Indiana. Un neonato al petto, una ragazzetta di dieci anni al fianco, riparte in terza classe verso Panama. Le febbri di Aspinwall, le paludi, le amache. L'orrore. In direzione opposta. Con la speranza in meno.

Stavolta Fanny Osbourne va verso il nulla...

Durante il viaggio battezza il figlio "Samuel Lloyd" in memoria dei due uomini che si lascia alle spalle, quello che la ama e quello che l'ha amata. Due esseri del passato. In tutto dieci anni, dei quali nulla resta – così crede Fanny.

Il bambino ci sarà anche in seguito. Ma il nome del padre sparirà presto dalle memorie e dagli stati civili.

Per un intero anno Fanny resterà dall'altra parte del continente.

Lontana da Sam.

Clayton, Indiana, maggio 1868 – giugno 1869

Dovevo essere morta di fame, arrivando dal Far West – confesserà Fanny alla fine della vita – *per aver conservato un tale ricordo del cibo dell'Indiana!*

Chi non ha visitato la casa dei Vandegrift non può immaginare la dolcezza di viverci. L'asse. L'àncora. La meta di tutti i viaggi. Costruita in una curva, pare chiudere la strada nelle due direzioni. Un solido casamento di mattoni rossi che nasconde l'orizzonte. Nulla di incassato o di asfittico, però. La fattoria si adagia su un grande prato che scende verso un frutteto. I meli si allineano davanti a un pascolo grasso e ondulato che si inoltra fra boschetti di noccioli. Bucolico e confortevole oltre ogni dire. L'anti-Nevada. Dietro una siepe fitta, un porticato di legno, tre scalini bianchi, grandi finestre a ghigliottina che si aprono su un'aiuola color fuoco. Il giglio tigrato, fiore feticcio di Fanny.

Gli effluvi di casa Vandegrift, un profumo di donna. Mescolanza di cera – i rivestimenti, il pavimento e le scale di legno vengono cerati ogni giorno –, di mele che maturano in compostiera, di panpepato che dora nella grande stufa a legna del salotto. Anche il fruscio è di donna. Sottogonne, ciondoli, forbici, aghi che ticchettano. Qualcosa di mielato nell'aria, ronza, fruscia, canticchia. Niente in comune con la tensione di Virginia City. Sottoterra scoppiano le risate dei bambini che seguono in cantina la nonnina. Esther Vandegrift guida ogni sera la truppa delle sue pecorelle fra i barili di sidro, i vasi di ciliegie, le corone di cipolle, il timo secco, i prosciutti che pendono dal soffitto. *Ed ecco lo spuntino che ci preparava* – racconterà Belle meravigliata: *una fetta di crostata con ripieno di frutta, la tagliava come fosse pane, larga e spessa, e sopra uno di quegli strati di marmellata – almeno tre centimetri!*

Nell'altra mano ci metteva una fettina di formaggio fresco e un grosso cetriolo. In bocca una mela renetta. Uscivamo in fila indiana per salire a coricarci. C'era il mio cuginetto George, quattro anni (figlio di Josephine e del defunto George Marshall), le zie Cora, sedici anni, e Nellie, tredici anni. E io. Dormivamo tutti nella stessa camera. Noi bambine avevamo camicie da notte rosa a fiorellini, così lunghe che le sollevavamo fino alle ginocchia per abbracciare il nonno che fumava la pipa nel porticato.

Poggiata alla colonna, Fanny guardava il profilo di Jacob Vandegrift. I capelli radi e grigi. Il naso arcuato. Le labbra sensuali. Ogni movimento della sedia a dondolo tuffava nell'ombra quella testa amatissima. Ricompariva rossa, possente, aureolata di fumo. L'odore del suo tabacco evocava l'odore di Sam. E l'espressione felice del mezzo sorriso che si apriva sulla pipa. Jacob godeva di quelle notti d'estate che gli riunivano attorno la moglie, le figlie, il figlio e i generi. Jo si era appena risposata con un vicino di lunga data.

Di lunga data... Tutti tanto giovani! Nessuno raggiungeva la trentina. Fanny, la maggiore, ventott'anni. Gli altri ventisei, ventidue, venti, sedici. Allegri buontemponi. A tavola, davanti a un caffè o a una birra, discutevano, progettavano un picnic, evocavano ricordi d'infanzia.

«Ricordi, Fanny, quando abbiamo legato Jake all'albero e lui...?» chiese Jo sparecchiando.

Fanny ricorda, altro che! Ma fra Jo e Fanny, un abisso. Nulla da dirsi. Jo, la vecchia complice, non ha neppure coscienza di quel che le separa. Un secolo. Un continente.

Ho talvolta il presentimento che non vi rivedrò mai – aveva scritto Fanny da San Francisco – *perché rivedervi sarebbe per me una felicità troppo grande.*

Oggi questa sensazione di isolamento fra quelli che credeva tanto cari e tanto vicini la rattrista. Per quattro anni non ha pensato ad altro: la gioia di rivederli. Ma non prova gioia né piacere. Nulla. Neppure noia. E tuttavia loro non sono cambiati. Somigliano a se stessi: leggeri, gentili, comprensivi. Lei ha il gusto della polvere d'alcali in bocca, quel gusto pastoso di cenere che loro non conoscono. L'estate trascorre. Sera dopo sera i familiari si allontanano sempre più. Non sa come raggiungerli. Vorrebbe farli partecipi. Prova a raccontare.

Tenta di descrivere. I paesaggi. La frenesia dei minatori. I costumi degli indiani. Ascoltano. Si interessano. Ma Fanny perde il filo. Il talento di narratrice la abbandona... Si aggrappa al concreto. I dettagli pratici, il materiale. Il prezzo di un Winchester a Virginia City, di una piccozza ad Austin, della corda. Alle ragazze spiega la ricetta del riso cinese, degli involtini primavera di San Francisco. Ma il miracolo non si compie. Anche con Belle è divisione. Coccolata e al centro dell'attenzione, la piccola si adatta, più vicina alle giovani zie che alla madre.

«Hai ricevuto buone notizie da Sam stamane?» sussurra Jacob con la pipa fra i denti.

Sam. Lei non ci pensa più. Mai. Un'altra vita. Nessuna nostalgia. Non vero dolore. Un'altra vita che la riguarda poco o nulla. Altrove, altri tempi...

La vedovanza a San Francisco, il lavoro di sarta, la resurrezione miracolosa di Sam. Jacob ci torna su, riprende l'argomento facendo finta di nulla.

«I suoi affari vanno bene?».

La sola emozione che rimane pensando a Sam è la morsa degli ultimi mesi: prende alla gola e strangola. Sam innamorato di un'altra. Sam che pensa, parla, sente come quell'altra. Fanny rivede la sagoma di lui che si allontana. Sam, circondato di quel profumo nuovo, di quelle nuove promesse, che sparisce dietro il dosso d'asino verso il mare. "Stasera, oppure domattina, o fra dieci giorni o dieci anni non tornerà più". La certezza di non essere più amata, la paura di essere nuovamente lasciata.

Questa paura è tutto quel che resta a Fanny nella grande casa Vandegrift. La esorcizza aggrappandosi a ricordi più lontani. Fatica sprecata. I giorni felici? Fatica sprecata! Conduce il calessino sulla strada per Indianapolis, si apposta davanti alla casetta dove si arrampicavano un tempo le sue rose. Ma no, nessuna emozione... I nuovi proprietari hanno aggiunto un piano, parlano di smontarla e ricostruirla altrove. Irriconoscibile, la sua casa. Poco le importa. Imbarazzata, vergognosa della propria indifferenza, cerca di rianimare la fiamma, sfoglia l'album di famiglia, ritrova il resoconto del suo matrimonio nell'*Indianapolis Star* del 28 dicembre 1857. «Dinanzi a una numerosa e lieta assemblea, dinanzi al signor Governatore e a tutti i suoi aiutanti di campo, il 24 di questo mese il reverendo Foster ha sposato il signor Samuel Osbourne e la signorina Fanny Vandegrift, figlia del nostro concittadino Jacob Vandegrift. Possano gli sposi trovare nel viaggio della vita la felicità coniugale, l'unica felicità che ci resta del paradiso perduto. La Felicità Coniugale, unica felicità sopravvissuta alla Caduta».

Lei sogghigna. Senza collera, senza rimpianto. Non riesce più neppure a evocare l'immagine di Sam – sciabola al fianco, bottoni lucidi, che si inarca nell'uniforme blu lavanda. Restano soltanto le parole: «Sciabola al fianco, bottoni lucidi»... E poi, talvolta, un'impressione nuova e diversa da tutte le altre. Una sorta di vertigine, la sensazione fisica di andare a fondo. All'improvviso, in qualunque luogo, in cucina, in un prato, il terreno le si apre sotto i piedi, la terra sale verso di lei, gli alberi convergono, il cielo scende e la schiaccia, l'aria vibra, il ronzio lontano di un contrabbasso le riempie la testa, invade le membra, agita il corpo che pare oscillare sul vuoto. Col respiro spezzato lotta, si appiglia e a un tratto precipita. Piomba in un pozzo interminabile, budello e galleria, che conduce alla morte. In fondo la attende un'acqua nera dove trema il viso di Sam. Salvatore? Carnefice? La sua bocca carnosa si avvicina, si fa supplichevole e affascinante. Lei sta per aprirsi, per assorbirla, per riprenderla.

«Il posto di una donna, Fanny, è accanto al marito...».

È Jacob che affronta l'argomento. Alle loro spalle la piccola banda si affretta a sparecchiare, Jo porta via le ultime bottiglie, la madre si eclissa e richiude la zanzariera. Padre e figlia restano soli. Fanny si prepara una sigaretta, abitudine che ha acquisito fra i minatori. Jacob continua a dondolarsi, le labbra strette sulla pipa, l'occhio inchiodato sulla nera distesa.

«...Qualunque cosa sia successa fra te e Sam, Fanny, devi tornare...».

«Dove?».

«A casa tua».

«Ma è questa casa mia!».

«No, lo sai bene...».

Le loro voci ancora neutre risuonano nella notte. Fanny schiaccia la cicca con lo stivaletto. Jacob tira qualche boccata.

«È a San Francisco, dove vive tuo marito».

«Non ci tornerò».

«Lui ti ama ancora, me l'ha scritto...».

«Vuole rivedere Belle e Samuel Lloyd, non me!».

«Ti ama, Fanny».

«Se mi ama, non deve far altro che venire qua».

Jacob si alza e la fronteggia. Con lo sguardo azzurro fisso quanto quello della figlia, la inchioda:

«Che Sam t'abbia fatto dei torti, è certo. Ma tu, piccola mia, non sei per nulla accomodante! È un bravo ragazzo... La sua condotta al momento della morte di George Marshall l'ha provato... Mi ha mandato i conti... Non se la cava tanto male... Ha appena comprato una casetta dall'altro lato della baia, proprio di fronte a San Francisco... Una casa per te, Fanny, con un giardino, una cucina...».

«Proprio tu mi dici queste cose?».

Esacerbata, lo squadra. Suo padre. L'indomito, l'indomabile che non ha mai creduto ad altro che all'istinto, alle emozioni, ai sentimenti...

«Proprio tu mi parli di cucina, di giardino, della mia vita con un uomo che mi tradisce e non mi ama?».

O Jacob è invecchiato oppure Fanny non ha mai capito quel che è in diritto di esigere dall'esistenza e da se stessa.

* * *

Anche da vecchia, quando arriverà la moda, quando il movimento per la liberazione della donna si propagherà negli Stati Uniti, Fanny non sarà femminista né suffragetta. Farà spallucce dinanzi alla "uguaglianza dei sessi" e sorriderà del "diritto di voto per le donne".

Nel 1910, con occhio beffardo e battuta pronta, assiste al giro di conferenze di Belle, militante nelle fila del primo Woman's Lib. *Al grido di «Emancipazione!», mia figlia galvanizza la folla in gonnella, che talento, che fesseria!* annota quella vecchia signora sdegnata che ha giocato per sette anni un ruolo politico in tutte le lotte intestine di Samoa e convive con uno spasimante più giovane di lei di quasi quarant'anni. *Io sbadiglio quando sento queste teorie. Debbo essere davvero rimbambita: le rivendicazioni di Belle e delle sue amiche mi scocciano.* Stupefacente incomprensione di sé, che la riassume tutta intera. Perché nessuna più di Fanny Vandegrift Stevenson esigé il diritto di essere libera e di essere donna. La sua vita non fu altro che questo: una lunga, instancabile ricerca dell'autonomia.

* * *

Tuttavia la Fanny trentenne rispetterà tutte le regole. Obbedirà al padre e rassicurerà la famiglia; tornerà dal marito e darà una famiglia ai suoi figli. Ma quel che la porta via dall'Indiana nel mese di maggio del 1869 non è la pressione dei genitori né il desiderio di compiacerli. E neppure le lacrime di Belle o del piccolo che avrebbero bisogno di un padre. È la lettera di Sam, che arriva una mattina:

Mettimi alla prova. Mettici alla prova. Cos'hai da perdere? Fra noi rimane l'essenziale. Ti aspetto. Ricostruiamo assieme.

Ricostruire? Da più di un anno coi piedi e le mani sulla terra lei pianta, semina, pota, innaffia, coltiva. Mai nell'orto ci sono stati tanti pomodori. Il giardino rigurgita di fiori, la vite s'arrampica fino al tetto. Ricostruire... E se fosse possibile?

Tutto a un tratto Fanny prepara i bagagli. Una ragazzina di undici anni al fianco, un piccolino fra le braccia, riparte in direzione opposta. Percorrerà di nuovo ottomila chilometri per raggiungere Sam. Ma stavolta non passa per Panama. Basta con le febbri di Aspinwall!

Il 10 maggio 1869, ovvero tre settimane prima del viaggio di Fanny, le rotaie che collegano l'Est all'Ovest degli Stati Uniti si sono congiunte a mezza strada sulle montagne del Nebraska. Un filo corre ormai dall'Atlantico al Pacifico. La Transcontinentale esiste! Un'opera titanica, sei anni di duelli finanziari, di incidenti, di omicidi, più di un milione di uomini al lavoro, diecimila dei quali riposano sotto un metro di terra. Duecento fermate, una decina di coincidenze, dieci giorni di viaggio.

All'arrivo Fanny conserva impressa per sempre nella

coscienza l'immagine di una natura vergine e rigogliosa. Il presentimento di una civiltà che si va creando. La rivelazione di un mondo. L'estasi di una forza illimitata. La sua.

Fanny o l'America.

Fra sei anni Robert Louis Stevenson non si ingannerà. Appena avrà incontrato Mrs Osbourne nel cuore della vecchia Europa, la descriverà agli amici come l'incarnazione di un nuovo ideale femminile: *The American Girl.* E s'innamorerà delle grandi selvatiche pianure.

*

In quel mese di giugno del 1869 la donna che Sam Osbourne accoglie all'arrivo del treno da Sacramento non somiglia affatto alla sposa romantica di Austin. È un essere più giovane, una Fanny di prima della maternità, di prima del matrimonio, di prima dell'amore. Un essere bramoso d'imparare, di esistere per se stesso e di assorbire tutto.

III
L'amica di Rearden

> A San Francisco la legge è ignobile: se una moglie non è trattata come vorrebbe dal marito, divorzia e se ne trova un altro.
>
> Timothy Rearden, giudice

East Oakland, 1869-1875

Una scacchiera di staccionate bianche, fienili dal tetto bombato, quadrati d'alberi, sentieri polverosi in un oceano di verde che spinge la sua marea d'erba fino al Pacifico. Un mare impietoso, accecante, che divora il fumo moribondo dei vaporetti che incrociano nella baia. In lontananza un mucchio disordinato di cubi ocra su mammelloni irti da cui paiono zampillare, diritti, neri, intermittenti, gli alberi delle navi. San Francisco, vista da casa di Fanny. Inseparabile dal giardino e dal mare, una casa viaggiatrice, giunta a pezzi nel ventre di una nave, come scriverà Stevenson, sedotto dal passato romanzesco di Fanny, una casetta di legno bianco che ha incrociato al largo di capo Horn, ha sentito dalla stiva il canto dei marinai, il fischietto del nostromo, prima di sparire là, fra le palme bionde e il citiso color mattone, sotto una massa, una schiuma di rose rosse.

Quando i due enormi cespugli poggiati alla veranda si infiammavano assieme, l'effetto era avvincente – racconterà Belle. *Giallo paglierino e rosso sangue, i loro rami confusi soffocavano i fragili pilastri del porticato, zigzagavano come faville verso la tettoia, incendiavano il tetto, si avventavano verso il comignolo da dove parevano allora zampillare razzi dorati che la brezza marina calava sulle persiane verdi delle tre finestre del primo piano. Una lenta pioggia ramata andava allora a punteggiare la coltre di sole fra i boschetti fioriti del prato.*

Nel giardino di Oakland, come in tutti gli altri giardini di Fanny, una costante: nessun asse che segmenti lo spazio. Nessun angolo retto. Nessun limite netto. Né siepe sfrondata, né labirinto, né recinzione. Ma un grande spazio disseminato di cespugli dove si mescolavano tutte le forme, tutte le tessiture, tutti gli odori. *All'ombra di ognuno di quei boschetti nascevano misteriosi sentieri* – continua Belle. *Serpeggiavano, sparivano nelle chine. Dietro altri alberi e altri arbusti si nascondevano la scuderia di mia madre, il suo tirassegno, il suo studio fotografico, tutto un mondo che dalla casa non si immaginava.*

Tre anni dopo il ritorno da Sam, Fanny non lascia un attimo di tregua all'estate. Instancabile fin dall'alba, galoppa sui sentieri polverosi, si allena al tiro da cento passi con la pistola nel fienile, farcisce zucche, innesta rose, fa bollire grosse pesche che ricopre di vaniglia e spolvera di petali cristallizzati. In cucina, in giardino, non un'ora del giorno in cui non sia occupata. La notte si confeziona abiti ricchi, molto liberamente copiati dai giornali di moda parigini. Nodi, alamari, piume, velluti, balze, il suo abbigliamento mira a far colpo. Non che Fanny abbia proprio cattivo gusto. Appena una netta propensione al sovraccarico. Nei boulevard l'avrebbero presa probabilmente per una provinciale arricchita... o per un'americana! A Oakland l'eleganza dei suoi bambini, Belle in pantaloni di pizzo, Lloyd vestito alla marinara, suscita l'ammirazione di tutte le mamme della zona. Mrs Osbourne passa per una donna sofisticata. E da tale reputazione trae gioia e fierezza.

Ancora una delle sue contraddizioni. Vuole essere un modello di ideale borghese!

Brava cuoca, buona padrona di casa, parca, pulita, questa

donna in cerca di se stessa è anzitutto una donna di casa. Escogita ricette, preparazioni, cotture. Ama con passione tendine, soprammobili, gingilli. Camminando emana profumo di cera e di cannella. I suoi rumori? Il ticchettio della forchetta, il brontolio della macchina da cucire.

Evocando i tanti viaggi di Fanny, le sue aspirazioni tanto moderne, devo fare uno sforzo per ricordarmi che si stringe ogni mattina la vita in un corsetto, cinge le anche con un sellino nascosto sotto le gonne, copre il petto con camiciole e camicie, si aggancia sulla schiena i cinquanta occhielli di un bustino, ha pure lo strascico...

Mrs Osbourne appartiene interamente all'epoca vittoriana. «Apparteneva anche alla preistoria!» borbotteranno ben presto i suoi detrattori.

* * *

Unghie corte. Dita affusolate, strettamente unite. Pollici flessi, rialzati verso l'esterno. Polsi tanto fini che paiono sempre sul punto di rompersi. Impegnate con la palla di creta, d'argilla o di farina nera, le mani di Fanny lavorano la pasta. Battono, palpano, impastano senza tregua. Mani da squaw industriosa. Mani da fanciullo. Le mani di Fanny. Scure. Agili. Sapienti. E tanto diverse che non paiono appartenere alla stessa persona.

La destra squadrata, con falangi quasi nodose, tuffata nella materia la strangola, la schiaffeggia, mentre l'altra, la sinistra, ovale e liscia come un guscio d'avorio, la arrotola sotto il palmo, l'assottiglia con torsioni di serpente, la leviga come l'acqua fa con la roccia.

Un ultimo tocco di pollice, un'ultima carezza e le mani assieme, stavolta con lo stesso gesto, prendono la loro opera, la posano di piatto sulla griglia, la infornano nella stufa e intraprendono un nuovo compito.

Ma poco dopo, quando la vicina, sempre in caccia dei segreti di Fanny, aprirà il forno, lancerà un urlo di terrore. Là, fra le fiamme, sogghigna una bocca spalancata, un viso dalle orbite morte. Una testa di Gorgone abbastanza simile alle medaglie antiche che Fanny non ha mai visto.

«È una scultura?» chiede Belle spaventata.

«Idiota» le risponde il fratello Samuel Lloyd, «è il pane per la cena».

I mostri, la paura, il gioco, tanto cari all'immaginario di Fanny, che incanta Sam.

Affascinato, l'ha guardata piombare su quel pezzetto di terra che lui aveva comprato senza aspettarsene meraviglie. Con fervore, con frenesia, l'ha trasformato in un paradiso pieno di fiori, di frutti, di odori, amatissimo dai bambini. Sam ne gioisce. Neppure un briciolo di misoginia in lui. Dopo quasi quindici anni di matrimonio l'energia di Fanny continua a sbalordirlo. Approva le imprese di lei, incoraggia quel che altri prendono per velleità. Il dagherrotipo, per esempio. Quando, non contenta di ricamare su seta i fiori che coltiva, Fanny si mette in testa di fissare i suoi mazzolini su lastre, di sviluppare i cliché di notte in fondo al giardino, in un luogo buio e nauseabondo che lei battezza pomposamente "laboratorio", Sam è il solo della famiglia, e fra gli amici, a non sbuffare. Scattare foto, una passione d'avanguardia nel 1870, una prodezza che non è di moda.

«Ma chissà che questa cosa non ti sia utile in caso di gravi difficoltà?... Una donna deve potersela cavare da sola».

Questo principio, molto liberale per un uomo dell'epoca, Sam una volta l'ha messo in pratica scomparendo per un paio d'anni senza lasciare recapiti. Fanny crede di averlo perdonato, ma non ha dimenticato nulla.

Lui invece ha cancellato con un colpo di spugna gli anni cattivi.

"Va tutto bene" pensa con leggerezza. I bambini sono tornati. La casa è in fermento: si prepara un matrimonio. Fanny ha portato con sé dall'Indiana la sorella piccola, Cora. L'adolescente si è innamorata del gran complice di Sam, l'uomo sfuggito con lui al massacro degli indiani, Sam Orr, il compagno di vagabondaggi. Gli innamorati si sdilinquiscono sotto le pergole, i cani corrono sul prato, Belle diventa un'incantevole adolescente che il padre porta qualche volta a cenare a quattr'occhi.

Non ho mai sentito mio padre alzare la voce – racconta lei. *Credo proprio che non m'abbia mai sgridata... e neppure m'abbia fatto paternali... Quando facevo una stupidaggine, quando per esempio trascuravo di obbedirgli, di riattaccargli i bottoni come mi aveva chiesto, invece di rimproverarmi come faceva la maggior parte dei genitori, incollava un bigliettino al mio specchio: «Attiriamo l'attenzione di miss Bellezza sulla giacca sbottonatissima del suo povero papà». È chiaro che mi avventavo sull'ago, e quando lui passava lo abbracciavo.*

Belle somiglia sempre più a Fanny. Almeno fisicamente. Piccola come lei, di carnagione ambrata, ha in comune con la madre la civetteria, l'abilità nei lavori di cucito e una passione per il padre. L'educazione che Jacob Vandegrift e Sam Osbourne danno ai loro figli è simile: «Impara a godere dell'istante» ripete Sam alla figlia. «La vita è tanto breve! Ieri è già lontano e domani non è arrivato...». La preoccupazione del domani Sam la lascia a Fanny.

Infaticabile come i suoi cavalli e i suoi cani, lei non recalcitra davanti al lavoro. Non si prende più neppure il tempo di dormire. Forse teme di provare ancora quella strana inquietudine che le palpita nelle vene. L'impressione vaga, costante, di essere sul punto di perdere qualcosa... Cosa? Oppure di avere un compito urgentissimo da compiere. Un lavoro di cui ignora il senso e lo scopo.

Nelle lunghe giornate soleggiate e nelle notti senza fine la tormentano slanci e speranze che non sa formulare, sogni indistinti come quelli che aveva avuto a quindici anni nei boschi di Indianapolis. Desideri d'amore? L'amore... Lei ama Sam, lo ama molto, lo ama meno. Non è più il centro della sua vita. Qual è il perno? Non la passione per un uomo e neppure l'amore di Belle e di Samuel Lloyd. Però... In quel mese di giugno del 1871, Fanny partorirà il terzo figlio. Mai ha vissuto gravidanza altrettanto serena. Senza rallentare le attività, senza rinunciare alle galoppate, aspetta il bimbo nella pienezza. Nel periodo della gravidanza di Belle aveva amato la figlia di Sam. Con la nascita del secondogenito, la promessa di una nuova felicità coniugale. Ma questo bimbo! È tutta la tenerezza del mondo, la certezza che assieme saranno invulnerabili. La sicurezza totale nell'amore materno.

* * *

«Sei contenta?» chiese Sam restituendole il neonato.

Lei lo prese avidamente, lo strinse contro il fianco, chinò i boccoli bruni sulla peluria bionda del bimbo e si immerse nella contemplazione.

Le rose gialle perdevano i petali sul centrino del comodino. Un chiarore caldo e vacillante scendeva dal lampadario, due globi in vetro lavorato, e carezzava il grande letto di legno scuro, a colonne tornite e lavorate. Poggiato a una colonna Sam osservava moglie e figlio.

«Mi assomiglia!» commentava in estasi. «È sorprendente!».

Fanny levò su di lui uno sguardo cieco. Le labbra naturalmente imbronciate si distesero in un sorriso da Gioconda. La fronte, come slavata, sfuggente nella penombra, non espresse nulla.

«Io non trovo» mormorò.

La voce, la chioma, la testa, parevano galleggiare sulla bianchezza dei grandi cuscini di pizzo. La stanchezza che tirava i suoi lineamenti aveva cancellato le fossette, affinato le linee del naso, reso perfetto l'ovale del viso. In quel momento l'immobilità di lei riportò alla mente di Sam un ricordo sgradevole, la maschera dell'idolo di Virginia City, la statua temibile della loro prima scenata, che alla fine di una notte d'amore aveva lasciato cadere il tagliente: «Non voglio più vivere con un uomo che non rispetto!». Ma stavolta nell'espressione di Fanny non c'è alcuna traccia di aggressività.

«Come lo chiameremo?» proseguì lui con semplicità.

«Hervey».

«Hervey? Che strano nome!».

«Hervey» ripeté lei con la voce d'acqua corrente sotto il ghiaccio.

«Se vuoi così...» concesse lui prudente.

Lei fece un sorriso d'angelo che lui non le aveva mai visto, sbottonò la camicia con una mano, con lentezza, mentre sollevava il bambino. Dal collo, dalle braccia, dal seno pesante, emanava un godimento che colpì Sam e lo mise a disagio..

A trentun anni Fanny pareva madre per la prima volta. Sentendosi di troppo, lui uscì.

Fra poco Sam uscirà da tutte le stanze ove si troverà Fanny, senza che lei se ne avveda. Da un giorno all'altro lei dimenticherà persino l'esistenza del padre dei suoi bambini.

La nascita di Hervey l'aveva illanguidita, quasi rallentata. In quella fine d'autunno la sua sagoma sfoggiava una grazia nuova, qualcosa di più tondo e più pieno nelle spalle e nei fianchi. John Lloyd, innamorato perpetuo, che attraversava la baia ogni domenica per andare a pranzo dagli Osbourne, diffidava di quella dolcezza. La bella Mrs Osbourne vibrava per sé, di gioie sensuali, di piaceri segreti da cui escludeva John come tutti gli altri.

Nostra madre non è mai stata del genere chioccia – raccontano Belle e Samuel Lloyd. *Amava i bambini, ma non ne andava matta. I neonati la lasciavano piuttosto fredda. A causa della durezza delle condizioni di vita, non aveva potuto granché godere di noi quando eravamo piccoli... Con Hervey cambiò tutto! La sentivamo ciangottare da un capo all'altro del giardino, e ridere, ridere! In fondo noi non avevamo mai sentito la sua risata. Per noi quell'esplosione di allegria era un mistero e una gioia.*

«Mi spiace, Sam» mormorò lei allontanandosi verso il bordo del letto. «Mi spiace, io...».

Rotolò ancora più lontano, fra la rete e le lenzuola. Rimase là, avvolta, incastrata, con la speranza che Sam s'addormentasse.

«Non vuoi?» le chiese lui all'orecchio.

Lei svicolò.

«Non posso».

«In che senso, non puoi?».

Tacque. Ascoltava Hervey agitarsi nella stanza vicina.

«Non posso» sospirò sentendo che le si avvicinava di nuovo. E d'improvviso veemente: «È vero. Non posso!».

Repulsione? Rivincita? Sam la lasciava di marmo. Si occupava così tanto di se stessa, dei giochi del suo corpo col bambino, che nessun altro genere di tenerezza la toccava. Ma divorare di baci le gote del suo piccolino, respirarne il profumo soave della pelle, stringerne forte il corpo paffuto, ammirare la grazia della nuca inclinata!

Sam si lasciava respingere senza dire parola e si addormentava. Aveva orrore degli stati d'animo, delle spiegazioni, delle complicazioni. E poi piaceva troppo alle donne per lasciarsi tentare dall'idea di violentare la sua.

Pazientò per un mese. Poi se ne fece una ragione. A San Francisco mise su casa a un'amante che lo adorava, restò a dormire da lei e stavolta non si prese la briga di nasconderla. Gli amici seppero delle due famiglie che manteneva col suo magro stipendio. Una in città, a due passi dal tribunale dove lavorava, l'altra a East Oakland, dove passava i fine settimana.

La nuova infedeltà risvegliò i demoni di Fanny. Ben presto ritrovò, immutata, la vecchia sofferenza, quella che le torceva le viscere, le addentava la gola fino alla nausea. Assente, visse per qualche mese come aveva vissuto un tempo, in attesa di Sam. Ultimo sussulto di un amore defunto? Incapacità di privarsi di un bene che aveva fatto suo? Quando Sam arrivava arzillo e pimpante il venerdì sera nella casa ricoperta di rose, quando la abbracciava con ostentazione davanti ai bambini e passava i fine settimana a occuparsi di loro, ad ascoltarne le storie, a raccontare le sue avventure – buon padre, buon marito –, Fanny si trasformava in statua di sale invasa da orrendi risentimenti.

Nelle notti di solitudine si vedeva sul mare in tempesta, a bordo di un veliero dagli alberi spezzati. Con Sam e i bambini. Un'ondata falciava Sam, la corrente lo trascinava via, lui si lasciava andare, si lasciava affondare. Fanny si tuffava in soccorso, lottava nelle onde per scoprire che un salvagente cingeva le reni di lui che galleggiava tranquillamente sull'acqua, sguazzava e sorrideva. Dietro di lei il vascello inclinato filava verso la scogliera. I bambini stavano per sfracellarsi. E Fanny urlava e nuotava, nuotava al loro inseguimento.

In primavera barattò i suoi tre pony per un purosangue, la Derringer da signora per un Winchester a ripetizione, il corredo di pizzi per del buon vecchio trinciato forte da minatore e si rimise in sella e in cucina.

Sigaretta fra le labbra, maniche rimboccate, batteria di casseruole schierata, si incatenò ai fornelli. Alchimista o maga, stavolta le bisque di crostacei, i piatti freddi, le salse e gli arrosti raggiunsero la perfezione. Finito il tempo delle ricette empiriche. La sua ispirazione si cibava ormai di trattati che riceveva dalla Francia e traduceva col sussidio di dizionari. Era in corrispondenza con tre cuochi della Louisiana, paragonava tecniche, utensili e ingredienti. Altra originalità di Fanny e non fra le meno importanti nel secolo XIX: si interessava a tutte le cucine del mondo, si appassionava alla gastronomia orientale, faceva acquisti nell'intrico brulicante di Chinatown dove nessun'altra donna bianca si avventurava. Annotava le ricerche, le esperienze, i fallimenti, si disperava per i tentativi non andati a buon fine, mirava all'eccellenza e, senza averne la minima coscienza, si adoperava a fare dei propri doni culinari un'arte.

Arte. La parola è comparsa. Le inquietudini, i formicolii, i sogni, gli slanci avevano finalmente trovato uno sfogo.

Simile più a un libro di magia che a uno di cucina, il taccuino di Fanny si presenta come un grosso volume di marocchino rosso, dai fogli dorati sul taglio, che scricchiolano quando li giri. Lungo quelle pagine sovraccariche e cancellate, che sanno di vaniglia e di cioccolato, si edifica tutto un mondo in cui abbondano gusto e odorato, parole e fatti memorabili.

Fra le macchie di zucchero e di frutta, le colonne di cifre, le proporzioni, i tempi di cottura, si srotolano, si arrampicano, ronzano le storie dei fantasmi che popolano i suoi incubi, i suicidi, i naufragi, e poi racconti morali, favole sulle bestie e sui fiori, allegorie infantili che la aiutano a vivere. Di sé e dei familiari Fanny non parla. In nessun momento il libro di magia si apparenta a un diario. Piuttosto a una trama, una tela dai fili tessuti stretti, striata d'inchiostro da una penna nera o azzurra. Nei margini, sul retro dei fogli, si sovraimprimono disegni a pastello o ad acquerello. Colori, volumi. Fanny abbozza, schizza, disegna caricature. Qui la sagoma panciuta di una tortiera. Là il caleidoscopio a colori vivaci di una coppa di sorbetto. Più avanti il profilo inorridito dei suoi invitati davanti a uno zampone di maiale. I disegni sono strani, talvolta macabri. A questo festival manca soltanto il suono: neppure una notazione musicale.

Però il giardino vibrava agli accordi di Belle al piano, il pomeriggio non era mai silenzioso, la stessa Fanny si cimentava alla chitarra. Pronta ad assorbire tutto, pagava le quote di una biblioteca circolante che le mandava da New York una selezione di "classici". Una sorta di *Reader's Digest* ante litteram, brani scelti, compendi, talvolta semplici riassunti. L'*Iliade* e l'*Odissea*, La *Comédie humaine* in un solo *booklet*. Fanny leggeva. A caso.

Nel corso dell'anno 1873 tuttavia non è la letteratura che la sconvolge, né i concerti pomeridiani offerti dai teatri di San Francisco. Ma una passeggiata che fa ogni domenica coi bambini e centinaia d'altri visitatori.

All'angolo fra Mission Street e la Quattordicesima Strada si estendevano per parecchi ettari i Woodward's Gardens. Era un favoloso parco dei divertimenti dove stavano uno accanto all'altro un orto botanico, uno zoo, un acquario, cigni meccanici in un lago artificiale e cinesi giganti mascherati da draghi. La Disneyland del XIX secolo. Con in più la cultura!

Uno spettacolo unico al mondo – vanta l'opuscolo pubblicitario. *In un padiglione bene illuminato coi muri tappezzati di velluto rosso, con tappeti folti e poltrone confortevoli affinché il visitatore possa ammirare senza fatica, in giusta prospettiva e con buona luce, si trovano riuniti per il piacere degli abitanti di San Francisco e di nessun altro tutti i capolavori della storia. Inutile ormai girare il mondo, attraversare oceani, rinchiudersi nei vecchi musei di Francia e d'Italia: pochi centesimi di biglietto e il viaggio ve lo offrono i Woodward's Gardens.* La prima galleria d'arte. La prima mostra di quadri nel Far West.

L'insieme era dovuto al pennello di un artista che stava per dare un senso nuovo agli slanci della massaia di Oakland. Si chiamava Virgil Williams.

Curiosamente ho ritrovato tracce di Virgil Williams nel campo di minatori di Austin nello stesso periodo in cui c'era Fanny. Il giornale locale segnala il suo passaggio sulle diligenze della Wells Fargo. La coincidenza qui si ferma, non si conobbero nel Nevada. Williams, originario della Nuova Inghilterra, in passato aveva vissuto a Roma, dove si era sposato con la figlia di un pittore che viveva a Villa Medici. Matrimonio sfortunato, approdato dieci anni dopo a un divorzio. L'artista si era stabilito a Boston. Un mattino Williams aveva visto capitare nel suo studio Mr Robert B. Woodward, uno speculatore arricchitosi con le miniere d'argento di Virginia City, che cercava investimenti sicuri. La visita di Woodward si concluse a fine giornata con l'acquisto di tutto lo studio, muri, tele, cartoni e tavolozze compresi. E con un contratto col pittore, perché andasse a creare nei Woodward's Garden a San Francisco una galleria di tutti i capolavori noti del mondo. Per mesi Williams, pagato da Woodward, aveva battuto i musei e copiato freneticamente. Dieci anni dopo non aveva altro sogno che bruciare tutto. E non sentire mai più parlare di quella galleria che l'aveva privato dell'anima e dell'arte.

Diventato il Pittore di San Francisco, Virgil Williams si era allora lanciato nella creazione della prima Art Association dell'Ovest americano. Aveva ripreso contatto coi musei d'Europa. A mo' di incoraggiamento e di solidarietà la città di Parigi aveva mandato a San Francisco i calchi di alcune sculture del Louvre. Lusingata, la Camera di Commercio aveva aperto le casse in pompa magna per scoprire con orrore che mancavano membra e teste. Aveva trascinato davanti al giudice il trasportatore. L'incredibile è che aveva vinto: il trasportatore, nel caso la Wells Fargo, condannata a pagare i danni e gli interessi per il braccio mancante della Venere di Milo.

Virgil Williams aveva allora capito l'urgenza e la necessità di aprire un'Accademia di Belle Arti a San Francisco. La scuola, che dirigerà fino alla morte, diventerà la famosa School of Design.

E quando Belle Osbourne, sedicenne e dotatissima per la caricatura, manifestò il desiderio di andarvi a lezione, Fanny, che conosceva la fama del direttore, la iscrisse subito... e si iscrisse anche lei!

Qui cominciano le misteriose influenze, gli echi, le coincidenze fra i destini della madre e della figlia. Complici o rivali, nel mezzo secolo successivo si traineranno l'un l'altra, si inseguiranno in tutte le avventure e su tutti gli oceani.

Per il momento Fanny Osbourne aveva appena festeggiato il trentaquattresimo compleanno. Cominciava a vivere.

San Francisco School of Design, 1874-1875

Quella era la mia idea di paradiso! – racconterà Belle. *Mi tolsero dalle superiori e tre giorni alla settimana io e mia madre attraversavamo la baia per andare a studiare. Sul ferry cominciai a notare quanto la bellezza di lei attirasse l'attenzione. Alla scuola di disegno vinse la medaglia al primo concorso. Sul momento la cosa non parve farle molto effetto. Ma, dopo la sua morte, l'ho ritrovata nel suo cofanetto delle gioie; era un piccolo disco di rame in fondo a uno scrigno nero, la medaglia che aveva portato con sé dappertutto, fino alla fine.*

La scuola di disegno stava sopra il famoso mercato californiano, all'angolo fra Market e Pine Street. Onnipresenza del cibo nel destino di Fanny. Fra i meloni odorosi, gli avocado panciuti, le ceste di granchi e aragoste, si nascondeva la piccola porta che dava su una scala. Qualche gradino e dalla via animata si passava in uno stanzone sotto una vetrata. La luce cadeva su una dozzina di calchi a grandezza naturale, montati su piedistalli. Fra i cavalletti si ergevano la *Nike di Samotracia*, il *Discobolo*, la *Venere di Milo*.

Una ventina di studenti di tutte le età e di entrambi i sessi, in blusa bianca, si radunavano intorno al maestro. Forte, splendido, con una barba bionda tagliata corta alla Van Dyck, occhi neri e pensosi molto infossati, Virgil Williams aveva la signorilità, il riserbo, la bontà di un professore da sogno. Aveva soprattutto la passione del bello e sapeva comunicarla. La sua educazione da protestante pudico non gli vietava l'entusiasmo: nessuna cosa Virgil Williams amava quanto scoprire e vantare forte e chiaro un'opera degna di ammirazione. La prima generazione di paesaggisti californiani, quella che lavorerà a restituire la luce dei deserti, i tramonti sulla Valle della Morte, le albe rosa sulle rocce dello Yosemite, passerà per le sue mani. Del suo insegnamento conserveranno l'impronta, ripenseranno a lui con nostalgia.

«Per l'esame di fine anno vi chiedo di disegnare la mano destra della *Venere di Milo*, come voi la immaginate. A carboncino».

Belle, come gli altri giovani, si avventò sul foglio, senza riflettere. Fanny restò sola, piantata ai piedi della statua. Gli occhi brillanti, la bocca semiaperta, pareva immersa in un'intensa felicità fisica.

«Le piace?» sussurrò Virgil Williams con una punta d'ironia.

«Sì» rispose lei senza guardarlo, come se temesse di lasciarsi distogliere dal proprio piacere. «La luce, il movimento, la materia è come se non li avessi mai visti. Non le fa lo stesso effetto?».

Lui sorrise dell'ingenuità di lei. Mrs Osbourne era fra gli studenti più anziani e più dotati. La sua totale mancanza di cultura lo incantava. Non sapeva nulla, nel vero senso della parola. Una terra vergine dove si imprimeva a gran colpi di emozioni la voluttà della bellezza. L'allieva ideale per un insegnante: la verginità dei sensi unita alla maturità.

Senza prevenzione. Senza immagine. Senza riferimenti. Il turbamento di Fanny era perciò più brutale e più profondo. A Williams bastava dare un'occhiata ai disegni: a ogni esercizio ecco la stessa purezza di tratti, la stessa audacia nel colore. Qualcosa di maldestro e potente che rendeva il suo compito perfettamente riconoscibile. Che gioia vedere quella donna riuscire a esprimere un ideale estetico senza capirlo – e non è questa l'arte? si chiedeva lui qualche volta.

«Lavori, Mrs Osbourne. Lavori!».

Il sole era allo zenit. Cominciava a fare molto caldo. Bocca chiusa, ricci incollati, schiena dritta, Fanny trascinò il cavalletto fino alla *Venere*. Gomito a gomito con la figlia e i compagni, si mise al lavoro.

Come al solito fu l'ultima a finire. La notte cadeva sulle sculture. La nebbia scendeva a colate dalle colline, si distendeva come un velo nel cielo, coprendo i tetti fino al mare, dove il ferry non avrebbe atteso. Fanny rabbrividì, si gettò lo scialle sulle spalle e attraversò la scuola deserta. Gli stivaletti sollevavano una polvere blu che l'avvolgeva tutta e pareva inseguirla. Giunta alla porta tese il disegno arrotolato a una sagoma che lo ficcò in un borsone.

«E se non fossi qua per chiudere alle sue spalle?».

Il cappello piumato sull'occhio, un groviglio di broccati e sete, dieci collane di giavazzo al collo, una catena alla cintola, dove tintinnava una ridda di ninnoli, un temperino, una scatola di colori, un portamonete e le cinque chiavi dell'accademia, Dora Norton Williams era stata anche lei allieva prediletta di Virgil prima di sposarlo in seconde nozze – tre anni prima, a Boston. Mediocre ritrattista, ma dotatissima per le nature morte, Dora Norton credeva di essere chissà chi, si diceva pittrice, rivendicava la propria libertà d'artista e il diritto di parola. *Era una donna yankee bassa e magra, molto autoritaria* – dirà Belle, cui Dora aveva probabilmente fatto qualche osservazione sgradevole sul suo talento. *Si vantava di dire sempre la verità e la sua pretesa franchezza poteva sfociare nella più orribile villania.*

«...Lei ha gli occhi iniettati di sangue, Mrs Osbourne» commentò Dora dando un ultimo giro di chiave. «Le guance in fiamme, le mani rosse».

«Mi sono esaltata...» concesse Fanny a mo' di scusa. «Come se qualcosa d'importante fosse in gioco... L'ho fatta aspettare, e tutto perché? Per disegnare mediocremente la mano della *Venere di Milo*! È un risultato?».

«Che si aspettava?...» abbaiò Dora. «Un piacere estetico non è un salario che si possa incassare. Una volta gustato deve svanire, come un profumo che evapora senza lasciare traccia».

Voce secca, quarant'anni suonati, la donna che così parlava saprà conquistare il rispetto di Fanny grazie al coraggio morale, alla fantasia e al decennio di anticipo su di lei, dieci anni di esperienza nel mondo dell'arte. Diventerà l'unica persona di sesso femminile, a parte Belle, con la quale Fanny si confiderà. L'amica di tutta una vita.

A settanta e ottant'anni Fanny e Dora troveranno tuttavia il modo di inimicarsi.

Controllando le date, constato con stupore che l'avventura alla San Francisco School of Design dura soltanto un anno. Trasformerà tuttavia Fanny, profondamente.

La donna che non parlava, che si muoveva poco e nell'ombra, l'amante appassionata di Austin, la massaia di Oakland, diventa maliarda e fa la preziosa. Metà saccenteria, metà bohème.

Certo, Mrs Osbourne impara il disegno. Certo, ha talento. Ma a quell'epoca Fanny si invaghisce soprattutto della "vita d'artista". Dai Williams, sotto l'egida di Dora, frequenta altri pittori, il musicista Oscar Weil, il poeta Charles Warren Stoddard che torna dal Pacifico e racconta storie alla Pierre Loti sui suoi amori indigeni. Tahiti, le Hawaii, le isole Marchesi. È il primo a introdurre i mari del Sud nell'immaginario di Fanny, che si inebria ascoltandone i racconti, partecipando alle conversazioni, divorando i libri che si scambiano. Un anno. In quel breve periodo lei si lega con tutti gli esseri che avranno un ruolo importante nella sua vita fino al suo ingresso negli ambienti letterari di Londra. Con tutti coloro che faranno di lei una donna del tutto diversa dalla sposa trascurata di un cancelliere di tribunale. Sam si trova tuttavia nel cuore di quei nuovi rapporti. Conosce Virgil Williams da tempo. Come conosce un altro personaggio che Fanny si impegnerà a far diventare proprio complice e mentore: l'avvocato Timothy Rearden.

* * *

«Mi vede dunque così, Mr Rearden?... Gentile, romantica, un po' sempliciotta?».

Fanny prendeva d'assalto lo studio, sopra la grande Biblioteca mercantile, di quell'uomo che leggeva correntemente il greco antico, per proprio piacere traduceva ballate dal tedesco medievale, si cimentava nella versificazione latina, insomma incarnava quanto a San Francisco c'era di più erudito... E di più misogino. Arrivato a diciott'anni da Cleveland, Ohio, Timothy Rearden sperava come tutti di arricchirsi nel Far West. Affascinato dall'avventura, che non amava, aveva trovato lavoro come contabile alla Zecca e aveva giudiziosamente continuato gli studi di giurisprudenza. Si lasciava alle spalle una madre vedova, e una sorella nubile che pensava di prendere a carico una volta fatta fortuna.

Destino volle che non facesse fortuna e le abbandonasse entrambe nell'Ohio. Ma, tormentato dal senso di colpa, avrebbe scritto loro ogni domenica per vent'anni. Le due donne conservarono tutte le lettere, che la Bancroft Library di Berkeley oggi custodisce assieme a qualche foto.

Baffi che cadono alla gallica su una bocca chiusa. Naso corto dalle narici spalancate che palpitano. Qualcosa di intenso nello sguardo, un'espressione quasi dura. Sui cliché, Rearden pare vivo. Il nodo lasco della cravatta, il riflesso cangiante della seta, la giacca di velluto a coste, tutto in lui ci è vicino. Anche la suscettibilità, percepibile nell'espressione delle sopracciglia appena corrugate, anche la tenerezza nella fossetta infantile del mento. Al contrario dei suoi contemporanei, che davanti all'obiettivo posano e non esprimono nulla, Rearden è manifestamente a disagio, se non addirittura stizzito.

«Vero, Mr Rearden, che mi crede vana?».

Fanny gettò negligentemente la cicca accesa nel focolare, sporcando di cenere una delle piastrelle di ceramica che incorniciavano il camino. Un gioco dell'oca inizio secolo, del quale Rearden era molto fiero.

«Smetta di fumare, Mrs Osbourne. Lei si dà ad attività che suo marito dovrebbe vietarle».

«Dal punto di vista delle attività, Mr Rearden, mio marito apprezza soltanto quel che c'è di più volgare... E lei dovrebbe saperlo!».

Al tempo dei suoi studi giuridici Rearden aveva incontrato il gallese John Lloyd, che l'aveva presentato all'ex socio Sam Osbourne. Con Fanny assente nell'Indiana i tre uomini avevano preso l'abitudine di riunirsi ogni domenica per parlare. Diversi l'uno dall'altro quanto più è possibile – Osbourne era il fascino, Lloyd la serietà, Rearden l'intelligenza –, avevano in comune il bisogno di scambiarsi idee, in un mondo votato unicamente all'azione.

Con alcuni giornalisti dell'*Overland Monthly* i tre amici crearono allora quel che sarebbe diventato uno dei club più esclusivi dell'Ovest, il Bohemian Club, che conta fra i suoi membri Ronald Reagan, George Bush e la maggior parte dei presidenti americani del XX secolo. Tutto era cominciato molto modestamente con una colletta per l'affitto di un luogo confortevole dove discutere assieme di musica, pittura e letteratura. Rearden aveva trovato sopra il mercato californiano un locale troppo costoso per la piccola banda, che ne aveva subaffittato una parte a uno dei membri: Virgil Williams. Il quale ne aveva fatto la scuola di disegno. Quel locale era presto diventato il centro culturale della città. School of Design da una parte, Bohemian Club dall'altra, il gruppo, sotto l'egida di Virgil Williams e di Rearden, aveva scelto la civetta come mascotte. L'uccello di Atena, dea della saggezza e simbolo della notte, si confaceva a quei giovani, giornalisti, avvocati, navigatori, artisti giunti da altrove.

Tentati dall'avventura, sedotti dall'eterna primavera della costa occidentale, alcuni pittori europei porteranno a San Francisco, tramite il Bohemian Club, la loro esperienza della vera vita di bohème, del Quartiere Latino e degli atelier parigini.

«Parigi, Mr Rearden! C'è stato? No, è chiaro. Lei non conosce altro che i libri, la solitudine e la frustrazione di vecchio scapolo. Avanti, salga sul piedistallo, assuma la sua posa da grand'uomo e disprezzi i suoi simili».

Fu tentato di metterla alla porta. Si limitò a gettare nel fuoco la sigaretta che lei si preparava ad accendere.

«Lei mi disturba!» abbaiò.

Lei non raccolse e fece spallucce.

«Povero caro!».

I fianchi poggiati al bracciolo di una vecchia poltrona di cuoio, le gambe accavallate l'una sull'altra, lei sollevò appena uno stivaletto fissando la punta.

«Confessi, le faccio paura... Andiamo, si avvicini, Mr Rearden... A meno che non tema ch'io la faccia tardare... Ritroverà gli amichetti del Bohemian Club stasera, giusto? Lo so: Mr Osbourne ha preso questo pretesto per non rientrare a Oakland questo fine settimana! Mi racconti quindi quel che accade dirimpetto alla mia scuola: muoio di curiosità».

Sbadigliando ripeté «muoio» e Rearden fu nuovamente sul punto di sbatterla fuori. Da quando studiava alla scuola di disegno Mrs Osbourne era un'altra persona. Carezzevole col mondo intero. Con lui, civettava. Sam aveva sbagliato moltissimo nel permettere alla moglie la frequentazione di scuole e artisti. Libera di istruirsi? Che sciocchezza! La metamorfosi di Fanny andava a confermare le teorie di Rearden. Nel luglio 1868 sull'*Overland Monthly* aveva scodellato un saggio sulla questione: "Favouring Female's Conventionalism". In esso dimostrava la inanità dell'emancipazione femminile.

«I suoi paradossi mi fanno ridere, Mr Rearden. Mi vuole spiegare in che cosa sua madre e sua sorella sono diverse da me? Secondo quel che m'ha raccontato, è stata sua madre che l'ha fatta vivere! Ha lavorato per lei. Per la sua educazione. Quanto a sua sorella, non è a carico suo, per quel che ne so. È maestra. Si guadagna la vita. Anch'io mi guadagnerò la vita. Un giorno, coi miei quadri, sarò io – non Mr Osbourne che dilapida lo stipendio con le amanti – sarò io a sfamare i miei figli».

Quell'uomo, che alla prima occhiata classificava le appartenenti al sesso femminile in due categorie, non sapeva più di fronte a che genere di donna si trovasse. Da principio aveva visto in lei il tipo della perfetta *housewife*. La donna da sposare. Ora apparteneva piuttosto al tipo da sedurre. Tanto più che la nuova Mrs Osbourne lo attraeva. Lo turbava, lo sconvolgeva come mai aveva fatto la vecchia Fanny. Quel corpicino flessuoso. Quella chiacchiera canterina. I fruscii e il profumo... Lui resisteva. Primo: era la moglie di Sam. E Rearden in amicizia era fedele e non tradiva gli amici. Secondo: che accoglienza avrebbero ricevuto le sue profferte? Nell'incertezza Rearden preferiva astenersi.

«Non è che lei mi prende per un'esaltata, Mr Rearden?».

Lui dardeggiò uno sguardo sdegnoso:

«Ma no, mia cara!... Santo cielo, le femmine di San Francisco si sono passate parola, oggi. Vogliono farsi credere tutte isteriche! È un genere, una moda, la seguono tutte. Dio mio, se le donne capissero quanto sono affascinanti quando non complicano ogni cosa. Taccia. Sia piacevole. E sia soddisfatta di quel che ha. Avrà una bella vita...».

«Soddisfatta? Bisogna che ci sia qualcuno che ti ami, che ti capisca...».

«Mia cara» disse Rearden, «è una stupidaggine pretendere che le persone che si amano possano capirsi... Capirsi è inutile, per amarsi. Come non è necessario amarsi per capirsi. Io, per esempio...».

Si avvicinò, allargò le braccia sui braccioli, si chinò. Bel ragazzo, labbra sensuali, narici palpitanti. Lei lo evitò, saltò in piedi.

«Lei è un egoista che non ama e non capisce nessuno!».

Schiacciò la nuova cicca su un'altra casella del gioco dell'oca, la qual cosa aveva il dono, lo sapeva, di esasperare Rearden. E mormorò:

«...Eccetto forse la bella Mona Wills che è appena fuggita in Europa con un musicista tedesco... Vienna, Londra, Parigi!». Sorrise. «Parigi, Mr Rearden!».

Lui arrossì. Toccato. La sola donna della quale Rearden fosse mai stato innamorato era infatti appena fuggita all'estero con un altro.

«Allora, Otello, che mi darà da leggere questa settimana?».

Le labbra di Rearden si schiusero in un sorriso cattivo.

«*Madame Bovary* fa al caso suo, Madame Osbourne. La storia di una scimmia che avvelena la vita dei familiari e la propria. Arriva da Parigi, di cui sembra tanto infatuata...».

Lei fece spallucce, tese la mano, soppesò il volume e uscì senza ringraziare. I rapporti fra i due non saranno mai improntati alla massima cordialità.

Timidi fino al malessere, nasconderanno la simpatia reciproca sotto costanti assalti e rimbecchi dei quali l'uno e l'altra dimenticheranno persino le cause. *Lei mi chiede che cosa io abbia fatto a Rearden* – scrive Fanny nel 1880 all'amica Dora Williams. *Lo chieda a lui: forse lo sa. Io non ne ho la più pallida idea.* Incroceranno le spade come due adolescenti, giocheranno alla guerra per pudore, per pruderie, alternando tregue e bronci.

Non si sa mai cosa offenderà o non offenderà Rearden..., pensa Fanny. *Chissà perché mi ha messa alla porta. Mi chiedo se io non fossi "troppo" per lui. Che sia un po' pazzo, non lo nego. Ma la compagnia delle persone un po' pazze è infinitamente preferibile a quella degli altri...* Rearden non sarà sempre altrettanto tollerante. In una lettera alla madre, a proposito di donne divorziate scrive: *Provo nei loro confronti quel che provo per i rospi. Mi paiono appiccicaticce.*

Il che non gli impedirà, con chiassosa degnazione verso colei che definì *la donnina della quale v'ho parlato*, di gestire per lei più tardi la proprietà di Oakland, di rifiutare gli onorari che Fanny non potrà pagargli, di ricomprare di nascosto un quadro firmato da lei per un prezzo superiore al valore e di trarla più volte da impacci finanziari.

Sarà lui che, sempre imprecando, patrocinerà il divorzio!

Quanto a Fanny, proclama in tutta la corrispondenza: *Posso soltanto dire che ho più affetto per Rearden che per chiunque altro. Voi* – aggiunge –, *voi Dora, e lui, siete i due soli esseri cui mi senta abbastanza vicina da poter dire scempiaggini.*

Scendendo la piccola scala di Timothy Rearden, trottando davanti alla porta della Biblioteca mercantile, dove trascorreva la parte più chiara delle sue giornate, Fanny in quel mese di dicembre 1874 fu colta da una improvvisa tristezza. "...Quel vecchio cinico di Rearden ama soltanto le streghe... Se fossi più gentile mi metterebbe subito alla porta. Quel che lo diverte, in me, sono le mie cattiverie. Sarà servito!".

*

Intanto quel che si degradava era soprattutto lo status quo con Sam. *Quand'eravamo soli,* racconta Belle, *mio padre era sempre allegro e comprensivo. Ma quando mia madre si univa a noi, subito l'atmosfera si faceva pesante, piena di emozioni represse, di sentimenti inibiti (...). Un giorno eravamo in salotto nel nostro cottage di Oakland, mia madre cuciva, io ero rannicchiata ai piedi di mio padre che leggeva ad alta voce* La fiera delle vanità *di Thackeray (...) Era arrivato al punto in cui il capitano Osborne parte per la guerra e sua moglie scopre che l'ha tradita con Becky Sharp. Ascoltavo con grande interesse quando mia madre interruppe con voce glaciale:*

«Mi stupisce che tu osi leggere la tua storia, capitano Osbourne!».

Mio padre sobbalzò, s'imporporò:

«Signoriddio» urlò, «sei capace di dimenticare qualcosa?».

Mi mandarono in camera mia.

Il rancore, difetto che costerà caro a Fanny. Ma nell'episodio citato si tratta piuttosto di una delle sue "infiammazioni del cervello" che sfiorano la fobia. Basta che lei senta lo stivale noncurante di Sam posarsi sulle scale, il suo fischio che chiama i bambini, o che respiri il profumo mielato del suo tabacco, perché la gola, il cuore, il fegato, tutto in lei si muova, si contragga. "Eccolo... È qua". Senza odio, con una tensione, una repulsione tanto vive che Fanny ha la nausea. Ogni fine settimana l'arrivo di Sam le provoca accessi di febbre. Si scuote, si riprende, oscilla fra una cortesia fredda che prende per autocontrollo e vampe di aggressività. Il cottage di Oakland il fine settimana è zona sinistrata. Gli amici lo sanno. Anche John Lloyd rinuncia al pranzo domenicale. Gli Osbourne trascorrono il fine settimana senza ospiti e non escono. A che pro una vita sociale assieme quando Sam porta l'amante a casa di tutti gli amici? Resta la vita familiare. Comunicano soltanto tramite i bambini.

«Che dici, Belle, non è ora di pranzo?» chiede Sam affamato.

«Hervey, fa freddo... Di' a tuo padre di metterti la giacca!».

Lei non riesce più a rivolgergli la parola, non fa lo sforzo di parlargli, ne ha paura, diffida. Né l'uno né l'altra tentano un riavvicinamento. Si temono troppo per osare un gesto, una parola. Su un solo punto vanno d'accordo. Sam si defila, sparisce da una stanza all'altra, "purché Fanny non mi noti!". Lei si mostra, si fa vedere, "purché Sam non resti!". I primi fiori fremono in giardino. I cani giocano sotto gli alberi da frutto. Mai il tepore di aprile è parso più clemente, l'oscurità dei boschetti più sensuale.

Non hanno occhi, orecchie, viso. Neppure Sam l'incantatore. Qualcosa di duro gli deforma la bocca quando lesina a Fanny il denaro per la settimana. In contrasto con l'apparente bonomia, gode a rifiutare di assegnarle una somma fissa. Aspetta che lei reclami. Per avere un soldo da lui, esige che lei giustifichi le spese e il fabbisogno, che gli mostri il libro dei conti e la cassa vuota. Soltanto allora Sam cede. Nessuna taccagneria in quel lesinare. Spende tutto quel che guadagna, per gli amici, per la donna che ama. Ma la compagna di San Francisco gli costa cara. Tanto più che anche lui ha bisogno di liquidità: è di nuovo vittima del sogno di arricchirsi con le miniere. Specula, gioca tutto lo stipendio sulle nuove concessioni del Nevada e a seconda dei momenti crede di essere milionario o sul lastrico.

L'idea che dopo tanti fallimenti Sam continui a sacrificare tutto alla febbre dell'oro e che in più preferisca la dolcezza dell'amante a quella dei figli, getta Fanny in un furore che finisce per esasperare Sam.

«Un ragazzo tanto intelligente...» dirà di lui Timothy Rearden, «ma del tutto sprovvisto di senso della famiglia».

Quella domenica sera, coi bambini addormentati e Belle che leggeva a letto, marito e moglie si ritrovarono faccia a faccia. Di solito si affrettavano a sparire ciascuno nella propria camera. La notte era fredda e grigia, l'oscurità umida. La bruma avvolgeva il giardino, dal quale saliva un brusio smorzato. Il canto di una sorgente nella terra. Il primo brulichio della primavera. Restarono là, alle estremità del portico, poggiati alla balaustra. Fra loro si mischiavano il fumo della pipa di lui e quello delle sigarette che lei accendeva una dietro l'altra. In lontananza, come imprigionato in una nube, danzava sull'oceano il chiarore di San Francisco. Avrebbero potuto star bene. La serenità di quell'istante li sospendeva entrambi in una stessa sensazione d'attesa. Una ribellione di tutto il loro essere li portava assieme verso l'acqua del giardino e del mare. Un desiderio di abbracciarsi. Un bisogno di fondersi. Stavano per riavvicinarsi, stavano per raggiungersi. Un gesto sarebbe bastato forse per deviare il destino... Entrambi sperarono per un attimo che l'altro tendesse le braccia, gli prendesse la mano e gliela stringesse. Il desiderio svanì ancora prima che avessero il tempo di provarlo. Restarono immobili. Provavano soltanto una vaga amarezza. E ognuno cercò di dimenticare la presenza dell'altro, di rubare a quella notte una piccola gioia solitaria e segreta. Borbottando «Buonanotte» Sam fu il primo a lasciare il portico. Il giorno dopo prese il ferry all'alba. Due ore dopo anche Fanny scappava.

Per occuparsi dei ragazzi durante le sue assenze da San Francisco, aveva assunto una governante che Timothy Rearden le aveva raccomandato. Ancora un servigio di Rearden! Nativa dell'Ohio, come lui, ma con petto prosperoso e crocchia piramidale, Miss Kate Moss accettava di essere pagata con grande irregolarità e di dipendere dalla buona volontà di Mr Osbourne, che adorava. Appassionata, autoritaria e colta, mancava di fascino e comandava a bacchetta il suo mondo. Era anche riuscita a mettere una parvenza d'ordine nella vita di Belle, inculcandole i rudimenti della grammatica francese, costringendola a studiare pianoforte tre volte la settimana. Miss Kate lo dichiarava forte e chiaro: quella bambina partecipava troppo alla vita della madre. Stesse attività, stessi orari, stesse frequentazioni. E Belle aveva appena sedici anni! Fanny, che non era di quelle persone che sopportano di essere contraddette, ascoltava le critiche di Miss Kate. Le due donne avevano in comune la stessa tenerezza per il bambino dai lunghi boccoli biondi che si era incoronato "Principe delle nubi" la mattina del suo terzo compleanno.

«Guarda, mamma, quella signora che viene» gridò Hervey, «...è bella! Sembra una fata...».

Seduta sugli scalini del portico, Fanny disegnava il profilo di suo figlio. Sollevò il naso. Una giovane donna saliva per il sentiero. Un cappellino piatto appollaiato in equilibrio su un enorme ciuffo di capelli posticci, un vestito in ordine, un po' troppo elegante per il pomeriggio, lunghi stivaletti di capretto rosso, gonna a righine, si avvicinava sorridente. Fanny si era raddrizzata.

«Con quale diritto si presenta qua?».

La donna esitò, balbettò:

«Non c'è alcuna ragione perché io non venga qui».

«Ce n'è una eccellente. Fuori!».

L'altra arrossì, indietreggiò.

«Potrebbe essere un po' più gentile... Io, è per lei, questo dico... Una visita di cortesia che le facevo... Avremmo tutto l'interesse ad andare d'accordo... Perché no? Lei potrebbe venire ogni tanto da noi a San Francisco, con i bambini... A Sam farebbe piacere... È una cosa che accontenterebbe tutti... sarebbe tremendamente più civile... E poi per i bambini...».

Sfiorò la guancia di Hervey, che la guardava soggiogato.

Fanny afferrò il bambino.

«Sparisca!».

«Ma insomma!».

«Miss Kate!» urlò Fanny a gola spiegata. La donnona apparve dietro la zanzariera. «Porti via Hervey!».

La governante prese il bambino e chiuse la porta. Nello stesso istante Fanny, ripiegando la lingua fra i denti come aveva visto fare ai minatori, lanciò sul viso della visitatrice il più formidabile sputo che sapesse produrre. Aveva mirato alla faccia, lo sputo atterrò mollemente fra i pizzi del seno. L'altra, di stucco, fece: «Oh!».

Si guardò il petto, non tentò di pulirlo, tese i seni come per allontanare la cosa e, spalle rigide, strascico zigzagante furiosamente nel vialetto d'ingresso, girò i tacchi. Fanny la seguì con lo sguardo. E fu scossa da uno spasmo. Aggrappata alla balaustra, cominciò a ridere. Rideva, rideva. Una gran ridarella da ragazzina. Non si sarebbe creduta capace di un atto tanto disgustoso! Non riusciva a farsene una ragione. Come aveva osato? Tanto più che non aveva mai visto prima quella donna, non poteva essere certa che si trattasse proprio della sgualdrina di Sam. Ma l'intuizione! Sentendo lo scatto del cancello, scorgendo il cappellino rosso e lo stivaletto, non aveva avuto dubbi: eccola qua, la donna che Sam le aveva preferito. La risata si calmò. Non era neppure carina: Fanny esaminava mentalmente la vita grossa, le mani grandi, i capelli tinti. E Sam le aveva preferito quella là! L'aveva immaginata simile alla vedova Kelly, bionda, fiera e temibile. Uno straccio. Una cicciona. E Sam le aveva preferito quella là! La bruttezza della rivale le procurava un immenso piacere, e una delusione anche maggiore. Lui passava dunque i tre quarti del proprio tempo con quello spaventapasseri. E ne era contento. Mediocre. Sam era veramente mediocre. In prima battuta questo pensiero la confortò.

Si guardò attorno. La casetta, il giardino che amava.

Anche più mediocre di quanto immaginasse. D'improvviso

l'idea della nullità di Sam la spaventò. Avrebbe dunque passato la vita là?

«Mrs Osbourne, la moglie del cancelliere, che ha vaghe aspirazioni letterarie e artistiche». Incastrata nel ruolo di mezza calza saccente. Frustrata dalle infedeltà del marito. A meno che, come l'eroina del libro francese che Timothy Rearden le aveva prestato, non si prendesse un amante... Rearden, per l'appunto. Perché no? Per un attimo si figurò Rearden che l'abbracciava, la bella mano di lui sul seno, i suoi baffi contro la bocca... Le avrebbe dato della scimmia nel momento stesso in cui l'avesse posseduta. Agli occhi di tutti a San Francisco lei non sarebbe mai stata altro che la signora Osbourne. Più o meno onesta, più o meno volubile. Alla scuola di disegno sarebbe diventata, nella migliore delle ipotesi, un'abile artigiana. Avrebbe potuto decorare piatti di porcellana, oppure illustrare riviste per signora. Guardò ancora il giardino recintato. I gigli tigrati si rizzavano, le rose avvampavano. Cosa poteva fare di più, là? Pensò alla casa. Aveva già cambiato dieci volte le tendine, aveva ritappezzato la sua camera, ridecorato il salone... Che avrebbe potuto fare di più, là?

Lo sguardo volò verso la baia di San Francisco. La nebbia si avvolgeva e si riavvolgeva come un gran cilindro di cotone bianco, indietreggiava sui fianchi del monte Tamalpais, scoprendo una successione di villoni dove cordate di nubi si sminuzzavano in fini cascate.

In primo piano sul mare una luce dura, filtrata da un residuo di bruma, illuminava un brigantino senza velatura. Fanny vedeva i due alberi, la prua, le manovre scheletriche che striavano il mare di lunghe righe. Il brigantino si allungava, si stirava verso una macchia all'orizzonte, un minuscolo punto nero, il rimorchiatore che forse lo alava al largo. Tuttavia pareva immobile. Incollato, inchiodato al cielo rosa. Tutta la baia aveva assunto i colori di una oleografia. Una colomba scendeva, volteggiava davanti alla nave, mentre da sopra le nubi Dio, col braccio teso e il dito puntato, mostrava la via. In quell'attimo nacque l'idea e la decisione fu presa.

*

«Parto, Mr Rearden!».

«Ah sì? Che liberazione».

«Tim, la smetta, dico sul serio: parto».

Aveva fatto gli scalini a quattro a quattro e aveva fatto irruzione senza bussare. Lui lavorava davanti al fuoco, con la pipa in bocca.

«Il Vecchio Mondo!» ansimò lei enfatica.

«Non è abbastanza lontano».

«Tim, per favore... Le devo parlare, è una cosa seria, devo chiederle consiglio».

«Fra me e le donne come lei, due oceani non sono abbastanza...».

«Tim!».

«Vada al diavolo!».

Fece dietrofront, sbatté la porta e prese d'assalto il Cable Car numero 10. Aggrappata alla sbarra, con le sottogonne che strusciavano dal marciapiedi alla predella in legno, scese davanti alla casa dei Williams.

*

«Dora, io parto».

«Ah sì? Buona idea. E dove va?».

«Il Vecchio Mondo!».

«Molto originale» ironizzò Dora, sorpresa in cucina da Fanny.

«Lei crede che Mr Williams acconsentirebbe a darmi qualche indirizzo? Raccomandazioni per qualche suo conoscente? Nomi?».

«Ma sicuro!».

Afferrato il bollitore, Dora guidò l'amica nel salotto, la fece sedere e servì il tè.

«Come la invidio, cara. Roma è il solo luogo adatto allo studio!... Roma o Parigi. Lei fa bene. Dotata com'è, non avrà nessuna difficoltà a farsi notare. Io, se potessi! Ma con le responsabilità di mio marito... La aiuteremo! La raccomanderemo! Le troveremo un professore! La faremo esporre al Salon! Laggiù lei progredirà velocemente, molto velocemente. Lontana dalle preoccupazioni materiali, dalla sua casa, dal giardino, che le rubano troppe energie... Senza tutti quei bambini!».

«I bambini? Li porto con me».

«Signoriddio! E per che fare?».

*

«Certamente, John, porto tutti e tre! Non crederà che mi separi dai bambini?».

«Ma, con rispetto parlando, Mrs Osbourne, che farà laggiù?».

«Dipingerò».

«Di che vivrà?».

«Lavorerò... non sarà la prima volta!».

Nessuno poteva sapere meglio di John Lloyd a quale periodo della sua vita Fanny alludesse.

«Ma a quel tempo non aveva tre figli a carico. Resti in patria... Come farà a farsi capire, laggiù?».

Lei fece spallucce.

«Me la caverò!».

«E Sam?».

«Sam cosa?».

«Sam, i bambini...».

«Sam?» troncò lei. «Sam ha la sua vita, io ho la mia. I bambini? Per carità! Non li vede più di un giorno al mese! Sì e no. Un po' più, un po' meno, per lui non sarà una gran differenza...».

«Lui è al corrente di questo... progetto?».

«Non riesco a rintracciarlo...». (Maliziosa, Fanny fece il primo vero sorriso dopo molto tempo.) «Potrei forse passare da quella signora, restituirle la visita di... come diceva... di cortesia?».

*

«Mai!» urlò Sam.

«Altrimenti...» azzardò lei, «io chiedo il divorzio!».

«Tu sei diventata pazza, ti farò rinchiudere! Pazza da legare. Prima sputi in faccia alla gente, poi vuoi strappare i bambini alla casa, alla famiglia, al padre... Il Vecchio Mondo tu lo vedrai in manicomio!».

«O nella bara!» ringhiò lei. Poi, cambiando tono: «Sam, ascoltami. Non possiamo continuare così... (Aveva la voce cantilenante e bassa, la voce di sorgente che scorre sotto il ghiaccio, la sua voce di un tempo...) Io sono stanca...».

Lasciandosi cadere sul divano prese senza violenza il polso di Sam, lo costrinse a sedersi al suo fianco. La foto di Jacob Vandegrift, nella cornice dorata procurata da John Lloyd, troneggiava sopra di loro. Tutto un passato. Tutta un'esistenza, in quel salotto. Diciotto anni di ricordi coniugali. Sullo sportello della stufa a legna faceva bella mostra una targa in ghisa ben lucidata: *Home and comfort*. La gatta era acciambellata sul tappetino. I disegni dei tappeti corrispondevano ai fiorami della tappezzeria, che a loro volta si armonizzavano coi rivestimenti delle poltrone. Sulle sedie a dondolo, anche le più rustiche, erano posati i cuscini ricamati da Belle e Fanny. Nelle vetrine stavano allineate le terrecotte dell'una e i quadri dell'altra. Disegni umoristici del miserabile campo di Austin, con i suoi mammelloni zeppi di cartelli, le tende affiancate da barili che fungevano da camino. Caricature di Sam e John Lloyd travestiti da cercatori, feltro sull'occhio, stivali sformati e badile in spalla: *Non siamo fatti per il lavoro manuale*. Sul piano, ricoperto da uno scialle sfrangiato, la foto di Belle nel suo primo abito da donna, quella di Hervey a due mesi. E sotto un globo un frammento della sola pietra nella quale Sam avesse trovato una vena d'argento.

«Soffoco» disse lei. «Ho bisogno di star sola... Ho bisogno di tempo... Vorrei tornare alla fattoria».

«Tornaci. Resta qualche mese dai tuoi genitori nell'Indiana. Anch'io sono molto affezionato a quel posto... Forse potrei anche venire con te».

«No».

Offeso, balzò in piedi.

«Siamo sposati, però».

Lasciò ricadere la mano sul bracciolo.

«Così poco... Sam, lasciami partire».

Lui si allontanò e le volse le spalle.

«E i bambini?».

Lei tacque. Lui si girò e ripeté:

«E i bambini?».

«Per Belle, per il suo apprendistato, l'Europa sarà un'esperienza formidabile...».

«Se parti, Fanny, parti sola» troncò lui.

Lei abbassò gli occhi, sussurrò:

«Non posso vivere senza di loro».

«Allora resti».

Lui stava per lasciare la stanza.

«Sam» gridò lei, «sono i miei figli, non posso abbandonarli!» e aggiunse con voce più bassa:

«E io non posso restare!».

«E io, Fanny?» abbaiò lui. «E io? sono anche figli miei!».

«Per quanto li vedi...» disse lei con amarezza.

«Tu credi sia piacevole venire qua il fine settimana? È l'inferno, questa casa!».

«Ah!» esultò lei. «Vedi bene che le cose devono cambiare... bisogna che io me ne vada...».

Lui tacque. Lei cercò di sfruttare il vantaggio:

«Sam, diamoci un anno. È vero che io divento difficile... È vero che sono di malumore... mi si direbbe una megera, è vero... Non mi amo... Non più di quanto non mi ami tu» precisò con tristezza. «Tu ami quella donna. Tu hai la tua vita. Un mestiere... Io ho soltanto i miei bambini... Lasciami partire. Lasciami diventare qualcuno! Quando sarò fiera di me stessa, tutto andrà meglio fra noi».

* * *

In quel mese di marzo del 1875 Fanny trapianta i suoi fiori nella serra. Mette sotto chiave il laboratorio. Fa i bagagli. Chiude il cottage. I vicini innaffieranno le piante. Sam vivrà a San Francisco. Manderà un vaglia al mese, per un anno. Non c'è accordo sulla cifra. Lo farà per i bambini. Come diavolo è riuscita a convincerlo?

L'uomo che detesta le scenate, che fugge le spiegazioni e i drammi, non ha più un momento di tregua da quando Fanny si è messa in testa di partire. Se a Oakland lei attacca e supplica, a San Francisco è anche peggio: «Si tolga dai piedi, assieme ai marmocchi, quell'isterica!» tuona l'amante, affascinata dalla prospettiva di sbarazzarsi di Mrs Osbourne. Al Bohemian Club altre campane, ma il progetto di Fanny perseguita Sam. Rearden e John Lloyd, che nonostante il loro riserbo nulla amano più dei pettegolezzi, commentano fino alla nausea. Virgil Williams invece tace: il suo silenzio è eloquente. Ferito nell'amor proprio dal fatto che lei voglia studiare altrove, si limita a dire che i suoi allievi sono liberi di scegliersi il maestro. L'Europa non può essere un'esperienza sbagliata.

Sottolinea con garbo che lui ne conserva un ricordo luminoso. Sul pianerottolo, appostata all'ingresso dell'Accademia, Dora organizza un comitato di sostegno.

«Mrs Osbourne non può comunque restare incatenata per tutta la vita a quel fallito che non le dà il becco d'un quattrino».

Dora approva lo scandalo e l'avventura. Proclama la sua approvazione così forte e chiaro che la scuola, il club e il suo salotto risuonano soltanto della progettata partenza di Mrs Osbourne coi tre figli.

Tempestata di dubbi Fanny perde il sonno, si immerge nei preparativi e sta in disparte.

Ma una sera, all'uscita da una delle ultime lezioni, Timothy Rearden va a prenderla.

«Le devo parlare» grugnì trascinandola fra le piramidi di ostriche e capesante.

«Credevo non fosse decoroso parlarmi. Scriva, Rearden, adesso ho fretta».

Le afferrò il gomito.

«La accompagno fino al tram di Market Street».

Da una viuzza all'altra, coi visi ora striati dall'ombra dei fili del telegrafo, ora immersi nella luce dorata del sole, scesero, risalirono, attraversarono incroci, si tuffarono in squarci di cielo blu, urtarono contro la barriera di salite troppo ripide. Raggelati dal vento freddo del mare, si imbacuccavano nella sciarpa oppure, sbottonandosi il cappotto, penavano come in piena estate.

«Non è decoroso per una donna andare sola all'estero».

«Decoroso! In bocca non ha altre parole: lei creperà per la rispettabilità!».

«E anche lei, cara mia. Qui tutti la condannano».

«Non mi dica che vedermi partire la rende triste. Rearden... Quest'idea non m'era venuta, guardi un po'. Le mancherò?».

«Taccia, e per una volta dia prova di un briciolo di buonsenso... Non vorrà mica lasciare suo marito!».

«Perché no?».

«Perché, Mrs Osbourne, una donna della sua età, per quanto affascinante, non lascia il marito».

«Si faccia i fatti suoi».

«E lei si guardi: il tempo è trascorso, e continua a trascorrere. La giovinezza se l'è lasciata alle spalle. Ben presto, cara mia, avrà i capelli grigi!». Rearden constatò, non senza piacere, che a dispetto dell'età Mrs Osbourne sapeva ancora arrossire.

«Si calmi, mia cara. Eccola scura come un'indiana».

Mancò poco che Fanny gli strappasse gli occhi e i baffi che dissimulavano un sorriso. Un'esplosione, Rearden non aspettava altro. Lei si contenne. Senza rallentare, quasi cercasse di seminarlo, e con voce un po' ansimante, adottò un tono fra il faceto e il cavillatore:

«Odia così tanto le donne, mio povero amico, da cercar sempre di umiliarle? Che le hanno fatto di male? E io, che ho fatto di tanto riprovevole? Non mi separo da mio marito, come le piacerebbe credere, non lascio Sam... Non dilapido l'eredità dei miei figli, non vendo nulla, la casa resta com'è... e tuttavia Dio solo sa se ho bisogno di denaro! Non mi prendo neppure la briga di affittare il cottage in mia assenza, pensi un po'... Parto per un viaggio, ecco tutto. Un viaggio di studio. Che c'è di male in questo?».

I quattro cavalli del tram che collegava Market Street all'imbarcadero avevano appena svoltato l'angolo. In quel venerdì sera la vettura era strapiena. Fanny superò la fermata e proseguì fra la folla degli uomini che si affrettavano verso il mare. Rearden la raggiunse:

«A proposito di questo studio, per l'appunto...».

Incrociavano gruppi di cinesi dal cranio rasato, con lunghe trecce sulla schiena, si mischiavano alla folla di *coolies* malesi, di *vaqueros* messicani, di ebrei ortodossi – tutte nazionalità, tutti colori, tutte razze che Rearden detestava.

«Non voglio più ascoltarla, Rearden. Odio la sua piccineria e la sua villania».

«Ancora una parola...».

«Basta!».

«E invece, mia cara, mi ascolterà... In merito al suo talento, alle sue pretese artistiche – balle e sciocchezze! Sappia che non diventerà mai una grande pittrice».

Stavolta le si mozzò il fiato. Dovette fermarsi. L'aveva attaccata in ciò che aveva di più prezioso. Ma Rearden non batté ciglio, pur notando un'occhiata implorante.

«In ultimo» riprese, «le ricordo quanto è spinosa la via per una matrona che sceglie di voltare le spalle alle leggi della società... Lei spera di vivere in accordo con se stessa, è questo che vuole, vero? Seguire il suo istinto? Andare fino in fondo? Che oca! Sappia che una donna che lascia la retta via si perde per sempre. Se lei parte, se lascia Sam, lei è finita. Ecco, le ho detto tutto. Ora faccia come vuole» concluse tirando fuori un pacchettino dalla tasca del cappotto. Bruscamente, con la stessa aria brontolona, glielo tese. «Ho trovato qualcosa di abbastanza grazioso sul suo amico Rubens. È ben scritto, nel suo genere. Legga con attenzione, questo libretto le interesserà».

La piantò in asso davanti all'imbarcadero e tornò indietro.

Lei svolazzò dalle passerelle ai fagotti, zoppicò fino agli hangar come un passero ferito, tornò sul molo e s'immobilizzò sulla riva. Avrebbe voluto imbarcarsi subito, su qualsiasi nave, sparire e ricominciare tutto da zero. A lungo guardò lo scintillio delle increspature dell'onda morire ai suoi piedi.

* * *

Il giorno dopo di buonora Fanny sentì lo scatto del cancello. Sam, faccia cattiva, occhi rossi, alito che puzzava di whisky, si lasciò cadere davanti a lei su uno scalino del portico.

Ringhiò fra i denti:

«Torno a vivere con te».

«Oh, Sam...» sospirò lei.

«Ho lasciato quella donna... Torno a vivere con te!».

Lei guardò la nuca piegata, le spalle curve, le mani penzolanti. Un cane bastonato. D'istinto Fanny rispettava la debolezza. Suo padre raccontava volentieri che, fanciulla alle corse di cavalli, a Indianapolis, trascurava palesemente il favorito e scommetteva tutta la sua fortuna sul ronzino che aveva più bisogno d'incoraggiamento. Al vedere Sam tanto disfatto fu presa da un grande slancio. Affetto? Compassione? Paura?

«Torno a vivere con te» ripeté lui.

La voce era dura. Piena d'odio. Nello sguardo neppure un'ombra di tenerezza. Null'altro che un terribile astio. Pronto a mordere. Lei rifletté per un attimo.

«Non funzionerà».

«E perché? Ha funzionato per dieci anni!».

Lei fece spallucce e rientrò. Lui restò seduto, l'umidità del legno gli inzuppava i pantaloni, si voltò verso la casa:

«Fanny!» tuonò. «Tu ti porti via i miei figli, e non a due passi di distanza... Né per sei mesi! Né per un anno! L'Europa è un continente, un mondo, una vita!... Tu li sradichi dalla loro terra. Contro la loro volontà e contro la mia... E tutto questo perché?».

«Perché?». Con un'espressione alterata in viso, Fanny si immobilizzò. Perché?

«Ma per dar loro un'opportunità di istruirsi. Perché Belle possa diventare una vera artista».

Barava e lo sapeva. Stava là, in piedi nel corridoio, immobilizzata dalla paura. Che fare? Restare? Ricominciare la vita con Sam?

Di lì a un mese avrebbe nuovamente avuto sotto braccio

un'altra donna, vecchia o nuova, sarebbe riapparso a casa soltanto la domenica, avrebbe lesinato il denaro alla famiglia, avrebbe ricominciato a spenderlo altrove. E per tutta la vita l'avrebbe imprigionata in quel ruolo di casalinga insoddisfatta del mondo e di se stessa. Lo sguardo di Fanny si posò sull'immagine riflessa nello specchio del corridoio. Fra le sopracciglia nere due rughe, ben visibili, davano al viso un'espressione tesa. Alla commessura delle labbra, altri due tagli accentuavano la piega spiovente della bocca. Il tempo passava, Rearden su questo aveva ragione.

Esile, quasi magra, il busto stretto in una giacchetta da uomo che scavava le reni e inguainava i fianchi, le cosce impastoiate dalla gonna con sellino che le imprigionava davanti e dietro, lungo tutta la figura uno sfolgorio di bottoni in giavazzo molato, gocce nere e lucenti, evocava un animale anfibio, una sirena, una zingara che preparava un tiro mancino. S'immaginò di lì a qualche anno. Non avrebbe avuto più una goccia d'acqua sotto la pelle, né sangue nel cuore. Un osso di seppia. Che fare? Sapeva che se non fosse andata via in quel momento l'attimo sarebbe fuggito.

«Te ne assumi tutta la responsabilità, Fanny. Mi rubi l'infanzia di Sam e di Hervey. Mi rubi la giovinezza di Belle. Mi rubi i miei figli».

* * *

Il 28 aprile 1875 Fanny è pronta. Ha chiuso il cottage, ha fatto portare i bagagli alla stazione di Vallejo. Miss Kate e i bambini sono stati avvisati il giorno prima: partono per l'Indiana. Da lì andranno a New York, dove Miss Kate resterà da una zia. Fanny, con Belle (sedici anni), Samuel Lloyd (sette anni), Hervey (quattro anni), si imbarcherà per il Belgio. Un anno di studi alla celebre Accademia di pittura di Anversa.

Perché Anversa, invece che Roma o Parigi, come suggeriva

Dora? A causa del libro su Rubens regalatole da Rearden? O perché agli occhi di Sam un porto belga pare più rassicurante di una grande capitale? Perché, da New York a Parigi, Anversa è tappa obbligata? A meno che l'impazienza non abbia spinto Fanny a prendere la prima nave in partenza.

Sono invece certa che Fanny non avrebbe saputo indicare il Belgio su una carta geografica, né dire se era regno, impero, repubblica.

Quanto alla lingua dei belgi – mistero. Di fiammingo e francese non sa una parola. Dimentica inoltre che Sam le manderà poco o nulla e che non ha basi, amici o contatti in Europa. Ignora soprattutto che le donne non sono ammesse all'Accademia di pittura di Anversa. Parte per nulla.

* * *

Nella seconda metà del XIX secolo l'Europa vede sbarcare sulle proprie coste molte avventuriere americane. Ma nessuna di trentacinque anni suonati, con figli al seguito e senza il becco di un quattrino.

All'assalto dell'Arte e del Vecchio Mondo.

Parte seconda
L'uccello delle tempeste
1875-1880

IV
Anche se!

> Vivere, è come l'ebbrezza dello champagne, semplicemente vivere!
>
> Fanny Osbourne

In mare, luglio 1875

A poppa, sul ponte di seconda, dritta accanto al parapetto, una donna in vestito di cotone a strisce tiene stretti a sé i tre figli. Simpatico gruppo. I maschi, entrambi biondissimi, si contendono un binocolo e si descrivono il mare. Pantaloni alla zuava e giacca corta in vita, ricci ordinati e cravatta a farfalla, il più grande sembra forse troppo giudizioso, troppo passivo per un ragazzo della sua età. Il piccolo invece è argento vivo. In abito alla marinara, con lunghi boccoli, sguardo nero e profondo seminascosto dalle lunghe ciglia, si lascia spezzare il fiato dal vento. Poi con la lingua assapora il sale dalle labbra senza lasciare il binocolo che tiene con una mano e la sorella che tiene con l'altra. La bellezza della fanciulla in vestito scozzese, uno scialle a quadri sulle spalle, si contrappone risolutamente al fascino diafano dei maschietti. Molto bruna, terrestre, ride e ancheggia a esclusivo beneficio dei passeggeri che giocano a *shuffleboard* alle sue spalle. A ogni piastrella che schizza sul ponte in uno strofinio di legno, lei sa che uno sguardo d'uomo indugia sui suoi fianchi e sulla chioma lucente che si srotola in due lunghi boccoli fino alle reni. Innocente, la sa già lunga.

La madre, più sobria, più austera, nuca e orecchie libere,

come unico gioiello una grossa croce d'oro al collo, vigila sulla famiglia. Fissa con sguardo ardente il solco di schiuma che si increspa fin dove l'occhio vede. La veletta in plumetis color crema poggia sul naso diritto, sulla fronte ad arco e sulle tempie strette, smorzando il profilo da cammeo, lo splendore di carne troppo liscia e troppo ambrata che risalta violentemente sull'oceano. Sembra immobile, ma tutto in lei si muove e rumoreggia. Lo stivaletto sobbalza per le vibrazioni dei motori, i nastri del cappello sbattono sulle falde rosse della cintura, il grigio e il beige delle righe si interrompono sul *faux cul*, si aprono a ventaglio sotto il sellino e cadono a cascata in pieghe ininterrotte, fino al ponte.

«Mamma, manca tanto?» si spazientisce tutt'a un tratto Hervey, il più piccolo.

«Dove abiteremo?» si preoccupa Samuel Lloyd.

«E papà?» si informa Belle.

«Papà verrà...». Fanny avvolge i piccoli con quello sguardo intenso la cui fermezza li rassicura e insieme li esalta... «Noi» mormora a voce molto bassa, «avremo avventure che nessuno a San Francisco ha mai vissuto. Neppure i cercatori d'oro!».

Con la sua enfasi da pizia, quel tono rauco e velato che lievita senza che lei lo sottolinei, quel bisbiglio da sorgente che corre segreta verso il mare, Fanny libera nei suoi figli strane forze. Sogno, gioco, veggenza, ciascuno si avvicina e sta cheto.

Anversa, agosto-ottobre 1875

Tutto è in fin dei conti andato come avevo previsto – scrive a Dora. *Siamo scomparsi senza aver avuto neppure il tempo di avvisare i nostri amici.* Il tempo? San Francisco-Anversa, via Indianapolis. Venticinque anni prima dei primi voli d'aeroplano, mezzo secolo prima di Lindbergh, Fanny pare percorrere il mondo in lungo e in largo con la massima facilità. Per rendermi conto appieno di quel viaggio devo ricordare che ha preso un treno della Western Pacific Railroad fino a Vallejo, da lì ha proseguito con la California Pacific fino a Sacramento, poi con la Central Pacific fino a Ogden, poi con la Union Pacific fino a Omaha, nuovo treno fino a Chicago, con la Vandalia Railroad è scesa verso Indianapolis, ultimo tratto sinuoso fino a Clayton o Danville, calesse fino alla fattoria Vandegrift.

Dopo quei dodici giorni di viaggio, col busto che stringe, seduta su sedili privi di schienale e poggiatesta, di notte senza cuccetta, con due bambini piccoli, più di duecento fermate, una coincidenza persa che l'ha costretta ad aspettare ventiquattr'ore nell'atrio della stazione di Omaha, resta soltanto una settimana in famiglia. Poi riparte per un viaggio la cui prospettiva oggi mi spaventerebbe e che lei ripeterà senza esitazioni fino a tarda età.

Siamo stati fermati dal diluvio nell'Indiana più di quanto non volessi – continua, come parlasse di un'inezia. *Le passerelle e i ponti erano stati trascinati via. Alla fine, incapace di aspettare più a lungo, ho ingaggiato un cocchiere cui ho fatto giurare sulla Bibbia di obbedirmi qualunque cosa ordinassi. Ho preso a noleggio un vecchio omnibus di campagna e due cavalli robusti. Coi bambini e i bagagli ho attraversato il diluvio. Dalle rive fangose siamo scivolati in torrenti ribollenti, rischiando di essere portati via e di affogare. Era rimasto in piedi un solo ponte e c'erano pattuglie che impedivano alla gente di imboccarlo. Noi l'abbiamo attraversato. È crollato un quarto d'ora dopo. Non penso che oserei ricominciare un'impresa simile. Ho rischiato non soltanto la mia vita ma quella dei miei figli. Dopo tutto è stata forse una fortuna che io sia stata tanto impaziente, perché avevo atteso troppo a casa dei miei e i biglietti del treno erano scaduti. Sono arrivata a New York al momento giusto. La nave in partenza era quasi vuota e ho dovuto pagare soltanto centosettantacinque dollari in tutto fino ad Anversa, con le due cabine migliori. Non cre-*

derò mai più alla leggenda della mancanza di galanteria degli inglesi. Il fatto che io e Belle fossimo due americane senza accompagnatore ha suscitato il massimo rispetto. A Liverpool un vapore ci ha fatto attraversare la Manica. Siamo arrivati ad Anversa attorno alle undici di sera. I doganieri sono saliti a bordo, ma nessuna minaccia del capitano è riuscita a convincerli a ispezionare le nostre cose la notte stessa. Faceva molto freddo, pioveva e non c'erano abbastanza cuccette per tutti i passeggeri. Mi sono avvicinata all'ufficiale più gentile e con l'espressione più smarrita possibile, cosa non difficile, non avevo bisogno di sforzarmi, ho sussurrato: «Io viaggio sola con una figlia giovane e due bambini. Immagini quanto ci sarà difficile restare qui tutta la notte! Mi affido alla sua galanteria». I miei bagagli sono stati portati giù all'istante, i lucchetti aperti e richiusi. Il capitano ha chiamato un fiacre, e in pochi attimi siamo arrivati all'albergo. Una sola camera per tutti e quattro, l'albergo era pieno. Sfiniti, ci siamo seduti per un momento in silenzio. Proprio allora la campana della cattedrale di Anversa ha cominciato i dodici rintocchi di mezzanotte. D'improvviso ho preso coscienza di essere arrivata. Ho trattenuto il respiro per ascoltare. Avevo le lacrime agli occhi. Credo provassi la stessa cosa provata da Mr. Williams la prima volta che ha visto Roma. È un momento della vita che non dimenticherò mai. Ero abbastanza sentimentale da immaginare che il Vecchio Mondo mi augurasse il benvenuto.

Entusiasta anima e corpo, Fanny non si lascia turbare neppure dalla notizia, dalla catastrofe, dell'inutilità del suo viaggio.

Ma santo Dio, ha esclamato il direttore dell'Accademia quando mi sono presentata a lui il giorno dopo, santo Dio, perché lei non è un uomo? Non potrò quindi studiare in quest'Accademia né in alcun atelier della città, ma spero di non aver perso del tutto il mio tempo. Il direttore mi consiglia corsi privati, sei mesi di lavoro intenso qui per imparare l'anatomia, poi un anno di studi a Parigi e uno a Roma. Farò esattamente quel che dice.

Con quale denaro? Fanny non accenna al problema. Se tutte le fanciulle un po' dotate seguono in effetti corsi privati, se esporre al Salon non è loro vietato, se alcune avranno addirittura successo – penso all'americana Mary Cassatt, a Berthe Morisot, a Eva Gonzalès, a Marie Bashkirtseff – tutte all'inizio sono sorrette da una fortuna personale. La loro, quella della famiglia o degli amici.

Amici? Ma ne ho anch'io! – esclama non senza innocenza. *I padroni dell'Hotel du Bien-Être, babbo e mamma Gerhardt. Le persone più gentili dell'universo. Ci hanno viziato oltre ogni immaginazione, veramente. Mi aiuteranno nella mia carriera.*

Neppure un'ombra di pregiudizi sociali, in Fanny. Un rifiuto di appartenere a qualsivoglia classe, una resistenza alla nozione di ambiente. Anche a Londra, quando frequenterà i circoli più esclusivi, non concederà nulla ai loro snobismi, non obbedirà a nessuno dei loro codici. La parola "élite" resterà per lei lettera morta. Fanny, l'antitesi di un'intellettuale, il contrario di un'avventuriera. S'interessa alle persone soltanto per le emozioni che suscitano in lei. Ama, detesta, e dai sentimenti, soltanto dai sentimenti, scaturiscono le sue idee, anche le più insignificanti, i suoi gesti anche meno importanti. Della libertà di sentire fa una morale: l'eredità che vuol lasciare ai suoi figli.

La vecchia madre fiamminga, un donnone, mi circonda le spalle col braccio e mi parla gentilmente nella sua lingua, io le rispondo nella nostra e ridiamo tutti in allegria. Ho detto tanto per cominciare che i loro prezzi erano troppo alti per me e perciò m'hanno cercato un appartamentino. Me ne hanno trovato uno, dopo essersi dati parecchio da fare, a due isolati dal loro. Pensano sia molto meglio ch'io viva sola, piuttosto che dividere un appartamento con delle roommates. *«Sa» spiega la vecchia signora, «le altre potrebbero lamentarsi se i bambini fanno chiasso. Io ho undici figli, conosco bene il problema». Queste parole ovviamente mi sono state tradotte, il marito parla un po' d'inglese. Belle mi chiede di dirvi che, all'inverso della scacchiera di San Francisco, Anversa è un intrico di viuzze selciate e contorte che si avviluppano su se stesse. Partiamo in una direzione, ci troviamo nell'altra, e gli ultimi piani delle case si congiungono sopra le nostre teste.*

Nulla è come da noi! Qui cani in museruola trainano veicoli e bidoni di latte, a ogni incrocio s'innalzano statue di santi e madonne illuminate da candele, ma la cosa più straordinaria è l'abbigliamento della gente. Che mascherata! Gli uomini indossano pantaloni enormi e giacche corte, le donne grandi cuffie col paraorecchie e grandi mantelle. Siamo individuabili a cento metri di distanza in mezzo a questa popolazione gigante e mascherata, che ci prende per nani o bambini. Belle è appena tornata dall'aver visto per la terza o quarta volta La deposizione *di Rubens. Il piccolo Sam ha una passione per Rubens. Hervey ha un po' di febbre da quando siamo arrivati. Per il momento picchia su un tamburo e fa un chiasso tremendo, il che vi spiegherà, spero, alcune incoerenze della mia lettera. Belle mi dice anche di dirvi che la nostra casa, vicina all'albergo dei Gerhardt, è un palazzo di quattro piani in pietra a vista. L'interno è annerito dall'età e dalla polvere e ogni piano consiste in un solo ambiente. Infatti ci sono soltanto cinque locali, le camere più piccole che si possano immaginare e una minuscola anticamera. Detto fra noi: le stanze sono tanto piccole che noi abiteremo tutti nella stessa e la grossa Miss Kate dovrà, penso, restare sulla soglia. Vi chiederete sicuramente che ci faccia qui Miss Kate (...).*

Miss Kate? Fanny non doveva lasciare la governante da certi parenti di New York?

Qui si manifestano gli strani rapporti che lei tesse con le persone al suo servizio. Fanny. «Odiata o freneticamente adorata. Indifferenza impossibile». Così la descriverà Stevenson, così la giudicheranno i dipendenti che la seguiranno fino in capo al mondo; Miss Kate apre la serie delle dedizioni estreme con un certo senso del melodramma...

A New York, il 2 agosto, davanti al *City of Brooklyn* in partenza per Liverpool, non ce l'aveva fatta a separarsi da Fanny e dai bambini.

«Mi porti con lei!» aveva supplicato.

«Miss Kate, lei sa bene che con quel che mi manderà mio marito in Europa non avrò i mezzi per pagarla».

«Lavorerò gratis».

«Mia povera Miss Kate, non potrò neppure darle da mangiare!».

«Non mangerò».

Fanny aveva lanciato un'occhiata scettica alla sagoma di Miss Kate. Struttura maschile, fianchi larghi, bocca anche più larga.

«Pensi a se stessa, cara Miss Kate. Lo faccia per l'amicizia che ha per noi. Appena saremo di ritorno l'avviserò e ci raggiungerà a East Oakland. Addio!».

Aveva tentato senza successo di abbracciare la governante che si era liberata per andarsene tirando su col naso. Con tristezza l'aveva guardata sparire.

Durante la traversata Fanny e Belle conversavano con una corte di giovanotti, sul ponte di seconda: due di loro, affascinati, faranno loro una corte insistente per parecchi anni. Il primo, un ricco sudista, piantatore di cotone nel Kentucky, si era messo in testa di sposare la figlia; l'altro, un chirurgo di New York, di sedurre la madre. D'improvviso era comparsa una donna imponente che si era gettata ai piedi delle due.

«Vi voglio bene! Tenetemi con voi! Mi scusi, mi scusi. Mi nascondo nella stiva da due giorni. Ho comprato a mie spese un biglietto di terza classe. Resto con voi. Non possono più sbarcarmi».

Con sorpresa, un tocco di dispetto, una briciola d'emozione, Fanny aveva sollevato Miss Kate. Le due donne si erano abbracciate.

Vivranno assieme lunghe notti di veglia. Un incubo dal quale né l'una né l'altra riusciranno mai a rimettersi.

Parigi, ottobre 1875 – aprile 1876

Parigi caos, Parigi macerie, Parigi cantiere, Parigi carnaio. Quattro anni dopo i massacri della Comune – circa ventimila vittime, più morti in una sola settimana che in sei anni di Rivoluzione francese –, Fanny scese su una banchina della gare du Nord.

I nostri ultimi giorni ad Anversa erano stati confusi – racconta Belle. *Appena fummo ben sistemati nella nostra casa di bambola, il mio fratellino si ammalò. Il medico, un francese raccomandato da babbo Gerhardt, lo guardò deperire. «Non capisco cos'abbia» finì per ammettere. «Portatelo a Parigi. Là i medici lo cureranno senza difficoltà». In pochi giorni mia madre rifece i bagagli. Vendette il poco che avevamo, restituì la casa e ci staccò dall'abbraccio della famiglia Gerhardt. Una settimana più tardi eravamo a Parigi. Come riuscì a trovare un alloggio in quella grande città dove non conoscevamo assolutamente nessuno?*

Bombardata dai prussiani. Bruciata dai comunardi. Polverizzata dai lavori di Haussmann. La poesia della Parigi scoperta da Fanny è la poesia delle rovine.

Pezzi di muro, squarci. Ceneri, fuliggine, le Tuileries incendiate, l'Hotel de Ville, la Prefettura, gli archivi, il palazzo d'Orsay, pietre, pozzi, buche, neppure un albero in piedi. Rue

Royale, rue de Rivoli e rue de Lille sventrate. In totale: duecento edifici condannati.

Avenue de l'Opéra, le case crollano fra gli strilli degli espropriati che vendono i loro beni all'incanto. Si apre in linea retta il tratto fra il Théâtre-Français e palazzo Garnier. Dorato su sfondo nero, il tetto del nuovo tempio della musica e della danza chiude l'orizzonte. Sulle alture, mascherate da una gigantesca palizzata, si accumulano le pietre bianche del Sacré-Cœur di Montmartre. Epoca benedetta per chiunque s'interessi alla pittura! Millet, Corot, i precursori dell'École de Barbizon sono morti di recente. Ma per la prima volta, nell'ultima primavera, è stata pronunciata la parola "impressionismo". Monet dipinge la sua serie di gare Saint-Lazare. Renoir abita in rue Saint-Georges, Degas in rue de Douai, Henry James va a trovare Turgenev, e una certa Mrs Osbourne va a vivere a poca distanza, in una stamberga del quartiere L'Europe. Arriva nel momento più eccitante. Nel momento della storia in cui l'arte precipita nel XX secolo. Fanny non ne avrà alcuna intuizione. Come avrebbe potuto?

Lei combatte su un altro terreno: una battaglia che la impegna anima e corpo fino alla sconfitta finale. «L'arte, la vita, per noi erano la stessa cosa» scrive il suo concittadino, il pittore Will Low, che studia a Parigi nello stesso periodo. Non sa quanto sia giusto quel che dice. La vita. Per la vita Fanny si batte con tutta la sua incredibile energia, la vita, l'arte, la morte. E Fanny che si frappone.

Da quel primo corpo a corpo, dalla terribile sconfitta, Fanny manterrà i tratti che infastidiranno i suoi detrattori. L'ossessione di "salvare" quelli che ama. La mania della diagnosi, la paura del malaugurio. Uno zelo da infermiera impegnata a contrastare il destino. Anche gli amici le rimprovereranno l'ostinazione ad atteggiarsi a salvatrice, a profondersi in predizioni e ad affliggersi poi che non l'abbiano presa sul serio.

Ma nelle lettere a Dora Williams e a Timothy Rearden, Fanny non rivela nulla. Non solo evita di lamentarsi ma abbellisce. Dora la ammira, Rearden la biasima: lei bluffa. Come confessare il modo in cui trascorre davvero il proprio tempo a Parigi? I silenzi di Fanny sono sempre più pesanti di tutte le sue frasi. Chi sa leggere fra le righe intuisce l'angoscia.

Ottobre 1875, Fanny a Dora

Cara Mrs Williams,

ho sognato lei e suo marito la notte scorsa e, benché il sogno non sia stato piacevolissimo (ho sognato che litigavo con voi), è servito almeno a ricordarmi che dovevo scrivervi.

Siamo ora a Parigi, suppongo lo sappiate. Credo abbiate l'idea di venire qui un giorno o l'altro, e siate perciò interessati al modo in cui viviamo. Abitiamo in un appartamento, abbiamo un piano tutto per noi e siamo tranquilli come se abitassimo a casa nostra. Per quindici dollari in tutto, più due dollari al mese al portinaio, abbiamo due camere grandi, un grazioso salotto, una piccola anticamera e un'elegantissima sala da pranzo con una stufa di porcellana, specchi immensi in ogni stanza e infine una cucina col suo fornellino a carbone. I mobili sono molto primitivi, in genere fatti con le mie mani. Abbiamo una presa d'acqua gratuita in cucina, viene non dalla Senna, come nella maggior parte dei palazzi, ma da un pozzo artesiano che dà un'acqua pura e gelata. Avremmo anche l'illuminazione a gas, se avessimo di che pagarla.

Mi seduce molto il modo di dipingere dei francesi, ma non ne so granché e non sono brava a giudicarlo. Non ho ancora visto tutti i quadri migliori. Finora non c'è nulla ch'io preferisca a Rubens. Io e Belle, dopo esserci informate al consolato, andremo a studiare all'accademia di M. Julian. Il suo atelier, creato una quindicina d'anni fa in rue Fontaine, apre succursali in tutta Parigi. Una, miracolo, è riservata alle donne. Arrivano da tutto il mondo. Promette di essere un'esperienza appassionante.

Ottobre-novembre 1875, Fanny a Rearden

Caro Mr Rearden, va tutto bene.

Da quando siamo arrivati a Parigi la salute di tutti è migliorata. A causa della malattia di Hervey ancora non sono potuta andare all'atelier Julian. Lui sta meglio. Trovo comunque che qui diano dosi enormi di chinino. Hervey ne ingerisce parecchi grani alla volta. Quando è disciolto in acqua, ne prende una cucchiaiata intera. Povero bambino, ha così tanto sofferto che beve appassionatamente lo sciroppo amaro, sperando che serva ad alleviare il dolore. Benché sia ancora magrissimo e pallidissimo, sono meno preoccupata.

Novembre 1875, Fanny a Dora

Mi chiede notizie della mia vita di bohème. Ne ho piene le tasche! Belle, che va ogni giorno alla scuola, mi riferisce che lunedì prossimo M. Julian dà un ballo in maschera per la classe delle donne e non ci dovrà essere nessuno della classe degli uomini. Le fanciulle non possono presentarsi senza chaperon. Se non potrà andarci, Belle ne avrà il cuore spezzato. Perciò andrò con lei, ma non in maschera, sia ben chiaro. Sarà un avvenimento artistico. In cima allo scalone ci sarà un uomo completamente nudo che poserà come una statua, con una lampada sulla testa. I corridoi saranno illuminati da lampioncini e ci saranno paggi in costume medievale per impedire che la gente si perda. La cena, che sarà servita negli appartamenti di M. Julian, consisterà soltanto in brioche, torte, vino e frutta, ma la povertà della tavola sarà compensata dall'ora molto alla moda del festino: le due del mattino. Credo che ci divertiremo parecchio.

Se fossi in lei non presterei orecchio alle idiozie che Rearden racconta su di me: è stato sempre contrario al mio viaggio. Non lo ascolti. Benché egli sia quel che lei dice, lo ammiro per altre qualità, non per l'intelligenza. Lo ammiro per la generosità, per la tenerezza nei confronti dei bambini, per la raffinatezza e per una sorta di innocenza, qualcosa di infantile nelle maniere, che pare in contraddizione col suo brutto carattere. È una creatura bizzarra.

Non sono stata particolarmente sorpresa dalla notizia del matrimonio di sua cugina. Lei ha tutte le ragioni di pensare che una tal cosa sarebbe impossibile per Belle, che pur tuttavia ha avuto una opportunità di questo tipo, sulla nave. Un piantatore di cotone del Kentucky mi ha chiesto la sua mano. Lei non ne sa nulla. La proposta del piantatore era molto più vantaggiosa di quella di cui mi scrive! Gliene dirò di più, un giorno o l'altro; non parli di questa cosa a nessuno, per favore. Il matrimonio non è stato in discussione, nei miei pensieri, nemmeno per un attimo, mentre molte madri sarebbero saltate sull'occasione di far entrare in famiglia qualche migliaio di dollari. Soprattutto non ne parli a mio marito, lui accetterebbe!

Il piccolo Hervey è ancora molto malato. Il dottore dice che non devo aspettarmi grandi miglioramenti prima di tre mesi. Mi risponda presto. Pensi a quanto sono lontana, a quanto sono sola.

Sempre sua
Fanny M.

Novembre 1875, Fanny a Rearden

Caro Mr Rearden,

sono andati tutti a dormire, eccetto io e Miss Kate. Il piccolo Hervey è sempre molto malato. Ho fatto chiamare uno dei luminari di Parigi, mi ha detto che il bambino è colpito da molti mali e minacciato dalla tubercolosi ossea. La cura è dolorosissima e penosissima per il bambino. Dobbiamo spalmargli sul fianco tutte le sere per un mese un farmaco tanto potente che tutti nella camera ne sono accecati.

Beninteso stento a studiare. Sono stanca. Tuttavia fino a tre giorni fa sono andata ogni giorno all'atelier Julian. Pare sia la miglior scuola di pittura al mondo, per le donne. È frequentata da svedesi, russe e quattro o cinque altre americane.

Si entra dalla metà del passage des Panoramas, si sale per una scala a chiocciola completamente nera e disgustosa. La scuola occupa due stanze, una grande e una piccola, affumicatissime e strapiene. Lungo tutta una parete della stanza una predella per il modello. Le donne si accalcano attorno ai cavalletti. Bisogna arrivare all'alba se si vuole avere un buon posto. Altrimenti non si vede letteralmente nulla. Se si è troppo vicine, non si vede nulla lo stesso. Con la malattia di Hervey mi è difficile arrivare puntuale.

Quando entra uno sconosciuto M. Julian, il direttore, fa il gran signore. Ma appena la porta si richiude, si precipita sul suo sgabello e con tutte le allieve critica la persona che è appena uscita. È un'abitudine francesissima che le piacerebbe.

Al mattino abbiamo un modello che posa per la testa o le mani, e il pomeriggio un altro per il nudo. Una settimana sì e una no abbiamo un modello maschio. Gli uomini sono vagamente drappeggiati, le donne in costume adamitico. Mi è del tutto indifferente disegnare i nudi, ma devo confessare che quando la donna appollaiata sulla pedana ride e scherza con M. Julian, oppure infila le mutande davanti a noi, sempre parlando con lui, smette di essere modella, ridiventa una donna e non amo molto tal momento. Ieri M. Julian, quando ha saputo che la modella, una fanciulla molto graziosa, sapeva danzare, ha ballato il valzer con lei tutta nuda. Non sarebbe sconveniente, a San Francisco? Due anziane signorine americane si sono scandalizzate a morte. Ci piace molto lavorare fino al sabato. Ma poi è il giorno in cui alle nove del mattino arriva M. Tony Robert-Fleury. L'orribile giudice. Appartiene al jury del Salon, ridecora l'Hôtel de Ville che stanno ricostruendo ora e passa per uno dei più grandi pittori di Francia. Io lo trovo estremamente fatuo e assolutamente sgradevole. Il suo lavoro consiste nel mostrare i difetti dei nostri lavori, e lo fa con la massima untuosità. È radioso come il sole quando trova qualcosa di davvero brutto. Lo riceviamo quindi in un silenzio glaciale e ci lascia il morale a zero. In questo momento non ne avrei bisogno. Perciò ho voltato il cavalletto contro il muro, per non farmi notare. Quando stava per andarsene la mia vicina, con cattiveria, ha attirato la sua attenzione sul mio disegno. Con grande sorpresa mia e della delatrice, l'ha lodato come non aveva fatto per nessun altro, dicendo che era tanto innocente, tanto naturale e tanto fresco che bisognava ch'io conservassi lo stile, senza tener conto di quel che diceva alle altre. E lei, caro Rearden, diceva che io ero mediocre!

Nelle nostre lettere evitiamo di parlare di John Lloyd, sia cortese. Preferirei tralasciassimo l'argomento. Mi pare ingiusto scherzarci su col pretesto che lei lo apprezza meno di quanto lo apprezzi io. Sono pienamente cosciente che qualunque emozione è svilita quando è attribuita a me. Ma sapere che ho un amico al mondo è un sentimento meraviglioso e io ho un amico in John ed è proprio l'unico che abbia.

Per rispondere alla sua domanda, certo, credo ai diritti delle donne in senso generale, ma non per me. La natura ha fatto di me una di quelle creature che le grandi menti disprezzano e chiamano ironicamente "instancabili". Non vorrei tuttavia essere la quercia troppo solida che si tiene in piedi tutta sola. Mi rende triste immaginarla senza riparo, senz'altro sostegno oltre quelli che si crea da sé.

Fa un freddo pungente. È l'inverno più rigido da vent'anni a questa parte. Siamo stati costretti a tenere acceso il fuoco in una delle nostre stanze e non riusciamo a scaldarci. I bambini sono intirizziti. Io friziono i piccoli, ma non serve a nulla. Tremano sotto le coperte. Il freddo è veramente una delle cose che detesto.

Quando riceverà questa lettera sarà Natale. Le auguro un buon, buonissimo Natale. Mi piacerebbe se lei avesse appena un momento di rimpianto all'idea ch'io sia tanto lontana, o almeno all'idea che la sua amica Miss Kate sia lontana.

Mi dice di essere sincero nel dirmi cose tanto cortesi. Ho riletto la sua lettera, cercandole dappertutto, senza successo. Ha dimenticato di mettere quel foglio nella busta? Mi scriva comunque e qualunque cosa voglia dirmi. Nessun altro mi scrive, le sue lettere sono almeno qualcosa.

P.S.: *dopo aver scarabocchiato questa lettera e dimenticato di imbucarla, ho ricevuto la sua raccomandata. Grazie infinite d'essersi ricordato di me, grazie per il dono. Avevo il mio denaro, tutto quel che possiedo, sulle ginocchia, e facevo i conti con foglio e matita per sapere se avrei potuto comprare qualcosa a Belle e ai bambini. Mio marito ha detto nella sua ultima lettera che non mi potrà mandare nulla più del solito, che stenta già molto a coprire le nostre spese. Avevo tristemente concluso di dover lasciar passare Natale come se nulla fosse.*

Sono sicura non le dispiacerà se userò il denaro per i figli. Utilizzarlo così mi piace molto di più e so che è anche sua volontà.

Fanny M. O.

Gennaio 1876, Fanny a Rearden

Caro Mr. Rearden,

mi fa piacere che abbia trovato buffa la mia lettera. È più di quel che potrei dire della sua. Le mie giornate sono tanto banali e le notti tanto faticose che sono tuttavia contenta di ricevere posta, comunque sia. Potrei leggere anche un almanacco o un libro di cantici.

Se sono disprezzabile, se è necessario che mi si taglino gli artigli, è soltanto, come direbbe lei stesso, una debolezza tutta femminile, mica tanto sorprendente, viste le circostanze. E lei gli artigli, come li affila? Sulla schiena degli amici?

Da un po' di tempo non vado alla scuola di disegno a causa della malattia di Hervey. Nel corso delle ultime due settimane io e Miss Kate non siamo mai andate a letto prima dell'alba anche se abbiamo dovuto accontentarci di risultati da poco: Hervey sta un po' meglio. Benché siano appena le sette di sera, Miss Kate va a letto ora. Pensi quanto sono gentile, continuo a scriverle.

L'idea che lei si fa della rue de Naples mi diverte. Forse è stata una via elegante prima della guerra, ma è stata duramente bombardata dai prussiani e bruciata dai comunardi. Perciò, benché l'architettura sia recente, non resta granché. Sui due lati di casa nostra, rovine. La via è stretta e corta, appena qualche isolato, e molto tranquilla. La amo per quest'ultima ragione e anche perché è quasi nel punto più alto della città. Non siamo lontani dal parco Monceau. È un angolino tranquillo e ombroso dove i ragazzi potranno giocare quest'estate.

Ha sentito parlare del medico di Hervey? Vive a Parigi da venticinque anni ma è nato nella sua città, dove il padre era medico. Si chiama Johnstone ed è abbastanza famoso. Che ne pensa? Io credo di aver fiducia, ma non ne sono sicura. Non sono più sicura di nulla. Hervey è ben curato? Mi scriva presto quel che ne pensa. È urgente.

Febbraio 1876, Fanny a Dora

Mi chiede chi vediamo? Nessuno. Non conosciamo anima viva, qui. Le serate sono lunghe per Sammy e Belle che vegliano al capezzale del fratellino. Per favore, non lo racconti a Rearden, sarebbe troppo felice. Poiché lei vuole sapere assolutamente la verità, siamo poverissimi. I miei figli hanno sempre freddo. Non riesco più a sfamarli. Belle, che non si fa abbattere da nulla, bene o male se la cava. Anche a pancia vuota continua ad andare all'atelier Julian. Nel tragitto ha fraternizzato con dei commercianti che la prendono per una piccola domestica e le danno dolciumi. Mia figlia ha un'indole felice. Il destino non riesce a distruggerla. Terrà botta. Ma Sammy, basta vedere il modo in cui si inchioda miseramente alle vetrine dei fornai, ha sempre fame. L'ho iscritto alla scuola pubblica. A causa dei capelli biondi e dell'accento straniero lo trattano da prussiano. Non si lamenta. Ma si scoraggia facilmente, lui così sensibile, così pieno d'immaginazione. È magro e pallido. Tossisce molto.

Tutto il denaro che mi manda mio marito va in dottori e medicine per Hervey. Ho cercato di trovare un lavoro, ma chi si occuperà del mio bambino malato? Miss Kate non riesce più ad andare avanti. Anche lei ha perduto una decina di chili. Io cerco di tentare il più piccolo con uva e dolci, costano cari. Non riesce a inghiottire più nulla. Gli occhi gli luccicano di febbre. Trema senza sosta. Ho impegnato gli ultimi beni.

Mr Osbourne fa probabilmente quel che può, ma a noi manca tutto. Non si rende conto! No, non si rende conto.

Febbraio 1876, Fanny a Rearden

Per favore, la smetta di accusarmi. Mi sento già abbastanza sola e triste. I suoi sarcasmi li ha scritti per farmi del male e me ne infischio! Sono stata malata. Sono tanto preoccupata e tanto spaventata per la salute del mio piccolo.

Quel che lei mi dice nella lettera è crudele. Ma ha ragione. Tutto ciò è colpa mia. Non so più che fare. Lei ha ragione. Non avevo alcun diritto di portare i miei figli tanto lontano. È colpa mia. Non avrei mai dovuto separarli dal padre. Noi gli manchiamo. Noi manchiamo molto a Sam. Non avevo idea che gli mancassimo tanto.

Pensavo che gli pesassimo, che la nostra partenza l'avrebbe sollevato. Le sue lettere mi commuovono. Vorrei tirargli su il morale. Sfortunatamente non credo che le mie lettere ci riescano, benché io ci metta tutto l'impegno. Non posso sopportare l'idea di mostrarmi egoista, tuttavia è quel che sono stata. Quando penso che è tanto infelice per la nostra assenza! Non sapevo che mi sarebbe mancato a tal punto. È atroce sentire il mio piccolo Hervey che lo chiama. Nel delirio non smette di chiamare il padre. Non ho alcun diritto di tenerlo tanto lontano. E non posso più portarlo indietro.

La prego, non mi scriva più lettere di ingiurie. Se lo farà, credo che piangerò. Stavolta ho bisogno di essere aiutata.

Marzo 1876, Fanny a Rearden

Sono ormai sei settimane che non vado a letto prima dell'alba. Hervey è stato malissimo.

Credo che per ora sia fuori pericolo. Non allarmi il padre. Con la fatica e l'angoscia sono diventata tanto magra che, se il mio fascino si basa tutto come lei dice sui miei occhi e le mie forme, restano soltanto gli occhi. E in verità non ho altro che gli occhi. A scuola quelle donne mi hanno chiesto di posare per «Il Dolore». Se M. Julian mi paga, d'accordo. Ho tanto bisogno di denaro. Sarebbe la prima volta che le mie difficoltà servono a qualcosa. Che vi fosse non so che di tragico nel mio fisico, non m'era mai venuto in mente, avrei piuttosto pensato il contrario. Ma suppongo che non ci si veda. Anche lei, mio caro amico, non si vede.

Lei dice di non lasciarmi spaventare dai dottori, a proposito di Hervey. Non sono i dottori, a spaventarmi. E quello che si occupa di Hervey è talmente gentile e buono che mi piacerebbe molto, se non le somigliasse fisicamente.

Quanto allo schizzo del fregio del Panthéon, dovrà aspettare che mi sia di nuovo possibile uscire. Vado a letto di solito attorno alle tre o alle quattro del mattino, dormo a spizzichi di dieci minuti fino all'alba, mi alzo come una sonnambula, faccio a Hervey il suo bagno terapeutico, gli accomodo le fasciature, preparo le medicine per la giornata, faccio colazione, inghiottisco un po' di polvere di guaranà per rimettermi in piedi. Disegno da sola al capezzale del mio bambino fino a sera, ingerisco la cena e veglio un'altra notte. Si chiede ancora perché scrivo lettere un po' bizzarre?

Ho smesso di andare all'atelier da almeno due mesi, con mia grande delusione. Una tale occasione di imparare, di lavorare, non l'avrò più in tutta la vita. Belle invece ci va tutti i giorni e fa grandi progressi. Sono molto fiera di avere una figlia tanto gentile, con tanto talento e così graziosa. Mi pare che non esistano figli formidabili quanto i miei. Immagino che tutte le madri pensino la stessa cosa. Ma lei non trova che Belle sia superiore alla maggior parte delle fanciulle? E che in un certo senso non è uguale ai miei ragazzi? Non crede che questi figli basterebbero a riempire di felicità tutta la vita di una donna? Se perdessi uno di loro, morirei. Dimentico che scrivo a lei e che lei non può capirmi.

La settimana prossima porterò Hervey ogni mattina in campagna a bere sangue fresco.

Mentre scrivo i sintomi sono peggiorati. Spero che passino. La tosse è terribilmente cavernosa. Soffre. Soffre.

Telegramma da Parigi, 1° marzo 1876, Fanny a Sam

Impossibile trasportare Hervey. Vieni. A qualunque costo. Vieni in fretta.

Telegramma da Montréal, 14 marzo 1876, Sam a Fanny

Sarò a Parigi martedì, fra quindici giorni.

Telegramma da Liverpool, 29 marzo 1876, Sam a Fanny

Per favore, telegrafa notizie di Hervey.

Telegramma da Londra, 29 marzo 1876, Sam a Fanny

Parto stasera per Newhaven e Dieppe. Arrivo domattina.

Stesso giorno, Fanny a Sam

Ancora vivo.

Aprile 1876, Timothy Rearden a Fanny

Cara Mrs Osbourne,

ecco quel che costa a una donna, a una madre, comportarsi da ragazzina. Se lei fosse rimasta saggiamente a casa sua come le consigliavo, nulla di tutto ciò sarebbe accaduto. Che idea, trascinare i suoi figli in una simile avventura! E ora eccola, dopo cinque mesi a Parigi, senza un soldo, con un piccolo malato che non può curare! E lei studia, dice, meno che a San Francisco? Bei risultati. Bel pasticcio. Forse Hervey ha preso freddo, a meno che non abbia contratto qualche malattia contagiosa in Belgio o sulla nave. Le serva da lezione!

Ora che il male è fatto, farebbe bene a restare in Europa. Impari un po' d'anatomia in Francia e lavori ai suoi colori, ci vorrebbe proprio.

Lei si è creduta forte lasciando il suo paese, era soltanto irresponsabile. Detto fra noi, mia cara, questa sventura è tutta sua. Lei ha confuso il coraggio con l'incoscienza e quest'accecamento l'ha perduta. Lasci da parte le follie e salvi i figli!

Parigi, 5 aprile 1876, Sam a Timothy Rearden

Caro Tim,

l'altro giorno il portinaio ha portato in camera una tua lettera e Mrs Osbourne l'ha letta al capezzale di un bambino malatissimo. Qualcosa che tu scrivevi l'ha gravemente afflitta. Sono certo non era tua intenzione. Soltanto, è arrivata molto a sproposito.

Il nostro bambino è morto stamane alle cinque e la madre è pietrificata dal dolore. Resterò con lei finché il suo stato non mi permetterà di lasciarla e tornare in fretta. Seguirò probabilmente questa lettera da vicino, ma so che era importante tu avessi nostre notizie. Sei dunque la prima persona cui scrivo, fra quelle di cui cerco la simpatia nella nostra tristezza. Scrivi a Mrs Osbourne, mai come ora ha bisogno di conforto e di messaggi d'amicizia.

Poche settimane dopo, Fanny a Rearden

In una delle sue ultime lettere lei mi ha detto di tagliare i boccoli al mio bambino per dargli un aspetto più virile, come Sammy. Ho tagliato i boccoli biondi, sono tutto quel che mi resta del mio bambino. Lei pensava non fosse virile come Sammy, a causa del viso grazioso e dei boccoli. Si ingannava. Non c'è mai stato al mondo bambino più valoroso. La sua morte è stata orrenda, l'agonia una tortura. Il suo aspetto era tanto terribile che gli estranei non riuscivano a guardarlo e Sammy aveva paura di lui. Benché ió abbia tentato di prepararlo, suo padre ha lanciato un grido d'orrore e, coprendosi il viso con le mani, è caduto in ginocchio. E il bambino, tanto valoroso, che sapeva perché il padre fosse riapparso, era diventato molto saggio nel morire, ha cercato di confortare il padre, gli ha dato buffetti sulla testa con la manina e gli ha sorriso con un sorriso che spero nessun umano abbia il terrore e la miseria di rivedere.

I dottori hanno detto che il caso del mio bambino era interessantissimo e straordinario, un cuore tanto debole che però ha impiegato un mese a morire, si aggrappava alla vita con la sola forza di volontà. Non l'ho lasciato né di giorno né di notte, dormendo tre ore al suo fianco sul suo guanciale, eccettuato il giorno del suo compleanno, quando sono andata dal venditore di giocattoli e ho preso qualcosa. Che tremendo e spaventoso compleanno!

Io non osavo lasciarlo perché di continuo sanguinava in qualche altro punto. Non dimenticherò mai l'odore del sangue. Diceva d'improvviso: «Il sangue, mamma, va a cercare gli arnesi, aspetta che sia pronto». Allora stringeva le mani, chiudeva gli occhi e diceva: «Ora». Stringeva i denti, aspettava e non emetteva un gemito, non un grido, non un movimento, benché il dolore lo riducesse in uno stato tremendo. Quando diceva «sangue» tutti correvano fuori dalla stanza. Suo padre è rimasto una volta ma quando ha visto la sonda è impallidito ed è fuggito. Nessuno può immaginare quanto abbia sofferto il mio bambino. Attraversando tutte le sofferenze non ha mai perduto coscienza. Avrei preferito il contrario. Quando durante le orrende convulsioni le sue ossa crocchiavano, si spezzavano con rumore di scudiscio, uscivano dalle giunture, quand'era coperto di sangue, si abbatteva fra le mie braccia e mi guardava negli occhi, ascoltava le mie parole. Non riuscivo a sopportare che soffrisse quel terrore assieme al dolore e cercavo di sussurrargli parole incoraggianti all'orecchio. Mi sentiva a malapena, l'emorragia gli aveva bucato i timpani.

Ma nessuno può immaginare la sua agonia, durata giorni e giorni. Le ossa avevano bucato la pelle. Erano a nudo. E lui non emetteva un lamento. La sola cosa che ha chiesto è stata rivedere il cielo e l'erba ancora una volta, entrambi aspettavamo con impazienza il mattino di primavera in cui come convenuto il padre l'avrebbe portato fuori per una passeggiata.

Un giorno orribile ho sentito l'odore del sangue e non sono riuscita a trovarlo. Ho cercato per tutta la giornata. Il bambino diventava di ora in ora più debole. Di notte mi sono bruciata i capelli guardandogli la gola con una candela, ma continuavo a non trovare il sangue di cui sentivo l'odore. Aveva una emorragia interna. Ha chiesto che il padre cantasse una canzone sentita tanto tempo fa, qualcosa, ha detto, che parlava di un arrivederci alla casa natìa, di addio ai giovani compagni che giocavano attorno alla capanna. A un certo punto si è svegliato e mi ha detto: «Sdraiati accanto a me». Poi non ha più parlato.

Suo padre ha tentato di confortarmi dicendo che era morto tranquillo, ma io l'ho sentito emettere un singhiozzo, un orribile singhiozzo appena prima di morire. Il mio bambino valoroso non aveva pianto neppure una volta! Allora ho capito che sarebbe morto e che quel pianto era involontario. Mai avrebbe emesso quel grido se avesse saputo che lo ascoltavo. Non c'è conforto per me, non può essercene. Ma mi sia restituito mio figlio!

Il tempo è cambiato, il primo giorno di primavera il mio bambino è andato a passeggiare come gli avevo promesso, ma è andato da solo e non è più tornato.

A Natale lei mi ha mandato del denaro perché mi comprassi qualcosa. L'avevo speso per i figli. Hervey aveva visto un abito grazioso, glielo avevo comprato dicendogli che glielo offriva Mr Rearden. L'aveva conservato con molta cura, per metterlo al ritorno, affinché lei glielo vedesse. Ora lo indossa e lei non lo vedrà mai nel suo bell'abitino. Mi aveva chiesto di ringraziarla, di ringraziarla anche per gli animali di peluche che gli ha donato e di salutarla da parte sua. Ha detto addio a tutti. È troppo cru-

dele che il mio bambino sia morto. Hanno cercato di consolarmi dicendo che sta meglio là dov'è, che se avesse vissuto sarebbe stato sordo, muto e deforme. Il che mi fa pensare soltanto che dev'essere stanco di stare sdraiato sulla schiena e che debbo assolutamente disseppellirlo per girarlo. Poi mi parlano del paradiso. Che razza di paradiso per il mio pulcino tutto solo, senza mamma? Non riesco a credere che sia morto, benché la sua morte sia dappertutto con me, nel sonno e nella veglia. Mentre lo seguivo fino alla tomba, camminando dietro la piccola bara bianca, ci crederebbe? cercavo di richiamare la sua attenzione sulla neve che cadeva.

Fanny M. O.

La mattina dell'8 aprile 1876, la mattina del funerale, una tramontana pungente e gelida infila aghi nei volti e negli alberi. La primavera, che hanno creduto finalmente arrivata dopo mesi durissimi, è di nuovo un ricordo. La neve opprime tutto. Brucia i germogli. Taglia le foglie. Spezza gli steli. In cielo, sulla sabbia, fra le croci, luccica, verdastra. Cinque sagome si aggirano nel cuore del cimitero Saint-Germain. Inciampano fra le tombe e le cripte meno care della regione parigina, meno care che a Montmartre, meno care che al Père-Lachaise. Ma gli Osbourne sono tanto poveri che anche qui hanno potuto offrire al loro bambino una sepoltura soltanto provvisoria. Fra dieci anni le ossa spezzate del corpicino di Hervey saranno gettate nella fossa comune.

Il terrore della scadenza perseguiterà Fanny ogni giorno. La fossa comune. Ogni giorno, per dieci anni, avrà paura di non possedere abbastanza denaro per evitare la fossa comune.

Nel novembre 1884, poi nell'aprile 1886, Robert Louis Stevenson, divenuto suo marito, spedisce una lettera dopo l'altra al proprio avvocato: *Per l'amor del cielo, occupati immediatamente della tomba di Hervey Osbourne a Saint Germain-en-Laye. Trova l'indirizzo del marmista. E fa' in modo che la concessione venga prolungata. Occupatene immediatamente. Sono sicuro che siamo al termine di scadenza. L'angoscia della povera madre è indescrivibile.*

Fanny, pur se di costituzione robusta, non si rimetterà dalla morte del figlio. Non ritroverà mai la formidabile salute della pioniera. Né l'equilibrio mentale. Ha allucinazioni, vuoti di memoria e vertigini. E non riesce neppure a ritrovare Sam. Vivono ognuno per sé, in solitudine, il profondo dolore. E quando Sam suggerisce, vagamente, di tornare assieme in America, Fanny non risponde. Sente che stavolta egli non prova alcun entusiasmo all'idea di riprendere la vita in comune. Tanto più che ha installato nel cottage di Oakland la sua ultima amante. Fanny lo sa grazie ai vicini.

Mano nella mano, Sam e Belle camminano tristi nelle vie di Parigi. È primavera. Fanny resta a casa, prostrata, amputata. Nel 1911, tre anni prima di morire, scriverà: *Il mio piccolo Hervey sarebbe stato un uomo di quarant'anni, oggi. Lo piango come fosse morto ieri. Il mio bambino mi manca.*

Anno dopo anno per tutta la vita griderà il suo dolore di madre.

Non passa giorno o notte che io non ricordi il mio bambino.

Come se l'orrore di quel lutto non bastasse, un'altra perdita incombe. L'uomo cui Fanny tiene più d'ogni altra cosa al mondo. Suo padre.

Jacob Vandegrift dà di matto. *Non sarei affatto sorpresa se la prossima lettera mi portasse la notizia della sua morte* – scrive in primavera Fanny a Rearden. *Da qualche tempo la sorella prediletta, cui somiglio molto, è diventata matta anche lei. Si è rinchiusa senza mangiare fino al sopraggiungere della morte. Ma dimentico sempre, quando le scrivo, che a lei interessano soltanto le cose divertenti!*

Pare che la famiglia Vandegrift abbia sofferto di una qualche fragilità mentale. Parecchi si sono suicidati. Un cugino di Fanny si è impiccato. Anche lei, con le sue "infiammazioni del cervello", attraverserà più di una crisi, durante le quali la perdita della memoria sarà il sintomo più benigno.

Stavolta la follia incombe per davvero. Un fantasma. Fanny fa paura. Anche a Sam, che ne conosce i pensieri. Glieli legge negli occhi:

"Se tu non avessi speso tutto per la tua amante, se ci avessi mandato di che vivere, fosse pure un minimo, sarei riuscita a salvare Hervey!".

"Non fossi mai partita, Fanny!" pensa lui. "È questo viaggio che ha ucciso nostro figlio".

"Ho combattuto tantissimo! Se tu sapessi... Ma non hai voluto sapere! Perché non m'hai aiutata? Perché m'hai lasciata tanto sola?".

"Dovevi restare a casa!".

Si accusano. Si murano nel silenzio. Due isole di sofferenza e d'odio. Fino al giorno in cui il medico che ha curato Hervey commenta, osservando il volto tirato di Sammy: «Signora, è essenziale portare questo bambino in campagna! La tubercolosi lo minaccia».

Terrorizzata all'idea di perdere il secondo figlio, Fanny reagisce. Un americano conosciuto casualmente le raccomanda Grez-sur-Loing. Un piccolo villaggio molto tranquillo, di fronte a Barbizon. È il quartier generale di un gruppo di artisti anglosassoni. Purtroppo il luogo è proibito alle famiglie. Le spose, perlomeno le spose virtuose, sono malaccolte. I pittori scacciano dal loro dominio i borghesi con marmocchi. Ma la locanda non è cara, il cibo è sano, il paesaggio riposante. Una domenica Fanny e Sam prendono il treno alla gare de Lyon e vanno fino a Bourron Marlotte, poi con la diligenza fino a Grez. La giornata passata uno accanto all'altra non li riavvicina. Ma al ritorno Fanny dà la disdetta dell'alloggio in rue de Naples. Mette il poco che possiede in un magazzino per la custodia dei mobili e accompagna Sam al treno per Le Havre. Lui si imbarcherà il 14 aprile 1876 sul *Péreire*.

Lo stesso giorno una diligenza lascia la sua famiglia al limitare del bosco di Fontainebleau, nel cortile di una locanda. Fanny sta finalmente per incontrare il suo destino.

Grez-sur-Loing, prima estate, da maggio a settembre 1876

Hotel Chevillon. Giardini e Boschetti. Barca da pesca. Barche da escursione. L'insegna, un maiale in festa davanti a un tavolo tanto allettante che sant'Antonio nasconde la faccia, cigola in modo tremendo in capo alle catene e fiammeggia rossa sotto il portico a ogni raffica. Con l'alba la tempesta si è calmata. Ha piovuto per tre giorni e tre notti. I tetti del vecchio casamento crollano sotto il peso delle tegole spugnose e inzuppate. Nel cortile lastricato della locanda e fra le pietre della scalinata le erbe si piegano, coprendo i gradini di una spuma viscida. Sulle rimesse e sul magazzino la vite rampicante ricade mollemente. Le foglie dei salici pendono. Il muro del giardino, che scende a terrazze fino al fiume, diffonde un debole chiarore grigio. Sulla ripa lo scafo delle barche rovesciate gronda, bagnato come al ritorno da una lunga traversata. Si sentono stillare, una a una, le ultime gocce di pioggia che cadono dai giunchi e increspano la superficie nera dell'acqua. Dalla scacchiera degli orti sale un freddo leggero e profumato. La sottile falce di luna, un tratto bianco come un intaglio d'unghia sulla creta, impallidisce sulla cima dei pioppi. Una torre in rovina dalle lunghe finestre a ogiva si distende nella corrente. Strisce di nuvole spariscono sotto le arcate del ponte. Sull'altra riva incombe una spessa bruma bluastra. È il sole che sorge fra i pini della foresta.

*

«Mrs Osbourne» sbraitò Miss Kate scendendo quel mattino, «le devo parlare».

La scala di legno scricchiolò sotto il suo peso. Gli stivaletti ticchettarono sulle mattonelle fredde della grande sala da pranzo. Fanny, nera e dritta nell'oscurità, tendeva le mani verso il focolare dove crepitava un fuoco di ramaglia. Una lampada a olio ardeva con fiamma morente davanti alla finestra e dorava i vetri. Fuori la luce dell'alba sembrava più grigia. Sulla lunga tavola Ernestine, la ragazza della casa, disponeva le scodelle della colazione. Dalla cucina giungeva il tintinnio delle latte e della caffettiera di stagno.

«Che c'è, Miss Kate?».

«C'è che questo posto mi pare troppo scomodo perché ci si possa fermare ancora... È primitivo, qui!».

«Primitivo?» ridacchiò Fanny acchiappando con la punta dello stivaletto uno sgabello. «Miss Kate, dov'è finito il suo bell'istinto da pioniera?».

Sedette. La governante si avvicinò.

«Non ho chiuso occhio, non ci sono neppure persiane alle finestre!».

«È ancora notte...».

«Appunto! E per il sonno, che il dottore diceva tanto necessario a Samuel Lloyd, questo albergo è una calamità».

«Sammy non si sveglia mai prima di mezzogiorno, crolla di fatica la sera, mangia a quattro palmenti» commentò Fanny, indispettita. «Mi concederà, spero, Miss Kate, che il cibo qui è squisito. Lei che ama tanto la buona tavola dovrebbe apprezzare...».

Miss Kate non raccolse. Impettita tese le mani verso il fuoco e disse sentenziosa:

«Perché non è tornata a casa con Mr Osbourne? Come scrivevo a Timothy e anche lui mi diceva nella lettera...».

«La pregherei di farsi i fatti suoi!».

«Rearden è mio amico e sono fatti miei. Mi vuol spiegare che ci facciamo in questo tugurio?».

«I bagagli. Faccia i bagagli se vuole, io non la trattengo».

«Ma lei trattiene i suoi poveri figli! E li chiude fra quattro mura coperte da questi mostruosi graffiti neri. Belle dorme sotto una donna nuda... Ci sono anche uomini nudi...».

«Miss Kate, il fascino del vizio le fa male».

«Spaventosi disegni a carboncino!».

«Scherzi di studenti o caricature di politici francesi».

«È scandaloso! Come possono i proprietari autorizzare questi vandali a scarabocchiare simili orrori?». Si batté freneticamente la gonna. «E si appiccica dappertutto. Questo sulla manica è gesso o colore a olio?».

«Miss Kate» sospirò Fanny, «cos'è che la rattrista stamane?».

«C'è un solo bagno per tutto il piano».

«E lei, io, Samuel Lloyd e Belle siamo gli unici che lo usiamo».

«Per il momento. Ieri mamma Chevillon mi diceva che entro la fine della settimana questa bettola sarà piena di una dozzina di frequentatori abituali che si portano dietro tutto il Quartiere Latino. Un'orda barbuta e capelluta. E sporca! Immagina tutti quegli uomini che berciano la notte in corridoio?».

«Il giovane pittore che abbiamo visto quando siamo arrivati non mi è sembrato provocasse chissà quali scompigli».

«Perché è americano, solitario, e si lava. Ma aspetti che arrivino gli inglesi!».

«Ebbene?».

«Una banda di soldatacci che costringono i loro cani e le loro donne a bere. Su questa tavola hanno fatto crepare due bull-terrier che hanno ubriacato con l'assenzio per tutta l'estate scorsa».

Sedettero assieme a una estremità della lunga tavola fiancheggiata da una quindicina di sedie vuote. Ernestine, la ragazza della casa, servì un caffè profumato. Poi tagliò a fette una focaccia di pane nero stringendola contro il grembiule bianco e le distribuì generosamente. Miss Kate finse di calmarsi. Il suo sguardo corse verso la finestra dove la fiamma della lampada si era appena spenta.

«Questi tetti grigi, questi muri grigi, questo cielo grigio e queste nubi che passano di continuo mi deprimono».

«È curioso» sussurrò Fanny, «io amo il paesaggio...».

«Qui non ci sono grandi montagne che si stagliano contro il cielo blu libero e cristallino delle nostre *sierras*! Da noi è bello» si adirò Miss Kate, «è grande! Qui è triste e meschino».

«Il ponte di pietra con le sue arcate» riprese Fanny a mezza voce, «la torre in rovina, la vecchia chiesa, questo giardino che scende a terrazze fino all'acqua mi piacciono, credo. Questa calma, questa solitudine. Amo sentire lo sciabordio sulla riva e le voci che salgono dal lavatoio sotto la chiesa. Le lenzuola, lavate laggiù, devono essere più fresche, più morbide».

«Francamente, Mrs Osbourne, non sono venuta in Francia per ascoltare le contadine che battono la biancheria fra pesci e ninfee gialle».

«E perché mai è venuta?» si spazientì Fanny.

«Per servirla!» sbraitò Miss Kate. «E mi pare d'aver fatto più del mio dovere».

«Chi le dice il contrario?».

«Potrebbe essermene un po' riconoscente!».

«Miss Kate, lei ha lo stesso carattere del maiale dell'insegna».

«Può darsi, Mrs Osbourne, ma come se la sarebbe cavata senza di me quando le piaghe del povero Hervey...».

La governante si interruppe, abbassò gli occhi ed emise un sospiro profondo. Ernestine andava e veniva attorno alla tavola senza capire una parola di quel che dicevano le due donne. Fanny, pallida, taceva.

«Io credo che lei cerchi d'annunciarmi qualcosa, Miss Kate» finì per articolare.

«Lei non ha più bisogno di me. Sammy batte la campagna e pesca le trote dal ponte. Belle esplora le rovine del castello e sogna. Lei, piova o tiri vento, all'alba prende i colori e il parasole e corre a dipingere in campagna. Io mi annoio».

«Capisco» disse Fanny.

«Ho una zia a Parigi. È ricca. Mi ha proposto un impiego come dama di compagnia».

«E lei ha accettato...».

«Volevo dapprima vedere com'era qui».

«Ha visto?».

Miss Kate scosse la testa senza dire una parola. Fanny si alzò. Si avvicinò alla finestra e posò la fronte sul vetro. Fuori, la luce pareva imprigionata dalle ragnatele e le gocce d'acqua tremavano sull'argento delle viti vergini. L'ultimo legame con Hervey se ne andava. Miss Kate, la testimone, la compagna, colei che aveva condiviso tanto amore per il bambino.

Come due alleate che non possono sopportare assieme l'orrore della sconfitta, si dilaniavano. La tremenda conclusione aveva portato alla necessità di separarsi. Nonostante l'emozione, Fanny non trovò in sé il desiderio né la forza di trattenere la governante. Provava soltanto rimorso per il bambino.

Da quando era arrivata a Grez, le pareva di ondeggiare. Era una sonnolenza vaga, a metà strada fra l'assenza e la calma. Il suo sangue tuttavia ricominciava a pulsare. Era un flusso che scorreva, ineluttabile come quello del fiume in fondo al giardino. Il freddo del vetro la trasse dal torpore.

«Quando desidera partire?».

«Subito».

«Bisogna svegliare i bambini».

«Promette di essere una bella giornata» commentò Miss Kate a mo' di conclusione.

Qualche ora dopo un lungo fazzoletto bianco si agitava al finestrino della carrozza che la riconduceva a briglie sciolte al treno per Parigi. Miss Kate faceva un'uscita dignitosa. Aveva versato qualche lacrima e promesso di scrivere. Madame Chevillon e la nipote, in cuffia e zoccoli, Fanny e Belle in lutto, Sammy con la canna da pesca e la cesta in mano, guardarono il braccio paffuto agitarsi fra gli olmi e sparire.

«Ci portava scalogna» commentò laconico il ragazzino.

«Sam!» esclamò Belle. «Non devi dire così».

«Ma è vero».

In tre giorni a Grez l'autoritarismo della governante aveva intralciato la libertà tutta nuova che il bambino pareva scoprire: per la prima volta si sentiva felice. Dopo la morte di Hervey sua madre gli manifestava una sollecitudine e una tenerezza delle quali intendeva godere in esclusiva. Con le orrende predizioni sull'arrivo dei barbari che li avrebbero cacciati dal paradiso, con le incessanti geremiadi sulle scomodità dell'alloggio, Miss Kate era stata sul punto di sciupargli il piacere. Povera Miss Kate. Non era tuttavia la sola a lamentarsi di Grez. Tredici anni prima i fratelli Goncourt si affliggevano nel loro *Journal* per la durezza dei letti degli Chevillon. Il che non aveva impedito loro di dormirci per tre estati e di cominciare al tavolo della locanda la redazione di *Manette Salomon*. Come avrebbe potuto, un'americana dell'Ohio, immaginare che quell'alloggio, che le pareva un tugurio, ospitasse il fior fiore della bohème del Quartiere Latino?

Il luogo era stato "scoperto" da due pittori italiani che passeggiavano nel bosco di Fontainebleau. Membri dell'Accademia, ufficiali della Legion d'Onore, avevano libero accesso alla corte di Napoleone III, ma nel 1863 si installarono da Jules Chevillon. Il più giovane, Giuseppe Palizzi, si fece addirittura costruire uno studio sul terreno della locanda. Ci risiedeva ancora quando Fanny arrivò.

Lo seguirono altri italiani, qualche spagnolo e ben presto emigrò a Grez tutta la colonia straniera che d'inverno studiava negli atelier parigini. A due ore e mezza di treno dalla capitale, ma più tranquillo e meno famoso di Barbizon, dove la presenza di Diaz, Millet, Corot, i maestri, aveva attirato centinaia di discepoli, Grez aveva il vantaggio di stendersi in riva al Loing... Il fiume, per i paesaggisti! I giochi dell'acqua e della luce offrivano inesauribile materia di studio a chi lavorava con ispirazione. Agli sportivi e agli oziosi, le gioie del nuoto e del canottaggio. Di tutti gli orizzonti, di tutte le tendenze e di tutte le età, quegli uomini si erano messi d'accordo su un punto: l'albergo sarebbe stato sempre al completo per gli arroganti, i turisti e i borghesi. Per quarant'anni, fino alla Prima guerra mondiale, la famiglia Chevillon avrebbe maternamente offerto cibo e cure con inesauribile bontà a parecchie generazioni d'artisti. Scrittori, pittori, musicisti che i loro paesi vantano ancora oggi. Dai fratelli Palizzi ai fratelli Goncourt, da August Strindberg a Robert Louis Stevenson, da Theodore Robinson a Carl Lindström, tutti celebri, corre uno stesso filo. Un legame. Un luogo. L'Hôtel Chevillon. A Parigi, a New York, le gallerie espongono da allora ciò che si è convenuto di chiamare “Scuola di Grez”.

*

Sotto il pallido sole di maggio la distesa dei campi di granturco crocchia e freme. I cardi blu e i soffioni bianchi fioriscono lentamente sui sentieri deserti. I pioppi svettano immobili in riva al fiume. Fra gli isolotti il Loing avanza sinuoso, lento come una colata di paglia chiara. I pesci guizzano sotto le ninfee. In lontananza, attraverso una delle arcate del ponte, si vede la sagoma rossiccia di una vacca che beve a gran sorsi. La pace solenne della campagna a mezzogiorno. Al riparo di un grande parasole color crema, la schiena dritta sul seggiolino pieghevole, il braccio che sorregge la tavolozza, Fanny tenta di riprodurre la dolcezza della primavera. Ha sistemato il cavalletto sull'argine, temperato le matite, mescolato i colori. Sente la voce di Sammy, sul ponte; pesca con Mimi e Kiki Chevillon, suoi nuovi amici. Al fianco di Fanny, sotto lo stesso ombrello parasole, il profilo diligente di Belle si china su un disegno che conta di spedire al padre. Fanny rinasce.

«Ma chi ha dato l'indirizzo, a quelle?».

«Io» concesse un americano alto e bello in monocolo, che affettava maniere da Nuova Inghilterra e rispondeva al nome gallico di Pasdessus.

La confessione provocò una levata di scudi sul marciapiede della stazione di Bourron. Erano cinque o sei giovani appena scesi dal treno, che ora esitavano a proposito del luogo della loro villeggiatura. Oltre al gesticolare, al vociare in inglese e all'abitudine di chiamarsi l'un l'altro per cognome, avevano in comune la bizzarria dell'abbigliamento. Li si sarebbe creduti mascherati, senza poter dire con certezza di quale travestimento si trattasse. La ricerca del dettaglio d'abbigliamento che li rendesse "unici" permetteva tuttavia una identificazione immediata. Da Barbizon a Cernay-la-Ville, da Montigny a Grez, le colonie d'artisti sapevano che il basco azzurro e il bastone di pruno potevano appartenere soltanto al pittore irlandese O'Meara. L'uomo dal gran feltro molle, dai pantaloni alla zuava di pelle, dalle incredibili calze a righe rosse, era certamente il paesaggista Stevenson, lo scozzese dai modi da gitano. La giacca di velluto nero, lo zaino, erano del cugino, l'alter ego, quello che chiamavano «l'altro Stevenson». A causa di una aberrazione familiare, si chiamavano tutti e due Robert. Il maggiore, presente quel giorno in stazione, Robert Alan Mowbray Stevenson, detto Bob, studiava pittura a Parigi. L'"altro", Robert Louis Stevenson, detto Louis, minore di tre anni, si interessava piuttosto di letteratura e soggiornava in Francia in modo discontinuo. In quel periodo si annoiava a casa dei genitori, a Edimburgo. La sciarpa gialla, infine, incrociata sul petto, proteggeva dall'umido della foresta il delicato Robinson, pittore asmatico dalla testa piatta.

«Sei stato tu, Pasdessus?» berciò O'Meara brandendo il bastone.

«Lavoravano al passage des Panoramas, sopra di me, da Julian» spiegò lui.

«Quante sono?».

«Due».

«Età?».

«Madre e figlia».

«Bravo: un rudere e una signorina da marito. Bravissimo, Pasdessus!» ringhiò Bob Stevenson.

«E in più anche un marmocchio!».

«Se la fanciulla fosse sola, almeno...».

«Ma guardata a vista dalla vecchia madre, non si potrà far nulla!».

«Hanno avuto delle sventure» spiegò Pasdessus, «e cercavano un luogo tranquillo, il periodo dell'anno non era il nostro, non potevo immaginare che si piazzassero!».

«Barbizon» intervenne gentilmente Robinson, «Barbizon l'ultima volta che ci sono stato brulicava di inglesi. Li ho lasciati là».

«Se quelle donne si piantano qui» minacciò O'Meara, «dovremo cambiar luogo».

Cassette di colori sulla schiena, cavalletto sottobraccio, il gruppo aveva attraversato la strada per sistemarsi al caffè della stazione. Seduti fianco a fianco allo stesso tavolo, l'americano, lo scozzese e l'irlandese erano una bella sequenza: tre tipi di bellezza virile, la giovinezza rivaleggiava con la forza. O'Meara, rosso di pelo, corpo robusto e snello. Stevenson, inquietante, nero e agile, l'occhio scintillante, la bocca ironica sotto i baffi. Pasdessus più grande, più lento e forse più noioso, con la testa bionda e un'aria da sportivo. Vuotavano a sorsate alcune bottiglie che l'oste, conoscendo i loro gusti, si era affrettato a tirar fuori. Stevenson fece schioccare la lingua.

«Abbiamo impiegato tatto e tempo per creare questa colonia...».

«...Conquistare la popolazione...».

«...Ispirare fiducia all'albergatore...».

«...Insegnargli il credito illimitato».

Vi fu un momento di silenzio durante il quale tutti meditarono.

«Con le loro esigenze e il loro denaro le femmine di Pasdessus faranno aumentare i prezzi».

«Calare il credito».

«Addio libertà!».

«Ci sono bottegaie dappertutto. La foresta è piena di cartacce che lasciano in giro la domenica».

«Quelle donne non hanno un'aria così inquinante...» affermò timidamente un giovane dal fisico altrettanto singolare per via della calvizie, della pinguedine e dell'ordinarietà nel modo di vestire.

«Bloomer» scattò O'Meara, «passi al nemico?».

«È innamorato!» motteggiò Stevenson.

«Credevo tu carezzassi soltanto le tele...».

L'ometto arrossì e tacque: era l'ospite cui aveva fatto allusione Miss Kate, il solo occupante della locanda all'arrivo degli Osbourne, ai primi di maggio. In un mese Fanny non aveva scambiato una parola con lui. Avessero chiacchierato, la sera, dalle due estremità della tavola, avrebbero scoperto, in quel piccolo villaggio francese, d'avere un passato comune. Originario della California, Bloomer conosceva Virgil Williams. Le opere dei due artisti oggi sono esposte sulle pareti del museo di Oakland.

«Poiché sei tu, Pasdessus, il responsabile della catastrofe, tu farai il lavoro» ordinò Stevenson, da principe della bohème. «Aspetterò tue notizie da comare Antony a Moret. Il suo albergo non vale l'Hôtel Chevillon, ma vi si lavora in pace... Approvo qualunque mezzo tu ritenga opportuno. Falle fuori, se necessario».

Lanciò sul tavolo il prezzo delle consumazioni, gli ultimi

spiccioli di una fortuna che non possedeva più. Poi, con passo rapido, si diresse verso la foresta.

«Ti accompagno» proclamò O'Meara brandendo il bastone.

Scomparvero entrambi dietro l'angolo.

Pasdessus e Robinson salirono sulla carretta che Bloomer aveva portato da Grez. Nessuno di loro poteva immaginare con quanta angoscia le signore aspettassero il loro arrivo all'albergo. Esecravano le intruse, ma l'antipatia era più che reciproca.

*

L'ultima settimana di maggio non videro neppure una volta la madre o la figlia. A dispetto del baccano che i pittori si premuravano di proseguire fino all'alba, le due si alzavano presto e sparivano in campagna prima che gli artisti avessero aperto gli occhi. Soltanto i contadini, che camminavano a gruppi verso i campi, incrociavano fra le alte pareti di granturco, nella solitudine dei sentieri verdi, due sagome scure che avanzavano veloci. Bastone da passeggio alla mano, cappello di paglia sugli occhi, gonna sollevata sugli stivaletti. Portavano di traverso sulle spalle, legato come una fascina, il materiale da lavoro. Seggiolini pieghevoli, ombrelli parasole, cavalletti, tele, cassette di colori. Sull'anca, in una bisaccia, la borraccia e il cibo per la scampagnata. In vita un plaid o uno scialle. Dipingevano tutto il giorno in qualche luogo misterioso della foresta e non riapparivano prima del crepuscolo. I loro passi frusciavano sull'erba umida. Le loro voci sussurravano dolcemente nella frescura della sera. Avanzavano fianco a fianco, più lente che al mattino. Passando salutavano con impercettibili cenni del capo i contadini, procedevano lente dietro i vaccari che spingevano gli armenti al fiume. Talvolta la "Bella americana", come ormai era chiamata al villaggio, carezzava la groppa delle bestie mentre la figlia raccoglieva fiori ai bordi della strada. Non indugiavano.

Per quale porta segreta si infilavano nella locanda? Di quale complicità, di quale indulgenza beneficiavano presso gli Chevillon? Perché non rispondevano alla campana di Ernestine? Come facevano a cenare senza scendere a tavola?

La misteriosa presenza femminile eccitava la curiosità di quei giovani ai quali Pasdessus, per farsi perdonare, confessava ora che le sottane fruscianti al piano superiore volteggiavano con grazia.

«Il ragazzino biondo che s'intravvede sul ponte coi ragazzi Chevillon fa ben sperare...».

«Sono graziose?».

«Oh, ma il bambino non somiglia a loro!» commentava il saggio e misterioso Bloomer, che godeva di un vantaggio sugli amici: lui le aveva viste.

Le due donne non si facevano dimenticare, ma non erano invadenti. La locanda andava riempiendosi e la vita vi si svolgeva come negli altri anni. Fino a maggio, fino all'apertura del Salon, la deliberazione del jury e la consegna delle medaglie, i pittori andavano a Grez soltanto nei fine settimana. Ma con la chiusura di Belle Arti e delle scuole private se ne andavano a centinaia a passare l'estate attorno a Parigi. Al diavolo la luce artificiale. Abbasso i modelli professionisti. Per tre mesi il Quartiere Latino lavorava "dal vero". Schizzi, studi, abbozzi venivano "rifiniti" in studio durante l'inverno successivo. A metà giugno tutti i villaggi del bosco di Fontainebleau si riempivano di cavalletti.

«Ma dov'è il marito?» ricominciavano i nuovi venuti.

«Da qualche parte in California».

«La madre corre la cavallina?».

«E chi lo sa?» interveniva Pasdessus, che teneva assolutamente a sottolineare il lato appetitoso della faccenda.

Bloomer scuoteva la testa:

«Né santa né leggera».

«Seria?».

«Diversa... In altri tempi quella donna avrebbe avuto un ruolo importante... una Medici, una Bonaparte... Cospiratrice o dissidente... Proteggerla e obbedirle. A me, farebbe piuttosto sognare. Se accettasse, la dipingerei vestita da regina... da regina prigioniera. In lei non c'è mai nulla di ordinario!».

«E la figlia?».

«Deliziosa!» rincarava Pasdessus. «Occhi neri che le divorano il musetto. Una bocca! La freschezza di diciassette primavere. Ben piena nei punti giusti».

«La piccola ti piace, Pasdessus?».

La domanda era stata posta dall'ultimo arrivato, un altro paesaggista scozzese, amico dei due Stevenson, che studiava il colore con Carolus Duran in boulevard Montparnasse. Mr William Simpson detto Willie Simpson il Vecchio per distinguerlo dal fratello Walter. Il segno distintivo di Simpson il Vecchio era una scimmia che teneva negligentemente in spalla. Era di Willie anche il povero bull-terrier finito ubriaco fradicio sotto il tavolo l'anno prima, cui aveva alluso Miss Kate. Quell'estate lo rimpiazzava con una scimmietta uistitì alcolizzata.

«...Per quanto la compagnia dei macachi mi paia infinitamente preferibile a quella delle donne, se invitassimo le signore a cena? Un invito in piena regola e faremmo loro la corte. Pasdessus ci darebbe sotto da matti con la figlia, Bloomer con la madre. Ci divertiremmo a lusingarle, a coccolarle e, zàcchete, quando meno se l'aspettano, le sbattiamo fuori!».

La proposta, lanciata attorno a uno dei tavolini tondi del giardino, fra assenzio e vermouth, fu approvata a larga maggioranza. Si appostarono su tutti i sentieri che portavano alla locanda, sulla riva e in cucina, una rete di guardie col compito di intercettare le fuggiasche. Una rete in cui Fanny e Belle incapparono al ritorno da una delle loro escursioni. Fu

Robinson, l'asmatico Robinson dalla sciarpa gialla annodata sul petto, che ebbe l'onore di coglierle.

«Signore, i miei amici e io saremmo onoratissimi se accettaste di cenare con noi stasera».

«È molto cortese da parte sua, signore, ma io e mia figlia vogliamo stare tranquille».

«E apprezziamo la nostra solitudine» insistette Belle con voce chiara.

Lui dovette scostarsi. Loro passarono e sparirono.

La timidezza di Robinson, la buona creanza del suo intervento, ebbero comunque per conseguenza l'avvicinamento tanto temuto dalle due parti.

«Addio libertà!». La prima sera in cui le Osbourne sedettero a un capo del tavolo, il loro mutismo, il loro riserbo produssero un gelo tale che i pittori dopo cena si riunirono in consulta nel cortile.

«Invivibile! Bisogna subito richiamare Stevenson da Moret. Lui saprà sloggiarle... E che torni anche O'Meara!».

«È urgente: "l'altro Stevenson" arriva da Edimburgo ai primi di luglio».

«Si fermerà poco tempo, come sempre».

«Quelle statue cieche, sorde e mute, coi loro ombrellini, lo faranno fuggire...».

«Preferisce già Barbizon a Grez...».

«Comunque sia, Barbizon è andata» borbottò Robinson, spaventato dall'invasione degli studenti inglesi nel territorio del suo maestro Millet.

«Se uno o l'altro degli Stevenson diserta Chevillon, li perdiamo tutti e due, e anche Grez sarà finita».

Fu spedito dunque a Moret un ragazzo del villaggio, latore di una richiesta di soccorso.

Viaggiò a dorso d'asino.

*

La cena dell'indomani parve meno terribile. Le intruse tacevano, ma il loro silenzio pareva privo di ostilità. Né eccesso di pudore, né alterigia. Ascoltavano. Si interessavano. Bisognerebbe aver ascoltato quella conversazione alla tavolata degli Chevillon! Un fuoco d'artificio, una torre di Babele. Quindici giovani che discutono d'arte in tutte le lingue e gesticolando. Francesi, svedesi, scozzesi, americani, gli uni scorticano le erre, gli altri le arrotano, i terzi le sibilano. L'Arte. L'Arte. L'Arte. In caccia del loro ideale estetico, arrivano da tutto il mondo per studiare a Parigi. A prezzo di sacrifici che non confessano mai. Figli di papà, borghesi, piccoloborghesi, si scambiano idee con la convinzione che dalle loro dottrine, dal loro lavoro, dipenda la storia della pittura. In loro si confondono la ribellione e il rispetto dei maestri, l'entusiasmo e il dubbio. I pannelli della sala da pranzo, scribacchiati di disegni, bozzetti, ritratti, testimoniano il loro valore o la loro nullità. Le candele colano sulla tavola. Le fiamme vacillano nella notte. La fronte di quegli uomini brucia di un ardore che trova un riflesso negli occhi di Fanny, un'eco nel cuore di Belle. Loro lo sentono.

Dalla terza sera parlano davanti alle donne, parlano per le donne. Il Salon, il jury, le medaglie, le carriere. Si servono da bere, accarezzano i gatti, fumano, fanno uno schizzo.

«Robinson, dove hai lavorato oggi?».

«Al quadrivio della Fin-du-monde. Ma non ho potuto far nulla, mi mancava il bianco. E tu?».

«Non ho lavorato neanch'io. Cercavo soggetti».

«E voi, signore?» chiede Pasdessus.

«Nel bosco».

«Per il bosco ci vuole ancora tempo, l'estate si fa aspettare, gli alberi non sono belli come saranno fra un po'».

«Il bosco in questa stagione per me ha il pungente della birra amara» sussurra Fanny.

«Ben detto!» esclama Pasdessus. «E lei signorina, che fa?». L'occhio scuro della fanciulla brilla.

«Oh, io, vado dove va mia madre».

Di giorno ridiventano mute e invisibili. Nulla cambia nelle loro abitudini. Continuano ad alzarsi presto, a mangiare da sole in campagna. E a cenare a un capo della tavolata.

Belle risponde. Fanny ascolta. È una sfinge. Non si unisce alle conversazioni. Il suo mutismo non infastidisce quegli uomini ma li incuriosisce. Hanno venti, venticinque anni. Come i minatori di Austin, sono stimolati dall'attenzione femminile. I battibecchi diventano più rumorosi, talvolta più brillanti. Tutti desiderano con ardore attirare lo sguardo della "Bella americana", strapparle un sorriso. E soprattutto... conquistare la figlia.

Belle, in tutto lo splendore dei diciassette anni, è altrettanto e forse più seducente di Fanny. Sembra, e sembrerà sempre, più accessibile.

Da Sam, Belle ha preso l'ottimismo, la leggerezza, l'indifferenza per il domani. Da moglie si mostrerà affascinante e allegra con gli amici, per i mariti sarà facile convivere con lei... Non altrettanto si può dire dei rapporti umani della madre! Belle non ha l'intelligenza né la levatura di Fanny, ma ne ha il coraggio, la fantasia e il tipo di bellezza.

Si somigliano. Belle prosperosa e romantica, Fanny drammatica. Stesse pupille ardenti, gigantesche in un visino da gitana. Stessa flessuosità. Stessa sensualità. Com'era accaduto al piantatore sudista che aveva chiesto la mano di Belle sulla nave per Anversa, ai suoi vicini di tavola il cuore batte forte.

La seconda quindicina di giugno passa. Madame Chevillon si è fatta carico d'informare i pittori della sventura che ha colpito la famiglia Osbourne. Il lutto rende più commoventi le due figure che passano sul ponte di Grez curve sotto il materiale da lavoro. I giovani tentano di addolcire con la loro gentilezza il rimpianto per il bambino perduto. Il granturco s'indora al sole. Le ninfee gialle scivolano sotto le arcate. Belle accetta gli omaggi. Fanny lascia fare. Né l'una né l'altra stringono amicizie.

Tutto cambiò con l'arrivo del tenebroso Stevenson in aiuto degli amici. Fece la sua comparsa da Chevillon la prima mattina di luglio.

*

«Mamma, l'ho visto!» urlò Belle facendo irruzione nella camera.

«Lo sappiamo» intervenne Samuel Lloyd, «ti abbiamo vista dalla finestra, parlavi con lui».

«Allora?» chiese Fanny.

«Mi ha abbordata nel cortile».

La minaccia dei "due Stevenson" pesava più che mai. Nel corso delle ultime settimane i pittori avevano descritto quei giovani borghesi di Edimburgo come gli aizzatori più scapigliati e dotati della banda. Con la scimmia in spalla e la bottiglia d'assenzio in mano, Simpson il Vecchio lasciava presagire il peggio, quanto a eccentricità degli scozzesi! Magici, li dicevano magici. E terribilmente misogini.

«Allora?» ripeté Fanny.

«Allora... è bello!».

«Scema» commentò Sammy.

«Si è tolto il cappello per rivolgermi la parola, poi si è chinato e si è presentato... si chiama Bob».

Sammy fece spallucce.

«Pareva proprio che se ne infischiasse, di te...».

«Niente affatto! Sorrideva molto gentilmente...».

«Ma va! Mostrava le zanne. Pareva il lupo di Cappuccetto Rosso... pronto a saltarti addosso e a mangiarti, vecchia mia».

«Taci, Sammy» ordinò Belle spingendolo. «Questo qua, da quando frequenta Kiki Chevillon!».

Le loro tre ombre gesticolavano sui muri bianco calce, confondendosi con le caricature di Thiers, di Gambetta e di alcune altre celebrità locali. Fanny, china su uno dei letti, metteva insieme il necessario per quella giornata. Calcò d'autorità una paglietta sulla testa del figlio, si allacciò il cappello.

«Andiamo».

Chiara e allegra la sua voce tintinnò nel mattino d'estate. Belle sollevò la testa. L'ombra di un sorriso aleggiava sulle labbra della madre, un'espressione in cui la sfida rivaleggiava con l'ironia, che sorprese l'adolescente.

«Non ci lasceremo cacciar via da quel matto di scozzese!» spiegò Fanny in risposta alla muta domanda della figlia.

Belle fece una piccola risata di gola. Era la prima volta dopo la morte di Hervey che sentiva Fanny esprimere un desiderio. «Restare». La primissima volta che le riscopriva uno slancio, un bisogno, una volontà. «Grez». Quel giorno imboccarono il corridoio facendo risuonare i tacchi sui listelli dell'impiantito.

L'ho incontrato – scriverà Fanny a Rearden – *in un modo che lei qualificherebbe scaltro. Aiutavo Sammy a pescare, gli lanciavo la lenza, quando ho arpionato per il colletto della camicia un gentleman che passava in canoa sul fiume. Semistrangolato, ha dovuto accostare e chiedermi di disarpionarlo. Non ci sono riuscita. Ha dovuto quindi spogliarsi davanti a me... Si rassicuri, ho chiuso gli occhi! Belle ha fatto della scena una serie di disegni umoristici che manda al padre.*

Centotrent'anni dopo, quella serie esiste ancora. Didascalia: *Mamma conosce l'inglese*. Seguono altri disegni: *Avventure a Grez*.

In piedi sulla canoa, il gentleman pagaia fischiettando. Sedute in fila indiana dietro di lui, due figure femminili si lasciano trasportare. Una dritta, il profilo nascosto da un immenso cappello, l'altra semisdraiata, a testa nuda. Didascalia: *Partiamo in barca.*

La passeggiata in canoa li condurrà tutti in acque profonde. Ma – chi l'avrebbe detto? – ammaliato da quelle due sirene, sarà il navigatore a lasciarsi trascinare nelle rapide.

* * *

Bob Stevenson. Pittore. Musicista. Filosofo. Critico d'arte. Laureato alla prestigiosa università di Cambridge. Fra gli amici passa per un genio. «Genio nel senso più autentico della parola», dicono.

C'era in lui qualcosa di mistico – scriverà il poeta Henley, l'uomo che scoprirà Kipling, Conrad, Barrie... – *Avevamo un bell'essere culo e camicia, quel qualcosa non l'ho mai potuto identificare con precisione. Mistico. Mitico. Magico... E molti anni dopo, mentre sto qua seduto a piangere entrambi, penso che l'umanità avrà dieci Robert Louis Stevenson, no, cento, per un solo Bob Alan Mowbray Stevenson... Non ho mai conosciuto nessuno come lui o che gli si avvicinasse.*

Bob Stevenson. La noncurante distinzione di un gentleman, la libertà di un bohémien. Una bellezza che fa sognare... Carnagione abbronzata, occhio nero e lucente, baffi alla tartara. Gli si attribuiscono avventure, fortune, misteriosi eccessi. Belle lo ritiene un principe polacco che viaggia in incognito. Sammy un terribile *vaquero* messicano. Gli amici di Grez raccontano che una volta ha diviso il suo patrimonio in dieci parti uguali. Ne spende una parte ogni anno. Alla fine della decima si suiciderà. *Non l'ho mai visto gettare qualche moneta sul tavolo, comprarsi del tabacco o pagare le bevute senza fremere all'idea che si stesse abbreviando la vita!* scriverà Samuel Lloyd. Bob Stevenson. La sua presenza elettrizza l'atmosfera.

La fata buona china sulla sua culla ha detto: «Gli do tutti i doni. Potrà fare tutto...» prosegue Henley, la cui amicizia appassionata sarà ben presto messa in ombra dall'influenza di certe americane. *Ma sua sorella, la fata cattiva, sorride e dice: «Sarà tanto raffinato, tanto sottile, che non potrà andare da nessuna parte». La fata cattiva in parte s'inganna: Bob ha creato la critica d'arte in Inghilterra e la sua creazione non morirà. Ma in quanto artista è partito in tutte le direzioni e a questo proposito la predizione della fata si è avverata.*

Un essere toccato dalla grazia. Fanny non si inganna. Lo chiamano anche Adone o Apollo, per l'agilità e la perfezione del corpo – scrive a Rearden non senza un torbido ritorno alla civetteria. *È proprio come un eroe di romanzo, pugno di ferro in guanto di velluto, e altro, e altro ancora... Il miglior pittore di Grez. Eccelle in tutti i giochi di abilità. Parla tutte le lingue. Non ha alcuna ambizione. Stranamente, a me e Belle fa pensare a lei.*

Complimento a Timothy Rearden? O a Bob Stevenson?

Quel che Fanny ignora: presentandosi sotto la pergola, chiacchierando con una delle Osbourne nel cortile dell'albergo, sentendola ridere, il gentleman si è innamorato dell'affascinante visino di Belle. Bob Stevenson appartiene alla razza di coloro che si danno senza preservarsi e si trova in un momento della vita in cui affonda...

Nulla di allarmante – scrive al cugino, "l'altro Stevenson", che aspetta da qualche parte in Francia notizie dell'espulsione –, *nulla di allarmante. Puoi venire.*

Ma prima dell'apparizione dell'"altro Stevenson", il gioco si complicherà ancora con l'arrivo di un ultimo ladrone. Basco blu sull'occhio. Bastone di pruno. O'Meara, l'irlandese dal sangue caldo. Frank, per gli intimi.

* * *

«Lincoln non avrebbe mai vinto la guerra, senza di noi... l'audacia, il fegato, il genio strategico degli irlandesi. Mi creda, miss Osbourne, qualche genio irlandese in più o in meno e la vittoria cambia campo».

Una voce grave, calda, che canta l'amore e le veglie funebri. Un casco di riccioli fulvi. Un occhio d'acciaio, frangiato di ciglia rosse e folte, uno sguardo duro che scintilla di vita. Vent'anni... O'Meara, per piacere alle donne, ha la rettitudine, la fiamma e la purezza di un giovanissimo. Cattolico fervente, una tendenza all'arroganza lo spinge a fare l'aristocratico mentre è originario della media borghesia di Dublino, figlio cadetto di famiglia numerosa e squattrinata. Di tutti gli *aficionados* di Grez, O'Meara è quello che ama il villaggio con più passione. Vi torna d'inverno per lavorare lunghi mesi in solitudine. La sua fedeltà alla locanda non si smentirà mai: vi soggiornerà per undici anni consecutivi. «Rivivo, a contatto con questa natura...» confessa a mamma Chevillon, che nei confronti di quel ragazzo ha una tenerezza particolare. A Grez, O'Meara cerca le sfumature del grigio, care alla sua ispirazione. I cieli color acqua. La dolcezza azzurrata delle brume. La linea tanto leggera dei giunchi e dei salici.

Nelle belle giornate posa i pennelli. Nemico della scuola impressionista, fugge le linee dure, detesta le ombre pronunciate, rifiuta decisamente di lavorare al sole. Perciò d'estate diventa il miglior compagno.

In attesa delle mattine nebbiose e delle piogge tanto temute dai suoi colleghi, si incarica di organizzare le battaglie navali sul Loing, le gite nel bosco e le gare di canto a pieni polmoni accanto al fuoco.

«Lei ama *Carmen* di Bizet, signorina?».

«Io, oh... a parte *La fille de Madame Angot* non conosco per nulla la musica francese... Non conosco per nulla la musica. Né la Francia, d'altronde».

«Lei suona il piano?».

«Figurarsi, strimpello!».

La naturalezza di Belle, l'assenza di qualunque pretesa intellettuale, unita a un reale senso artistico, seducono il cuore vergine dell'irlandese. O'Meara include nel programma di tripudi estivi l'educazione di quella piccola americana che confessa con tanta umiltà di non sapere nulla. Pane benedetto, per un purista come lui! Prima che Bob Stevenson abbia concluso le manovre di avvicinamento, O'Meara prende la fanciulla sotto la propria ala, si autonomina sua guida e mentore, si investe di un'alta missione: riformare la sua educazione, sia religiosa che estetica.

«Si dice *yes*, non *yeah*, lei ha un accento spaventoso, miss Osbourne! Fa errori d'inglese a ogni frase. La nostra lingua è ricca; la usi correttamente».

Titillata da quel tono protettivo, commossa da quella maschia autorità, Belle corregge la parola che ha pronunciato con voce troppo strascicata, la sillaba mangiata o biascicata, l'espressione gergale giudicata volgare nella sua bocca. Accetta i rimproveri con tanta grazia anche perché il fascinoso O'Meara pare avere impigliato il bastone di pruno alle frange della sua sottana: le porta l'ombrello parasole, le apre il cavalletto, le mescola i colori. Dalla cantina, dove la fanciulla aiuta la nuova complice Ernestine a scremare il latte, alle cucine dove, sotto l'egida di mamma Chevillon, s'inizia all'arte di voltare una frittata e macinare il caffè alla grana giusta, Frank O'Meara non l'abbandona. Scaltro, elude la sorveglianza di Fanny e riesce di continuo a isolarsi con la fanciulla.

A dispetto del disordine, delle bottiglie e delle cicche dappertutto, degli stivali, degli zoccoli, dei pennelli, delle tele che asciugano, l'atmosfera dell'Hôtel Chevillon è più simile a quella di un club che a quella di una taverna. La piccola colonia rispetta una morale implicita e ha regole di vita. Lavoro. Convivialità. Spirito d'iniziativa. Tensione verso un ideale estetico. Nessuna idea rivoluzionaria, nulla di anarchico.

Soltanto le arguzie di Bob Stevenson, l'eclettismo del suo sapere, la formidabile intelligenza che esplode anche nella più insignificante delle sue frasi fanno aleggiare sulla tavolata un vento di follia.

«Lei sorride?» trionfa una sera guardando Fanny. «Aspetti che arrivi Louis! Lui ha davvero senso dell'umorismo. Io sono soltanto un pedante. Lui è un uomo di spirito!».

Diversa sarà l'opinione di Mrs Osbourne.

* * *

«Lei non trova vi sia un'atmosfera da buona vecchia romanza francese?» sussurrò, quella notte del 6 luglio 1876, Pasdessus all'orecchio di Belle.

Ogni sera, alla fine della cena, fra la crostata di ciliegie e le prugne sotto spirito, lo ieratico scultore tirava fuori la sua frasetta. Satollo, si adagiava comodamente sulla sedia e, mentre le conversazioni andavano facendosi più intime, distillava qualche galanteria. Quella sera, al momento del dolce, la sua corte fu interrotta da un accordo di O'Meara al pianoforte. Un barattolo, quel piano! Anch'esso aveva assorbito certi vinelli locali, e si sentiva. Frutto di una colletta, ognuno aveva dato secondo le proprie possibilità, l'avevano comprato l'anno prima da un rigattiere della zona, che si incaricava di riaccordarlo di tanto in tanto. Il cassone scandiva i balli improvvisati, quando i pittori facevano arrivare da Parigi sartine e modelle, loro amanti per una sera, una sola, e ballavano il valzer lungo il Loing.

Il canto di O'Meara saliva sotto la volta, una romanza in gloria di una rivoluzionaria, una bruna dagli occhi di brace. Spiccava bene ogni parola e, col corpo semirovesciato sullo sgabello, gli occhi inchiodati al viso di Belle, si rivolgeva soltanto a lei. Lei, rapita, arrossiva e tentava di sostenerne lo sguardo.

Bob Stevenson e Fanny osservavano la scena. Entrambi sentivano di assistere a quell'evento che, nella loro inquietudine, nella loro impotenza, titolavano "nascita dell'amore". Pensavano che il primo innamoramento non ha grande importanza, che ogni cosa ha un principio, che quell'emozione sarebbe passata. Con malinconia Bob Stevenson constatava che una sorprendente bellezza emanava dal corpo di O'Meara, tutto teso verso la fanciulla. Il piano tacque.

Ci fu un attimo, prima degli applausi, in cui nessuno si mosse. E quel momento fu scelto da un animale, forse un gatto, per emettere un grido. Un richiamo forte, in cui si confondevano sconforto e desiderio, un lamento che squarciò il silenzio degli argini e parve echeggiare nella campagna fino all'altra riva.

«Questo è amore o io non capisco più nulla!» esclamò Pasdessus.

«Come puoi parlare dell'amore, tu che non l'hai mai conosciuto?» lanciò O'Meara riprendendo d'autorità il suo posto accanto a Belle.

«Tu che ne sai?».

«Lo straccio bagnato s'avvicina senza rischio al fuoco» scherzò Bob con un sorriso da lupo beffardo. «Non è lecito aspettarsi che un cieco sia commosso dal romanticismo di un tramonto...».

«E chi vi dice che io non sia innamorato alla follia della signorina?» scherzò lo scultore facendo il gesto di prendere la mano di Belle e baciarla.

«Lascia perdere, Pasdessus!» intervenne ancora Stevenson. «Molti esseri degni d'amarsi non si incontrano, oppure si incontrano sotto cattivi auspici... È il tuo caso».

Ernestine serviva il caffè negli alti bicchieri di terraglia azzurrina. Le lampade a olio che fumavano sulla tavola, le sigarette, le pipe e il vapore del caffè chiudevano i convitati in un alone di bruma azzurrata. Fuori le rondini rasentavano gli argini. Il sole tramontava, viola, fra i banchi di nubi. Una brezza leggera spingeva verso i vetri le caligini del fiume.

«Scusami molto, ma siccome l'amore è l'avventura illogica per eccellenza, la sola che siamo tentati di chiamare soprannaturale, nulla vieta alla signorina di amarmi!».

Belle, a disagio, cercò con lo sguardo l'aiuto della madre. Ma Fanny aveva gli occhi fissi lontano, verso il battente della mezza porta aperta sulla strada. Le lanterne appese sull'uscio illuminavano il viso di un uomo.

Una faccia a lama di coltello, lunga, molto lunga, allungata ulteriormente da capelli lisci biondo cenere. Baffi spioventi, che cadono come un esile filo di canapa sulla malizia di un sorriso. Il naso è fine, diritto, ma gli zigomi alti e prominenti sottolineano la distanza inconsueta delle sopracciglia. I grandi occhi a mandorla, bruni, dai riflessi fulvi, scintillano alla luce. Quel che colpisce è il calore della loro espressione quando guardano Fanny Osbourne.

Anni più tardi Robert Louis Stevenson pretenderà di aver avuto il "colpo di fulmine" mentre era ancora fuori, per strada. Dirà di essersi innamorato di lei intravedendo dalla finestra aperta quella giovane donna tanto dignitosa nel suo lutto, tanto nobile e naturale fra gli artisti gesticolanti. Descriverà l'indulgenza, il mistero del suo mezzo sorriso, i suoi occhi d'oro in cui danzavano dolcemente le fiamme delle candele. Belle aggiungerà d'aver sorpreso l'espressione della madre, intensa e come affascinata. E dirà che era stato quello sguardo di Fanny a rivelarle l'essere che avrebbe cambiato le loro vite.

La vita in realtà sarebbe cambiata soltanto molto tempo dopo.

«Louis Stevenson!».

«Eccolo!».

«Dov'eri finito?».

«È un mese che ti aspettiamo!».

Poggiandosi sul battente, con un balzo entrò con disinvoltura nella sala.

Un metro e settanta, cinquanta chili, venticinque anni –

estrema magrezza, altezza e giovinezza –, il corpo che avrà per tutta la vita.

Scarponi scalcagnati. Zaino grossolanamente legato con lo spago sulle spalle incurvate. Vecchia giacca di velluto senza bottoni e senza fodera, camicia aperta senza collo e senza cravatta, l'aria sbracata gli è valsa qualche arresto da parte di gendarmi troppo zelanti, qualche notte in guardina per vagabondaggio. Chi sa guardare nota però ch'egli mantiene tutta la sicurezza di un bohémien di buona famiglia. Accolto come avvocato al foro di Edimburgo l'anno prima, si è appena visto assegnare dal padre un anticipo sull'eredità, somma consistente che presta, spende e spartisce senza lesinare. Per lui il denaro non conta. Neppure le comodità. La libertà, sì. Lo zaino contiene un volume di poesie di Charles d'Orléans, una bottiglia di ottimo cabernet-sauvignon, tabacco, inchiostro, penna e carta. Niente pettine, niente rasoio, niente biancheria di ricambio. Si fa radere per strada dai barbieri di paese, dà la biancheria a lavare, se una camicia è troppo logora la butta via... abitudini più onerose del lusso di una valigia! Ma Robert Louis Stevenson non possiede nulla. Né su di sé né altrove. Una leggerezza che non gli impedisce di vivere bene. La cultura, i modi, la vivacità della conversazione gli valgono l'appartenenza a uno dei club più esclusivi di Londra, dove alloggia quando capita in città. Ha scelto il suo mentore, conservatore al British Museum fra i membri eminenti dell'intellettualità inglese. Pubblica i suoi primi articoli sull'elegante *Cornhill Magazine*, di cui è caporedattore Leslie Stephen, genero di Thackeray e futuro padre di Virginia Woolf, che non teme di riceverlo assieme alla famosa romanziera George Eliot. Qui o là fa comparse improvvise, si ferma qualche giorno o qualche settimana, poi sparisce di nuovo. *Non devi amareggiarti per le mie assenze* – scrive alla madre. *Bisogna che tu comprenda che sarò un nomade per tutta la vita, più o meno. Non sai quanto ho sognato di viaggiare. In passato andavo a veder passare i treni e sognavo di partire.*

Figlio unico, bambino fragile coccolato dalla famiglia, resta attaccatissimo ai genitori coi quali dall'adolescenza non smette di scontrarsi. Nella ricca casa nei quartieri alti di Edimburgo si susseguono le scenate, melodrammi di una violenza inaudita fra un padre fanaticamente religioso e il ragazzo che dubita e si interroga. *Ora che ho recuperato una parvenza di salute, devi prendere le mie abitudini vagabonde come parte di me* – perora ancora con la madre. *Aspetta ch'io abbia trovato il mio ritmo e vedrai che passerò più tempo con te che da qualunque altra parte. Soltanto, accettami come sono e lasciami il tempo.*

Londra, Parigi, Mentone, Montigny, Barbizon, Grez. Gran camminatore, Robert Louis Stevenson viaggia a piedi, solo o con un amico. L'amicizia ha nel suo cuore uno spazio vitale.

Applausi, pigia pigia, manate sulle ossa, abbracci, è accolto a Grez come prediletto del gruppo. Qualcosa che ha un po' della mascotte, un po' dell'eroe. Bob lo abbraccia, lo guida a tavola, gli offre il proprio posto alla destra di Mrs Osbourne cui solennemente lo presenta:

«Mio cugino. Mr Stevenson, un giovane scrittore».

Robert Louis Stevenson piega la magra sagoma, agita le dita interminabili in segno di diniego e corregge:

«...Che vorrebbe scrivere... o che spera un giorno di scrivere».

«Non gli dia retta, Mrs Osbourne» si intromette Bob, «questo ragazzo è geniale. È il più dotato fra noi... e lo sa, del resto. È presuntuoso e compiaciuto come qualunque borghese... Sono certo, immagini, che un giorno pubblicheranno persino la sua corrispondenza. "Lettere di R.L.S." Ma sì, conoscerai la gloria, ragazzo mio! "Ma come" dirà lei, "Louis celebre? Tanto semplice, tanto allegro, tanto naturale. Un così bravo ragazzo. Proprio come noi. Soltanto più gentile...". Diffidi! Ha quest'aria mingherlina... ma è forte, è duro come il granito dei fari che costruivano i nostri antenati! Guardi l'occhio che brilla di vita, il baffo che s'increspa... Vede già i titoli dei suoi libri sulla schiena degli uomini sandwich di Londra...».

«Bob, sei un mostro... ma ti voglio bene!» esclama Louis abbracciandolo e scoppiando a ridere. «Ho sempre pensato, e penso ancora, che ricevendoti come maestro e aiutante sono stato favorito dagli dèi... Il mio tremendo cugino, madame» prosegue rivolto verso Fanny, cui per poco non rovescia il bicchiere, «la stupisce certamente per il suo modo di suonare il piano, dipingere e scrivere... Ma quando prende ogni singolo frammento dell'universo fra le sue parole e lo smonta come se l'avesse creato lui stesso, quando ne maneggia tutte le sfaccettature reincorporandovi la vita tutta intera, che delizia! Sì, madame, è per l'eccellenza del suo ragionamento – per quanto strampalate le paiano le sue idee e deliranti i suoi argomenti – è per la demente lucidità delle sue conclusioni che la incanterà!... Io gli devo tutto! È venuto a tirarmi fuori dal letto quando marcivo a Edimburgo, mi ha trascinato all'aria aperta, mi ha mostrato che la vera vita si bracca fuori, che il vero Dio non è fatto di mediocre tessuto borghese, che bisogna ripulire anima e cervello dalle abitudini, dai princìpi e dalle formule precotte. Mi ha insegnato ad avanzare solo. Libero. E a spaziare nell'infinito».

Loquace, Robert Louis Stevenson gesticola, si alza, si risiede.

«E tuo padre?» interrompe Bob.

«Non cambia. Continua a pensare che un uomo che non crede in Cristo e nella Chiesa può essere soltanto un birbante, un pazzo o un imbecille... Si lamenta, mette quello che chiama il mio smarrimento sul conto della giovinezza... Ma se non sempre la giovinezza ragiona giustamente, si può scommettere forte che la vecchiaia non sia più perspicace... Un uomo scopre d'essersi ingannato in tutte le fasi della vita e ne deduce alla fine dell'esistenza d'avere completamente ragione. Straordinaria conclusione!».

Quella sera le Osbourne seguirono con difficoltà la conversazione. Fanny non fu sensibile al fascino di quella voce, di quel brio, di quel modo di conversare che tutti trovavano senza eguali. Come i gendarmi, lei trovò soltanto che Robert Louis Stevenson aveva un aspetto "bizzarro". E quando lui rise aprendo la grande bocca, quando ridacchiò a singhiozzi che salivano verso gli acuti, lo qualificò decisamente "isterico". Soltanto l'ammirazione reciproca fra i due cugini, la loro tenerezza espressa così liberamente, furono viste con favore. Ma fra i due Stevenson, lei fino all'autunno preferirà Bob.

«Mamma, è formidabile».

«Chi?».

«Louis!» esclama Samuel Lloyd.

«Non si dice "Louis" ma "Lewis"» corregge seccamente Belle con un superbo accento *british* ibridato di scozzese e irlandese. «Li-u-iss» ripete sentenziosa.

«In che stato sei ridotta!» controbatte Sammy allontanandosi. «È forte come Bob, mamma. Anche di più. Eravamo sul ponte con Mimi e Kiki quando Louis è venuto a cercarci. E sai che ha fatto? Ci ha portati sulla sua barca. Era magnifico! Ha agganciato tutte le canoe in fila indiana, ci siamo coricati sul fondo, abbiamo chiuso gli occhi e ci siamo lasciati andare alla corrente. Ci siamo risvegliati indovina dove? All'ingresso del sotterraneo che porta al castello della Regina Bianca! Stasera andremo a esplorarlo con le lanterne. Posso andare? Per favore... Louis verrà subito a chiederti il permesso. Dimmi di sì, mamma!».

Sedurre tramite la progenie le donne che lo attraggono, una vecchia abitudine di Robert Louis Stevenson. Un vecchio istinto. Vi si è esercitato di recente con due dame russe in villeggiatura a Mentone, le loro figlie ormai vedevano soltanto con i suoi occhi. Tale passione per i bambini, la conoscenza dei loro sogni e del loro mondo, gli porterà fortuna: sarà pensando a Sammy, per divertire il ragazzino, per distrarlo, che Stevenson scriverà presto l'opera che gli darà gloria e denaro, *L'isola del tesoro.*

Robert Louis Stevenson faceva sempre ai bambini l'onore di trattarli con considerazione, anche se una piccola luce divertita danzava talvolta nei suoi occhi scuri e scintillanti – racconterà Samuel Lloyd. *Io lo tenni subito in grande stima.*

Sammy non fu il solo. Prima di lui un altro ragazzino era stato abbagliato da quel compagno di giochi, al punto di vantarne le qualità alla madre, la bellissima e molto intellettuale Mrs Sitwell. Il primo amore di Robert Louis Stevenson.

A quella donna Louis scrive ogni giorno da tre anni. È la confidente, la musa e la madonna. Sposata. Con figli. Separata dal marito che nessuno conosce. Più anziana, molto più anziana del giovane ammiratore, ha trentasei anni, undici più di lui. Mrs Osbourne e Mrs Sitwell si sono sposate alla stessa età – diciassette anni –, quando Louis giocava ancora coi soldatini di piombo. L'una e l'altra hanno navigato a bordo di grandi velieri che le hanno portate in capo al mondo, quando il bambino chino sulle sue carte nella camera di Edimburgo sognava viaggi.

Anche Mrs Sitwell ha conosciuto la dura esistenza dei coloni.

Sydney, Calcutta, Bombay. Ha visto il mondo. Sorriso da Gioconda, sguardo fisso, passa per altera: gli ammiratori le trovano il fascino esotico di una *maharani.* Mani e piedi minuscoli. Capelli e occhi di brace. Naso aquilino. Carnagione ambrata. Come Fanny. Sfortunata nel matrimonio, tenta di provvedere da sola ai propri bisogni, insegna letteratura e si dedica ai piaceri dell'intelligenza. Ha perduto un figlio in circostanze sventurate.

Ma la straordinaria serie di coincidenze che lega i destini

delle due donne non si ferma qui... Il nome di Mrs Sitwell nei registri dello stato civile? Frances. È il nome di battesimo di Fanny Vandegrift! Il diminutivo di Frances Sitwell, il solo che gli intimi le conoscano? Fanny, manco a dirlo.

Fanny Sitwell. Fanny Osbourne. L'inglese, l'americana, le due facce di uno stesso sogno amoroso?

Per il momento Louis non ha né tempo né voglia di sedurre Fanny Osbourne. Resta soltanto tre giorni a Grez, prima di partire per altre avventure. Lascia accanto a lei il suo migliore agente pubblicitario, Bob, che non mancherà d'elogiarlo. Louis lo sa.

* * *

Bob passa l'estate in albergo. Del tranquillo villaggio lungo il Loing farà un curioso quadro vivente dove si mescolano le tavolozze di Manet e di Watteau, *Le déjeuner sur l'herbe* e *Les fêtes galantes*.

Ballate alla chitarra. Passeggiate in barca. Sieste languide sulle amache. Il piedino di Fanny dondola. Carezza l'erba, sfiora l'acqua. Ambrato. Arcuato. Nudo. Sotto lo sguardo dei quindici ammiratori lei esce dalla malinconia. Si anima. Si diverte. Gioca. Gioisce. Trentasei anni. Fanny Osbourne si ritrova a essere com'era prima del matrimonio. Quando, ragazzo mancato, più maschile dei ragazzi di Clayton e di Danville, correva nei valloni innevati della fattoria Vandegrift. Trentasei anni. Con espadrillas porpora, il costume da bagno nero che la gonna sotto il ginocchio non nasconde, lo scialletto rosso attorno ai fianchi, è superba. Nessuno mette altrettanta energia ad avventarsi nella mischia di canoe, a squilibrare l'avversario, a rovesciarlo nelle rapide quando non sa nuotare... *Mi hanno assegnato una barca tutta mia, la guido come un cavallo selvaggio*, fa la spavalda con Rearden.

Lei dipinge. Loro si tuffano. Lei scivola. Loro la salvano. A sera si espongono le opere della giornata nel cortile della locanda. Si osserva, si critica, sotto il pergolato si discute d'arte, di letteratura, di storia, di morale. I conti si regolano sul fiume, durante folli battaglie navali. Regnare su un cenacolo di giovani uomini: Fanny vive un sogno. Amministra la giustizia sotto il suo albero. Presiede la cena. E nella serata ha il suo trono riservato accanto al focolare.

Vinello locale, caffè in grandi bicchieri degustato a occhi socchiusi, albicocche mature, il giardino della locanda si trasforma in viaggio a Citera dove si aggrovigliano gli intrighi amorosi. Fanny è attratta da Bob. Bob da Belle. Belle da O'Meara. Nessuno si dichiara e le emozioni vanno e vengono, si librano sospese e ronzano come le migliaia di libellule sul Loing.

* * *

Fanny sollevò il capo verso la luna piena e, come sfinita da una sensazione troppo violenta, lo posò di nuovo contro la spalliera della poltrona. La notte era troppo dolce. Troppo nera. Soffocava la sera. Il giardino, affogato nella penombra, era scomparso d'improvviso. Il fiume riluceva e serpeggiava nel cuore del buio, un'immensa collana di giavazzo dalle spire strangolanti la marezzatura curva degli isolotti. Il viso scuro di Fanny aveva la gravità di quelle razze che combattono da secoli. Le trecce scure, ancora umide per la nuotata, sposavano la curva delle spalle, dei seni. Sgranava gli occhi come se una visione lontana e luminosa eccitasse il suo interesse. Sospirò. L'immagine di Hervey le abitava la memoria, il cuore, le mani. Più viva, più palpabile che mai in quelle notti d'estate. La sentiva. Le pesava addosso. Poteva trattenere fra le dita i boccoli del bambino, stringerne fra le braccia il corpicino, annusarlo. Era torturata di desiderio dall'assenza fisica di Hervey più che dall'idea che fosse morto. Aveva bisogno di accarezzarlo, di stringerlo, di portarlo in braccio, in grembo.

Quando ogni muscolo della schiena, del ventre si irrigidiva, dolente per lo sforzo fisico, soltanto allora Fanny riusciva a liberarsi di quel vuoto. La nuca si appoggiò contro lo schienale. Sapeva che Bob era vicino. Perché non s'accostava?

* * *

Ocra e lisci, i prati falciati si stendevano davanti a loro. Fanny e Bob avevano preso il sentiero che conduceva ai campi. La terra bruciava alla canicola di mezzogiorno. Le spine del cardo azzurro, i petali sanguigni del papavero ingrigivano di polvere. Svoltarono per un sentiero laterale, costeggiarono le pareti dritte dei campi di granturco. Nel cielo senza nubi un'allodola li seguiva. Il cinguettio acuto fece loro sollevare la testa.

«Ci accompagna» osservò Fanny con soddisfazione.

Bob lanciò un'occhiata all'uccello. Una promessa di felicità... Fanny si sentiva bene. Prima la lunga marcia al sole, poi qualcosa che aveva brillato negli occhi di Bob, qualcosa di affettuoso mentre le parlava dell'avvenire, una sorta di sollecitudine che le era stata negata per lungo tempo. Erano andati a passeggio all'ora della siesta, sotto l'occhio interessato della piccola banda. Avevano camminato in silenzio, poi Bob si era messo a parlare. Pettegolezzi e commenti sugli artisti che le Osbourne dovevano o non dovevano rivedere a Parigi quell'inverno.

«Pasdessus non è uomo per lei. Ha l'aria perbene ma lei non si fidi. Non è mai, in nessun ambito, un gentleman».

«Cos'è un gentleman?».

«Louis Stevenson, mio cugino, che lei mi pare aver poco apprezzato».

Lei fece spallucce.

«E lei?».

Lui rise. «Soprattutto non io. Nella mia famiglia passo per una pecora nera. Uno dei miei giovani cugini, sul letto di morte, ha fatto chiamare lo zio, il padre di Louis, per avvisarlo che gli avrei portato sventura... Casa mia non è stata molto prospera... Mio padre ha trascorso tredici anni della sua vita murato in sé dalla nevrastenia».

Fanny rimase in silenzio. Conosceva le voci che correvano sui due Stevenson. Si raccontava che avrebbero ereditato un'enorme fortuna della quale non avrebbero goduto.

I maschi della famiglia morivano giovani e pazzi, vittime di matrimoni consanguinei da generazioni.

«Anche mio padre morirà pazzo» confessò lei. «Chissà che io non debba seguire le sue orme?».

«Il suicidio mi pare una soluzione più adatta». Si sforzarono di ridere.

«Uno dei miei amici, che per altro le somiglia, mi scrive stamattina che sono già una vecchia capra sdentata che farebbe meglio a rientrare nei ranghi».

«Lo lasci perdere, Mrs Osbourne. Continui a esistere così com'è! È il suo amico, quello che ha dimenticato tutto della vita».

La prese per il gomito e la guidò sotto i giovani pini.

«...Mi creda, quando mio cugino tornerà, gli presti attenzione... Potrebbe insegnarle delle cose».

«Di che genere?».

«La lettura, per esempio».

«Molte grazie, conosco l'alfabeto».

«Non sia stupida! Lei è venuta in Europa per questo motivo, o no? Imparare... Perché insegue un ideale di bellezza? Lei crede nella sua arte, è vero? Louis ha per la sua il massimo rispetto. Credo sia un uomo di lettere fino alla punta di quelle sue lunghe gambe... La letteratura. Nessuno più di lui l'ama, nessuno vi ha riflettuto con altrettanta passione e onestà».

«E lei?» ripeté Fanny.

Bob fece spallucce. Lo sguardo scintillava di disprezzo di sé.

«Non c'entro nulla, sono una penna... lunatica... elegante... e pigra. Taluni artisti hanno bisogno di mettere insieme le condizioni ottimali per lavorare. Clima temperato, buona salute, rendita di mille sterline l'anno, la calma di un monastero e l'approvazione universale. Temperano instancabilmente le matite, prima di cominciare. Altri lavorano nella stiva di una nave, sotto i ponti, sputando i polmoni, con mute di creditori alle calcagna. Io appartengo alla prima categoria. Louis alla seconda. Ha passato tutta l'infanzia a letto, chiuso o sballottato come tubercolotico da una città all'altra, ma tutto questo non conta, spiritualmente è uno scaricatore di porto! Credo non abbia mai fatto nulla in contrasto con la propria volontà».

«E lei?» insisté Fanny.

Bob rifletté per un attimo. I suoi zoccoli batterono sulle pietre.

«Anch'io ho sempre fatto quel che volevo. Ma cosa voglio? Tutte le avventure, tutte le idee, parto in tutte le direzioni... Geniale se vuole, ma il genio senza talento è nulla».

«Io direi piuttosto che il talento senza il genio...».

«Errore... Louis ha talento! Moltissimo talento. Su di lui si può fare affidamento... Lei farebbe bene a frequentarlo, a Parigi!».

«E Frank O'Meara?» chiese lei d'improvviso. «Farei bene anche a rivedere O'Meara?».

Bob si chinò e la squadrò. Fanny conosceva quello sguardo maschile strano, quasi ostile. L'espressione di Rearden quando lei lo feriva.

Impallidì.

«La domanda andrebbe posta a sua figlia, madame».

«Belle è giovane» rispose lei con leggerezza. «Come può saperlo?».

«Sì, è giovane».

Fanny lesse tanta sofferenza, tanta tensione, sul viso di Bob. Le si strinse il cuore. Subito la invase un'onda di tristezza. La riconobbe. Era la vecchia impressione d'aver perduto un essere bramato, mai più provata dai giorni della nascita di Belle e della partenza di Sam per la guerra di Secessione.

«Usciamo dal bosco» disse, «qui l'atmosfera mi opprime».

Scesero fino a riva. Si sentì subito meglio fra le ginestre, i ronzii e le vibrazioni d'ali degli insetti. Capiva quel che capitava a Bob. I sentimenti del giovane non erano prevedibili? Aveva ventott'anni. Lei trentasei. Ma ciò che provava somigliava al dolore della giovane moglie tradita di un tempo. Quando Sam non la guardava più, quando amava un'altra. Stavolta nessuna gelosia. Nient'altro che una straordinaria simpatia per lo smarrimento dell'amico. Un'accettazione immediata e totale della propria sconfitta come donna.

Affondò le mani fra i giunchi per avvicinarsi all'acqua e alla terra, a quella natura calda, ronzante, prolifica. Non pronunciarono il nome di Belle.

«Per Pasdessus» disse soltanto Bob, «l'amore non è altro che complicazione sentimentale. Per Simpson il Vecchio è solo un flirt. Per O'Meara un'idea fissa. Ma per me è una malattia, lei sa che io passo per pazzo e sa pure che per il mio genere di persona, la malattia d'amore è sempre seria».

Si scambiarono un'occhiata e Fanny vide per la prima volta lacrime negli occhi di un uomo. Si appoggiò al braccio di Bob che chiuse il gomito stringendo la piccola mano contro di sé.

«Rientriamo» disse, «altrimenti crederanno ch'io l'abbia stuprata e assassinata...».

Risero un po', poi, aggrappati l'una all'altro, tornarono indietro.

* * *

Quella notte come al solito Fanny prendeva il fresco da sola in giardino. Il vento portava il profumo tiepido delle pannocchie di granturco tagliate durante il giorno. Alle sue spalle risuonò lo scatto del chiavistello della porta. Sentì le risate, le grida, le conversazioni nella sala da pranzo. Fruscio d'erba schiacciata. Un passo affrettato che riconobbe. Bob. Le guance di Fanny s'imporporarono. Le dita delle mani poggiate sui braccioli strinsero il legno. Il passo si fermò, fece mezzo giro, lei sentì di nuovo il chiavistello, il rumore delle risate, delle conversazioni. La porta si chiuse. Bob non aveva sentito il bisogno di raggiungerla. Era vecchia. Rearden trionfava. *Una vecchia capra sdentata*. Era stanca.

«Un po' di tristezza, Mrs Osbourne?» chiese una voce al suo fianco. Era la voce del cugino, "l'altro Stevenson", arrivato a Grez quel pomeriggio. Aveva fatto un incredibile periplo in canoa che l'aveva portato da Anversa a Pontoise... e da lì alle rive del Loing. La sua apparizione assieme a Walter, il fratello di Simpson il Vecchio, aveva suscitato autentica emozione nella locanda. Li avevano visti comparire in fondo al giardino, irsuti sotto i berretti a righe da collegiali inglesi, ritti in equilibrio nella parte anteriore degli scafi, l'*Aréthuse* e la *Cigarette*. Quindici giorni di naufragi, di tempeste, di solitudine, di visioni sui canali francesi e belgi. La materia del primo libro pubblicato da Robert Louis Stevenson, *Viaggio nell'entroterra*.

«Dovrei essere allegra?».

Non lo guardò. Louis Stevenson le si sedette ai piedi, alla turca.

«Pensa a suo marito?».

«A lui. Ai figli. A me».

«E allora?».

Lui arrotolò una sigaretta e gliela tese voltandosi di fianco. Lei istintivamente la prese. I visi si incontrarono sopra la fiamma. Lo sguardo bruno di Louis la avvolse in un'ondata di affetto.

«E allora...» Fanny aspirò una boccata, esitò. «...Pensavo che non ho concluso molto...».

«Fesserie!».

Con un balzo lui saltò sulle lunghe gambe. Fumando, gesticolando, carezzandosi i baffi con una mano, agitando in aria l'altra, cominciò a girare attorno alla poltrona.

«...L'ho scorta partire all'alba, in luglio... Lei lavora».

«Non abbastanza».

«Ho visto quel che fa, *Il ponte di Grez* che asciuga appoggiato al muro...».

Tentò di seguire con gli occhi quella sagoma tanto magra che saltava a destra e a sinistra. Un ballo di San Vito. Rinunciò. Le dava il capogiro.

«*Il ponte di Grez*, rappresentato quante migliaia di volte?».

«Non lo nego, l'ho visto esposto sulle pareti del Salon, all'Accademia e nelle cartelle di tutti gli studenti del Quartiere Latino. Detto fra noi, nessun ponte di Grez m'è parso avere il candore del suo!».

«Litote per l'ingenuità?».

Lui scoppiò a ridere. Continuava a parlare, andando avanti e indietro, da un albero all'altro, davanti o dietro di lei.

«La vita di un postulante a qualunque arte è punteggiata di piccoli successi nel cuore di una sfilza di scacchi. Si deve sopportare tutto. È un percorso di guerra. Prima tappa, il pittore, o lo scrittore, gioca con la propria materia. Si comporta come un bambino che tritura un caleidoscopio. Stadio due, il gioco acquista un ordine. L'artista usa a fini di rappresentazione formale i frammenti di vetro variopinto. Questa tappa pare lunga e faticosa. Quelli che la superano si contano sulle dita di una mano. Stadio tre, infondere vita alle rappresentazioni, dare un significato ai fatti...».

«Lei ha visto quel che ho fatto... Pensa che il mio talento giustifichi lo stare a Parigi l'inverno prossimo?».

Robert Louis Stevenson si immobilizzò per un istante. Una sorta di sorriso gli danzò negli occhi.

«Guai a quelli che si lasciano tentare troppo presto dagli adulatori!» scherzò sputando una cicca che gli bruciava i baffi.

Lei insistette:

«Bob afferma che lei sa riconoscere quel che è buono e quel che non lo è... Parla del suo senso critico... Ho bisogno di sapere! Perché se non ho in me questo talento, restare in Europa è inaccettabile. Significa far pagare i miei... le mie...» esitò, «le mie pretese troppo care agli altri!».

Con lo sguardo pieno di vita Louis osservò quel viso di donna torturato dal dubbio, dalla paura e dalla determinazione feroce a continuare.

«Lei sola sarà un giorno in grado di rispondere» disse gravemente... e ricominciò a camminare. «Ma quel che posso dirle è che io, quando mi dicono ridendo: "Perdi il tuo tempo a raspare piccoli brani di letteratura! Perché non scrivi articoli?... Perché non pubblichi un gran libro?" io diffido! Se il mio angelo custode mi abbandonasse, se cedessi troppo presto al desiderio di grandezza senza avere gli strumenti dell'arte, rischierei di falsare per sempre il mio stile! Si tende sempre o ad aver fretta o a rimandare il giorno pericoloso della prima creazione... il giorno del salto nell'ignoto... Ciò detto, non c'è un Mozart né in pittura né in letteratura. Si prenda il suo tempo. Lavori. Studi. Copi i maestri. Impari le tecniche... Per ora lei appartiene a quella categoria d'artisti che trova un asilo ideale a Grez. Nel gergo della colonia li chiamiamo i "Sonnolenti". La sonnolenza fa parte dell'educazione artistica. Ma è soltanto una tappa nella grande avventura...».

«Lo scopo dei miei anni in Francia è riuscire a rappresentare la vita!».

«Scommessa perduta in partenza! La vita è molteplice, infinita, illogica. Un'opera d'arte è netta, razionale, riduttrice...».

Lei sorrise.

«Se crede alla supremazia della vita sull'arte, perché diavolo vuole scrivere?».

Rispose senza smettere di girare:

«Per cercare».

«Il piacere che lei prova in questa ricerca basta dunque a se stesso?».

«Probabilmente... Il piacere delle cose basta a se stesso. E lei?» chiese d'improvviso piantandosi davanti a Fanny, che sollevò il viso.

«Io cosa?».

«Lei... Lei pone domande, ascolta, ma non rivela nulla di sé. Per parlare bisogna essere in due».

«Non ho nulla da dire».

«Come nulla da dire? Non ho mai incontrato una donna come lei... Lei è così... così diversa. Così americana!».

Offesa, schiacciò la sigaretta nell'erba.

«Che significa?».

«Lei incarna tutto il dramma, tutti i sogni di un mondo nuovo... Mentre noi discutiamo di "estetica" nel giardino più civilizzato del pianeta, immagino lei abbia la sei colpi nel corpetto... Lei non appartiene al nostro mondo! Appartiene all'universo dei cercatori d'oro, dei giocatori di professione, dei cacciatori di pelli... Con le sue dieci dita può fare tutto. Uccidere. Creare... Quando cammina, il suo passo ha il fruscio di un torrente che scorre. Lei profuma di fuochi d'accampamento, di cespugli di salvia... Lei sarà amata da chi sogna le *sierras*, i canyon, le foreste...».

Fanny sospirò ma restò impassibile. I loro sguardi si fissarono sull'ammasso scuro degli alberi là davanti.

«Quel bosco laggiù è una fonte di eterna giovinezza» esclamò lui. «Francesco I, Ronsard, quanti uomini ci si sono ritirati?... Di tutti i luoghi nascosti d'Europa è forse quello dove lei potrebbe meglio riprendere respiro. Fa bene ad andarci ogni giorno a lavorare. Nella foresta l'artista impara a non dimenticare la poesia della vita e della terra... il fremito incomunicabile della natura... Quando sarà diventata padrona dell'arte, questo ricordo la proteggerà da una riproduzione triste della vita».

«La tristezza... pare che lei la conosca bene» disse Fanny con una punta di ostilità.

«Qui vivo un momento di pace, di libertà... Colgo l'attimo. Ideale forse non elevato, ma accessibile e semplice... Quando me ne sarò ubriacato, chiuderò lo zaino e mi rimetterò in strada».

«Che moralista!... Lei parla come una zitella catechista dell'Indiana!».

Lui scoppiò nella sua risata infantile.

«Venga ad ascoltarmi domani. Salgo in cattedra. Mi sono messo d'accordo col curato. Una predica... Se mio padre mi sentisse, gli verrebbe un attacco! Lei verrà? Sarà completamente assurdo...».

Settembre. Gli alberi ingialliscono. Uno a uno i pittori tornano agli atelier. Bob ha detto cose sagge. Fanny, forse primo segno di maturità, ha rinunciato a trasformare in romanzo l'attrazione che prova per lui. Segue il suo consiglio e si interessa all'"altro Stevenson", l'allegria di lui la distrae.

L'allegria era la sua virtù cardinale – scriverà l'amico e poeta Edmund Gosse. *Pareva saltare di montagna in montagna, danzare sulle vette della vita. La serietà, la passione per le cose astratte erano costantemente affrancate e liberate da una perenne giovialità. E quando aveva costruito sulla sabbia uno dei suoi castelli intellettuali, una grande ondata di umorismo arrivava a spazzar via tutto. Non riesco a ricordare alcuna sua battuta. E se le trascrivessi a freddo, probabilmente non mi apparirebbero divertenti. Louis non era tanto spirituale quanto pieno d'umanità. Uno sguardo multiforme sul dramma che gli si svolgeva attorno. Un senso di relatività applicato alle cose della vita. Vorrei che il suo umore allegro, il suo gusto della vita non fossero mai dimenticati.*

Fanny, incuriosita, gli lascia portare il cavalletto, la cassetta, l'ombrello parasole. O'Meara segue la figlia, Louis la madre. L'accompagna quando va a dipingere nel bosco. Lui legge sotto il grande parasole o scrive ai piedi di lei. A tavola le siede a fianco. A sera, quando lui ha finito l'articolo e lei lo schizzo, si isolano sotto i salici del fiume per chiacchierare. In Robert Louis Stevenson, Fanny ha trovato una guida artistico-letteraria. Come Rearden. Ma senza quell'aggressività.

Di volta in volta, ora il piacere, ora l'imbarazzo si combinano e crescono e i due possono leggere ciascuno negli occhi dell'altro l'espressione della propria emozione. Nessun bisogno di dichiararla – scrive Louis in ottobre in un saggio che intitola *Virginibus puerisque.* Titolo promettente: *Come nasce l'amore*. Il dado è tratto. Fanny confida a Rearden, con quella strana mescolanza di pudore, ostilità, astuzia che caratterizza la loro amicizia: *Lei ha assolutamente ragione, mio caro: quando tornerò a casa gli amici della bohème mi mancheranno! Soprattutto questi due suonati, gli Stevenson, che con tutte le loro stupidaggini sono però tanto pieni di gioia, tanto pieni di vita, che basta la loro sola presenza a inebriarti. Non ho mai sentito l'uno o l'altro pronunciare una parola cinica o meschina. Non li ho mai visti compiere un'azione che non fosse generosa e gentile. Nonostante tutte le storie terribili che si sentono in giro sul loro conto, continuo a credere siano gli uomini più galanti ch'io abbia mai incontrato.*

Il panegirico mira a ingelosire Rearden? O illustra il principio dell'affascinamento di Fanny?

Comunque sia, il piccolo gruppo di Grez non sa più quale dei due Stevenson sia il preferito della "Bella americana"... Gli intrighi amorosi si evolvono che è una meraviglia: i cugini, Frank O'Meara, la famiglia Osbourne prolungano il soggiorno fino all'autunno avanzato.

Al ritorno a Parigi Fanny e i suoi figli non proveranno più la spaventosa solitudine degli stranieri spiantati.

Non ho ancora la forza di prendere una casa, andremo a vivere con un'altra famiglia al 5 di rue Douai, nel quartiere Montmartre. La mia salute migliora e il dottore dice che i vuoti di memoria sono un contraccolpo dell'inverno scorso, una serie di attacchi di nervi – scrive a Rearden. *Lei, sempre gentile, dice che un attacco di nervi arriva soltanto con l'età e quindi devo gli svenimenti alla vecchiaia. E tuttavia soffre di attacchi di nervi anche Mr Louis Stevenson, molto più giovane di me... Mi piacerebbe che non scoppiasse in singhiozzi quando meno te lo aspetti. È così imbarazzante!*

Quando si profonde in lacrime, non so mai che fare... offrirgli un fazzoletto? Guardar fuori dalla finestra? Siccome ho il fazzoletto sempre sporco di carboncino, scelgo la seconda soluzione. Gli voglio molto bene, è divertentissimo, ma certe volte stargli vicina è un po' imbarazzante.

L'altro giorno andavamo in fiacre lungo la Rive gauche e ha cominciato a ridere, a ridere. Impossibile fermarlo. Allora mi ha chiesto di torcergli le dita, cosa che non desideravo affatto fare, per cui rideva ancora più forte! Mi ha detto che avrei fatto meglio ad obbedirgli, altrimenti avrebbe torto e spezzato le mie. Mi ha preso la mano, ha cominciato a farmi male, mi sono salvata mordendogli a sangue il palmo. Di colpo è tornato in sé e si è profuso in scuse. Ma la mia mano è rimasta fuori uso per due giorni.

Curiosa maniera di conoscersi. Fanny forza gli elementi, drammatizza la scena. Modo molto suo di esprimere il turbamento, il timore dinanzi a un uomo che osa andare fino in fondo a se stesso, nel riso, nelle lacrime. Senza falsi pudori.

...Ora è la storia – racconta Robert Louis Stevenson – *di due esseri che si avventurano passo passo nell'amore, come due bambini in una stanza buia*

V
Una gentilezza passionale

> Essenza dell'amore è la gentilezza.
> Potrebbe anche esserne la definizione migliore.
> Una gentilezza passionale...
> La gentilezza divenuta frenetica, importuna e violenta.
>
> Robert Louis Stevenson

Parigi, secondo inverno, ottobre 1876 – aprile 1877

Belle, vieni qui!».

Se la fanciulla che apriva il battente con mille precauzioni sperava di raggiungere la camera in fondo senza essere sentita, faticava per nulla, le stecche del parquet avevano già scricchiolato. Sbatté dunque la porta, posò rumorosamente la cartella dei disegni sotto l'attaccapanni, si slacciò i venti bottoni del cappotto, sciolse i sottogola del cappello che adagiò sulla mensola. Quindi avvicinandosi allo specchio si esaminò il viso. Aveva le labbra gonfie, la bocca troppo rossa, gli occhi troppo brillanti...

«Belle, ti aspetto!» si spazientì dal salotto la voce della madre.

«Arrivo!».

Continuando a osservarsi, lisciò i ricciolini della frangetta, aggiustò il primo nodo dell'abito attillato e si chinò per controllare gli altri, in tutto sette grossi nodi di velluto blu che scendevano in linea retta dalla gola agli stivaletti. Il corpetto e la gonna a righe azzurre, senza volant, senza pieghe, mettevano in risalto le forme, il petto e i fianchi, modellavano il posteriore e finivano sotto il ginocchio, in un drappeggio di cotone più scuro.

«Belle!».

Con movimento sinuoso entrò nel piccolo corridoio in cui la tappezzeria a fiorami cadeva a pezzi. Parati scalcinati, credenza neogotica, caminetto in falso marmo screziato: per quanto modesto quell'appartamento ammobiliato non somigliava affatto alla soffitta dell'anno precedente. Sam spediva regolarmente il vaglia. Una somma misera ma puntuale. Gli Osbourne erano passati dalla miseria all'agiatezza di una povertà organizzata. L'ingresso dell'appartamento, sotto le stanze delle cameriere all'ultimo piano della scala padronale, si apriva sui due vani occupati da due americane, una certa Margaret Wright e la figlia, dell'Illinois, altre conoscenze dello scultore Pasdessus, l'uomo che aveva dato a Fanny l'indirizzo dell'Hôtel Chevillon. Anche le Wright avevano un ragazzino, anche loro erano possedute da un'ambizione artistica che le aveva portate fino a Parigi. Ma non sconfinavano nel territorio di Belle e Fanny. Preferivano le spiagge della Normandia alla foresta di Fontainebleau, la Scuola di Honfleur a quella di Barbizon e sdegnavano la villeggiatura sul Loing, reputata provinciale. La condivisione di cucina e salotto non creava quindi contrasti. Madri, figlie e ragazzi, a coppie della stessa età, avevano gli stessi interessi. Nello stretto corridoio s'udivano fruscii, risate, scampanellate. Nel salotto si avvicendavano le visite, la bohème anglosassone della Rive gauche andava a mescolarsi alla piccola borghesia americana della Nuova Atene.

Belle si era fermata sulla soglia della sala comune: Fanny, spalle al focolare, la fronteggiava.

«Sai che ore sono?» chiese glaciale.

«Le dieci, penso» articolò con leggerezza la fanciulla.

«Credevo avessimo convenuto che il tuo irlandese ti avrebbe riportata a casa prima di notte».

«Non chiamarlo "il tuo irlandese", per favore, mamma! Si chiama O'Meara!».

«Non cambiare argomento» ordinò Fanny senza alzare la voce. «Abbiamo fatto un patto. Non lo rispetti. Sarò costretta a riportarti a casa con me, dopo l'atelier».

«Mamma!».

Belle con atteggiamento affettuoso si slanciò verso la madre. Ma la corazza di daino e il sistema di lacci e legacci che stringevano la gonna dritta e aderente intralciavano il movimento. Fanny pensò che era lontano il tempo in cui le donne nascondevano i fianchi sotto la gabbia della crinolina, lontano, tanto lontano il tempo della sua giovinezza. Belle cercava teneramente di spingere la madre nella poltrona per accoccolarsi ai suoi piedi e posarle la testa in grembo. Fanny resisteva.

«Piantala con le moine. Parola mia, tu amoreggeresti con chicchessia!».

Entrambe in blu, scure, magre, della stessa altezza e forza, madre e figlia lottarono per un istante. Fanny si lasciò cadere nella poltrona.

«Non scherzo, Belle! Comportati bene!... Ascoltami...».

«Ascolta anche me, mamma... Con O'Meara non facciamo nulla di male... Vuoi che ti dica perché sono in ritardo? Non ci siamo accorti che l'ora passava, al Louvre, guardando i Velázquez».

«Non vi siete accorti? Davvero? Al Louvre? Alle dieci di sera?».

Fanny allontanò la figlia. Piantandosi ai piedi della poltrona Belle sollevò il visino su cui rivaleggiavano malizia e innocenza.

«...Dopo il Louvre abbiamo passeggiato fino ai giardini del Luxembourg».

«Belle, non raccontarmi storie: il Luxembourg chiude alle sei!».

«Poi siamo andati fino a Montparnasse... O'Meara voleva farmi vedere lo studio di Carolus Duran, dove lavora con Bob.

Là abbiamo incontrato Sargent, uno dei loro amici, un americano di Boston. Siamo saliti a casa loro».

«Belle!» gridò Fanny. «Sei andata a casa di O'Meara?».

«Insomma, mamma, eravamo in tre! Abitano tutti assieme sopra lo studio. Devono iscriversi il lunedì mattina all'alba, come noi da Julian, per avere un buon posto durante la settimana. Gli studenti francesi che abitano nel quartiere li lasciavano al palo ogni volta. O'Meara, Bob e Sargent hanno aggirato l'ostacolo andando direttamente a vivere nel palazzo. Così si iscrivono la domenica sera. Gli altri hanno un bell'arrivare alle quattro del mattino, O'Meara e la sua banda hanno i posti migliori! Anche noi dovremmo fare altrettanto. Trovare un appartamento ammobiliato nel passage des Panoramas. Piuttosto che perdere un'ora al mattino, un'ora la sera e attraversare Parigi al buio!».

«Non dire sciocchezze: da qui al passage des Panoramas impieghiamo appena venti minuti! E comunque attraversare Parigi al buio non sembra disturbarti troppo, figlia mia!».

«Sembra che neanche tu ti preoccupi granché, mamma... Mi pare che martedì sera tu sia rientrata molto tardi, con Louis...».

«Basta così, Belle!».

«E non mi hai detto dove siete stati, voi due...» aggiunse Belle pungente.

Fanny esitò. Di quale autorità poteva avvalersi nei confronti della figlia? E perché si sforzava di esercitarla?

«Ho paura per te, Belle. Sei tanto... tanto giovane».

«Anche tu sei giovane, mamma. Di che hai paura?».

«Che tu ti affezioni, Belle».

«Mamma, mi ama!».

«Questi anni in Francia finiranno... Non possono durare! Partiremo, Belle».

«Quando?» si preoccupò la fanciulla.

«Un giorno... presto...».

«Ma quando?».

«Nel momento in cui tuo padre non ci manderà più denaro... quando esigerà il nostro ritorno... Questo periodo non conta... Una parentesi... La nostra vita è laggiù! Un giorno dovremo lasciare tutti i nostri amici di qui. Non li rivedremo mai più. Mi capisci?».

Belle scosse la testa in segno di diniego.

«No! O'Meara mi ama e gli irlandesi quando amano è per sempre».

«Ti ha chiesta in sposa?».

«Mamma!».

«Che mamma e mamma. Ti ha chiesto o no di sposarlo?».

«Ma non può!».

«E perché?».

«Non ha denaro, lo sai bene».

«La povertà non ha mai impedito a un giovane di metter su famiglia».

«E la sua carriera?... Prima di tutto deve avere successo... La carriera! Nei confronti della sua famiglia...».

Fanny prese fra le mani la testa della ragazza.

«Hai risposto alla mia domanda, Belle. Con O'Meara, come con tutti qui, è provvisorio. Non perdere mai di vista questa realtà. È provvisorio».

Con un gesto di sconforto aggiunse: «Tutto questo! Parigi...».

«E Louis?».

«Anche Bob e Louis».

Belle si liberò.

«Non voglio più ascoltarti, mamma! Tu predici sempre il peggio...».

«Non è il peggio, Belle».

La fanciulla impallidì e indietreggiò.

«Vuoi impedirmi di vedere O'Meara?».

«No, non servirebbe a nulla... Continueresti di nascosto...

Non voglio che tu m'inganni... Non voglio che racconti storie. Ti do fiducia. Puoi vedere O'Meara. Esigo soltanto che tu rispetti i termini del nostro patto. Non rientrerai dopo le dieci, non salirai a casa sua, non commetterai l'irreparabile. Mi capisci? Nulla di irreparabile... prima di parlarmene».

A tutte le condizioni la fanciulla acconsentiva vigorosamente. Fanny insistette:

«O'Meara è giovane e tu, Belle, sei fuoco e fiamme...».

«Oh, mamma, non sono mica tanto ingenua! Sono forse leggera, ma non al punto di darmi a lui, se è questo che cerchi di dire!».

Fanny, quasi presa da scrupoli, tentò di negare. Tacque. Belle continuò:

«Ascolta, voglio confessarti tutto... Mi piace più degli altri, è vero. Gli ho permesso di baciarmi, e nient'altro... La sola cosa che conta per me è diventare una grande artista! Come posso spiegartelo? Esteticamente io e lui ci intendiamo. Dopo aver lavorato con tanto impegno per tutto il giorno a scuola intravvedere la sua figura all'uscita è meraviglioso! Con lui so che imparerò ancora... Quando camminiamo fianco a fianco nelle strade di Parigi, quando mi fa scoprire tutte quelle gallerie d'arte di cui non sospettavo l'esistenza, quando mi spiega i maestri, che ammira davvero, non puoi immaginare la mia felicità. Non avevo mai provato un'emozione simile... Al Louvre mi insegna Velázquez, mi insegna Dürer... Al museo di Cluny mi racconta l'orribile Rivoluzione francese, ne conosce tutti i drammi, tutti gli omicidi. Mi parla della sua religione, mi apre le porte di Notre-Dame... Immerge la mia mano nell'acqua gelida dell'acquasantiera, accende un cero a sant'Antonio e tutti e due facciamo in segreto un voto... lo stesso... ne sono sicura, lo stesso! Capisci?».

Fanny carezzò la guancia della figlia.

«Capisco... Se tu sapessi come capisco... Ora va' a dormire. Domani ci alziamo alle cinque».

«E saremo le prime iscritte all'atelier, avremo i posti migliori per lavorare e questo mese, mamma, prenderemo la medaglia e la manderemo a papà!».

«Sì, la manderemo a tuo padre».

*

Strani rapporti tra madre e figlia, per l'epoca vittoriana! Come se le Osbourne avessero saltato parecchie generazioni di donne, per appartenere all'ultima in ordine di tempo, quella che fiorisce in questa fine del XX secolo.

Quale madre, fosse pure americana, quale madre della seconda metà dell'Ottocento si sarebbe rivolta alla figlia con tanta franchezza? Quale figlia le avrebbe risposto con quella fiducia? Complicità. Rivalità. Relazioni passionali.

Verrà il giorno in cui Belle, come molti giovani d'oggi, proverà soltanto collera e ribellione verso la madre troppo presente. «Mi soffochi!» le griderà presto. «Lasciami vivere. Io non sono te!». Contese, urla, critiche, rimpianti e riconciliazioni si avvicenderanno fino al momento in cui, diventata madre a sua volta, Belle si riconoscerà nelle contraddizioni di Fanny.

In quel mese di novembre 1876 perseguono fianco a fianco lo scopo che si sono prefisse.

Dipingere.

* * *

«È la prima volta che poso per delle donne e se anche dovessi crepare di fame giuro che è l'ultima!».

La porta dell'atelier sbatté. Con la corona di spine sulla testa e i lunghi capelli ondeggianti Balducci, il più famoso Cristo di Parigi, uscì rapidissimo nel passage des Panoramas.

Bisogna confessare che le signore dell'atelier Julian torturavano graziosamente i modelli. Il regolamento degli atelier era tassativo: il tempo di posa non doveva superare le quattro ore, con pause di cinque minuti ogni ora per i modelli, ogni mezz'ora per le modelle. Ma quelle donne se ne infischiavano! Esigevano posizioni insostenibili, con una preferenza per le contorsioni, le teste rovesciate, i fianchi inarcati, le braccia tese. Da nessun'altra parte nel mondo dell'arte si trovava altrettanto impegno nel lavoro, un simile potere di concentrazione, una tale competizione. L'ampia sala era zeppa di donne. Sui muri una mano di scorticato, un tronco, la maschera di Dante danzavano strane sarabande. L'atmosfera dello studio era tanto carica di elettricità che qualunque gesto involontario, qualunque sguardo al momento sbagliato sul foglio di una vicina bastava a far oscillare i cavalletti come birilli sfiorati da una palla. Quella tensione spettacolare aveva una ragione semplice. La necessità.

Se i professori della sezione maschile dispensavano benevolmente il loro sapere in cambio della pennellata degli allievi per le grandi composizioni su ordinazione; se gli studenti maschi pagavano le spese soltanto dei modelli e dell'affitto delle sale, le donne pagavano tutto. Pagavano la scuola, pagavano i modelli, pagavano i maestri. E volevano il corrispettivo di quel che pagavano... denari risparmiati soldo su soldo per anni.

Povere, sole – le artiste fortunate, con l'eccezione dell'aristocratica russa Marie Bashkirtseff, preferivano le lezioni private alla promiscuità degli atelier – arrivavano dal mondo intero col sogno di studiare a Parigi. Spagnole, svedesi, svizzere, inglesi, americane, boccoli biondi, crocchie grigie, diavoletti, occhiali, di tutte le età, di tutte le forme, tutte avevano sacrificato una famiglia, un paese, un marito alla passione del Bello. Non una che avesse preferito la sicurezza all'Ideale. L'atelier des Dames dell'Académie Julian: un groviglio di piccole rivalità, un focolaio di eroismi superbi.

Lavoravano quindici ore al giorno. In due, in quattro condividevano un alloggio, formavano alleanze, clan, consorterie. Per piacere al "correttore", per farsi notare, per eclissare le compagne il cui talento faceva loro ombra, non indietreggiavano dinanzi a nessun artificio. Con il chiodo fisso che «un'indole artistica esprime sempre nell'aspetto fisico qualcosa della bellezza interiore», ognuna coltivava un genere e si dava uno stile in armonia con la propria opera. La bruna spagnola, appassionata delle vergini di Raffaello, si tingeva i capelli di biondo veneziano. La svizzera, innamorata di El Greco, si lasciava morire di fame. L'inglese si imbruttiva con occhiali e scarponi militari per provare che si interessava soltanto alla pittura. E la più anziana delle svedesi arrivava in studio col viso circondato da una pezza annodata sulla testa a mo' di uovo di Pasqua: teneva a dire che soffriva di mal di denti, ma sgobbava ugualmente! Lavoravano fino a mezzogiorno, si concedevano soltanto un'ora per mangiare, continuavano fino alle cinque, spingevano lo zelo fino a seguire i corsi serali. Durante le pause si radunavano a gruppi nell'anticamera; qualcuna lavava i pennelli nel grande lavabo, qualcun'altra sbucciava un'arancia. Appollaiate sui tavoli, sedute in terra, sgranocchiavano la merenda commentando i voti del fine settimana – sempre ingiusti! Oppure paragonavano i prezzi del mercato di rue des Martyrs con quelli di rue de Buci.

«Volete sapere dove ho trovato questa deliziosa gruviera?» chiedeva a bocca piena un'inglese in bigodini.

«Dove?» esclamavano le altre.

«Sulla Rive gauche, nella latteria dove si riuniscono gli studenti di Carolus Duran».

«A quanto?».

«Sei soldi!».

«Ne paghi dodici di omnibus! E ti pare un affare?».

Seguiva l'eterna discussione sul costo della vita a Parigi e sui mille espedienti per vestirsi con poca spesa. Ognuna si vantava di essere migliore economa delle altre. Strana rivalità, l'esaltazione artistica faceva a gara col pragmatismo. Una sola persona trovava grazia ai loro occhi. Era Sophie, la cameriera che attizzava il fuoco della stufa, spazzava i trucioli di matita, rassettava i cuscini della pedana, cambiava le tende dello sfondo fra due sedute di posa. Aveva acquisito la capacità di spiare Tony Robert-Fleury, il "correttore", quando commentava i progressi dell'una o dell'altra allieva con Julian. Frasi che si affrettava a ripetere alle interessate. Dai pettegolezzi di Sophie dipendeva il morale di quelle donne per tutta una settimana.

Quella mattina di dicembre, proprio prima della pausa di mezzogiorno, la foresta di cavalletti ondeggiò alla brezza dell'abituale eccitazione. Le allieve avevano riconosciuto dietro la porta il passo pesante di Robert-Fleury. La modella che interpretava una Baccante inarcò i fianchi, lasciva, mentre tutte si concentravano sul lavoro. Il "correttore" entrò pesantemente, passò di cavalletto in cavalletto, commentò un disegno, criticò una proporzione, sbarrò una forma con un segnaccio a carboncino, ritoccò qualche disegno, strappò, cancellò, distribuì qualche «Non male» e ripartì con un «Buongiorno signore!» che lasciò tutte sbalordite.

«Compriamogli dei fiori» sussurrò la spagnola dai capelli tinti di biondo, una delle rare elette che avevano avuto diritto al «non male».

«Credi ancora all'efficacia dei regali?» sbraitò Fanny che per sua sfortuna aveva ricevuto una nota di biasimo dal maestro.

«È incontestabile» le aveva detto a voce alta e chiara, «che lei per il disegno non è dotata quanto per la pittura. L'aspetto pittorico, il colore – non c'è problema. Ma la composizione non migliora. Mentre è dalla composizione che si dovrebbe cominciare! La forma. Lei ha messo il carro davanti ai buoi. E ora ristagna. Non perda così il suo tempo. Si è impantanata, è evidente! E questo mi dispiace, perché lei è abile».

Il cuore di Fanny aveva cominciato a battere di vergogna.

«Non è che mi ci diverta, ma non so che fare».

«Gliene volevo parlare già da un po'. Bisogna provare in tutti i modi a uscire da questo vicolo cieco».

«Mi dica quel che devo disegnare. Un uomo scorticato, una prospettiva? Copierò qualunque cosa lei mi ordini».

«Benissimo. Venga a trovarmi sabato. Ne discuteremo».

* * *

«Siamo a questo punto» confessò con aria abbacchiata a Louis Stevenson, andato a prenderla per pranzare assieme in rue de Douai. «Sono passata da Robert-Fleury, stamane. Abita vicino, al 69, era facile. Mi ha fatto dire di lasciare i disegni. Tony Robert-Fleury è in vacanza fino all'8 gennaio».

Ogni sera O'Meara, Bob e Louis abbandonavano la Rive gauche, attraversavano la Senna e salivano fino al quarto piano delle Osbourne. Poi uscivano tutti assieme, o a due a due. E Bob, solitario, si univa a una delle coppie.

* * *

I cugini Stevenson sono innamorati, per le stesse ragioni, uno della madre, l'altro della figlia. Né cortigiane né oche giulive, Fanny e Belle incarnano un tipo di donna diversa da tutte quelle che hanno conosciuto. Una nuova razza che li turba e li incuriosisce.

Bob e Louis non sono mai stati attratti dalle signorine di buona famiglia. Entrambi preferiscono le donnine allegre. Si mormora che a Edimburgo Louis si sia invaghito di una prostituta fino al punto di annunciare al padre il fidanzamento. Pettegolezzi, voci senza fondamento. Sola certezza: a ventisei anni Louis ama sia le ragazze facili che le intellettuali. Queste ultime sono affascinate dalla sua intelligenza: lo consigliano, lo proteggono, lo formano, lo spingono. Ma non diventano amanti. Restano mogli degli amici, compagne dei professori. Le donne più vecchie... Anche Mrs Fanny Sitwell, cui scrive ogni giorno, continua a rifiutarsi a lui. Benché separata dal marito, rispetta le convenzioni. Si darà al mentore di Stevenson, Sydney Colvin, che diventerà il compagno della sua vita, soltanto dopo che si saranno sposati. Rispettivamente cinquantottenne e sessantaquattrenne, Colvin e Mrs Sitwell convoleranno soltanto nel 1903, dopo aver atteso per più di un quarto di secolo.

Per il giovane benestante della vecchia Edimburgo, Fanny Osbourne non rientra in alcun canone noto, soprattutto non in quello della società vittoriana. Né borghese né prostituta né aristocratica né saccentona, si muove in una *no man's land*, un universo misterioso e lontano che titilla l'immaginazione. Per lui Fanny è l'Avventura.

Lei invece, la moglie trascurata del cancelliere di Oakland, trova nella tensione di quel giovane uomo, nel suo entusiasmo, nel gusto delle idee e delle parole, nel lavoro accanito per diventare uno scrittore all'altezza della propria ambizione, la materializzazione di quella sensibilità artistica che l'ha tanto ossessionata.

Parlano molto. Non fanno altro che parlare e camminare. Lei lo ascolta con quella attenzione appassionata che seduce tanto gli uomini. Louis racconta la propria giovinezza di figlio unico e malato, la straordinaria bontà dei genitori, ma anche la loro disapprovazione dinanzi alla sua volontà di scrivere. Le confida il conflitto religioso che per suo padre assume proporzioni tanto dolorose! Evocando la sofferenza che infligge a un essere amato, Louis si scioglie in lacrime. Sono le famose crisi d'isteria descritte da Fanny a Rearden. Ma Fanny nasconde all'amico di San Francisco che ascoltando Stevenson piange con lui. Conosce l'inevitabilità di amareggiare quelli che ama e i rimorsi insostenibili che seguono. Ma, abituata alla durezza degli avventurieri, non ha mai incontrato un uomo che osi piangere dinanzi a lei. Lungi dal vedervi un segno di debolezza, vi legge una prova di coraggio. Il coraggio dei sentimenti, che caratterizza Robert Louis Stevenson. Fanny con Rearden minimizza l'entità del proprio turbamento, ma lo esprime per tutto l'inverno all'atelier Julian, dipingendo le rive del Loing, il ponte di Grez, il giardino dell'Hôtel Chevillon. Non intuisce il pericolo. Si immagina abbastanza virtuosa, abbastanza assennata, abbastanza forte da non preoccuparsi di resistere a quello slancio, formidabile in Robert Louis Stevenson, verso la vita. Verso la creazione. Si lascia travolgere. Avanza, abbagliata, sul sentiero che lui apre. Louis, come Bob, è un essere toccato dalla grazia. Chiunque lo incontri è affascinato dalla sua parola, dalla sua gentilezza. Perciò Fanny risponde alle sue lettere, quando lui riparte per la Scozia. Nessun bisogno di grandi dichiarazioni. Con l'assenza i sentimenti si cristallizzano. Trascorso Natale, il 2 gennaio 1877 Louis si precipita in rue de Douai. Fino alla fine delle vacanze scolastiche dell'atelier, Fanny accetta di passeggiare con lui per Parigi. Camminando sottobraccio setacciano le bancarelle di libri usati, pranzano alla latteria di Montparnasse, attraversano la Nuova Atene, quartier generale degli impressionisti.

«Di solito la prospettiva di essere incompreso o di non essermi espresso con precisione non mi disturba» spiegava lui mentre uscivano dal negozio dove Fanny aveva comprato i tubetti di colore e le tele, all'angolo di rue des Martyrs.

Costeggiarono la chiesa di Notre-Dame-de-Lorette e sbucarono in rue Faubourg-Montmartre, verso i grandi boulevard. In quell'intrico di vie strette due omnibus che si incrociassero faticavano a passare. I cavalli scalpitavano mentre le alte ruote tentavano di aprirsi un varco fra le carrette e i carri.

«...È molto difficile far passare la verità fra gli umani» proseguì Louis. «È tanto tenue... Tanto fuggevole! La maggior parte delle persone riescono a essere soltanto parzialmente oneste, il che in fondo non ha grande importanza... Ma non riesco ad accettare l'idea di ingannare lei... di mostrarmi diverso da quello che sono... È come un dolore... L'idea che lei mi ami per errore... Per delle qualità che non ho!».

Lei rise.

«Ma chi le dice che io la ami?».

Come Bob d'estate, Louis strinse contro il torace la piccola mano posata sul suo braccio, la tenne incastrata nel velluto della giacca, sotto il calore del gomito. Uno slancio d'affetto che non somigliava affatto a quello del cugino. Fanny non osò liberare la mano. Arrossì e pensò:

"E se fosse...?".

Una sorta di esultanza la invase. "E se fosse, finalmente..." la cosa bramata da tanto tempo, che le mancava, che aspettava, che aveva creduto tornata con la nascita di Hervey e perduta per sempre con la morte di lui?

La certezza di emanare una forza la rendeva serena. Era amata. Amata da un uomo giovane e magnificamente intelligente. Molto più intelligente di Sam. Più intelligente anche di Rearden! Lanciò uno sguardo d'ammirazione al viso emaciato sospeso su di lei.

Berretto da collegiale sull'occhio, sciarpa rossa da marinaio al collo, camicia di flanella aperta su un torace arrossato dal freddo, giacca di velluto logoro, mantellina corta da agente di polizia o da postino, la goffaggine di Robert Louis Stevenson, le sue risate, il suo gesticolare attiravano l'attenzione dei passanti. I fruttivendoli ambulanti che risalivano la strada melmosa borbottavano chissà cosa al suo passaggio. Le cameriere senza cappello e le commesse che pulivano il lastricato ridevano lanciandogli sguardi stupiti. Fanny, di solito molto attenta al proprio aspetto, non si sentiva mai in imbarazzo per l'originalità del compagno.

«La amo molto» ammise, «ma non la amo. Va bene?». Lui rise.

«Certo che no!».

«Potrei essere sua madre» sussurrò lei civettando.

«Mia madre voleva fare di me un ingegnere, lei no. Lei non mi amerebbe se fossi ingegnere. Sì? Ingegnere come il marito. I miei genitori si amano come il primo giorno: i figli degli innamorati sono orfani. Debbo dire che comprendo l'ammirazione per mio padre: talvolta è spassosissimo. Quando non si sente obbligato al rigore, è di una tenerezza, e di un'intelligenza... I fari che ha costruito, gli strumenti ottici che ha concepito, salvano ogni anno migliaia di marinai. Grazie a mio padre la vita della gente è un po' migliore... La sua esistenza sarà stata utile... Io sono servito soltanto a dargli preoccupazioni».

«A ciascuno il suo. I saggi che lei scrive sono superbi. L'articolo sul bosco di Fontainebleau, non ho mai letto nulla di così ben scritto!».

Lui sorrise.

«Lei mi lusinga... E tuttavia» proseguì rifacendosi serio, «quando l'ascolto la vanità non esiste più... Credo addirittura che proverei un piacere pericolosissimo nell'enumerarle tutti i miei difetti, tutti i punti deboli, per ascoltarla spiegarmeli uno a uno... E magari giustificarli...».

«Per esempio?».

«Non sono un ercole... La cattiva salute mi costringe a trascorrere a letto un giorno sì e uno no».

«Non è un difetto! Sopporta tutto senza un lamento. A Grez l'ho sentita tossire per notti intere. Da spezzare il cuore! E il giorno dopo era il più allegro, il più entusiasta di tutta la banda. Questo lo chiamo coraggio».

«Che gioia sentire che mi difende!» esultò lui con l'espressione golosa del bambino che se la gode. «Ancora! Sono pigro».

«Pigro? Ma se ha sempre carta e matita in mano! Scrive senza sosta. Lavora come nessun altro di noi».

«Ho un carattere da lazzarone».

Fanny rifletté per un momento. «Eh, il carattere da lazzarone probabilmente è vero. Lei è impetuoso. Ma sempre per difendere le cause giuste!».

Senza smettere di camminare, si lanciavano sguardi affascinati. Quel che ammiravano l'uno dell'altra era la forza viva che scorreva nelle loro vene: "Bob ha ragione" pensava lui, "questa donna ha fegato!". "Bob ha ragione" pensava lei, "moralmente questo ragazzo è una roccia!". Se un uomo simile l'amava, avrebbe goduto dell'amore. Che rischi correvano? Lei aveva quasi undici anni più di lui. Si sentiva vecchia quanto bastava a tenerlo a bada. Sì, era vecchia. Era assennata. Non aveva resistito all'amore di John Lloyd, quando credeva di essere vedova? Resistito alla corte di Rearden quando si sentiva umiliata e ingannata? Che rischi poteva correre con Louis? Era un uomo tanto giovane. Quasi un adolescente. Che rischi? Era un amore impossibile. Ma sarebbe durato. Almeno fino alla separazione, l'inevitabile separazione. Lei farà attenzione a che nulla di brutto, nulla di basso, nulla di meschino intacchi il loro affetto. Fra loro ci sarà una tenerezza inventata da lei. Come i gigli tigrati, i "gigli Fanny" che aveva fatto piantare nel giardino dell'Hôtel Chevillon e che forse sarebbero sbocciati in primavera... Anche Belle e O'Meara si sarebbero amati allo stesso modo. In nome di quali princìpi li sorvegliava? Perché si ostinava a sciupare la loro gioia? A quale paura, a quale viltà obbediva?... Cosa temere? Cosa paventare?... Belle si sarebbe affezionata? E allora? Era l'essenza della vita, l'affetto per gli esseri degni d'amore. O'Meara era degno. Al diavolo le convenzioni! Osare. Amare. E quando sarebbe venuto il tempo, partire. Portare via con sé la magia dei momenti trascorsi. Non dimenticare nulla. E continuare.

Dopo tale esame di coscienza Fanny proseguì con decisione il cammino sull'asfalto fangoso dei marciapiedi di Parigi.

Per tutta la famiglia Osbourne l'inverno si trasformava in un sogno a occhi aperti.

* * *

Signor L. Stevenson
5, rue de Douai
Parigi (IXème)

Se Louis, fedele agli umori vagabondi della Rive gauche, traslocava di albergo in albergo, l'intimità con Mrs Osbourne diventava tale che si permetteva di fare arrivare la propria posta da lei. Fanny porto d'attracco, àncora? L'idea che lui potesse comprometterla non veniva in mente né all'una né all'altro.

Quella sera rientrando lei posò il mazzetto di buste indirizzate a Louis nella piccola coppa dell'ingresso. Vi lasciò anche le altre lettere e una busta di cui aveva riconosciuto anche troppo bene la grafia. Riaccese il fuoco nel salotto, sparpagliò a terra i disegni, ripiegò le gambe sotto le larghe gonne e sottogonne, si arrotolò sigaretta dopo sigaretta con le dita ingiallite, contemplò la propria opera... Fiacca, molto fiacca. Non riusciva a superare lo stadio delle opere da signora. I dipinti, gli acquerelli, quella natura morta, quel vaso azzurro, quel libretto ocra, tutto sommato passabili. Ma i disegni! Nessuna proporzione fra primi e secondi piani.

Accovacciata, cicca in bocca, avvicinava i fogli alla fiamma per veder meglio, capire di più. Il fuoco le bruciava le guance, coloriva la fronte convessa, arrossava la frangia dove, fra i boccoli neri, appariva di soppiatto qualche capello bianco.

Frusciando Belle la raggiunse davanti al caminetto.

«Per te» disse con voce insistente tendendole la busta. «È di papà».

Con dito molle Fanny aprì.

Grazie della lettera e delle buone notizie. Anche qui va tutto bene! La casa è com'era un tempo e il giardino, pur non essendo bello come allora, resiste. La Borsa di San Francisco ha continuato a calare e non potrò mandarti il vaglia di questo mese. Spero capirai. Cercherò di venire in primavera. Se venderò qualche tratto del mio filone di Comstock Lode, ci daremo alla bella vita. Di' a Belle che la porterò a teatro. E a Sammy che addestro per lui un gran pony del Kansas.

Al ritorno lo troverà nella scuderia. Scrivo a entrambi in attesa di poterli abbracciare. Torneremo tutti assieme a giugno: per viaggiare è il periodo migliore. Molti saluti da Mrs Williams, come pure da John Lloyd e Rearden.

Fedelmente tuo

Sam

«Che dice?» chiese Belle.

«Che ti scrive».

«Cos'altro?».

«Che questo mese non manda denaro... E che verrà».

«Viene! Davvero?». Il viso della ragazza s'illuminò di gioia. «Quando?».

Fanny fece spallucce a significare ignoranza. Sam – non ci pensava da... dall'ultimo vaglia. Relegato in un angolo polveroso del cervello. La lettera che ne rammentava l'esistenza la stupiva. Un'intrusione. Sgradevole! Sam non mandava denaro. Come al solito! Come l'anno prima... Le avrebbe lasciate ancora morire di fame? E l'affitto? Come avrebbero pagato l'affitto? E il terzo trimestre all'atelier Julian?... Ecco, Sam contava di arrivare in rue de Douai. Fanny lanciò un'occhiata alla stanza. Tanto viva, tanto accogliente. Il caminetto in marmo rosso. I divanetti sfondati. Il tavolino traballante. Ne gustava il fascino per la prima volta. Sammy stava sdraiato davanti al focolare per giocare coi soldatini di piombo. Belle si precipitava verso l'ingresso. Arrivava O'Meara!... La famiglia di Fanny. Il suo mondo. Gli amici. Un'ondata d'affetto la travolse quando l'innamorato della figlia, il bell'irlandese fulvo, si chinò per salutarla... Sam sarebbe arrivato e le avrebbe strappate via da lì. Fanny guardava Belle infilarsi il cappotto, annodare il cappello, impaziente di uscire con l'amatissimo.

Con l'aiuto della nostalgia Fanny tentava di fissare quel momento nella memoria. Il timore di perdere tutto acuiva il piacere. Le porte sbatterono. Una corsa in corridoio fece scricchiolare i listelli consunti del pavimento.

«Ha visto?».

Ansimante, rosso in viso, gridando con l'accento scozzese in cui le erre arrotano e stravolgono le parole.

«Ha visto?» gridò. «Una critica al mio articolo!».

«A quale?» chiese Belle che si vantava di conoscere bene l'opera degli amici.

«*Come nasce l'amore*, nel *Cornhill* di febbraio! Ascolti: "Questo saggio, delicato e perspicace, è forse l'analisi più brillante che su tale soggetto mai sia stata scritta. Non possiamo esimerci dal consigliare ai lettori di guardare con attenzione al talento promettente di un certo Stevenson"».

Gli occhi di Fanny scintillarono. Sapeva fin troppo bene da cosa Louis aveva tratto ispirazione. Lo sguardo inchiodato alle fiamme, il sorriso da sfinge sulle labbra, Fanny irradiava fierezza. E se quella notte gli risparmiò le lodi, non si rivolse più a Louis altro che chiamandolo allegramente, con tenerezza piena d'ironia, *un certo Stevenson*.

Febbraio 1877

Si burlerebbe di me se le dicessi che ho contribuito alla creazione di un giornale, un giornale inglese molto conservatore che si chiama London*? Sono usciti i primi due numeri e a quanto pare vanno bene. Io non ho scritto, per la buona ragione che non lo saprei fare, ma ho contribuito a scegliere i collaboratori fissi,* *dei quali ho esaminato gli articoli. Ho accettato certi testi, ne ho rifiutati altri, qualcuno l'ho addirittura corretto.*

Un certo Stevenson, quello dei due pazzi che sono autorizzata a frequentare, era qui, malatissimo. Ho dovuto leggere la sua corrispondenza e rispondere al suo posto.

Segretaria. Infermiera. Collaboratrice. Critica. In questa lettera inviata a Rearden, Fanny descrive per filo e per segno la sua vita dei vent'anni successivi.

E per metà della giornata dipingo – dice in conclusione. Soltanto metà? Tanto dilettantismo non può giustificare, agli occhi degli amici americani, un prolungamento del soggiorno a Parigi! L'atelier Julian a mezze giornate? Se si pensa al ritmo di lavoro delle allieve di Julian ci si stupisce della leggerezza con la quale Fanny Osbourne accetta di lasciarsi distanziare dalle meno dotate. *Non credo che diventerò una grande pittrice. Non l'ho mai creduto. Non ho quel genere di talento. Dipingo e studio soltanto perché mi fa piacere. So esattamente quel che valgo*, scrive ancora. Pudica confessione di una sconfitta? E le belle certezze a proposito della sua vocazione? Verrà presto il giorno in cui Fanny negherà risolutamente d'aver mai studiato pittura. *Artista io? Che idea!*

Mesta rinuncia della quale ancora non ha coscienza. Nessun patimento, almeno in apparenza. Non pare che durante quel periodo Fanny abbia provato un sentimento di sconfitta. Con entusiasmo si investe di una nuova missione: spalleggiare il talento di Louis.

L'intuizione folgorante che accanto a lei si costruisce un'opera che la oltrepassa, un'opera che li oltrepassa tutti, sconvolge Fanny e la inebria. Il merito di questa intuizione le va riconosciuto. A ventisette anni Robert Louis Stevenson non è nulla. I suoi scritti, anche se riconosciuti dalla critica, non permettono di presagire quel che farà in futuro.

Articoli, saggi, poesie, progetti. Fanny legge, intuisce, ha presentimenti... Comincia ad annullarsi. Ma non torna indietro! Sotto l'umiltà si nasconde la rivendicazione del passato, l'eterno bisogno, la sola esigenza della sua indole. La creazione.

Partecipare alla preparazione di una rivista che sarà letta da tutti gli intellettuali inglesi: un'avventura che la moglie del cancelliere poteva soltanto sognare. Tanto più che Henley, il caporedattore, nel secondo numero canta le sue lodi. William Ernest Henley agli occhi di Robert Louis Stevenson è uno dei massimi poeti dell'epoca. Louis ha descritto a Fanny l'amicizia che li unisce. Un incontro doloroso e romantico. Henley soffre di una malattia alle ossa. A diciotto anni gli hanno amputato un piede. Le sue poche poesie sono state notate dal protettore di Stevenson, Leslie Stephen, del *Cornhill Magazine*. Di passaggio a Edimburgo, Stephen presenta l'uno all'altro i due pupilli: conduce Stevenson al capezzale del malato che marcisce in un ospedale scozzese. Fra i due giovani è un colpo di fulmine. Stevenson tornerà ogni giorno a visitare quel gigante che scrive versi nella massima sofferenza. Momentaneamente rimessosi, Henley si getta a corpo morto nella vita letteraria. Louis al ritorno da Grez gli ha raccontato l'emozione dell'incontro con l'americana. Gliel'ha descritta. Henley è affascinato per procura. Pubblica una serie di poesie in gloria delle grandi donne dell'epoca. La prima poesia s'intitola *La Californiana*. Senza averla mai vista, ne canta l'esotismo della bellezza, il dondolio del corpo magro e compatto, i pericolosi scintillii delle pupille dorate *dove fiammeggia una preoccupante crudeltà felina*. Attrazione e repulsione nei confronti della sconosciuta che ha sedotto l'amico. È la prima e l'ultima volta che Henley vanterà i pregi di Fanny Osbourne:

> Una passione la seduce, ma
> Resta di ghiaccio, a meno che non condivida.
> Senza pregiudizi. Indifferente e libera.
> Perdona tutto. E osa. Questo è il suo ritratto!
> Mi chiedo se lo accetterà.

Credo lo accoglierà con una risata.
E che molto freddamente lo analizzerà.

Ritratto fedele e riconoscibile, ritratto filtrato dall'amore di Louis. Ma Henley in qualcosa s'inganna. È vero che Fanny osa, però non sa perdonare. Serba memoria delle critiche e delle offese. Anche Henley. Due titani del rancore fra i quali presto sarà guerra.

Nell'aprile 1877 l'omaggio di un tale uomo completa la seduzione. Attraverso Louis, Fanny ha avuto accesso a un mondo del quale nessuno degli amici americani, neppure il più brillante, può avere idea. Coloro che lei ammirava tanto, Virgil Williams, Timothy Rearden, si dileguano nella mediocrità.

* * *

«La luce dell'estate, il "vero sole" come dicono gli impressionisti, acquista alla galleria Durand Ruel un'importanza ridicola!» urlava O'Meara.

«Scusami tanto» replicava Bob attizzando il fuoco, «ma al contrario è una gran bella sorpresa, un regalo a questa brutta epoca in cui niente succede, un miracolo, questo zampillare d'idee nuove! Manet... Renoir... Finalmente una creazione originale!».

«Ma che dici? Il mistero, una delle attrattive maggiori della pittura, è del tutto scomparso in Renoir! Tutte le fantasie dell'immaginazione cedono oggi il posto alla passione del vero: è la morte dell'arte!».

Nel salotto di rue de Douai si faceva sera. Alla luce delle lampade Fanny troneggiava, murata nel silenzio. Belle regnava sul piccolo cenacolo. Tutta la banda si riuniva un'ultima volta prima di spiccare il volo per altri lidi. Contavano di ritrovarsi a Grez a maggio. Louis doveva partire il giorno dopo per l'Inghilterra... Edimburgo, Londra, Parigi, aveva moltiplicato i viaggi, quell'inverno. Ora tornava lassù. Durata dell'assenza:

indeterminata. In che disposizione d'animo avrebbe ritrovato Fanny? Chi poteva dire se l'avrebbe ritrovata? Sam doveva arrivare nel giro di poche settimane e contava di portarla via.

L'idea del "marito" torturava l'uno e l'altra. Ma la natura diversa delle loro paure si esprimeva con l'esasperazione reciproca. Tuttavia soltanto Dio sa se avevano saputo darsi pegni di fiducia! Fanny non aveva accettato che fosse Louis a pagarle il trimestre di studi all'atelier? Louis, ancora, a pagare l'affitto di marzo? La condivisione delle spese, il fatto che chi dei due aveva i mezzi si sobbarcasse anche le spese dell'altro, pareva naturale a entrambi. Fino a quegli ultimi giorni durante i quali, senza una ragione apparente, si erano chiusi come ostriche e non si sopportavano a vicenda.

Alla vigilia della partenza di Louis, alla vigilia dell'arrivo di Sam, il passato riaffiorava. Lei respirava a pieni polmoni il profumo dolce di Hervey, sentiva i boccoli del piccolo contro la guancia, la carezza del bambino sulla fronte, le manine maldestre e paffute che le correvano sulla bocca – paffute fino a che le articolazioni saltano e le ossa si rompono. Il piccolo le mancava come fosse appena scomparso. Le risa di Belle la riportavano alla realtà, la torturavano. Belle o della dimenticanza. Fanny ce l'aveva con la ragazza per la felicità, l'amore che ostentava. Come poteva non ricordare che si avvicinava il primo anniversario della sepoltura del fratello? Fra sette giorni. Fra nove anni, la fossa comune.

Stevenson partecipava alla conversazione quanto Fanny. Era irritato per lo sbarco imminente del marito. Sam Osbourne. Il nome bastava a mandarlo fuori dai gangheri. La donna amata apparteneva a Sam Osbourne... Geloso. Con quale diritto? Cos'era per lei? Nulla. Né amico né amante. Nessun giuramento. Nessun amplesso. Non si erano fatti neppure una carezza. Belle baciava O'Meara negli angoli, ma Louis non aveva mai toccato Fanny.

Stranamente né l'uno né l'altra avevano sentito il bisogno di una unione carnale. Fino all'annuncio dell'arrivo del marito. L'esistenza di quell'uomo suscitava in Louis un repentino brulichio di sogni e di immagini... L'idea odiosa che Fanny avesse vissuto prima del loro incontro, l'idea che avesse respirato prima che i loro sguardi si incrociassero, che avesse amato prima di quella notte di luglio all'Hôtel Chevillon, lo ossessionava e lo torturava.

E Fanny, cosa provava? Guardandola troneggiare sul cenacolo, cupa, indecifrabile, senza uno sguardo per lui, senza una parola per gli amici, Louis si poneva per la prima volta l'interrogativo. Cosa provava? Una tenerezza venata d'ironia? Un'indulgenza quasi materna? *Una gentilezza passionale*? La morte di Hervey aveva certo lasciato un vuoto: Louis era servito soltanto a colmare quel vuoto?

L'ottimismo di Stevenson lo portava naturalmente a credere alla reciprocità del sentimento. Ma che attrazione poteva esercitare un uomo tanto giovane su una madre, una straniera, una donna sposata di trentasette anni? Desiderio fisico? I fatti tendevano a dimostrare che la loro intimità non si basava sull'impulso fatale di una passione. Allora, lo amava? No. Come avrebbe potuto? Come avrebbe potuto trovare in sé un simile sentimento? Pensava al figlio morto. Pensava al marito. Pensava al ritorno a casa.

Louis cercava lo sguardo di lei. Fatica sprecata.

Gli occhi fissi, le labbra spioventi, i piedi uniti, i pugni stretti attorno all'estremità dei braccioli – una sfinge. Lui non poteva più raggiungerla. L'intimità degli ultimi mesi era stata soltanto un'illusione? In comune col marito aveva un passato di vent'anni, la nascita di tre figli, un lutto che sopportavano assieme. Sulla bilancia, Robert Louis Stevenson pesava poco. Una salute malandata. Una fortuna dilapidata. Una carriera letteraria agli esordi. Sam l'avventuriero, di fronte a Louis il bohémien. Senza esperienza della vita, senza conoscenza delle donne, Stevenson non pareva granché.

E lui, la amava? Ad un tratto ne dubitava. Il mutismo e la freddezza di Fanny lo riportavano in sé e gli instillavano il desiderio di fuggire. Aveva comprato il biglietto per Londra. Lei non l'aveva dissuaso. Entrambi sapevano che la presenza di Sam a Parigi avrebbe cambiato la situazione e raddoppiato la posta. Quell'estate Mrs Osbourne avrebbe fatto ritorno in California. Finito il romanzo americano. O Louis l'avrebbe ritrovata a Grez. E sarebbero stati l'uno dell'altra.

«...Nel colore gli impressionisti hanno fatto una vera scoperta» urlava Bob gesticolando. «Prima di loro soltanto Velázquez ha capito che la luce schiarisce i toni. Tu che ne pensi, Louis?».

«Me ne infischio» rispose seccamente. «Non sono pittore, io! Tento soltanto di scrivere...».

Si girò verso Fanny, lei non reagì, non aveva sentito. Immaginava Sam. Sam quando aveva l'età di O'Meara, come l'aveva incontrato ad Austin alla fine del periplo attraverso l'istmo di Panama. Sam mascherato da minatore, con gli stivali texani, il feltro sull'occhio, la piccozza sull'anca accanto alla pistola. Con in mano un fascio di scartoffie, le sue quote della miniera d'argento della Comstock Lode. Che diavolo veniva a fare quel cowboy a Parigi? Cos'avrebbe potuto capire, quel cancelliere di Oakland, delle elucubrazioni della piccola banda?

Fanny, esasperata in anticipo, confondeva la vergogna che avrebbe ben presto provato nel presentare quello stupido marito agli artisti di Grez, con la spaventosa collera che le toglieva il sonno: continuava a reputare Sam responsabile della morte di Hervey. Per incoscienza e per avarizia aveva lasciato soffrire il bambino. Mentre Hervey si contorceva per i dolori, Sam si ubriacava nei bar di San Francisco. Sam andava a donne e a teatro, Sam trascorreva giorni felici nel loro cottage con l'una o l'altra delle sue conquiste. Magari sistemava le amanti nella camera dei bambini. Nella camera di Hervey?

Se quell'uomo contava di riportarla nella casa dov'era nato

il bambino, se contava di rinchiuderla fra le sbarre bianche di Oakland, era fuori strada.

Venisse pure: lo aspettava! Non sarebbe tornata indietro. Né quest'anno né il prossimo. "Mai", giurava a se stessa.

R.L. Stevenson e Mrs Osbourne si lasciarono senza una parola. Non cercarono di spiegarsi. Un patto? O un malinteso? Louis partì il 2 aprile. Fanny restò in rue de Douai.

Se si fossero presi la briga di capirsi avrebbero letto, al momento della partenza, uguale furore nei loro sguardi, uguale impazienza. Impazienza di perdersi o di prendersi.

Sam arrivò a maggio.

* * *

Vapore che esplode. Putrelle che vibrano. Vetrate che si disintegrano. In uno zampillare azzurro di fumi e gas la locomotiva compare.

Nera, monumentale, avanza diritta sulle due donne e il bambino che stanno alla fine del binario. Pronti a fermare da soli la macchina, serrano i ranghi. Una si soffia il naso. L'altra starnutisce. Hanno tutti e tre un raffreddore che il fumo riaccende.

«Hai il naso tanto rosso che papà non ti riconoscerà» borbotta Sammy all'orecchio della sorella.

«Che simpatico!».

Belle batte i piedi per l'impazienza. Occhi arrossati sotto i ricami della veletta, un fazzoletto davanti alle labbra, la mano destra contratta sul pomo dell'ombrello, Fanny tossisce. Le rotaie vibrano. I freni stridono. Una scossa. Il mostro soffia, poi cambia direzione: il treno entra in stazione su un altro binario.

«Perderemo vostro padre!».

Ossessionata dall'immagine di un Sam pesante e rozzo, lo vede perso, spaventato, incapace di raccapezzarsi nell'antro gigantesco della stazione. Fanny comincia a correre. Attraversa da un capo all'altro quel tempio della modernità, quell'anticamera di tutti i sogni e di tutte le partenze, cui rendono omaggio in quel mese di maggio 1877 otto tele di Monet. La gare Saint-Lazare.

Lui è saltato sul marciapiede. Lei lo vede da lontano: la testa bionda e forte sovrasta la mischia. Lo riconosce. L'aveva dimenticato. La sorprende. Più elegante, più incivilito, persino più distinto di tutti gli artisti che ha frequentato durante l'inverno. Avanza verso Fanny. Fende la folla. La fatica del viaggio non l'ha segnato. Un viso luminoso, sfavillante.

La aspetta. La afferra. La stringe. La avvolge. Lei si lascia andare. Si lascia trasportare. Nessuna resistenza. Un immenso benessere. Chiude gli occhi. Si abbandona. Rassicurata. Respira il profumo mielato del tabacco di lui. Si stringe alla dolcezza del collo di lui. Ritrova la pelle vellutata, proprio là dove nasce la barba. Non si chiede più perché l'ha amato. La riscoperta è immediata e totale. Il legame non può essere spezzato.

* * *

Belle conserverà di quella settimana parigina il ricordo di una felicità mai provata in nessun altro momento. Immersi tutti e quattro in una stessa serenità, vivono nascosti in rue de Douai. La cellula ricostituita. Per miracolo le Wright hanno spiccato il volo per la Normandia, lasciando agli Osbourne libertà completa di amarsi. Con le grandi finestre aperte sui tetti di Parigi, l'appartamento risuona dei canti yankee che Fanny accompagna alla chitarra, delle romanze irlandesi che Belle insegna al padre. Cene romantiche sul tappeto del salotto, pic-nic al tavolo del balcone, gli Osbourne escono in gruppo alla scoperta di Montmartre e del quartiere della Nuova Atene. In piazza Saint-Georges, nel sussurro della fontana, Fanny meravigliata sente l'uomo che pensava ignorante porle mille domande. A chi appartiene quella casa? Chi è Thiers? Perché gli hanno bruciato il palazzo? Com'è riuscito a farlo ricostruire identico a spese della Repubblica?

Di Parigi, Sam vuol vedere tutto, sapere tutto, capire tutto. Non si accontenta di un giro al Louvre ma ne esplora ogni sala, per tre giornate, fino all'ora di chiusura. Torna parecchie volte a Notre-Dame e non se ne stanca. Visita la terza esposizione impressionista e si entusiasma per la semplicità dei soggetti e la naturalezza dell'esecuzione. Fra la sorpresa generale si interessa alla pittura moderna al punto da presentarsi come acquirente di una tela che rappresenta un giardino. Ha anche inviato un cablogramma a San Francisco per farsi inviare i capitali che non arriveranno mai. Il fascino di Sam! Al figlio amatissimo racconta le terrificanti avventure dei desperados che vengono giudicati in sua presenza al tribunale di San Francisco. Fa la corte alla figlia diletta, assicurandole fedeltà indefettibile. Alla moglie racconta le ultime manifestazioni artistiche cui ha partecipato.

«Nei locali del Bohemian Club ho organizzato la mostra del panorama fotografico di Muybridge. Otto metri per venti, pensa! Sedici pannelli fianco a fianco, che rappresentano la città, la baia, il monte Tamalpais. Sontuoso! Dovresti riprendere a fotografare!».

La miracolosa armonia durò una settimana intera.

L'ultima sera di maggio Belle, coccolona, era andata a sedersi sulle ginocchia del padre.

«Paparino, mi piacerebbe farti conoscere uno degli amici miei e di mamma».

«Qualcuno che ti sta a cuore, tesoro?». Gli occhi azzurri di Sam avevano brillato di malizia. «Forse un irlandese?».

Belle era arrossita.

«Sai già tutto?».

«Io? Non so proprio nulla! Così vorresti presentarmi un irlandese? Che gentaglia!».

«Papà, smettila di scherzare... Lui aspetta nell'ingresso».

«Fallo entrare, pazzerella!».

Non senza inquietudine Fanny guardò il marito stringere la mano di uno dei più feroci difensori di Grez. L'incontro, lo scontro di due universi. Le due parti di se stessa, e non sapeva quale di esse avrebbe trionfato. Tornare? Restare?

«Signore» aveva detto l'irlandese, «noi siamo una piccola banda di artisti che amano la natura e soggiornano in primavera in una locanda sulla riva d'un corso d'acqua. Organizziamo una festa laggiù per il fine settimana. Ci farà la cortesia di essere dei nostri?».

Sam non presentì il pericolo. Se avesse visto il viso della moglie forse si sarebbe astenuto. Grez. L'angolo di mondo in cui Fanny si sente rivivere. Il suo dominio. Il suo rifugio... D'istinto le spiace che Sam conosca Grez. Vorrebbe conservare segreti la locanda, il giardino, il fiume... Ne conserva il ricordo sepolto nel profondo di sé. Accetterebbe probabilmente di non tornarci. Sì, accetterebbe di non rivedere mai più gli argini del Loing e la torre della Regina Bianca... Ma che Sam conosca Grez equivale a una spoliazione.

«Ci sono andato soltanto una volta e l'ho trovato incantevole» disse.

«Ma mio marito preferisce visitare la capitale».

«Niente affatto... Accetto con gioia!».

«Suvvia, Sam, a Grez non c'è nulla da fare... Mica hai attraversato tutto un continente per seppellirti in un paesino!».

«Perché no? Hai amato molto quel paesino, tu, ci passi la vita...».

«Ma io laggiù lavoro!».

Lui rise.

«Lo so, mia moglie è un'artista... una cerebrale... una contemplativa...». Posò su di lei lo sguardo azzurro. «Tu, Fanny, una contemplativa?» schernì. «Che diavolo hai trovato nel suolo di Grez, quale tesoro nella terra, nell'acqua?».

«Certo non l'oro!» troncò lei.

A metà fra scherzo e odio, fra risa e urla, per un attimo si squadrarono.

«Temi che io non sia abbastanza fine per apprezzarlo?» chiese lui con repentina asprezza.

«Non volevo dire questo... Soltanto che a Grez non si conduce il genere di vita che tu ami».

«Chi lo sa? Io sarei felicissimo di vedere il luogo che tu proteggi con tanta passione... Deve essere proprio affascinante, la tua locanda, perché tu la preferisca al nostro cottage di Oakland, proprio confortevole, visto che nei mesi estivi ci sperperi la retta che ti mando!».

Sotto l'affabilità del sorriso c'era il vecchio risentimento d'altri tempi, di quando Sam si vendicava della moglie esigendo i conti, l'elenco particolareggiato delle spese, prima di concederle un soldo per il mantenimento dei figli...

* * *

«Che combina laggiù il marito?» borbottò Simpson il Vecchio osservando il fiume.

Sam era saltato nella barca che Louis pilotava l'anno prima. Eccellente rematore, pagaiava verso il ponte. Il figlio e il piccolo Chevillon s'inginocchiavano sull'acqua, si chinavano verso il riflesso delle arcate dove s'intrufolavano i pesci.

«Un'idea di quel pezzente di O'Meara» replicò Bob. «Ha ritenuto astuto invitare qui il futuro suocero...».

Nel cortile che sovrastava il Loing, all'ombra del grande abete, i due scozzesi sorseggiavano malinconicamente un bicchierino d'assenzio. La scimmia di Simpson il Vecchio perdeva l'equilibrio a ogni sorso, mugolava, si aggrappava con forza alla giacca di traliccio bianco del padrone.

«Io l'avevo detto!» moraleggiava Simpson il Vecchio. «Perché diavolo avete accolto queste tardone l'anno scorso? È il principio della fine! Si poteva essere certi che avrebbero attirato il turista!».

«Non è antipatico, il marito» intervenne in difesa Bob con un sorriso in cui la ferocia rivaleggiava col disprezzo.

«Anche coraggioso» opinò Simpson, «e allegro, oltretutto».

«La sua bella grassa risata da primate aborigeno vi scalderà il cuore...».

«E lei? Che ne pensa?».

Col mento Simpson aveva indicato la riva opposta. Sotto i grandi parasole due figure si stagliavano, azzurrate, fra i salici e i giunchi. Fanny e Belle guardavano la barca passare sotto il ponte.

«Mamma!» gridava Sammy gesticolando. «Scenderemo le rapide... Papà ci porta a pescare alle cascate. Vi porteremo il pranzo».

«Lei?» meditò Bob senza distogliere lo sguardo dal gruppo. «Chi lo sa? Cosa abbia trovato una donna siffatta in un tipo come quello, per me resta un mistero!».

Simpson non riusciva a capire se Bob pensava a Sam o a O'Meara, se parlava della madre o della figlia.

Le due donne si allontanarono seguendo l'alzaia, assalite da mille profumi d'erbe, d'alberi, di cortecce. Il mormorio delle bestie acquatiche saliva attorno a loro. Movimenti furtivi. Sciacquii. Un topo si tuffò. L'erba fremeva ai loro piedi. Una biscia scomparve sotto un masso. Si lasciavano alle spalle il ponte di pietra e, sull'argine opposto, gli edifici a U dell'Hôtel Chevillon, i pittori ai tavolini sotto gli alberi del cortile, l'aiuola rosseggiante dei gigli tigrati che scendevano a spalliera fino al fiume. Nel cuore della verde acqua muraglie di canne formavano isole impenetrabili.

«Avevo dimenticato quanto papà amasse i bambini» commentò Belle senza distogliere lo sguardo dalla barca che spariva dietro un'ansa del fiume.

Sam, di spalle, quelle larghe spalle che giocavano sotto l'ampio cappello chiaro, più che mai incarnava la giovinezza e la forza.

«...Li ama quanto Louis» proseguì la ragazza. «Non trovi che si somigliano?».

«Chi?».

«Papà e Louis».

Fanny, sorpresa, lanciò a Belle un'occhiata venata di irritazione.

«Niente affatto!».

«Ma sì, te l'assicuro... È lo stesso tipo d'uomo!».

«Non hanno nulla in comune. Nulla».

«Papà è bellissimo, Louis piuttosto racchio. Ma a parte questo...».

«A parte questo, tuo padre ha quarant'anni. E la tisi di Mr Stevenson...».

«È tisico?» proruppe a voce alta Belle.

Fanny abbozzò un gesto d'impazienza.

«Non lo so per certo. Ma tossisce molto. Suppongo che sputi sangue. Se non è tisi, le somiglia... Comunque sia, la cattiva salute gli condiziona la vita. Dubito che raggiungerà l'età di tuo padre... È talmente magro».

«Non dico che papà e Louis si somiglino fisicamente! Ma... la loro allegria, l'ottimismo... non so. Questo modo che hanno tutti e due di prendere la vita per il verso giusto... In loro compagnia ho l'impressione che tutto sia possibile... Con Louis, con papà, non può capitare nulla di male. Proteggono da ogni cosa!».

«Sicurezza? Con tuo padre?».

Il dubbio, la veemenza del tono, fecero capire alla ragazza che fra i genitori l'armonia dei primi giorni era già andata a picco.

Lasciarono l'argine per inoltrarsi nel bosco. A piccoli passi costeggiarono la piana, gli stivaletti inciampavano sui sassi del sentiero. Salirono per un ripido pendio e ridiscesero per i prati. In lontananza i boschetti sorgevano dall'argine, un gruppo di massi, qualche melo imbiancato. Le strisce verde tenero del grano correvano verso l'orizzonte bianco, giravano ad angolo retto, circondavano i poggi. Nel silenzio solenne dei campi si stagliavano le sagome delle due donne. Perdute nel cuore dell'immensa natura, assumevano un'importanza strana.

«A Parigi tuttavia mi sembravate...» riprese Belle.

«Era diverso... Tuo padre era diverso...».

Belle non insistette. Fanny taceva. Pensava alla felicità dell'arrivo a Grez. Cinque giorni. Un secolo.

* * *

Quando la diligenza di Bourron aveva costeggiato la strada principale, quando i muri della vecchia locanda, la fila delle finestre, l'occhio di bue erano comparsi dietro la curva, quando sotto il porticato Fanny aveva riconosciuto le figure familiari della signora Chevillon e di Ernestine in grembiule e cuffia bianca, un impeto di gioia l'aveva colta. In quel momento si era rallegrata del soggiorno a Grez in compagnia del marito.

Errore. Il miracolo non era avvenuto. Fin dalla prima serata Sam aveva monopolizzato la conversazione e bevuto più del lecito. Errore. Se la sua allegria piacque a Ernestine, gli Chevillon furono d'accordo nel giudicare che non valeva la moglie. In cucina lo definirono "banale". A tavola lo giudicarono "pesante". Fanny lo sentì.

Sotto il fuoco incrociato degli sguardi Sam si ritenne probabilmente obbligato a recitare il proprio personaggio. L'avventuriero. Il cercatore d'oro... Scoppiò a ridere delle sue stesse battute, descrisse orrendi omicidi, raccontò *hold-up* che non aveva vissuto, si diede delle arie e non piacque. I pittori avevano accettato l'anno precedente la presenza di due donne graziose che li avevano conquistati col silenzio e la discrezione, ma non sopportarono quel turista spaccone. Bob e Simpson il Vecchio, giunti in avanscoperta, storsero il naso in piena sintonia: papà Osbourne, mamma Osbourne, figli Osbourne, la presenza di Sam dava al giardino di Grez quell'aspetto borghese, quell'atmosfera familiare che aborrivano. Quell'americano che si complimentava senza sosta per il buon cibo e i prezzi bassi degli Chevillon, avrebbe senz'ombra di dubbio fatto pubblicità all'albergo fra i suoi colleghi di Oakland. Ben presto l'intera California sarebbe sbarcata a Grez! Era il principio della fine! Simpson esagerava il pericolo e Bob si dimostrava in malafede. Fecero comunque il possibile affinché Sam Osbourne venisse catalogato fra gli "indesiderabili".

Sam si annoiò a Grez? Probabilmente. Andare a spasso nel bosco. Cercare il soggetto. Trovare il luogo. Piantare il parasole. Sistemare il cavalletto. Aprire il seggiolino pieghevole. E restar là tutto il giorno, senza altro piacere oltre quello degli occhi, senza neppure il sogno di fare fortuna – che monotonia! In quel bosco il camminatore solitario non correva neanche il rischio di accapigliarsi coi briganti! A Grez mancava l'avventura...

«Ma guarda!» esclamava Fanny. «Hai mai visto un bosco così bello?... Qui il bosco è come il mare. Cambia aspetto a ogni ora del giorno... Muta, si agita».

«Proprio come da noi!».

Lei faceva spallucce.

«Da noi i campanili non sono del XII secolo e le torri non sono abitate dal fantasma della Regina Bianca».

«Forse, ma le nostre chiese e le nostre ville valgono certo questi ruderi!».

In tre giorni in riva al Loing fra loro si era scavato un abisso. E Sam moltiplicò i passi falsi.

Non contento di darsi al vino, riuscì a introdursi nei casali. Senza sapere una parola di francese corse la cavallina e riuscì a conquistare qualche cuore. Infrazione grave al codice d'onore di Grez! Gli artisti ritraevano le pastorelle, dipingevano le legnaiole, spingevano l'audacia fino a disegnare le fittavole nei loro cortili e ritrarre le merlettaie nelle loro camere, ma era vietato sedurre le figlie o le mogli dei contadini! Si rispettava il ritmo della vita di campagna. Regola d'oro che spiegava la buona intesa fra colonie di pittori e autoctoni. Sam la infranse.

Altra gaffe: si fece recapitare per fattorino espresso, da Bourron, una lettera azzurrata che olezzava di lavanda e arrivava da Parigi. Era stata spedita a San Francisco. La nascose nel portafogli, la lesse di nascosto, ma non ingannò nessuno. Durante la festicciola cui l'irlandese l'aveva invitato, credendo di ritrovare l'atmosfera di cameratismo tanto cara al suo cuore, si vantò delle sue prodezze amorose e si diffuse in particolari sulle conquiste più recenti. Segnò così il suo decreto di espulsione e diede il colpo di grazia al matrimonio.

«Confondi Grez con un saloon?».

Con occhi tristi Fanny aveva guardato Sam impantanarsi in quella volgarità. La riteneva di nuovo "cronica". Né collera. Né gelosia. Null'altro che un insopportabile fastidio.

L'intesa parigina era stata soltanto un'illusione. Una fiammata senza domani. L'amore si svuotava. Restava soltanto un mucchietto di cenere. Lo riconosceva. Senza rivolta. Per la prima volta la condotta di Sam non la riguardava. Si vergognava di lui e si difendeva dalla vergogna fingendo indifferenza. Ma l'ultima ubriacatura, le ultime spacconate, diedero fuoco alle polveri.

«Sei così bestia da umiliarmi davanti ai miei amici? E speri di riportarmi laggiù? Alle tue avventure d'alcova?».

Sam la ascoltava passivo. Il tono saliva. Il pomeriggio era caldo. All'ombra delle canne, delle betulle, soltanto il ronzio degli insetti, il salto inatteso di una carpa, quel mormorio veemente spezzavano il silenzio della campagna. Lei andava avanti e indietro a grandi passi sulla riva, talvolta il piede scivolava nella melma, la gonna si impigliava alle radici. Poggiato a un tronco, viso rivolto al cielo, Sam mordicchiava un filo d'erba. Lei continuò, a testa bassa, senza smettere di camminare, senza veder nulla:

«Questa è la tua idea, eh? Rinchiudermi a Oakland mentre tu, tu fai il bellimbusto in città?».

«Per quanto tempo si presume ch'io debba finanziare i tuoi spassi?» la interruppe lui glaciale. «I tuoi e quelli di Belle?».

Lei si fermò. Lui la fronteggiò.

«Che significa?».

«Che allevi male mia figlia».

La toccava al cuore. Vacillò.

«Credevo che O'Meara ti fosse simpatico...».

«Non c'entra nulla: ne ho abbastanza di pagare! Porto via Belle e Sammy con me. Tu sei libera di seguirci o meno».

«Libera? Tu bari! Fingi di desiderare il mio ritorno, salvi le apparenze, ma bari! Se avessi voluto davvero portarmi indietro con te, avresti evitato di ricevere qui le lettere di quella donna! Non avresti bevuto!... Come potrei voler ritornare a tutto questo?».

D'improvviso disperata, si aggrappava a lui.

«Come posso tornare a tutto questo? Me ne togli qualunque desiderio!».

Lui la respinse e salì a chiudersi in camera.

Il desiderio pareva avesse lasciato anche lui.

La lettera che ricevette l'indomani, assieme a una seconda missiva azzurrata, gli fornì il pretesto ricercato. Era firmata Harry Muir, il nuovo socio, ed esigeva che rientrasse in gran fretta a San Francisco. La Borsa stava nuovamente per crollare. Né Harry, né Lloyd, né Rearden potevano assumersi la responsabilità di vendere al posto suo. Osbourne doveva saltare sulla prima nave. Un'assenza prolungata avrebbe provocato la perdita irrimediabile dei suoi investimenti. Fallimento garantito.

Con gran tristezza del padre, Belle declinò l'offerta di imbarcarsi con lui. Si dimostrò tanto suadente che lui promise di mandare un vaglia ogni mese fino alla fine degli studi all'atelier Julian. In cambio strappò a moglie e figlia il giuramento che sarebbero rientrate a Oakland l'estate successiva. Qualunque cosa accadesse nel frattempo. Giurarono. Nel mese di giugno 1878 gli Osbourne si sarebbero nuovamente riuniti in California.

Guardandolo salire sulla diligenza per Bourron, Belle si sciolse in lacrime. Era straziata fra la passione per il padre e la volontà di diventare un'artista. Né Sam né Fanny avevano menzionato il suo attaccamento all'irlandese.

* * *

Il 9 giugno 1877 Sam Osbourne arrivò a Londra. Da lì s'imbarcò per San Francisco, via Montreal. Il 19 giugno Louis Stevenson arrivò a Londra. Da lì partì per Grez, via Parigi.

Pasdessus, l'altro fratello Simpson, Robinson e Bloomer arrivarono con lui. La banda si ritrovava al gran completo. Le grandi tavolate sotto la pergola, le battaglie navali sul Loing, le mostre di pittura nel cortile dell'albergo potevano lietamente ricominciare sotto il sole di luglio. Ma quell'estate il gran numero d'ammiratori non avrebbe protetto Belle, né Fanny, dall'amore.

Grez-sur Loing, seconda estate, giugno-settembre 1877

«Allora, signora Osbourne, suo marito è davvero partito?» apostrofò con voce altera mamma Chevillon.

Seduta all'ombra azzurrata dell'abete del cortile, le ginocchia completamente divaricate sotto la gonna grigia, il collo teso, l'albergatrice strofinava con furia i manici di un orcio di rame. A ogni scossa il fiocco del fazzoletto che le stringeva la testa si muoveva come piccole orecchie di coniglio. Il blu indaco della stoffa scuriva quel viso già scuro di contadina in cui la malizia rivaleggiava con la bontà. Brandendo con una mano il recipiente che brillava al sole, il pugno destro poggiato nell'incavo del fianco, mamma Chevillon si alzò con un sospiro.

«Gli uomini sono meglio da lontano! Ne so qualche cosa, io... Anche lei, o no?». Le due donne si scambiarono uno sguardo complice. «...Insomma, così la vedo io...».

Fanny, sulle labbra un sorriso da Gioconda, guardò la figura tarchiata sparire sotto il porticato.

Alleggerita. Liberata. Alleviata. Da quando Sam era partito Fanny si dava da fare come un'adolescente che ritrova con esaltazione gli odori, i segreti, la magia della casa delle vacanze. Passo passo si rimpadroniva del villaggio del quale non aveva goduto neppure per un momento durante la permanenza del marito. In presenza di Sam si era ritenuta in dovere di vantare la propria merce: «Grez – il campanile, la torre, il fiume»... come se cercasse di giustificare l'interminabile assenza da Oakland con la passione per quel luogo.

In quella fine di giugno ritrovava il selciato grigio, la scacchiera di vicoli stretti, le porte basse, i famosi muri di pietra incoronati di tegole rossastre che scendevano paralleli verso il fiume. Instancabilmente Fanny percorreva e ripercorreva il tragitto che portava alla locanda. Costeggiare la via principale di Grez. Voltare verso il ponte, là, a sinistra, dopo l'insegna di sant'Antonio e del maiale. Annusare il profumo del caprifoglio che si arrampica all'assalto del portico e penetrare nel cortile. Correre giù per la scala che porta al giardino, imboccare il vialetto dei quattro ippocastani fino al Loing. I costumi da bagno asciugano sugli scafi delle barche rovesciate, i remi poggiano alla prima arcata del ponte. Il fiume si perde misterioso nell'arcipelago delle isole dopo aver lambito i tetti pendenti dei lavatoi e degli imbarcaderi, si perde a valle in un tunnel di verde. Riattraversare il giardino verso la locanda. Inerpicarsi sulla scaletta che porta al cortile. Contemplare per un istante il vecchio casamento coperto di vite rampicante, i tetti maculati di muschio, i balconi delle due ali a U. Entrare dalla portafinestra centrale. Scorgere a destra la sala da pranzo e il tavolo della cena. A sinistra il bar col suo pavimento di terra battuta e l'ampia cappa del camino su cui si allineano boccali, bottiglie, vasi d'ogni forma e colore. Respirare a pieni polmoni il profumo di legno bruciato, l'odore di fumo e di vino che indugia fra i tavolini tondi e le sedie di giunco. Continuare nell'umidità dell'atrio, imboccare la scala di pietre fredde che sale al piano. Addentrarsi nel corridoio, lasciare a sinistra le camere che danno sulla strada, fermarsi a destra alla numero 12, posare la mano sulla porcellana fresca del pomello, aprire senza chiave, attraversare in un attimo la stanza tutta bianca, appostarsi alla finestra aperta. Dal giardino, fiorito come un parco, con le mattonelle azzurre sotto gli ippocastani, le pozzanghere dorate nei vialetti, sale il profumo umido delle rose e del fiume. Fra i pioppi, sulla riva opposta, le macchie bianche dei parasole scintillano, nette e dure, al sole di quel primo mattino d'estate.

«Secondo te, ha già fatto il gran passo?» chiese lo ieratico scultore Pasdessus, che mostrava un interesse speciale per la virtù di Mrs Osbourne.

A prua, senza cappello, le braccia tese nel fiume, si lasciava cullare dall'acqua increspata. La bella barba bionda fremeva a ogni respiro.

«Mi stupirebbe» borbottò Robinson, sdraiato sull'argine.

In piena estate la sua testa triangolare emergeva da una sciarpa gialla annodata sul petto. Chi avrebbe potuto predire che l'asmatico Robinson sarebbe diventato il pittore più famoso della banda? Ben presto intimo di Monet a Giverny, resta a tutt'oggi uno degli impressionisti americani più quotati sul mercato dell'arte.

«A quando la resa?» insistette Pasdessus.

Era l'ora del bagno, i pittori si ritrovavano in riva al Loing per commentare i lavori del mattino e programmare i festeggiamenti serali.

I pettegolezzi: lei pretende che i pettegolezzi siano appannaggio delle donne! – scrive Fanny a Rearden. *Qui i miei amici non fanno altro che questo: spettegolare. È il loro svago prediletto. Si riuniscono in gruppi di due, di tre e parlano degli altri.*

Non poteva evidentemente sospettare che sulla sua castità si focalizzassero tutte le chiacchiere. Da quand'era arrivato, Louis l'aveva monopolizzata. Il piccolo gruppo sapeva ormai quale dei due Stevenson la "Bella americana" preferisse. Louis leggeva e scriveva ai suoi piedi. A tavola lei gli teneva il posto accanto al proprio trono. A sera si isolavano ancora.

«Dico che ti sbagli: è fatta già da un pezzo!» concionava Pasdessus accarezzando le ninfee. «Che credete andasse a fare, lui, in rue de Douai?».

Simpson il Vecchio, poggiato negligentemente allo scafo di una barca, soffiò qualche pipata verso il cielo blu senza nubi.

«Le cose succederanno soltanto al ritorno di Louis».

«Parte?» esclamarono gli altri.

Simpson guardò gli storni che infaticabili descrivevano larghi cerchi sopra il gruppetto.

«Niente panico... C'è tempo... Se ne va qualche giorno in agosto, per il matrimonio del nostro comune amico Charles Baxter... Sono vecchi amici, ne hanno combinate tante all'università, insieme hanno preso la prima sbronza e corteggiato la prima ragazza... Il matrimonio di Charles Baxter è la fine di un'epoca e lo colpisce... Il passaggio all'età adulta... Anche Henley, del *London Magazine*, si è sposato quest'inverno... Tutti i suoi amici si accasano... E Louis pensa all'amore, ci pensa, ci pensa... Sì, scommetto che la cosa succederà quando tornerà dal matrimonio... quando avrà visto Baxter felice con la moglie... L'amore, lo sappiamo, si propaga come un'epidemia. Anche la gelosia, d'altronde: basta guardarvi, signori!».

«Accetto la scommessa» disse Pasdessus. «Una bottiglia di champagne che Louis è già un uomo appagato!».

«Due bottiglie che lo sarà al ritorno».

«Tre che non diventerà mai l'amante di Mrs Osbourne!» lanciò il cavalleresco Robinson che non aveva di che pagarsi una birra.

Un caldo delizioso filtrava attraverso il pergolato. Le macchie di luce palpitavano, le ombre frastagliate delle foglie di vite rampicante, le sagome scure e compatte dei minuscoli grappoli d'uva correvano frementi sulla tavola. Grossi calabroni si perdevano nei bicchieri dove danzavano le ultime gocce di vino rosso. Nell'aria satura di profumi, i lillà che cingevano la locanda d'un mare di schiuma color malva si mescolavano con l'odore di caffè appena macinato, del pane caldo sfornato e del tabacco biondo. In costume da bagno, in maniche di camicia, a piedi nudi o infilati nelle espadrillas, quell'estate gli artisti restavano ore e ore a chiacchierare sotto il pergolato. Belle, che stava fra Pasdessus e O'Meara, lasciava andare la testa ridente sullo schienale della poltrona: Fanny, a capotavola, presiedeva da un gran sedile. La sedia alla sua destra era vuota. Fanny aveva sollevato le ginocchia sotto il mento e poggiava la testa bruna sull'ampia gonna porpora. Restava rannicchiata in quel modo, fissando tutta quella luminosità con gli occhi neri e ben tagliati, occhi da felino in agguato.

«Dove sono i nostri scozzesi?» s'informò l'ultimo arrivato, un uomo d'età più che matura che si avvicinava alla tavola ondeggiando nell'erba.

Stonava, con quei baffi bianchi, il grande panama, l'abito

elegante su cui scintillava la rosetta della Legion d'onore. La sua indolente distinzione faceva pensare a un ufficiale inglese in villeggiatura nelle colonie. Era l'italiano Giuseppe Palizzi, il pittore che circa quindici anni prima aveva "scoperto" Grez. Palizzi occupava tutta un'ala della locanda, ne aveva fatto il proprio studio. Vi riceveva le nuove reclute, cui apriva la cantina e i cartoni dei dipinti. Un mezzo secolo di pittura, tutte le sue opere – la visita da Palizzi richiedeva giorni e notti. Fanny, che sapeva ascoltare, aveva completamente sedotto il vecchio pittore.

«Louis non è qui?» si stupì Palizzi baciando la mano che Fanny si divertiva a porgergli.

«Parte alla fine del mese per Edimburgo. Ora è a Moret».

«Che diavolo fa a Moret, se lei è a Grez, mia cara?».

Belle, sporgendosi verso Palizzi che era duro d'orecchi, gridò:

«Compra una chiatta!».

«Diamine! Una chiatta? Per che farne?».

«Un'abitazione!» rispose la ragazza.

«È una buona idea» approvò Fanny. «Lei non trova, Palizzi?».

«Credevo fosse al verde!».

«Ecco una considerazione tipicamente borghese» sbraitò O'Meara.

«O'Meara ha ragione» assentì Belle, che aveva imparato a condividere le idee dell'amico.

«Perché legarsi a un solo luogo?» proseguì l'irlandese. «Perché restare tutta la vita nello stesso angolino come un volgare banchiere? Che ne pensi, Pasdessus, tu che hai sempre idee su ogni argomento?».

«Io?».

Sopra la piccola testa bruna di Belle i due giovani si squadrarono.

Entrambi stringevano la ragazza da vicino. Entrambi se

l'accaparravano come se la loro corte fosse accettata e ciascuno constatava che gli omaggi le parevano naturalissimi. Ma O'Meara la considerava sua e su questo punto l'opinione di Pasdessus divergeva. Ad ogni pasto, con una cortesia caparbia, lo scultore si rivolgeva a Belle con impetuosità, senza mai interrompersi, come se volesse impedire a chiunque altro di rivolgerle la parola. O'Meara, pazzo di gelosia, si difendeva soltanto con brusche arguzie, una sfilza d'attacchi fuori luogo. Pasdessus gli restituiva la cortesia con una valanga di sottintesi.

«In verità» disse, «se la terra è troppo popolata, i canali sono liberi».

«Amici, è fatta! Carte firmate. Affare concluso».

Correndo, fumando, gesticolando, Louis era comparso non si sa da dove: non arrivava mai da un punto preciso, pareva non giungesse dalla locanda, né dal fiume, né dal giardino, il che rendeva sorprendente ogni sua apparizione.

«È fatta!» ripeté. «La bella s'impigrisce sul Loing a pochi chilometri da qui: aspetta il nostro beneplacito, la gran dama!».

Si piazzò davanti a Fanny che sgranò gli occhi e sollevò un po' la testa senza dire una parola. Pasdessus e O'Meara li spiavano. Louis, a cavalcioni sulla sedia vuota, tracciava già delle linee con la forchetta sulla tovaglia.

«Quest'inverno cominciamo dal Sud. Risaliamo per i canali del Midi, attraversiamo tutta la campagna francese. Saremo in maggio a Parigi per l'apertura del Salon. La ormeggeremo alla Concorde!».

Lei amava, sì, amava quel turbine di sogni impossibili che abitava la fantasia di Louis Stevenson. A differenza degli altri, lui attuava i progetti più folli. Nonostante la cattiva salute, malgrado i problemi di denaro che cominciavano ad assillarlo, partiva all'assalto come Don Chisciotte, cui secondo lei somigliava. «Don Chisciotte unito al buon Samaritano», precisava, maliziosa... Louis inforcava un esercito di cavalli da guerra, per la felicità altrui. Sì, amava quella generosità che imponeva a Grez una compagnia di musicisti ambulanti banditi da tutti gli alberghi della regione, che offriva a quei vagabondi i diritti d'autore della novella che gli avevano ispirato... Fosse stato veramente ricco, Fanny non sarebbe stata toccata. Ma non spendeva in segreto gli ultimi resti d'eredità per comprare un nuovo guardaroba al pittore Bloomer cacciato dal Louvre per la tenuta miserabile?

Con le braccia troppo magre, le spalle troppo strette, quel ragazzo incarnava, agli occhi di Fanny, il coraggio e la forza vitale.

«Ci saranno vino e libri» si entusiasmava Louis, «un'abbazia di Thélème dove vivranno liberamente gli artisti di tutti i porti!».

«E noi invecchieremo sul ponte» assentì Robinson stringendo freddolosamente la sciarpa al petto, «vecchi dalle barbe fiorenti, che innaffiano i gerani...».

«Attenzione attenzione!» urlò Pasdessus. «E le signore? Dove metteremo le signore?».

«Suggerisco l'allestimento di una camera matrimoniale» lanciò Louis. «Coloro che avranno scelto di accoppiarsi come borghesi avranno diritto di vivere per un mese fra le natiche dei putti che Bob sarà felice di dipingere, i seni delle veneri che Pasdessus scolpirà, e i cieli rosei di O'Meara...».

«Ci sarà anche un canarino» sussurrò Simpson il Vecchio, mentre la sua scimmia ubriaca fradicia era finita sotto il tavolo. «Un canarino in una gabbia d'oro sopra il letto».

«E come si chiama, la chiatta?» si entusiasmò Belle.

«*Les Onze Mille Vierges de Cologne*, Le undicimila vergini di Colonia».

«Le undicimila *verghe*?» si preoccupò l'italiano.

«Vergini, Palizzi! Vergini».

«Ah! Benissimo».

* * *

Battaglie in canoa, concorsi di pittura, sciarade, rime obbligate, i giochi sono al culmine. Ma sulla tavolozza il giallo si fa più ocra. Il rosso muta in viola. Le tessiture s'appesantiscono. Bob erra solo nella campagna. Oppure va da una coppia all'altra. Oppure sparisce a Moret per sorvegliare, dice, i lavori che avanzano rapidi su *Les Onze Mille Vierges de Cologne*. La chiatta sognata dai cugini Stevenson non uscirà mai dallo scalo d'alaggio. Il carpentiere di Moret la farà pignorare a settembre. Insolvibili, i giovani dovranno anche cedergli l'*Aréthuse* e la *Cigarette*, le canoe con le quali Louis e Simpson hanno disceso i canali da Anversa a Pontoise... Ma a luglio nulla scalfisce il buonumore.

Grazie alla risata contagiosa, all'energia, alla poesia, Louis conduce la danza. A Grez esplode la gioia. Una gioia meno innocente di quella dell'estate prima, qualcosa di pesante, ronzante, che stordisce e somiglia alla felicità.

* * *

«Sarò di ritorno alla metà di agosto... Una decina di giorni... Mi aspetterà?».

Dopo il pranzo che si protraeva fino a metà pomeriggio, Louis e Fanny avevano l'abitudine di passeggiare. Gli altri li guardavano allontanarsi mentre si preparavano alla siesta nelle amache o sull'erba. Anche Belle si allontanava, affiancata da O'Meara e Pasdessus. Fanny sperava che la loro corte congiunta proteggesse la ragazza sia dall'uno che dall'altro.

Nei frutteti si raccoglievano le prime albicocche. Il vento portava profumo di frutti. Il cielo blu dove si accavallavano grosse nubi bianche si rifletteva nell'acqua. Le campane della chiesa suonavano annunciando i vespri. La foschia si levava dai prati avvolgendo tutta la campagna in un velo di calura. Al centro della strada per Nemours, Louis e Fanny avanzavano fianco a fianco.

Di spalle, sotto i grandi cappelli, le loro sagome offrivano un contrasto che quasi sfiorava la caricatura. Molto bassa lei, molto alto lui. Bruna lei, biondo lui. Si contrapponevano punto per punto. Una piccola macchia porpora, una interminabile linea bianca. La nuca di lei, dove si arricciavano leggermente pochi boccoli, pareva posata su spalle troppo tonde, troppo larghe, quasi maschili se paragonate alla fragilità del compagno. Eretta in tutta la sua statura arrivava a malapena alle scapole di Louis che sporgevano, puntute come ali, sotto la stoffa leggera della camicia. Lei pareva scivolasse, immutabile e compatta, senza ancheggiamenti, senza dondolare le braccia; lui ciondolava la testa, a destra, a sinistra, una testa d'uccello, aerea, su un collo, un corpo, che si muoveva a scatti. Tuttavia i loro passi concordavano. Camminavano senza sforzo, proprio allo stesso ritmo, come fossero uniti dalla loro stessa dissomiglianza.

Si dirigevano verso il bosco. Ai lati della strada i mietitori affondavano fino al petto nel grano che frusciava come seta cruda.

La coppia tagliò per i campi, prese il sentiero di brughiera e penetrò nel bosco. Louis si sciolse la sciarpa e riprese fiato. Una espressione di sensualità infantile gli illuminava il viso. Afferrò il ramo di un pino e lo annusò avidamente.

«Questo profumo, che piacere... Nulla è più vivo di un albero!».

Fanny sorrise. Percorrevano lo stretto sentiero del bosco.

«L'assenza è uno spazio mortale in un rapporto» disse Louis. «Tuttavia non le scriverò... Le lettere non approfondiscono l'intimità, sono inutili fra persone che si intendono...».

Lei, imbarazzata, lo interruppe:

«Guardi quelle campanule, come svettano sul muschio!... Oh, le fragole!».

Lui le porse la sciarpa. Lei raccolse i frutti con fervore. Li dispose con gesti precisi nella sciarpa. Ripresero il cammino e ognuno sprofondò nei propri pensieri.

«In fondo è ancora il modo migliore!» esclamò lei d'improvviso. «Un filo di succo di limone, aggiungerò qualche foglia di menta, chiederò della panna a mamma Chevillon e le mangeremo a...».

«A questo pensava per tutto il tempo?» si stupì lui. «Alle fragole!».

«La sorprende? Mi piace pensare al cibo. A lei no?».

«Sì» brontolò lui, «ma speravo comunque che pensasse ad altro!».

Lei rise.

«Quanto fa il gesuita, Louis! La vedo in salive a ogni pasto... Mangiare e bere le piace da matti!».

«Anche amare».

Fanny si accigliò: «Credevo che chi sa amare non avesse bisogno di parlarne».

Tacquero per un momento, poi Louis chiese con serietà:

«Perché ha portato suo marito a Grez?».

Lei fece spallucce.

«Non avevo scelta...».

«Lei ha mancato di tatto!».

«Me ne vuole?».

«Sì».

Tacquero ancora.

«Suppongo» riprese lui con un sospiro, «che la gelosia faccia parte dell'amore».

«È un sentimento basso!».

«Perché "basso"? Fa parte dell'amore, ecco tutto... Per quanto nel caso presente non si tratti proprio di gelosia».

«Di che, allora? Che cosa mi rimprovera? Mette in dubbio la mia onestà nei confronti di chi? Di mio marito? O di lei?».

«Non metto in dubbio nulla! Non sospetto... Semplicemente, mi è penosa l'idea che lei abbia potuto vivere senza di me... Avrei voluto che scoprissimo assieme il mondo».

«Luogo comune!».

«Lei sa troppo, Fanny, e perde di vista l'essenziale!».

«Cos'è l'essenziale?».

«La gentilezza... Amare con gentilezza».

«Sì, sarebbe bello» disse lei con semplicità, «ma la gentilezza in amore non esiste».

«Perché negarla?» disse lui precipitoso. «Perché cerca di torturarci?».

«Se la torturo devo andarmene» tagliò lei accelerando il passo.

Lui la trattenne con forza per il braccio.

«La smetta con questo tono distaccato!». Lei si divincolò. «Vuol parlare d'amore? Bene, parliamone: io voglio un amore che non rubi nulla a nessuno! E non penso a mio marito, al contrario di quanto lei può credere... Il suo soggiorno a Grez, che lei tanto mi rimprovera, ha concluso il nostro rapporto. È finito».

«Lui lo sa?».

«Probabilmente».

Parlavano a mezza voce, un mormorio ardente.

«Ha la forza di lasciarlo?».

«La forza?» sogghignò lei. «La forza! Lei è "forte". Lei può in qualunque momento fare dietrofront. Sposerà una ragazza della sua età e del suo ambiente, che piacerà a suo padre... E anch'io sono forte. A modo mio. Forte come lo si è nelle *sierras* quando si ha una lunga strada alle spalle e i sogni davanti...».

Rimase in sospeso, incerta quanto ai propri sogni.

«L'ideale» riprese, «è aspettarc a lungo la felicità e che infine la felicità arrivi, sia intensa, sia rapida, poi scompaia appena avverata. Allora tornerò da mio marito e passerò il resto dei giorni in silenzio e al buio».

«Ma è mostruoso!».

«*C'est la vie*» disse lei in francese, «ed è meglio di nulla».

«Questo modo di mettere sempre in mezzo suo marito, di giocare con l'idea della separazione fra noi, mi ferisce e mi sconvolge!».

Tacquero.

«Ha ragione» mormorò lei, «mi perdona?».

Lui sorrise. Il sorriso di un ragazzo.

«Signora e amor mio, per quanto lontano mi sia spinto nella vita, non sono mai riuscito a scoprire che significhi perdonare. Continuerò a dire che lei ha mancato di tatto».

«Ma mi capisce, almeno un poco?».

«Lo sa Dio. Mi pare altamente improbabile».

Frustrata, furente, lei accelerò il passo.

«Che senso hanno allora tutte queste chiacchiere?».

Fanny si addentrava a grandi passi nella boscaglia. D'improvviso, come una giumenta che prende la mano al cavaliere, cominciò a correre. Filava fra i tronchi, il viso sollevato verso il sole. Lui la seguì e la raggiunse. Scesero a precipizio, fianco a fianco, il pendio che li riportava ai campi. Lei sentì che il respiro del compagno diventava irregolare. Lui cominciò a tossire. Dovette fermarsi. Uno spaventoso accesso di tosse gli spaccava i polmoni. Gli occhi si riempirono di lacrime. Sbiancò fino alle labbra. Lei, spaventata, gli disse di sedersi. Lui si lasciò cadere sul muschio. «Oddio, è colpa mia!». Fanny perse la calma, si inginocchiò accanto a Louis, gli mise la testa sulle sue ginocchia, gli asciugò la fronte e china su di lui bisbigliò parole rassicuranti, come a un bambino... Come ne aveva bisbigliate un tempo a Hervey. Louis restava disteso a occhi chiusi. Fini gocce di sudore gli chiazzavano la fronte. Sotto i baffi spioventi la bocca si chiuse. Le narici di solito frementi si fermarono.

«E se morisse?». Ebbe paura. Continuava ad accarezzarlo dolcemente. Quel viso emaciato le ricordava la faccina del figlio alle prese con la sofferenza.

A poco a poco la respirazione riprese il suo ritmo. Finalmente Louis inspirò profondamente e Fanny lo sentì sussurrare: «Respirare, che miracolo!». Sorrise come un sognatore che si sveglia e aprì gli occhi su di lei. Uno sguardo fresco, allegro, che scintillava di giovinezza.

«Come va?» scherzò. «Si sente meglio?».

«Io?» Fanny scoppiò a ridere.

«È diventata verde! Ha creduto che ci restassi?».

«Vedevo quanto soffriva...».

Lui ridivenne serio.

«Quand'ero sdraiato e lei mi ha fatto appoggiare la testa sulle sue ginocchia, ero cosciente di tutto. Quando si è chinata su di me ho sentito che mi toglieva i capelli dalla fronte e che le sue mani tremavano».

«Avevo paura per lei».

«Anche questo ho sentito. La sua compassione era forte attorno a me...».

«Sssh... riposi».

Lui l'avvolse in un sorriso tenero e soddisfatto, saltò in piedi e, tendendole la mano, l'aiutò ad alzarsi. La trattenne contro di sé. Turbata, lei tentò di spostarsi.

«Mi guardi» disse lui.

Levò su di lui occhi inquieti. Louis credette di leggervi una preghiera. Non la strinse fra le braccia. Non ancora.

«Potrà amarmi un giorno?» chiese soltanto. «Lo potrà?».

Fanny abbassò la testa. Contro il petto sentiva battere il cuore del giovane. Piccoli colpi spaventati che le entravano nella carne. Il panico di lui la commosse così tanto che risollevò gli occhi. Uno sguardo illuminato dalla tenerezza. Il viso era ridiventato sereno, purificato da ogni diffidenza, pacificato.

«Posso» mormorò.

«Allora va tutto bene».

Emisero entrambi un lungo, profondo sospiro di sollievo e, senza aggiungere nulla, presero la via del ritorno.

* * *

«Bob?».

«Ciao, Louis. Come va?».

«Che fai qui?».

«La siesta. Siediti».

Braccia piegate sotto la nuca, Bob abbozzò il gesto di farsi un po' in là. Il corpo, nudo e abbronzato sotto la camicia azzurra da contadino, spariva interamente nell'erba. Spuntavano soltanto il viso dagli occhi chiusi e i grandi zoccoli di legno chiaro. Louis sedette a gambe incrociate. Stupefacente, pensò Bob, il soffio d'aria bohémien che la sola presenza di Louis solleva attorno.

«Allora» chiese Bob, «attrezzi *Les Onze Mille Vierges de Cologne*?».

«Perché non sei a Moret o a Grez? La chiatta, Bob, è un'idea tua! Senza di te non esiste...».

«Faccio la siesta» ripeté Bob tetro, «e studio. Vorrei studiare questa luce cruda, quasi fosforescente. E le contadine bene in carne. Dipingere sempre il Loing debilita il pennello».

«Dove alloggi? Perché non sei venuto dagli Chevillon?».

«Non è comodo essere l'inevitabile Bob. Quello che ti ritrovi tra i piedi a Montparnasse, a Moret, a Grez...».

«Che ti prende?» Louis lanciò sul cugino uno sguardo preoccupato.

«Sto alla pensione Laurent... è più saggio».

«Per chi?».

Senza aprire gli occhi Bob abbozzò un gesto col mento.

«Loro... Gli O'Meara, i Pasdessus, tutti i suoi innamorati! Non li sopporto più. Finirò per sgozzare l'uno e affogare l'altro... Belle non si rende neppure conto dei miei sentimenti».

«Ha diciott'anni, Bob. Ricordati come si è presi dall'ardore delle proprie emozioni a diciott'anni. Se non le parli, come vuoi che sappia?».

«Sai come me che ama O'Meara. Ma tu puoi fare qualcosa per me...» Bob strinse gli occhi neri guardando pensosamente il cielo. «Tu hai qualche influenza sulla madre di Belle, credo...».

«Per modo di dire...».

«Belle vale quanto Fanny, no?... Quando si china un po' in avanti... E poi quel petto, quella linea fin dove nasce il collo... Cose che si dimenticano difficilmente! Quella peluria dorata sulla nuca... Quella pelle olivastra dove pare circoli miele invece che sangue... E quelle braccia!».

«Lo so» sospirò Louis, «quando una donna come quella comincia a ossessionarci, deve capitare qualcosa... Quando una donna come quella abita la nostra immaginazione... Donna di corpo, uomo d'anima, interpreta un doppio ruolo... È strana... Una sorta d'ermafrodito».

«Quando una donna come quella abita la nostra immaginazione, bisogna possederla».

«Di più: sposarla».

Bob volse verso Louis un viso incredulo.

«Sposarla?» esclamò. «È uno scherzo?».

«Probabilmente».

«Tu pensi al matrimonio? Tu?».

«In teoria».

«La fai facile. Ti segnalo che non è più una giovincella, la tua promessa. Sposata, madre di famiglia, americana, ha tutto per piacere».

«Posso contare sul tuo appoggio?».

«Senza dubbio. Se le cose dovessero mettersi al meglio, sarò lusingato di averti per suocero... Ma tutto dipende dalla signora... Lo sa?».

«No. Ma nel bosco l'altro giorno ho visto gentilezza nei suoi occhi e penso che faremo qualcosa...».

«Sei pazzo, Louis».

«Lo so» confessò, «ma quella donna è la compagna che Dio

o il diavolo mi destinano. Lo credo. Ne sono addirittura certo, da più di un anno».

«Da qui a pensare al matrimonio...»Louis sorrise e sospirò:

«In questo campo un uomo non è all'altezza finché non ha osato».

* * *

L'acqua pare piombo. La barca, allontanandosi dalla riva, scivola in un torpore magico. L'agitazione di Louis, i suoi gesti a scatti, le risate a cascata sono scemati di colpo come il vento. Rema con lentezza e precisione. I remi fendono senza rumore la distesa liquida. Da sotto il cappello calato sugli occhi guarda con tenerezza il piccolo corpo bruno al timone. Il petto di Fanny tende l'abito chiaro. Le braccia magre e muscolose si piegano, la bocca palpita, rossa e piena. Ha il sole negli occhi, nella carne, nel sangue. La barca scivola senza increspare l'acqua. Vagano fra due cieli, fuori dal tempo e dallo spazio. Poco a poco gli argini si avvicinano. I rami dei salici che si tuffano nella prateria di ninfee in fiore carezzano loro il viso, le spalle, la schiena – una stessa carezza per entrambi. Imboccano un canale. Avanzano lentamente sotto una volta verde. In fondo luccica una coltre incandescente che si allontana man mano che si avvicinano. Fanny non la perde di vista. Molla lentamente la barra. Si alza, si appoggia sonnolenta alla spalla di Louis, si stende a pancia in giù accanto a lui. Sospesa sul fiume, a braccia tese, allontana dalla prua le lenticchie d'acqua e le lunghe piante acquatiche che le si avvolgono ai polsi.

In piedi al centro della barca Louis manovra con la pertica. Con lo sguardo misura il livello dell'acqua e il fondoschiena che si inarca, bianco sulle fioriture verdi e rosa. Il leggero impulso che li spinge si indebolisce ancora. Alla fine dello slancio la barca tocca terra su un letto di ghiaia. S'immobilizza sul ciglio dello stretto canale. Louis va ad ancorarla alla radice di un salice e torna a sedersi sopra la forma che non si è spostata. Il viso rovesciato di Fanny, i suoi boccoli, le mani, galleggiano sull'acqua. Gli insetti nuotano nervosamente per il solo piacere di intorbidire l'immagine di lei. Le libellule svolazzano attorno. Lei si ripiega, mette il mento sui pugni, ma per il resto è immobile. Sente il cuore che palpita contro la barca, batte tanto forte che Louis lo sentirà. Lui le guarda il collo dove si contorcono ricciolini bruni. Spinge avanti la mano, posa leggero le lunghe dita sulla nuca di lei e la stringe. Lei freme.

«Fanny» sussurra lui, «non ne possiamo più».

«No, non ne possiamo più».

Allora, voltandola lentamente, Louis la prende fra le braccia.

* * *

Quando Louis allentò la stretta il gracidio delle raganelle annunciava la sera. Lei riposava sul petto di lui, rannicchiata, tranquilla.

«C'è una bestia» bisbigliò, «ascolta, là...».

Un ciuffo d'erba si mosse, una testa di martora comparve fra le canne e si tuffò. Le acque si colorarono di rosa, di giacinto e d'oro. Il fogliame azzurro cupo si rifletté ancora sull'acqua liscia del canale.

Una coltre di umidità salì dal fiume dove scintillava una pallida, pallidissima falce di luna. Felici, sfiancati, i due si rimisero lenti in cammino.

* * *

Louis s'imbarcò la notte stessa per andare al matrimonio dell'amico. Fanny, in piedi alla finestra della camera, ascoltava il respiro regolare di Sammy che dormiva seminudo sul letto pieghevole, accanto al giaciglio della madre, aspettava con impazienza Belle e guardava con angoscia i lampi di calore che riempivano la stanza di una tremolante luce bianca. L'aria si era caricata di un profumo turbinoso d'alberi e prati. Un fruscio improvviso animò il pero davanti alla finestra e qualche frutto duro cadde sul tappeto erboso. Fanny sentiva il tuono, ma molto lontano, un brontolio profondo. Che sarebbe stato di lei? Era andata fino in fondo. Senza rimpianto. Si sentiva ricca e stanca, come nell'Indiana dopo aver riposto il raccolto. Nulla la incalzava! Quella sera voleva riposare, assaporare il presente, la propria giovinezza e bellezza, come un rosaio sbocciato alla calura.

In fondo al giardino, sull'argine dove aveva litigato con Sam, scorse d'improvviso la lunga figura di O'Meara che andava avanti e indietro brandendo il bastone. Intuì che copriva Belle di parole appassionate e la scena che si svolgeva laggiù la preoccupò. Belle, nascosta dalla siepe, stava immobile, palpitante nell'afa estiva.

* * *

In assenza di Louis un vento contrario soffiò su Grez. Il cielo si caricò d'elettricità. L'atmosfera mutò in temporalesca. La sera del 5 agosto 1877 il fulmine cadde sull'Hôtel Chevillon. O'Meara schiaffeggia Pasdessus. Lo scultore lo fa ruzzolare con un destro fra i vasi del caminetto. Belle gettata di traverso sul letto, singhiozza. I testimoni, Simpson il Vecchio e Bloomer, vendono il pianoforte della sala da pranzo per comprare le armi. Vengono fissati il luogo e l'ora del duello. Alla pistola, il 10 agosto all'alba, in una radura del bosco di Fontainebleau... Sarcasmi, cicchetti, ironia, Fanny e Bob uniscono gli sforzi, coprono la faccenda di ridicolo e riescono in extremis a fermare il massacro. Ma, nuovo colpo di scena che complica ancora le passioni: il sudista già incontrato sulla nave per Anversa, il ricco piantatore del Kentucky innamorato di Belle, arriva a Grez! Da madre previdente, Fanny aveva mantenuto un contatto epistolare con quel buon partito. Avendogli impedito di parlare di matrimonio prima dei diciotto anni di Belle, il giorno del diciottesimo compleanno aveva comunicato al giovane l'indirizzo dell'albergo. Il sudista arrivò dunque per fare di persona la richiesta.

Sotto gli occhi di Bob, di O'Meara e di Pasdessus, che sorvegliano col cannocchiale la coppia, Belle e il pretendente discutono ai piedi della torre. Il sudista offre la propria mano e la propria fortuna:

«Lei potrà persino continuare a dipingere» concede, «io non sono assolutamente contrario!».

Con una fermezza che non le era abituale con gli spasimanti, Belle lo respinge. Con gran sollievo di O'Meara. Con gran rammarico di Mrs Osbourne, che sa come una tale occasione non si presenterà mai più.

* * *

Un'idea fissa abita ormai tutti gli ospiti di Grez. Ognuno vi si dedica con fervore e regolarità. O'Meara, Pasdessus e Bob amano Belle e si odiano. Belle ama O'Meara ma, quando Pasdessus la guarda, l'avidità di quegli occhi – di solito piuttosto inespressivi –, la loro cupidigia, la affascinano e la turbano. Bob invece la fa ridere, ma quando la prende in giro e quando fustiga O'Meara e Pasdessus col proprio disprezzo, la fa piangere. Fanny non sa più a che santo votarsi. Che atteggiamento assumere con la figlia? Con O'Meara? Con Pasdessus? Divisa fra le responsabilità di madre e la complicità femminile, fra la ragione e i sogni che la possiedono, fugge. Ma fugge in avanti.

Durante le notti torride, quando nessuno in albergo riesce a dormire, lei crede di sentire il respiro caldo di Louis, sente il desiderio di Louis come una mano bruciante che le percorre il corpo. Allora scende al fiume. In piedi, immobile, lascia che la brezza della sera le carezzi il corpo infuocato. Il Loing manda piccole onde nere ad affollarsi ai piedi e alle caviglie di lei, come se anch'esso la desiderasse.

Mamma diventa ogni giorno più bella, scrive Belle a Rearden. La riscoperta del piacere sembra giovare a Fanny. È il parere di Louis, che la raggiunge il 16 agosto 1877.

Il miracolo della presenza di Louis restituisce a Grez tutta l'antica leggerezza. Lui si occupa degli uni e degli altri. Rassicura Belle, è materno con Bob, allontana Pasdessus, esorta O'Meara al lavoro.

Con Fanny è l'osmosi. Non hanno più quei battibecchi, musi e baruffe che erano stati abituali nella loro amicizia... Diverbi talora sanguinosi, che si ripeteranno molti anni dopo. Al termine di un corteggiamento tanto lungo l'accordo fisico è immediato e totale. Si congiungono e si intendono alla perfezione... Nessun bisogno di grandi dichiarazioni. Chiacchierano di continuo, ma parlano di tutto fuorché d'amore. Non un gesto, non una parola che tradisca il loro affetto. Né amoreggiamento né smancerie. Ma il legame fra Louis e Fanny non è segreto per nessuno. Se ne discute, se ne spettegola. E il cavalleresco Robinson ha perduto la scommessa! In tale situazione come mettere una parvenza d'ordine nelle faccende galanti di Belle?

Per Mrs Osbourne è il tracollo. La caduta. Diventando l'amante di Louis Stevenson si unisce alla schiera delle donne che a Parigi condividono la vita degli artisti. Nulla ormai la differenzia dalle sartine e dalle modelle che bazzicano a centinaia nella bohème degli atelier. Profondamente conservatori, i pittori amano quelle signorine per brevi stagioni, le amano ma non le rispettano. Fanny ha potuto regnare su Grez, ha presieduto la tavola e i giochi, perché non apparteneva a nessuno. E perché lavorava: diventando una concubina perde tutto. Perde Grez, perde Parigi e San Francisco. Si avverano le peggiori profezie del suo mentore, Rearden. Non aveva predetto che si sarebbe lasciata corrompere dalla vita dissoluta degli atelier, che lontano dal marito e dal mondo che le appartiene si sarebbe fatta sedurre come una ragazzina?

L'incredibile è che Fanny pare aver lasciato con la massima spontaneità l'ultima striscia di terra ferma. Senza rimpianti molla gli ormeggi.

E quando le prugne nere e pesanti cadono una ad una sotto la sua finestra, quando la vite rampicante diventa rossiccia sulla facciata e i venti gonfi d'acqua scuotono i quattro ippocastani del giardino, Fanny non si attarda come l'anno precedente in riva al Loing. Fa fagotto e va a Parigi. Con gran rammarico del figlio Sammy, che consola della partenza annunciando: «Ma guarda che Luly non resta a Grez». Luly, il diminutivo affettuoso che il piccolo Osbourne dà al grande amico. «...Viene anche Luly!».

Parigi, 1877-1878, terzo inverno

Non sono più giovane come una volta e ho nostalgia del tempo trascorso – scrive Louis a Baxter, sposo felice. *Mi sento un po' più pesante e forse più triste che in passato. La risata soprattutto, quella vecchia risata iperbolica, quella risata incontrollabile che saliva dalle viscere, che ci piegava in due fino alle lacrime, quella risata si è spenta. Ma... benché nulla possa restituire la fioritura al giardino o lo splendore alla rosa, io fingo di essere un felice mortale, dopo tutto. Siamo un po' troppo vecchi per la nostalgia dei verdi paradisi* – prosegue –, *troppo vecchi anche per far la parte dei Werther. Se non abbiamo liberato la nostra mente da tutta quella cianfrusaglia, da tutti quegli ste-*

reotipi immaturi, mi chiedo come potremo vivere e morire come si deve.

Simpson il Vecchio aveva visto giusto quando sosteneva che il matrimonio di Baxter chiudeva l'adolescenza di Louis e annunciava per tutta la piccola banda l'accesso alla maturità? Comunque sia, il canto di trionfo di Stevenson pare lontanissimo dagli inni alla gioia, dalle arie estatiche intonate dagli amanti appagati.

...Amanti che vivono alla giornata, perché l'avvenire di Louis e Fanny in quell'epoca puritana non si presenta sotto i migliori auspici. Coi suoi trentasette anni suonati, una figlia in età da matrimonio, un ragazzino da allevare, un marito da raggiungere, Mrs Osbourne non incarna proprio l'ideale della signorina della quale ci si innamora impunemente. E non è neppure la cortigiana di gran cuore, né il tipo dell'iniziatrice alle voluttà. Nessun dubbio tuttavia oscura la passione di Fanny e Louis. Vivono quella che già chiamano *a romance of destiny*. A Parigi, come a Grez, si capiscono e si danno senza riserve ai piaceri della carne. Ma smettono presto: a partire da ottobre Louis si ritrova inchiodato a letto non dall'amore ma da una congiuntivite purulenta. Fanny non si preoccupa più neppure di salvare le apparenze. Lo ospita nel nuovo appartamento ammobiliato che occupa con le Wright, al 5 di rue Ravignan: agli occhi di tutti Louis abita nella camera di lei e ne condivide il letto.

Fanny lo veglia benché neppure lei stia molto meglio. Durante l'ultima battaglia navale a Moret, in un naufragio, il suo piede e quello di Bob sono stati schiacciati fra due canoe. Bob conclude una stagione pesante con l'alluce rotto e scompare, va dalla sorella in Scozia. Fanny, una distorsione alla caviglia, uno strappo al polpaccio, zoppica con le stampelle. Di giorno in giorno gli occhi di Louis peggiorano. L'una claudicante, l'altro quasi cieco, bell'inizio di romanzo... Amanti storpi che non si scoraggiano affatto. A novembre la situazione si fa critica. Le palpebre di Louis si gonfiano e trasudano, la caviglia di Fanny non migliora. Lei si spaventa. A chi chiedere consiglio? Quale medico chiamare? La propria impotenza le ricorda ancora e sempre la malattia di Hervey. E se Louis perdesse definitivamente la vista?... Che follia accogliere quel ragazzo quando il proprio stato di salute non le permette di curarlo! Telegrafa a Bob, ma non riceve risposta. Che fare?

Sfidando ancora una volta tutte le convenzioni, Fanny affida Belle e Sammy alle Wright per portare il giovane amante a Londra. Da Sydney Colvin, mentore intellettuale e morale di Louis. Colvin è professore all'università di Cambridge, conservatore al British Museum, membro fondatore del Savile Club: tutt'altro che il tipo d'uomo capace di familiarizzare con le amanti dei suoi protetti! Lei se ne infischia.

Due mesi dopo il primo abbraccio Fanny Osbourne sperimenta la vita che farà nei vent'anni successivi: contro venti e maree, per il mondo in cerca della salute. Salvare la vita di Robert Louis Stevenson. A qualunque prezzo.

Sono certa che nulla di quel che ho da raccontarle le interesserà – scrive Fanny con l'abituale aggressività a Timothy Rearden. *Ma ho letto tutti i libri e mi annoio, sono a riposo da così tanto tempo! Immagini: in tre mesi ho passato soltanto poche ore fuori dalla poltrona. È barboso! Il dottore dice che se farò la brava fra un mese potrò camminare. Un mese è lungo, lungo!*

Gli amici del povero ragazzo che stava per diventare cieco a casa mia non mi hanno permesso di lasciare Londra. Almeno non subito dopo avercelo portato, com'era mia intenzione. Mi hanno fatta operare al piede dal loro chirurgo, un ottimo medico inglese. Ciò nonostante mi sono ammalata ancora di più e sono dovuta restare a letto per tre settimane a casa loro.

Che gente bizzarra, questi intellettuali londinesi. Sono i capi-

fila di una consorteria di puristi, e mi sentivo talmente spaesata nel loro appartamento che hanno sistemato un angolino tutto per me, o piuttosto l'hanno completamente disordinato... Mi hanno avvolta in scialli colorati, hanno gettato una pelle di tigre sul sofà che mi hanno destinato e un'altra su di me. Tutto il resto, i muri, le coltri, i tendaggi, era azzurrino o verde acqua. Così con le pelli di bestia e gli scialli gialli somigliavo a un qualche primate di cui avessero ricostruito la tana in un angolo. Pareva del tutto incongruo vedere il seriosissimo Mr Colvin e la seriosissima Mrs Sitwell sedersi accanto a me e parlarmi dei progressi della letteratura e delle arti nell'inglese più castigato e con un accento molto aristocratico. Mi impaurivano non poco, ma pareva non se ne accorgessero, anche a costo di scendere qualche volta al mio livello e carezzarmi come fossi un gattino. Mi hanno subito chiamata Fanny ma non mi hanno mai chiesto di chiamarli Sydney o Frances né tantomeno "Syd" e "Fanny". Mi sarebbe piaciuto, sarebbe stato spassoso e sconveniente.

Quelle persone sono state nondimeno molto gentili. Prima che le incontrassi mi era stato detto che dovevo evitare assolutamente di accendere una sigaretta davanti a loro, una boccata di fumo avrebbe inquinato per sempre il loro grazioso appartamentino. Ma quando un certo Henley, quello che l'estate scorsa senza conoscermi aveva scritto una poesia su di me, è venuto a trovarmi con un certo Leslie Stephen, genero di Thackeray, sono stata talmente affascinata dalla loro conversazione che, dimenticando dove mi trovavo, ho preso a fumare una sigaretta dopo l'altra. Hanno finto di non notarlo. Quando Mr Henley e Mr Stephen sono andati via, Mr Colvin invece di assassinarmi è uscito a cercarmi un po' di tabacco turco e cartine, e mi ha chiesto di insegnare a lui e a Mrs Sitwell ad arrotolare le sigarette! Ecco quel che definisco vera buona educazione.

Primo contatto con gli esseri che "scopriranno" la maggior parte dei grandi scrittori inglesi dell'epoca, gli uomini che pubblicheranno Kipling, Conrad, Hardy, Wells, Yeats, Shaw. E Robert Louis Stevenson. La banda di intellettuali che influenzerà la sua opera e la censurerà fin dopo la sua morte. I futuri rivali che Fanny definirà *amebe mascherate da amici, cazzotti mascherati da compagni*. Dieci anni più tardi inimicherà Henley e Stevenson, provocando così la lite letteraria di fine secolo. Intanto, esaltata e sanata, torna all'atelier Julian.

Che impressione lascia a Londra fra i protettori del giovane amante? Con quale sguardo la casta e cerebrale Fanny Sitwell ha osservato l'impudica Fanny Osbourne, rivale e sostituta negli affetti di Louis Stevenson?

Sospetto che Colvin abbia provato nei confronti di quella donna un'ombra di stupore, una briciola di degnazione, un pizzico di simpatia, insomma un cocktail di sentimenti contraddittori nel quale si sposano divertimento e indifferenza. Nessuno stordimento, nessuna pesantezza. Quasi un sollievo.

Commisurata ai gusti di Louis per la pesca in acque più torbide, quella compagnia provvisoria pare il male minore. Mrs Osbourne ha i piedi per terra. Si prende cura della salute del ragazzo e a dispetto delle sue stravaganze pare dotata di un solido senso pratico. Cosa chiedere di più a un'amante? Il legame con una donna più anziana non può che calmare Louis e dargli prestigio. È quel che spiega Mrs Sitwell agli Stevenson, i genitori, presso i quali gode di grande credito. Con magnanimità perora la nuova causa del suo protetto. Perché il padre, preoccupato per gli interminabili soggiorni in Francia del figlio, minaccia di tagliargli i viveri e di interrompere i rapporti se non rientra immediatamente a Edimburgo.

Né Sydney Colvin né Mrs Sitwell immaginano neppure per un momento che quella Fanny segnerà la loro vita e dovranno fare i conti con lei e coi suoi gusti letterari, la sua influenza, il suo fanatismo, nei quaranta anni successivi.

* * *

«Mio padre arriva domani in rue Ravignan!».

«Cosa?».

«Sai che gli avevo scritto per parlargli di te...».

«Non immaginavo che sarebbe venuto da noi!».

«Gli ho chiesto io di fare questo viaggio... Desidero che ti conosca, voglio che incontri Belle e Sammy!».

«È un suicidio!».

«No, è faccia tosta».

«Tuo padre non può accettarmi! Sono sposata, sono vecchia, sono americana... È una storia impossibile... Mi vuoi spiegare che senso ha questa riunione?».

«È per tentare di essere onesto con quelli che ci amano. Per guardare la realtà così com'è. Non continuerò a farti vivere nella clandestinità e non barerò con la mia famiglia. Voglio essere in regola col mondo. Tu dici che è una storia impossibile. Benissimo: viviamo una storia impossibile. È così ed è chiaro».

«Chiarissimo! Dopo una scenata con tuo padre...».

«Sapremo come stanno le cose. Io potrò aiutarti meglio a sovvenire ai bisogni dei tuoi figli. Anche se dovessimo trovarci sul lastrico. Ma saremo assieme. Siamo sulla stessa barca, Fanny!».

Fanny tuttavia, prudente, non farà la parte della Signora delle Camelie. Non incontrerà il padre dell'amante. Aspetterà a casa il risultato del colloquio, mentre al tavolino di un caffè Louis espone quel che pudicamente definisce: «le nuove complicazioni della mia vita». La conversazione rassicura abbastanza Stevenson padre. Lo scandalo si svolge lontano da Edimburgo e la signora ha un marito da qualche parte... Inutile scombussolare alcunché. La passione di Louis per una matrona di dieci anni più vecchia passerà. Inoltre l'americana tornerà prima o poi nella sua lontana California. Pazienza.

Il vecchio signore, toccato dalla sincerità del figlio, accetta di accoglierlo senza muovergli rimproveri e gli concede un ulteriore anticipo sull'eredità. Convengono che trascorrerà il Natale in famiglia. Louis non poteva sperare di più. Ha guadagnato, tutti hanno guadagnato tempo. Ma quanto?

Fino alla primavera successiva dimenticano le preoccupazioni economiche, le malattie, le angosce, le separazioni. Senza l'ossessione delle scadenze dell'affitto e dei figli da sfamare dimenticheranno addirittura l'esistenza di Sam e persino il giuramento di tornare in America nel mese di giugno.

La storia d'amore di Belle è al culmine. La ragazza si fidanza in segreto con O'Meara. L'idea del matrimonio aleggia in tutte le teste. *Un uomo che fuggisse il matrimonio si troverebbe nella stessa situazione di un guerriero che diserta il campo di battaglia*, scrive Louis. Curioso paragone, per un amante che pensa a un legame stabile. Chiaroveggenza e realismo a proposito di uno stato che per lui è fra i più utopici. Il matrimonio? *Può un uomo* – chiede a Baxter, suo consigliere giuridico –, *può un suddito britannico e maggiorenne sposare in Scozia un'americana (maggiorenne beninteso e anche vaccinata)? Se sì, in quali termini e condizioni? La licenza sarebbe più facile da ottenere che in Inghilterra?*

Ai primi di marzo ritorno alla realtà. Sam Osbourne non manda il misero vaglia. Aprile, maggio, sempre nulla. La loro situazione finanziaria sfiora la catastrofe. Per miracolo Louis trova un impiego che giustifica la sua presenza a Parigi. Diventa segretario particolare di uno dei suoi ex professori, ingegnere e membro della giuria dell'Esposizione universale che si tiene al palazzo del Trocadéro, costruito per l'occasione. E siccome una fortuna non arriva mai sola, la pubblicazione a Londra del suo primo libro, *Viaggio nell'entroterra* (il racconto dell'avventura con Simpson sui canali di Anversa), gli procura venti sterline e qualche buona critica. Si giudica con lo sguardo severo che applica soltanto a se stesso: *Non è scritto malissimo. Di scarso rilievo. Mediocremente divertente, un po' bolso...* Sottovaluta il proprio lavoro ma i profitti che ne trae permettono di saldare i debiti più urgenti di Fanny, che non chiede gli arretrati a Sam. In giugno né vaglia né messaggi. Sam taglia i viveri e i ponti. Fa il morto.

Il primo luglio arriva l'ordine tanto temuto. Un telegramma. *Tornate a casa.*

Fanny, ignorando l'ultimatum, va a Grez. La famiglia Osbourne rioccupa i quartieri estivi, le amache all'ombra azzurrata dei salici. Ma Belle e Sammy saranno i soli a gustare la bellezza del giardino.

* * *

L'inverno ha cambiato Fanny. L'ha resa più sicura di sé. E molto più umile.

A contatto con Robert Louis Stevenson, che ha visto scrivere, correggere, rileggere *Viaggio nell'entroterra*, Stevenson per il quale vita e lavoro si confondono in una stessa esigenza, ha preso coscienza del fatto che può mescolare i colori sulla tavolozza o lasciarli nei tubetti senza che vi sia alcuna sensibile differenza. Certo, ha talento, energia, tenacia. Ma le mancano forza e passione. Dipinge da dilettante. Come giustificare la propria presenza a Parigi, come continuare all'atelier Julian, sapendo che nella migliore delle ipotesi creerà soltanto graziose opere da signora? Insostenibile scoperta della propria mediocrità.

Scopre anche che la sua situazione fra i pittori di Grez è cambiata. Gli artisti l'hanno trattata da eguale soltanto perché, paradosso, pareva "virtuosa". Fanny è ormai equiparata alle loro ragazze abituali, quelle ragazze cui vietano Grez... L'Hôtel Chevillon presto le sarà sbarrato. E con ciò? pensa. Anche San Francisco. Tanto meglio. Ma Indianapolis! Edimburgo! Louis ha un bel ripetere con foga giovanile che esiste il divorzio, che la sposerà, che garantisce di portarla come moglie in Inghilterra: Fanny non ignora che lo scandalo di un divorzio li taglierà fuori dai loro mondi. Mentre continuare a vivere in concubinato significherebbe distruggere per sempre la sua reputazione di donna e l'autorità di madre, attirare l'onta sulla propria testa e su quella dei figli... Inoltre chi può garantire che Louis non s'invaghisca di una ragazza del suo paese, del suo ambiente, della sua età, come Fanny una volta gli ha predetto?... E anche, anche se continuasse ad amare Fanny Osbourne dopo che lei gli ha sacrificato tutto, con quale denaro farebbe vivere Belle e il piccolo Sammy?

Grez-sur-Loing, giugno-luglio 1878, terza estate

Man mano che la serata si rinfrescava gli odori ardenti dell'estate salivano dagli argini e dai campi. Il profumo dei rosai scendeva dal pergolato ma non le dava alcuna ebbrezza. Nient'altro che un vago scoraggiamento. Davanti al fiume Fanny rabbrividiva nella grande poltrona di vimini. L'ombra dei fiori e delle piante si disegnava fitta ai suoi piedi, come una rete a maglie serrate, come una reticella per i capelli. Sollevò la testa e guardò la sottile falce bianca nel cielo incolore e vitreo. "È strano" pensò, "mi piacerebbe bere la luna. Soltanto lei potrebbe estinguere la mia sete... Un liquore ardente e gelido che mi intorpidisse fino all'oblio".

Sentiva alle spalle il tintinnio dei bicchieri, sapeva che alla luce vacillante delle lampade la cuffia di pizzo di Ernestine e il fazzoletto azzurro annodato sulla nuca di mamma Chevillon si agitavano attorno alla tavola comune. Preparavano soltanto quattro coperti. L'estate progrediva e l'albergo restava vuoto. Un buco d'un grigio sinistro era stato lasciato, fra gli schizzi e i disegni, dal pianoforte venduto l'agosto precedente. Scottati dalle complicazioni dell'estate trascorsa Pasdessus, Bob, i due Simpson, Bloomer e Robinson avevano preferito piantare le tende a diciotto chilometri di distanza, da mamma Antony, a

Moret. Cedevano provvisoriamente il campo all'irlandese O'Meara, che trionfava con Belle. I due giovani, interamente presi dall'amore, neppure s'accorgevano della diserzione.

Fanny dall'alba al tramonto li cercava con gli occhi. «Dov'è Belle?». Nel crepuscolo distingueva soltanto il filare di pioppi che come una barriera di lance chiudeva l'altra riva ai suoi sguardi. Laggiù echeggiò il verso di un gatto, di un uccello, forse di un'anatra. Lei sussultò... era lo stesso richiamo ardente, lo stesso gemito eterno che aveva squarciato la notte di luglio nella quale il volto di Robert Louis Stevenson era apparso nella cornice della porta. Ululato di sconforto. Canto d'amore e d'odio. La lettera che stava per scrivere a Sam sarebbe assomigliata a quel grido. Avrebbe trovato le parole che sarebbero risuonate con altrettanta impazienza, altrettanta disperazione e cattiveria del grido dell'animale laggiù sull'altra riva.

* * *

Quella decima mattina a Grez, Fanny si era sistemata sotto il pergolato. Tentava ancora una volta di scrivere a Sam. Dal rifugio ombroso lo sguardo spaziava sul mondo rosso di sole e sull'aiuola di gigli tigrati. Lei non vedeva nulla, non immaginava nulla. Non riusciva neppure più a raffigurarsi il giardino di Oakland o l'appartamento di rue Ravignan. Tornare in California? Restare?

Riprendendo la penna tracciò una gran riga verticale sul foglio bianco. In cima alle due colonne, i nomi. Sam. Louis. Vantaggi. Inconvenienti. Tentò nuovamente di ragionare ma nulla, assolutamente nulla le si affacciò alla mente. Un buco. Il vuoto. Nessuna idea. Soltanto l'arrivo di Louis, atteso proprio quel giorno, avrebbe potuto toglierla da quello spaventoso torpore. Un abisso di dubbi che non riusciva neppure a formulare, tanta era l'angoscia. Il vuoto.

Louis. Posò la testa contro lo schienale. Cos'amava in Louis? Il fuoco penetrante degli occhi scuri tanto lontani uno dall'altro? La finezza del viso? Quel qualcosa di dolce, di irresistibile nel sorriso? Le lunghe mani nervose che si agitavano instancabili? L'eterna sigaretta per metà in cenere, stretta fra indice e medio? Il passo veloce, la grazia aerea del corpo elastico, quel corpo tanto fragile ma abitato da una tenacia di ferro?... Il coraggio fisico? Il fatto che mai avesse emesso un lamento quando credeva di perdere la vista? Che non parlasse mai delle sue condizioni di salute? Delle sue sofferenze? Della probabile tisi? Oppure il coraggio morale? Il modo di affrontare le situazioni e le loro conseguenze?

Ammirava il modo in cui aveva difeso davanti al padre quel legame d'amore che nessuno gli chiedeva di rivelare. Quanti altri al suo posto avrebbero taciuto, si sarebbero nascosti?... Louis sempre pronto a pagare per i propri errori e che mai ammetteva ambiguità nei rapporti umani... Cos'amava quindi di Louis? Aprì il sacchettino del tabacco, arrotolò fra le dita agili una sigaretta che incollò con un lento passaggio di lingua e, nuovamente poggiandosi allo schienale, si lasciò distrarre dal piacere fuggevole delle prime boccate. Cos'amava in Louis? L'umanità. Stevenson era vivo, cento volte più vivo di chiunque altro avesse mai incontrato! In lui non c'era nulla di convenzionale, nessuna posa, nulla di artificioso. Amava in lui il rifiuto di tutto ciò che era comunemente accettato, il rigetto di codici e convenzioni. Amava il suo disprezzo per qualunque regola prudente o restrittiva, a meno che tale legge non gli paresse in accordo con la propria coscienza... La coscienza di Louis, totalmente personale. Quella coscienza che lui interrogava di continuo. Fanny amava quella preoccupazione di vivere in accordo con se stesso. In altri, pensò, l'abitudine di osservarsi, di interrogarsi, di rimettersi in discussione, avrebbe portato al narcisismo. In lui il porsi dinanzi allo specchio portava soltanto a una generosità fantastica. E se interpretava un ruolo, se lavorava con passione infantile a fare della vita una storia, un dramma, un racconto, il personaggio che impersonava era se stesso. Louis mutevole e vario. Poeta per il quale il mondo traboccava di incanto e romanticismo. Artista ribelle contro tutto ciò che era timorato, negativo, morto vivente, un odio accanito per la dea Rispettabilità e orrore per l'accolita dea Comodità. Casista che lavorava a crearsi una morale lontana dalla freddezza delle leggi di Mosè e quanto più possibile vicina agli insegnamenti di Cristo, una morale che rispondesse alle sue esigenze di carità e di gioia. Louis. Il generoso, l'eroico, il tenero. Un sentimentale senza una goccia di sentimentalismo. «L'azione, Fanny, l'azione!». Un avventuriero che tentava tutte le esperienze. Non soltanto le più gradevoli, ma tutte quelle che danno all'uomo il senso e la certezza della propria esistenza... Pensò ancora ai rapporti che lui aveva con la sua convenzionalissima famiglia d'origine... In fondo Louis nulla amava quanto trovarsi nel cuore della battaglia, nei dilemmi morali, in posizioni sociali difficili, per il solo e unico piacere di lottare contro se stesso, di mettersi alla prova, di verificare se si comportava in accordo con il proprio codice dell'onore, del dovere e della gentilezza. Tale bisogno di battersi trovava in Fanny mille echi. Ma la sconvolgeva che tanta combattività albergasse in un corpo tanto fragile.

Commossa dal contrasto fra la debolezza fisica e la forza interiore di quell'uomo, Fanny diede un tiro alla sigaretta e abbassò la testa.

Dopotutto, che aveva di tanto tragico la situazione? Non sarebbe stata né la prima moglie separata dal marito né l'unica madre a vivere con un amante... E lo scandalo, come aveva giustamente capito Stevenson padre, lo scandalo scoppiava lontano dalle cerchie familiari e non infangava nessuno... Quanto a Sam... Che diavolo poteva rimproverarle? Non viveva con l'amante mentre tutta San Francisco vedeva e sapeva...? Fanny cominciava anche a dirsi che la povera concubina del marito veniva trattata troppo male... Arrossiva di vergogna ricordando di averle sputato in viso... Sì, veniva trattata male. Da Sam prima che da chiunque altro! Come si sarebbe comportato Louis se fosse stato al posto di Sam? Fanny scartò la domanda... "Imparagonabili", i due casi erano imparagonabili.

Louis Stevenson e Fanny Osbourne vivevano *a romance of destiny*... L'incontro fra due esseri tanto diversi, tanto simili, poteva accadere soltanto una volta ogni mille anni. Era un amore cui valeva la pena aggrapparsi... Ma come avrebbe provveduto ai bisogni dei figli? Come avrebbe finanziato l'educazione di Sammy? Ebbene, avrebbe lavorato! Non sarebbe stata la prima volta che si tirava fuori dagli impicci. Lavorare. Ma che fare? Il suo talento non permetteva di sperare in una grande carriera. Avrebbe potuto dipingere piatti. La porcellana era richiestissima. Evidentemente, secondo quel che aveva potuto giudicare della situazione economica delle operaie utilizzate all'occasione dagli artisti come modelle, quelle signorine avevano qualche difficoltà a sbarcare il lunario... E il suo talento di sarta, perché diavolo non ci aveva pensato? A Virginia City l'abilità con l'ago le aveva procurato un gruzzoletto e una buona reputazione! A Parigi le sartine si consumavano la vista e si distruggevano la salute per pochi soldi. Bah, Fanny Osbourne se la sarebbe cavata sempre!

Sorrise pensando che con Louis, la sua immaginazione, la sua energia e il suo senso dell'umorismo, non rischiava di imputridire nella tristezza e nella noia... Lei no. Ma Belle? Ma Sammy? Senza i vaglia di Sam la miseria li aspettava al varco, la miseria che aveva ucciso Hervey! Fanny stava per amoreggiare nuovamente con la morte? Come poteva fare la scelta deliberata di rigettare nell'orrore i due figli che le restavano? Bah, il pericolo non era poi così grande. La famiglia Stevenson non mancava di buon cuore né di denaro. E, lui, lui... Le critiche ai suoi primi saggi, le lodi che salutavano il primo libro, il rispetto che gli testimoniavano uomini come Henley e

Colvin, confortavano le certezze di Fanny... Lui, lui aveva genio!

Cos'amava in Stevenson? – Fanny aveva osato chiederselo. Perbacco, amava il creatore!

L'emozione folgorante alla lettura dei primi testi di Louis, l'entusiasmo dinanzi alla purezza dello stile, alla finezza delle analisi. Aveva l'intima convinzione di assistere alla nascita di un grandissimo scrittore.

A lei gli dèi o il diavolo avevano rifiutato il potere di generare un'opera d'arte. Fanny conosceva la risposta alla domanda essenziale posta due anni prima nel boschetto di Grez. Lei apparteneva alla categoria di artisti che mai sarebbero passati allo stadio superiore, quelli che Stevenson chiamava i "Sonnolenti"... Sonnolenta, va bene. Ma pur nel dormiveglia non le mancavano senso artistico né aspirazione verso l'ideale... Nessuno meglio di lei sapeva individuare nella goffaggine di un abbozzo, nella traccia di uno schizzo la bellezza del quadro futuro... Intuitiva e visionaria. Lo stesso Stevenson la diceva infallibilmente dotata per intuire il carattere, il valore umano e il potenziale artistico delle persone. Infallibilmente dotata per dirigere il talento altrui verso lo sboccio...

E se grazie alla sagacia dei consigli e alla solidità dell'appoggio Fanny l'avesse guidato alle stelle? Lo vedeva già nel pantheon degli immortali... Come osava esitare sia pure per un attimo fra il giardinetto di Oakland, qualche azione delle miniere di Sam e la più grande avventura dell'esistenza?

Riprese la penna, *Caro Sam*... Schiacciò con gesto nervoso la cicca, riafferrò il sacchetto del tabacco e si arrotolò una nuova sigaretta. A quel punto scorse Belle sull'erba in riva al fiume. O'Meara la teneva stretta e la mangiava di baci. Non si prendevano neppure più la pena di nascondersi... Fu folgorata dall'idea brutale che la figlia avesse saltato il fosso, appartenesse ormai all'irlandese e con ciò fosse entrata nella schiera delle donnacce e delle festaiole – come lei – e dalla certezza che

O'Meara non l'avrebbe sposata e forse l'avrebbe ingravidata. Era colpa dell'esempio materno. Era Fanny che conduceva la figlia alla catastrofe. Il caso tragico di Hervey non le era dunque bastato? Credette di sentire la voce di Rearden e quella voce accusava.

Passò un attimo ed ebbe l'intuizione che l'influenza dell'avvocato la trascinasse verso il basso, che l'influenza di Stevenson la innalzasse. Louis, la speranza... La speranza? Fanny sogghignò. Quella di compromettere la figlia? Quella di vederla perdersi al suo fianco? Di nuovo fu sommersa dal ricordo di Hervey, dal rimorso di averlo trascinato in quell'avventura.

Di quale incoscienza, di quale egoismo dava prova? Giacché si era annoiata col bravo marito americano, giacché aveva attraversato l'oceano per meglio recitare la parte dell'artista, giacché si era presa un amante per passare il tempo, giacché si era lasciata invischiare in quella che prendeva per una passione, si preparava a permettere che Belle devastasse il proprio destino? La vita di Fanny Vandegrift era ormai alle sue spalle. Lei stessa l'aveva sprecata. Bene... Era questa una ragione per sacrificare l'avvenire dei figli? La commedia era durata abbastanza! Spettava a lei disinnescare la bomba, fermare la macchina mentre era ancora in tempo...

Prese un nuovo foglio e scrisse: *Saremo a casa ad agosto come d'accordo.*

Sigillò la lettera e tenendola in mano risalì veloce in camera.

* * *

Senza spiegazioni a Belle e a Sammy, dall'oggi al domani, prende i figli e lascia Grez. Rientra a Parigi, fa i bagagli, riconsegna l'appartamento, rescinde l'iscrizione all'atelier.

E spezza il cuore alla figlia che non le perdonerà mai tanta fretta e brutalità.

*

«Siete fidanzati, benissimo. Ti sposa, sì o no? È il momento di scegliere».

«Mamma, non subito, è impossibile!».

«Allora partiamo. Tuo padre ci aspetta. È giunto il momento».

«Perché dovrei rompere con O'Meara? Perché la tua relazione con Louis è un vicolo cieco?».

«Non ti chiedo di rompere, ma di mettere la testa a partito!».

«Proprio tu mi dici questo? Hai davvero questo coraggio?».

Sconvolta dalla sofferenza e dall'incertezza Fanny si irrigidì.

«L'avventura a Parigi è finita, da Julian hai imparato tutto quel che potevi. È tempo che tu dia prova di te a casa. Vedremo quel che Virgil Williams pensa dei tuoi progressi».

Poi, addolcendosi, tenta di avvicinarsi a Belle e mormora: «Voglio soltanto la tua felicità, Belle. Se O'Meara vuol prenderti in moglie, darò il mio consenso... Anche se questo vorrà dire che vivrai lontana da me... Anche se significa che resterai in Francia...».

«Non è vero! Tu non sopporti ch'io sia felice! La tua vita è ormai trascorsa e adesso vuoi distruggere la mia. Perché sono giovane, perché sono bella, perché O'Meara mi ama, e tu soffochi di gelosia!... Accusi sempre papà di ipocrisia, ma sei tu, fin dal principio, mamma, sei tu che bari!».

«Fila o ti prendo a schiaffi! È arrivata l'ora di darti un po' di disciplina... Ti ho allevata molto male, piccola mia, e oggi ne pago lo scotto!».

* * *

Belle si vide costretta a porre la faccenda fra le mani dell'amante. Matrimonio o separazione. Dinanzi a tale scelta drammatica l'irlandese declinò ogni responsabilità. Amava Belle, l'amava alla follia... Ma preferiva il lavoro, il silenzio, i cieli grigi di Grez agli strepiti delle Osbourne. Disperata, tradita da tutti quelli che amava, Belle si congedò da lui. Su una banchina della gare du Nord sacrificò O'Meara, il primo amore, alla tirannia materna. Il treno e la nave l'avrebbero separata dal giovane amante e portata a Londra. Belle e O'Meara non si rivedranno mai più.

No man's land, Londra, luglio-agosto 1878

Ho vissuto gli ultimi giorni della mia passione. Sono terribili – scrive Stevenson a Baxter. *Poi tutto sarà ridotto in cenere.*

Trascorrono quegli ultimi giorni in una modesta pensione familiare di Chelsea. Ultima fermata nel percorso che conduce alla nave in partenza da Liverpool per New York.

Di quel soggiorno inglese Fanny conserverà soltanto il ricordo dei grandi occhi così distanziati tra loro che si legano ai suoi, di quella risata, quella risata da bambino che aspetta e non sente già più. Nello smarrimento le pare che Hervey muoia per la seconda volta.

«Non riesco a separarti da me col pensiero. Parlerai alla tua famiglia?».

«Sì, parlerò a mio marito».

«Fanny, tuo marito sono io! Tu sei la signora Stevenson...».

«Sì» risponde lei in un tono di tristezza infinita, «in qualche modo...».

«Ti lascio partire affinché tu chieda il divorzio!».

«Non parliamone, per favore...».

Sconvolto dalla sofferenza che dà un'espressione contratta a quel piccolo viso di donna, dalla fuga di quello sguardo di solito tanto coraggioso, terrorizzato da quel tirarsi indietro, Louis insiste.

«Giurami che parti soltanto per chiarire la situazione, per tornare qui libera...».

«Ma sì... certo...».

«Fanny, non dovrebbero mai esserci fra noi questioni di orgoglio, di debolezza, di rapporti di forza... Ascolta!» supplica Louis tentando di attirare un'attenzione che lei non riesce a fermare. «Ascolta: l'assenza non impedisce nulla. Né la distanza...».

«Ma certo...» ripete lei debolmente.

Lui la osserva e conclude:

«Vengo con te! Non ti lascerò sola con quell'uomo! Discuterete e ti riporterò indietro».

Lei sorride, un'espressione piena di tristezza, di grazia e di riconoscenza.

«Con quale denaro?».

«Dammi tempo fino a settembre. Per allora avrò raccolto quanto basta per i biglietti... È deciso, ti accompagno!».

«Niente affatto! La tua presenza comprometterebbe tutto... Esaspererebbe Sam... No... Devo risolvere da sola i fatti miei... Mi fermerò nell'Indiana, parlerò alla mia famiglia, a mamma, alle mie sorelle... Se soltanto... se soltanto potessi vedere mio padre! Se potessi spiegargli... se soltanto...».

Ha le lacrime agli occhi. Abbassa la testa. Nell'agosto 1876, quattro mesi esatti dopo la morte di Hervey, Jacob Vandegrift si è spento. Suo padre. Nell'abisso di sofferenza in cui era allora, Fanny aveva sentito soltanto una tristezza diffusa... Rivedrà dunque la tenuta, la grande casa di mattoni rossi, i cani, i cavalli... Senza di lui. Lo immagina piantato alla curva della strada, com'era quando l'ha lasciato. Una forza viva nella piena maturità. L'àncora. L'oasi in cui rifugiarsi. Casa Vandegrift. Senza di lui. Com'è possibile? Perdendo Louis, perdendo l'amore della vita, Fanny comprende d'improvviso quanto le manchi Jacob... La soluzione, lui l'avrebbe trovata. La soluzione!

«Tornare a casa... Ma che posso fare di diverso?» esclama, il viso in fiamme, il petto ansimante. «Che posso fare di diverso?...». Comincia a camminare. Va e viene, nell'agitazione prende in prestito i gesti di Louis, le brusche pause, le ripartenze. «Tu temi che io non pensi al divorzio? Ma se non penso ad altro! Non penso ad altro!» ripete. «Non c'è giorno o notte o momento in cui non sia assalita da quest'ossessione, in cui non debba scacciarla per paura di diventare matta... Ho paura... Ho paura di perdere la testa, come mio padre...».

Lo scintillio negli occhi di lei mostra allo sguardo di Louis un baratro d'angoscia.

Vuotato di sé, pieno di lei, Louis non trova le frasi, non trova le parole. Non ha più eloquenza. Nient'altro che la tensione furiosa, la violenza muta e compressa che caratterizza Fanny.

«Ma ragioniamo!» riprende lei meccanicamente. «Ragioniamo. Su che base posso ottenere il divorzio? Sam non acconsentirà. Teme troppo il giudizio della sua famiglia, anche se non la vede mai... Avrà paura di dispiacere agli amici, al club, a Rearden... Il divorzio no, non acconsentirà. Dovrei avere delle armi contro di lui... Ma sono io che ho tutti i torti! Sono io che ho abbandonato il tetto coniugale. Sono io che gli ho strappato i figli... E sono io» aggiunge con rabbia disperata, «sono io che lo tradisco!».

«Fanny, calmati! Nessuno può costringerti a restare sposata contro la tua volontà».

«Tu credi?» sogghigna lei. «Davvero?».

Preda di contrazioni involontarie generate dall'angoscia di lasciarsi, si stringono l'uno contro l'altra. Non riescono più a muoversi. Non riescono neppure ad amarsi. Louis riprende il controllo di sé.

«Giura che in caso di bisogno... Giura che mi chiamerai! È la mia unica condizione: mi chiamerai e verrò».

«Ti chiamerò... Ma sono gli ultimi giorni, Louis, il futuro

non ha più importanza... Approfittiamo del poco che ci resta... Non possiamo far altro... Approfittare».

Nella camera di Chelsea dimenticano se stessi lavorando. Louis manda parecchi articoli al *London Magazine* di Henley. Non dà una riga se prima non l'ha letta Fanny. Lei ascolta, corregge, suggerisce. Ogni parola, ogni frase, passa al setaccio del suo giudizio. Censore e critico, ha intuizioni che migliorano notevolmente l'opera.

L'intensità e il successo di quest'ultima esperienza confortano entrambi nell'assoluta certezza di una corrispondenza senza eguali. *A perfect relation*, scrive Louis a Baxter. Comunione intellettuale che sublima – se mai ve ne fosse bisogno – l'emozione sentimentale e la vertigine fisica.

Tuttavia il momento della separazione si avvicinava – scriverà più di cinquant'anni dopo il figlio di Fanny nel suo *An Intimate Portrait of R.L. Stevenson. Non avevo la minima percezione della situazione senza via d'uscita in cui si dibatteva mia madre* – prosegue Sammy nel capitolo "Stevenson a ventott'anni". *Né delle torture morali che loro due sopportavano. Ed io, entusiasta all'idea di tornare a casa, eccitato dai preparativi del viaggio, cicalavo senza sosta, mi agitavo, mi spazientivo. La data della partenza non arrivava abbastanza in fretta... Mentre il mese di agosto suonava a morto per tutte le loro speranze. Agosto toglieva loro la ragione di vita.*

Quando giunse l'ora anch'io partecipai al dramma.

Rivedo la scena come fosse ieri. Stavamo davanti al nostro scompartimento. Arrivava il momento degli addii. Fu breve, spaventosamente breve. Fu brutale. Fu definitivo. Prima di riuscire a capire quel che era accaduto, Robert Louis Stevenson si allontanava sull'interminabile marciapiede, una sagoma miserabile che rimpiccioliva, rimpiccioliva... Con tutto il cuore sperai che si voltasse. Ma non si voltò. Scomparve tra la folla. Le parole non possono esprimere la sensazione d'abbandono, il sentimento di perdita, la morte che calò sul mio cuore di bambino. Pensavo che non l'avrei più rivisto.

Gli scossoni del treno sballottano verso l'oceano il cadavere di una donna. La nuca rigida dondola sul poggiatesta. Il viso dagli occhi chiusi non esprime nulla. Le labbra incurvate verso il basso, il naso tappato, le gote smunte, Fanny ha smesso di esistere.

Accanto a lei una ragazza piange, la fronte contro il finestrino. Compirà vent'anni il mese prossimo. Singhiozza di rabbia, di rivolta e di dolore.

La madre si lascia sballottare. Matrona e megera, matura e male amata, morirà accanto a un uomo che disprezza... Il viaggiò in Francia è stata un'orrenda sconfitta! Tuttavia ha trovato quel che tanto lontano era andata a cercare. Un destino alla sua altezza. La vita l'ha vinta. Rinuncia.

Senza talento, senza carriera, senza Hervey, senza padre, Mrs Osbourne naviga verso il nulla. Ritorno alla casella di partenza. Senza più speranza.

VI
A ROMANCE OF DESTINY

La speranza è tanto forte che ha vinto la paura.
ROBERT LOUIS STEVENSON

San Francisco, inverno 1878-1879

Come sta Mrs Osbourne stasera?» s'informò gentilmente Virgil Williams, prendendo posto nel salotto della moglie. «Che dice il medico?».

Dora sollevò il sopracciglio e lasciò cadere le braccia... Fatto eccezionale, si asteneva da qualunque commento. Capelli lisci, fascia lucida, riga in mezzo, tra un gran rumore di catenine e ciondoli riempiva le tazze.

«...Era prevedibile!» borbottò Rearden girando il cucchiaino.

Erano tutti riuniti, tutti gli amici di un tempo, gli amori platonici di Fanny, i suoi complici, per la tradizionale cerimonia del tè e degli *scones* dai Williams. Mancava soltanto Sam, trattenuto in tribunale dal processo di una certa signora Chadwick, accusata d'aver scaricato sul marito sei colpi di Derringer.

«Povero Sam!» sospirò Rearden stringendo la pipa fra i denti ed emettendo una boccata di fumo.

«Povera Fanny!» tuonò Dora la cui combattività veniva sempre risvegliata dall'eterna misoginia dell'avvocato.

Rearden abbozzò un sorriso sotto i baffi brizzolati. Gli piaceva che Dora reagisse. Quanto a lui, era angosciato: la prostrazione di Mrs Osbourne, la malattia che non finiva più, quella sorta di demenza, la sregolatezza dei sensi. Fanny era sull'orlo della follia, Rearden lo sapeva. Riaccese la pipa spenta.

«Ecco quel che capita quando le donne pretendono di andare fino in fondo a se stesse... Il meccanismo si rompe... E le vittime sono i mariti, come al solito».

«Rearden, la sua ironia cattiva non è divertente».

«In effetti» assentì lui, «la storia è proprio triste... La moglie di un bravo ragazzo lo abbandona» – Rearden calcò su «abbandona» – «e sparisce per tre anni, lo separa dai figli... Poi la signora ritorna con un figlio in meno e tiene il broncio. Erra per casa sua come un fantasma...».

«Non mi è parso che il "bravo ragazzo", come lo chiama lei, abbia molto sofferto durante la tanto lunga assenza... Mi pare si sia consolato in fretta... Non ha insediato a casa sua un'attricetta della peggior specie che voi signori siete tutti concordi nel trovare l'incarnazione della seduzione?».

Virgil Williams, John Lloyd e Timothy Rearden, messi in imbarazzo da quell'invettiva, guardarono da un'altra parte.

«E quella signorina» proseguì Dora, «non ha trasformato da cima a fondo il cottage del vostro amico? Ha cambiato tutto! La stanza da letto, lo studio e il laboratorio fotografico della moglie, il salotto... Perché ha risparmiato soltanto la camera di Hervey?... Perché? Me lo volete spiegare?».

«Per fedeltà al ricordo» suggerì John Lloyd.

Coi ricci corti che ingrigivano, la carnagione rubiconda che l'aria di San Francisco aveva scurito, i gesti tranquilli, l'abito a doppio petto, l'ex minatore di Austin somigliava finalmente al banchiere che aveva sognato di essere. Il ritorno della bella Mrs Osbourne gli aveva regalato qualche notte d'agitazione e la sua vicinanza gli aveva scombussolato gli schemi e rivangato i ricordi, ma Lloyd si felicitava con se stesso di non aver legato il proprio destino a quella donna fonte di complicazioni.

«Come le è facile giustificare Sam» tempestò Dora. «Per fedeltà al ricordo, dice? Per vendetta, invece... Sam avrebbe potuto vuotare quella camera prima dell'arrivo di Fanny! Me lo vedo, che apre studiatamente la porta, mostra allo sguardo della povera donna i pupazzi allineati, i giocattoli ben ordinati, l'abitino alla marinara appeso nello stesso posto nell'armadio... "Guarda bene, mia cara. Guarda e annusa. Aleggia ancora l'odore del pupo. Manca soltanto lui...". Anch'io che non ho bambini, anch'io che non li amo, non sono mai riuscita a rimetter piede in quella camera. Figuriamoci lei!... Sadismo! Non è sorprendente che Mrs Osbourne da quel giorno non dica più una parola... Non riesce a parlare, non riesce a mangiare...».

«Non riconosce nessuno» aggiunse Lloyd non senza tristezza.

«E buona grazia che Sam, *per fedeltà al ricordo*, non l'abbia uccisa». L'amicizia spingeva la fedele Dora a stravolgere un po' i fatti – l'amicizia e il gusto del dramma. Fanny non era stata colpita da afasia rivedendo la camera del figlio, non era andata fuori di testa il giorno stesso dell'arrivo. Un testimone avrebbe potuto pensare che l'incontro sul marciapiede della stazione di Sacramento fosse stato, se non gioioso, almeno pacifico e gentile. Errore.

La madre di Sam, in visita nell'Indiana, l'aveva tuttavia avvisato di quel che lo aspettava: si diceva scandalizzata dalla poca gioia testimoniata da Fanny all'idea di raggiungere il marito, amareggiata dalla sua indifferenza, molto preoccupata per la sua trasformazione fisica. È vero che in quanto a trasformazioni Fanny non era stata di mano leggera. Gesto di un'audacia insensata negli anni attorno al 1870, aveva tagliato i capelli. Corti. Cortissimi. Sacrificio della capigliatura in segno di lutto? Vedova d'un amore defunto? Vedova del padre? Oppure – come molte altre donne – aveva voluto manifestare la propria rivoluzione interiore con un radicale mutamento d'aspetto?

A guardare le foto, tutte leggermente posteriori a quell'epoca, la scandalosa pettinatura di Fanny le sta d'incanto. Un viso da pastore greco, una testa da paggio preraffaellita. Il naso diritto, la bocca carnosa, il mento volitivo e quel casco di ricci neri che si torcono sulla fronte e le tempie. Con un fisico così moderno, come immaginarla in piedi, stretta in un busto? Gravata da un ammasso di sottogonne, strangolata da camiciole zeppe d'orpelli? Tuttavia è una madre sottomessa, una moglie perbene, quella che al braccio di Sam Osbourne entra nel giardino di Oakland circondato dallo steccato bianco.

Sulla passione adulterina per un giovane scrittore scozzese: silenzio. Non un'allusione alla madre, alle sorelle, neppure una confidenza a Jo, l'antica complice. Jo, vedova di George Marshall, si è risposata con un banchiere di Danville: la parola "divorzio" la spaventerebbe... Dora avrebbe capito? Non si è legata a un divorziato sposando Virgil Williams? Cosa confessarle? A che pro? Il passato è morto e assieme a lui è morta Fanny. Soltanto Belle conosce il segreto. Per sfuggire i faccia a faccia con la ragazza, per non sentire più la sua ostilità, Fanny ha trascinato con sé in California la Vandegrift più giovane, Nellie, ventidue anni. La zia Nellie e la nipote Belle vanno d'accordo come i ladri di Pisa.

Mrs Osbourne si reinsedia. I vicini, le visite, il giardino. Tutto come se Fanny non fosse mai partita. Come se.

Sam dorme in città. Torna il fine settimana portando con sé Rearden, Lloyd e i Williams, che pranzano a Oakland tutte le domeniche. Fanny presiede di nuovo una tavolata. Ma paragonate all'intelligenza di Louis, alla fantasia di Bob, le chiacchiere degli amici di Sam Osbourne le paiono l'incarnazione della stupidità, della pesantezza e della noia. Che importa? Che importa? Non uno sguardo al passato, nessuna sbirciata al futuro, così Fanny va avanti. Non scrive a Louis. Né a Bob. Né a chicchessia. Perlomeno nei primi sei mesi. Il silenzio.

E passo passo, poco a poco, sprofonda. La depressione si radica. Autentica. Disturbi auditivi e visivi. Perdita di memoria. Prostrazione o crisi di isteria. Fanny ha tutti i sintomi della nevrosi. I detrattori diranno che soffre di una malattia mentale ricorrente: la schizofrenia. Quell'attacco si iscrive in una lunga lista di crisi più o meno gravi.

Comunque sia, lo sforzo per lasciare Robert Louis Stevenson, la rinuncia alla propria realizzazione conducono a quel che lei chiama, con pudore, «una infiammazione del cervello». Stavolta è una febbre nera, un rosario di ossessioni che le consumano il corpo e la mente.

«È finita» ripete a se stessa per notti interminabili, «è finita». Rivede Grez, il fiume, la barca dove si sono amati la prima volta... Sente sulla spalla i baci dell'amante... Si corica. Si alza. Attraversa il corridoio. Si apposta davanti alla camera di Hervey. Aspetta. No, non entrerà. «...È impossibile». Torna a letto. Hervey... Louis... «Cos'è che è impossibile?... Veramente è tutto finito?... No, Louis verrà! Ma perché dovrebbe venire?». Lei gli scriverà! Gli scriverà! Si alza, cammina fino al tavolo, apre il calamaio. «Faccio quel che mi ha chiesto... *In caso di bisogno tu mi chiamerai e io verrò*... E se non venisse? *In caso di bisogno*... Vediamo un po', mi sono pettinata oggi?». Posa la penna e va a tentoni fino allo specchio. Non sente la pendola del salotto che suona i dodici colpi di mezzanotte. «...Non deve trovarmi spettinata... Non deve trovarmi con gli occhi arrossati...». Si avvicina allo specchio, poi indietreggia. Questo viso gonfio, queste occhiaie, queste guance scavate, chi è? Respinge i ricci, li toglie dalla fronte. «Ma sono io, guarda un po'!... Devo ripettinarmi. Presto, presto, prima che lui arrivi». Si passa la mano aperta fra le ciocche... Si ferma. «Diventerò pazza?».

Terrorizzata scappa e torna nel gran letto vuoto.

*

«Che diavolo è successo a Parigi?» riprende Dora sospirando.

«Nessuno di noi ha capito fino a qual punto la morte di Hervey l'abbia scossa».

«Oggi Hervey avrebbe sette anni» calcola John Lloyd che era stato molto affezionato ai figli di Fanny.

La porta si apre. Sam e Belle entrano assieme. Padre e figlia non si lasciano più. Bella coppia. Lui è la seduzione in persona. Pare che il tempo lo risparmi. Le foto dell'epoca mostrano ancora il viso dalla barba bionda tagliata corta, la bocca sensuale sotto i baffi, gli occhi che scintillano di bontà e di malizia. A volte tuttavia strane correnti passano in quello sguardo azzurrissimo. Espressioni fuggevoli permettono di presumere che per quell'uomo la vita non sia semplice come sembra. Basti pensare ai bagordi cui si dà in gran segreto nei bassifondi di San Francisco. Nessuno qui sospetta che Osbourne non torni ogni sera dall'amante e frequenti case molto più losche... Può fare a meno delle donne e dell'alcol per mesi, ma i periodi di sobrietà si alternano a crisi di dissolutezza durante le quali i locali malfamati di San Francisco lo annoverano fra i migliori clienti. Di tali misteriose discese agli inferi non parla mai. Si immerge, poi viene fuori. Il piacere del suo fascino e della schietta allegria, unito all'intuizione che in quell'anima si svolgono cupe battaglie, rende Sam tanto più caro agli amici. Belle non gli nasconde la propria tenerezza né l'ammirazione fanatica. Vi mette una briciola di ostentazione, per meglio torturare la madre.

«Esagera» risponde Belle alle domande degli amici, «ne fa una malattia. Non fa nessuno sforzo!».

«Le hanno prescritto dei calmanti» prosegue Sam, «ma il nostro povero medico di Oakland non capisce un fico secco!».

«Non c'è nulla da capire» brontola Rearden.

«Vogliamo vedere, miss Belle, quel che ha oggi in cartella da mostrarci?» chiede con un sorriso Virgil Williams, che non desidera continuare quella desolante conversazione.

La ragazza scioglie il nastro e tira fuori qualche disegno: tutta la School of Design di San Francisco concorda nel pensare che abbia fatto progressi, in Francia. Un miglioramento spettacolare. Il viaggio di studio è stato un successo incontestabile.

«Interessantissime, le anatomie» commenta Williams, «se potessimo trovare per la nostra scuola professori della tempra di quel Robert-Fleury...».

«Così quindi» conclude aspramente Dora, «tutto è bene quel che finisce bene!».

Senza tener conto del sarcasmo Sam posa uno sguardo d'adorazione sulla figlia tanto affascinante: come diavolo l'avrebbe recuperata, se quella pazza di Fanny avesse scelto di restare a Parigi? Su quale leva avrebbe potuto poggiare? Tagliare i viveri ai propri figli? A quale prezzo? La condizione nervosa di Mrs Osbourne fa presumere il peggio, avrebbe finito per dar di matto trascinando Belle e Sammy con sé. Osbourne emette un lungo, interminabile sospiro di sollievo.

A più di diecimila chilometri di distanza, accanto a un caminetto di marmo, fra i ritratti di famiglia e i candelabri d'argento, una coppia scozzese emette un identico sospiro. La pazienza degli Stevenson ha dato i suoi frutti. La ragione trionfa. La distanza separa per sempre il loro unico figlio da quella vecchia americana. Ora bisogna distrarlo, tenerlo occupato...

Robert Louis Stevenson ci pensa da solo. Quindici giorni dopo aver accompagnato Fanny al treno, torna in Francia. Si propone di visitare le Cévennes a piedi e si impegna in una di quelle lunghe marce che gli sono abituali. Ma stavolta al diavolo gli amici, viaggia da solo. Né Simpson né Bob né alcun altro degli abituali compagni di strada lo segue. Attraverserà una delle regioni più povere, più selvagge e più belle del suo paese d'adozione. Ha come unico bagaglio un cappotto e un sacco a pelo, dorme sotto le stelle. Mangia soltanto mortadella e cioccolato, beve acqua. È solo per quindici giorni. *Tuttavia mentre così mi esaltavo nella mia solitudine* – scrive nel suo secondo libro, *Viaggio nelle Cévennes in compagnia di un asino – avevo la strana sensazione che mi mancasse qualcosa... Desideravo la presenza di una certa compagna distesa al mio fianco, sotto il chiarore delle stelle, silenziosa, immobile, ma la sua mano vicinissima avrebbe potuto sfiorare la mia... Perché esiste un cameratismo che procura una sensazione di dolce quiete e vissuto nel modo giusto offre un tipo di solitudine ancora più perfetto. Vivere all'aria aperta con la donna che si ama è fra tutte le esistenze la più completa e la più libera.*

Per il momento deve accontentarsi di conversazioni e liti con Modestine, la sua asina: da un certo punto di vista gli ricorda ancora una dama di sua conoscenza... Quel duro viaggio lo spingerà a scrivere un racconto pieno di incanto e di tenerezza. *Molte storie d'asini* – confida non senza umorismo a Bob – *non sono altro che dichiarazioni solenni del mio amore per F.*

Il tempo non smorza la sofferenza di Louis. L'incredibile vitalità di Fanny, il suo dedalo di contraddizioni, il suo silenzio, la fede in lui, il suo entusiasmo per il lavoro letterario, tutto gli manca. Ogni settimana di assenza gli sembra più insopportabile della precedente. *Tuttavia a F. non scrivo mai* – confessa a Colvin. *Tutto ciò che le persone si aspettano dalle lettere fra noi esiste già... Anche se io cambiassi radicalmente, lei lo intuirebbe e conoscerebbe tutti i miei pensieri.*

Che trasformazione in quel mutismo! Trascurare la penna non pare affatto cosa da Robert Louis Stevenson innamorato. Basti pensare alle decine di bottiglie d'inchiostro consumato per confidare il benché minimo moto dell'animo a Mrs Sitwell. Una corrispondenza che occuperebbe parecchi volumi.

Louis mostra oggi una tendenza a non aprire bocca. Non riesce più a parlare. Fatica a lavorare. Pensa soltanto a raggiungerla. Cos'avrà deciso laggiù? Vorrà ancora divorziare? Oppure ritrovando il padre dei suoi figli avrà mutato parere e resterà con Sam Osbourne? Tali incertezze lo minano. La rivedrà mai? Se sì, che potrà offrirle? E lei potrebbe accettare di condividere un'esistenza tanto precaria? *L'altra sera a casa mia era a pezzi* – scrive Colvin a Henley. *L'ho quasi rimesso in sesto... Alla meno peggio.*

Tutti gli amici, a Londra come a Edimburgo, aspettano con impazienza che lui superi la sbandata. Nel febbraio 1879 la disperazione lo prende. *Voglio, voglio, voglio una tregua. Voglio essere felice. Voglio la luna o il sole o non so cosa. Voglio maledettamente l'oggetto del mio affetto...* – scrive a Edmund Gosse, uno degli amici poeti. *Ti invidio la moglie* – continua – , *ti invidio la casa, ti invidio tuo figlio: potrei arrivare al punto di dire che ti invidio il gatto. Avrei anch'io qualche gatto se avessi una casa. Dici che sono ai tuoi occhi l'incarnazione della vita, ma la mia vita è l'incarnazione di un'attesa...*

* * *

«Aspettare? Ma aspettare cosa? Cos'aspetti, Fanny?».

Lei lanciò a Sam uno sguardo pieno d'odio.

«La fine».

A disagio, lui tentò di ridere.

«Rischi di aspettare parecchio!».

Lei non rise. Seduto ai piedi del letto, quel gran letto a baldacchino dalle colonne scolpite dove aveva amato altre donne e dove Hervey era nato, Osbourne abbozzava un'ultima riconciliazione... Ma quanto lo infastidiva, quella moglie... Una volta era piena d'energia... Oggi il viso faceva pena a vedersi! Magro. Giallo. Quei ridicoli capelli corti appiccicati su una fronte che, da quando Fanny era tornata, pareva più bassa, più ottusa!... Sì, lo esasperava. Non soltanto pretenziosa e saccente. Ma pazza.

Si distruggeva per il solo piacere di torturare tutti.

«Piantala con tutte queste storie... Non hai nulla... Il dottore dice che a rigore non hai nulla! Tutti i tuoi mali, le vertigini, le perdite di memoria, i deliri, sono immaginari!».

«E la febbre a quaranta della settimana scorsa?» biascicò lei. «Non l'ho immaginata! Nellie mi ha misurato la temperatura tutte le sere, può dirtelo. Avevo quaranta di febbre e delira vo...».

«Oggi non hai febbre, non deliri e uscirai di qua».

«Per andare dove?».

Sam fece un gesto a dire che non ne aveva idea.

«I posti non mancano... La California è grande!».

Fanny si ricacciò sotto le coperte.

«Lasciami in pace... Vattene!... Vattene» ripeté con un gesto d'orrore, «oppure...».

Un barlume passò sotto le palpebre brune che teneva abbassate. Aprì gli occhi e dardeggiò su di lui lo sguardo nero. Si squadrarono come se le loro volontà stessero nuovamente per scontrarsi. Ma stavolta Sam pareva privo di qualunque paura. Lei intuì che negli ultimi vent'anni lui aveva avuto paura... Paura delle esigenze, delle complicazioni e delle contraddizioni di lei. Paura di lei. In altri tempi avrebbe tentato l'impossibile pur di evitare una scenata. Quel giorno, cercava con calma lo scontro.

Lei si rese conto di non colpirlo più in nessun modo, neppure in qualche maniera oscura e collegata al passato. Tale presa di coscienza la gettò in un baratro di terrore.

«Oppure?» ripeté lui.

Nel suo tono Fanny non individuò neppure l'ombra di una sfida.

Soltanto un muro d'indifferenza.

«Oppure» riprese con una voce che i battiti del cuore sincopavano, «oppure restituiscimi la mia libertà!».

Sam chinò la testa e sospirò.

«Quando sei voluta partire, ti ho lasciata partire... Ti ho lasciato portar via i miei figli!... I tormenti che la tua decisione – non la mia ma la tua – i tormenti che ho patito in tua assenza, credo tu non ne abbia la più pallida idea... La possibilità ch'io abbia potuto soffrire neppure ti sfiora. Per te è la norma. Te ne infischi dei sentimenti degli altri!... Ma non mi abbindolerai per la seconda volta! "Lasciami andare" ripetevi, "lasciami diventare qualcuno. Quando sarò fiera di me tutto tra noi andrà meglio...". E io ci sono stato» proseguì Sam con asprezza. «Sei fiera di te, ora? Credi davvero che fra noi andrà meglio? Per tua sventura, e per la mia, ti ho ascoltata, Fanny. Bel risultato!... Ma ora decido io! Se ti ho fatto dei torti, ti sei ben vendicata. Siamo pari. Ecco cosa ti propongo. Ci restano una ventina d'anni da passare assieme. Viviamoli comodamente...».

Lei sogghignò:

«La comodità. Cos'è per te la comodità, Sam? Ingannarsi a vicenda? Farsi reciprocamente le corna?».

«Parigi ti ha resa volgare».

«Non più volgare del tuo atteggiamento. Non ho fatto nulla che tu non faccia ogni giorno. In Francia...».

«Della tua condotta laggiù non voglio saper nulla!».

«La tua affascinante figliola non ti ha informato? Davvero?».

«Sta' zitta! E lascia Belle fuori da tutto questo! Hai perduto ogni traccia di buonsenso».

«Ah, ecco, sono pazza, ma non dicevi proprio ora che non ho nulla? Che sono una malata immaginaria?».

«Capiscimi bene: se vuoi andartene non ti trattengo. Ma a quarant'anni sopravvivrai come potrai. Vivrai del tuo fascino, che non metto in dubbio. Da me non avrai più un soldo. E Belle e Sammy restano con me... Nella condizione in cui ti sei cacciata, ormai sei incapace di allevare tuo figlio e maritare tua figlia... Loro restano con me!».

Tesa, concentrata, lei tentava di seguire le sue spiegazioni. La testa intorpidita da mesi di prostrazione, non riusciva più a ragionare. Una sola domanda le bruciava fra le labbra, una richiesta che non osava formulare.

«Questo vuol dire» chiese, «questo vuol dire che...». Si sollevò sui cuscini. «Questo vuol dire che mi concederai... il divorzio?».

«Non ci penso nemmeno».

Era la risposta che si aspettava e temeva.

«Perché?» chiese lei con timidezza e subito smise di ascoltare.

«Belle e Sammy hanno avuto abbastanza colpi, abbastanza insicurezza. Non gli imporrò lo scandalo di un processo. E in ogni caso i miei figli non saranno figli di divorziati».

Dinanzi all'apatia che accolse la risposta, Sam consolidò il vantaggio.

«Questo discorso è chiuso» disse con una fermezza nuova. «Ti propongo quindi di tentare di riconciliarci... Riconosco che qui, in questo cottage, è difficile... Partiamo per una settimana. Senza Belle, senza Sammy, senza tua sorella Nellie... Prendiamoci una vacanza. Potremmo visitare la costa a sud di San Francisco. Tornare al vento, al mare, alla vita all'aria aperta. È la cosa di cui avresti bisogno, Fanny... Montare a cavallo... Dormire sotto le stelle. Là fuori ritroveresti la pace...».

Aggiunse fra sé: «E anch'io...».

Louis ha ricevuto una lettera quasi sensata – scrive il 6 febbraio 1879 Colvin a Henley – *un discorso quasi intellegibile arrivato da un indirizzo della California spagnola. Dopo terribili tempeste, progetti di fuga scoperti e Dio sa quanti altri drammi, lei ora è fra vecchi amici (...) Che succederà adesso? Chi lo sa?*

Monterey, California del Sud, febbraio-ottobre 1879

«È la più bella fra le vecchie città californiane... Ma la supplico, non lo dica a nessuno. Se i ricchi la scoprissero pavimenterebbero le strade, distruggerebbero le vecchie case, costruirebbero alberghi e negozi. In cinque anni questo paradiso sarebbe finito! Fine del fascino di Monterey».

Così profetizzava, davanti a un binario a scartamento ridotto, un ex allievo di Virgil Williams, Joseph Dwight Strong, ventisei anni, "Joe Strong" per gli amici. Aveva appena incontrato là, al capolinea della ferrovia, una passione della giovinezza, una persona che una volta gli aveva fatto battere il cuore. Si chiamava Belle Osbourne. Con la giovane zia e il fratellino, coperta di polvere, era appena scesa dal treno.

Nessuna stazione. Nessun marciapiede. Nessuna costruzione. Ai piedi dell'unico vagone, due carrette in attesa. Cavalieri, che passano al trotto su selle messicane, grandi *sombreros*, ordini e urla in spagnolo. E poi, in lontananza, un immenso circolo di sabbia bianca contornato da cipressi neri. Nell'ansa un villaggio che sonnecchia.

A meno di duecento chilometri da San Francisco, lo spaesamento completo. Una spedizione in terra straniera. Un tuffo nel passato in piena America. Monterey. Cent'anni di vita. Ex capitale della California. Spagnola. Messicana. Da pochissimo americana. Monterey orgogliosa della propria storia. La prima città attaccata dai pirati. La culla del primo giornale a ovest del Mississippi, della prima corte di giustizia, della prima Costituzione, del primo albergo, della prima diga... e del primo biliardo.

Mio padre e mia madre erano spariti assieme per una settimana – racconta Belle. *E noi eravamo stati molto sorpresi di ricevere a Oakland un telegramma che ci chiedeva di raggiun-*

gerli a Monterey. Mio padre ci aspettava al treno. Mentre il carrettiere accatastava i nostri bagagli, ci raccontava che aveva affittato tutta un'ala di una casa gigantesca, la casa Bonifacio, dove mia madre si stava sistemando; che la loro vacanza a due era trascorsa bene; che lei stava meglio; che proprio lei aveva chiesto di restare e voluto il nostro arrivo... Uno dei cavalieri che passavano al galoppo saltò a terra e venne a salutarci. Sembrava un giovane tedesco, con quei capelli cortissimi e i grossi baffi biondi. Era Joe Strong, il giovane artista più conosciuto della California. Il re di Monterey. Il suo fascino apriva le porte della vecchia società spagnola...

Belle e Joe si erano incontrati sei anni prima, nel 1873, sul battello che attraversava la baia di Oakland verso San Francisco. Belle, che allora aveva quattordici anni, andava con una compagna di classe a uno spettacolo pomeridiano al Baldwin Theater. Fierissime della prima gonna lunga, del primo corsetto, del primo sellino imbottito sotto la gonna, le due adolescenti resistevano al desiderio di comprarsi le caramelle e si pavoneggiavano sul ponte al suono delle marce militari. *Parlavamo della meravigliosa giornata che ci aspettava,* ricorda Belle, *quando scorgemmo due giovani che poggiati al parapetto ci osservavano con attenzione (...). Facendo finta di nulla, con la coda dell'occhio, notai che il più grande dei due disegnava il mio ritratto (...). Poco prima che la nave accostasse apparve uno dei nostri compagni di studi, un ragazzetto, e lo mandai a chiedere all'artista se volesse essere tanto gentile da mostrarmi la sua opera. Era rischioso, sfidavo tutte le convenzioni, ma la curiosità fu più forte (...). L'artista firmò il disegno, lo consegnò al mio compagno che ce lo portò coi complimenti dell'autore (...). Il disegno era firmato Jos. D. Strong Jr. Sorridendo in ringraziamento, io e la mia amica facemmo un lieve inchino, i giovani sollevarono il cappello, l'incidente pareva chiuso. Andai quindi all'ufficio di papà, che ci diede i biglietti del teatro e qualche soldo per il pranzo (...). Alle due e mezzo in punto andammo al Baldwin Theater. Si rappresentava, lo ricordo ancora, una commedia musicale (...). Mentre io e la mia compagna guardavamo rapite le persone che si sedevano, una voce alle nostre spalle lanciò un «Guarda guarda che sorpresa!». Indovina un po', erano i due giovani del battello. Non so come fecero a procurarseli, perché tutti i posti attorno a noi erano prenotati, ma prima che avessi tempo di dire bah, Joe Strong occupava il posto a fianco al mio e il suo amico Reginald Birch sedeva accanto alla mia amica. Fra parentesi: quello stesso Reginald Birch illustrerà poi tanto bene* Il piccolo Lord *(...). Avevo guanti di pecari giallo chiusi da una fila di minuscoli bottoni* – continua Belle – *e il mio vicino, Joe, li ammirò molto. Prima che lo spettacolo finisse mi teneva la mano, sotto il programma.*

Quattordici anni e nel 1873, ma Belle non perdeva tempo! La storia non si limitò a quell'episodio. Joe Strong mandò il padre di Reginald Birch, notabile di Oakland, dai genitori della ragazza. Il vecchio signore era latore d'un messaggio. Chiedeva a Mrs Osbourne se la giovane Belle poteva andare a posare nello studio che il figlio divideva con Strong. Per appoggiare la richiesta, il vecchio signore ricordò che Strong aveva appena ritratto il sindaco di Oakland. Il quadro aveva avuto un tale successo che la città faceva una colletta per mandare l'artista a studiare a Monaco di Baviera.

Scortata da Miss Kate, Belle era andata quindi dai due giovani fino alla loro partenza per la Germania. Fine del primo episodio.

Anni dopo, di ritorno dall'Europa poco prima delle Osbourne, Joe aveva risposto all'appello pressante di un altro amico, il poeta Charles Warren Stoddard, pilastro come lui (e come Sam Osbourne) del Bohemian Club. Stoddard, che un giorno inizierà Robert Louis Stevenson alla poesia delle isole del Pacifico, per scrivere le sue elegie cercava la calma, il sogno e l'esotismo. *Lascia subito San Francisco e vieni qua*, scriveva a Joe Strong. *Questo posto è l'ideale per dipingere. C'è tutto! Navi da pesca arenate sul litorale, baleniere, enormi ondate che s'avventano sugli scogli e soprattutto le rovine di una chiesa spagnola, la missione di Carmel, non puoi immaginare quanto pittoresche.*

Joe si affrettò a raggiungerlo portando con sé qualche buontempone del Bohemian Club. Affittarono appartamenti in case private, nelle *haciendas* messicane. Fondarono così la prima colonia di artisti in vacanza oltre le Montagne Rocciose. Un'altra Grez. Una Grez meno misogina e più esotica che Mrs Osbourne, la figlia e la sorella avrebbero amato con eguale passione.

Anche stavolta Fanny si trovò all'origine di una moda, prima donna pittrice di una lunga sfilza di artisti che gustarono il fascino di Carmel e di Monterey, la prima a insediarsi in quei luoghi oggi leggendari. Dopo di lei parecchie generazioni andranno a vivere sulla penisola: la prima banda arriverà presto e avrà come eroe la figura mitica di un certo Robert Louis Stevenson. E come capofila Jack London.

Nessun affare da imbastire. Nessuna miniera d'oro da sfruttare. Neppure terre da coltivare. Né campi né frutteti. Null'altro che quella spiaggia incastrata fra i mucchi di rocce contro cui si frangono le ondate. Sulla sabbia, arenati, relitti neri di vecchie baleniere e le carcasse secche dei grandi mammiferi smembrati. Nel cuore della baia un borgo assolato. La Spagna. Siviglia o Cordoba. Dietro grossi muri bianchi coperti di tegole spuntano piante grasse, liane, immensi fiori tropicali, tutta una natura traboccante di colori, di sussurri e grida.

Una grande strada principale in terra battuta ocra sollevata dai rari galoppi dei *vaqueros*. In fondo, a bloccare l'orizzonte, il Pacifico blu, pesante e oleoso. In primo piano un disordine di alte case con balconi in ferro battuto, con scale di legno esterne, persiane e feritoie. All'angolo delle viuzze che si perdono fra i muri di mattoni, sotto gli archi e sui ponti, si levano neri contro il cielo blu gli antichi cannoni spagnoli: ci legano i cavalli. Sui marciapiedi di tavole risuona la rotella degli speroni che salgono e scendono gli scalini ineguali. Attraverso pesanti portali aperti si intravvedono freschi *patios*, cortili piastrellati a mosaico, vasche variopinte piene di garofani nani e fontane moresche in cui sussurrano getti d'acqua.

...Varcammo un portico e là, fra gli alberi da frutto, sotto il pergolato di rose, riconobbi mia madre che costruiva mobili a colpi d'ascia e martello. Le guance rosse per lo sforzo, il sorriso sulle labbra. Per la prima volta da mesi e mesi sembrava viva.

L'odore salso dell'oceano, il profumo della resina e dei cipressi, i fiori che sporgono sopra i muri, la primavera di Monterey hanno portato la calma e la resurrezione nella mente sovreccitata di Fanny?

Il miracolo della prima estate a Grez, il cui ricordo continua ad abitarla, il miracolo si è ripetuto?

Per Belle sì! L'esperienza magica si ripeterà! Dimenticati O'Meara, i giuramenti d'amore eterno e il tradimento.

Come a Grez l'allegria di Belle, la sua bellezza, le procurano gli omaggi di tutta la piccola comunità. Dal droghiere fa nuove conoscenze. Per strada chiacchiera e sfarfalla. In spiaggia si pavoneggia e si innamora. E, come a Grez, si lega. Naturalmente soccombe al fascino del re della banda, Joe Strong.

Quanto a Nellie, trecce e gusti da brava bambina, Nellie l'intellettuale, tanto devota alla sorella maggiore, ben presto abbandona la compagnia di Fanny per scegliersi anche lei un *novio* in città. Si innamora di un amico di Joe, proprietario del locale saloon, il bell'Adolfo Sanchez, ultimo rampollo di una aristocratica famiglia messicana.

A Monterey gli ambienti sociali non contavano – raccontano

Belle e Nellie. *Si ballava fino all'alba, con gran divertimento, col vecchio macellaio, il giovane fornaio o il barista seducente.*

Serenate al chiar di luna, *fandangos* sotto i cipressi, pranzi al sacco in spiaggia, i cuori battono, le ridarelle zampillano. Fanny non condivide più nulla con quella gioventù. Nessun segreto, con sua figlia, nessun piacere, nessun progetto. Belle la tiene decisamente a distanza. Mrs Osbourne appartiene ormai alla generazione precedente. Belle glielo fa sentire. Tanto più che la ragazza prende apertamente partito per Sam nei litigi che turbano ancora la pace delle vaste stanze dai muri imbiancati a calce.

Oggi, ripensandoci, la mia incoscienza mi sconvolge. Assorbita dai miei amori, mi accorgevo appena che mio padre, risalito a lavorare a San Francisco, scendeva a trovarci sempre meno spesso. All'inizio della primavera veniva ogni settimana. A poco a poco le sue visite si diradarono; passavano parecchie settimane prima che lo rivedessimo. La sua assenza era di sollievo a mia madre. Nel giardino di casa Bonifacio si era rimessa al lavoro. Dipingeva miniature, piccoli ritratti molto somiglianti. Ma se disegnava me, avevo un viso mostruoso; trattenevo le lacrime guardando come mi vedeva...

Scozia, nei dintorni di Edimburgo.

Swanston Cottage, casa di campagna degli Stevenson, giugno 1879

«Che mio figlio si comporti come l'ultimo dei filistei, insegua una moglie adultera, la inviti a lasciare il marito, a tradire i figli, è una vergogna e una disonestà».

Fuori la pioggia cadeva senza sosta e offuscava i vetri delle finestre dei due bovindi che davano sul grande prato. Un'estate piovosa. L'acqua scavava pozze davanti alla vecchia casa di campagna, si infiltrava sotto le fondamenta, distruggeva i muri che crollavano in fondo al giardino. Le pietre rotolavano fra le pecore bianche dalla testa nera che brucavano un'erba di un verde tanto chiaro che al sole sarebbe potuto sembrare giallo. Ma di sole quell'anno in Scozia neppure un raggio. Le nubi basse e gonfie pesavano sulle canne dei quattro camini squadrati che salivano dal tetto d'ardesia. Il fuoco restava sempre acceso in salotto, in sala da pranzo, nelle camere, Thomas Stevenson soffriva di reumatismi, la moglie Margaret tossiva e il figlio girava in tondo. Da lei aveva ereditato la costituzione debole e l'indefettibile ottimismo; da lui la violenza delle convinzioni e lo scrupolo d'onestà.

«Tu ti contraddici, babbo!» s'infuriò Louis. Si alzò. Cominciò ad andare avanti e indietro a grandi passi nella sala da pranzo, da un capo all'altro della tavola cui sedevano i genitori. «Tu, che tante volte ho sentito difendere i diritti delle donne! Parlavi del loro diritto alla libertà, del loro diritto alla felicità». Si chinò sul padre. «Su questo punto, come su molti altri, ti credevo generoso e progressista! Alcune tue idee mi parevano talmente rivoluzionarie... Non dicevi che una moglie maltrattata dovrebbe poter divorziare senza che il marito abbia voce in capitolo? Il divorzio a uso esclusivo delle donne... E ora vai dicendo...».

«Che tu non hai il diritto di turbare la pace di una famiglia, di immischiarti nelle faccende di una casa che non è la tua... Se ti ostini in un'azione tanto sleale, in una ricerca tanto spregevole, trasformi la mia vita in un fallimento totale!».

Nessuna ottusità, in Thomas Stevenson. Nessuna meschinità o ristrettezza mentale. I biografi che hanno voluto descrivere il padre di Louis come null'altro che un borghese hanno tradito e frodato padre e figlio.

In quel viso squadrato dai favoriti a ciocche, sotto i cespugli delle sopracciglia, scintillava uno sguardo pieno di giovinezza, un'espressione in cui si mescolavano e si scontravano curiosità e tenerezza. Thomas Stevenson, conservatore e calvinista.

Come il figlio, con cui non smetteva di scontrarsi pur amandolo, Stevenson padre tentava di vivere in accordo con se stesso, col proprio codice d'onore, con la propria fede. Una fede nella quale l'austerità dei princìpi rivaleggiava col fanatismo. Teologo, fisico, ingegnere, era un uomo in continuo movimento, un uomo che cercava, che avanzava a tentoni, che dubitava e talvolta si sbagliava. In lui l'umorismo dalla faccia seria, la fantasia, addirittura l'eccentricità, affiancavano l'intransigenza e il rigore.

«...Ti supplico» disse, «non infliggermi la più tremenda sofferenza della mia vita. Non costringermi a maledirti!».

«Lou...» intervenne la madre, donna elegante, pia e allegra, che venerava il marito.

Margaret Balfour Stevenson apparteneva alla vecchia borghesia scozzese. Pur non essendo veramente bella, irradiava una sorta di languida distinzione non priva di fascino. Col viso stretto, il naso a becco d'aquila, gli occhi grigi che scintillavano sotto le palpebre, non mancava di intelligenza e manteneva la grazia spontanea della giovinezza. Creatura insignificante secondo qualcuno, santa secondo altri. Soltanto i suoi accessi di tosse, le crisi di *spleen* di Thomas e i violenti alterchi fra padre e figlio riuscivano a intorbidire quella fronte liscia e curva mai alterata da altra preoccupazione.

«...Lou» ripeté teneramente afferrando al volo la mano del figlio, «siediti».

Lo costrinse a riprendere posto al suo fianco. Per impedirgli di muoversi lasciò la mano diafana sul braccio del giovane. Aveva al polso un medaglione che raffigurava Lou a quattro anni, un ritratto di smalto agganciato a un braccialetto di capelli intrecciati, i boccoli biondi di Lou bambino.

«...Caro, cerca di comprendere tuo padre. Soffre nel vederti soffrire...».

«Che importa?» la interruppe Thomas con amarezza. «Lui se ne infischia! Sono abituato alle sue mazzate e alla sua indifferenza... Ma con quella donna che afferma d'amare, di quale egoismo dà prova!».

Ruotando dal fondo della sala la pesante figura verso il corpo fragile di Lou, Thomas si alzò con ostentazione. Teatrale, accusatore, mosse verso il figlio.

«...Come osi pretendere di costringerla a sacrificare la sua famiglia senza offrirle nulla in cambio?».

«Intendo sposarla, a dire il vero».

«Bel dono! Ci vuole un mestiere, figlio mio, per giocare al *pater familias*... Denaro e un certo senso di responsabilità di cui tu sembri del tutto sprovvisto. Hai ventinove anni, Louis, e vivi ancora delle somme che io ti assegno, degli anticipi che ti concedo sull'eredità...». A questa frase Louis sfuggendo alla madre balzò in piedi. Padre e figlio si squadrarono, tremanti di collera. Uno massiccio, rosso in viso, la mascella quadrata fremente sotto la barbetta. L'altro col volto affilato imporporato dall'umiliazione e i grandi occhi iniettati di sangue.

«Puoi legare tutta la tua fortuna alle tue opere» cominciò a urlare. «Non voglio un soldo! Sono il primo a dire che un giovane che non condivide le convinzioni dei genitori non ha alcun diritto al loro conto in banca. Ho sempre interpretato la tua generosità come un anticipo! Tengo il conto preciso e, credimi, sarà per me un punto d'onore rimborsartelo fino all'ultimo centesimo!».

Thomas aveva toccato un tasto dolente. A differenza dei giovani dello stesso ambiente e della stessa generazione, Robert Louis Stevenson si sentiva la coscienza sporca a spendere quel che non aveva guadagnato. In un'epoca in cui i giovani di buona famiglia vivevano di rendita, lui considerava i numerosi vantaggi della sua nascita come un prestito della società, prestito che sperava di restituire un giorno o l'altro.

«Un lascito non può essere che morale» riprese indignato, «e perciò non ti chiedo nulla».

«Lou, oh Lou, non è quel che voleva dire tuo padre...».

«Sarei curioso di conoscere l'ammontare totale dei tuoi diritti d'autore» insistette Thomas.

Stevenson padre, quando credeva d'avere ragione, non mollava mai la presa. Proprio come Louis.

«Quanto ti ha fruttato il tuo *Viaggio nelle Cévennes in compagnia di un asino*?» ironizzò impietoso. «Trenta sterline? Se tu amassi davvero quella donna, la lasceresti tranquilla... Oppure, caro mio, inchioderesti la targa di rame sul muro di questa casa, apriresti uno studio d'avvocato e ti guadagneresti la vita!... Quanto a quella povera madre di famiglia all'altro capo del mondo...».

«Non dubitiamo neppure per un istante, caro figliolo, che lei sia molto affascinante... Però pensa, Lou, che fra dieci anni avrà la mia età!».

Louis lanciò alla madre uno sguardo riconoscente. Sapeva che, pur restando solidale col marito, tentava di deviare il corso troppo pericoloso imboccato dall'alterco. Colse l'occasione.

«Ma tu sei incantevole, mamma».

«Non fare lo sciocco: sai bene cosa voglio dire» riprese lei con leggerezza. «Capisco che certe ragazze del nostro ambiente non ti divertono affatto... Ma la sorella del tuo amico Walter Simpson, per esempio... È molto originale, il che non le impedisce di appartenere a un'ottima famiglia di Edimburgo».

«Eve Simpson è piena di spirito, mamma, te lo concedo senza difficoltà, colta, intelligente, forse più intelligente di Fanny. Ma...».

«Ma che cosa?» interruppe Thomas che aveva finto di riacquistare la calma nell'angolo più lontano della stanza. «Ma sarebbe troppo semplice innamorarsi di una donna che abita all'angolo della via! Ti avverto figliolo, se ti imbarchi all'inseguimento di quell'americana, per me sarai morto!».

La voce tremò un poco. La bocca parve cedere.

«...Non costringermi a maledirti, figlio mio».

Dinanzi a quel vecchio viso devastato dall'angoscia, Louis non ebbe dubbi sulla sincerità di suo padre. "Ha paura" pensò. "Ha così tanta paura per me che in questo momento, se ne avesse il coraggio, piangerebbe... È la cosa peggiore: ha paura. E io lo torturo!".

Thomas scosse la testa, stette in raccoglimento e sussurrò: «...Questa è una preghiera, Louis».

I due uomini si scambiarono uno sguardo supplicante.

Monterey, casa Bonifacio, luglio 1879

Sola. Fanny è sola. Ha cercato sostegno nella madre, ha confessato alle sorelle il desiderio di divorziare. Levata di scudi generale: la famiglia Vandegrift non ha mai ritenuto Sam responsabile della partenza della moglie per l'Europa, ma ora lo biasima per averla lasciata partire. La separazione – ecco la causa di tutti i loro mali! E a proposito dell'idea appena espressa da Fanny, il divorzio, puah, orrore!

Le sorelle non negano che Sam Osbourne sia un po' leggero, talvolta irresponsabile, forse infedele... Ma quale coppia non ha quel genere di difficoltà? Fanno parte della vita coniugale. Anzi, fanno parte della vita. Perché diavolo Fanny prova l'improvviso bisogno di complicare una situazione che merita soltanto di essere taciuta? Il divorzio? Che vergogna! Come osa? Il povero padre defunto si rivolterebbe nella tomba. Le figlie hanno il dovere di rispettarne la memoria e il nome.

I Vandegrift, gli Osbourne e gli Stevenson fanno causa comune. Tre universi, tre clan che reagiscono in modo identico. Denti stretti, sopracciglia aggrottate. Dall'Indiana piovono lettere. Indignate.

E i rapporti fra Fanny e Belle si inaspriscono ulteriormente.

«Non voglio che continui a uscire con quello là, Joe Strong... È un poco di buono... Con lui sprechi il tuo talento e la tua giovinezza!».

«E se a me piace?».

«Lo dimenticherai in fretta, figlia mia... Come quell'altro, il tuo irlandese... Quel povero O'Meara di cui dicevi che era l'amore della vita... Valeva proprio la pena di farne un dramma!... Io so cosa ti servirebbe davvero... Cercherò per te un matrimonio infinitamente più vantaggioso che non la frequentazione di quel branco di artisti mancati!».

Da dove viene l'improvviso disprezzo per la bohème? La brutale preoccupazione per la rispettabilità? Fanny vuole evitare alla figlia di ripetere l'errore che lei ha commesso amando Robert Louis Stevenson? Cerca di risparmiarle i tormenti, i dubbi e l'abisso d'angoscia in cui lei si dibatte? È quel che dice a se stessa per giustificare ai propri occhi tanta severità di madre preoccupata soltanto dell'avvenire materiale della figlia. Le cose materiali? Le convenzioni? Fanny continua a infischiarsene! Ma teme che Belle s'impegoli troppo presto in una nuova storia. Conosce l'orrore della ragazza per la sofferenza, il suo gusto accanito del piacere e la passione per l'amore. Da donna matura ha riconosciuto nel brillante Joe Strong il talento, ma non è tutto oro quello che luccica. Impaurita predice catastrofi e moltiplica le mancanze di tatto. Naturalmente Sam prende partito per la figlia. Sostiene il diritto di Belle alla felicità.

«La felicità!» ghigna Fanny. «Che ne sa, tuo padre?».

«Molto più di te! Se pensi di darmi in moglie al piantatore del Kentucky, scordatelo, non mi piace. Mi annoia, è stupido».

«Meno stupido del tuo Joe Strong! Gioca a fare il capetto e si crede un grande pittore. Ma gli do cinque anni, m'intendi? cinque anni prima di sgonfiarsi... Forse aveva dei talenti a diciotto anni... Tutt'al più! Manca di disciplina, manca di carattere, manca di perseveranza. È un fallito. Vedrai... Una nullità. Zero!».

Belle la sfida e la ignora.

All'inizio di luglio la saggia Nellie fa una bella frittata: annuncia l'intenzione di sposare Adolfo Sanchez! Belle, dal canto suo, si fidanza in segreto con Joe Strong. E farà anche di meglio...

* * *

Al pianoterra di casa Bonifacio, Fanny girava in tondo nella camera dal soffitto imbiancato a calce. Piedi nudi sulle pietre fredde, descriveva cerchi che man mano si restringevano, dal lettone a baldacchino al lavabo di marmo, dalla brocca di maiolica che manteneva fresca l'acqua al baule in legno dipinto che racchiudeva gli abiti. Ogni volta, passando davanti alla finestra che dava sul giardino, con un vecchio gesto infantile rigettava sulle spalle il fantasma delle trecce tagliate, le trecce di bambina che credeva d'aver riportato sul petto alla porta del corridoio. Sentiva distintamente al piano di sopra il sussurrare di Nellie e Belle che chiacchieravano...

Dormire. Avrebbe tanto voluto dormire! Ma come si stendeva sul letto qualcuno o qualcosa si avvicinava, qualcuno che la minacciava... Stare in guardia... Doveva stare in guardia e vegliare. Un'improvvisa corrente d'aria agitò le tende. Passi nel giardino. Avanzavano. Aprì il tavolino da notte, tirò fuori la Derringer, tolse la sicura e mirò alla finestra. Le note di una chitarra si alzarono nell'aria della sera. Un canto d'amore in spagnolo, un grido rauco e violento. Quattro voci di giovani uomini salivano verso le finestre del primo piano. Quella di Adolfo Sanchez, piena e baritonale, era predominante. Di sopra, passetti che correvano verso la finestra. Un fiammifero sfregato, la candela posata sul balcone. Le due donne, palpitanti al balcone, si lasciavano amare al chiar di luna... Che teste di rapa! Un immenso disgusto scosse Fanny... Che teste di rapa! Per emozioni come questa venderebbero l'anima, devasterebbero la loro vita... Paccottiglia! Le doveva proteggere? E contro che cosa?... Che doveva fare? Guastare quell'attimo? Interrompere la serenata? Scacciare i giovani suonatori? Le loro sagome gettavano sui muri lunghe ombre intersecate dalla linea geometrica delle chitarre. Rimise la pistola nel cassetto e lo chiuse.

Rimase là, dritta ai piedi del letto, le braccia inerti lungo la camicia da notte, una casta camicia da vecchia... Fanny aveva cent'anni! Perché restava a Monterey?... Nessuno più aveva bisogno di lei! Ah, sì, restava per allevare il figlio e maritare la figlia... Perché non riusciva a ritrovare la calda tenerezza che un tempo aveva dato un senso alla sua vita?... Tenerezza? Il marito non l'amava. La figlia la detestava. Fanny non aveva più ragione d'esistere! Soltanto il piccolo Sammy continuava a testimoniarle affetto... Ma preferiva i cavalli e i ragazzi suoi coetanei! Lei era stanca... Perché non la piantavano di muggire? Si gettò sul letto, immerse la testa nei cuscini e si tappò le orecchie coi lembi del guanciale... Voleva pensare a Louis. Vieni. Vieni. Tentava di raffigurarselo. Un anno di lontananza. Lo distingueva male. Cosa sperare? Vederlo? Stringerlo? Scaricare su di lui tutte le responsabilità? Permettergli di indirizzarle la vita? E se fosse arrivato, che sarebbe accaduto? Lo scandalo! Il dramma! Belle l'avrebbe nuovamente posta sotto accusa... L'eventualità della venuta di Louis non le dava alcuna pace... Persino nei sogni non riusciva a sfuggire... Se lui fosse arrivato, che sarebbe accaduto?... Scacciò il pensiero. Voleva pensare a qualcosa di assolutamente sereno, qualcosa che non implicasse nessuna scelta, che non le attirasse alcun rimprovero... Per esempio l'aiuola sanguigna dei gigli tigrati nella vecchia casa dei Vandegrift, un mare rosso e screziato che le si sollevava davanti agli occhi e le impediva la visuale.

Forse sonnecchiò, perché svegliandosi non udì più la chitarra né le voci degli uomini né i sussurri delle ragazze. Silenzio. Ma qualcuno incombeva ai piedi del letto. Louis! Riconosceva la figura esile, le spalle curve: Louis! Le macchie d'ombra degli occhi di lui la fissavano. La bocca si apriva su una tosse secca che pareva sbattere contro i denti. Una testa di morto! Louis, estraneo. Louis, minaccioso. Uno scheletro che faceva il gesto di prenderla.

«Che succede?» chiese.

«Nulla. Vengo a prenderti. Ti porto via».

Era la voce di Sam! Quella voce strascicata del Sud, che si mangiava le parole. Sam l'aveva riacciuffata. La teneva.

«Ma tu dicevi che sarebbe andato tutto bene!» mormorò.

«Appunto, Fanny: va tutto bene!».

Pronta ad argomentare come sempre faceva con lui, a insultarlo, ad accusarlo, si rialzò. Vuota, la camera era vuota. Lo spaventoso sogno l'aveva ricatturata... Domani, domani l'avrebbe fatta finita... Avrebbe scritto a Louis...

L'alba del 30 luglio 1879 trovò Fanny Osbourne davanti all'ufficio del telegrafo di Monterey. Dettò dieci parole che inviò a Swanston Cottage.

Che diceva il telegramma? Nessuno conosce il tenore di quel messaggio. Stevenson lo distrusse dopo averlo letto. Parlava di follia e di morte? Gli confidava il desiderio di farla finita? Oppure voleva allontanarlo dalla propria vita? Tentava di rompere?

Sono propensa a credere che implorasse Stevenson di salvarla da se stessa!

In tutti i casi l'appello doveva essere sconvolgente perché Louis rispondesse lo stesso giorno: *Tieni duro. Sarò accanto a te fra un mese.*

Swanston Cottage, Edimburgo, Londra, Glasgow, New York, San Francisco.

Il pellegrinaggio di Louis, agosto 1879

Lascia Swanston Cottage, passa per Edimburgo, si affretta verso Londra, dove conta di chiedere in prestito agli amici il denaro per la traversata. Ma tutti, Colvin, Henley, Mrs Sitwell, disapprovano quel viaggio. Primo conflitto nella lunga lista di rivalità fra Fanny Osbourne e gli amici di Robert Louis Stevenson: battagliano per trattenerlo. Lasciando l'Inghilterra Louis manda alle ortiche la sua carriera letteraria, dicono. Rompe i ponti coi pochi contatti nel mondo dell'editoria. Soprattutto si mette in urto coi genitori! E che diavolo farà a Monterey, a casa del marito?

Per impedirgli di imbarcarsi gli amici chiudono i cordoni delle borse e gli rifiutano il loro sostegno. Stevenson otterrà però un piccolo anticipo su articoli futuri. Compra un biglietto di seconda classe e commette una delle rarissime crudeltà della sua vita lasciando credere ai genitori che li raggiungerà il giorno dopo, in vacanza...

Il giorno dopo, il 7 agosto 1879, fra gli emigranti dell'interponte, naviga sul *Devonia* in direzione di New York. In tasca ha un libretto di marocchino nero, l'opera di teologia scritta da suo padre. Da Glasgow a New York, da San Francisco a Monterey, la riflessione religiosa di quell'essere amato e tradito non lo lascerà. Nove mesi più tardi ne farà dono all'unico uomo che gliene parrà degno: il pastore che lo sposa a Fanny Osbourne. Fra la data della partenza e quella del matrimonio Robert Louis Stevenson entrerà nella maturità. Il viaggio in America cambierà per sempre il suo stile e il suo modo di vedere.

Eccolo partito per il Far West, malato, in circostanze che possono soltanto farlo ammalare di più – scrive Colvin a Henley. *Se non fosse in tale stato di salute la sua partenza non mi preoccu-*

perebbe oltre misura. Se la testa e i capricci continuano a giocare brutti tiri al suo corpo, verrà il giorno in cui il corpo romperà l'alleanza e ci ritroveremo senza il nostro amico. Certo, se sopravvive si darà da fare perché questa storia finisca bene. Ma discuterne non serve a nulla; si può soltanto sperare.

A dispetto della propria compassione Colvin rifiuterà sempre di immaginare l'odissea del suo protetto. Rifiuterà addirittura di ascoltarla, quando Stevenson tenterà di raccontargliela.

Mi pare d'esser morto ieri sera – gli confida Louis la mattina dell'imbarco. *Posso dirti in tutta onestà che non ho alcuna speranza, alcuna paura, alcun desiderio. Eccetto una vaga voglia di vino, cui devo resistere... Ho appena fatto testamento... Quant'è stupido il mondo!*

Voglia il cielo che tu resti in buona salute, è la sola preghiera dell'involucro che un tempo conteneva "R.L.S".

Louis osa parlare di Fanny soltanto a Bob. Scrive, quando la nave molla gli ormeggi: *Fanny è molto malata. Devo provare, devo riuscire a farle fare una scelta, aiutarla a uscire dal vicolo cieco. Sarò di ritorno fra un mese o due... Ma è un mondo sterminato!*

In cerca della donna amata, nei treni affollati che corrono verso Ovest, R.L.S. attraverserà tutto un continente, vedrà le grandi pianure, le montagne e i deserti d'America, conoscerà il freddo, la fame e la promiscuità. Ha raccontato quell'avventura in due libri che non ammettono alcuna parafrasi. Due piccoli capolavori: *Emigrante per diletto* e *Attraverso le pianure*, dei quali gli amici si ostineranno a non riconoscere il valore e che il padre farà ritirare, giudicandoli indegni del talento di Louis. Chi lo circonda non accetta che quel figlio di buona famiglia abbia scelto di toccare il fondo. Per amore. E totalmente solo.

Viaggerà in condizioni tali che all'arrivo la stessa Fanny non ritroverà il bohémien romantico di Grez, ma lo scheletro che le appariva negli incubi.

Per raggiungerla a Monterey, R.L.S. perderà otto chili in ventitré giorni e contrarrà una malattia che poi dovranno chiamare col suo vero nome: tubercolosi.

Da New York, il 18 agosto 1879, Louis scrive a Henley: *Cattive nuove e son fradicio sino alle ossa (...) Indirizza tutta la mia corrispondenza presso Joseph D. Strong, Monterey, Cal.*

Colmo d'ironia! Per non destare la gelosia di Sam, è Joe Strong che copre gli amori della futura suocera...

Monterey, agosto 1879

Nel cuore del pacifico villaggio assolato le passioni s'inaspriscono. Mentre un amante si imbarca dall'altra parte del mondo per inseguire la madre, l'indesiderabile vicino rapisce la figlia. Straordinari amori, quelli delle Osbourne! Il 9 agosto 1879, ovvero due giorni dopo l'imbarco di Robert Louis Stevenson sul *Devonia*, Joe Strong passa all'azione.

Mia madre aveva seminato il panico nel nostro gruppo – scrive Belle nella sua autobiografia – *dicendo a Joe che stava orchestrando per me un ricco matrimonio. Spaventato dalla notizia, Joe si era affrettato a risalire a San Francisco per parlare con mio padre. Rientrando a Monterey si era fermato a Salinas per munirsi di una licenza di matrimonio. Venne a prendermi a casa e mi portò a passeggiare sulla spiaggia. Mi disse che aveva ottenuto il consenso e la benedizione di mio padre. Mi supplicava di sposarlo senza indugio e di non parlarne a nessuno. Eccitatissimi demmo la scalata alla scogliera e arrivammo mano nella mano a una sorta di piccola comunità religiosa, Pacific Grove Retreat. Joe mi guidò fino a una casetta dove ci aspettavano un pastore e la moglie. Prima che avessi il tempo di rendermi conto di quel che stava accadendo, eravamo sposati. Avevo un vecchio abito grigio, le espadrillas slavate che tenevo per la spiaggia, urlando guardavamo il mio abito da sposa e ridevamo. Non avevo neppure la borsa!*

La cosa incredibile è che quella sera Belle tornò giudiziosamente a dormire sotto il tetto materno. Per più di un mese Fanny ignorerà che la figlia, la complice, la compagna, è ormai una donna sposata!

Per l'una e l'altra, paradosso più, paradosso meno...

Entrambe combattute fra l'impazienza e l'angoscia, tacciono i loro segreti, ognuna attende per proprio conto. Fanny aspetta il giovane amante, non ne annuncia la venuta a nessuno. Belle conta i giorni che la separano dalla maggiore età, per fuggire col legittimo sposo. Arduo immaginare l'atmosfera di casa Bonifacio in quel mese di agosto del 1879.

Tanto più che l'imbroglio sentimentale si complica con gli amori, apparentemente senza storia, della zia Nellie e del bell'Adolfo: il fidanzamento volge al dramma familiare! Nellie ha spedito ai Vandegrift la foto del fidanzato messicano. Orrore. La cadetta sta per sposare un negro! Le sorelle ritengono che la scandalosa Fanny sia responsabile della nuova catastrofe.

Dieci anni prima, nel 1868, non aveva forse portato l'altra sorella, Cora, in California? E l'aveva fatta sposare col socio di Osbourne, quel Sam Orr che era scomparso con lui nelle *sierras*, cercatore d'oro periodicamente mandato in rovina dalla sua passione. Ora sono proprio gli Orr che imprecano con maggiore acidità contro l'unione di Nellie con un messicano proprietario di saloon. Quasi nello stesso momento Joe Strong porta in gran segreto un cablo di Stevenson. Arriva!

Nascondere ancora la sua visita apparirebbe sospetto. Arriva. Che fare? Che dire? A chi? Per preparare gli amici di Sam, Fanny sceglie Rearden, di cui conosce l'intelligenza e la malevolenza.

Pare – scrive Fanny – *che il mio amico intellettuale di cui le ho parlato, quel gentile ragazzo scozzese, pare abbia accettato un giro di conferenze in America. Penso sia una grande stupidità da parte sua e gli ho scritto per dissuaderlo. Gli ho anche consigliato di non preoccuparsi dei critici letterari ma di puntare sul proprio stile. Ha un tono che appartiene a lui soltanto! Una voce letteraria che sarebbe da pazzi abbandonare per denaro o per lusinghe. Più avanti, se lavora e vive, avrà la gloria e la fortuna, ne sono certa, deve pensare soltanto a continuare... Perché se sopravvive è atteso da un grande destino.*

Atto di fede e ordito di menzogne... Sincerità e scaltrezza. Curiosa mescolanza. Belle non si lascia ingannare. Alla fine del mese il rivale di suo padre arriverà a Monterey.

Monterey, sabato 30 agosto 1879, ore 17.30

Sento ancora l'urlo di mia madre al vederlo – scriverà quarant'anni dopo il figlio di Fanny – *l'incoerenza delle loro frasi, le risate, le lacrime, la pazza felicità del ritrovarsi...*

Quel tardo pomeriggio le macchie di luce e le chiazze d'ombra frammentavano la grande sala umida del pianoterra. Gli ultimi raggi di sole cadevano sui mobili neri e sui sofà pieni d'orpelli di casa Bonifacio. Giocavano fra le volute dei braccioli, accendevano i listelli delle sedie a dondolo, bruciavano la tappezzeria delle poltrone, trapuntavano i velluti dei poggiapiedi e degli inginocchiatoi. Ondeggiavano nella mezza luce i contorni di una piccola coppa e il disco d'oro del pendolo. Dal giardino saliva l'aroma che impregnava la stanza, un odore agrodolce, profumo mescolato al salino, l'aria di mare si caricava di una coltre vellutata e mielata. Le rose di casa Bonifacio appartenevano alla leggenda di Monterey. Nel villaggio chiamavano quella casa «l'Adobe delle Rose di Sherman». Narravano che da giovane il generale nordista Sherman, uno dei vincitori della guerra di Secessione, avesse amato una signorina Bonifacio. All'ora degli addii, giurando di tornare per sposarla, aveva fatto piantare un rosaio accanto alla porta, come pegno di fedeltà. Quarant'anni dopo il rosaio si arrampicava su tutti i muri della casa mentre Nichina Bonifacio, raggrinzita sotto la mantiglia, si divideva fra le cure alla vecchia madre, la passione per il bel giardino e la collera contro il figlio degli affittuari. Fra il bambino e la *señorita* era guerra aperta. Sammy si divertiva a rincorrere col lazo, sul pony che gli aveva regalato il padre, la vacca e il vitello che pascolavano nel recinto... «Povera vecchia signorina» sospirò Fanny chinandosi sulla macchina da cucire, «in questa casa i fiori prosperano ma l'amore muore».

Seduta alla finestra a est Fanny pedalava con applicazione, tenendo ben diritto sotto l'ago il merletto della sottogonna cui lavorava.

Con la gonna lunga di cotone granata, la camicetta color prugna abbottonata fino al mento, i polsini inamidati, il colletto bianco e la croce d'oro mostrava quella sera un aspetto saggio, un'aria seria, qualcosa di pacificato. "Da quando so che Louis è arrivato a New York... è curioso... lo aspetto con meno impazienza!... In fondo non sono molto certa di desiderare la sua venuta...".

Se si escludono il casco di ricci neri, la nettezza del profilo, il naso troppo diritto e la bocca troppo amara, incarnava l'immagine della dolcezza femminile. Non fosse stato per le dita gialle di nicotina e le sigarette che fumava senza sosta nel guazzabuglio di rocchetti, spilli e scampoli. "...Come i sintomi del malato spariscono al momento dell'appuntamento col medico, la sua visita non mi sembra più necessaria".

«Stai facendo i compiti, Sammy?» chiese al bambino sdraiato ai suoi piedi sul pavimento. «Recitami le declinazioni... sai, credo che Luly stia per arrivare».

L'ultima osservazione, in apparenza anodina, l'aveva già fatta il giorno prima, una frase gettata là in tono bizzarro, con un lampo folle nello sguardo: «Ho buone notizie per te: arriva Louis!».

«Quando?» esclamò di nuovo Sammy, esaltatissimo.

«Presto».

«Resterà parecchio?».

«Non lo so. Allora, queste declinazioni?».

Sedendosi a gambe incrociate Sammy recitò a pappagallo la lezione di latino, che tentava di imparare sui grandi dizionari mandati da Timothy Rearden. Col rumore della macchina non udirono né il passo della padrona di casa, né i colpi leggeri alla porta, né gli scatti del chiavistello, finché la *señorita* non strepitò alle loro spalle:

«Una visita per voi!». Fanny non ebbe alcun bisogno di voltarsi per rovesciare la sedia. Nessun bisogno di vederlo, per correre. Louis era in controluce. Notò l'usura dell'abito blu, la pelliccia che portava in spalla, lucida per l'uso, il borsone sfondato ai piedi. Nell'ombra della strana bombetta che portava, non riuscì a osservargli il viso, ma gettandoglisi fra le braccia pensò che aveva dimenticato quant'era alto ed esile. Restarono abbracciati, piangendo, ridendo, sussurrando parole incoerenti.

Fino a quel momento – scrive Sammy – *non avevo mai pensato a lui come a un invalido. Al contrario! In vigore e vitalità superava tutti i giovani di Grez (...). Ma quel giorno anche ai miei occhi di bambino Robert Louis Stevenson parve malato. Gli occhi troppo lucidi sottolineavano la magrezza, il pallore del viso. Gli abiti avevano cessato d'improvviso di sembrarmi romantici. Pendevano miserabili, sporchi e laceri su un corpo a pezzi.*

Quel che Sammy non dice è che una moltitudine di pustole copriva la nuca e le orecchie di Robert Louis Stevenson. Grandi placche rosse gli gonfiavano le mani. Dappertutto brufoli che grattava meccanicamente.

Lo sguardo non lasciava Fanny.

«Sammy, figliolo» balbettò lei, «vai subito a prendere il vino e i tacos che ho ordinato dal droghiere... Trova Belle e Nellie. Digli che Luly è arrivato».

Restarono faccia a faccia, paralizzati dall'emozione. In assenza di un terzo, un disagio strano impediva loro di abbracciarsi.

«Sei delusa?» chiese Louis con un sorriso forzato.

Lei esitò. L'attimo di pausa prima della risposta lacerò il cuore del viaggiatore. Lei intuì il colpo inferto dal silenzio e con slancio spontaneo gli si strinse contro.

«Non essere stupido... Non mi aspettavo di vederti tanto presto... Non stasera... È il fine settimana» esclamò con piglio drammatico. «Sam arriva domani!».

«Bene. Non perderemo tempo».

Richiuse le braccia su di lei e stavolta la abbracciò. Credette che lei non provasse alcun piacere a quella carezza. Si ingannava. Ma, Dio solo sa per quale ragione, Fanny diceva a se stessa che doveva fare uno sforzo di volontà, assolutamente. Tentava di riprendersi. Lui la trattenne. Lei si liberò.

«Le tue carezze mi fanno male» mormorò, «perché ti amo così tanto».

«Allora ti farò male e ti stringerò fino a che le tue ossa si imprimeranno nella mia carne».

Lei rise. Imbarazzata.

«Faresti fatica... Sono ingrassata, no? Da quando ho ricevuto il tuo telegramma ho ripreso tre chili! Ma tu... Lasciati guardare...».

Indietreggiò, chinò la testolina, strinse le palpebre e lo studiò, come studiava gli oggetti prima di dipingerli. Il cuore ebbe un sussulto.

«Tu invece sei magrissimo» disse simulando allegria. «Ma ti rimpolperò!».

Aveva riacquistato la voce di madre e donna di casa, stava già tirando fuori piatti e bicchieri. Lo fece sedere a tavola.

«Scommetto che non hai mangiato nulla in tutto il giorno...». Gli posò di fronte una scodella di guacamole. «Hai mai assaggiato l'avocado?».

«Avevo dimenticato che razza di commediante sei! Per non farmi parlare di noi mi attiri sul tuo terreno...».

«È una ricetta messicana...».

«Ah, Fanny» Louis rise, «l'amore non ti manderà mai la testa sulle nuvole. Manterrai sempre la punta del piede sulla terraferma. La stessa giumenta che tira sempre lo stesso carro».

«E tu lo stesso uccello che si brucia sempre le ali allo stesso sole. Raccontami del viaggio... Parlami del tuo lavoro... Hai qualcosa di nuovo da farmi vedere prima che arrivino gli altri?».

«Sono annegato nel mio calamaio e non ho mai smesso di scribacchiare! Da New York ho spedito a Colvin il racconto più lungo che abbia mai scritto, *Il dinamitardo*».

«Me lo leggerai...».

«Non ora...».

Le scoccò uno sguardo inquisitore:

«...Hai così tanta paura che mi avvicini da inventarti qualunque cosa pur di tenermi occupato?».

Lei non rispose.

Non si toccarono più. Lui aveva tolto il braccio dalla spalla di Fanny. Lei si era allontanata. Seduti fianco a fianco sulla stessa panca conversavano come vecchi conoscenti. L'uno ferito da quel buonsenso, interpretato come indifferenza, l'altra messa a disagio dallo sfinimento del compagno. Fingevano di riprendere la conversazione dal punto in cui l'avevano lasciata nell'agosto dell'anno prima.

Quegli esseri che si erano tanto attesi non avevano più fretta. Erano entrambi oppressi dalla stessa tristezza, dallo stesso terrore.

«Avevo sempre immaginato la genia degli emigranti come vichinghi in partenza per la conquista del Nuovo Mondo» riprendeva Stevenson animandosi. «Quelli di cui ho condiviso la miseria e la sporcizia sul *Devonia* non somigliavano proprio all'immagine che m'ero fatto... L'alcolismo non è allegro, Fanny, e la povertà non invita affatto al superamento di sé...».

Lei scosse la testa:

«Lo so». Per impedirgli di svicolare, insistette: «E allora?».

«E allora... Paragonati ai passeggeri di prima classe, quanto più umani, quanto più dignitosi, i fuggiaschi, i vili e i disperati della stiva... Tendo a pensare che un uomo valga l'altro, non sono mai stato radicale in materia sociale. Ma buon Dio, quando le belle signore e i loro cavalieri sono venuti a trovarci, sono stato stupefatto dall'insulto che la sola presenza di quelle persone ci gettava in faccia! Con la loro curiosità, il disprezzo che credevano di nascondere educatamente sotto la condiscendenza di un sorriso, quei ricchi li avrei volentieri pestati!... Suppongo d'avere imparato molto durante questo viaggio... il tuo paese, Fanny, supera in splendore tutti i sogni più pazzeschi... Non rimpiango di essere venuto...» insistette, come per rassicurare se stesso. «Dovevo farlo, ora o mai più. Sia quel che sia... Ho tagliato il cordone ombelicale. Non posso più contare che su me stesso. Era ora! Devo stare in piedi da solo. Il percorso alle mie spalle, lo vedo con chiarezza... E anche il cammino che mi aspetta...».

Lei abbozzò un sorriso esitante.

«Comunque andrà» riprese Louis, «non rimpiango nulla».

L'angoscia dell'ultima frase parve commuovere Fanny, che si strinse a lui.

«Nessuno qui dice che non avresti dovuto... Nessuno!».

E fu lei a posare le labbra sulla bocca secca del giovane. Lui strinse il piccolo corpo, che non oppose più resistenza. L'amore finalmente mozzò a entrambi il respiro... Non a lungo. La porta si aprì.

«Ci sono troppi mesi, troppi minuti da recuperare...» articolò con cattiveria Belle. «Buongiorno, Louis. Non sapevo neppure che lei fosse in America!».

Nellie e Sammy si precipitarono dietro di lei.

Fanny riprese il proprio ruolo e con severità di madre brontolò:

«Dov'eri?».

«Con zia...» rispose Belle nello stesso tono.

Bionda e sbrigativa, fingendo di non notare il disordine della sorella e l'aggressività di Belle, Nellie strinse la mano che Stevenson le tendeva.

«Fanny mi ha parlato molto del suo talento... Pare che lei sia il Walter Scott della nostra generazione... Walter Scott mi piace tantissimo».

«E io, miss Vandegrift, sono qui soltanto da un'ora e non ho sentito che vantare le sue grazie... Pare che oltre Walter Scott lei ami che si canti a mezzanotte sotto le sue finestre...».

Nellie arrossì e Belle non poté impedirsi di ridere.

«Io lo so» scherzò, «lo so chi le ha dato l'informazione!».

«Ti sei fermato al saloon di Sanchez?» gli chiese severa Fanny.

«Credevo che tu fossi abbastanza vicina da notarlo» ironizzò Belle. «Louis, ignoravo che lei bevesse. Sa di whisky a dieci metri!».

«Mia cara, avevo così tanta paura di trovarmi davanti a voi nello stato in cui ero che come prima cosa dopo dodici ore di treno mi sono tirato un po' su».

«A proposito» interruppe Fanny, «è ora di pensare alla cena».

«Siamo in sei» precisò Belle. «Ho invitato Joe. Sperò non ci troverai nulla di sconveniente, a questo punto...».

Madre e figlia si scambiarono uno sguardo animoso. Fanny decise di tacere. Sammy si accucciò sulle ginocchia di Luly e, in estasi per aver ritrovato l'amico, supplicò:

«Raccontaci le tue avventure! Che farai ora? Ti fermi molto?».

Affermava di fare una ricerca sugli emigranti, ma era là soltanto perché amava Fanny Osbourne – commenta Belle. *E tutti i suoi racconti erano destinati a lei. Parlava soltanto per lei. Nellie, Sammy e io non esistevamo neppure.*

Quella sera Belle cedette al fascino di Louis? La giovane Miss Osbourne due anni prima aveva scritto a Rearden: *L'altro Stevenson non è molto bello, certo, non è molto bello... Ma nel momento in cui apre bocca, quando comincia a parlare, lo trovo l'uomo più seducente che abbia mai incontrato.*

La notte del 31 agosto 1879 non portò il sonno, a casa Bonifacio. Al primo piano, nel letto che divideva con la zia, Belle ruminava collera... Così quell'ipocrita di sua madre le aveva vietato di amare Joe Strong mentre lei invece preparava l'arrivo dell'amante. "Sarà l'ultima settimana che passerò sotto questo tetto... Fuggirò con Joe... Andremo a prendere le mie cose al cottage di Oakland e cercheremo protezione da papà... Neppure Nellie deve saperne nulla... Nellie che si ostina a vedere in quello scozzese malato soltanto un protetto di Fanny... Un'amicizia letteraria... Figurarsi... Che innocenza... Buon pro le faccia, visto che è tanto saccente... Ma guai se si ostinerà a vivere ancora con la sorella quando scoppierà lo scandalo... Perché allora sarà la famiglia Sanchez a opporsi al suo matrimonio con Adolfo!".

Fanny quella sera non sentiva i sussurri delle due ragazze. Distesa completamente vestita sul patchwork del copriletto, rifletteva. E quel che scopriva la pietrificava di paura... "Lui è qua... Lui è qua... Dovrei essere felice... E non sento nulla! Arida, sono arida! Sono dura e cattiva: Belle ha ragione... Ho la fortuna di trovare un uomo che per amor mio attraversa il mondo e questo non mi dà gioia? Un uomo che ammiro, un uomo che rispetto... L'essere più generoso, il più coraggioso... La famiglia l'ha diseredato. Per causa mia. E lo accolgo così? Ha viaggiato giorno e notte, non si è concesso il tempo di dormire una volta in un letto, arriva, malato, pieno di speranza, e lo accolgo così! Io...". Non riusciva a muoversi, aveva mani e piedi gelidi. "Lui... Lui non ha dubbi! Non era quel che volevo?... È venuto per affrettare la mia separazione da Sam... Non era quel che gli chiedevo?... Ho a fianco il solo essere al mondo che si preoccupa della mia esistenza. Il solo! E lo tratto così? L'uomo che mi spalleggia, l'uomo che mi protegge...".

Si agitò. Piegando le ginocchia sedette e si raggomitolò; restò ferma al centro del letto in posizione fetale. "...Proteggermi? Come potrebbe proteggermi? È povero, malato, forse morente! Ah" fremette, "ha buon gioco a offrirmi la sua mano e il suo futuro! Una mano rognosa e un futuro inesistente. Un ragazzo di talento, certo... Sì, ha del genio, lo so, ne sono sicura! Ma avremo il tempo necessario per dimostrarlo? E se muore?... Che ne sarà di Belle e di Sammy? Ammettendo che io divorzi da Sam, che Louis muoia... Soltanto Rearden riderà!... Se Louis muore, che farò?". Fanny sollevò il viso verso il soffitto del baldacchino e con sguardo assente si perse nella contemplazione di nappe e drappeggi. "...Sam non è un cattivo padre. Ci offre i cavalli per andare a spasso. Paga l'affitto di questa casa. Il cottage di Oakland è suo... Come farà Louis, che ora è tanto povero, a mantenere Sammy? Vedrò mio figlio perdere sette chili in un mese? E quella tosse!... Le pustole che gli coprono il corpo divoreranno presto le manine di mio figlio? Che fare? Qual è il mio dovere? Dio mio, possibile ch'io non sappia chi merita la mia lealtà?".

Si contorse e con lento gesto di biscia si infilò fra le lenzuola di lino che tirò su fino al mento. "Sam non merita la mia lealtà – di ciò posso essere certa! Non gli devo nulla! Non ha alcun diritto su di me! Se si pensa al suo comportamento durante la malattia di Hervey!".

Si raffigurò Sam così biondo, così bello... Sarebbe dovuto arrivare il giorno dopo col treno... Ma quella sera la collera pareva estinta. La collera, l'amore, tutti i sentimenti che avevano sconvolto gli ultimi anni della sua vita.

Diventata saggia a quarant'anni? Impermeabile alle passioni?... Restava quindi l'interesse... Doveva puntare sulla sicurezza restando sposata a Sam o scommettere sulla gloria legandosi a Louis? «Le due cose si equivalgono» sospirò. «L'irresponsabilità del primo e la salute del secondo fanno prevedere il peggio. Stevenson può morire. Osbourne può sparire...». La propria indifferenza dinanzi all'eventualità delle due catastrofi la spaventò. Fece appello un'ultima volta alla coscienza. «Sono un mostro! Quel povero ragazzo ha rischiato la vita, il futuro, il passato... Ho perduto tutto, anche il senso morale!... Se Louis non avesse sfidato per me i genitori, oggi non sarebbe in questo stato... Sono la sola persona che gli resta al mondo!».

Nulla. Non provava nulla! Non la sfioravano neppure la compassione, la simpatia per i perdenti che di solito mobilitava la sua energia, e la vecchia tenerezza per i vinti.

Esasperata con se stessa, in un ultimo soprassalto si arrabbiò: «...È che non l'aspettavo tanto presto! È piombato qua senza avvisare! Mi dia un po' di tempo!... Ch'io possa almeno preparare Belle...».

A non molta distanza, nella cameretta della *señorita* Reese, trovatagli da Joe Strong, Robert Louis Stevenson non riusciva a riposare. Il disgusto che aveva deformato il viso dell'affittacamere nell'accettare dalla mano malata i sette dollari di anticipo gli aveva fatto capire abbastanza chiaramente quale effetto producesse sulle donne... Sette dollari! Al verde, impossibile restare più di una settimana... Non pensava alla freddezza di Fanny, né alla Scozia, né al futuro. E neppure alle predizioni degli amici: «Quando sarai laggiù, Louis, che farai?». Ma il denaro! Se soltanto Henley fosse riuscito a vendere il lavoro che avevano scritto assieme... Se almeno Colvin avesse potuto mandare trenta sterline per *Il dinamitardo*... Se Baxter fosse riuscito a rastrellare le cinquanta sterline che gli doveva l'editore... Pareva a Louis di non aver ancora messo piede sulla terraferma, che il treno continuasse a correre... Davanti agli occhi sfilavano le grandi pianure. Alle orecchie giungevano il brontolio degli assali e il fischio delle locomotive.

* * *

Per settimane avevo aspettato con grande impazienza la visita di mio padre – racconta Sammy –, *e quando arrivò per me fu molto sconcertante. Lui era tanto preoccupato e aveva così poco tempo da dedicarmi! Si rinchiuse per ore con mia madre e mi proibirono nel modo più assoluto di disturbarli. A un certo punto, mentre studiavo le mie lezioni, sentii provenire da dietro il tramezzo strane inflessioni nei loro bisbigli. Lei lo rimproverava e lui dava la più angosciante delle spiegazioni a proposito dei propri problemi finanziari al momento della morte del mio fratellino. D'improvviso mamma proruppe in pianto e implorò con una voce che mi trafisse il cuore: «Oh, Sam, perdonami!».*

«Non avvicinarti! Te ne supplico, vattene!».

Sorpreso, atterrito, Robert Louis Stevenson si fermò sotto il pergolato che portava a casa Bonifacio... Stava succedendo quel che aveva temuto! Lei lo congedava. Fu un colpo tale che gli si spezzò il respiro in gola. Con le mani sulla pancia si curvò per il dolore. I pantaloni stretti accentuavano la spaventosa magrezza. Uno scheletro tale che ci si chiedeva se proiettasse un'ombra... La tensione degli ultimi giorni, la presenza del marito a Monterey, l'incertezza sul comportamento da tenere – doveva presentarsi a Sam oppure aspettare con discrezione la conclusione dei colloqui? –, l'angoscia avevano assottigliato i suoi tratti. L'ovale del viso si era allungato, i baffi parevano più fini e radi.

«Ti supplico, vattene» ripeté lei.

Isterica, con la camicia sbottonata, gesticolava dal fondo del giardino... Era la fine dell'avventura. Louis aveva avuto la risposta... Lei gli vietava di entrare!

«...Parti subito!... Nellie è malata, ha la difterite! Ho mandato Sammy e Belle a stare in albergo. Il padre è tornato a San Francisco, gli paga la camera... I miei figli non devono abitare qui mentre io la curo! La difterite è spaventosamente contagiosa! Si muore! Nello stato in cui sei te la beccheresti senz'altro... Le sono spuntate membrane nella gola. Devo bruciargliele ogni mezz'ora, di giorno, di notte... Se lei morisse lontana da casa, lontana dai Vandegrift, sarebbe colpa mia, l'ho portata io qui... Quando mia sorella starà meglio ti manderò a chiamare! Ti supplico, non entrare! La difterite ti ucciderebbe».

«Ma tu?» chiese lui spingendosi avanti.

«Io?». Sorrise. «Io sono indistruttibile!».

Quindici anni dopo, alla vigilia della propria morte, Robert Louis Stevenson descriverà la moglie a un amico: *Una forza della natura, un'energia infernale alternata a settimane e settimane di ibernazione completa... Cura tutti, curerà te come gli altri, ma lei è impossibile da curare.*

*

Non ha abbastanza denaro per restare a Monterey, comprende che la propria presenza finirebbe per nuocere a Fanny e pensa che visitare il paese sarà un buon nutrimento per i racconti di viaggio. Perciò Robert Louis Stevenson lascerà la città. *Ho sempre bisogno di trenta sterline* – scrive a Baxter il 9 settembre – *e faresti bene a mandarmi a San Francisco cinquanta sterline delle cento che mi restano, per vaglia o qualcosa di simile. Mie notizie? Zero. Non so nulla... Vado a campeggiare, è tutto ciò che posso dirti. Me ne vado subito e trascorrerò probabilmente tre settimane sulle montagne. Da dove arriverò ti manderò una lettera un po' meno depressa di questa... E ora ti saluto, col mio eczema e col cuore in frantumi.*

Si addentra alla ventura nell'entroterra. Joe Strong, desideroso di compiacere la suocera che ignora di essere tale, fornisce a Stevenson una carretta e due cavalli. I due giovani si spingono assieme fino all'estremo limite della civiltà, l'ultimo ranch prima delle montagne impervie. Fra loro soltanto tre anni di differenza e molte cose in comune. Per la madre o per la figlia sono alle prese entrambi con inestricabili complicazioni sentimentali. Ognuno nel proprio mondo regna su un cenacolo. Tutti e due prendono la propria arte molto sul serio. Perché non collaborare? Una serie di articoli sugli Stati Uniti firmati «R.L.S.» e illustrati da «J.D.S.». Idea che riprenderanno dieci anni dopo, navigando assieme verso l'arcipelago delle Samoa. Ma stavolta Stevenson distanzia Strong. Si lascia il pittore alle spalle e parte a cavallo nei canyon.

Il borghese scozzese, il bohémien di Grez, si trasforma in cowboy solitario. Ai tempi del primo incontro Fanny incarnò per lui l'avventura, la vita all'aria aperta e i grandi spazi; pare abbia mantenuto qualcuna delle promesse: seguendola Robert Louis Stevenson entra nella leggenda del West. Gli amici, ricevendo le sue lettere, non coglieranno l'importanza del cambiamento. Che differenza poteva esserci per loro fra le camminate solitarie di Louis nelle Cévennes e il vagabondaggio nelle *sierras*?

La differenza è nel flirt con la morte.

La testa gli gira. Le orecchie gli ronzano. Le gambe non lo tengono più in sella. I sassi gli danzano davanti agli occhi. Le redini gli scivolano dalle mani. Cade. *Per tre giorni e tre notti sono rimasto là, sdraiato sotto un albero, in una sorta di istupidimento* – scrive un mese dopo al poeta Gosse. *Davo i numeri, rischiavo di restarci... Tutto quel che sono riuscito a fare è stato prendere un po' d'acqua per il mio cavallo, accendere un fuoco e fare un po' di caffè. Sono rimasto là senza mangiare e senza dormire. Sentivo soltanto lontani campanacci di capre e gracidii di rospi. Rumori che mi facevano impazzire. Per miracolo mi ha trovato un cacciatore d'orsi... Mi ha trovato fottutamente malato e mi ha portato al suo ranch.*

Interessante, no? l'inizio della mia nuova vita – racconta Louis a Colvin. *Abito in un ranch sulle montagne di Santa Lucia, a più di trenta chilometri da Monterey. Vivo fra le capre d'angora. Ero accampato quando due* rancheros *m'hanno raccolto e portato a casa loro per curarmi. Uno è un vecchio cacciatore d'orsi di settantadue anni, ex capitano dell'esercito messicano. L'altro, un uomo di Fremont, quando l'America ha conquistato la California.*

Cacciatori di pellicce, pionieri, cercatori d'oro... quanto sono lontani i riverberi della pioggia a Edimburgo, quei lunghi bagliori notturni che invitavano al viaggio il bambino trattenuto dietro la finestra chiusa dalla malattia.

East Oakland, metà settembre 1879

La porta del cottage sbatté. Belle, che vuotava in un cesto il contenuto del suo tavolino da toilette, si raddrizzò di soprassalto. Per un attimo ebbe la tentazione di fuggire. Fanny era già sulla soglia della stanza. Lo spettacolo del suo viso non era bello a vedersi. Sfigurato dalla rabbia, le labbra grigie di polvere, la bocca cascante, gli occhi fissi, attraversati da scintillii in cui la collera si mescolava alla follia. All'inseguimento dei fuggitivi, da Monterey a Oakland, aveva azzeccato tutte le coincidenze. Belle non si aspettava neppure che Fanny superasse tanto in fretta l'ultimo metro che le separava. Con una mano Fanny le strappò la borsa, con l'altra le diede il più formidabile paio di schiaffi che mai avesse ricevuto, i primi ceffoni della sua vita. Belle perse l'equilibrio, cadde sul tavolino tondo che vacillò. Joe Strong, le braccia cariche dei vestiti della moglie, sorse dal guardaroba.

«Le proibisco!» guaì alla suocera.

La brevità dell'occhiata che lei gli scoccò diceva abbastanza chiaramente quel che pensava di lui. Roba da poco.

Joe Strong non aveva però un brutto aspetto nel cappotto da viaggio. Le foto dell'epoca lo mostrano con fieri baffi lustri, sbarbato, capelli corti e pettinati. Un po' bellimbusto, forse? Qualcosa di un'ostentazione di forza nella posa? «Un debole» dirà Fanny, «un mollusco, una sanguisuga».

Gli amici lo trovavano invece disinvolto, socievole, dotato di autentica gentilezza e di un vero senso dell'amicizia. «È soltanto desiderio di divertirsi» dirà la suocera. «Con quel tipo d'uomo ci si possono aspettare soltanto drammi e catastrofi. Falsa gentilezza. Sfiancherà Belle e le lascerà soltanto la pelle sulle ossa!». Dimenticava che Joe Strong aveva talento. Più di tutti gli Osbourne messi assieme. Inoltre sapeva vendersi. Pochi artisti riscossero favore pari a quello di cui godette Strong fra i nuovi notabili di San Francisco. I suoi ritratti erano contesi. Gli ordini fioccavano. Avido di piacere, Joe modellava la propria arte sulle richieste dei committenti e faceva tutti i favori che gli venivano chiesti. Nella maturità quella meravigliosa compiacenza degenererà in ossequiosità.

Dai piccoli compromessi alle grandi viltà, la predilezione per l'agiatezza, la passione per il sole e la bottiglia lo condurranno verso una lenta discesa agli inferi. Ci sprofonderà anima e corpo. «Per pigrizia, tutti questi pasticci per pigrizia!» concluderà la suocera.

«Tu, come hai osato?» chiese, rivolgendosi soltanto alla figlia.

Belle la guardò di sottecchi e passandosi la mano sulla guancia gridò:

«Faccio quel che voglio, sono maggiorenne!».

«Non lo eri quando quest'imbecille ti ha rapita».

«Avevo il consenso di mio padre!».

«Tuo padre?» ripeté Fanny.

Era impallidita, il colpo l'aveva fatta vacillare.

«Sa tutto fin dal principio» trionfò Belle.

«Era informato?».

«E non poco!... Joe gli ha chiesto la mia mano. Papà gliel'ha concessa con la sua benedizione».

«Traditore!» esplose Fanny, e Belle non capì bene a chi fosse indirizzato l'insulto.

Così nel corso delle loro conversazioni durante l'ultima visita a Monterey, mentre Fanny gli confessava la sua relazione e implorava il perdono, Sam barava ancora! Sapeva che la figlia era sposata e non le aveva detto nulla. Aveva approvato quel matrimonio senza prendersi la briga di discuterne con lei. Traditore!

«Come al solito, tuo padre non ha riflettuto neppure un momento... Pur di fare bella figura è pronto a tutto! Anche a sacrificare il tuo avvenire».

«Ci ha trovato un appartamento accanto al suo ufficio» insistette Belle, cosciente dei colpi che dava.

Mai la madre le perdonerà d'avere cercato la protezione di Sam contro di lei, di aver confidato a lui quel che nascondeva a lei.

«...Due grandi stanze coi soffitti molto alti, con un cucinino e un bagnetto» precisò Joe Strong, che ci teneva a dimostrare che si prendeva cura di Belle.

«Se vuoi venire a trovarci, saremo al numero 7 di New Montgomery Avenue... Vieni quando vuoi» aggiunse la ragazza senza sapere se con quella frase sperava di firmare la pace o concludeva con un'ultima sfida.

«Fra nullità» disse Fanny con una smorfia di disgusto, «ve la intendete a meraviglia... Tu non immagini, piccola mia, quanto il tuo matrimonio mi sia di sollievo».

Dopo quello scontro penoso con mia madre – racconta Belle – *andammo a raggiungere papà. Babbo diletto. Quando penso a lui lo rivedo sempre con le grandi braccia aperte, pronto ad accogliermi e a tranquillizzarmi. Ci aiutò a sistemare le nostre due stanze, poi ci invitò a cena da Frank. Nel salutarci riempì la mia borsetta con venti dollari in monete d'oro. Sia benedetto mio padre.*

* * *

«Una volta per tutte, accetti di non essere il centro del mondo. Quel che la manda fuori di testa è l'idea che il suo povero marito abbia potuto conoscere dei segreti che lei ignorava».

«Si sbaglia, Rearden. Non mi sono mai sentita più calma. Per me questo matrimonio cambia tutto... Ero tanto tormentata dalla necessità di preservare la rispettabilità della famiglia. La sistemazione di Belle era la mia ossessione... La sua scelta mi libera. E poi una bocca in meno da sfamare non è poca cosa».

Camminavano sull'interminabile spiaggia di sabbia bianca, i piedi inciampavano negli ossi di balena, calava la notte. Lei riprese:

«...E la smetta di dire "il suo povero marito" parlando di Sam!».

«Come vuole che mi esprima, mia cara?».

Lei fece spallucce:

«Marito, Sam, lo era poco. Non siamo riusciti neppure a parlare dei nostri figli».

«I misteri di Belle colpiscono soltanto il suo orgoglio femminile!».

«E i miei sentimenti di madre» aggiunse lei pensierosa.

«Se ci tiene» concesse lui. «Ma suppongo che lei non m'abbia fatto prendere quattro treni, perdere due giorni, per parlarmi della sua maternità beffata!... Detto fra noi, lei l'ha allevata molto male, sua figlia, se è fuggita com'è fuggita col primo venuto. In fondo non fa altro che seguire il suo esempio!».

«Può dirlo forte» replicò lei secca. «Se l'ho pregata di venire...».

«Vuol dire che ha qualcosa da chiedermi!... Lei si ricorda di me soltanto in caso di bisogno. In che cosa posso esserle utile, mia cara, cosa posso fare per lei?».

«Se la mette così... Vada al diavolo!».

Lo lasciò per ripartire rapida verso il villaggio. Rearden continuò a costeggiare il mare. Voltandosi a metà lei osservò la sagoma di quell'uomo, appesantita dal tempo... L'aveva amato? Più tarchiato che in passato, i baffi brizzolati, perdeva i capelli... Tuttavia non cambiava! Sarebbe mai cambiato? Il suo atteggiamento da giovane collerico mutava con gli anni in un brontolare da vecchiaccio. Con l'abito di velluto a coste battuto dal vento, la cravatta di seta che a momenti gli si incollava al viso, la commuoveva. Tornò sui propri passi, infilò la piccola mano sotto il braccio di lui e supplicò:

«Rearden, smettiamola una buona volta di litigare. Vuole?».

Lui finse di non averla sentita. Nell'indifferenza più totale non piegò il gomito e lasciò cadere la mano di Fanny.

«Si ricorda» riprese lei con leggerezza, «si ricorda quella camminata che abbiamo fatto assieme? Era proprio prima della mia partenza per l'Europa...».

«Sì, ebbene?» brontolò lui.

«Lei si era fatto beffe delle mie pretese artistiche... Mi aveva avvisata che non sarei mai diventata una grande pittrice... Aveva ragione!».

«Felice di sentirglielo dire».

«Ma il giovane di cui le ho parlato, il mio amico scozzese, mi piacerebbe se leggesse i libri che ha scritto... Mi piacerebbe se lo incontrasse... Lavora in continuazione! Ha quasi finito il racconto del viaggio che ha fatto: vorrei che lei mi dicesse che ne pensa. È buono... È molto buono, credo... Probabilmente lei può darci dei suggerimenti a proposito dei giornali dove piazzare i suoi articoli... Durante la difterite di mia sorella è andato in montagna... È tornato ora a Monterey. Anche lui ha rischiato di morire... Se fosse morto, Rearden, avrei perduto...».

«Che mi importa di quel che avrebbe perduto? Mi ha preso per un confessore?».

Lei gli lanciò uno sguardo inquieto e pronunciò molto in fretta:

«Deve ottenere che mi diano la custodia di mio figlio!».

«Nel nome di Dio, Mrs Osbourne, di che parla?».

«A Sam non chiedo niente, gli lascio la dote e i mille dollari che deve alla mia famiglia... Ma voglio mio figlio! Col diritto di allevarlo in Europa».

Rearden era arrossito. Imbarazzato, desiderava soltanto liberarsi di lei. Accelerò il passo.

«Che c'entro io con tutti questi imbrogli?».

«La scelgo come avvocato, Rearden. Ho consegnato la mia richiesta e il suo nome alla Corte... La supplico, mi difenda... So quel che sta per dire» proseguì rovesciandogli addosso un fiotto di parole per impedirgli di rispondere, «tutti i suoi argomenti me li sono detti da me due giorni fa... Oggi non so dove vado. Ignoro persino se il mucchio d'ossa a cui voglio legarmi vivrà fino al matrimonio. Sono certa soltanto di una cosa: quell'uomo vale la pena che si sfidino per lui tutti i pericoli. La supplico, accetti di incontrarlo... Dopo ci giudicherà». E rise, con la sua risata d'acqua sotto il ghiaccio. «Poi, se vuole che glielo dica, signor giudice, sarà lei a sposarci!».

Lui la respinse.

«Le sue moine mi affliggono, la sua stupidità mi costerna, la sua volgarità mi dà noia... Non so che rispondere a questo tessuto di stupidaggini... È da ridere fino alle lacrime! Il ridicolo la ucciderà».

«E a lei, la paura, Rearden...» stavolta Fanny gli sbarrò il passò. «La fifa, ne morirà!... Rida» gli abbaiò in faccia, «rida fino a scoppiare: lei è un morto, io sono viva».

Voltando d'improvviso le spalle all'oceano, lo piantò in asso per scalare la duna fino alla pineta. Contro ogni previsione lui la seguì.

«...Io ho trovato quel che la sua saggezza non otterrà mai!» gridò nel vento che sollevava la sabbia e piegava i cipressi in alto sul promontorio. «Risalga sul treno, torni ai suoi vecchi libri...».

Rearden seguendola sdrucciolava sul pendio. Senza aspettarlo lei prese per il sentiero litoraneo che costeggiava il bosco. A quell'altezza il muggito dell'oceano si mutava in fragore. Saliva sempre più sordo, più inquietante. In lontananza la luce del faro spazzava le grandi coltri di bruma che avanzavano verso la costa. Fra gli alberi la schiuma delle ondate immense si infrangeva sulle rocce nere che chiudevano dappertutto la baia di Monterey.

«Corra tutti i rischi che vuole» tuonò Rearden per concludere, «ma una volta per tutte la prego di non immischiarmi più nei suoi pasticci!».

Lei sospirò e d'improvviso addolcita sussurrò:

«I rischi, come li chiama lei, crede che non li conosca? La differenza d'età... La mancanza di denaro... La malattia... Anche se un giorno diventassi la signora Stevenson, avrei finito di divertirmi».

Rearden sogghignò.

«Suppongo che lei trovi grandioso il sacrificio!».

Rifletté prima di rispondere a mezza voce:

«La paura che la paralizza, Rearden, la conosco bene anch'io! Paura di perdere il solo uomo al mondo che m'abbia amata... Paura di perdere l'essere più generoso che ci sia sulla faccia della terra... Innamorata, certo... Ma ogni giorno più dell'amore cresce l'ammirazione... Restituisce il bene per il male, l'aria che respira è talmente pulita, talmente pura, la cattiveria non la inquina mai. Neppure la sua cattiveria, Rearden! Stasera le troverà mille giustificazioni... Non ho scelta, Rearden... Ho paura. Ma non ho scelta. Accetto l'inevitabile. Ho preso la mia decisione».

«Buon pro le faccia: si suicidi! Ma ha pensato a quel che diranno gli altri?».

«Quali altri?» canzonò lei. «Chi? Le capre di Monterey? Le vacche di San Francisco? Cielo! Che diranno le cavallette dell'Indiana?».

Gli lanciò uno sguardo di cui non fu certo di cogliere il significato.

Nell'oscurità Rearden credette di vederla ridere.

* * *

Ho fatto bene a venire! – si rallegra Louis in una lettera che supplica Baxter di mantenere privata e confidenziale. *Il mio arrivo ha aiutato Fanny a riprendersi, ma non solo: la mia presenza ha chiarito tutto fra noi.*

La volontà di Fanny non vacillerà più. Ha raccolto il guanto di sfida, non lo lascerà. Sacrificare tutto, a quarant'anni, per un morente – nel XIX secolo, in un destino di donna, che scommessa! Privata dei diritti di madre? Il terrore la ossessiona. L'angoscia la attanaglia. La tormenterà fino alla fine. Ma corre. La speranza ha battuto la paura.

*

Non sapevo nulla di tutto quel che si tramava – racconterà Samuel Lloyd quarant'anni dopo. *Fino a quella passeggiata con Stevenson. Era silenzioso e completamente assorto. Per l'attenzione che mi rivolgeva avrei potuto non essere là! Di solito una passeggiata con lui era una festa, una grande storia in cui il posto centrale era occupato dall'immaginazione. In un batter d'occhio mi trasformavo in pirata o in indiano o in ufficiale di marina portatore di dispacci segreti da consegnare a una spia. O in qualche altro personaggio altrettanto eccitante. Ma quella passeggiata mi aveva annoiato dall'inizio alla fine. Eravamo rimasti noi stessi e neppure una briciola di sogno ci aveva distratti dalla realtà. Inoltre il passo di Luly era tanto rapido che le mie gambette non ne potevano più.*

D'improvviso cominciò a parlare. E anche nella voce trovai un'intonazione nuova, tanto scialba, tanto spenta, e tuttavia tanto imbarazzante, l'intonazione affettata in quel periodo da tutti i grandi.

«Ti devo parlare» disse. «Forse non ti piacerà quel che ho da dirti. Io spero di sì. Ecco... Sposerò tua madre».

Neppure per salvarmi la pelle avrei saputo spiccicare parola. Stavo zitto. Non mi veniva neppure in mente di cercare di capire s'ero contento o no. Continuavo a camminare come istupidito, con un incontrollabile desiderio di piangere. Però non piangevo.

Ero assillato dall'idea di dover parlare, dire qualcosa, ma non sapevo come, non sapevo cosa.

Tutto quel che so è che alla fine la mia mano si introdusse di soppiatto in quella di Luly, che la strinse forte. Quella pressione reciproca era per me fonte di gioia, di un'immensa tenerezza che mi invase. Sempre silenziosi, sempre mano nella mano, sempre dandoci l'un l'altro piccole strette rassicuranti, rientrammo e passammo sotto il pergolato di rose che portava alla casa.

*

...Il divorzio è deciso per gennaio, in linea di massima – trionfa Stevenson – *(...) E il tuo servo sarà un uomo sposato non appena la legge e le convenienze lo permetteranno.*

La legge, le convenienze? Rearden si è lasciato intrappolare! Nel corso di un secondo viaggio a Monterey incontra "l'amico letterario di Mrs Osbourne". Non parlano di denaro né d'amore né del futuro. Che si dicono esattamente? Alla fine del colloquio l'avvocato si meraviglia che una tale intelligenza, una cultura tanto vasta, possa interessarsi a quella donnina dell'Indiana... Comunque, se vogliono impiccarsi allo stesso ramo affari loro. Il compito di Rearden ormai è soltanto metter loro la corda al collo.

«Finita la bohème! I capelli corti, le sigarette, la pittura, tutta la sfilza, finita! Ora mi obbedirà e rientrerà nei ranghi!».

Se Fanny, alla fine di quella notte non raccontata a Rearden, la notte in cui a casa Bonifacio (Nellie ormai salva, Belle sposata) ha creduto Louis morto nelle *sierras* e ha preso coscienza della forza del loro affetto, se Fanny crede di essere fuori dagli impacci perché non dubita più di se stessa – che errore!

I giorni che l'aspettano minacciano di mandarla in un abisso. Per Mrs Osbourne la guerra di logoramento è appena cominciata.

Rearden esige che lei non incontri più Robert Louis Stevenson per tutto il periodo del procedimento che nessuno sa per quanti mesi si possa trascinare. Esige la separazione degli amanti: non si rivedranno. Louis resta a Monterey, lei torna a casa di Sam.

«Non mi chieda questo!» implora Fanny. «Non ora!... Ora che Louis... che... ci siamo ritrovati! Se lo abbandono ora, morirà!».

«Dia prova di un po' di buonsenso e di un minimo di decenza. Lei deve andare a Oakland per affrontare suo marito. Lui è sconvolto. È indeciso... Non lo esasperi umiliandolo! Non dia scandalo! O non otterrà né la libertà né il figlio... Lei gode di cattiva reputazione, cara mia. La sua condotta sarebbe ragion sufficiente a toglierle Sammy. Conosco gente che ne sarebbe felice... Dopo quel che ha fatto, strappando i figli al padre per trascinarli a Parigi! Belle non le facilita le cose... Se lei resta qui o torna su con la sua "amicizia letteraria", certi amici di Sam – fra i meno raffinati, glielo concedo – la metteranno alla gogna con vero piacere, prima che lei renda ridicolo lui! Sono stato chiaro?».

* * *

Sono ora tutto solo a Monterey – scrive Stevenson a Colvin – *(...) a letto con una pleurite.*

Per orgoglio R.L.S. addolcisce la verità. Sul pavimento, avvolto in una coperta, muore di fame e sputa sangue.

Ancora una volta dovrà la vita all'intervento di un estraneo. È l'oste di Monterey, Jules Simoneau che, non vedendolo comparire due giorni di seguito per l'unico pasto, si permetterà di forzare la porta. Lo troverà privo di sensi, lo porterà a casa sua, lo veglierà e lo salverà.

A duecento chilometri da lì Fanny, in clausura dietro lo

steccato bianco del cottage, impotente e torturata, soffre di non poter combattere corpo a corpo con la morte che minaccia ogni momento di strapparle il suo amore. Da quel periodo, tanto più terribile perché vissuto lontana da Louis, conserverà per Simoneau una riconoscenza indefettibile. Da Edimburgo, da Davos, da Hyères, dalle Samoa, veglierà su di lui. Quando sarà una vecchia signora gli assegnerà una pensione, gli pagherà il funerale e gli costruirà una tomba monumentale.

La mia povera letteratura – continua Stevenson scrivendo a Henley – *aspettati di vederla peggiorare ancora per un certo periodo (...). La battaglia è dura. Anche se ci metto tutto ciò di cui sono capace, probabilmente il mio lavoro non vale un fico secco. Ma se tu detestavi a tal punto il mio* Viaggio in compagnia di un asino, *perché non l'hai detto all'epoca della pubblicazione? Perché mi comunichi le tue critiche come una rivelazione improvvisa? Nel momento in cui crolla la mia salute, e le mie finanze e le mie speranze?*

Patetiche domande di un uomo abbandonato dai suoi pari.

In altra epoca, in altri luoghi, Fanny si ricorderà della loro crudeltà. Si ricorderà anche della generosità dei più poveri, dei più rozzi, il marinaio portoghese, i due pescatori italiani, il cowboy messicano che fanno una colletta in quell'inverno 1879 per far sopravvivere uno scrittore scozzese che per loro non è nulla. Straordinario carisma di Robert Louis Stevenson! Il suo fascino non si limita ad attirare gli intellettuali londinesi. Anzi quelli, dirà Fanny, quei «cazzotti mascherati da amici», quelli non l'hanno mai amato. Si sono serviti di lui. L'hanno usato ai propri fini, per la propria gloria.

I biografi di Stevenson non concorderanno sui ruoli svolti dal giornalista William Ernest Henley, dal professor Colvin, dal poeta Edmund Gosse e da tanti altri. Gli uni, i "pro-Fanny", li accuseranno d'aver dato prova di inseguire il proprio tornaconto e di gravi sconsideratezze finanziarie. Gli altri, gli "anti-Fanny", accuseranno lei di gelosia e di villania nei confronti di quegli uomini dediti a favorire la carriera del marito.

Nonostante i suoi pettegolezzi, le critiche e le lamentele, Henley non ha smesso di battersi per piazzare gli articoli firmati «R.L.S.» e si è dato da fare per vendere al miglior prezzo possibile i manoscritti. Se avesse accettato una percentuale sui diritti – come Stevenson gli proporrà a più riprese – i loro rapporti sarebbero stati probabilmente meno difficili. Ma come essere ufficialmente l'agente di un amico? Vorrebbe dire pescare senza scrupoli nel suo portamonete, libertà che ci si concede in ringraziamento dei servigi resi.

Strana costante nei rapporti con Stevenson: chiunque lo avvicini tenta di impadronirsi dell'uomo e dell'opera. La sorta d'affetto che suscita si trasforma immancabilmente in passione esosa. La pretesa semplicità del suo carattere è una leggenda. Leggenda orchestrata da Fanny che in lui non ha voluto vedere altro che un puro. Puro, certo. Ma quanto complesso!

Con le infermità fisiche che costringono alla pietà, con la fermezza d'animo che costringe all'ammirazione, con la prodigiosa generosità accoppiata a un narcisismo non meno prodigioso, conquista chiunque lo frequenti. La vita e la fortuna postuma ne risentiranno. Un secolo dopo la morte, Stevenson continua ad appartenere ai lettori che tocca. Per gli ammiratori, R.L.S. resta riserva di caccia. Dalla loro reazione emotiva deriva il doppio destino della sua opera: la gloria e il semioblio.

Londra, Savile Club, inverno 1879

«Bisogna tagliargli i viveri! Che non riceva più un soldo... Che nessuno qui pubblichi una sua riga... Che comprenda finalmente quanto i suoi manoscritti d'America ci stancano!» tuonò Henley lasciandosi cadere in fondo a una poltrona che gemette sotto il peso.

Statura da gigante, voce stentorea, urlava nella sala da pranzo dalle pareti in legno del Savile Club. Davanti alle grandi finestre, fra i doppi volant delle tende, si intravvedeva l'allineamento fantomatico delle colonne di Savile Row, le inferriate e i vetri che lucevano come lastre di metallo nella notte londinese. Atmosfera ovattata, tintinnio di caraffe sui bicchieri, brusio esclusivamente maschile, il club era stato creato da un gruppo di intellettuali affinché potessero riunirsi, senza preoccupazioni di patrimonio o rango sociale, brillanti conversatori e letterati. Le quote del Savile restavano le più popolari possibile per incoraggiare l'adesione di una gioventù proveniente da tutti gli ambienti; ma il club si imborghesiva. La tradizionale tavolata, dove i soci avevano l'abitudine di pasteggiare a prezzi e ore fissi, apparteneva già al passato. Il grande tavolo troneggiava ancora al centro della sala ma i signori potevano anche scegliere di cenare in frac dopo il teatro, in gruppi variabili fra i due e i sei coperti. I mazzolini di rose, l'argenteria, il balletto dei camerieri parlavano chiaramente di opulenza.

Il direttore di sala, che conosceva tutte le manie e le esigenze dei soci, sistemò le stampelle di Mr Henley sotto il tavolino e sopra, a destra del cliente, posò una bottiglia di whisky. Durante la cena il giornalista lo beveva liscio. A ogni bicchiere diventava più chiassoso, più lirico, più loquace. Alla fine del pasto le idee crepitavano, un'esplosione di parole, un divampare d'intelligenza, lampi di genio. Avvincente, Henley. Suscettibile come una vecchia zitella. E temibile. Con la barba rossiccia squadrata alla Rodin (che frequentava a Parigi), con la gamba amputata, per la quale ostentava di non provare il minimo imbarazzo, andava a grandi passi per teatri, redazioni e bar, mutuando dal fratello, l'attore shakespeariano Teddy

Henley, un autentico senso della messinscena e il gusto dell'effetto. Sfortunatamente i lavori teatrali che si ostinava a scrivere e sui quali contava per fare fortuna non valevano le sue poesie né le sue critiche.

«...La prima parte dell'*Emigrante per diletto*, che ho ricevuto ieri, è il nulla! Zero! Mal scritta e senza alcun motivo d'interesse... Chi può essere attratto da quell'accozzaglia di aneddoti sugli Stati Uniti? La fauna americana, me ne frego!».

Il professor Sydney Colvin e il poeta Edmund Gosse sospirarono assentendo. Per quanto d'origine modesta i tre uomini appartenevano a una borghesia snob. Avevano in comune la passione per la letteratura e una simpatia non meno appassionata per Robert Louis Stevenson. Ognuno dei tre si vantava d'aver scoperto il giovane scozzese e di giocare un ruolo nella sua carriera.

Colvin l'aveva incontrato per primo. L'aveva conosciuto cinque anni prima grazie all'egeria Mrs Sitwell, molto amica di una cugina di Louis. L'aveva presentato alla sua cerchia d'amici e l'aveva anche imposto al Savile Club, del quale era fra i soci fondatori. Stevenson a sua volta vi aveva introdotto Henley, presentatogli dal caporedattore del *Cornhill Magazine*. Louis si era rivelato uomo adattissimo ai club e attorno a quei tavoli aveva stretto amicizia con Edmund Gosse, che frequentava assiduamente il Savile, sala da fumo e biblioteca comprese.

A differenza degli amici d'infanzia di Louis quei tre uomini erano inglesi, avevano passato la trentina e ogni anno pubblicavano qualche opera. Sydney Colvin discuteva tesi e dava conferenze. Henley imperversava nelle redazioni. Edmund Gosse, molto legato ai preraffaelliti, scriveva volumi di poesia ma non tentava di viverci: aveva un lavoro come traduttore al ministero del Commercio.

«Non so che rispondergli» sospirò Colvin. «Non progredisce... Declina».

Il professor Colvin, preciso, compito, riservato, e il giornalista Henley offrivano un contrasto che sfiorava la caricatura. Colvin, tanto pignolo quanto Henley poteva essere trasandato, aveva un'intelligenza senza genio ma ricca del tatto e della finezza che mancavano parecchio al chiassoso collega. Sapeva mostrarsi crudele, però, e le sue litoti colpivano le vittime più duramente che le iperboli di Henley.

«Quel che ho letto» sussurrò intrecciando le dita, «non mi pare il suo meglio... È malatissimo... La debolezza fisica contagia gli scritti, questo mi preoccupa, è molto giù...».

«L'ultima volta che l'ho visto» intervenne Gosse, «proprio alla vigilia dell'imbarco, ho scommesso sei pence contro me stesso che non l'avremmo rivisto più!».

Meno intimo con Stevenson degli altri due, Gosse poteva permettersi di essere più indulgente.

«Lewis deve tornare!... Lewis deve capire che non farà nulla di buono fra quei selvaggi!...» esclamò Henley che si ostinava a chiamare l'assente soltanto col nome di battesimo.

"Lewis", che gli Stevenson avevano francesizzato da gran tempo in Louis e che più nessuno scriveva altrimenti, era il marchio, il segno, la prova della loro intimità. Molto tempo dopo la morte di Robert Louis Stevenson, Henley continuerà a ignorare superbamente ogni altra ortografia. «Lewis... il Lewis che ho conosciuto...» ripeterà con nostalgia.

«Louis è troppo malato perché gli si possa dire la triste verità» bisbigliò Colvin.

«Al contrario!» interruppe Henley. «Al contrario, usiamo la sua malattia per fargli capire che ha bisogno dell'Inghilterra, soltanto dell'Inghilterra! Se vuol farsi, se non una reputazione, almeno un po' di denaro con la sua letteratura, deve rientrare! Bocciamo tutto quel che fa, per farlo tornare! Può tornare sposato o non sposato, me ne frego... Ma deve lavorare qui! Non credo che le nostre lettere impediranno il matrimonio. Si è spinto troppo avanti perché possa tirarsi indietro. Si è esaltato da solo. Gioca a fare il paladino. Si prende per un eroe. Detto fra noi, se è tanto malato quanto dice, quella donna è una maledetta strega ad averlo abbandonato in quel buco!».

«Lei crede, Colvin, che la signora miri al denaro della famiglia?» chiese Edmund Gosse, il quale aveva fama d'essersi sposato per interesse.

Con la folta capigliatura d'un biondo cinereo pettinata all'indietro, la riga in mezzo, gli occhialini cerchiati d'oro e la puntigliosa eleganza da dandy, Gosse conoscerà della passione soltanto quel che gli sarà svelato dall'intimità con uno scultore di successo. Pur non essendo notoriamente omosessuale, le amicizie maschili e l'affinità letteraria con Henry James susciteranno molti pettegolezzi.

«La volgarità delle americane è di moda, ai nostri giorni» riprese, «una moda che non durerà... Le ragazze di Boston e di Philadelphia hanno dalla loro almeno fortuna e giovinezza! Mentre quella dev'essere una spaventosa avventuriera».

«A lungo ho sperato che fosse abbastanza caritatevole» interruppe Henley, «abbastanza generosa da rinunciare a Lewis. Allontanarsi da lui per sempre avrebbe significato dimostrarsene degna. Ma quella donna non ha questo tipo di generosità, non parliamone più... Lui però deve capire che nulla d'interessante nascerà a Monterey!».

Monterey, East Oakland, 18 dicembre 1879 – 18 marzo 1880

Tuo padre malatissimo. Torna immediatamente.

Così si esprimeva Margaret Stevenson alla vigilia di Natale.

Impossibile rientrare. Anche mia moglie malatissima.

Così si esprimeva R.L.S.

Sua moglie? Soltanto per contratto morale!

Osbourne ci tiene in pugno – scrive Louis a Baxter. *Cerca di sapere quanto valgo. A seconda dei giorni esige denaro oppure rivendica il rispetto.*

Fanny e Louis, sempre alle prese con problemi d'ogni genere, si indeboliscono.

Stevenson soffre di malaria, probabilmente contratta attraversando le grandi pianure degli Stati Uniti. Alle febbri si aggiungono le pleuriti che gli straziano i polmoni; un eczema che prude; due carie e un mal di denti da rendere pazzo di dolore il più stoico degli spartiati. Più la malnutrizione. Più la solitudine. Più l'angoscia. Risultato? Un mucchio d'ossa tenuto assieme da un po' di carne e sangue.

Fanny invece, con le esitazioni di Sam, le imprecazioni di Belle che protesta contro il divorzio dei genitori, l'assenza di Louis (ogni mattina teme di venire a sapere che è morto), risprofonda nella depressione. Perdite di memoria, delirio, vertigini, a cui si aggiungono ora interminabili svenimenti dai quali la sorella Nellie la tira fuori soltanto a stento.

*

«È un ricatto» s'infuria Rearden. «È una commedia! Trucchi da comare! Lei vuole che il suo amante venga a San Francisco? Tanto peggio per voi: sarà il supplizio di Tantalo. È avvisata, lui non può e non deve mettere piede a East Oakland. Si trovasse pure in punto di morte, le proibisco di avvicinarlo fino a che non sarà legalmente divorziata. Se qualcuno vi vede assieme, l'accordo che abbiamo appena raggiunto con Sam verrà annullato. Suo marito si comporta con eleganza. Accetta che io inoltri un procedimento per mutuo consenso, a condizione che lei rispetti le convenienze... È proprio il minimo, povero ragazzo! Anche se sarà libera in primavera, impossibile risposarsi prima che sia trascorso un anno! Ho la sua parola?».

«E Sammy?».

«Il padre provvederà ai bisogni del bambino... È un uomo generoso, tutti quanti ammiriamo la sua bontà... Si mostri dunque alla sua altezza!».

*

Cattiva coscienza. Ai loro mali s'aggiunge questo nuovo, questo terribile morbo: un acuto senso di colpa, che toglierà loro persino la fierezza d'amarsi, persino la felicità di raggiungere l'obiettivo prefisso. I ruoli si sono capovolti. Sam impersona il gran signore e il prode cavaliere. Louis è il cattivo, il figlio indegno. A Edimburgo il padre forse muore, e muore solo, un padre a cui l'unico figlio, il figlio diletto, ha rifiutato persino il sollievo di una riconciliazione.

«Impiegherei così tanto tempo a rientrare» ragiona con durezza Stevenson, «che all'arrivo mio padre sarà morto o guarito... Se riparto, che ne sarà di Fanny?».

Sceglie e soffre.

Passo ormai per il più grande egoista della terra.

Fanny in tutta la vita non ha mai praticato l'esame di coscienza, ma Louis, da casista che vive davanti a uno specchio, si tormenta: *Com'è difficile comportarsi nel modo giusto. Sono sempre più scontento di me (...).*

E come accettare in serenità che il nemico vegli sul benessere della donna e del bambino cui da gentleman permette di andarsene? Crisi morale che peggiora, se mai ve ne fosse bisogno, il deperimento fisico. In Stevenson tutto vibra e ondeggia. Vertigine! Con l'idea angosciante che Osbourne gli sia forse superiore, Louis fa un'altra scoperta: l'incredibile elenco di affinità che lo uniscono a quel personaggio odiatissimo... Sam e Louis alter ego?

Due anni prima a Grez, vedendo Sam remare, Belle aveva candidamente detto a Fanny: «Avevo dimenticato quanto papà amasse i bambini. Li ama quanto Louis... Non trovi che si somiglino?». Per tutta la vita Fanny rifiuterà di riconoscere ai due mariti anche un solo punto in comune. Nega l'evidenza.

Al di là dell'aneddoto e lasciando da parte l'amore per la stessa donna, hanno uguale passione per il flauto, lo suonano entrambi; uguale talento nel sedurre i bambini raccontando storie accanto al fuoco; coltivano lo stesso senso dell'umorismo e professano uguale rispetto per la stessa qualità: la gentilezza. Entrambi sanno farsi amare. Fanaticamente. Fanny lo sa meglio di chiunque altro. Sanno farsi amare dalle loro conquiste, sanno soprattutto farsi amare dagli amici. L'amicizia maschile ha nella vita di Sam, nei suoi vagabondaggi, un posto determinante quanto le complicità letterarie nella carriera di Louis. Le loro scelte, filosofie e ribellioni: identiche. Da giovani entrambi hanno protestato contro il rigorismo religioso di un padre col quale per esistere hanno dovuto rompere i rapporti. L'uno e l'altro hanno fatto studi di diritto. L'uno e l'altro hanno scelto l'avventura. Ed entrambi hanno combattuto l'intolleranza.

Chinatown era in fiamme, ieri – scrive Sam. *I bianchi sono rimasti là a guardare. Neppure uno ha fatto il minimo gesto per aiutare quei poveracci a evacuare le loro cose.*

È Sam o Louis che continua con queste parole: *Fra tutti i sentimenti stupidi il razzismo dei miei confratelli bianchi nei confronti dei cinesi mi pare il più ignobile e il più bestiale?*

E sarà Sam, o Louis, a scrivere al giovane Sammy: *Qualunque sia il campo verso il quale ti spingono i tuoi sentimenti, ricordati che la saggezza consiste nell'ascoltare le due campane. Soltanto le mezze cartucce diventano estremisti.*

E sarà Sam, o Louis, a fare la paternale al bambino troppo spaccone: *È buona cosa essere fieri dei paesaggi del proprio paese, ma è altrettanto importante ammettere che esistono cose altrettanto belle, e persino più belle, altrove.*

Come disprezzare, come combattere e ferire un essere tanto simile, senza distruggere anche se stesso?

Questo tema del doppio, del capovolgimento dei ruoli, delle false apparenze, invaderà tutta l'opera di Robert Louis Stevenson. Non c'è un solo romanzo nel quale la gentilezza dell'eroe non somigli all'egoismo del mostro o il cattivo non diventi stranamente simpatico al lettore. Punti di vista mutevoli, giochi d'ombra e di luce, l'anima dei suoi personaggi si tramuta in acque che non sono mai tanto pure né tanto torbide quanto il narratore vorrebbe farci credere...

San Francisco, fine dicembre 1879 – fine marzo 1880

Il divorzio fu pronunciato a metà gennaio? Qualche settimana prima? Un mese dopo? Mistero. Col terremoto, l'incendio del 1906 distrusse la città e bruciò gli archivi di San Francisco. In fumo tutti gli atti ufficiali. Nessuno conosce quindi la data precisa del divorzio di Samuel Osbourne e Frances Mathilda Vandegrift! Né l'uno né l'altra informeranno le rispettive famiglie. Un divorzio nascosto. Così come Belle, legalmente sposata, aveva continuato a vivere da signorina per più di un mese, Fanny, divorziata, resterà per i Vandegrift e i vicini "la moglie di Sam" fino al lontano nuovo matrimonio.

È la fine di un'epoca. La successiva si presenta sotto auspici terribili. Lo sforzo di Stevenson per provvedere da solo ai propri bisogni, il suo accanimento a tenersi in piedi senza l'aiuto paterno si chiudono in quell'inverno 1880 con una sconfitta. Non riesce a sbarcare il lunario. Dall'*Overland Monthly* al *Lark*, quotidiani, settimanali, mensili, ha setacciato tutte le redazioni senza ottenere un lavoro. La poesia che piazza qua o là, l'articolo, la cronaca, servono a malapena a pagare la stanza. Se il mondo rifiuta di impiegarne le capacità intellettuali, che ne sarà di lui? *Louis è un uomo senza mani*, dirà Fanny con un sorriso. Non sa fare nulla. Se pianta un chiodo si schiaccia il dito. Se pretende di raccogliere legna per il fuoco, porta soltanto ramoscelli umidi, oppure trascina enormi ceppi che non bruceranno. È incapace di fare un'addizione, una sottrazione... Dimentica di riscuotere gli assegni. Perde tutto.

Certo, l'anima di Stevenson è seducente. Ma nella vita pratica R.L.S. è una catastrofe! Fanny a East Oakland dipinge senza tregua. Tenta persino di scrivere. Sei mesi prima non è riuscita a piazzare uno dei suoi racconti, che lei stessa ha illustrato, in un giornale per bambini? Non si è vantata, in una lettera a Rearden, d'aver guadagnato da sola trecentocinquanta dollari? Bluff? Esagerazione? Il miracolo non si ripeterà. I suoi lavori non le frutteranno più un soldo. Come potranno restare in California? Dovranno cercar fortuna altrove? Ma dove? Tornare a Edimburgo da vinti? Che ne sarà di Sammy, della sua educazione, se Londra e Edimburgo continuano a rifiutare i lavori di Louis? Dove vivranno? Ancora una volta si avvereranno le spaventose predizioni di Rearden?

Con un sentimento di fierezza piuttosto attenuato Fanny presenterà l'amante alla cara e temibile confidente, Dora Williams. L'amante o meglio, ormai, "il fidanzato". Paragonato a Sam, non è una gran bellezza.

Con quella giacca di velluto liso, l'orribile cravatta lavorata a maglia dalla madre, l'accento scozzese, la magrezza, il gesticolare, aveva veramente un aspetto bizzarro – racconterà Dora a più riprese. *Tuttavia qualcosa in lui lasciava intuire il gentleman. Il giorno dopo quel primo incontro, durante il quale non aveva aperto bocca, tornò senza Fanny per cercare il cappotto che aveva dimenticato... Dimenticava sempre qualcosa... In quel momento arrivò mio marito. Vedendo quell'estraneo che monologava poggiato al caminetto del salotto, confessò più tardi d'aver creduto che un barbone si fosse introdotto in casa e io non riuscissi più a liberarmene! Mi affrettai a fare le presentazioni. Parlarono d'arte, di letteratura. Ma il tema di Stevenson quel pomeriggio, l'idea che sviluppava, era l'assurdità dell'atteggiamento dell'Inghilterra verso le proprie colonie. Mr Williams condivideva le opinioni di Stevenson. Poi Stevenson venne spesso da noi per parlare esclusivamente dell'evento che chiamava, con l'esaltazione ossessiva degli innamorati, «il Matrimonio».*

Io ho creduto fosse un morente fuggito dall'ospedale, dice l'umile proprietaria di una casa di legno, una casa priva d'abbellimenti, vecchia e triste, su due piani.

A quell'indirizzo, il 608 di Bush Street, nel centro di San Francisco, dal 1972 una targa segnala il passaggio di R.L.S. Qui, recita la targa, Stevenson scrisse «saggi, poesie, un'autobiografia, testi narrativi». In tre mesi, che impresa! Da quell'impressionante quantità di lavori, dai tormenti, dalle privazioni di quell'inverno del 1880 deriverà l'infermità responsabile dei suoi tanti cambi di residenza... *Le guance scavate mostravano i denti uno per uno. Le lunghe mani parevano trasparenti. Al suo cappotto mancavano tutti i bottoni*, continua Mrs Carson in risposta ai numerosi giornalisti che andranno a intervistarla ai primi del secolo. *Aveva un aspetto tanto spaventoso che non ebbi proprio nessun desiderio di prenderlo come inquilino. Probabilmente se ne rese conto e mi guardò con tanto sconforto e un'espressione tanto gentile che non riuscii a rifiutare di mostrargli l'alloggio. Una stanza con due finestre. Nulla di lussuoso. Pareva gli piacessero il tavolo e il caminetto. Da novembre a San Francisco pioveva senza tregua. Mai il vento aveva soffiato tanto forte dal mare. I giornali diffondevano notizie allarmanti per i tisici che morivano come mosche. Lo straniero disse che sarebbe tornato. Infatti tornò nel pomeriggio con uno zaino zeppo di libri sulla storia degli Stati Uniti e una valigetta. Non ebbi il coraggio di mandarlo via... E finii per amarlo come fosse mio figlio!... Devo dire che era molto discreto... Non riceveva nessuno. Trascorse il Natale in solitudine. Credo che durante quelle feste non abbia parlato con nessuno. Alla fine di gennaio una signora veniva a trovarlo due o tre volte la setti-*

mana. Uscivano e vagavano per la città. Lui la portava nei quartieri malfamati, a Chinatown, in tutti i luoghi pittoreschi dove il brulichio dell'umanità lo ammaliava... Talvolta la signora portava un'altra donna, credo fosse la sorella, e cenavano in qualche ristorante a buon mercato. Si incontravano di preferenza la sera... Lui aveva abitudini molto rigorose. Faceva colazione all'angolo della via attorno alle otto e tornava a scrivere fino alle due, quindi andava a passeggio Dio sa dove, a meno che non tentasse in cortile di tagliare la legna per il fuoco e poi lavorasse ancora fino a notte. Andava a cena attorno alle sei. La verità è che economizzava quanto più poteva e saltava i pasti. Spendeva sui quarantacinque centesimi al giorno, quarantacinque centesimi in tutto per nutrirsi: non bastavano neppure a comprare due bottiglie di latte! Vidi quel povero ragazzo talmente indebolito dalla fame da non riuscire neppure ad alzarsi dal letto. Imbacuccato, le vertebre sui cuscini, continuava a scrivere. Quando gli chiedevo a cosa lavorasse, rispondeva: «Oh, a delle cose». Pare che molti uomini di genio abbiano conosciuto simili periodi di povertà. Pare che molti scrittori abbiano lavorato in soffitte e abbiano creato torturati dal digiuno e dal freddo. Ma penso comunque che pochissimi siano stati tanto vicini a morire letteralmente di fame!... A febbraio pesava quaranta chili... Ciò non toglie che quando Robbie, il mio bambino di quattro anni, che lo adorava, si prese lui pure una polmonite, l'inquilino del secondo piano si batté per salvarlo, abbandonando per più di una settimana quei manoscritti da cui si aspettava così tanto, per vegliare mio figlio giorno e notte... Grazie alle sue cure Robbie è sopravvissuto. Ma lui crollò! E il dottore disse che era perduto. Era il mese di marzo. La donna che avevo visto parecchie volte attraversava ogni giorno la baia in tempesta. Arrivava bagnata fradicia e lo curava.

Passava la giornata al capezzale di lui e andava via soltanto molto tardi. Riprendeva il traghetto sul mare scatenato ma all'alba ricompariva. Lui tremava di febbre. Nel delirio non mi riconosceva più. Contro il parere del medico, che proibiva di spostare il malato, lei un giorno lo portò via con sé, lo caricò sul ferry e lo sistemò in un albergo di East Oakland. Secondo quel che ho saputo più tardi, le impedivano di curarlo a casa sua, che apparteneva ancora all'ex marito. Ma come pagare l'albergo? Lei era al verde. Pare che poco dopo il divorzio il padre dei suoi figli avesse perduto il lavoro che aveva al Tribunale di San Francisco.

In fondo Osbourne era un chiacchierone – riprende Dora Williams confidandosi dieci anni dopo con un giornalista dell'*Indianapolis Journal* –, *aveva maniere piacevoli che lo rendevano molto popolare. Ma la gente ha finito per sapere che a casa sua non era poi tanto simpatico. Guadagnava quindicimila dollari l'anno e li spendeva a vantaggio di chiunque eccetto la sua famiglia... Si era impegnato a occuparsi finanziariamente del figlio. Stevenson gli mandò dei documenti perché versasse una pensione al bambino. Osbourne non firmò mai quei documenti e il mantenimento del bambino toccò esclusivamente a Stevenson.*

Se Louis non è riuscito a sopravvivere da solo con quarantacinque centesimi al giorno, come potrà togliere da quella cifra ridicola le spese di una casa, della scuola di un bambino, delle cure mediche? La preoccupazione di Fanny non ha più limiti.

«Sposalo subito» consiglia Dora. «Sposalo in barella: che muoia essendo tuo marito!».

Allegre prospettive... che il dottore di Oakland come quello di San Francisco temono seriamente.

Il terribile Natale 1879, trascorso a digiuno e in solitudine, aveva segnato una tappa – il divorzio. A Pasqua si apre una nuova fase che finirà in vetta a un monte che domina i mari del Sud. Aprile 1880: al Tubb's Hotel di East Oakland, Robert Louis Stevenson ha un'emorragia polmonare. È la prima della sua vita. Dopo la pleurite, dopo la malaria, ecco la malattia il cui timore è stato ossessione per tutti, genitori, balia e amici. In vent'anni nessuno dei numerosi medici chiamati al suo capezzale si era pronunciato con certezza sulle cause delle sue "debolezze polmonari". Ma stavolta sono categorici. Il dottor Bamford diagnostica una tisi galoppante. Fanny crede che tutto sia perduto. Louis non arriverà mai al trentesimo compleanno. *Anche se il medico ti dà soltanto un anno di vita* – scrive Louis a Colvin –, *persino esita a darti un mese, battiti, corri e fai quel che può essere portato a termine in una settimana.*

In quella settimana di battaglia, in quella d'aprile e in tutte le successive, Louis e Fanny otterranno una proroga lunga quattordici anni.

*

Sia quel che sia. Al diavolo Rearden, i vicini, le famiglie e le convenienze! Fanny sfida tutti. Osa. Porta Louis a casa di Sam. Con quel gesto si aliena la simpatia dell'ultima complice, Nellie, perché compromette il matrimonio con Adolfo Sanchez. Tanto peggio! Prepara il letto dell'amante nel salotto e accanto sistema il proprio materasso. E sarà lei, lei sola, a curarlo. Lui sputa sangue. Vomita. Soffre di diarrea. Sudori freddi inzuppano biancheria e lenzuola. Crampi gli serrano le mascelle. Accessi di tosse gli spezzano le ossa. Non ha più la forza di vedere. Non riesce più a parlare... Lei gli inumidisce le labbra, gli tampona le tempie, non sa più se dorma o vegli... Hervey, suo figlio... non lo lascerà andar via per la seconda volta... Lo porta in braccio, lo cambia, lo mette a sedere... Hervey... Va ai mattatoi, torna col sangue, solleva il viso di Louis, sostiene la nuca che ricade, lo fa bere, cambia l'aria alla stanza, dalla finestra al letto va, viene, erra. Quei gesti, cominciati in primavera, li ripeterà ogni giorno e ogni notte per tutto il seguito della sua vita coniugale.

East Oakland, aprile-maggio 1880

Uscendo dalla cucina con un pesante vassoio in mano, Fanny vedeva con l'immaginazione il viso di Louis conosciuto quand'era giovane e il viso tanto cambiato delle ultime settimane. Era l'avvicinarsi della morte? Era il trionfo finale sulla vita che gli dava quella strana espressione di acquietamento e di maturità? Oppure l'uomo che in quei giorni si interessava al destino delle minoranze razziali e dei disoccupati, l'uomo che nel delirio elencava uno a uno i sintomi clinici della fame, quell'uomo aveva smesso di rassomigliare al borghese di Edimburgo? E quale legame lo univa al bohémien che si incanagliva, per divertimento e per passione, nei locali malfamati e nei bassifondi?... Oppure era la scoperta di mondi interiori dei quali lei non conosceva il segreto? Non si torna impunemente dal regno delle ombre.

A piedi nudi nella lunga camicia da notte bianca lei prese d'infilata la veranda, rasentando le finestre chiuse della casa. Di sopra Nellie dormiva dietro l'intrico dei rosai che si arrampicavano sulle persiane della camera che era stata di Belle. Sammy, rientrato dal collegio per le vacanze di Pasqua, riposava nella stanza che un tempo aveva diviso con Hervey, la grande camera dei bambini al primo piano. Lei aveva messo Louis nella grande sala a pianoterra, la sola a livello del giardino. Ogni mattina carezzava il sogno di farlo uscire... Sì, l'avrebbe portato fuori l'indomani, se il tempo l'avesse permesso. Dopo il rigore eccezionale dell'inverno, la primavera s'annunciava piovosa. La domenica di Pasqua aveva visto ancora colate di neve sui fianchi del monte Tamalpais. L'orologio del corridoio batté mezzanotte. Il legno sotto i piedi trasudava umidità. I fiori delle rose aggrappate alle balaustre si stringevano, si capovolgevano come un'urna e lasciavano colare gocce di rugiada sulla scalinata. Il vento che saliva dal mare si riversava fra le colonnine e faceva cigolare la sedia a dondolo. All'orizzonte beccheggiavano sul mare le luci dei fanali e più in alto, più lontano, morivano piccole macchie dorate, il riflesso dei lampioni che si spegnevano a grappoli sulle colline dei ricchi di San Francisco. Irreale... era questa l'impressione dominante per Fanny nell'ultimo periodo. Dall'installazione di Louis al cottage lei viveva la vita di un altro... No, pareva che Louis non fosse invecchiato. Il mutamento sopravvenuto in lui durante la malattia non era la magrezza. Né l'estrema debolezza. Né la nuova costrizione a stare assolutamente immobile, quando per lui parlare aveva sempre significato camminare o correre... Ma che significato attribuire alla trasformazione del suo sguardo? Poteva rallegrarsene? Doveva nuovamente preoccuparsi? Ricordava il suono smorzato della voce di lui; sentiva le parole che aveva pronunciato nella serata e quelle che lei stessa aveva detto. Immaginava altre parole, le parole che avrebbe usato quando lui fosse stato meglio, e i pasti, i pasti abbondantissimi che gli avrebbe preparato! Quell'inverno, quando lui abitava ancora a San Francisco, quando soffriva la fame su una panchina di Portsmouth Square, non le raccontava dei banchetti che faceva in sogno?... Quei banchetti li avrebbe trasformati in realtà, per lui! Quella notte, l'indomani... avrebbe saputo tentarlo per la gola! Doveva tornargli l'appetito!

Sempre col vassoio fra le braccia, spinse col piede la persiana. Lui sedeva nel letto da campo di fronte alla portafinestra, la schiena poggiata ai cuscini, la testa rovesciata, gli occhi chiusi. Sonnecchiava. Rimase per un istante sulla soglia a guardarlo. I baffi erano cresciuti tanto che un'ombra a ferro di cavallo incorniciava le labbra strette. Le dita, di un biancore trasparente, spaventosamente lunghe e magre, trattenevano le lenzuola sul petto. L'anulare leggermente rientrante dava a tutta la mano una forma stretta e affusolata da conchiglia. Notò un fremito rapido, quasi impercettibile, di una delle guance. Non dormiva! Lottava contro qualche dolore... O soffriva? Si avvicinò precipitosamente al letto. Sopra Louis troneggiava la foto di Jacob Vandegrift nella cornice dorata offerta da John Lloyd. Louis aprì gli occhi e seguì Fanny con lo sguardo. A che pensava? Quando posò il vassoio sul comodino, lui volse lentamente la testa. Quella nuova lentezza significava che assorbiva nel proprio campo visivo tutto il salotto, tutti gli oggetti? Vedeva il ritratto di Sam fra le due finestre? Le caricature di Sam vestito da minatore nelle vetrine? La pietra dove Sam aveva trovato le prime tracce d'argento, il primo filone? I disegni del campo di Austin, l'acquerello di Virginia City? Era lo sguardo dei convalescenti, quello sguardo che indugia a lungo sulle cose, che si posava su oltre vent'anni della vita coniugale di un altro? Si avvicinò lenta e si passò la mano sulla fronte. Se almeno l'angoscia, la pietà, la compassione, la sofferenza non stancassero tanto! Abbozzò un sorriso, incontrando lo sguardo di lui. Stava per parlare. La voce, quella voce calda, restava la stessa.

«Ascoltavo il fruscio delle tue gonne, i tuoi passi fuori... i tuoi piedini gelidi che venivano verso di me, quel fruscio così pieno di promesse».

Sospirò, le prese la mano e se la portò sulla guancia mal rasata.

«Ti chiedo perdono» disse con gli occhi ardenti.

Pieno di una inquietudine nuova, la fissava. Lei desiderò fuggire.

«E di cosa, per Dio?» chiese con leggerezza. Già si voltava verso il tavolino tondo. «Una cena a mezzanotte!... Un buon brodo di gallina, come quello che ti piaceva alla latteria di rue Ravignan».

«Quel che è terribile» riprese lui stringendole il polso, «è che tu stia per legarti per sempre a un uomo incapace di prendersi cura di sé».

«Ci ho messo qualche punta d'asparago... non quelli grossi bianchi... i piccoli verdi così difficili da coltivare».

«...A un uomo che non potrà mai prendersi cura di te!».

Lei prese il vassoio a due mani e glielo posò col piatto fumante sulle ginocchia.

«È il mio destino: ci sono abituata. Nessuno si è mai preso cura di me. Quand'ero piccola me ne affliggevo. Non volevo somigliare alla quercia solitaria. Non volevo restare senza appoggio né sostegno...».

«Io» interruppe Louis aspramente, «checché se ne dica, appartengo alla razza dei parassiti! Sono sempre caduto in piedi. Ma i piedi finora appartenevano a mio padre. E ora sono i tuoi».

Lei fece spallucce.

«Sciocchezze! Vuoi che ti dica perché ti piaccio? Perché non sono forte come sembro... Fossi stata veramente una quercia o qualche altro albero trionfante, non sono certa che m'avresti seguita fin qui... Cosa ti piace in me? La parte che è cane bastonato... qualcosa di un po'... un po' morbido, che tu sei il solo a conoscere! Tu invece, dietro l'apparenza fragile, che forza! Lo sai anche tu».

Gli tese il cucchiaio, lui lo prese...

«I piccoli asparagi verdi conservano il sapore e la forza della terra!».

«D'accordo» acconsentì lui portando sensualmente una piccola punta alle labbra. Malizioso, chiuse gli occhi e sussurrò: «Sì, la sento, proprio così, la sento, la forza della terra!».

«Scherzi...».

«E io, che credevo che la mia promessa fosse un'artista... una letterata... un'intellettuale... In fondo, Signora e Amor mio, lei è soltanto una contadina!».

«Ben detto... E quando pianto un seme, ci pianto anche il cuore... Mi sento molto vicina a Dio quando vedo spuntare le piccole foglie così verdi e tenere...».

La ascoltava con avidità. Fanny. I piaceri di Fanny? I segreti di Fanny? I bisogni di Fanny? Che ne sapeva, lui?

Lo sguardo si posò sul pugno minuscolo che batteva il

cuscino, piccola macchia scura, color miele nel biancore del lino, quella mano abile dalle dita tanto corte, tanto affusolate, quell'anulare da ragazzo che presto sarebbe stato stretto da una fede...

«È vero, è vero» continuava lei animandosi, «posso saltare di gioia dinanzi a un'aiuola di piselli, i miei piselli che immagino verdissimi e cicciottelli dentro il baccello! E quando le rose si aprono sulla veranda, mi danno tanta gioia, quasi quanta ne provo quando mi leggi una delle tue poesie».

Lui poggiò il cucchiaio e respinse il vassoio.

«Non riesco a inghiottire... Perdonami, non ci riesco».

L'espressione di Fanny fu talmente delusa che Louis esclamò:

«Non fraintendermi... Non desidero morire! Per una ragione molto semplice: nella vita non ho fatto nulla che mi autorizzi a lasciarla onorevolmente... Vivrò, Fanny, e non ho più paura per il mio lavoro! So che le mie idee stanno cambiando. Te lo dico da tanto... Suppongo di essere soltanto in cerca della nuova vena... La troverò! So che presto scriverò meglio di una volta! Qualunque cosa ne dicano tutti, Colvin, Henley...».

«Sono gelosi del tuo talento, sanno che non riusciranno mai a creare».

«Creare». Entrambi erano preda di uno stesso delirio, di una stessa visione, di una stessa fede.

«...Ma attenzione! Quel che scriverò sarà diverso da tutto ciò che ho fatto finora. Le mie simpatie, i gusti, gli istinti, tutto è cambiato da quando ci sei tu. E questi luoghi hanno cambiato tutto. Non so più se sono lo stesso uomo di una volta. Se laggiù mi riconosceranno... Forse non posso più dire di conoscere gli amici, da quando vivo con te... La mia famiglia? Mio padre? Tuttavia gli voglio bene! Tu e lui siete le persone che amo di più... Ma ho voltato la testa. Guardo altrove. Nei treni che mi portavano a te ho scoperto di essere sradicato da tutto il mio passato e mi sono stupito di non provare più gioia o dolore... Incredibile durezza, terribile indifferenza della natura umana!... Non scriverò più racconti di viaggio. Ormai mi interessano soltanto i drammi, i conflitti, la morale... Me ne infischio dell'arte, me ne infischio del pittoresco e del bello. Mi interessano soltanto le persone».

* * *

Non erano più divisi dalla baia di San Francisco. I loro materassi erano uno accanto all'altro e trascorrevano le nottate a fare progetti. Tuttavia non parlavano della loro passione, né di felicità, né del futuro. Lui dettava, lei scriveva, lui correggeva, lei rileggeva.

Robert Louis Stevenson non comporrà più una riga, un paragrafo, una pagina, un libro che non sia stato sottoposto alla critica di Fanny.

Talvolta provavano entrambi la stessa fatica e si dicevano: «Com'è dolce la vita quando non si soffre e si lavora». Stevenson godeva della vita quando Fanny apriva le persiane sulla veranda o quando arrivava dal giardino coi capelli e la pelle impregnati degli effluvi caldi della primavera. Un'ape si perdeva talvolta nel salotto e il ronzio gli parlava delle gonne di Fanny e delle rose inondate di sole. In quei momenti cedeva alla sonnolenza e i sogni lo riportavano a Grez. Il fiume rifletteva sul viso di Fanny una luce cruda che le danzava in forma di macchioline dorate sul collo, sulla bocca e negli occhi. In sogno lui diventava quella luce e si posava agli angoli delle labbra di lei. Fanny. Infaticabile e tenera, non pronunciava mai parole d'amore. Ma quando lo aiutava ad alzarsi, lui si appoggiava con tutto il peso a quel piccolo corpo scuro che avrebbe voluto stringere.

Avrebbe ritrovato mai la forza di essere un uomo? Come far sì che lei scusasse quella debolezza fisica?

Tuttavia l'atmosfera della casa non aveva nulla di deprimente – racconterà Nellie – *perché lui rifiutava di fare il malato. Ogni giorno, durante la convalescenza, lavorava almeno qualche ora. Scrivevo per lui sotto dettatura per evitargli lo sforzo fisico di scrivere. La prima versione del* Principe Otto *fu composta così (...) Dettando aveva ripreso l'abitudine di attraversare la stanza a grandi passi. Man mano che inventava, si eccitava e accelerava il passo. Mia sorella temeva molto la fatica di quell'esercizio. Per impedirgli di agitarsi fece ricorso a questo trucco: ostruiva il passaggio con sedie, tavoli, oggetti, qualunque cosa. Allora lui faceva il gesto di alzarsi e ricadeva in poltrona, scoraggiato da tanti ostacoli. Quando ripenso alle innumerevoli notti senza sonno, alle veglie instancabili di Fanny, non credo di esagerare se dico che il mondo deve a lei che quell'uomo sia sopravvissuto per produrre le sue opere più grandi...*

* * *

«Leggi» s'innervosì lui. «Ti chiedo di leggere! Continua! Qualunque cosa mia madre abbia scritto, voglio sentirla».

Quando R.L.S. parlava con quel tono, quando dava un ordine, era meglio obbedire. Temendo l'esplosione lei sospirò e riaprì la busta.

Non riusciamo a capire perché tu non abbia mai risposto alle nostre domande sui tuoi progetti – decifrò in un tono neutro che abbassava fino al sussurro. *Debbo ripeterti quel che t'abbiamo già detto e ridetto: non possiamo dare nessuna spiegazione delle tue azioni a nessuno perché non ne sappiamo nulla! Ignoriamo persino il nome dei tuoi amici di San Francisco. Perciò ti prego: dacci la tua versione dei fatti, affinché possiamo dire qualcosa. Ti sei comportato in modo assurdo da quando ci hai lasciati, hai corso rischi per i quali non eri tagliato, mi hai sorpreso e deluso: credevo tu avessi finalmente imparato a prenderti cura di te stesso...*

«Non riesco ad arrivare fino a loro» interruppe Louis con un gesto d'impazienza. «Non capiscono... Non capiranno mai quel che cerco di fare della mia vita... continua...».

Bevi dunque dello champagne, è un tonico eccellente...

A quella frase Fanny e Louis scoppiarono a ridere.

«Ragionano sempre a vanvera!» disse lui allegramente.

«Ma devono ricredersi!» insorse lei. «Pensano che tu ti sia messo apposta nella condizione in cui ti trovi, che tu viva in una penuria artificiale».

«Sono vent'anni che tento di spiegarglielo! Non mi ascoltano... Non mi vedono per quello che sono. Ho un bel gridare e gesticolare, non mi conoscono... Ci si può amare così tanto e capirsi così poco?» sospirò. «Non mi lasciano alcuna possibilità!».

Terribili malintesi, in verità. Quell'incoscienza della famiglia sarà denunciata probabilmente soltanto da Henry James: *La mia visita è stata un po' guastata dalla presenza piuttosto pesante dei genitori* – scriverà otto anni dopo a Sydney Colvin. *Stanno da lui troppo a lungo (...). Non capisco come facciano a non rendersi conto di quanto lo affaticano!*

Incoscienti, ammettiamolo. Ma anche incompresi. Due volte hanno spedito vaglia che sono tornati indietro. Dal giorno successivo alla partenza del figlio, Thomas e Margaret hanno scritto a New York «fermo posta», poiché Louis non aveva lasciato loro alcun indirizzo. Non è mai andato a ritirare la posta ricevuta e non ha saputo nulla della loro sollecitudine.

Fanny intuisce le sofferenze morali patite da Louis, il senso di colpa che lo rode e cozza contro la certezza d'essersi comportato bene, la collera e la rivolta generate dal non essere riconosciuto per quel che è. Conflitti che aggravano le preoccupazioni finanziarie, minacciano e ritardano la guarigione. Pericoli che Fanny non riesce a tollerare. Col ruolo di infermiera si è assunta anche il compito di tener lontani tutti i pericoli. Congiungerà il ruolo di infermiera a quello di intermediaria. Impicciarsi di tutto per salvargli la vita o semplificarla. Interpretare un ruolo benefico nella scacchiera del destino di lui. Fare da cuscinetto fra l'uomo che ama e le asperità del mondo: tale sacerdozio – o tale colpa – procurerà a Mrs Stevenson molte delusioni. Le costerà la reputazione. Per assistere Stevenson, e poi la memoria di lui, Fanny sacrifica senza rimpianti la propria storia.

E poiché l'idea di mancare di tatto non la imbarazza per nulla e le parole "finezza" e "discrezione" non appartengono al suo vocabolario – la famosa faccia tosta di Fanny tanto criticata da Rearden –, commette un gesto che potrebbe portare alla catastrofe, a un litigio cruento con Louis, a un'irreparabile rottura con Edimburgo.

Di nascosto scrive agli Stevenson. La difficoltà di comporre una tale lettera non rallenta il suo slancio. Chiunque avrebbe bisogno di ore, di giorni, per trovare il giusto tono. Fanny non si pone neppure la questione. Si rivolgerà a Thomas da nuora potenziale? Da donna innamorata? Da madre di famiglia? Da infermiera? Implorerà il perdono paterno? Perorerà la propria causa? Con umiltà? Con collera?

La missiva non esiste più. Devo limitarmi quindi alle congetture.

Sarei tentata di credere che abbia parlato senza perifrasi, da clinico a capoclan. E immagino una mostruosa descrizione delle sofferenze e dei mali del comune conoscente.

Un'atmosfera di mistero aleggia sul cottage di Oakland. I cassetti dello stipo occultano pericolose lettere delle figlie di Jacob: Fanny non è la sola che spedisca biglietti... La notte, nell'oscurità della stanza, Nellie scribacchia frenetica. In segreto spedisce lettera dopo lettera ai Vandegrift, nell'Indiana. Grazie a Sam Orr – il grande amico di Sam Osbourne – la madre e le sorelle hanno saputo la scandalosa notizia del divorzio. *Voi mi rimproverate di avervi nascosto le cose* – si lamenta la ragazza. *È vero, ma ho dovuto farlo, per due ragioni. La prima è che pensavo di riuscire a impedire certi scandali e che quindi fosse inutile informarvi delle minacce che pesavano sulla famiglia e preoccuparvi. La seconda è che non ho avuto il coraggio di raccontarvi questi eventi dolorosi. Oggi mi rendo conto che devo parlare; visto che non sono riuscita a impedire nulla. Anzitutto il divorzio. A proposito delle ragioni che hanno portato a tal punto, non oso dirvi nulla. Ma il divorzio è il minore dei nostri problemi. Il peggio è che Fanny ha intenzione di sposare Louis Stevenson, di cui vi ha parlato spesso. Non mi ha mai messo al corrente delle sue intenzioni e finché ha potuto ha tenuto segreto il progetto... Da quando l'ho scoperto ho fatto quanto potevo, come potete immaginare, per impedirle di commettere tale follia. Ma non serve a nulla e rinuncio. Non riesco a descrivere le mie sofferenze e i drammi provocati dal suo atteggiamento. Adolfo pensa che tutto andrà meglio quando noi saremo sposati e io avrò lasciato questa casa. Tutto questo scandalo è pesante da sopportare tanto per lui quanto per me, perché agli occhi della famiglia di lui il comportamento di Fanny è peggio che la morte (...). Devo anche dire che Orr mi ha messo alla porta e mi ha proibito di rimettere piede a casa sua, a meno che io non rinunci a Adolfo. Non rinuncerò mai a un uomo che mi ama con tanta devozione e che resta al mio fianco in tutte queste prove. Devo aggiungere che è duro per me dir male in questo modo di Fanny. Nonostante la collera che provo nei suoi confronti riconosco che è sempre stata molto buona con me. E devo anche dirvi che è una donna perbene, ne sono certa, purtroppo è debole e sfortunata, vorrei che voi condivideste questo giudizio. Quanto a Louis Stevenson, è di buona famiglia, perfettamente onesto e molto dotato. (...) Se le circostanze fossero differenti non avrei nulla contro di lui... Sono certa che non mi crederete, ma non possiamo più impedire questo matrimonio! Vi garantisco che se io non posso far nulla voi potete fare anche meno! Inoltre allo stato attuale delle cose lo scandalo sarà ancora più terribile se non lo sposa. Una delle ragioni per cui non vi ho parlato prima di questo dramma è che ero sicura che Stevenson stesse per morire e di conseguenza la faccenda si sarebbe aggiustata da sé. Ma temo che stia recuperando. So che questa notizia è per voi un colpo terribile ma credetemi, ho fatto di tutto per impedire il matrimonio e ora accada quel che deve accadere...*

Due giorni dopo questa lettera, datata 19 aprile 1880, un telegramma da Edimburgo, indirizzato a Robert Louis Stevenson, arrivava nel giardino di Oakland.

*

Quel mattino, alla prima schiarita, Fanny aveva portato i mobili sul prato. Notte d'insonnia. Cupi presentimenti si erano ogni tanto affacciati all'immaginazione. Muta, imbronciata, aveva lasciato che Louis finisse di far colazione con Nellie e stendeva le coperte nelle pozze di sole, portava fuori la sedia a dondolo, il tavolo, carta e calamaio, il cesto delle pozioni... Fra la veranda e il prato andava e veniva con scioltezza a passi brevi e rapidi. I suoi fianchi si era allargati durante l'inverno, il petto appesantito. Passaggio netto e brutale. Era bastato meno di un anno perché la magra giovane donna di Grez entrasse nella maturità. Alle soglie della primavera, troppo presa dalla malattia di Louis, si era dimenticata il proprio compleanno. Il dieci marzo aveva compiuto quarant'anni. Il profilo di cammeo, la regolarità dei lineamenti, tutto si accentuava col tempo. Le prime ciocche grigie che si arricciavano sulla fronte le scurivano vieppiù il viso, la carnagione pareva più ambrata... Quarant'anni. Che importanza aveva? Lo sguardo impassibile puntava sempre diritto davanti a sé, brillava sempre col fulgore nero di una pietra di giavazzo, penetrava le cose con la stessa attenzione e vigilanza. Uno sguardo che non cedeva. Il pessimo umore di quella mattina lo rendeva quasi cattivo... Il nuovo pallino di Nellie e Louis, che si parlavano compunti soltanto in spagnolo, la esasperava davvero. E la loro indifferenza quando aveva loro intimato di finire di sistemare i piatti senza di lei, le loro risate asciugando i bicchieri in una lingua incomprensibile che voleva essere «una introduzione alla cultura di Adolfo»... Assurdo! Ritta in tutta la sua altezza sotto l'enorme parasole porpora che tentava di aprire, scorse in fondo al vialetto la persona che aspettava: corse, si perse sotto i boschetti, riapparve in lontananza, accanto allo steccato.

«È arrivato ieri sera» diceva il postino, «indirizzato al signore che abita qui».

«Glielo consegnerò io stessa. Grazie. Arrivederci».

Ficcò il foglio nella tasca del grembiule e risalì a passi lenti verso il cottage. Al suo passaggio una brezza tiepida faceva sussurrare le siepi di tulipani rossi. Espressione seria in volto, testa bassa, Fanny perdeva tempo... Ecco dunque quel che l'aveva agitata per tutta la notte... Se l'aspettava, sapeva che la risposta sarebbe arrivata quel giorno... Perché diavolo i genitori non avevano scritto a lei? Il contenuto di quel telegramma poteva ucciderlo! L'avrebbe aperto... Avrebbe verificato... E se la reazione del padre era pericolosa... andasse al diavolo, i suoi insulti sarebbero finiti in fondo al mare, ci avrebbe pensato lei!

Fanny scorse Louis che dondolava nella poltrona che gli aveva preparato... Non si preoccupava di sapere dove fosse lei, che facesse, che pensasse... Sistemato al sole con Nellie sbraitava arrotando le erre una tirata del *Castigo senza vendetta* di Lope de Vega. Nellie, ai suoi piedi, si contorceva dalle risate, là, bocconi sulla coperta che Fanny aveva sistemato per le gambe di Louis... Che i piedi soprattutto restino all'asciutto, che non prenda freddo... Una tirata d'amore, probabilmente... E come era allegra, Nellie, quella mattina! Il vestito a pieghe le stringeva la vita e le modellava i fianchi. Le lunghe trecce bionde rilucevano al sole... A ogni ondeggiamento la sedia di Louis incombeva su di lei... Forse lui sfiorava con lo sguardo il cumulo di pieghe, nodi, ghiande, tutti i volant del sellino... E Nellie, cercando le parole nel dizionario, piegava i polpacci, scopriva le calze, agitava gli stivaletti in aria... Louis, Nellie, la stessa generazione. Nellie era nata nel... – Fanny fece i conti – appena cinque anni meno di lui... Intellettuale, per di più! L'intellettuale della famiglia. La biblioteca di Nellie conteneva più romanzi di quanti ne potessero contenere le scaffalature del salotto. Perché Louis non si era innamorato di Nellie? Di Nellie o di Belle?... I rari amici che lui aveva a San Francisco appartenevano alla stessa banda. La banda di Joe Strong... Da quand'era in convalescenza cercava la compagnia dei giovani suoi coetanei. Come poteva andare d'accordo tanto facilmente con quell'imbecille di Strong? Se Fanny lo credeva cambiato dalla malattia, sbagliava e di molto. Con la salute Louis ritrovava la leggerezza. Sollevando ancora la testa Fanny scorse tutti e due, Louis e Nellie. Ridevano assieme. Allora si sentì come un'anziana signora che si scalda al sole facendo quattro passi... Avrebbe lasciato che si divertissero. Non sarebbe risalita verso loro che avevano così poco bisogno di lei... Neppure Chuchu, quell'incrocio di setter e spaniel, neppure il suo cane l'aveva seguita in fondo al giardino! Lo vedeva laggiù, appallottolato sulla coperta... Se Chuchu preferiva la loro compagnia – se ne occupassero loro! Ah, se c'era qualche lavoro da fare, sapevano tutti dove trovarla!... Infermiera, cuoca, severissimo custode... Fanny dava da mangiare ai cani e vegliava i malati! Ma per le risate e i piaceri... Da quando tutto aveva preso ad andar meglio, chi si preoccupava della sua esistenza? Irritata seguì lo steccato, girò attorno alla casa, pescò l'acqua dal pozzo, entrò nell'orto. Aveva molto trascurato le file di cavoletti, durante la malattia di Louis. Costeggiò tranquillamente i sentieri innaffiando le aiuole. Ma guardava altrove. Guardava la coppia là sul prato. Che si dicevano? Stevenson sussurrava all'orecchio di Nellie: «Le cose più belle non portano a nulla, le più belle idee non hanno futuro... E le più belle avventure non sono quelle che noi tentiamo...».

Se avesse pronunciato quelle parole, Nellie avrebbe creduto che le faceva la corte? Sarebbe arrossita? Avrebbe risposto sentenziosamente che lui parlava come scriveva? Oppure sarebbe rimasta in silenzio pensando che chiacchierava non per provare ma per cercare? Che scavava le parole come scavava la vita... Per il piacere di vedere.

Per il piacere di smontare... Nellie avrebbe capito che il piacere di quella ricerca bastava a se stesso? E cosa avrebbe risposto se Stevenson con quella voce calda le avesse chiesto: «C'è una piccola pozza nera, i lillà e una panca di pietra in fondo al giardino... È là che dovremmo sederci...»?

Mentre le goccioline costellavano d'argento le piante, Fanny immaginava Nellie e Louis che si addentravano nei vialetti e si fermavano sotto i grandi alberi, fuori dal suo campo visivo, al riparo. Da lì potevano scorgere la veranda e la piccola sagoma azzurrata di mamma Fanny che innaffiava i cavoli.

«Credo che dovremmo raggiungerla» avrebbe bisbigliato Nellie.

«Hai ragione» avrebbe risposto Louis. «Ma restiamo ancora un attimo in questa pace».

«Ci cercherà...».

Ai loro piedi, sul prato, tremava l'ombra delle foglie. Il sole scendeva in colate rosse. I raggi che Nellie riceveva in pieno viso le mettevano nel blu degli occhi un bagliore verde dove si riflettevano le ali sfarfallanti attorno... Odiosa nitidezza della visione! In preda alle proprie paure, ai propri demoni, Fanny saprà un giorno spingere l'angoscia fino all'allucinazione. Col cuore che palpitava si figurò Louis che si spostava sulla panca per avvicinarsi alla ragazza:

«Potremmo uscire dalla tenuta?».

«Ma che dirà Fanny?».

«Che l'umidità è fatale ai tisici... Che buscherei la febbre... Che ne morirei stasera!».

«È rischioso...».

«È rischioso» avrebbe ammesso lui, «ma farci fare una paternale assieme rafforzerebbe la nostra amicizia!».

Fanny posò l'innaffiatoio, si raddrizzò, passò la mano sulla fronte con gesto dolorante divenuto abituale dall'inizio della malattia di Louis... Se fosse morto come era morto Hervey? Sentì sulle papille e nelle narici l'odore e il gusto salato del sangue. Le venne da vomitare. A pochi metri di distanza, sul prato inondato di sole, Louis viveva!... E quel che Fanny provava in quel momento, quel che provava era lo stesso sentimento infame che aveva provato per vent'anni nei confronti di Sam! La gelosia! Come osava confondere i due uomini? Come poteva dubitare di Louis? Che follia, che vergogna abbassarsi a simili tormenti! Povero Louis! Povera Nellie! Continuando a declamare in spagnolo leggevano il testo teatrale, sfogliavano grammatiche e dizionari, litigavano, scoppiavano a ridere.

Non la videro arrivare ma quando li raggiunse la stessa frase scaturì dalle labbra di entrambi:

«Hai una lettera per me?».

Lei tutto si aspettava fuorché quella domanda. Presa alla sprovvista cominciò col mentire:

«Nessuna lettera...». Arrossì, si confuse, balbettò: «Un telegramma».

«Di Baxter... Mi manda denaro...».

«Non penso».

«E per me?» intervenne Nellie.

«Nulla».

Le due donne guardarono Louis aprire il foglio. Il parasole gettava sui loro visi bagliori porpora. Immobili, in piedi sotto il pergolato, evocavano due sacerdotesse al servizio di una divinità.

Ricordo – scrive Nellie –, *ricordo il giorno in cui arrivò il messaggio del padre.*

«Ascolta» urlò Louis, «ascolta, Fanny» ripeté con un accento nasale accentuato dall'emozione. In piedi, tremava tutto. *Finché avremo un penny non ti mancherà mai nulla. Messi dinanzi al fatto compiuto, faremo del nostro meglio. Accoglieremo tua moglie. Torna. Puoi contare...* – Lacrime di gioia gli scorrevano sul viso... – *Puoi contare su duecentocinquanta sterline all'anno!*

Nulla avrebbe potuto uguagliare il sollievo di Fanny. Nulla avrebbe potuto superare la felicità di Louis. Il mondo accettava la loro unione. E loro accettavano il sostegno e il perdono del mondo. Thomas Stevenson salvava il proprio figlio, Fanny Osbourne trionfava, avevano vinto.

Mercoledì 19 maggio 1880

Distesa sulla schiena nel letto a baldacchino della sua vecchia camera, le braccia dietro la testa, i grandi occhi aperti, Fanny guardava l'alba spuntare sul grande giorno. Un mattino bianco saliva sugli arabeschi malva e ocra delle tende togliendo dall'ombra bauli e scatoloni. Aveva completato i preparativi a notte fonda, da sola. Louis aveva attraversato la baia martedì. Ieri. Dall'affittacamere di Bush Street seppelliva la vita da scapolo e a San Francisco regolava gli ultimi dettagli. Accordarsi con un pastore della confessione di suo padre. Trovare a prezzo modico due fedi, magari due anelli d'argento da un gioielliere cinese. Comprare una licenza di matrimonio. Spedire quindici dollari alla Cassa delle Vedove al foro di Scozia.

Quel che cercava sposandomi – scriverà – *non era la felicità. Il mio matrimonio fu un'unione in extremis... E se mi trovo dove sono oggi, è grazie alle cure di una certa signora che accettò di sposarmi quando ero soltanto una combinazione di tosse e ossa, un ritratto più simile all'effigie della Morte che dello Sposo.* Sì, quindici dollari alla Cassa delle Vedove affinché Fanny abbia una piccola pensione dopo il funerale di Louis. Ma chi lo sa? pensò lei stiracchiandosi, piena di un inconsueto ottimismo.

Chi lo sa? Louis potrebbe vivere in eterno... Per la guarigione aveva fatto di più la lettera di suo padre che tutte le ricette mediche e tutti gli specialisti.

Evocando la generosità dei genitori di lui il cuore di Fanny si gonfiava di riconoscenza... si liberava dal timore! A quanto pareva quegli scozzesi puritani accettavano la vecchia americana divorziata... Ma la accettavano solo da lontano... E ora Louis voleva tornare a casa! Pazzo di gratitudine, voleva vivere con loro! Era il progetto per l'autunno. Che abitassero tutti assieme, con Sammy, il padre, la madre, nella vecchia dimora di Edimburgo... Che sarebbe accaduto laggiù? Preferiva non pensarci.

La pace interiore di Louis si basava ormai sull'approvazione paterna, Fanny lo sapeva. E sapeva inoltre di non potersi permettere un nuovo scacco coniugale. Il successo sarebbe dipeso dall'impressione che avrebbe fatto... Come avrebbero accolto l'accento yankee, la criniera di ricci grigi, la carnagione da gitana, tanto scura che a Monterey l'avevano creduta meticcia, la sei colpi nella giarrettiera e quel monello di Sammy appresso?

Allontanò i pensieri e si alzò... Cosa diavolo dimenticava? Sammy...

Sammy e il cane Chuchu l'avrebbero raggiunta sulle montagne di San Francisco una volta trovato un luogo dove trascorrere all'aria aperta la luna di miele... Il sole prima del grigiore di Scozia, un vento secco prima delle piogge d'Inghilterra – la sola cosa che potesse portare a buon fine la convalescenza... Cosa dimenticava ancora? Grandi fodere bianche proteggevano i mobili... Come alla vigilia della partenza per Anversa aveva travasato le piante e le aveva portate nella serra... Sam aveva promesso di intestarle il cottage. Non era forse stato acquistato con la sua dote? Ma le promesse di Sam Osbourne! Si diceva che frequentasse una donna molto piccola e nerissima, che somigliava alla prima sposa... Sam e le donne... Fanny non voleva pensarci più! I soprammobili, Belle doveva andare a prenderli in settimana. Aveva già portato via il piano e i ricordi d'infanzia cui teneva. Nellie avrebbe abitato dagli Strong fino al proprio matrimonio, a settembre... Uno dei due gatti sarebbe andato con Nellie a Monterey, l'altro sarebbe rimasto al cottage. Il pony Clavel era stato venduto... Clavel era forse l'unico rimpianto di Fanny. Da quando si preoccupava della vita che l'aspettava nella vecchia casa di Edimburgo, aveva bisogno di esercizio, aveva nostalgia di movimenti violenti, di un'ultima cavalcata. Trovava il sonno soltanto immaginandosi cullata dal galoppo di un cavallo. In sogno si vedeva correre dritta attraverso la terra grassa di un immenso altopiano. Ben piantata in sella, a redini molli, si avventava su un boschetto d'alberi. Si gettava in avanti, passava sotto i rami che le carezzavano la schiena, stava appiattita, il petto contro l'incollatura, per saltare i fossati. Fra i tronchi la pianura nera, le radure, gli squarci di un verde crudo, tutto passava in un lampo. Tutto cadeva fitto. Tutto soffiava a raffiche. I profumi, la rugiada, il passato...

Due del pomeriggio. All'imbarcadero, aspettando il ferry, il tempo le parve lungo e pesante. Una foresta bruciava nell'entroterra. Anche l'aria del mare era carica di fumo. I passeggeri guardavano il cielo e si interrogavano con ansia sulle probabilità di un acquazzone. Ecco, si diceva, ecco, si ripeteva per convincersene, ecco il giorno e l'ora del mio matrimonio con Louis... Si sentiva come alla vigilia di un concorso all'atelier Julian. Troppo fiacca per scegliere una matita. Troppo pesante per alzare un braccio. Troppo vuota per visualizzare il disegno. Non riusciva più a pensare. Non sapeva nulla. Senza sogni e senza idee, nella sala d'attesa guardava fissamente il quadro che aveva visto ogni giorno dell'inverno precedente quando prendeva il traghetto per andare in Bush Street a curare Louis, ogni giorno di tutti gli inverni del periodo in cui aveva attraversato la baia per studiare alla School of Design. Era un due alberi a vele spiegate, gonfie del vento d'altomare vivo e fresco, sotto un cielo trapunto di nuvolette grigie. Le onde verde bronzo, prive di schiuma, si sollevavano come un respiro possente, si spingevano sul battello e si accavallavano a prua. Era quel quadro, Fanny se ne ricordava, era quell'immagine che aveva suscitato in lei il desiderio di lasciare Sam, il bisogno di vivere sola, l'ossessione di partire per Anversa... Alla base della cornice una targa. Un nome inciso. Il *Casco*.

Sul ponte del ferry il vento si avventò sulle gonne, le rallentò il passo. Immaginava le burrasche che dietro di lei prendevano slancio per spingerla con più forza contro il parapetto. Irrigidiva la schiena, inarcava le reni, tendeva i garretti. Sentiva il pizzo delle sottogonne che le carezzava la piega interna delle ginocchia, resisteva, era delizioso. Sul comignolo del ferry un grosso gabbiano bianco lanciò uno strido. Lei rideva fra le scie di fumo che uscivano dalle macchine, i nastri di vapore che salivano dal mare, le nebbie che arrivavano dalle pinete in fiamme. A viso scoperto e libero, i riccioli appiccicati al cappello impennacchiato, osservò l'uccello che ricambiò lo sguardo. Per un attimo si squadrarono con lo stesso occhio tondo, nero, loro soli a sfidare spavaldi il vento d'altomare. Il gabbiano piombò d'improvviso e si posò a prua.

Fu allora che Fanny scorse, vicinissima, la massa rossa e collinosa di San Francisco, le banchine zeppe di carretti, i cavalli, i fagotti, il brulichio degli uomini che aspettavano nel fango. Fra i cinesi, i canachi, i marinai, i cowboy, riconobbe l'esile sagoma di Robert Louis Stevenson che fendeva la folla. L'aveva sempre creduto alto. La magrezza ingannava. Non doveva essere più alto di un metro e settanta. Testa scoperta, riga in mezzo, i capelli lisci che gli cadevano sulle spalle, indossava l'abito da viaggio in sargia blu. Una mano sui baffi, l'interminabile sigaretta fra le dita, l'altra mano in tasca, avanzava a grandi passi verso l'imbarcadero. L'andatura dinoccolata dava l'impressione che le braccia, le gambe, la testa, tutto funzionasse alla rovescia, in contrappunto, separatamente... Fanny lasciò il parapetto, si precipitò per la scala e imboccò la passerella.

«Ho tutto!» disse lui trionfante appena la vide.

Non si salutarono. Né bacio né abbraccio. Non un segno di affetto. Lui la prese familiarmente sottobraccio e la trascinò a passi rapidi. Percorsero il molo.

«...Per il pastore sono capitato bene! Non contento di appartenere alla confessione di mio padre e alla Chiesa di Scozia, si chiama Scott, ha pubblicato undici libri, costruisce una cattedrale e per tre volte è mancato poco si facesse linciare! Un pastore impiccato... Finalmente un reverendo adatto a me! Ci aspetta».

«Ora?» esclamò lei.

Si era fermata con uno stivaletto incastrato fra due assi. Lui tentò di aiutarla. Lei non riusciva né ad avanzare né a indietreggiare. Lui la guardò con espressione sorpresa.

«Non eravamo d'accordo di sposarci oggi?».

«Sì... Ma...».

Lui sorrise:

«Ah... Hai paura? Tu? Se me lo fossi aspettato...».

«Non abbiamo i testimoni» disse lei in un soffio.

«Giusto. Non ci avevo pensato».

«In America sono necessari due testimoni... Altrimenti è impossibile. Ci vogliono almeno due testimoni».

«Nella strada dove abita il reverendo Scott non mancano i vagabondi...» scherzò lui.

Lei non si muoveva. Sotto di loro la risacca si infrangeva contro i pali del molo.

Lui la riprese sottobraccio e tentò di farla camminare.

«A che diavolo pensavi, ritta tutta sola a prua?».

«A nulla».

«Che hai temuto? Cos'hai immaginato?».

«Guardavo volare i gabbiani».

«I Williams saranno i testimoni. Il tram si ferma davanti alla loro porta. Li prenderemo di passaggio. Vieni».

Seduti fianco a fianco nel *cable-car* di Geary Street, non dissero più una parola. Faceva caldo. La vettura saliva dritta verso il cielo plumbeo. Inchiodata alla panca, seria in volto, la fronte costellata di goccioline di sudore, Fanny pareva più vicina al mattatoio che a un matrimonio d'amore. Fu il cinguettio di Dora a trarla finalmente dal torpore.

«Sposarvi ora? Che idea carina!... Ragazzi miei, sono tanto felice per voi! Aspettate questo momento da così tanto tempo... E quando penso a quanto vi è costato di lacrime, sangue e sacrifici!».

In un tintinnio di ciondoli la magra donnetta prese cappello e ombrello dall'attaccapanni.

«...Mai avrei potuto immaginare che sarei stata damigella d'onore... Alla mia età! Alla nostra, mia cara!». Scoppiò nella sua risata metallica, il rumore si confondeva con quello dei suoi ninnoli... «È un peccato che Mr Williams non sia in città, oggi! Come testimone di nozze propongo Rearden, è una parte che gli si addice!».

«Non mi rivolge la parola dal giorno del divorzio. Vuole diventare giudice. Io non sono più abbastanza perbene per lui» brontolò Fanny.

«Dannato Rearden» ridacchiò Dora. «Sempre così sgradevole! So tuttavia che vi farà un regalo di matrimonio estremamente prezioso».

«Me l'ha mandato: un'urna funeraria...».

«Perché tu possa portare con te le ceneri di Louis?».

«Lo trovi divertente?».

«A meno che non destini quel recipiente ai tuoi bei resti... In ogni caso puoi avere fiducia in lui, è schietto!».

Avanzavano nella strada in salita, piccole sagome che battevano le braccia chiacchierando e avviandosi verso l'avvenimento la cui attesa era costata, come aveva notato con delicatezza Dora, «tanto sangue e tante lacrime». A che pensava l'innamorato troppo lucido che, un anno prima, aveva scritto a bordo del *Devonia*: *La donna che amo è più o meno una mia creazione. Il segno del grande innamorato – come quello del grande pittore – è proprio nella capacità di abbellire il proprio soggetto per renderlo più umano di quanto sia per natura. Lei può continuare a essere una vera donna, può dare libero corso al suo carattere, può dar prova di grettezza, di malanimo o di brama per i piaceri volgari. Nulla stupisce l'amante, che continua a adorarla senza che la gigantesca distanza fra l'immagine sognata e la donna reale lo metta in imbarazzo in alcun modo.*

Tale sorta d'analisi e l'assenza quasi totale di grandi personaggi femminili nell'opera di Robert Louis Stevenson hanno portato alcuni biografi ad affermare che il suo matrimonio non fu felice. Taluni diranno addirittura che non amò mai Fanny Osbourne. L'avrebbe seguita negli Stati Uniti per virtù, per dovere, per fare di quella sventurata amante una donna rispettabile...

Non uno fra gli ammiratori di Stevenson, sapendo delle mie ricerche sul controverso personaggio della moglie, ha evitato di pormi la domanda:

«Credi onestamente che lui abbia conosciuto la felicità coniugale?».

«L'ha detto. L'ha ripetuto: *Il mio matrimonio è la decisione migliore ch'io abbia mai preso. Il gesto più intelligente della mia vita!*».

«Sapevi che lei era più vecchia di lui non di undici anni ma di sedici?».

«Abbiamo però l'atto di nascita di Fanny Vandegrift. Se gli archivi di San Francisco sono bruciati, i registri di Indianapolis sono incontestabili».

«Sapevi che era negra?».

«Più di un secolo dopo le nozze, l'esotismo della sposa continua a far sognare!».

*

«Amici, siamo oggi qui riuniti per unire in matrimonio, alla presenza di Gesù Cristo Nostro Signore e di questa nobile assemblea...».

L'assemblea si riduceva al minimo indispensabile.

Ancora dicerie! È stato detto che in presenza di Belle, Joe, Sammy e Nellie, Sam Osbourne avesse condotto l'ex moglie all'altare, è stato detto che dinanzi al reverendo Scott l'avesse consegnata a Robert Louis Stevenson. Mille altre voci corrono ancora sullo svolgimento del matrimonio, pettegolezzi dovuti alla malalingua della futura nuora di Fanny. Tuttavia erano soltanto in cinque. Il pastore Scott e consorte, che fungeva da secondo testimone. Dora Williams. Louis e Fanny.

«Tu, Fanny Vandegrift Osbourne, vuoi in sposo quest'uomo, Louis, malato o in buona salute, nella buona e nella cattiva sorte, rinunciando a tutti gli altri uomini, finché morte non vi separi?».

Il sussurro dell'acqua sotto il ghiaccio:

«Sì».

«Tu, Robert Louis Balfour Stevenson...».

Le grandi tende verdi erano chiuse. Nessuna luce giocava fra i pendenti delle lampade, sui pannelli che rivestivano l'austero salotto del pastore. Nel cuore della penombra, su un tavolo tondo, era stato preparato un vassoio con un servizio da tè in maiolica azzurra.

I bordini dorati delle tazze luccicavano, in attesa di prender vita alla chiusura della modesta cerimonia. In fondo alla stanza, sui personaggi raggruppati davanti al caminetto, cadeva un solo raggio di sole. Arrivava dai finestroni pseudogotici della parete ovest, attraverso i piccoli vetri colorati di rosso...

«Nel nome del Padre io vi dichiaro marito e moglie... Ora, Mr Stevenson, può baciare la sposa!».

In piedi fianco a fianco non fecero il gesto di abbracciarsi. Probabilmente trovavano superfluo esprimere la loro passione in pubblico: se l'erano già provata a sufficienza. La tenerezza del lungo sguardo che si scambiarono, il trionfo, l'ebbrezza dei sorrisi sugellarono il patto.

Tre anni per arrivare a quel momento... sbrigato in dieci minuti!

Né l'uno né l'altra ne conserveranno il ricordo. Ma da quel giorno sul registro dei matrimoni del reverendo Scott si potrà leggere:

Sposati da me, nella mia casa, il 19 maggio 1880
Robert Louise (sic) *Stevenson, originario di Edimburgo, Scozia,*
bianco, celibe, trent'anni di età,
residente a Oakland, California,
e Fannie (sic) *Osbourne, nativa di Indianopolis* (sic)*, Indiana,*
bianca, vedova, quarant'anni di età,
residente a Oakland, California.
Mandare certificato alla signora Williams.

Fanny "vedova"? Perché confessa coraggiosamente l'età e mente sul passato? Fanny vedova di Sam? Quale interesse ha a presentarsi così?

Viltà dell'ultimo minuto per i sarcasmi di Rearden? Piccola debolezza dinanzi all'inevitabile disprezzo della società scozzese? Tardiva volontà di rientrare nei ranghi? "Vedova", che c'è di più rispettabile?

Sarei piuttosto tentata di credere che come al solito Fanny cancelli quel che la disturba, taccia quel che le spiace. Seppellendo il marito riporta i segnatempo a zero. Nuovo ritorno alla casella di partenza.

Per la prima e ultima volta nella loro storia il veterano della guerra di Secessione, il cercatore d'oro di Virginia City, il cancelliere del tribunale di San Francisco, Sam Osbourne, aiuterà Fanny nell'impresa.

Sei anni dopo, nel mese di ottobre 1886, sulla mensola dell'ingresso di una ricca villa di Bournemouth, in Inghilterra, arriverà una grossa busta. È una lettera di Dora accompagnata da alcuni ritagli di giornale. Trafiletti o titoloni, una sola domanda: *Dov'è finito Sam Osbourne?*

Vi si racconta che, risposatosi con una donna che somiglia tratto per tratto alla prima moglie, Sam Osbourne non è tornato a casa dopo una sessione del tribunale di San Francisco. In quella notte d'autunno la moglie e la cena l'attesero inutilmente.

Ha ancora cambiato vita? Si è imbarcato segretamente su un veliero? È stato *shangaied* – ubriacato, stordito, trascinato a forza in fondo a una stiva per servire come marinaio in qualche avventura? Assassinato all'uscita di un postaccio e gettato a mare?

Oppure l'instabilità, le angosce, le correnti oscure che l'hanno agitato per tutta la vita hanno avuto ragione della sua anima? Il marito di Fanny Vandegrift ha finito per suicidarsi?

Qualche giorno dopo la scomparsa sarà trovato, sulla riva, un pacco d'abiti bene ordinati che avrebbero potuto appartenergli. Nessuno saprà identificarli con certezza.

Stavolta il cowboy solitario non riapparirà... I figli ignoreranno sempre cosa mai sia accaduto al padre tanto amato.

Così si conclude la lunga storia d'amore e odio consacrata davanti a Dio una sera gelida di Natale... quel giorno la casa di Indianapolis era coperta di rose invernali e la sposa aveva diciassette anni.

Se ci si pensa, quanto romanticismo nella fine dei due mariti di Fanny! Ciascuno a suo modo sfuggito all'oblio, evaso dal sepolcro. Entrambi incarneranno la favola che all'uno e all'altro assomiglia. Sam l'avventuriero, Sam l'inafferrabile mantiene per sempre il suo mistero.

Nei vent'anni successivi circoleranno molte dicerie. Belle racconterà che durante la guerra del 1914 alcuni testimoni avrebbero incontrato Sam Osbourne in Africa del Sud. Altri le scriveranno affermando d'aver scorto suo padre alle corse di New Orleans... A chi credere? Per la bambina che ha visto il padre tornare indenne dopo un attacco degli indiani, la speranza di ritrovarlo non morirà mai.

*

Il decesso o la fuga di Sam lascia nella disperazione – e nel bisogno – la sua seconda moglie, Rebecca Paul, "Paulie" per gli intimi, della quale Fanny scriveva, nel periodo del matrimonio (1881): *Non sono granché lusingata dalla scelta della mia sostituta (...). Belle ha forse un padre molto decorativo, ma non si potrà dire altrettanto della matrigna! Comunque non la invidio, povera donna (...). Non è curioso, non è singolare, che tanto Sam quanto io stessa abbiamo scelto in seconde nozze una persona inferma? Ma io sostengo che il mio "infermo" è di un'altra razza!*

Fanny è spietata nei confronti di Paulie – era soltanto un po' sorda... Non la conosce e la dice brutta. Nuovo esempio di parzialità. Finge di ignorare che per carnagione, tipo fisico e statura, le due signore Osbourne si somigliano. Tutti i contemporanei sono categorici: Fanny e Paulie sono copie conformi. A parte il carattere! La seconda passa per dolce e piuttosto insipida. Tuttavia le due mogli si incontreranno. E la più commossa fra le due non sarà quella che si può immaginare.

Lo spettacolo della miseria di Paulie conforta Fanny nella certezza d'aver fatto la cosa giusta e ne risveglia la compassione. *Avrei potuto essere al suo posto!* confida a Dora. Fanny deciderà di pagare una pensione a Paulie. Nulla la costringe. Gran signora, in un formidabile slancio di generosità versa alla vedova di Sam un vitalizio, una bella sommetta che le permetterà di sopravvivere. Rivincita sul destino: Mrs R.L.S. salva Mrs O.!

Si permetterà inoltre il lusso di riscrivere la storia. Spietata con la memoria di Sam, accusato di non essersi mai occupato del sostentamento del figlio, depenna l'ex marito dagli stati civili. Ormai il piccolo Sammy si chiamerà "Lloyd", Lloyd Osbourne, il nome che il lettore trova affiancato a quello di Robert Louis Stevenson sulle opere che patrigno e figliastro firmeranno assieme.

Fanny fa i propri comodi ma perderà questa partita.

Quando Lloyd Osbourne, ormai sessantottenne, avrà un ultimo figlio un po' prima della Seconda guerra mondiale, lo battezzerà Samuel Osbourne!

* * *

Ma per il momento il passato finisce in una *no man's land* nella quale i primi amori di Miss Vandegrift non esistono più. Poco importa che Belle metta al mondo un piccolo Osbourne-Strong; poco importa che meno di un anno dopo il proprio matrimonio Fanny sia diventata nonna... La propria storia e i segreti, i sogni, il benessere, la salute, lei dà tutto. È talmente impegnata a frapporsi fra la morte e suo marito che dimenticherà i propri bisogni, le proprie esigenze – e persino la gioia di sedurlo. Fanny, un tempo tanto civetta coi pittori di Grez, tanto frivola e "provocante" con Rearden, dovrà privarsi, con Louis, di tutti i piccoli piaceri della vita femminile.

Stevenson ha percepito la grandezza del sacrificio? Fu mai cosciente che lavorando entrambi all'ascesa di quel grande scrittore che sognano assieme, hanno mutilato un essere, un'anima che avrebbe potuto sopravvivere? Cosa pensare della tendenza a fare a meno di lei quando non avrà bisogno dei suoi servigi? Della velleità a continuare per conto suo quando avrà recuperato la salute? Narcisismo? Durezza? Lui si porrà l'interrogativo.

Piccola mia – le scrive nel maggio 1888, quando si preparano a lanciarsi nella grande avventura dei mari del Sud – *questo biglietto ti raggiungerà soltanto dopo la data del nostro anniversario di matrimonio. Non che reputi chissà cosa tale data. Se dovessi scegliere un giorno memorabile, molti altri mi verrebbero in mente. Il giorno in cui ti ho vista per la prima volta dalla finestra di Grez o il giorno in cui ci siamo ritrovati a Parigi dopo la prima separazione, per esempio... Ma la data del matrimonio la conosciamo, e per me fu un giorno dannatamente fausto. Mi piacerebbe sapere se anche per te fu lo stesso...*

Non si dia tanto pensiero... e faccia affidamento sull'istinto di Fanny, sul suo formidabile istinto di conservazione. Perché la moglie dà tutto ma non perde mai di vista il centro del bersaglio: creare. Sopravvivere a se stessi e vincere la morte. L'occhio fisso all'obiettivo, lei mira all'immortalità.

PARTE TERZA
La leonessa
1880-1914

VII
La signora Stevenson

Furore e valore, onore e fiamma
Un amore che mai la vita ha potuto consumare
La morte stremare
L'inferno massacrare
Tale è colei che l'Onnipotente
M'ha dato.
Robert Louis Stevenson

Londra, Savile Club, 18 agosto 1880

Allora?» s'informò il poeta Edmund Gosse, prendendo posto in una delle grandi poltrone della sala da fumo.

«Allora, se avessi saputo che i vecchi genitori sarebbero venuti da Edimburgo per accoglierlo alla nave» sospirò Sydney Colvin, posando ancora una volta il giornale, «non avrei viaggiato tutta la notte da Londra a Liverpool!».

Portò alle labbra il bicchierino di sherry e assaporò un sorso.

Gosse si adagiò comodamente in una delle nuove poltrone di cuoio, larghe e profonde, acquistate di recente dal club. La tazza di caffè che si era portato dietro dalla sala da pranzo tintinnò nella penombra e lo sguardo azzurro si fermò sulle rilegature dei dizionari che lucevano sugli scaffali al di sopra del fragile professor Colvin,

«Sono rientrato stamane» riprese il professore a mezza voce. «È stato spossante».

«Com'erano?».

«I genitori? Bravi... Hanno affrontato la faccenda con molto coraggio».

«Poveracci...» sospirò Gosse, gli occhi scintillanti di divertimento dietro gli occhialini. «Se si pensa a Stevenson padre...».

Lasciò la frase in sospeso, sorridendo alle immagini che visualizzava.

«...L'austero borghese, l'ingegnere puritano, il famoso costruttore di fari della Royal Navy che si porta a braccetto in tutti i salotti di Edimburgo la vecchia amante americana di quell'ateo di suo figlio...».

Colvin si accarezzò la barbetta bruna a punta:

«È vero che Louis gli ha giocato un tiro mancino: portargli a casa quel nipotino dodicenne che si rimpinza, che fa la scarpetta nel piatto... Quel bambino ha mandato giù tutto quel che poteva inghiottire suscitando gli sguardi sbigottiti dei camerieri... Che spettacolo!».

«Poveracci» ripeté Gosse incantato.

«Il piccolo non è cattivo. Ma la nuora – capisco che ai loro occhi paia difficilmente presentabile...».

«Apprezzo le tue litoti, Colvin» ironizzò Gosse, «ma chiamiamo le cose col loro nome: per gli Stevenson quella donna è il diavolo!».

Il verde degli abat-jour accresceva il pallore dei visi. In abito e cravatta bianca i due incarnavano una razza d'intellettuali il cui estetismo non avrebbe messo in pericolo i valori della società vittoriana.

«Voglio sperare d'aver alleggerito l'atmosfera» sussurrò Colvin. «Oso affermare che la mia presenza abbia reso l'incontro meno pesante. Li ho convinti ad aspettare in albergo mentre prendevo il rimorchiatore fino al battello...».

«E allora?».

«Louis sta meglio di quanto pensassi. Finalmente è andato dal dentista: la sostituzione dei molari dovrebbe aggiustargli abbastanza il profilo. Mi è sembrato comunque molto debole».

«Malato quanto ha detto lei?».

«Agitato. E tanto magro che Henley potrebbe stringergli la coscia fra pollice e indice».

«È felice?».

«Il matrimonio pare gli faccia bene. L'America non l'ha cambiato troppo. Sempre lo stesso bambino pieno di entusiasmo e idee. Che fascino, che intelligenza... Quando sono riuscito a parlarci a quattr'occhi nella sala da fumo, tutto era come prima, come ai bei vecchi tempi...».

Colvin fece una pausa, rifletté:

«Mi pare a suo agio nella nuova situazione». Girando lo stelo del bicchiere fra le dita, sospirò: «Ma che tu e io possiamo riuscire a intenderci con quel visetto scuro, che ormai gli vedremo sempre accanto, quello sguardo determinato, quei denti bianchi e quei capelli brizzolati – perché questa è la situazione, Gosse, capelli brizzolati... –, che tu e io possiamo mai intenderci con quella creatura... caro mio, è un altro paio di maniche!».

Un sorriso astuto aleggiò sulle labbra di Gosse:

«Tu e io siamo di mentalità aperta... Tu, caro mio, trasudi bontà. Sei arrendevole e pieno d'indulgenza. Ma Henley! Nella sua ultima lettera definisce questa storia *il capriccio del pupo malato che gioca agli sposini con la scolara di quarant'anni...*».

«Scolara, sia pure... Ma – che resti fra noi – delle due signore Stevenson presenti ieri alla cena di famiglia, la più fresca mi è sembrata la più anziana!».

Liverpool, Northwestern Hotel, 18 agosto 1880

«Allora?» chiese Fanny posandosi timidamente sul letto. «...Mi sono comportata bene?».

«Bene?» esclamò Louis.

«Eppure ho evitato di fumare fino al caffè...» sussurrò lei desolata.

«Bene?» ripeté lui tonante. «Mi hai coperto di ridicolo!... Ho fatto una fatica improba per preparare la mia famiglia, ho scritto a mio padre, ho scritto a mia madre per avvisarli... Gli presento mia moglie come un'avventuriera esotica, la sigaretta fra le labbra e la Colt ad armacollo... E cosa trovano? Una gentile piccoloborghese che discute di moda ed è d'accordo con tutto quel che dicono!».

«Ma ero sincera!» insorse lei estatica.

«È proprio questa la cosa peggiore!».

«Allora... credi che gli sia piaciuta?».

La avvolse in uno sguardo scherzoso in cui si mescolavano tenerezza e malizia. Lei indossava un abito di faglia nera privo degli ornamenti che di solito amava tanto. Soltanto una fascia di passamaneria costellata di giavazzo chiudeva lo scollo e i polsini della camicetta. Un sottile nastro nero circondava i capelli e tratteneva i ricci. Vedendola di fronte si sarebbe potuto pensare che si pettinasse con la crocchia bassa.

«Signora Stevenson, lei non smetterà di sorprendermi! Sembravi proprio al tuo posto fra il mio grave amico Colvin e il mio cupissimo babbo... Così a tuo agio! Stavo finendo per chiedermi che c'entrassi io, là, con l'abito vecchio, le sigarette e i capelli lunghi, fra tutti quei notabili, dei quali la più dignitosa era la mia borghese!».

Le guance rosse di piacere, le piccole mani sulle ginocchia, lei ridacchiò, eccitata come un'educanda che scopre il mondo.

«Benissimo, finalmente imparerai a pettinarti! Tua madre mi diceva che non è mai riuscita a far sì che ti cambiassi per cena... Tua madre» Fanny era entusiasta, «la venero... Ti somiglia! Ha il tuo modo di vedere il lato buono delle cose! Sì, la venero! Ma tuo padre... vedremo» borbottò. «Vedremo. Non l'ho ancora giudicato».

«Su questo punto vi sarei riconoscente se entrambi vi asteneste... Giudicare è l'unica idea che avete in testa, l'unica parola che avete in bocca! Giudicare...».

Robert Louis Stevenson scoccò a Fanny un'occhiata priva d'indulgenza:

«...Se amate qualcuno, lo adorate. Se non lo amate distruggete tutto finché non riuscite a eliminarlo. Anche a costo di immolarvi... Siete tutti e due iniqui partigiani!».

*

«Allora?» chiese Margaret Stevenson, precedendo il marito nell'appartamento. «Come l'hai trovata?».

Thomas Stevenson si sbottonò la giacca da sera e, con passo pesante, passò nello spogliatoio che separava le due camere. Lei lo seguì e ripeté:

«...Ebbene? Come l'hai trovata?».

«Meglio...» grugnì lui, sollevando la brocca per lavarsi le mani, «meglio di quanto mi aspettassi».

«Più distinta, nevvero?» disse estatica Margaret senza distogliere gli occhi dallo specchio in cui si rifletteva il viso congestionato dello sposo. «...Non avrei poi tanta vergogna di condurla in chiesa! Ben pettinata, vestita in modo decente, non starà male nel nostro banco».

Lui poggiò con violenza la brocca e si voltò:

«Non ti entusiasmare, ti prego, Maggy. Non ti entusiasmare!».

«È chiaro, bisognerà sceglierle dei cappelli, dei guanti, qualche gioiello!... Se mi autorizzi, vorrei donarle la spilla che tua madre mi regalò per il nostro matrimonio... Lei si occupa molto bene di Lou! Gli è teneramente devota. Hai visto come vigilava a che non si scolasse lo champagne? Con quanta gentilezza gli ha fatto notare che era tardi, con quanta autorità l'ha spinto ai saluti... Sono certa che senza di lei...».

«Senza di lei, senza questa assurda follia...».

«Quel che è fatto è fatto» interruppe Margaret con una leggerezza un po' brusca, «non voglio sentir nulla del passato.

Loro hanno l'intelligenza di non parlarne. A noi ora trarre il miglior partito da una scelta sbagliata».

«Senza di lei» si ostinò Thomas, «nostro figlio non sarebbe in uno stato di salute che non esiterei a definire allarmante... L'ho trovato magrissimo e molto debole. Bisognerà consultare tuo fratello, il dottor Balfour, non appena torneremo a Edimburgo».

«È Fanny che l'ha salvato...».

«"Fanny"? La chiami già Fanny?».

Margaret scoppiò in quella risata argentina che riusciva a sedurlo.

«La trovo abbastanza affascinante... piuttosto divertente! E il ragazzino, che amore! Non trovi che somigli a Lou alla stessa età? La cameriera al piano mi ha subito chiesto se era figlio suo... Non è straordinario? Ecco Lou, che mai siamo riusciti a far crescere, eccolo di colpo capofamiglia!».

«Capofamiglia? Gli piacerebbe farlo credere. A trent'anni padre di un collegiale. Ancora un gioco!».

«Ma tutti noi pensiamo che il piccolo somigli più a Lou che alla madre... Potresti dargli la vecchia camera dei bambini? Sarà tanto simpatico avere ancora gioventù per casa!».

«Vedremo» ringhiò cupo il vecchio signore, «vedremo! Quella donna, non l'ho ancora giudicata».

*

Sono certa, Belle, che ti piacerebbero da matti i suoi genitori! – scrive l'adolescente di dodici anni che ancora per qualche tempo chiameranno Sammy. *Lei e il marito sono tremendamente gentili! Mamma ha ricevuto parecchi doni. Non posso elencarteli ora. Lascio che sia mamma a raccontarti tutto. Proprio ora mamma discute con la signora Stevenson a proposito di vestiti (...). Ho dimenticato di dirti che in albergo non c'è l'illuminazione a gas, non ci sono neppure lampade. Usano candele miserabili che danno una luce debolissima. E non hanno neppure l'acqua corrente. E neppure tubature. Ti rendi conto! Mamma credeva che l'Inghilterra fosse un paese civile! Tutto è molto meno confortevole che a casa. Ecco quel che mamma ha comprato oggi:*

un abito da sera
un abito da passeggio
una cappa da pomeriggio
una stola da sera
un cappello con piume gialle
tre paia di guanti
colletto e polsini bianchi
una cravatta di pizzo bianco
una cravatta di pizzo nero
ciliegie finte.

Credo sia tutto, Belle, e mi pare davvero abbastanza.

Di' a tutti che li penso e gli voglio bene.

Baci dal bambino viziato in cui gli Stevenson vogliono trasformare il tuo Sam Osbourne.

Prime impressioni? Straordinariamente favorevoli da una parte e dall'altra! Tutti avevano troppo temuto quell'incontro perché la realtà non li tranquillizzasse. Poiché si aspettavano il peggio, il sollievo fu uguale nei due campi. Ma quanto sarebbe durato il piacere di sentirsi rassicurati? Restava da verificare la coabitazione: le lunghe giornate di pioggia a Edimburgo da trascorrere assieme, l'organizzazione stagionale delle vendite di beneficenza, i tè delle cinque, le uscite familiari per la messa, le preghiere a cena...

Restava da verificare l'integrazione sociale in quella città della Gran Bretagna che passava per una delle più puritane dell'Impero.

Heriot Row, 17, Edimburgo – 21 agosto 1880

Una stretta facciata di grosse pietre grigie, su due piani. Uno slancio di alte finestre a ghigliottina dal telaio bianco, con i vetri a quadrelli. Una porta di legno laccata di nero su cui scintilla l'oro degli ottoni, dove brillano nella bruma il battente, la maniglia, l'aletta della cassetta delle lettere. Una piccola scala affiancata da un'inferriata dalle lance lucide, un'inferriata che scende fino al lampione dove fiammeggia la pallida luce del gas, poi corre fino al lampione successivo, sale cinque scalini e orna la piccola scala successiva. Alte, identiche, con le linee verticali delle grondaie, delle porte, delle inferriate, le case della via diritta fronteggiano gli ippocastani del parco. Nei vialetti tracciati a regola d'arte i bambini con bastoncino e cerchio seguono imponenti governanti. Tate leggendarie raccomandate dalle famiglie, passate da una generazione all'altra, spingono per la vita intera le stesse carrozzine nere verso i quartieri nuovi di Edimburgo. La "New Town". Tutta una città costruita alla fine del XVIII secolo, in contrasto col disordine medievale, col labirinto di viuzze, con le muraglie, con le miserie delle colline antiche della vecchia Edimburgo. Una città nuova ereditata dal secolo dei Lumi, una città priva d'ombra, una città razionale dai larghi viali paralleli, dalle immense prospettive dove sale il vento gelido del mare brinando le pietre degli acciottolati panciuti, torturando gli alberi dei giardini pubblici e le grandi statue dei crocevia.

«Non puoi comportarti come in albergo».

«Sì, mamma».

«Guardami: non scherzo! Non devi ingozzarti! È una cena di famiglia in nostro onore... Mi capisci?».

«Ti capisco: ci presenteranno e questo ti rende nervosa».

«Ti servirai con moderazione e mangerai tutto».

«Anche quella loro ignobile confettura di fragole col cosciotto?» insorse Sammy.

«Anche la salsa ai mirtilli rossi» replicò Fanny puntigliosa. Cambiando tono ruotò su se stessa e chiese allegra:

«Come ti sembro, figlio mio?».

Il bambino la considerò con sguardo da intenditore. In seguito Samuel Lloyd amerà le donne, la loro eleganza... Un grosso nodo d'organza bianca chiudeva al collo l'abito grigio della madre. Le maniche lasciavano indovinare la rotondità del braccio sotto il traforo del pizzo. Al polso un uguale viluppo d'organza cadeva sulla mano nuda.

«La trovi rossa?» chiese tendendo il palmo della mano al bambino... «Si nota molto che ho lavorato?».

«Se Belle potesse ammirarti!» sibilò Sammy, si guardò attorno ed emise un sospirone. «Tutto è terribilmente elegante, qui! Hai visto il salotto? Le tende enormi... Nel tappeto si affonda fino alla caviglia... Nel quadro il ritratto della signora Stevenson, com'è bella! E la camera di Luly, hai visto tutti i soldatini di piombo? Ha avuto una bella fortuna a crescere in questa casa. Ci si sente talmente al sicuro!». Fanny afferrò il figlio e lo strinse a sé. Stupito dal gesto di tenerezza il ragazzo si lasciò cadere nel grembo di lei.

«Mi piace molto la sicurezza...» sussurrò. «Hai un buon odore... Profumi come la signora Stevenson...».

Al pianoterra, nella grande sala da pranzo, una prolunga era stata aggiunta al tavolo di mogano. Fra le due alte finestre che davano su Heriot Row il tavolino da portata pareva crollare sotto il peso degli acquamanili e delle caraffe. Le due porte in fondo sbattevano di continuo. Una dava sulla stanza in cui s'affaccendavano i domestici. L'altra sullo studio di Stevenson padre. Le scaffalature di libri e la scrivania d'ebano ne facevano la sola stanza veramente austera della casa. Su tutto il resto, il salone del primo piano, la camera da letto coi suoi smalti, cinz e secrétaire verniciato, regnava la gaiezza senza volgarità di Margaret Stevenson.

Quella sera la visita dei nipoti incupiva più del solito l'umore di Thomas. Per la prima volta dopo sei anni Bob Stevenson rimetteva piede a Heriot Row. Bob, l'ateo corruttore, il cugino adorato... Tutti ricordavano la scenata spaventosa di Thomas Stevenson che accusava Bob di pervertire Louis, lo scacciava, gli proibiva di tornare... La scenata era avvenuta quando Thomas aveva scoperto fra le carte di Louis la regola segreta della società fondata dai due ragazzi, la "L.J.R.", Liberty, Justice e Reverence. Il primo articolo, vergato da Bob, cominciava con queste parole: *Cominceremo col dimenticare tutto ciò che i nostri genitori hanno voluto insegnarci...*

In onore dei novelli sposi Margaret uccideva il vitello grasso e Bob tornava a cena. Da Londra portava con sé la sorella, la splendida e sventurata Katharine, che aveva sposato contro la volontà dei familiari un libero pensatore, un inglese della peggior genia, che beveva e la picchiava... Katharine tentava in quel periodo di vivere separata dal marito e pubblicava, grazie all'aiuto dell'amico di Louis, William Ernest Henley, qualche racconto e qualche articolo che le permettevano di sopravvivere coi due figli. La nuova generazione degli Stevenson non manteneva le promesse degli avi... Louis aveva invitato anche un vecchio compagno di università, l'avvocato Charles Baxter con la moglie, e Walter Simpson, compagno di viaggio nei canali di Anversa, con la sorella Eve – gli Stevenson si rammaricavano che Louis non l'avesse sposata. Erano i figli dell'inventore del cloroformio, il famoso dottor Simpson, che abitava dal lato opposto del parco. Almeno loro erano di buona famiglia! Era inoltre attesa Miss Alison Cunningham, "Cummy", la vecchia tata di Louis. Cummy, della quale R.L.S. dirà in versi che fu la seconda madre e la prima sposa... Cummy, nome che per Thomas Stevenson evocava tanti ricordi... Quanto tempo Cummy aveva passato in quella casa? Quindici anni? Tutta l'infanzia, tutta la giovinezza di Louis... Thomas si sentiva vecchio, quella sera! Vecchio e disorientato. Seduto alla scrivania, le mani posate sulla cartella dello scrittoio, levò gli occhi al cielo e sospirò. Lo sguardo si fermò per un istante sul fregio del soffitto, sugli stucchi che coronavano le scaffalature della biblioteca...

Margaret aveva un bel passare le giornate con la nuora, istruirla sulla moda, presentarla alle organizzatrici delle vendite di beneficenza, su Fanny Vandegrift ne sapeva come il giorno del primo incontro. Thomas aveva sentito i domestici bisbigliare la storia di uno scozzese partito per l'Africa e tornato «sposato con una negra»... Li aveva sentiti commentare che «per essere una straniera la nuova Mrs Stevenson non parla tanto male l'inglese»... Negra? Straniera? Avventuriera? Con chi aveva a che fare? Di solito Thomas si faceva un'idea molto in fretta. Dai suoi giudizi non recedeva. Con chi diavolo aveva a che fare? Neppure un passo falso da quand'era entrata in scena... Quella donna aveva ben studiato il proprio ruolo per poterlo interpretare con tanta abilità? Lungi dallo spazientirsi per le abitudini della casa, era scivolata nella loro vita e si era fusa con l'ambiente... A Thomas pareva che avesse sempre fatto parte della loro vita. Flessuosità di biscia? Mimetismo di camaleonte? Si dilettava così del proprio accesso all'alta borghesia perché l'aveva preparato da lungo tempo? Aveva sposato Louis soltanto per quel motivo, appartenere al clan Stevenson?... Non riusciva più a immaginarla fra i comanche seminudi, fra i cercatori d'oro del Nevada e i pittori capelluti di Barbizon, come non riusciva a immaginare Louis sposato con un'altra donna... Sull'argomento Margaret aveva ragione. L'abilità con la quale la Vandegrift manovrava Louis era spettacolare. Thomas sapeva che disciplinare suo figlio era impossibile... e curarlo era difficile! Lo straordinario era che la presenza di quella nuova pedina nella famiglia facilitava i rapporti fra tutti... Diffidenza! La si sarebbe vista in società, quella sera... Come si sarebbe comportata con la gente? Sarebbe riuscita a sedurre la tata come aveva sedotto la madre? Fanny Vandegrift pareva esperta nel mestiere di seduttrice. Da ultimo aveva affascinato Margaret riconoscendo la specie precisa di vite che s'ingegnava di far crescere fino al primo piano, alle finestre del salone... Quel genere di erudizione non avrebbe impressionato la tata! Alison Cunningham avrebbe saputo giudicare Fanny Vandegrift! Nonostante fosse estremamente gentile, Cummy era un po' gelosa di qualunque influenza su Louis, di qualunque influenza estranea alla Scozia. Con che occhi guardava un tempo gli amici inglesi di Louis! Con grande soddisfazione Thomas rammentò la violenza della tata che cacciava via apostati e liberi pensatori.

Lo trassero dalla fantasticheria la scampanellata e le risate troppo rumorose dei nipoti, Bob e Katharine Stevenson. Sentì Louis che si precipitava, scendeva gli scalini quattro a quattro per accoglierli sotto la grande lanterna dell'anticamera.

*

Oh, se faceste silenzio!
Esso vi sarebbe contato come saggezza.

Thomas Stevenson leggeva con voce tonante. In piedi al suo posto, la grande Bibbia di famiglia fra le mani, recitava i versetti del Libro di Giobbe che aveva scelto per quella sera.

Ascoltate, vi prego, quel che ho da rimproverarvi;
state attenti alle repliche delle mie labbra!

Gli ospiti erano attenti. Sentendosi addosso lo sguardo del padrone di casa, tutti abbassavano la testa e si ponevano in raccoglimento. In quella ricca sala da pranzo dove brillavano i candelabri d'argento, tutti provavano un vago senso di disagio.

Volete dunque difendere Dio parlando con menzogna?
Sostenere la sua causa con parole di frode?

Interrogava Thomas, che non aveva bisogno di leggere per declamare i versetti che sapeva a memoria.

Nel silenzio si sentiva il respiro della moglie incinta dell'avvocato Baxter, affaticata dalla lunga permanenza in piedi. Si sentiva soprattutto il rumore dei piatti che la nuova cameriera impilava alle spalle di Thomas, sulla mensola fra le due finestre. Margaret, impotente a capo tavola, sorvegliava con lo sguardo quel balletto ancillare la cui inefficacia era pari soltanto alla indiscrezione. Il rumore di vetro e il tintinnio dei piatti parevano aumentare man mano che Thomas ingrossava la voce. Margaret sapeva che quel baccano l'avrebbe mandato su tutte le furie. Riconosceva già nelle inflessioni dello sposo i segni annuncianti la collera.

Sarà un bene per voi quando egli vi scruterà a fondo?
Credete di ingannarlo come s'inganna un uomo?

urlò Thomas.

...Su chi sarebbe caduta la folgore quella sera? Persino Cummy, che non temeva nessuno all'infuori di Dio, si poneva la domanda. La prospettiva di cenare alla tavola dei vecchi padroni la preoccupava. Sessant'anni. Dritta come una i. Alta. Un bel viso dagli occhi chiari, una testa autoritaria nella quale l'intelligenza rivaleggiava con la dignità.

Louis scambiò uno sguardo con la madre: anche lui aveva riconosciuto la minaccia nella voce che proseguiva:

La sua maestà non vi farà sgomenti?
Il suo terrore non piomberà su di voi?

Se quella sera la conversazione avesse toccato la religione, Louis avrebbe chinato la testa. Gli pareva lontano il tempo in cui reputava dovere di un onest'uomo dire sempre la verità, dovere di figlio non barare mai con le proprie convinzioni, non ingannare il padre a proposito della propria fede... Aveva ottenuto quel che voleva dalla vita. Aveva scelto il mestiere che voleva fare e sua moglie era stata accettata. Si arrendeva alla pietà familiare, un sorriso d'indulgenza sulle labbra e la tenerezza nel cuore... Su chi sarebbero caduti i fulmini? Su Bob, il bohémien? In sei anni non aveva modificato alcuna delle sue abitudini. Dotato di numerosi talenti, non aveva realizzato nulla. Su Katharine, che si dondolava ora su un piede ora sull'altro, Katharine tanto fine, tanto distinta, dalla biondezza eterea che era magnifico contrappunto all'aspetto gitano del fratello? Louis avvolse i cugini in una stessa tenerezza... Entrambi tanto caustici e brillanti. Su Fanny?

Fanny – avrebbe saputo parare il colpo!

Sollevando il capo Louis osservò la moglie. Le mani giunte in una posa che non era gesto di preghiera, stava dritta in tutta la sua statura alla destra del padrone di casa. Di una testa più bassa delle altre donne presenti, sosteneva lo sguardo di Thomas e pareva ascoltarlo con la massima attenzione. L'intesa fra Fanny e Margaret, quella miracolosa complicità, non aveva sorpreso granché l'ottimismo di Louis, ma l'adattamento di Fanny alla nuova vita lo sbalordiva... Come avrebbe potuto prevedere che quella pioniera che ancora il mese prima sceglieva una città fantasma come cornice del loro viaggio di nozze, che sistemava i sacchi a pelo sotto i mucchi di scorie di una miniera d'oro abbandonata, che metteva al fresco, nei vecchi pozzi dei cercatori, il latte delle capre da lei stessa munte, che lo invitava ai bagni di sole completamente nudo sulle montagne di San Francisco, come prevedere che quella donna sarebbe sbocciata fra i mobili secolo XVIII, gli scialli di pizzo, le opere di beneficenza?

Tacete, lasciatemi stare; voglio parlare io,
succeda quel che succeda!
Perché dovrei prendere la mia carne con i denti?
E trattenere la mia vita con le mie mani?

urlò Thomas mentre alle sue spalle un piatto si schiantava. Richiuse il libro con uno scatto furioso.

«Desidero» ringhiò sedendosi, «che voi leggiate questi versi al mio funerale. Queste sono le mie ultime volontà».

La giovane domestica che aveva rotto il piatto e servito la minestra agli invitati gli presentò il piatto.

«Questa minestra è fredda» esclamò lui mettendo giù con violenza il cucchiaio. «...Lei dunque non capisce nulla di quel che mia moglie cerca di insegnarle da quindici giorni? Deve coprire la zuppiera fra un commensale e l'altro! Non ci vuole mica tanto! Ma lei non ascolta, fa soltanto di testa sua... Testa vuota da contadina!».

La ragazza abbassò il capo e arrossì sotto la cuffia. Un singhiozzo la scosse mentre il padrone continuava spietato:

«Torni alla sua campagna! Là sarà al suo posto molto più che in questa casa...».

«Signore, non resterò un minuto di più in una casa in cui si maltrattano i domestici!» disse la voce gelida di Fanny Vandegrift. In piedi, verde di collera, dardeggiava uno sguardo sprezzante sul suocero:

«È mostruoso umiliare una ragazza che tenta d'imparare il proprio mestiere! Lei dovrebbe vergognarsi».

Se avesse visto l'espressione di suo marito, Fanny forse si sarebbe astenuta. Louis, Margaret, Cummy, inorriditi, non trovavano nulla da dire. Tutta la tavolata aveva gli occhi fissi sul vecchio e la nuora. La cameriera piangeva. Fanny continuò:

«Lei trova morale insultare qualcuno che non può risponderle?».

«Si sieda, figlia mia... Si sieda».

Famoso per la violenza delle sue collere, Thomas Stevenson non aveva battuto ciglio:

«Si sieda, figlia mia» ripeté.

Fanny obbedì tranquilla e riprese posto a tavola. Thomas le diede buffetti sulla mano. Vi fu un momento di stupore. Nessuno pareva capire quel che era appena accaduto. Anche Louis stette muto. Soltanto Fanny e Thomas avevano cominciato a cenare. L'avvocato Charles Baxter scelse quel momento per porgere una fetta di pane tostato alla sposa novella. Di qualche anno più grande di Louis, massiccio, la carnagione rubizza, i baffi cespugliosi, fra gli amici era l'unico che avesse un mestiere lucroso. La rispettabilità non impediva all'avvocato Baxter di avere un debole per la bottiglia. Nella prima giovinezza aveva corso la cavallina e chiassosamente contestato i borghesi. Sapeva ancora dar prova di abilità oratoria e non era privo di intelligenza. Sollevando il bicchiere si voltò verso Fanny:

«Lei è diventata, cara signora Stevenson, cittadina di uno degli ambienti più coerenti della Gran Bretagna» commentò, «una società sicura di sé i cui componenti più attivi, quelli che lavorano alla sua edificazione, sono qui riuniti...».

«Perori per te stesso, Charles?» ironizzò Thomas, cui pareva tornata l'allegria.

«Per me stesso, per la sua illustre famiglia, signore, per Louis e soprattutto per la signora... Vorrei dirle che se la solidità delle nostre piazze grigie, la prosperità dei nostri spiazzi scuri, le hanno dato l'impressione che Edimburgo sia una città chiusa, isolata dal mondo...».

Sorrise, lasciando la frase in sospeso. Si levò in piedi con fare solenne e col braccio teso si rivolse a Fanny non senza una punta d'ironia:

«...Vorrei dirle che se dal di fuori possiamo apparire gretti, sappiamo anche dimostrarci tolleranti. Noi siamo comprensivi, signora, Louis direbbe addirittura che siamo gentili e lei sa che questa parola in bocca sua non è complimento da poco... Una volta certi che i nostri canoni sono stati accettati, i nostri valori riconosciuti, abbiamo la morbidezza di una famiglia nei confronti di tutti i propri componenti, per quanto eccentrici siano! Lei appartiene ormai a una specie di club, un reggimento che mette barriere altissime da principio, ma che accetta tutti gli scarti, tutte le cadute, una volta superati i primi ostacoli».

Fece una pausa e lasciando il tono faceto avvolse Louis in uno sguardo azzurro pieno d'affetto:

«Lei deve sapere soprattutto, signora, che un uomo nato in questo ambiente, da questo ambiente non esce mai! Può lasciare la Scozia, può allontanarsene nel tempo e nello spazio: ci torna sempre col sogno e col cuore».

Levò in alto il bicchiere e tuonò sotto il lampadario della sala da pranzo:

«Benvenuta a Edimburgo, signora Stevenson!».

Il grido fu ripetuto da tutti i commensali. Fu anche notato che la vecchia Miss Alison Cunningham vi mise un calore speciale. Thomas Stevenson vuotò la bottiglia con un brio che non era da lui.

Il miracolo era accaduto. Come diavolo c'era riuscita, Fanny? Mistero. Alla fine di quella cena la Vandegrift aveva affascinato colui che chiamava già, con una punta di tenera ironia, «Master Tommy». La loro intesa sarà totale e definitiva. Senza un briciolo d'ipocrisia lei accetterà i giudizi del suocero che da parte sua giurerà sulla saggezza della nuora.

Avevano in comune un'indole composita che oscillava fra gli estremi, fra amore e brutalità, tenerezza e febbre, disperazione e risate. Condividevano la stessa visione del mondo, lo stesso pessimismo e lo stesso buonsenso. Andranno d'accordo su tutto, a tal punto che il vecchio gentleman farà presto promettere a Louis di non pubblicare nulla senza l'approvazione della moglie.

Sei anni dopo, quando Thomas Stevenson deciderà di sistemare i figli di lei, di offrirgli la propria casa, intesterà la proprietà non a Louis ma a Fanny. Col testamento lascerà una rendita a sua moglie Margaret con l'impegno che lei leghi i beni della famiglia Stevenson a Fanny, se dovesse sopravvivere a Louis, e che l'eredità passi ai figli della nuora, Belle e Lloyd Osbourne, dopo la morte della madre.

Nel ruolo di matrona ragionevole e devota al loro figlio Fanny ha saputo conquistare il cuore dei genitori di Louis, ma la stessa dedizione rischia di attirarle in altri ambienti molti fastidi...

Londra, ottobre 1880

Lei aveva un carattere forte, interessante e romantico quanto quello del marito – le concede Sydney Colvin. *La forza e la fedeltà mi parevano le sue qualità più grandi. Nei confronti di quegli amici di Louis che dimenticavano o fingevano di dimenticare le cautele richieste dalla condizione di lui, si comportava da vero cerbero. Ma con quelli che davano prova di riguardi, si dimostrava accogliente e calorosa. Aveva una vocazione formidabile per l'umorismo come per la tragedia.*

Colvin, fra gli amici di Louis, sarà quello che andrà più d'accordo con Fanny. O meglio: quello con cui Fanny litigherà meno. Fra Mrs Stevenson e gli altri, tutti gli altri, Walter Simpson, Charles Baxter, persino Bob Stevenson e naturalmente William Ernest Henley, i battibecchi e le riconciliazioni si succederanno per vent'anni. Liti senza strascichi o disaccordo a vita, i loro rapporti non saranno mai semplici.

Era una delle donne più strane della nostra epoca – racconterà Edmund Gosse. *Per certi versi un'indole selvatica e com-*

movente – straordinariamente appassionata; straordinariamente diversa nel suo modo di provare sentimenti violenti e di esprimere tale violenza. Era piena di allegria, con un genio particolare per fare racconti pittoreschi ma mai letterari. Credo che R.L.S. abbia preso da lei il modo di sentire (...).

Gosse passa per essere il primo e l'ultimo complice di Louis che senza asprezza abbia accettato il matrimonio con Fanny. Errore! *Abbiamo litigato* – scrive Fanny fin dalla settimana del loro primo incontro. *Non mi piace. Ma lo credo – e lui pensa di essere – onestamente affezionato a Louis. È un poeta, bravo in affari come in letteratura. Di umore costante, untuoso, carezzevole come un gatto, divertentissimo, con una intelligenza piuttosto malvagia – e contento di sé, orgoglioso oltre misura! Ecco perché Gosse non potrà mai perdonarmi: sono stata la causa involontaria di un comportamento di cui oggi forse si pente amaramente.*

Parziale, Fanny? Senza dubbio. Ma perspicace. Quel primo giudizio troverà molti echi fra gli amici di Gosse, che gli perdoneranno la vanità preferendo sottolineare il senso dell'umorismo e il fascino del poeta. Molto tempo dopo la morte di Louis lei finirà per confessare: *È il solo che si sia dimostrato gentile con me (...). Lui e Mrs Sitwell.*

È stato tuttavia detto che i rapporti fra le due donne non furono sempre sereni. Giunse il giorno in cui Fanny non ebbe riguardi per la pruderie dell'omonima...

Pare che nessuno sia sfuggito al suo risentimento. Un caso tuttavia! Un'eccezione: Henry James. Soltanto lui trovò grazia agli occhi di Fanny, che gli manterrà stima e affetto anche quando le resisterà, rifiutando di fare da esecutore testamentario di Robert Louis Stevenson. Lo perdonerà. Forse perché James è l'unico della banda a non aver conosciuto Louis senza Fanny, il solo a non avere nostalgia del Louis di un tempo, dello Stevenson di prima dell'America, di prima del matrimonio...

*

Alla fine di quella prima estate scozzese, un'estate fredda e piovosa, lo zio di Louis, il dottor Georges Balfour, si allarma per lo stato dei polmoni del nipote: lo manda d'urgenza al sanatorio di Davos. Sulla strada per la Svizzera Louis si ferma a Londra, ritrova gli amici, presenta loro la moglie... Sei mesi dopo il matrimonio, gli esordi ufficiali di Fanny nei circoli letterari inglesi somigliano a una fine!

La notte stessa del nostro arrivo – scrive alla suocera – *prima ancora che avessi il tempo di togliermi il cappello che copriva uno spaventoso mal di testa, Bob, Henley e Colvin erano nella nostra stanza.*

«In fondo il realismo è soltanto una questione di metodo» strepitava Henley con la barba rossiccia che sfiorava il whisky del bicchiere e le caviglie sprofondate nel tappeto fra la finestra e il letto dove si era seduta Fanny.

«L'arte, che si voglia realista o sia idealista» sussurrava Colvin seduto in poltrona con le mani giunte, «fa appello allo stesso sentimento e punta allo stesso scopo».

«La visione artistica» lasciò cadere Bob stravaccato sui cuscini, «sarebbe una sorta d'accecamento parziale».

«Proprio così!» urlò Louis, il volto perso nel fumo, il bicchiere in una mano e la sigaretta nell'altra. Non aveva smesso per un attimo di andare avanti e indietro per la stanza a grandi passi. Con gli occhi ardenti d'eccitazione combinava gesticolazioni e paradossi. «Guardate Balzac, nulla lascia nell'ombra. Dice tutto, affoga nei dettagli e fallisce il bersaglio. C'è una sola arte al mondo: l'omissione! Se sapessi, se riuscissi a omettere – non desidero niente altro! Un uomo che padroneggiasse l'omissione saprebbe trasformare un miserabile articolo di giornale nell'*Iliade*».

Per nulla al mondo resterei a Londra un minuto più di quanto previsto – continua Fanny. *In questa stagione è il luogo più malsano che ci sia per la salute di Louis. Lui conosce troppa gente e non può riposarsi un attimo. Le nostre camere sono zeppe di visitatori, tutto il giorno (...). La gente viene a qualunque ora, fin dal mattino presto, e va via molto tardi, ben oltre mezzanotte, non ho un secondo di solitudine (...). Non è buono né per la mente né per il corpo stare così a sorridere come stupidi agli amici, al punto di somigliare a gattoni ipocriti, scambiando imbecillità con tizio o caio dei quali non gli importa nulla – affinché Louis possa godere di coloro che ama davvero – e sorridere ancora, l'occhio all'orologio e le labbra assetate del loro sangue perché restano fino a ora troppo tarda e sfiniscono Louis (...). Sono certa che scopriranno il mio desiderio di strangolarli, sapranno che al dodicesimo rintocco comincio a detestarli...*

Com'è possibile che Fanny non provi alcun piacere nel frequentare l'élite intellettuale dell'epoca? L'artista che un tempo si lamentava del deserto culturale di Oakland come può sentire così poco interesse per le riflessioni degli esteti di Londra? E come è possibile che l'avventuriera che si arrotola le sigarette e le fuma una dopo l'altra pretenda di insorgere contro l'ora tarda, gli eccessi nel cibo e le discussioni troppo accese? Il matrimonio e la rispettabilità l'hanno cambiata fino al punto di farne una piccoloborghese?

Se Fanny non cambia, Louis ormai è un infermo – anche se preferisce dimenticarsene. Come può riuscire lei a gustare le discussioni vivaci e brillanti fra Stevenson e Henley, sapendo che l'eccitazione, il fumo e il whisky provocheranno una ricaduta? Sapendo che da un momento all'altro Louis porterà il fazzoletto alla bocca? E lei vi riconoscerà la macchia cremisi, segno foriero dell'emorragia polmonare? Che lo vedrà torturato da accessi di tosse che lo lasceranno sfinito e stravolto? Che vivrà per settimane i postumi avvilenti della crisi, giorni e notti di immobilità? La sofferenza, l'orrore di quelle settimane, Henley non sa cosa siano. Fanny lo sa.

Guai a coloro che sospetta d'egoismo o d'incoscienza nei confronti del marito: forse perché non è riuscita a salvare Hervey, combatte subito chiunque minacci Louis. Basta silenzi. Basta misteri.

A Londra, la sfinge impassibile di Austin si esprime con grande chiarezza.

Probabilmente Fanny perde un po' di moderazione, molto di quel distacco che aveva conquistato i cuori dei minatori del Nevada, dei pittori di Grez, dei puritani di Edimburgo. La donna che è riuscita ad accattivarsi ambienti tanto diversi riuscirà in una settimana ad alienarsi l'*intelligencija* inglese. Si comincia a mormorare che la sua influenza su Stevenson rischia di edulcorarne i libri futuri, che lui non diventerà mai il grande scrittore che prometteva di essere, che l'influsso di quella piccola americana del Middle West spezzerà gli slanci di lui e ne ridurrà l'opera alla mediocrità. *Se non lasciamo Londra al più presto, diventerò una vecchia signora inacidita* – conclude lei.

Alla metà di ottobre del 1880, quando Fanny Stevenson imbarca Louis, meta la Svizzera, i giochi sono fatti e i ruoli assegnati. Non cambieranno più, per sette anni.

Mrs Stevenson passa ormai per una moglie autoritaria che si immischia in questioni che non conosce. Un cane da guardia. Probabilmente fedele. Ma ingombrante.

Immaginando la Fanny del periodo inglese non riesco a impedirmi di provare un sentimento di collera. Quella donna continua a essere vittima di un'ingiustizia.

Inchiodata al ruolo che le assegna il marito, incatenata alle esigenze della malattia, mummificata dallo sguardo del mondo, di quale libertà può godere?

Certo, è lei che ha scelto la vita che farà. Per amore – taluni diranno per ambizione – si è messa in vista e prende tutti i colpi. Ma il centro dell'attenzione è Louis. Louis soffre, Louis crea. Fanny si accontenta di vigilare – di sorvegliare, precisano i più maligni. Pochi aggettivi basteranno ormai a qualificarla, due o tre atteggiamenti a riassumerla. L'essere che per quarant'anni non ha smesso di crescere, cercare, avanzare, d'improvviso s'irrigidisce e si fissa. La testa, il cuore, non si muoveranno più. Moralmente non le capiterà più nulla. Attraverserà sette lunghi anni senza grandezza e senza gioia. Per lei, sette anni quasi senza storia... E guai se si azzarda a oltrepassare i limiti del proprio ruolo! Il giorno in cui Fanny avrà la velleità di collaborare col marito, di firmare un libro coi loro due nomi, scoprirà che la parola «Vandegrift» sul frontespizio resta invisibile agli occhi dei critici. *Al principio ho creduto non mi facesse soffrire l'essere il capro espiatorio di Louis* – confesserà – *ma è duro vedersi trattare da virgola. Da virgola superflua, per di più.*

Davos, Saint-Marcel, Hyères, 1880-1884

Una corsa frenetica e ansiosa all'inseguimento della salute. Fanny erra in cerca del clima che blocchi la tubercolosi di Louis. Dalla Svizzera alla Francia, dalle Alpi al Mediterraneo, con qualche deviazione per la Scozia, Londra e Parigi, deviazioni che distruggono in pochi giorni i miglioramenti ottenuti in lunghi mesi di solitudine e riposo. Ogni luogo fa nascere in lei la speranza folle della guarigione. Ogni ricaduta si porta dietro la rinascita dell'angoscia.

La tensione. Il logorio. Una vita sinistra.

È deprimente vivere accanto ai morenti – confessa – *ma l'aria di Davos gli fa bene... Sarebbe talmente formidabile se lui guarisse, talmente formidabile che non devo lamentarmi di nulla.*

Un sanatorio, due alberghi, qualche chalet e catene di montagne sempre bianche che chiudono da ogni lato l'orizzonte. Nessun colore, nessuna costruzione. Sempre le stesse passeggiate. Sempre lo stesso fiume diritto, sempre la neve.

In quel villaggio in cui tutti gli abitanti, commercianti compresi, sono tubercolotici, le tombe spuntano sul fianco della collina. E gli odi, le gelosie, gli amori impazzano, come se i viventi si gettassero in passioni estreme per provarsi d'esistere ancora. Fra i pazienti dell'albergo, malati di tutti gli ambienti e di tutte le nazionalità, si spettegola molto su quella coppia bizzarramente assortita, uno che pare tratto per tratto il contrario dell'altra. Lei minuscola e robusta quanto lui pare fragile e longilineo. Lei scura quanto lui è pallido, lei segreta e tragica quanto lui è volubile e socievole. Gli Stevenson. Si spettegola sulle loro età. I capelli lunghi del marito, i capelli corti della moglie. L'educazione del figliastro.

L'arrivo improvviso del primo amore di Louis, Mrs Sitwell, sarebbe un diversivo alla noia pesante di Davos se l'altra Fanny non portasse con sé il figlio morente. Fianco a fianco le due Fanny veglieranno l'adolescente. Misero modo di riannodare col passato, di riprendere in mano i fili spezzati di una vecchia vita... Triste eco della morte di Hervey. Mrs Sitwell perderà il figlio in aprile.

Fanny tornerà a Davos per due inverni consecutivi. L'altitudine non si confà al suo cuore, soffre di vertigini e di palpitazioni. Poco importa. Poiché la montagna fortifica Louis, lei trascura la propria salute. Quel che conta è che lui diventi il grande scrittore che sognano: *Prendi tutta l'opera, è tua*, scriverà lui come dedica dell'ultimo libro.

Stranamente Fanny non riconoscerà il valore del primo romanzo che lo renderà celebre. Perché lui lo comincia in vacanza dai genitori, perché lo scrive per distrarre Samuel Lloyd dalla pioggia scozzese e vagheggiare col vecchio padre le storie che si raccontavano un tempo, perché lo pubblica a puntate su un giornale per ragazzi, Fanny disprezza *L'isola del tesoro*, il capolavoro che darà la gloria all'uomo di cui ha intuìto il genio. Non sarà la sola a disprezzarlo. Bisognerà aspettare due anni perché le puntate siano pubblicate in un volume che diverrà un bestseller. Due anni a sbarcare il lunario a fatica, a non sapere come pagare le cure, i dottori, l'albergo e come sovvenire all'educazione del figlio. Il padre di Louis salda i conti di tutta la famiglia. Continua a firmare assegni, a spedire vaglia. Situazione umiliante per un autore di trentacinque anni che non smette di lavorare. A letto Stevenson produce *Il principe Otto*, *Le nuove Mille e una notte*, *Il giardino dei versi*. Scrive saggi che Leslie Stephen pubblica sul suo giornale, critiche letterarie, articoli che Henley pensa a far pubblicare. Piccoli successi di stima che gli permettono, quando il medico di Davos accetta infine di lasciarlo partire, l'affitto di una casa alla periferia di Marsiglia. Le consegne del dottore sono categoriche: «Abitare a meno di venti chilometri dal Mediterraneo, nei pressi di un bosco di pini». Louis lascia l'inferno bianco per scendere al sole.

*

Il caldo. Lei non ama nulla quanto il sole. Esulta: dopo tutti quegli anni in albergo, potrà finalmente vivere in una casa propria. Eccola correre dagli antiquari, fare l'orlo alle tende, ricavare tovaglie dai vecchi abiti e con le tavole costruire mobili. Per Louis, come aveva fatto per Sam a Virginia City, in quindici giorni organizza una casa confortevole. Ci si insediano in ottobre. In dicembre sono di nuovo in albergo. L'umidità, le zanzare, una epidemia di difterite nel villaggio hanno provocato a Robert Louis Stevenson una nuova serie di emorragie polmonari. I due anni trascorsi a Davos si concludono con una crisi più grave di tutte le precedenti.

Fanny chiude la casa mentre Louis va a curarsi a Nizza. Lui

trascura di telegrafarle di essere arrivato bene. Lei perde la testa. Se fosse morto per strada? Interrompe il trasloco. Di città in città, di stazione in stazione, segue le tracce di lui fino a Tolone. A Tolone si dice che forse una lettera la aspetta a Marsiglia. Riprende il treno. A Marsiglia nessun messaggio. Va a Nizza e finisce per trovare Louis comodamente sistemato in albergo.

Quella donna, incarnazione del senso pratico e dell'efficienza, passa ormai a Londra per una pazza. Colvin, il professore ragionevole da lei chiamato dieci volte in soccorso durante il lungo viaggio, definisce "insana" Mrs Stevenson. Lei ne ride. Ma gli serba rancore. Gliene vuole non perché ha criticato lei ma perché non ha abbandonato le attività londinesi per correre in aiuto di Louis.

Infaticabile, scopre a Hyères, luogo raccomandato ai tubercolosi, un minuscolo chalet costruito per l'Esposizione universale e trasferito pezzo per pezzo in un giardino provenzale. Quella casa di bambola seduce tutti e due, al punto che la affittano per nove anni, con i fondi degli Stevenson. Questa volta Fanny si insedia stabilmente. Ricomincia a piantare alberi, crea nel giardino una macchia rigogliosa. A Hyères, quattro anni dopo il matrimonio, li raggiunge il successo. Si narra che il primo ministro Gladstone sia rimasto sveglio una notte intera per leggere d'un fiato *L'isola del tesoro*. Il romanzo a puntate, finalmente pubblicato in volume, si vende a migliaia di copie.

Inebriato, Louis invita i vecchi complici, Henley e Baxter, a celebrare l'avvenimento. Pagherà tutte le spese, offre una vacanza. L'idea che coloro che lei definisce «sanguisughe» arriveranno a sfinire Louis con sbevazzate e chiacchiere, e che poi Stevenson salderà il conto, esaspera Fanny. Non ha un gran senso del denaro e nessuno l'accuserà mai di taccagneria. Ma, da donna che paga i debiti, conosce il valore del soldo e non prova alcun piacere a dividerlo con uomini che non ama e che ricambiano largamente l'antipatia. Quando quelli arrivano

Fanny mette il broncio. Risultato: Louis propone agli amici di andare a divertirsi a Nizza come fossero scapoli. Là si becca un raffreddore che degenera in congestione polmonare complicata da un'infezione renale. Presi dal panico, Henley e Baxter battono in ritirata e rientrano in fretta e furia in Inghilterra. Ripiegano avvisando Fanny. Lei passerà quindici giorni d'angoscia a curarlo, sola, a Nizza, sempre sola in una città straniera.

I suoi telegrammi che preparano l'Inghilterra alla morte di Robert Louis Stevenson irritano i salotti e i club che l'accusano d'avere il gusto del dramma. Bob finisce per traversare la Manica, aiuta Fanny a riportare Louis a Hyères, poi riparte. La loro complicità di Grez appartiene a un'altra vita... Quando Louis comincia la convalescenza, nuova catastrofe, un'epidemia di colera si abbatte sulla Francia del Sud! Attorno a Stevenson le persone muoiono come mosche. La sua fragilità lascia presagire che lui non sfuggirà al contagio. Fanny rescinde il contratto d'affitto e lo convince a fuggire: *Sono stata felice soltanto una volta* – scriverà fra poco – *ed è stato a Hyères. Una felicità finita per svariate ragioni: mutamento di luogo, più denaro, l'età (...).*

Per Mrs Stevenson la felicità assume un solo viso: Louis. Una sola forma: salvargli la vita. La storia di Fanny in quegli anni di spostamenti frenetici – anni documentatissimi dai biografi di Robert Louis Stevenson – si riduce tutta a quell'impegno.

Ma che si può dire di Fanny Vandegrift? Che la tensione, l'angoscia provocata dalla gravità delle ricadute di Stevenson a Hyères, la sfilza di emorragie che lo inchioderanno presto al suo letto di Bournemouth, erodono per sempre il sistema nervoso di lei? Che la malattia del marito mina il già tenue senso delle convenzioni sociali della moglie? Come non capire l'irritazione dei suoi detrattori, come non sorridere dinanzi all'esagerazione di certe sue richieste? Quando scopre, per esempio, che un visitatore ha qualche sintomo di raffreddore, non si accontenta di impedirgli l'ingresso fino a guarigione completa; pretende un'ispezione. Colmo del ridicolo: ognuno dovrà porgere il fazzoletto dalla finestra, affinché Fanny lo esamini. L'occhio del cerbero. Lascerà entrare soltanto i fazzoletti immacolati! Sostiene che il raffreddore è un'infezione contagiosa e che se Louis la prende il male degenererà in emorragia polmonare. La teoria del contagio microbico sarà ammessa dalla medicina soltanto alla fine del secolo; ora passa per una delle sue ubbie.

L'accanimento a difendere intuizioni irrazionali, la prontezza delle decisioni, il coraggio e l'energia nei momenti difficili, elevano l'avventuriera Vandegrift al rango di eroina. Ma che margini di evoluzione le lascia la sublimità del ruolo di moglie e infermiera? Mrs Stevenson o dell'immobilità.

Raccontare la storia di Fanny durante quel periodo significa dover sorvolare rapidamente su anni tanto ricchi per la storia della letteratura, anni di cui lei conserverà soltanto l'impressione pesante della morte. E tuttavia quanti sforzi per calarsi nel ruolo. Quanti sforzi, e che successo!

Gran Bretagna, 1884-1887

Si sono installati a Bournemouth dove Samuel Lloyd, più inglese d'un inglese, è in collegio da qualche anno. Thomas Stevenson decide allora di regalare alla nuora una casa, l'oasi, l'àncora che lei sogna.

Suppongo sia il mio sangue olandese che mi rende tanto desiderosa di possedere una casa – gli confida in una lettera da Davos. *Una vera casa. Qualcosa che sia davvero nostro, dove sia possibile fare tutti i cambiamenti che abbiamo deciso.* Erano le stesse parole con le quali la moglie di Sam Osbourne aveva descritto un tempo alle sorelle il piccolo cottage di Oakland.

Una casa tutta mia. Per lei quella casa sarà finalmente la sicurezza. Per Stevenson il tedio. In quell'esistenza tranquilla da borghese in villeggiatura Fanny sboccia e Louis si sente in trappola.

Nel corso dei tre anni di vita sedentaria a Bournemouth, Stevenson diventerà tuttavia "R.L.S.", le tre iniziali la cui fama raggiungerà Indianapolis, Oakland, persino le Hawaii dove Belle vive in allegria con Joe Strong, diventato pittore ufficiale della corte del re Kalakaua. Belle si complimenta finalmente per il secondo matrimonio della madre.

Mrs Stevenson si dà alle muse anglosassoni. Perde ogni traccia d'accento americano e il suo salotto di Bournemouth entra a far parte della leggenda letteraria col nome di "Blue Room". Presiede alle conversazioni di Robert Louis Stevenson con Henry James e figura – dettaglio abbastanza raro, trattandosi di un ritratto – in secondo piano nel famoso *Stevenson* dipinto e firmato John Singer Sargent. L'opera, eseguita per conto di ricchissimi bostoniani che desiderano appendere sopra il caminetto l'effigie del loro autore preferito, testimonia la voga di R.L.S. negli Stati Uniti. Se Fanny si anglicizza, Louis si avvicina all'America. A proprio agio nel nuovo ruolo di padrona di casa, Mrs Stevenson non teme nessuno. Neppure i soggiorni a Bournemouth di William Ernest Henley. Pur sorvegliando il livello della riserva di whisky, arriverà fino al punto di incoraggiare i due uomini a collaborare. Errore. I lavori che Stevenson e Henley firmeranno assieme voleranno d'insuccesso in insuccesso. La loro associazione sfinirà l'uno e inasprirà l'altro. Henley non perdonerà a Fanny i consigli dati, Fanny gli porterà rancore perché Henley non li ha tenuti nel dovuto conto, si accuseranno a vicenda della cattiva qualità del lavoro.

Poiché lei è americana e lui disprezza l'America, poiché lei è donna e lui non ammette l'intervento del sesso debole nelle discussioni intellettuali, poiché la giudica pesante e illetterata, ed è possessivo e geloso, Henley soffre dell'influenza di Fanny sul suo caro Lewis. Finge di ignorarla, la tiene in disparte. Se potesse la imbavaglierebbe e la rinchiuderebbe. Doppio errore!

Proprio al senso critico di Fanny, Louis dovrà il trionfo più grande. Quando lui legge la prima stesura di *Lo strano caso del dottor Jekyll e del signor Hyde*, lei è la sola a non applaudire.

«Hai perso di vista il soggetto» commenta.

Furioso, lui esige una spiegazione.

«Fai del dottor Jekyll un ipocrita, il cattivo che finge di essere buono. Mentre dovrebbe essere come ciascuno di noi: buono e cattivo allo stesso tempo».

Louis lancia i fogli sul viso di Fanny, li raccoglie, sbatte la porta, brucia il lavoro, ricomincia. Tre giorni, tre notti, riscrive il racconto seguendo punto per punto i consigli della moglie: «Superare l'aneddoto», «sublimare il fantastico», «puntare all'allegoria».

La settimana della pubblicazione il vescovo di Canterbury basa il sermone sulla parabola del dottor Jekyll e del signor Hyde. Il *London Times* pubblica una critica di sei pagine. L'espressione «Jekyll e Hyde» entra a far parte della lingua inglese. È il trionfo di Fanny. Robert Louis Stevenson può e deve darle fiducia! Seguendo la volontà del padre, lui sottoporrà tutti gli scritti al giudizio della moglie. Lei ottiene la prova della sua ragion d'essere. Vivono in simbiosi.

Una comunione che non impedisce i conflitti. Gli Stevenson litigano. In modo selvaggio. Louis è un malato imprudente. Il bisogno di vivere e agire lo divora: sogna viaggi, sogna avventure. Un invalido che la frustrazione rende difficile da curare. Il dispotismo di Fanny, infermiera angosciata, appiccicosa e pignola, lo indispettisce. L'irresponsabilità di Louis esaspera lei. Lui si spazientisce. Lei esplode. Lui la insulta. Lei risponde alla pari. Una vicina racconterà che sentendo le loro dispute il visitatore non sapeva se doveva gridare

«All'assassino», chiamare le guardie oppure ritirarsi in punta di piedi. La violenza di entrambi raggiunge vette tali che impiegano parecchi giorni a riprendersi da una lite. Fanny conclude in genere dando a Louis del «povero incosciente». Lui risponde che «lei non ha davvero nessuna ragione di trasformare la loro esistenza in tragedia, la loro vita quotidiana in un *Re Lear*».

Mancò poco però che proprio Louis precipitasse la famiglia nel dramma. Leggendo i giornali si commuove per il martirio dell'Irlanda e decide di andare a offrirsi in olocausto, affinché l'assassinio di un autore conosciuto, della moglie e del figliastro attiri l'attenzione del mondo sui diritti dell'uomo e le sventure di quella provincia. Il massacro di una famiglia celebre servirà a fermare *le barbarie perpetrate dalla civiltà e a gettare il discredito sugli assassini.*

L'idea di una immolazione collettiva non incanta Fanny. Poco importa. Louis non ascolta nulla: prepara i bagagli. Morire per una grande causa, ecco qualcosa che è molto più eroico che morire malato annoiandosi! In cammino verso il sacrificio. «È completamente assurdo» sospira lei, «è assurdo, ma se tu ci vai, verrò anch'io».

*

Ancora una volta lascia il favoloso giardino, lascia la sua casa. Ancora una volta si prepara all'imbarco. Partiranno, ma non verso il "massacro irlandese": a pochi giorni dalla partenza li raggiunge un telegramma di Margaret. Thomas Stevenson è in punto di morte.

Abbattuto da una nuova sfilza di emorragie polmonari, Louis non assisterà alla sepoltura del padre.

Edimburgo, 13 maggio 1887

Trascinato da un tiro di sei cavalli, il carro funebre arrivò al cimitero. La bara, in un drappo nero orlato di palmette argentee, coperta di fiori bianchi secondo la volontà del defunto, fu sollevata da sei uomini della famiglia, sei cugini di Louis che la trasportarono a spalla lungo i viali. Bob Stevenson dirigeva il corteo, reggeva i cordoni del drappo funebre e sostituiva il figlio assente. Tremando di febbre, consegnato in stanza (la sua camera di bambino) dallo zio medico, Robert Louis Stevenson aveva a lungo seguito il corteo con lo sguardo. Edimburgo offriva all'ingegnere, allo scienziato, funerali quasi nazionali, la più importante cerimonia organizzata dalla città per uno dei cittadini.

Silenziose, nascoste sotto i veli, le donne si raggrupparono davanti al sepolcro. In prima fila la vedova, sostenuta da Katharine e Fanny, poi Cummy e numerose spose di notabili, le religiose della missione Maria Maddalena di Edimburgo, che Thomas aveva contribuito a fondare, le signore delle associazioni benefiche che Thomas sovvenzionava, l'immensa folla dei fedeli della Presbyterian Church of Scotland, della quale lui era stato uno dei membri più attivi, gli amici, i soci, il capocameriere, il devoto John con al guinzaglio i due skye terrier che Thomas aveva tanto amato. Nell'omelia il pastore non aveva trascurato di ricordare la tenerezza del defunto verso gli animali, la passione per i cani di cui diceva che «possedevano un'anima». Il reverendo aveva inoltre sottolineato che se la fama dell'ingegner Thomas Stevenson non aveva raggiunto Londra ciò dipendeva dal fatto che aveva sempre rifiutato di brevettare le sue invenzioni nel campo dell'ottica adducendo che lo stipendio del governo lo obbligava a mettere i suoi talenti al servizio dello Stato senza cercare la celebrità.

Sul ciglio del sepolcro Bob lesse i versetti del Libro di

Giobbe che Thomas aveva avuto cura di copiare, i versetti che aveva cominciato a recitare durante la prima cena di Fanny a Edimburgo e aveva definito «le mie ultime volontà».

Fanny Stevenson rimise a posto lo scialle che scivolava dalle esili spalle di Margaret. Sotto il velo della vecchia signora non scorreva una lacrima. Ma lei si appoggiava con tutto il poco peso al braccio della nuora. Solida e dritta Fanny stava sul bordo della fossa. Restò là, senza muoversi, molto tempo dopo la chiusura del sepolcro. Bob, senza cappello, la faccia quasi nascosta dalla sciarpa, si allontanava. Anche lui era malato. Katharine lo riaccompagnava a braccetto, aiutandolo a evitare le pozzanghere che scavavano i viali.

Nel cimitero nuovamente vuoto tre sagome, i pilastri del clan Stevenson, restavano in meditazione. Margaret, Cummy, Fanny. Dietro le tre donne, a destra, un uomo: Lloyd Osbourne. Doveva alla generosità di Thomas Stevenson la sua educazione da perfetto gentleman. A diciannove anni aveva la padronanza di sé, l'umorismo freddo e la compostezza del giovane inglese di buona famiglia. Aveva inoltre quell'ombra di eccentricità, quel granello di follia molto britannico che la perfezione del contegno non tradiva in alcun modo.

Con quanto orgoglio – e con quanta gratitudine in quel giorno di lutto – Fanny osservava suo figlio. L'opera di Master Tommy. Che Lloyd avesse avuto la fortuna di assumere i valori di quell'ambiente, di poter crescere in quella sicurezza, aveva qualcosa di miracoloso... La figlia di Jacob non aveva mai avuto tale opportunità. Fino all'incontro con Louis... Lei non era mai appartenuta ad alcun ambiente, pensava, non aveva mai fatto parte di nessun mondo... Non si era sentita sradicata – fin dal suo primo ritorno nell'Indiana, vent'anni prima?... Straniera a Parigi? A Grez? Persino a Oakland e San Francisco? Ma a quel punto, sette anni dopo l'ingresso a Heriot Row, conosceva infine la soddisfazione di appartenere alla borghesia della quale Baxter le aveva fatto il panegirico.

Prova ne era la nobiltà del figlio... Chi avrebbe potuto immaginare che quel ragazzone dalla carnagione pallida fosse figlio di un vecchio cercatore d'oro, di un avventuriero che era ripartito per mare senza lasciare recapito? La notizia della sparizione di Sam era arrivata a Bournemouth il mese precedente. Quali vergogne, quali scandali, quali mediocrità copriva quella fuga? Lloyd ormai aveva un solo timore: che Sam Osbourne sbarcasse in Inghilterra per darsi a qualche ricatto. Lloyd, monocolo all'occhio, lunga mano senza guanto in una tasca, ombrello al braccio: un puro prodotto della *gentry* scozzese... Per la madre: la migliore garanzia d'integrazione – così credeva...

Dopo la sepoltura – racconta Lloyd – *tornai a Bournemouth. Mia madre e R.L.S. restarono parecchie settimane a Edimburgo. In quel lasso di tempo ricevetti due lettere. La prima veniva da mia madre. Che tristezza in quella lettera. Diceva che lo zio medico, allarmato dalla debolezza di Louis, ordinava un ritorno immediato a Davos. Brividi d'orrore, brividi di noia. Il medico aveva insistito. Se voleva vivere Louis doveva andare in montagna (...). Visto che detestavano Davos, perché non provare le montagne del Colorado? I sanatori americani godevano di fama mondiale: erano il paradiso dei tubercolotici! Diceva che la decisione era presa. Che avrebbero lasciato l'Inghilterra per cercare le altitudini (...). Con che pena parlava della sua casa, del giardino, dell'angoscia insostenibile di abbandonar nuovamente quello che descriveva come "il suo nido". La lettera di Louis arrivò uno o due giorni dopo. La aprii col cuore stretto, aspettandomi di trovare la stessa disperazione all'idea di partire. Ma la lettera di lui era allegra, piena di gioia e anche di una sorta di esultanza. Neppure una parola di rimpianto per il nido confortevole, nessuna nostalgia di felicità domestiche... Viva la vita selvatica! Più vicina era la data di partenza, più si rallegrava. Si sarebbe potuto pensare fosse giunto il momento di andare a farsi massacrare in Irlanda. Perché viaggiare fino al Colorado verso una salute ipotetica quando tutto poteva essere definitivamente sistemato da qualche pallottola che ci avrebbero sparato alla schiena? Ma sull'Irlanda più neppure una parola. L'idea pareva essergli uscita del tutto dalla testa. Mi sono spesso domandato se il piano del "massacro irlandese" non avesse avuto origine dal desiderio di evadere a qualunque costo.*

Partire, sì. Ma come si poteva lasciare Bournemouth, Edimburgo, l'Inghilterra, abbandonando Margaret Stevenson sola con la sua pena? Fanny, sacrificando ancora una volta il proprio desiderio, restare, troverà il modo di soddisfare le aspirazioni del marito.

Ormai al mondo hai soltanto Louis, e non te lo toglierò mai – scrive alla suocera – *neppure se ne andasse della sua salute (...). Vieni con noi, cara, vieni, e lasciaci provare a essere per te tutto quel che potremo – anche se non sarà gran cosa (...). Il dottor Scott dice che un cambiamento totale potrebbe guarire Louis, raccomanda caldamente il progetto americano. Ma noi non ti abbandoneremo! Dopo tutto, cara, ti resta ancora qualcosa da fare. Ti resta il figlio del tuo amatissimo marito – anche tuo, ma suo – il figlio di Thomas Stevenson! Io e te abbiamo una missione nella vita. Una santa missione. Uniamo gli sforzi, perché il compito è comune.*

Fanny, che i detrattori accuseranno d'aver litigato con tutti gli intimi del marito, d'aver cercato di fare il vuoto attorno a lui, Fanny convivrà sette anni con la vecchia signora. E Dio sa se Louis si sente vicino alla madre! Per una sposa divorata dalla gelosia la presenza di una tale rivale sarebbe una bella occasione di scenate! Fanny non tenterà mai di soppiantare colei che chiama, con autentica tenerezza, "zia Maggy".

Nella promiscuità di un veliero, su isole popolate da cannibali, le due signore Stevenson staranno accanto all'uomo che amano. In perfetta armonia.

Il 28 agosto 1887, a quasi sette anni, giorno più giorno meno, dal loro ritorno dall'America, Fanny e Louis s'imbarcano in direzione opposta, per gli Stati Uniti. Con loro navigano Margaret (zia Maggy), Lloyd e Valentine Roch, una domestica assunta a Hyères. L'illustre autore viaggia col proprio seguito: il tempo delle traversate nella stiva pare proprio passato. Colmo di popolarità: i capitani dei due rimorchiatori che alano il piroscafo nel porto di New York sono soprannominati dagli equipaggi "Jekyll" e "Hyde", per la diversità di carattere. È la gloria.

New York e i monti Adirondack, U.S.A., *agosto 1887 – maggio 1888*

Sui docks di New York i grandi editori americani sono appostati per aspettarlo e incontrarlo. I milionari di Boston gli inviano le proprie carrozze. I giornalisti prendono d'assalto il suo appartamento in albergo. A Broadway l'adattamento teatrale di *Lo strano caso del dottor Jekyll e del signor Hyde* fa il tutto esaurito. Sì, è la gloria! La gloria americana disprezzata («invidiata», dirà Fanny) da William Ernest Henley e compari.

Mrs Stevenson conosce l'ebbrezza di prendersi una rivincita sugli esordi oscuri del suo destino, ma detesterà sempre le interviste, la pubblicità e la vita pubblica. Si dà da fare per trovare un luogo di riposo che si confaccia alla salute di Louis, un rifugio lontano da New York e dal chiasso. L'eccitazione, il successo, hanno provocato una nuova ricaduta che impedisce il lungo viaggio fino al sanatorio del Colorado. Dove andare?

Lo stesso artista che undici anni prima a Parigi le aveva raccomandato Grez sur-Loing, Ernest Pasdessus, lo scultore americano che un tempo aveva ambìto al cuore di Belle, le suggerisce ora Saranac, un villaggio di montagna non lontano dalla frontiera canadese. Un celebre professore di medicina, lui pure tubercolotico, vi cura i tisici.

Il piccolo gruppo s'installa in un capanno di tronchi d'abete nell'ottobre 1887. Per Fanny ricomincia la vita da pioniera. Sega la legna, spala la neve, va a caccia. L'orlo delle sue gonne si riempie di ghiaccioli. La notte il termometro scende a 30° sotto zero. Lei veglia il marito fino all'alba. Come sempre i raffreddori di Louis degenerano in emorragie polmonari. Costretto a letto, continua a scrivere *Il signore di Ballantrae*.

Ed è là, nel cuore dei monti Adirondack, a migliaia di chilometri da Londra, che la vecchia rivalità fra Mrs Stevenson e gli amici di Louis porterà alla famosa lite "Stevenson-Henley", che nessuno dei protagonisti riuscirà mai a dimenticare.

La mina era stata innescata un anno prima a Bournemouth quando Fanny, volendo rappacificarsi con i complici letterari di Louis, si era legata in maniera assai intima con la musa del gruppetto, la sorella di Bob, Katharine. Dotata e seducente quanto tutti gli Stevenson, Katharine condivide con Fanny le ambizioni letterarie. Scrive. Ma Katharine – al contrario di Fanny – è sostenuta da Henley, che si fa forte di piazzare i suoi racconti sui giornali. Agli occhi di Henley, Katharine appartiene a una élite dalla quale in genere lui esclude le donne. Da ciò un'ammirazione quasi fanatica.

Una sera accanto al focolare, nella Blue Room, tutti avevano ascoltato Katharine leggere uno dei suoi racconti. Tutti – Stevenson, Henley e Fanny. Quando Katharine aveva posato i fogli Mrs Stevenson, com'era solita fare, aveva avanzato critiche, suggerimenti. Katharine era stata infastidita dai consigli, ma Fanny aveva insistito. I toni erano saliti. Le due donne avevano finito per convenire che se Katharine non fosse riuscita a vendere il racconto com'era, Fanny avrebbe avuto libertà di metterci mano. La storia si era fermata a quel punto.

Qualche mese dopo, incalzata da Fanny, Katharine ammetteva che il racconto non era stato accettato. Permetteva dunque che Fanny lo modificasse a proprio piacimento. Un permesso accordato svogliatamente.

Appena arrivata a New York Mrs Stevenson si era affrettata a pubblicare la propria versione sullo *Scribner's* del maggio 1888. Il racconto, intitolato *L'ondina*, era firmato Fanny Vandegrift Stevenson. Spedito a Londra, quel numero capitò sotto gli occhi di Henley che, con la sua penna migliore, intinta nel curaro, scrisse una lettera "privata e confidenziale" e la spedì a Saranac.

Nella lettera, indirizzata soltanto a Louis, Henley affronta poco la questione... Parla piuttosto della sua malinconia, del fallimento dei loro lavori a quattro mani, degli ultimi pettegolezzi del club. Poi, fra due paragrafi, infila di soppiatto le sei righe che decideranno il futuro di Fanny: *Leggo* L'ondina *con uno stupore senza limiti. È la novella di Katharine? Ma certo, è la novella di Katharine! Ci ritrovo le stesse parole, le stesse frasi, le stesse immagini... Peripezie parallele – che dire? Certo, la novella pubblicata è più concisa. Ma a mio parere ha perduto (almeno) quanto ha guadagnato... Ma la ragione per cui non trovo in fondo alla pagina* due *firme – è quel che non riesco a capire.*

Insomma, Henley accusa Fanny di plagio. Peggio: di furto. Negli ambienti letterari è un'accusa pesante. Intacca per sempre una reputazione. Tanto più che Henley si porta dietro dappertutto *L'ondina* esprimendo senza sosta il proprio stupore.

Lettere freneticamente scambiate fra Louis, Henley, Katharine, il fedele avvocato Baxter e infine anche Fanny solcano l'Atlantico. Stevenson esige una ritrattazione completa e le scuse di Henley. Esige che Katharine chiarisca e ristabilisca la verità. Le missive s'incrociano, si perdono... Contrattempi, malintesi. Da un messaggio all'altro il tono si accende e la discussione s'inasprisce.

Henley, sbalordito dalla violenza della reazione di Louis, dal suo accanimento a chiedere riparazione, a difendere l'indifendibile, non ritira una parola. Anzi: divulga il litigio. Lo scontro fra il famoso giornalista e l'autore di successo diventa la notizia principale delle cronache letterarie. L'incidente si conclude con una ricaduta di Louis e con l'odio di Fanny per Henley, un risentimento così feroce, così doloroso che nulla placherà, neppure la morte dei protagonisti.

L'antipatia per la "Vandegrifte" finirà per corrodere tutti i sentimenti di Henley nei confronti di *Lewis, l'uomo che fu il mio amico più fedele, l'essere che, a parte mia moglie Anna, mi fu più caro.*

Sette anni dopo la scomparsa di Robert Louis Stevenson, William Emest Henley scriverà l'articolo che confinerà per parecchie generazioni l'autore di *Lo strano caso del dottor Jekyll e del signor Hyde* al rango di scrittore per ragazzi, uno scrittore *zuccheroso*, un maestro da quattro soldi.

*

Più di un secolo dopo quel duello all'ultimo sangue fra due amici, fra due fratelli – tema del *Signore di Ballantrae*, scritto da R.L.S. il mese del litigio con Henley – come valutare la parte di responsabilità delle due donne che Louis e Henley affermano di difendere e proteggere: Katharine, Fanny, delle quali l'uno e l'altro si servono per ferirsi?

Fanny ha davvero rubato un'idea, una storia, dei diritti, una reputazione che non le spettavano? Si è appropriata dei proventi di un lavoro di cui la vera autrice aveva gran bisogno per vivere?

Non essendoci traccia del testo di Katharine, l'impossibilità di paragonare le due versioni dell'*Ondina* rende difficile qualunque giudizio. Ma che sorpresa constatare la mediocrità dell'opera pubblicata. È un paradosso che quelle righe da nulla abbiano potuto provocare tale tempesta. «Questione di principio» mi dicono all'orecchio le voci congiunte di Henley e di Louis, di Katharine e di Fanny, «questione di principio!». Louis, nelle lettere a Baxter, si prende gran cura di ricordare i fatti. Ed esige con forza da Henley che i fatti siano ristabiliti. Dai fatti, come li racconta Stevenson, viene fuori un ritratto di Fanny, delle sue debolezze e impazienze, conforme a quel che so del carattere della figlia di Jacob Vandegrift.

Una brama di riconoscimento. Un bisogno travolgente di dimostrare che in materia d'arte lei non può sbagliare. L'ossessione di provare l'incuria di Henley che la disprezza tanto, la volontà di rendere manifesta l'incapacità del giornalista nel pubblicare la novella di Katharine, che invece, riscritta nello stile di Fanny e da lei firmata, viene pubblicata da uno dei più grandi giornali americani – sono questi i moventi che le possono essere imputati. Aggiungiamo, se si vuole, una buona dose di superbia e accecamento: Fanny dimentica che Louis firma sullo stesso numero un articolo di cui il giornale si gloria e che probabilmente lo *Scribner's* accetta *L'ondina* soltanto perché l'autrice è "la signora Stevenson". Priva di tatto, incapace di rinunciare – così è Fanny Vandegrift.

Ma voleva davvero saccheggiare l'opera altrui? Aveva coscienza della grossolanità di tale condotta? *Katharine affermava che il testo non le interessava più* – insorge Fanny – *e che potevo modificarlo in tutta libertà, che i miei suggerimenti ne mutavano profondamente il senso, che la storia come la raccontavo non somigliava affatto alla sua novella: neppure per un attimo ho immaginato che potesse volerla firmare.*

Precisiamo che *L'ondina* non è affatto la loro prima collaborazione. Riprendere i testi di Katharine e modificarli sembra essere stata un'abitudine di Fanny, per lunghi anni. Ne trovo testimonianza in una lettera da Davos, datata 1881, ovvero sette anni prima dell'incidente: *La cara Katharine ci scrive spesso* – confida Fanny alla suocera. *Mi ha mandato un articolo che vorrebbe piazzassi in un giornale americano. Siccome era troppo chiedere a Louis di riscriverlo, l'ho rimesso a posto io stessa, per intero, e l'ho mandato al giornale. Spero che frutti qualcosa, anche se dubito possa essere molto denaro. Ora che ci penso, non sono certa che Katharine sarebbe contenta di sapere che ti parlo di quell'articolo, così sarà meglio chiederti il silenzio sull'argomento.*

La faccenda non avrebbe assunto proporzioni tali se Louis non avesse approfittato di quell'ultimo litigio per regolare vecchi conti con Henley: *So da anni che Henley cerca di procurarmi noie. Non soltanto ho fatto la pace con lui quando avevo prove del suo tradimento, ma l'ho perdonato (...)* – scrive Louis a Baxter. *Ho perdonato e perdonato. Ho dimenticato e dimenticato.* Ma...

Non vedo come mi sarà mai possibile rientrare in Inghilterra – ricomincia una Fanny isterica rivolta allo stesso corrispondente. *Se Henley si fosse accontentato di scrivere a me direttamente, mi sarei sforzata di nascondere tutta la storia a Louis, per evitare le terribili conseguenze sulla sua salute di una tale accusa. Il risultato è che l'hanno praticamente, e forse completamente assassinato. Mi è molto difficile continuare a vivere (...). Non dovessi riuscirci, maledico per sempre i nostri assassini e carnefici. Gli avevo sempre fatto soltanto del bene – e Dio sa se Louis li amava tutti! Dopo che m'è stata fatta quell'orribile accusa, non ho ricevuto una sola lettera da coloro che reputavo i miei amici inglesi (...). Penso sia probabilmente molto meglio che noi due abbiamo lasciato quel mondo. Ho avuto coraggio, nella vita. Oggi mi hanno vinta. La coscienza della propria innocenza aiuta, dicono, a sopportare l'ingiustizia – è falso (...). L'ingiustizia, l'ingiustizia mi divora l'anima (...). Se un giorno dovessi tornare nella perfida Albione, imparerei anch'io l'ipocrisia e la falsità! Per Louis, finché sarà in vita, vorrò essere l'amica dei suoi amici. Ma nel profondo del cuore non perdonerò mai coloro che mi hanno calunniata... Sorriderò, quando mangeranno dalla mia mano – e lo faranno, nella loro viltà – sorriderò bruciando dal desiderio di fargli ingurgitare un veleno che torturi i loro corpi come loro mi hanno torturato l'anima.*

Stavolta Fanny ha affidato Louis alle cure della serva Valentine, lo lascia alla vigilanza della madre, all'affetto di Lloyd. Lascia tutti a Saranac. La prima separazione in otto anni.

È partita sola per l'Indiana. Vuole rivedere sua madre. Poi, nel maggio 1888, si spinge più lontano: una visita lampo a San Francisco. Vuole ritrovare le sorelle, Cora Orr e Nellie Sanchez... Bisogno feroce di legarsi nuovamente col proprio universo prima del ritorno a Bournemouth, bisogno che aveva creduto di non dover mai provare.

* * *

Nel lussuoso vagone letto che la riportava verso il suo passato, Mrs Stevenson non riusciva a prendere sonno. Lo sguardo restava fisso sull'angolo dello scompartimento, sui cristalli del mobile bar dove danzavano il porpora del porto e il blu del curaçao. Grandi mazzi di gigli tigrati – aveva avuto la sfortuna di confidare la propria passione ai giornalisti – stavano dritti nei vasi. Un'attenzione degli ammiratori di Robert Louis Stevenson... Quante cose erano cambiate in otto anni! Louis celebre, Sam scomparso... Come avrebbe trovato San Francisco? E Rearden? E John Lloyd? L'uno giudice alla Corte suprema, l'altro procuratore alla Banca di California, entrambi avevano appena sposato donne molto giovani. E Dora? La confidente, l'unica amica... Con quanta impazienza immaginava tutto quel che avrebbero avuto da dirsi... Povera Dora, ormai vedova. Nel dicembre 1886 la notizia della morte di Virgil Williams aveva raggiunto Bournemouth. Il maestro di Fanny. L'uomo grazie al quale Mrs Stevenson era giunta all'arte... Soltanto in quel momento misurava il mutamento che quella perdita portava alla sua vita. La fermata del treno nella stazione di Omaha la trasse dalle fantasticherie. Anche là, quante trasformazioni! Attraversare gli Stati Uniti richiedeva ormai soltanto dieci giorni. Poteva, se così desiderava, restare in quello stesso vagone e farsi servire i pasti, bastava che suonasse... Fanny appoggiò il viso contro il poggiatesta e chiuse le palpebre... Come le parevano lontane le prime emozioni alla School of Design! Rivedeva la sagoma di Belle, la figlia tanto graziosa, tanto dotata, che si applicava al cavalletto. Sua figlia. Quanto le mancava! Perché Belle aveva mantenuto quel terribile silenzio in quegli otto anni? La cara Dora nelle lettere diceva che era sicuramente Joe che impediva a Belle di scrivere. Ma Fanny conosceva troppo bene la figlia per non sapere che continuava a serbarle rancore per lo scandaloso matrimonio con Louis... Oppure Belle riteneva che Fanny, che si pavoneggiava nei salotti scozzesi, avrebbe dovuto mandarle denaro, molto denaro? Sì, era sicuramente così: Belle la credeva ricchissima e avarissima. La giovane donna rimproverava probabilmente alla madre di non averla aiutata ai tempi della nascita del figlio... Come farle capire che il denaro apparteneva a Thomas Stevenson e fino a quegli ultimi anni... La scossa del treno che ripartiva rigettò Fanny in fondo al sedile... Di nuovo chiuse gli occhi... Quegli ultimi anni... Impossibile, non sarebbe riuscita a dormire... Di quegli ultimi anni a Bournemouth non conservava un solo bel ricordo! Si mise dritta sui cuscini... Come diavolo era possibile? La bella casa... Non si affliggeva d'averla dovuta lasciare?... Di quegli otto anni, non un rimpianto?... Louis non le aveva dato la felicità? Evocando l'alta figura di lui, il gesticolare delle lunghe mani diafane, lo sguardo bruno che la avvolgeva in uno scoppio di risa, e soprattutto la voce, la voce calda e beffarda, provava una gioia ben più eccitante dell'impazienza di arrivare a San Francisco. Louis... Quel giorno lo amava con più passione che mai. Vivere con lui significava vivere il più vicino possibile agli insegnamenti del Cristo... A quel pensiero Fanny sorrise. Il meno che si possa dire è che non aveva mai condiviso le ardenti convinzioni religiose del suocero. Aveva accondisceso a tutto, eccetto al fanatismo religioso di lui. Ma la bontà di Louis, la generosità di Louis, il modo che aveva di ricambiare il male col bene – quanto li ammirava! Se soltanto avesse saputo acquisire un po' della tolleranza che lui praticava... Lasciò andare la testa contro il finestrino... Un vero peccato che Louis non fosse riuscito a insegnarle la gentilezza! Dal principio di quel viaggio il ricordo, i rimorsi di talune sue violenze le toglievano il sonno! I rimorsi, certo... Ma Henley! Non aveva visto giusto, lei? Certo, nel corso degli anni Mrs Stevenson avrebbe potuto addestrarsi all'indulgenza. Ma perdonare Henley? L'idea la disgustava! In fondo era Louis che avrebbe potuto dar prova di un minimo di lucidità... e di un po' più di ragionevolezza, con l'età. Fanny ricordò una vecchia scenata, aveva cercato di metterlo in guardia. Louis come al solito non aveva voluto sentir nulla.

«Credo sinceramente che Henley prenda il tuo denaro con una mano» gli aveva detto, «mentre con l'altra è pronto a colpirti. Gli manca soltanto il coraggio. Ma aspetta di essere lontano, aspetta di non poterti difendere...».

«Taci» le aveva ordinato, «di Henley voglio vedere soltanto la mano aperta e tesa» aveva riso. «E smettila di pensar male».

«Io non penso male, cerco soltanto di proteggerti!».

...L'incoscienza e la leggerezza di Louis le davano sempre l'impressione «di vedere soltanto il lato cattivo degli esseri e delle cose»! E tuttavia... Come le mancava l'allegria di lui, da quando si erano salutati... Non avrebbe dovuto mai intraprendere quel viaggio. Senza suo marito ogni giornata di treno le pareva interminabile... Cercava di immaginarlo a Saranac, di figurarsi quel che faceva, in quale stato di salute si trovava. Si era anche letta le carte, nello scompartimento. Il re di cuori le aveva detto che lui stava bene, «ma non quanto avrebbe dovuto»... E che angoscia a New York svegliandosi nel letto grande e vuoto! Quando la malattia gli lasciava un po' di tregua, la loro intesa fisica continuava a essere totale. A Hyères, Fanny aveva persino creduto di essere incinta. Falso allarme. Incinta a quarantaquattro anni! Bella roba... Ancora ne sorrideva. Ma lui, avrebbe rimpianto un giorno di non avere avuto figli? Diceva di avere troppa paura di trasmettere la sua cattiva salute alla progenie, che non l'avrebbe augurato al peggior nemico, che l'intimità col figliastro colmava tutti i suoi desideri di paternità. L'intesa fra Louis e Lloyd era priva di nubi. La sparizione di Sam Osbourne aveva lasciato a Stevenson l'intera responsabilità morale e finanziaria del ragazzo. Fanny se ne rallegrava. Tanto più che Lloyd si dimostrava, da tanti punti di vista, molto più ragionevole di Louis. In quel momento pensavano di collaborare. Era felicissima che i due amori della sua vita si incontrassero sul terreno letterario. Ma... Louis lo amava?... Lloyd, antitesi della sorella, si comportava da figlio modello... Ma Louis lo amava? A quella domanda, che le stringeva il cuore, Fanny allungò la schiena. Si mise dritta sul sedile, stando bene attenta a non poggiarsi né al bracciolo né al finestrino... Aveva dimenticato il suo quarantottesimo compleanno. L'immagine riflessa dal vetro non rendeva giustizia, o molto poco, all'ampiezza dei danni. Era molto invecchiata? Louis, che la punzecchiava di continuo a proposito dell'età, garantiva che non era per nulla diversa dalla rispettabile matrona presentata otto anni prima ai genitori. Ripeteva a chiunque volesse ascoltarlo che il suo matrimonio era un matriarcato, che la moglie regnava su ogni cosa e conduceva la danza con la sola violenza delle sue emozioni... Sciocchezze! Chi credeva a quei discorsi si dimostrava molto ingenuo. Nulla e nessuno aveva mai costretto Louis a fare alcunché. La loro vita si basava soltanto sul patto fra volontà di lui e diritto di veto di lei. Benché avessero tentato con la tenerezza di sfuggire ai rapporti di forza, da molti anni si amavano senza innocenza.

Dopo il romanticismo degli esordi, i due bambini che avanzavano nell'amore come in una camera buia si erano col tempo trasformati in una coppia di "fraterni guerrieri" complici o rivali, le due metà di uno stesso essere androgino. Era d'altronde proprio quell'ambiguità di Fanny, quel lato "ermafrodita", che piaceva tanto a Louis: corpo di donna, cuore d'uomo. La morbidezza e la forza. A quell'idea – la propria forza –, Fanny si sentì invasa da un bizzarro senso di colpa. Non ne capì subito il significato. Quel sentimento la sommergeva sempre quando Stevenson le rimproverava la violenza e la parzialità. In che cosa aveva sbagliato, stavolta? Dove l'aveva tradito? Non era diventato, grazie alla vigilanza di lei, lo scrittore glorioso che prometteva di essere?... Ma Louis restava anche un invalido che la morte poteva falciare in qualunque momento. Negli ultimi otto anni le battaglie di Fanny contro la malattia non avevano risolto nulla. Nonostante la stabilità della loro vita a Bournemouth, il riposo, la prudenza, lo stato di Louis si era persino aggravato... Bournemouth. Man mano che si riavvicinava al suo universo Fanny vedeva di Bournemouth soltanto la pioggia che chiudeva l'orizzonte. Una rete a maglie strette di gocce che la imprigionava come una cortina di ferro... In fondo la morte di Master Tommy, da lei tanto amato, aveva scritto la parola fine al desiderio e al bisogno di farsi accettare in Gran Bretagna. L'immagine della villa che il vecchio Stevenson le aveva regalato, la casa che fino a poco prima rimpiangeva, i mobili, i tappeti, il salotto blu, il giardino, quell'immagine la opprimeva. Le accuse mostruose di Henley, la passività degli altri, rendevano impossibile l'idea di tornare laggiù...

Il sole di mezzogiorno picchiava caldo sul finestrino. Lei aveva la tempia contro il vetro. Mentre il profilo da cammeo, il naso diritto, la bocca spiovente risaltavano sull'ocra del deserto del Nevada, una fiamma s'accese nel suo occhio d'oro e di mora selvatica. Distesa, Fanny si lasciò cullare da una visione. Non vedeva più la tristezza delle nebbie di Scozia, né la neve infinita di Davos, ma un'immensità azzurra che le si sollevava davanti come un respiro possente...

Un sogno, aveva un sogno in testa! Il primo sogno dopo otto anni.

San Francisco, maggio-agosto 1888

«Belle! Sei venuta? Da Honolulu? Hai attraversato il Pacifico per vedermi? Hai fatto questo lungo viaggio per me?».

La felicità di Fanny mozzò il respiro a entrambe. Scendendo dal treno a Sacramento aveva visto la figlia che la aspettava in fondo al marciapiede... Belle, col figlio di sette anni, Austin Strong, il nipote di Fanny... Se avesse potuto, Fanny sarebbe scoppiata in lacrime. Ma dalla morte di Hervey non sapeva più piangere.

*

Piccole e scure nei loro abiti azzurri, madre e figlia s'appoggiavano al parapetto del molo. Il vento che arrivava dal mare torceva i ricci che danzavano attorno ai visi dalle rotondità quasi troppo sensuali. Le due donne aggrottavano le sopracciglia nere e continuavano a fissare il mare, schiudendo un po' le labbra come in un sorriso. Ma non sorridevano. Le ondulazioni della luce sul Pacifico, il dondolio delle onde, il ritmo incessante dell'oceano le trascinavano in una deliziosa vertigine. Sull'imbarcadero dove quindici anni prima Rearden aveva fatto la paternale a Fanny, dove Louis era andato ad accoglierla la mattina del matrimonio, madre e figlia aspettavano il ferry che le avrebbe portate a Oakland. Contavano di incontrare gli inquilini del cottage e di assicurarsi del buono stato delle cose.

«E il tuo lavoro?» chiese Fanny senza togliere gli occhi dall'oceano. «Come va il disegno? E Joe? Racconta! Come se la cava?».

«Tutte queste domande bisognerebbe porle a te, mamma...».

«Io? Nulla di interessante! Ma Louis...».

«Lo so: Louis è celebre. Sua Maestà, il mio amico re Kalakaua delle Hawaii, non parla d'altro che dell'*Isola del tesoro*... Ma tu, fatti vedere. Non hai perduto la passione per le piume e le passamanerie».

«Qui mi vesto a mio gusto... Ma se mi avessi vista a Bournemouth...».

Le due donne scoppiarono nella stessa risata da collegiali.

«Probabilmente hai conosciuto tutte le celebrità d'Inghilterra» insistette Belle.

«Sei tu che bazzichi i re, figlia mia! Io, a parte Louis e i suoi genitori, ho amato soltanto il mio cane».

«Mamma!» scoppiò a ridere Belle.

«Te l'assicuro: era un animale molto coraggioso. Il solo prode ch'io abbia incontrato in Gran Bretagna. È morto l'anno scorso».

«Ma nelle lettere a Dora parlavi di tutti gli scrittori che frequentavi, Henry James, Thomas Hardy, il professor Colvin».

Fanny abbozzò un gesto di stanchezza.

«Oh, le lettere a Dora... Dovevo pur distrarla. È tanto triste, tanto sola, senza Williams... E non potevo parlarle di Louis per cinque pagine! E tu... Tu, figlia mia? Parlami di te! Sei diventata grande!».

Lo sguardo nero di Fanny squadrava la figlia. Trent'anni, Belle era una donna di trent'anni!

«Come va con Joe?».

Belle si raddrizzò.

«Bene...» disse freddamente. «Molto bene».

Le due donne esitarono per un momento.

«Austin mi pare il ragazzino più coraggioso ch'io abbia mai

visto» riprese Fanny in un encomiabile desiderio di conciliazione. «Poco fa lo sentivo tener testa a un omaccione... Pensi di fare altri figli?».

Fu bloccata dall'espressione di Belle. Che gaffe aveva commesso? Cos'aveva detto di tanto villano? Doveva scusarsi?

«...Tutto ciò che volevo suggerire» cominciò con imbarazzo, «è che alla nascita dei tuoi fratelli...».

«Taci, mamma! Per una volta nella vita: taci!».

Dio mio, l'incontro avrebbe portato a un nuovo scontro? Ritrovare Belle era stata una felicità tanto intensa, l'idea che avesse saputo affrontare un tale viaggio, fare uno sforzo tale... L'avrebbe nuovamente perduta.

«Mamma, c'è qualcosa che non ti ho detto... Una cosa che non potevo scriverti... Una cosa...».

La voce della giovane donna si spezzò. Il ferry aveva attraccato. Dovettero spostarsi per lasciar sbarcare i viaggiatori. Alle loro spalle si formava la coda dei passeggeri per Oakland, che le stringeva, le spingeva contro la barriera.

«Cos'è?» finì per sussurrare Fanny.

Belle stette zitta per un istante. La folla che s'accingeva all'imbarco le urtò superandole.

«Alle Hawaii ho avuto un altro figlio...».

Il viso di Fanny, le labbra, gli occhi, scolorirono d'improvviso.

Tutto il sangue era rifluito al cuore.

«Un maschio» continuò Belle.

A tentoni la madre cercò la mano della figlia, mentre Belle riattaccava in un soffio: «L'ho battezzato...».

«Hervey» sussurrò Fanny.

Belle assentì.

«Aveva gli occhi azzurri... lunghi boccoli biondi...».

«E l'hai seppellito...».

Belle si accasciò sul petto della madre, che la tenne stretta e la cullò a lungo. Le due donne stettero abbracciate. Vedevano il figlio, il figlio che avevano perduto. Fanny fu la prima a ritrovare la parola.

«...E se venissimo a trovarti alle Hawaii?» bisbigliò all'orecchio della figlia. «Se venissimo a passare qualche tempo con te?» ripeté come se l'idea le fosse venuta in quel momento.

A entrambe quelle frasi parvero la conclusione naturale del dramma che ciascuna aveva vissuto.

«Sarebbe bello» disse Belle con semplicità.

Tenendosi ancora per mano si voltarono verso il largo e gli sguardi volarono assieme sull'oceano. Rimasero così, trasognate, poggiate al parapetto. Aspettavano il traghetto successivo.

«Ti ricordi» chiese Fanny, «ti ricordi di quel quadro nella sala d'attesa dell'imbarcadero, laggiù a Oakland? Una nave con tutte le vele spiegate...».

«Il *Casco*?».

«Proprio così: il *Casco*!... Non apparteneva a qualcuno di Oakland?».

«Il dottor Merritt... Era un amico di papà, al Bohemian Club».

«Mi pare che quel dottore mantenesse lo yacht affittandolo ai privati per crociere di lusso... Mi sbaglio? Il *Casco* navigava nei mari del Sud...».

«Mamma, come farai con Louis? I tubercolotici non devono vivere in altitudine? Il caldo umido del Pacifico... Il clima tropicale delle Hawaii... Per la sua salute...».

«Il freddo, la neve, le montagne, non gli giovano... I medici si sbagliano! Sono le piogge inglesi a essergli fatali! Io dico che Louis ha bisogno del mare, ha bisogno del sole e di un battello... Se riuscissi a trovare un veliero, verremmo a raggiungerti... E navigheremo quanto più lontano da Londra è possibile!».

* * *

Due giorni dopo la conversazione con Belle, Mrs Stevenson andò all'ufficio telegrafico dell'Occidental Hotel. Messaggio indirizzato al marito nello Stato di New York: *Possibilità di affittare superba goletta per cinque o sei persone, molto confortevole, 750 dollari al mese. Il* Casco. *Yacht pronto a salpare fra dieci giorni. Rispondi presto.*

Il verdetto arriverà la sera stessa, uno sfrigolio sul filo che attraversa il continente da un capo all'altro: *Tu sii benedetta, figlia mia: prendi lo yacht e aspettaci fra dieci giorni.*

*

Il Vecchio Mondo si è chiuso alle spalle di Robert Louis Stevenson, ghermito dall'universo di Fanny Vandegrift, che non lo mollerà più.

Louis non rivedrà mai più l'Europa. Né Henley, né Baxter, né Colvin, né Bob, né Katharine. Sull'immenso mare Fanny avrà presto il suo amore tutto per sé. O quasi...

VIII
Il canto delle sirene

Il clima; le traversate;
gli approdi all'alba; le isole ignote
che spuntano alle prime luci;
i porti insospettati che si annidano
nel cuore delle foreste;
gli allarmi improvvisi,
il timore degli acquazzoni vaganti
e delle correnti di risacca;
l'interesse sempre nuovo
per gli indigeni e la loro gentilezza
– tutta la storia della mia vita mi è più dolce
di un poema.
Robert Louis Stevenson

San Francisco, isole Marchesi, arcipelago delle Tuamotu, Tahiti, Hawaii.

28 giugno 1888 – 25 gennaio 1889. A bordo del Casco

Un mare piatto. Una volta blu cinta da lunghe strisce di fuoco, scie rosa che si sovrappongono, strette, tagliate di bianco, il bianco puro di un tubetto di tempera applicato a spatola. Sulla frangia di vapore che ribolle all'orizzonte scivola un'ombra nera; un due alberi con tutte le vele al vento rasenta i languidi arcobaleni, dai rossori mutevoli, senza mai raggiungerli. Se la nave facesse rotta verso le linee luminose, esse fuggirebbero ancora. Miraggio, uno dei tanti miraggi del Pacifico, lontani nastri di garza tra cui il sole sprofonda.

Il vento soffia fra le sartie. Le drizze schioccano. Il ponte e le passerelle scricchiolano. Il *Casco* fila libero sui gorghi di smeraldo. Decimo giorno in mare. Prima bonaccia.

*

Uscendo dal Golden Gate di San Francisco il mare s'era ingrossato, ribollendo contro gli oblò, balzando sul ponte, schiantandosi sulle porte chiuse della cabina. Dalla sua cuccetta Fanny aveva visto scivolare sul pavimento i bauli, i pacchi di libri, le scatole di abiti. Anche le macchine fotografiche, la macchina da scrivere, il banjo, la chitarra, le carte da gioco – tutto ruzzolava a ogni rollio. Bell'inizio di crociera. Una traversata di sette mesi.

«Sette mesi!» si esasperava il capitano Otis, sette mesi a vagare sul Pacifico con quell'equipaggio – due svedesi, un russo, un finlandese, un cuoco cinese che, Dio solo sa per quale ragione, si faceva passare per giapponese –, una banda di incapaci che, sommando le ore di navigazione di tutti, non erano stati in mare neppure un mese. E tutta quell'agitazione perché? Per portare a zonzo fra i canachi uno zoo umano, una banda di donne e invalidi.

I rapporti fra il capitano e i passeggeri si avviavano sotto il segno della massima diffidenza.

Come diavolo era riuscita quella signora Stevenson, la più pazza della banda, a convincere il dottor Merritt ad affidarle il *Casco*? Il dottore non aveva certo bisogno di denaro, aveva fama di milionario!

«Lei pensa forse che suo marito la ami» aveva risposto a Fanny durante il loro primo incontro, «ma io, vede, amo anche di più la mia goletta...». In verità Fanny aveva un po' precorso gli eventi telegrafando a New York di aver prenotato lo yacht. «...Il mio veliero non è un giocattolo! Vince tutte le regate. È veloce, è leggero... E che comodità! L'ha almeno visitato? Ha palpato i velluti dei sedili? Ha notato il tavolo di mogano, gli specchi veneziani, le maniglie di rame, il tappeto persiano? Noleggiare un simile gioiello le costerà caro, signora... Carissimo!».

«Non è un problema... Il prezzo voglio dire» aveva precisato lei con sdegno. «La McClure Publishing Company paga mio marito tanto oro quanto pesa per i suoi racconti. Basta che scriva ogni mese le sue avventure nei mari del Sud e i giornali di New York finanziano la crociera. Inoltre Mr Stevenson ha appena ricevuto una piccola eredità...». Aveva insistito sul "piccola", sottolineando con un gesto la litote.

«Mr Stevenson ha mai navigato in acque che non siano quelle dei canali della Francia e del Belgio? Sa se soffre il mal di mare? Se ha senso di responsabilità?... Ci vuole una dannata disciplina, su una nave! A me risulta che suo marito abbia piuttosto la passione per la bohème e una salute fragile!».

«Faccia la sua conoscenza, dottore. Poi ne riparleremo».

L'incontro fra Merritt e Stevenson si era svolto nella camera invasa di fiori occupata dal celebre autore all'Occidental Hotel di San Francisco. Sfinito dall'attraversamento degli Stati Uniti, indebolito dall'inverno a Saranac, Louis l'aveva ricevuto a letto. Modo barbino di rassicurare il proprietario. Che incantesimo aveva fatto il malato, quali tesori di seduzione e tenacia aveva dispiegato quella vecchia sirena della moglie, per ammansire il dottore? «D'accordo, mia cara, è contenta?» aveva concluso, sottoscrivendo un contratto di noleggio da giugno a gennaio. «...A una condizione, però: non le cedo la nave senza skipper. Il capitano Albert Otis fa parte dell'arredamento».

*

«La pregherei, signora, di non rivolgere la parola al timoniere... Oggi, vede, preferirei che lui tenesse il timone...» disse il capitano con una smorfia di disgusto e in tono tagliente di sprezzo.

Trentenne, tarchiato, i capelli color stoppa con l'attaccatura bassa, vanitoso, brutale e astuto, con una capacità di osservazione e una logica straordinarie, il capitano detestava la signora

Stevenson e diffidava degli altri. Per fortuna la crociera non durerà il tempo previsto, pensava. Uno sguardo sullo scheletro vacillante che pagava il noleggio bastava per capire che quello là non avrebbe terminato il viaggio. La Bibbia, la passerella e la bandiera, il capitano aveva previsto il necessario per la sepoltura in mare... Quanto al resto della banda, gli squali potevano farne scorpacciata! Come antipasto Otis gli avrebbe proposto la madre dell'invalido, una vecchia scozzese di circa sessant'anni, la cui esperienza dell'oceano si limitava alla prima e recente traversata dell'Atlantico in piroscafo. Lo esasperava con le preghiere di ringraziamento ai pasti, lo scocciava con l'ammirazione per il figlio e i suoi libracci... In corsetto, sellino sotto la gonna e mezzi guanti di pizzo nero, quella vecchia suonata si piazzava fra le cime e correva rischi assurdi.

«Che farebbe, capitano, se mia suocera cadesse in acqua?» si preoccupava la nuora.

«Annoterei il fatto sul mio giornale di bordo, signora».

...E che liberazione! Con le sue due dozzine di cappelliere, la vecchia riccastra riempiva gli scaffali della sala delle carte! Si trascinava dietro ventiquattro cuffie inamidate e stirate in modo da poter stare sei mesi sotto i Tropici agghindata da vedova, cuffie simili a quelle della regina Vittoria... Per altro "zia Maggy" – questo il nome che le dava la banda – pareva non avesse sofferto della tempesta dei primi giorni. L'avevano vista poggiata alle draglie, a prua, il profilo aquilino battuto dalle lunghe falde d'organza bianca del cappello, ridere silenziosa mentre la nave si tuffava nelle ondate concentriche... E la cameriera! Una cameriera su una nave! Bisognava sbarazzarsene al primo scalo. Una francese che sarebbe andata a letto con tutto l'equipaggio, il capitano era pronto a scommetterci... «Dieci a uno che seminerà zizzania». Un bel pretesto per ammutinamenti!... Al circo andava aggiunto anche il figlio di primo letto della signora: uno spilungone di vent'anni, tanto miope che aveva due lenti d'ingrandimento a mo' di occhiali.

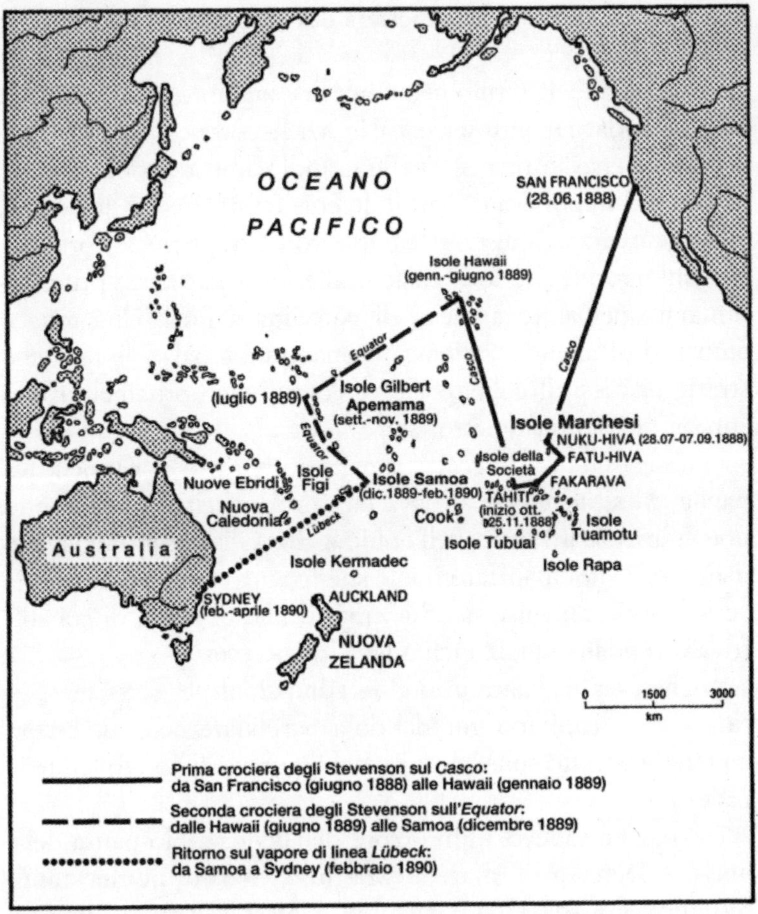

Quello snob dall'accento britannico aveva ritenuto elegante farsi bucare l'orecchio nel porto di San Francisco: sfoggiava un anello d'oro al lobo destro... E infine l'attrazione principale del serraglio, quella signora Stevenson di dieci anni più vecchia del marito, che s'era preoccupata di imbarcare viveri per sette mesi e undici persone... circa diecimila pasti, razioni quotidiane di tabacco da masticare e da fumare, centinaia di doni per gli indigeni, addirittura un intero guardaroba da lei stessa disegnato per la suocera, la cameriera e se stessa, per poter affrontare la canicola.

Da quando il termometro aveva raggiunto i 30 gradi, la signora andava in giro senza calze, senza corsetto, a piedi nudi, il corpo perso in una di quelle grandi camicie da notte che i missionari imponevano agli indigeni. L'*holoku*. La cameriera Valentine e zia Maggy si sarebbero aggrappate ancora per qualche giorno alle loro calze e alle loro abitudini, prima di infilarsi quell'abito a sacco di cotonina a fiori. Una tonaca ampia, diritta, che terminava in una grande balza, le maniche strette ai polsi, il colletto alto e come unico ornamento uno sprone quadrato sul petto.

La sigaretta in bocca, i capelli corti sotto il cappello di paglia, Mrs Stevenson si dava da fare in cucina, migliorando notevolmente il rancio dell'equipaggio. Gli uomini andavano matti per i suoi manicaretti e le sue fottute ciance. Per fortuna certi giorni non riusciva ad alzarsi. Il mal di mare, di cui soffriva orrendamente, la inchiodava in cuccetta.

«Che idea navigare in queste condizioni per sette mesi...» ridacchiò il capitano guardandola barcollare nella timoniera con un fazzoletto sulle labbra. «Lei ignorava di non tollerare la nave?».

«No... Lo sapevo... Ho orrore dell'acqua... Ho paura delle onde... Detesto il mare... Ma mio marito ne ha tanto bisogno...» disse lei in un singulto. «Quest'avventura è un vecchio sogno... Ne parla da quando lo conosco... E poi lo guardi: resuscita!».

L'occhio azzurro slavato del capitano guardò nella direzione indicata: sul ponte, senza cappello, a torso nudo, Stevenson si abbronzava. Aveva piegato le ginocchia e scriveva in pieno sole. La carcassa accusava morbidamente le oscillazioni della nave e nulla, neppure gli acquazzoni improvvisi, avrebbero potuto sloggiarlo da lì.

«Lo guardi, capitano» ripeté lei.

Lo stupore che trasfigurava i lineamenti di quella piccola donna mise a tacere il mugugno di Otis. Dinanzi allo spettacolo di quell'uomo abbronzato e seminudo, in pieno possesso delle sue facoltà, lei pareva aver del tutto dimenticato il proprio male per ritrovare emozioni lontane, le emozioni forti, dirette e senza ambiguità della propria giovinezza.

«Per un malato come lui» brontolò lo skipper volgendosi alle sue carte, «navigare è una scommessa pericolosa!».

«È il pericolo che dà un senso alla vita di mio marito... In Europa, negli Stati Uniti, per tutta la vita ha inseguito la salute... Ed è finito sempre con braccia e gambe rotte dalla febbre, col petto strappato dalla tosse... Lei lo sa, capitano, che significa essere confinato in una camera, imprigionato per sempre fra due lenzuola?... Lo guardi ora! Mutando di colore la sua pelle cambia tessitura e materia... Non l'ho mai visto così libero dal proprio corpo... Si direbbe che le cellule si stiano ricostruendo... Man mano che ci avviciniamo ai Tropici si direbbe che le sue vertebre, le sue ossa, il suo sangue, il suo midollo, tutto in lui si lenisca, corra e scorra...».

*

Giorno dopo giorno il sole s'arroventa. Notte dopo notte la luna s'infiamma. E il miracolo accade: un mese senza toccare terra e neppure una ricaduta! Neanche una emorragia, nessun accesso di tosse, neppure un raffreddore! Tutti quegli inverni in montagna erano soltanto un inganno. Fanny trionfa. *Quanto a me* – si vanta Louis –, *sono nero come una prugna secca (...). Soltanto il luogo aristocratico su cui siedo mantiene il vile biancore del Nord!*

Ho paura del mare ma adoro il clima – concede Fanny. *E poi, vedere i miei due ragazzi così felici!* Lloyd, Louis e zia Maggy non la finiscono di esultare. Non sono i soli. Per tutti quella traversata è una rivelazione. Persino per il capitano.

Belle racconterà di non credere ai suoi occhi né alle sue orecchie vedendo Otis sbarcare sulla banchina di Honolulu. A San Francisco aveva notato con preoccupazione la brutalità di quel marinaio, l'aggressività verso la madre e il giovane fratello... Sei mesi più tardi, nel gennaio 1889, sentirà quello stesso uomo adoperare espressioni tanto letterarie che soltanto i suoi passeggeri capiscono, lo sentirà arrotare le erre alla scozzese e stravedere per la bellezza della vecchia Edimburgo. Lo vedrà anche disertare le bische delle Hawaii per dedicarsi a interminabili partite a whist con la sola avversaria che sia mai riuscita a spennarlo: zia Maggy... Il giovane capitano lo ammette, ha perso tutte le scommesse che ha fatto con se stesso. Con l'eccezione forse delle scappatelle della cameriera, scoperta da Mrs Stevenson fra le braccia del primo ufficiale. Le donne su una nave non valgono un fico secco, è ben noto. Ma alle native dell'Indiana – quelle che nel gergo del Middle West chiama *hoosiers* – Otis ormai riconosce «una dannata faccia tosta e, miseriaccia, un bel fegato!».

* * *

Il fegato è stato necessario a tutti per avventurarsi nelle tempeste e battersi contro un mare ebbro che spumeggia al vento e sbava di furore impotente. Fegato per scegliere di accostare a rive ignote, per vivere in osmosi con gli indigeni, per trascorrere mesi interi senza contatto coi bianchi. Per costruirsi il capanno, tessere stuoie su cui dormire, intrecciare cappelli, pescare il pranzo, comprendere e rispettare le usanze degli autoctoni... E dilettarsi così dell'ignoto e delle scomodità. Fegato per strapparsi alla magia di quella vita sulla spiaggia, per lanciarsi di nuovo sull'oceano dove incombe il ciclone. *Che tristezza andarsene lasciando i nuovi amici lontani* – si affligge zia Maggy. *Mi chiedo se nel sonno camminerò all'ombra delle palme da cocco, se udrò le ondate spezzarsi sulla barriera di corallo.*

*

Ma il momento più intenso di quel lungo viaggio iniziatico, il momento che stravolgerà per sempre i loro sensi e le loro coscienze, non sarà la sorpresa delle spiagge nere di Tahiti né lo splendore dell'alba hawaiiana, quando le cime tormentate delle palme da cocco picchiettano di nero l'arancio slavato del cielo, quando il sole sorge fra i tronchi del palmeto per arroventare le fasce di nebbia che corrono verso gli scogli affioranti... E non saranno neppure i crepuscoli in alto mare, i raggi rossi, chiassosi, inverosimili, le nubi che pesano sul Pacifico come grossi tamponi d'ovatta zuppi di sangue rappreso... No. La visione che li incatenerà è una pallida fantasmagoria di bruma e di rocce, Nuku Hiva, il primo scalo. *L'emozione di una prima esperienza non può ripetersi. Il primo amore, il primo sorgere del sole, la prima isola del Pacifico restano per sempre ricordi a sé stanti, toccano la verginità dei sensi*, scrive Stevenson.

Fanny scorge la sua prima isola alle quattro del mattino del 28 luglio 1888. Nuku Hiva, una delle Marchesi, delle quali gli Stevenson sanno soltanto quel che Herman Melville ha raccontato... Nuku Hiva, tenuta dai francesi e abitata fino al 1885 dai cannibali più feroci di tutta la Polinesia... Nuku Hiva, la breccia aspra in una cultura della quale tutti a bordo ignorano tutto e soltanto ricordano che meno di tre anni prima gli uomini là divoravano i propri simili.

Centinaia di piroghe accerchiano il *Casco*. Un'orda di indigeni sale all'abbordaggio e si sparge sul ponte. Vociferano impugnando le loro mercanzie, spintonano i passeggeri, arrivano agli insulti quando capiscono che nessuno dei bianchi vuol comprare le noci di cocco, i caschi di banane, le stuoie, i cesti.

Zia Maggy non batte ciglio sotto le mani delle donne dai seni nudi che tirano brutalmente i cannoncini della sua cuffia, le palpano le gonne e le tolgono i mezzi guanti. *È impossibile credere che questa gente non sia vestita soltanto di questi bellissimi tatuaggi*, commenta placida la nuora. Fanny ricorda l'esperienza con i paiute di Austin e gli shoshone di Virginia City? È per fedeltà al passato, alla simpatia, al rispetto di un tempo, che decide di donare – e non di vendere – di donare al capo e alle sue mogli le tende di velluto porpora del saloncino e i mobili che quelli bramano? Non appena i marchesiani capiscono il senso del gesticolare di Louis e Fanny, la loro aggressività si trasforma in risate e grida di gioia.

Il *Casco* resterà parecchie settimane ormeggiato nella baia. Ripartirà carico di doni. *Non avevo mai vagheggiato che potessero esistere luoghi simili e simili razze!* esclama Louis.

Le leggende delle isole entrano a far parte dell'immaginario dei viaggiatori. La bellezza delle indigene, la gentilezza della loro accoglienza eccitano l'ammirazione di Fanny; il destino della Polinesia cattura la curiosità di Louis. Che ruolo gioca l'uomo bianco nell'evoluzione di quelle razze che hanno prosperato per secoli per sparire a poco a poco nei cinquant'anni precedenti? Che pensare dell'atteggiamento dei missionari che calpestano le antiche civiltà, bruciano gli idoli e gli oggetti sacri, proibiscono la nudità, vietano i costumi e le danze tradizionali per inculcare a quelle popolazioni l'idea del peccato e il senso del male? Come descrivere la fauna dei *traders*, i trafficanti che fanno commercio di copra, la polpa di noce di cocco dalla quale l'Occidente estrae l'olio, vendono armi e alcol agli indigeni, pensano soltanto ad arricchirsi mentre abbattono il muro fra i due mondi?

Cinquant'anni prima che simili idee diventino di moda, Robert Louis Stevenson impreca contro le eresie del colonialismo. Louis si infiamma e si interroga. Mentre zia Maggy, pur non mancando a una messa, si informa.

Mi piacerebbe che la si potesse vedere – annota Fanny non

senza tenerezza – *questa signora in cuffia coi cannoncini, che passeggia sulla spiaggia al chiar di luna con un signore a malapena coperto da un fazzoletto.*

È una vita strana – echeggia sospirando la vecchia scozzese – *irresponsabile e selvaggia... Mi chiedo se riusciremo mai a tornare alla civiltà.*

E tutti tornano alla magia del primo approdo. Una piccola baia addossata a montagne verdi, una spiaggia incastrata fra due promontori di roccia, palme piegate i cui rami orizzontali accarezzano il mare.

Quel mattino di luglio la goletta aveva girato su se stessa. L'àncora si era immersa. *Fievole fu il rumore ma l'evento immenso* – scriverà Robert Louis Stevenson. *Con le sue cime la mia anima si tuffò a profondità dalle quali nessun argano potrebbe estrarla, nessun palombaro tirarla fuori. In virtù di quel soggiorno alcuni dei miei compagni di viaggio e io stesso saremmo rimasti schiavi delle isole del Pacifico.*

*

Nulla, neppure le descrizioni di Belle, li preparava all'universo che li aspettava a quattromila chilometri a nord delle idilliache spiagge di Tahiti: Honolulu.

Geograficamente le Hawaii appartenevano alla Polinesia. In realtà le sette isole principali dell'arcipelago avevano di hawaiiano soltanto la bellezza dei paesaggi. La popolazione indigena, stretta fra l'influenza dei missionari protestanti e il denaro dei grandi proprietari americani, veniva progressivamente sostituita dalla manodopera asiatica e perdeva il suo posto nell'economia locale. I bianchi possedevano la terra, i cinesi la lavoravano, i polinesiani guardavano con tristezza il loro paradiso che gli sfuggiva.

Ma nessuno di loro faceva i conti con l'ambizione del

sovrano, con la megalomania della dinastia che aveva preso il potere sette anni prima. Il re delle Hawaii pensava di appoggiarsi ai mezzi occidentali, a un esercito, a una flotta, a una corte, per giustificare la sua potenza ed estendere il suo potere. Avrebbe visto nell'illustre Robert Louis Stevenson il cantore della sua ricerca, l'araldo della sua causa.

Honolulu, 25 gennaio – 25 giugno 1889

Il ciambellano picchiò sull'assito cerato un gran colpo di alabarda.

«Sua Maestà il re Kalakaua I delle Hawaii!».

La folla dei cortigiani si aprì per lasciare il passaggio. C'erano ufficiali di marina in uniformi di tutto il mondo, mandarini cinesi in abiti di seta, dignitari giapponesi, tutte le razze, tutti i costumi. Nel salone blu riservato alle udienze private un nugolo di valletti polinesiani aveva abbassato le persiane di legno pregiato e chiuso le tende di velluto porpora delle sette portefinestre. In pieno giorno il sovrano non usava altra illuminazione che quella elettrica proveniente dai lampadari d'ottone carichi di lampadine. Su uno sfondo di damasco color indaco i ritratti del re Luigi Filippo e della regina Vittoria troneggiavano fra le due effigie dei loro "illustri cugini": David Kalakaua si ergeva in piedi in una cornice dorata, non lontano da Kapi'Olani, sua moglie, un donnone in abito da sera scollato del sarto Worth, il petto attraversato dal gran cordone del Royal Order of Oceania – disegnato da una certa Mrs Strong.

«Come arriva alla nostra altezza» bisbigliò Belle all'orecchio della madre spingendola nella prima fila di dame, «ti prosterni».

«Ma non so fare la riverenza, io».

«Non importa: china il busto, piega le ginocchia e solleva i lembi del tuo *holoku*. Vai!».

Fanny scese alla cieca fino al tappeto ad arabeschi, dentro il quale affondavano le caviglie.

«Sire, mi permetta di presentarle» cinguettava su di lei la voce di Belle, «la signora Stevenson».

«Prego, signora...».

Una gran mano scura aveva preso quella di Fanny e la risollevava:

«...Siamo commossi di averla fra noi... I libri del suo illustre sposo ammaliano le nostre notti... E sua figlia allieta la nostra corte... Il suo coraggio appartiene ormai alla storia del regno».

Quel linguaggio fiorito, ricco di sottintesi di cui Fanny nulla capiva, fluiva in un inglese da perfetto uomo di mondo. Cento chili, un metro e novanta, circa cinquant'anni. Tutto vestito di bianco, dal fazzoletto da taschino alle scarpe, un abito da sera immacolato, di una eleganza non rovinata neppure dalla profusione di gioielli – la spilla da cravatta con la testa di rubino, i gemelli assortiti e i numerosi anelli –, il gigantesco re delle Hawaii incuteva davvero soggezione.

Quel palazzo l'aveva fatto costruire lui meno di cinque anni prima. Un cubo in pietra da taglio, affiancato da un colonnato pseudo veneziano dove si sposavano stucchi e marmi, in un parco di fiori e frutti da far dannare l'anima verde di Miss Vandegrift... Fanny non avrebbe mai immaginato che esistesse nel Pacifico un luogo simile! Soffitti a cassettoni, fregi di danzatrici greche, piccoli specchi tondi per riflettere il sole o le lampade a muro scintillanti di notte. Uno spettacolo fiabesco.

Nell'atrio, sotto i ritratti degli ultimi dieci re delle Hawaii, grandi nicchie ospitavano vasi cloisonné smaltati e statue di donne nude. Due cariatidi affiancavano lo scalone d'onore, uno scalone gigantesco in legno pregiato, con scalini e balaustre intagliati.

Quella meraviglia era la conclusione dei lunghi viaggi del re. San Francisco, New York: era stato il primo sovrano a visitare gli Stati Uniti, nel 1874. Sette anni dopo, nel 1881, si era imbarcato per un giro del mondo. Vienna, Londra, Parigi, David Kalakaua aveva soggiornato in tutte le capitali d'Europa. Il suo vagone si era spinto fino a Mosca e Pechino, il suo yacht fino a Bombay. Da quell'esperienza, ignota a tutti i monarchi suoi predecessori, era tornato nel Pacifico con un sogno. Uno solo. Restituire le Hawaii agli hawaiiani. Resuscitare le leggende e le tradizioni della sua terra. Liberare la Polinesia dal giogo economico occidentale.

A tale scopo aveva organizzato la propria incoronazione e aveva modernizzato la capitale. Nel mese di gennaio 1889 Honolulu poteva vantarsi di essere la città più moderna del mondo! I fili del telefono striavano il cielo. Abbandonati gas e candele, i lampioni erano azionati dall'energia elettrica. Molte strade erano pavimentate a macadam. Altra rivoluzione: in occasione delle feste dell'incoronazione il re aveva reintrodotto l'uso della danza tradizionale, la *hula*, proibita da decine d'anni dai missionari. Ogni sera, al suono degli ukulele, la torma reale si contorceva sul prato all'inglese del palazzo. Qualche ora dopo si apriva davanti alla loggia reale il sipario del nuovo teatro dell'Opera, un immenso telone, azionato da un sistema idraulico, dove su uno sfondo d'azzurro e di picchi alpestri i gradini rosa di una scalinata di marmo andavano a finire nelle acque del lago di Como. Stupefacente mescolanza di generi.

Arrivando in quella città che non somigliava a nessun'altra, Belle e Joe si erano lasciati sedurre dal brio del sovrano, dalla sua megalomania e dalla sua intelligenza. David Kalakaua – infantile e raffinato. Potente... Forse perdente? Un principe da fiaba.

I fasti della corte e gli innumerevoli intrighi erano adatti alla passione degli Strong per i piaceri; i balli e i complotti accontentavano il loro gusto dell'avventura e del gioco.

Da sei anni ormai Joe passava per artista ufficiale del

regime. Belle disegnava gli abiti da pomeriggio della regina e ritraeva i pesci dai mille colori che i pescatori del re le portavano all'alba, prima che le cucine reali li preparassero. Al suono delle arie viennesi, fra due botti di champagne, la coppia si lasciava allegramente compromettere.

«Che voleva dire Sua Maestà a proposito del tuo coraggio?» chiese Fanny nel tram che le riportava alla spiaggia di Waikiki.

Dal finestrino aperto il vento agitava le piume di struzzo dei cappelli. Pugni stretti sul pomolo degli ombrelli, braccio piegato, appesantite dallo strascico dell'*holoku*, un viluppo di mussolina pastello alla moda hawaiiana, somigliavano a due belle bambole da fiera. Attorno l'ingorgo. Le grosse macchine per selciare col macadam spaventavano i cavalli, un caos di carretti e calessini intasava il centro della città. Fra le palme si innalzavano edifici dalle facciate lavorate con minuzia, molto simili a quelli della Quinta Strada di New York.

Una sola occhiata a Honolulu era bastata a Robert Louis Stevenson per dichiarare la città troppo civilizzata per i suoi gusti. Si era quindi sistemato lontano dalle vetture e dai telefoni, in riva al mare.

«Qual è il coraggio per cui fai parte della storia del suo paese?» riprese Fanny.

«Gli ho fatto un bel favore» bisbigliò Belle con un sorriso sibillino.

«Di che genere?».

La giovane abbassò il tono.

«Non posso dirtelo qui...».

«Perché?».

«Potrebbero sentirci...».

Fanny lanciò attorno un'occhiata. Nessuno. Si voltò per metà. Il tram era quasi vuoto. Soltanto due meticce sedute dietro.

«Ma...».

«Non è il posto giusto!» tagliò corto Belle.

L'esplosione di una fanfara attirò la loro attenzione sul padiglione per la musica, nel parco.

«Herr Berger, il *Kapellmeister* austriaco del re che, come ogni giorno a quest'ora, fa provare la Royal Hawaiian Band» commentò Belle.

Gli ottoni coprivano la sua voce. Ne approfittò per sussurrare:

«Qui i complotti abbondano... Presto te ne renderai conto... Due clan si affrontano per prendere il potere... Il partito del re, partito nazionalista che vorrebbe l'unità delle isole polinesiane. E il partito dei missionari che aspira a rovesciare la monarchia per sostituirla con una gestione americana».

«Tu da che parte stai?».

«Indovina!».

«Perché "lui"?».

«Perché i bianchi lo odiano» spiegò Belle con fervore. «Lo accusano di essere un sovrano da operetta che vuota le casse dello Stato. Gli danno dell'ubriacone».

«Beve?».

«Parecchio! Può scolarsi sei bottiglie di champagne in un pomeriggio senza che l'alcol lo disturbi in alcun modo... I missionari vogliono la sua pelle».

«Esageri...».

«No! La parola "missionario" qui ha perduto qualunque significato religioso. Essere "missionario" significa appartenere a un partito politico... Come i repubblicani o i democratici di San Francisco. I capi sono figli o nipoti dei pastori venuti a convertire le Hawaii ai primi del secolo. Hanno fatto fortuna con la canna da zucchero e oggi possiedono tutte le piantagioni di ananas: sono ricchi uomini d'affari americani...».

«Il padre di tuo marito non era missionario alle Hawaii, prima di abitare a un passo da casa nostra a Oakland?».

«La sorella di Joe è nata qui. Gli Strong hanno mantenuto rapporti a Honolulu. Ma non frequentiamo più quella gente. I "missionari" hanno soltanto uno scopo: strappare l'arcipelago agli indigeni e annetterlo agli Stati Uniti... Da dieci anni cercano in tutti i modi di rovesciare il re... Fomentano colpi di Stato in nome della civiltà!».

«Della civiltà?» insorse Fanny. «Ma Kalakaua è il colmo della civiltà!».

«È proprio questo che non piace a quegli ipocriti! Il re sogna l'espansione nell'arcipelago. Cerca di creare una confederazione, di allearsi con tutte le isole delle quali i bianchi non si sono ancora impadroniti... Joe ti racconterà: ha accompagnato una delle delegazioni del re fino alle Samoa... In quanto artista del governo ha potuto fare foto, laggiù, ha fatto degli schizzi... Anche il nostro amico Henry Poor, che vi ospiterà a Waikiki, faceva parte di quella spedizione. Ha incontrato il re Laupepa delle Samoa... L'accordo è stato firmato... Che schiaffo per le potenze occidentali che governano l'isola nel più totale disprezzo dei samoani! Se Kalakaua riuscisse, diventerebbe abbastanza potente da dare scacco ai bianchi».

Lo sguardo ardente che le due donne si scambiarono rassicurò la più giovane: una vampata di gioia le imporporò il bel viso. Belle aveva finalmente ritrovato sua madre. Che diabolica abilità aveva dovuto mettere in campo per sottrarre Fanny a Louis, per tenerla un po' con sé, per vederla a quattr'occhi per un attimo. La presentazione al re e quell'interminabile tragitto in tram attraverso gli ingorghi erano una manovra di Belle per ritrovare Fanny.

In presenza di Stevenson il resto del mondo poteva sprofondare: Mrs Stevenson se ne preoccupava quanto di un fico secco. O almeno, tale era l'impressione della figlia. Anche Austin, il nipotino che l'aveva sedotta a San Francisco, era ridiventato invisibile. Louis... il vecchio rancore di Belle nei confronti del rivale di suo padre, l'ostilità che non riusciva a nascondere, avvelenava di nuovo i rapporti familiari. E Fanny non ne aveva il minimo sentore.

Che delusione era stata per Belle l'arrivo del *Casco*! Dopo tutti quei mesi d'attesa e d'angoscia, la giovane donna stentava a uscirne. A Natale le autorità portuali delle Hawaii avevano dato la goletta per perduta; gli amici degli Strong non osavano neppure menzionare lo yacht il cui naufragio pareva certo... Scorgendo il veliero Belle, trascinata dalla gioia, era corsa al porto, era saltata su una barca e aveva remato incontro ai redivivi. Per la precipitazione aveva rischiato di affondare in rada. E Fanny non l'aveva neppure guardata! Non un abbraccio, non una parola avevano tradito la sia pur minima impazienza di rivederla... Louis, Louis, Louis, nient'altro contava oltre Louis...

Ricco, celebre, in buona salute. Le recenti trasformazioni restituivano a Stevenson la gioia di vivere e la forma fisica, più che mai esasperanti agli occhi della figliastra... Ormai si concedeva il diritto di esercitare la propria autorità sui familiari della moglie! Ma non era da lui che Belle s'aspettava aiuto. La salvatrice avrebbe dovuto essere la mamma. Errore. Fanny non sarebbe mai stata la salvatrice d'altri che di Louis, pensava la giovane donna con amarezza. "Ritrovare mia madre era soltanto un'illusione... Ora che ho più bisogno di lei pensa soltanto alla sua felicità... Ora che la mia vita crolla lei scopre le gioie del matrimonio... Le sue prime gioie probabilmente...".

I sette mesi di quell'interminabile crociera avevano palesemente rafforzato i legami della coppia. Se Belle a maggio aveva creduto di sentire un leggero allontanamento di Mrs Stevenson dal caro sposo, si era ingannata. Approdando alle rive di quei nuovi mondi, Louis e Fanny si erano riscoperti l'un l'altra. Le stesse reazioni alla bellezza degli esseri e delle cose; le emozioni, la curiosità verso gli indigeni; la simpatia, l'entusiasmo comune, tutta l'avventura li confortava nell'assoluta certezza di una simbiosi quasi spirituale. *A romance of destiny*. A bordo del *Casco*, pensava Belle, avevano probabilmente riallacciato il loro legame là dove l'avevano lasciato dagli Chevillon, ai tempi in cui l'amore per loro beccheggiava sul fondo delle barche di Grez... Come pareva lontana quell'epoca! L'amore? Dell'amore Belle conosceva ormai soltanto una relazione con un impiegato di banca, poi una breve passione per un marinaio che aveva ripreso il mare... Dell'amore restava soltanto l'adulterio. E la tenerezza materna per il suo ragazzino.

Constatazione d'insuccesso. Fanny aveva vinto tutte le scommesse. Le sue predizioni si realizzavano. E se non aveva ancora pronunciato il «Te l'avevo detto!» tanto temuto dalla figlia, Belle credeva di sentirlo nella severità dello sguardo, nell'inquietudine dell'espressione quando la interrogava sulla sua vita... Nel loro silenzio.

Joe andava a caccia di gonnelle. Joe beveva. Joe fumava l'oppio. Lavorava sempre meno e consacrava il meglio delle proprie energie a occultare le fatture non pagate nei cassetti, a nascondere i debiti alla moglie. Sotto lo sfarzo e la leggerezza della loro vita gli Strong si barcamenavano sull'orlo del baratro.

Come il marito anche Belle preferiva dimenticare la disintegrazione della sua vita gettandosi a corpo morto nel piacere e nell'azione. L'idea di iniziare la madre alla politica, di guidarla, di guadagnarla alla sua causa, inebriava la giovane donna e appassionava Fanny.

«Bisogna che Louis faccia la conoscenza del tuo re! Per i suoi articoli sui mari del Sud... Avrebbe certamente mille domande da porgli...».

«Tanto più che anche Kalakaua è uomo di lettere. Ha scritto il testo dell'inno nazionale e ha appena pubblicato una raccolta di leggende. È il primo libro che racconta in inglese le vecchie storie di questa terra...».

Con uguale agilità madre e figlia saltarono dal tram che le aveva portate a cinquecento metri dalla spiaggia. Gli stivaletti affondarono a uguale profondità nella sabbia, la stessa fiamma ardeva nei loro sguardi.

«Forse Louis potrebbe aiutarlo» riprese Fanny. «...La sua penna attirerebbe l'attenzione del mondo su quel che l'America pensa di fare delle Hawaii».

«Domani, se lo desideri, organizzerò un incontro fra Kalakaua, tuo marito e mio fratello».

*

Domenica 27 gennaio 1889 Louis si reca con Lloyd a Iolani Palace per un colloquio privato col re.

Quarantotto ore dopo Sua Graziosa Maestà restituisce la cortesia accomodandosi sui sedili del *Casco* per il tempo di una tazza di tè. A proposito di tè, la mezza dozzina di bottiglie prevista da Belle si rivela una stima prudente della capacità di assorbimento del monarca... Stevenson e i suoi conserveranno un ricordo un po' ebbro dell'allegria di quel pomeriggio. Il capitano Otis supera se stesso alla fisarmonica, Lloyd canta ballate scozzesi, Belle ancheggia danzando, Louis declama l'ultima sua poesia in onore della Polinesia.

Fanny invece ascolta. Affascinata divora con lo sguardo il gigante che ribolle di progetti e di sogni. Intuisce che Kalakaua ha già perduto la battaglia? Che i bianchi hanno virtualmente annesso la sua terra?... Sente già che in quel mese di gennaio 1889 quel monarca e quel trono sono quasi alla fine della corsa? Oppure, da buona piccoloborghese del Middle West, si lascia impressionare dal potere? Comunque sia, decide. Riaccompagnando Kalakaua alla passerella, lo proclama forte e chiaro: «Sono con lei!». Come sempre Fanny si schiera dalla parte del più debole.

La domenica successiva, il 3 febbraio, invita Sua Maestà a far bisboccia nel più grande dei quattro bungalow occupati dagli Stevenson sulla spiaggia di Waikiki. La sistemazione di tutta la tribù si è rivelata troppo onerosa perché si possa anche tenere il *Casco* agli ormeggi: Louis rimanda lo yacht al proprietario. Licenzia anche la cameriera Valentine che si stabilirà nei dintorni di San Francisco e si sposerà.

Un gruppo di capanni di bambù nei quali ognuno attende alle proprie occupazioni. Lloyd stampa le sue foto in un bugigattolo senza finestre – la sua camera oscura. Fanny piazza il cavalletto nella casetta che le serve da quartier generale. Louis si apparta a scrivere in un capanno tappezzato di stuoie circondato da due trecce di filo spinato per allontanare – dice lui – i curiosi... La piccola banda si ritrova sulla terrazza del capanno grande, per le cene organizzate da Fanny e dal cuoco Ah Fu.

Strana storia anche quella di Ah Fu, giovane cinese incontrato alle Marchesi, assunto da Mrs Stevenson, appassionatamente affezionato alla padrona che ne teme soltanto le intrusioni nelle conversazioni e le bestemmie che farebbero impallidire tutti i trafficanti del Pacifico. Ah Fu seguirà gli Stevenson in tutti i loro vagabondaggi, fino al giorno in cui chiederà di tornare in Cina per un'ultima visita alla vecchia madre... Ultima visita prima di tornare a trascorrere il resto della vita accanto a Louis e Fanny. Permesso accordato. Fanny cuce il salario nella fodera degli abiti di Ah Fu, gli mette monete d'oro nell'orlo della giacca e dei pantaloni... Non ne sentirà più parlare! Nonostante tutte le ricerche, nessuna traccia di Ah Fu... Che aveva detto di avere imparato tutto da lei.

Pesce crudo o cane arrosto, l'abilità di Fanny non ha perso nulla nella frequentazione delle isole. Curiosa di tutto, rispettosa delle tradizioni locali, impara le ricette indigene. Se si pensa che due terzi degli americani originari di Honolulu non hanno mai assaggiato la pasta di radici di taro bollite, il piatto preferito dagli hawaiiani, e manifestano disgusto anche soltanto all'idea di tuffare le dita nella ciotola comunitaria di *poi*, l'apertura mentale di Fanny – come quella di Belle – non smette di stupire. I capi dei villaggi si diranno d'accordo nel riconoscere che nessuna donna, bianca o polinesiana, sa arrostire il kiwi sulla cenere, cuocere il taro sotto la pietra e preparare il *fafaru* come colei che chiamano "Pani". Pani era il nome che le davano anche, un tempo, gli indiani di Austin...

Dopo sei mesi nessuno meglio di Pani conosce le regole dell'etichetta e il modo di trattare i re. Culmine della festa offerta a Kalakaua: il momento quasi feudale in cui i coniugi Stevenson consegnano al sovrano una perla, la più bella della loro collezione, accompagnata da qualche verso del poeta in gloria del monarca: *Il costume, mio Signore, è antico quanto la mia lira. I bardi hanno il diritto d'offrire al loro re quel che il re ammira.*

Le foto di quel giorno testimoniano la profusione di pietanze, composizioni floreali e la decorazione dei piatti. I gesti dei convitati, le mani di Fanny nelle ciotole, la posizione di zia Maggy nel suo tailleur, dignitosamente seduta alla destra del re, tutto lascia presumere che il clan Stevenson abbia scelto da che parte stare. Dall'entusiasmo di Fanny, dall'influenza di Belle, dalla simpatia di Louis per le mire espansioniste di Kalakaua, dalle affinità letterarie fra i due uomini scaturirà il primo impegno politico di Robert Louis Stevenson.

La generosità del gesto sarà pari soltanto alla sua assurdità. Senza sapere nulla della storia delle Samoa, piccolo arcipelago situato a tremilasettecento chilometri a sud-ovest di Honolulu, senza avere intenzione di visitare quelle isole sperdute al largo delle coste neozelandesi, Stevenson spedirà la prima lettera al caporedattore del *Times* di Londra. Un articolo incendiario col quale pretende l'assenso del mondo al tentativo di federazione delle Hawaii con le Samoa, l'ammirazione e il rispetto per David Kalakaua che si confronta col Golia del Pacifico: le grandi potenze occidentali. Stevenson ignora ancora che la spedizione di Kalakaua, alla quale Joe Strong si vanta d'aver partecipato, si è conclusa con l'orgia più pazzesca mai vista ad Apia, la capitale, e che gli uomini del re si sono abbandonati a ogni sorta di eccessi e di ridicolaggini.

Ma la parola «Samoa» è stata scagliata. Stevenson comincia la caccia. Ironia del destino, apre il fuoco per la difesa dell'arcipelago, poche isole fra le migliaia che pullulano nel Pacifico e che sceglierà presto come terra d'esilio...

Robert Louis Stevenson a Charles Baxter
Honolulu, 8 febbraio 1889

Caro Charles,

(...) Da tutti i punti di vista, il piacere, la salute, i sei mesi di crociera a bordo del Casco *sono stati un successo gigantesco. E tuttavia, buon Dio, siamo tutti assai contenti di essere a terra. (...) Anche se mi restassero soltanto nove mesi da vivere, e nove mesi in cattiva salute, posso dire d'aver mangiato il mio pane bianco e d'aver persino rosicchiato a usura qualche briciola di maritozzo.*

(...) Tuttavia, vecchio mio, ci sono stati giorni in cui mi sono sentito spaventosamente colpevole, giorni in cui ho pensato di non avere alcun diritto di essere capofamiglia (...).

Mia moglie ha tribolato più di tutti. Mia madre invece si è divertita come una matta. Lloyd è in piena forma. E io non mi riconosco più. Faccio il bagno in mare e, cosa ritenuta ancor più pericolosa, sono ricevuto e ricevo Sua Maestà il re delle Hawaii, tipo formidabile, intelligente ma, oh Charles, che discesa! (...) Non ho ricevuto una sola parola da Henley e non tenterò di scrivergli (...). Non capisce il male che mi ha fatto (...). Quanto a Katharine (...) non ho alcun desiderio di rivederla. Tutte quelle ultime nubi sulla mia vita, la straordinaria salute di cui godo e la varietà di interessi che trovo in queste isole susciterebbero in me quasi la tentazione di restare qui – non fosse per la presenza di Lloyd, che mi sembra troppo giovane per trascorrere la vita in queste terre, e l'assenza di Colvin, verso il quale sento una sorta di dovere filiale. Queste due considerazioni mi riporteranno presto in Inghilterra – e a letto (...).

Robert Louis Stevenson a Henry James
Honolulu, marzo 1889

Caro Henry James,

(...) Sì, glielo concedo, in amicizia sono infedele e (cosa meno terribile ma pur tuttavia inconcepibile) sono infedele alla civiltà. Non rientrerò se non dopo aver trascorso quaggiù un secondo anno. Ecco la notizia, espressa freddamente e coraggiosamente (...). Ma ascolti le mie ragioni e mi giudichi con clemenza. Ho goduto più in questi ultimi mesi che in tutta la vita precedente. La mia salute è la migliore degli ultimi dieci anni (...). Benché il mare sia un luogo pericoloso, mi piace navigare, mi piacciono gli acquazzoni e i rovesci (dopo che sono passati), mi piace attraccare su un'isola. Non posso dirle quanto adori tutto ciò, il lento avvicinarsi a un'isola sconosciuta. Insomma, conto di godermi questa vita ancora per un anno (...). E tornare poi a discutere come un tempo con Henry James.

Fanny Stevenson a Fanny Sitwell
Honolulu, fine marzo 1889

Cara amica,

siamo un po' incerti a proposito della nostra prossima meta.

Ma le isole selvagge, quelle che ancora non sono state "civilizzate", dobbiamo assolutamente visitarle (...). Penso che partiremo attorno al mese di giugno (...). Sarebbe un vero peccato rientrare in Inghilterra prima che la salute di Louis sia seriamente ristabilita, un vero peccato anche il vedere tutto quel che potremmo dopo la partenza da Honolulu. È probabilmente l'ultima volta nella vita che avremo una tale possibilità, bisogna sfruttarla. Certo, corriamo i soliti rischi, come il massacro da parte di tribù ostili e il mare che dovremo affrontare. Ma correre un rischio positivo è molto meno preoccupante della paura, la paura delle ricadute di Louis al nostro ritorno. Inoltre la prospettiva di questa nuova avventura procura una tale gioia a Louis e Lloyd (...).

Quanto a me, su una nave ho più preoccupazioni e più lavoro di quanto sia in grado di affrontare. Aver cura di una famiglia, su uno yacht, non è cosa facile. Quando io e Louis lasciamo la nave, quando viviamo soli fra gli indigeni, me la cavo abbastanza bene. Ma quando ho il mal di mare, quando sono devastata da nausee spaventose e il cuoco viene a chiedermi: «Cosa prepariamo per cena stasera, e per la prima colazione, e per il pranzo del capitano, e per la cena dei marinai? Venga in cucina a vedere i biscotti, sono pieni di vermi e, la prego, mi mostri come fare una pasta che lieviti senza lievito, e venga anche ad assaggiare il maiale che pare frollato, e mi dica come si può preparare un pudding con la melassa, e che cosa devo fare per combattere gli scarafaggi, eccetera eccetera», il tutto proprio nel pieno di una mareggiata in un passaggio pericolosissimo, mentre me ne sto sdraiata a terra, aggrappata a un bacile (...). A quel punto arriva il comandante in seconda con la testa spaccata, devo tagliargli i capelli incollati di sangue, lavargli e medicargli la ferita, dargli dei corroboranti (...). Non mi piace per nulla, ma proprio per nulla, essere "padrona di casa" a bordo. Ma a terra! Oh, a terra mi sento ripagata di tutti i tormenti!

Robert Louis Stevenson a Sydney Colvin
Honolulu, 2 aprile 1889

Caro Colvin,

(...) Mi vergogno di annunciarti che ancora per un anno non torneremo.

Posso soltanto sperare che questo clima perfezioni il gran miglioramento della mia salute. Penso che continuare la visita delle isole giovi a Fanny e a Lloyd. A tutti noi piace questa vita vagabonda e pericolosa. Rimando mia madre a casa, con gran sollievo perché questa parte del viaggio sarà, se riusciremo a fare quant'è nei nostri desideri, questa parte sarà piuttosto difficile, decisamente dura per certi versi. Il progetto, per ora, è partire da Honolulu, visitare le isole Gilbert e le Marshall, farci lasciare (è il mio desiderio) a Ponape, una delle isole vulcaniche delle Caroline.

La nave ci abbandonerà in mezzo a una popolazione aggressiva, con un vice governatore spagnolo, cinque re indigeni e una spolveratina di missionari (...). Puoi immaginare da te qual genere di svariati piaceri e avventure ci promette questa crociera. Capisci che nella migliore delle ipotesi non sarà priva di pericoli. Ma se ne usciremo vivi darà a me il materiale per un fantastico libro di viaggio e a Lloyd quello per una serie di conferenze e una caterva di foto (...).

Non so dire perché amo il mare. Nessuno più di me è cinicamente e continuamente cosciente dei pericoli. Lo considero uno dei giochi più pericolosi. Tuttavia detesto il gioco almeno quanto amo il mare.

Robert Louis Stevenson a Charles Baxter
Honolulu, 12 aprile 1889

Caro Charles,

*(...) porterò sull'*Equator *anche mio genero, che non ne ha alcun desiderio. La famiglia Strong resta per me una fonte di problemi, ma Joe è un buon fotografo e abbiamo intenzione di fare un diorama che Lloyd userà per un tour di conferenze. Joe è un tipo simpatico ma, tu lo sai, preferisco avere a che fare con persone come (...) piuttosto che con uno di quegli incoscienti che non conoscono il valore del denaro. Lo stato di salute di Joe è da spezzare il cuore e portarmelo dietro non mi diverte. Ma è una croce che debbo portare e il diorama è un modo onesto per alleviarmela.*

Robert Louis Stevenson a Charles Baxter
Honolulu, 8 maggio 1889

Caro Charles,

(...) Bisogna ora parlare un po' dei miei affari. La nuova crociera è abbastanza pericolosa, e penso utile avvisarti: non affret-

tarti a credere a un'eventuale notizia della nostra morte! Queste isole non sono collegate fra loro da nessun mezzo di trasporto regolare, può darsi che approdiamo in un luogo deserto, dove potremmo essere costretti a fermarci a lungo, anche anni, tagliati fuori dal mondo, abbandonati là senza che più nessuno senta parlare di noi... E un bel giorno eccoci ricomparire (...). Perciò non mettere i miei manoscritti all'incanto se non hai l'assoluta certezza del mio passaggio ad patres *durante una tempesta o della mia presenza sotto forma di piatto forte al banchetto di barbari appassionati del "maiale dolce".*

Robert Louis Stevenson all'amico Will Low,
pittore americano che vive a New York
Honolulu, 9 maggio 1889

(...) Oh, Low, amo i polinesiani: la nostra civiltà è una sporca faccenda priva d'onore. Uccide troppo la bellezza dell'uomo – questa povera bestia che siamo. Povera bestia che ha una sua grandezza, checché ne dicano Zola e la sua banda. Non amo Honolulu, dove l'uomo bianco è troppo presente. I suoi intrighi e interessi e mancanza di dignità (...). Ma se tu potessi vivere in un villaggio polinesiano (...), se potessi bere il vinello locale che è l'amicizia di queste persone, se potessi godere della loro nobiltà, della grandezza tanto semplice degli uomini che abitano queste rive...

Waikiki, bungalow di Louis, notte del 10 maggio 1889

«Povera zia Maggy...».

L'aria pareva immobile. Era una notte di luna piena. Dalla finestra aperta si vedeva luccicare il mare nero e liscio come uno specchio senza foglio di stagno. Nessuna lampada ardeva nel capanno. Dall'ombra emergevano il pallore delle lunghe collane di conchiglie che ornavano il telaio della finestra, gli angoli delle pagine dei manoscritti, i fogli di libri che s'impilavano sui due tavoli. Una gamba di pantalone e una manica di camicia pendevano mollemente dallo schienale di una sedia. Dal soffitto due zanzariere completamente bianche cadevano a baldacchino per proteggere due lettini da campo che erano stati spinti fianco a fianco contro il tramezzo. I guanciali s'appoggiavano al muro di fronte all'oceano.

Sdraiati là, con il posacenere sulle coperte, Louis e Fanny fumavano in silenzio. Amavano quel momento, sereno e misterioso, di chiacchiere nell'oscurità. All'alba Ah Fu li avrebbe svegliati. Alle sei sarebbe cominciato il lavoro. Fanny sarebbe subito uscita, lasciando Louis solo davanti alla pagina e alla tazza di tè. Soltanto al crepuscolo lui avrebbe smesso di scrivere... Intelligenza bohémienne, anima viaggiatrice – forse! Ma un cuore volitivo al servizio di una disciplina di ferro.

In fondo, Louis non allentava mai la presa... Il problema, pensava Fanny, è che chiedeva agli altri quanto esigeva da se stesso... Nel caso di Belle e di Joe, pensava lei non senza severità, come corrispondere ad attese simili? La vita di quei due pareva mediocre e votata alla sconfitta... Ma si può fare il bene delle persone indipendentemente dalla loro volontà? E come aiutare Belle, se lei non desiderava tirarsi fuori dalla situazione in cui era?

Tutte queste riflessioni le ronzavano in testa, confondendosi col ronzare delle zanzare, con gli accordi di chitarra che Lloyd strimpellava in lontananza sulla spiaggia, con lo sciabordio della risacca.

«...Il coraggio di tua madre salendo sulla passerella, stamattina» riprese Fanny, «e la sua nobiltà sul ponte dell'*Umatilla* m'hanno stretto il cuore. La guardavo, impettita e dignitosa fra la folla. Pareva scomparire sotto i *lei* che Belle le aveva messo attorno al collo... Il suo viso così piccolo perso fra i fiori... Però non si vedeva altro che il suo viso! E neppure una lacrima!».

Si alzò, spostò la sottile tenda bianca per accendere la spirale antizanzare il cui fumo si confondeva con quello della sigaretta.

«Povera zia Maggy!» ripeté Fanny. «Rifare quel lungo viaggio tutta sola... Senza di te!».

Fanny strinse le labbra sul mozzicone, trattenendosi dall'aggiungere: «Senza di te, il figlio che forse non rivedrà mai...».

Le braccia sotto la testa, la schiena poggiata ai cuscini, Louis, cui quella partenza provocava un grave turbamento, aspirò rumorosamente qualche boccata di tabacco. Doveva i capelli tagliati ben corti alle forbici della figliastra. Belle, sempre preoccupata dell'aspetto fisico, godeva a fare ramanzine al patrigno sulla trascuratezza del suo abbigliamento. Durante i fine settimana che trascorreva a Waikiki, la giovane si abbandonava a mille battute sulla bellezza potenziale del marito di Fanny. Zia Maggy approvava.

«Mia madre...» sussurrò lui con tenerezza. «Chi avrebbe potuto immaginare che mia madre, coccolata da mio padre per trent'anni, viziata dalla vita e appagata dalla frequentazione delle patronesse, chi avrebbe potuto immaginare che trovasse tanto piacere nelle scomodità di una nave, nei pericoli del mare?».

«...E nella compagnia degli indigeni?».

Tacquero entrambi per un attimo: tutti e due pensavano all'estro imprevisto della vecchia signora.

«Anche partendo si è distinta con una di quelle battute che riassumono tutto il suo carattere» sorrise Fanny. «Sul ponte della nave il re le parlava dell'orchestra che suonava *Aloha Oe*, tu sai quanto gli stiano a cuore i suoi ottoni e le sue musiche popolari... "Come le sembra, signora, la musica della Royal Hawaiian Band?" le ha chiesto Kalakaua. "Oh, graziosissima... Questa musica non mi dà alcun fastidio". C'è tutta lei, in questa risposta, il suo fascino che mi piace da matti! E il tuo... La sua gentilezza. E la sua straordinaria incoscienza!».

«Credo comunque che starà meglio a Heriot Row in attesa

del nostro ritorno. Preferisco saperla al sicuro accanto alla sorella... In fondo non ne poteva più... E poi volevo risparmiarle...».

Louis volse il viso abbronzato verso il letto gemello dove riposava la moglie e riprese:

«Fanny, mi resta una cosa da fare prima di lasciare le Hawaii. Aspettavo che mia madre partisse... Mi imbarcherò anch'io».

Lei si sollevò, livida e già drammatica ancor prima di sapere:

«Per dove?».

«Non mi assenterò a lungo; voglio andare a Moloka'i».

«L'isola dei lebbrosi? Ma è l'inferno, laggiù... Dicono che i vivi non si prendano più la briga neppure di seppellire i morti...».

Come se il rosario d'orrori potesse dissuadere Louis, Fanny parlava senza riprendere fiato, affastellando immagini.

«...Li gettano nei laghi, dove marciscono, perché il terreno dei cimiteri è tanto difficile da scavare, tanto duro, tanto pietroso, che seppelliscono i cadaveri, centinaia di cadaveri, a fior di terra. Dicono che i cani e i maiali vanno a scavare le tombe, dissotterrano i morti, e il fetore appesta anche le navi che incrociano al largo della costa...».

Quella visita a Moloka'i – ancora soltanto immaginato, desiderio simile al "progetto irlandese" – è un capriccio! Presto, descrivere tutto affinché non se ne parli più:

«...Raccontano che la lebbra non si limita a colpire il corpo...» continua Fanny. «Che priva d'ogni facoltà mentale e morale gli sventurati che ne vengono colpiti... Pare che a Moloka'i sia l'anarchia. I lebbrosi si fabbricano l'alcol da sé. Sono perennemente ubriachi. Sono violenti. Giorno e notte si abbandonano a orge gigantesche».

Louis abbozzò un gesto d'impazienza:

«Come pretendi che vivano in altro modo? È gente che non

ha alcuna speranza di guarigione... Ogni lebbroso sa che l'alba del giorno successivo non farà che peggiorare la sua condizione... È tanto straordinario che pensino soltanto al presente? Al piacere?... Ai piccoli piaceri che possono carpire nell'attimo?».

«Ma tu che ci andresti a fare, laggiù? La traversata per Moloka'i, Louis, è un viaggio senza ritorno. Le mogli che presenziano all'imbarco di un marito assistono ai suoi funerali!... I giornali di Honolulu sono pieni di resoconti dei tribunali che deliberano sulle eredità: un lebbroso di Moloka'i è considerato legalmente e civilmente morto... Cosa andresti a fare laggiù, Louis? Fra quegli uomini e quelle donne sfigurati, quei bambini che sopravvivono in una miseria morale che non riesco a immaginare...».

«Proprio per questo. Il meno che si possa fare è andare a vedere».

«Ma è una follia morbosa!».

«Il mese scorso in cattedrale, durante la sepoltura di padre Damien, non ho pensato che a questo: abito alle Hawaii da tre mesi e non sono stato capace di incontrare l'uomo che ha dato la propria vita, a pochi chilometri da me, per curare, per dar sollievo ai più sventurati, per rendere l'orrore appena sopportabile... Non lascerò Honolulu prima di aver onorato la memoria di padre Damien andando a Moloka'i, dov'è vissuto e morto... Non partirò sull'*Equator* se prima non avrò visitato la sua opera per poter testimoniare».

«Ma cos'è l'opera di Damien, Louis? Poche case costruite sul promontorio! Una chiesa, un villaggio cattolico... Che farai a Moloka'i? È quasi rivoltante che un uomo sano voglia concedersi il lusso di una tale discesa all'inferno».

«Questo è il tuo modo di vedere, Fanny... sempre negativo... ma io credo sia mio dovere fare questo viaggio».

«E la lebbra? Louis, la lebbra è una malattia contagiosa... Padre Damien è morto di lebbra, pare che tu lo ignori! Imprudente come sei, te la prenderai... Vengo con te».

«No. Parto da solo. Tu resti qui a preparare il prossimo viaggio. Partiremo al mio ritorno e fino ad allora avrai molto da fare. Tu sola puoi trovare gli apparecchi fotografici di cui avremo bisogno, un otto per dieci, un quattro per quattro, e circa un migliaio di lastre... Devi anche scovare una lanterna magica per divertire gli indigeni, senza che siamo costretti a riceverli a centinaia sull'*Equator*; quel veliero non reggerebbe... Prevedi casse di munizioni, barili di polvere da sparo americana, utensili, chiodi, corde... Devi anche occuparti delle sementi e delle piante, nel caso in cui dovessimo arenarci su un atollo... I tuoi piselli hanno attecchito bene a Waikiki, dovrebbero poter crescere dappertutto nel Pacifico! Occupati delle medicine... Occupati anche di tua figlia! Se portiamo Joe non si può pensare di lasciare Belle sola alle Hawaii... Honolulu, con le sue cricche e i suoi piaceri, è un luogo detestabile per una giovane donna senza cervello... Ho deciso che pagheremo tutti i debiti degli Strong a Honolulu. Li prenderemo a carico nostro fino a che Joe non sia in grado di sovvenire ai bisogni della famiglia. Devono cambiare abitudini, tutti e due».

«Ma Belle adora queste abitudini, queste cricche, questi piaceri... A Honolulu è felice. Dove vuoi che se ne vada?».

Louis guardò Fanny, uno sguardo che la fece tacere. Passato il tempo in cui, atterrato dalla malattia, lasciava l'iniziativa a lei, ai medici, alle circostanze. Con l'arrivo della salute, unita alla forza, all'età e al denaro, il bohémien liberale si trasformava. Certo, non aveva mai ammesso che si contestasse la sua autorità. Ma ora si assumeva nuove responsabilità. E Fanny se ne rallegrava. A lei piaceva che Belle, Joe, Austin, considerassero Louis come capofamiglia. Le piaceva che la vita di tutti loro, zia Maggy inclusa, avesse come perno l'uomo che lei reputava un genio. Le piaceva anche che si circondasse della tribù di lei, dei figli di lei – figli di entrambi...

A Waikiki, Louis aveva stabilito alcune regole di condotta

che facilitavano la vita in comune. Né Belle né Joe né Lloyd pensavano di sottrarvisi. Erano regole semplici, giuste e pratiche. Ma guai a chi le infrangeva. I comportamenti che giudicava disdicevoli lo mandavano su tutte le furie. Regola n. 1: qualunque cosa di natura confidenziale, sentita a tavola o a casa, era sacra e non doveva essere riferita all'esterno per nessun motivo. Regola n. 2: all'ora dei pasti non sarebbe stato tollerato alcun ritardo. Nessuna diatriba o frasi irritanti o provocanti. Louis voleva una conversazione gradevole e priva di alterchi. O il silenzio. Regola n. 3: divieto di cianciare. «Come sta sua madre? L'ho vista ieri al concerto. È incantevole stasera»: tutto questo genere di osservazioni vuote era bandito. Regola n. 4: i libri dovevano essere trattati con rispetto; qualunque libro preso in prestito doveva essere restituito entro la settimana; un libro deteriorato o perso doveva essere sostituito. E chiunque amasse un'opera doveva ricordarsi il nome dell'autore.

Più di qualunque altra cosa detestava che ci si occupasse di lui e della sua salute. Quando Belle offriva i propri servigi, quando correva a mettergli un cuscino sotto la testa, si esasperava. Quando Joe si precipitava per portargli i manoscritti, si esasperava. Ma Louis non pareva cosciente della vigilanza di sua moglie. Non si rendeva conto che appena notava il primo segno di affaticamento, Fanny incoraggiava gli invitati ad andarsene; e che loro si eclissavano anche se lui insisteva che restassero. Non si rendeva conto neppure del fatto che lei lo proteggeva dall'indiscrezione degli ammiratori e dalla noia come dalle correnti d'aria.

Con uno sguardo Mrs Stevenson faceva segno a Lloyd di chiudere la finestra. Con un gesto lo mandava a cercare uno scialle. E col piede chiudeva la porta in faccia ai visitatori indesiderati. Tutto ciò Stevenson lo accettava. E la forza di quella sera la doveva alla moglie, quella forza che finiva di sedurla.

«Parla con tua figlia... visto che rifiuta di separarsi da

Austin per imbarcarsi sull'*Equator*, voglio che parta con lui per l'Australia! Convincila».

«Se tuo padre ti sentisse!» notò Fanny con umorismo. «Tu che non sopportavi i suoi tentativi di dirigerti la vita. E i tuoi amici, tutti quelli che mi definivano autoritaria...». Lei rise. «Ebbene, ho trovato il mio maestro. Quanto a Belle, devi convincerla tu stesso. Detto da me, non accetterebbe nulla».

«Benissimo, le parlerò al mio ritorno da Moloka'i».

«Il ministero della Sanità non ti permetterà mai di andarci!» disse lei in tono di trionfo.

«Ho già ottenuto l'autorizzazione: parto il 21».

Furiosa, esasperata, saltò giù dal letto. Lui la guardò girare attorno al tavolo e alle sedie, girare ancora, girare come una leonessa in gabbia, in uno stato d'estrema agitazione.

«È assurdo...» diceva. «È assurdo! Hai passato dieci anni a letto, dieci anni ad amoreggiare con la morte... Nel momento in cui finalmente sei in buona salute, vai a gettarti fra le fauci del lupo. È assurdo! Giurami almeno di non toccare nulla... Giurami che ti metterai i guanti».

«I guanti, Fanny, dovrò metterli per affrontare tua...».

Louis sorrise, un'espressione in cui si mescolavano umorismo e tenerezza:

«...nostra figlia».

Belle Strong avrebbe conservato un ricordo piuttosto penoso di quella scenata: *Una settimana o due prima che si imbarcassero sull'*Equator*, fui chiamata nel cottage degli Stevenson dove fui ricevuta da Louis e mia madre. In quanto* pater familias *lui mi informò dei piani che loro due, evidentemente assieme, avevano fatto per me. Mia madre si limitò ad acconsentire a tutto.*

Dovevo lasciare Honolulu con la prima nave. Avevano comprato i biglietti e prenotato i posti per Austin e per me. Ci dovevamo imbarcare sul Mariposa *in partenza per Sydney. All'arrivo dovevo sistemarmi nella pensione familiare che avevano scelto per me e ritirare dal conto di Louis, alla Towne and Co. Banker, una certa somma di denaro ogni mese.*

«E che faccio poi?» chiesi.

«Aspetti».

«Aspetto cosa?».

«D'essere chiamata».

Fu una discussione tempestosa. Sono di natura passiva ed esagero appena se dico che obbedisco sempre all'uomo più vicino. Ma quella volta mi ribellai... Amavo Honolulu. Là avevo molti amici. Potevo guadagnarmi la vita. L'avevo già fatto in precedenza. Né mia madre né Louis me ne credevano capace... Pensavano che sarei stata più sicura a Sydney. Ci saremmo ritrovati tutti alla fine della loro crociera e a quel punto avremmo fatto progetti per il futuro.

*

Una quindicina di giorni prima dell'alterco, in quella serata del maggio 1889, Louis aveva imbastito i propri piani senza Fanny. Era la prima volta.

Robert Louis Stevenson a Fanny
Moloka'i, 22 maggio 1889

Cara Fanny,

per dirti la verità, avvicinandomi all'isola ero talmente terrorizzato dalla paura e dal disgusto che non osavo neppure riflettere su quest'avventura per timore di tornare indietro e perdere anche il rispetto di me stesso. La nave si avvicinava al promontorio dei lebbrosi. Una terra nuda, dura, arida (...). Una cittadina di casette di legno, due chiese, un pontile. Tutto era brutto, triste e freddo, al sole morente, con la grande scogliera che tagliava il mondo in due, una falesia alta più di diecimila piedi, che impediva qualsiasi fuga per mare dei malati.

I lebbrosi trasportati dalla nostra nave furono fatti scendere nella prima scialuppa, erano circa una dozzina, compreso un povero bambino atrocemente sfigurato e un bianco che ha lasciato una famiglia numerosa a Honolulu. Io e i religiosi salimmo sulla seconda scialuppa. Non so come mi sarei comportato se le suore non fossero state là con me. La repulsione per tutto ciò che è orribile costituisce probabilmente la mia debolezza più grande. Ma il coraggio morale di quelli che mi circondavano smorzava un po' le mie reazioni. E quando mi accorsi che una delle religiose piangeva piano sotto il velo, povera anima mandata in quell'inferno, ho pianto anch'io. Poi mi sono sentito meglio, desideroso soltanto di esserle di qualche aiuto. Pensavo fosse un peccato, una vergogna, lasciarla moralmente tanto sola e infelice. Mi sono voltato verso di lei e ho detto qualcosa del tipo: «Sorella, sono certo che Dio l'accompagna, ch'Egli è qui presente per augurarle il benvenuto. La sua compagnia basta a tranquillizzarmi... Il suo amore mi protegge. La ringrazio per il bene che mi fa». Il che parve dar sollievo alla giovane suora che piangeva. Ma le avevo appena rivolto la parola che eravamo già ai piedi degli scalini dove un'enorme folla, un centinaio, oh Dio salvaci, povera carne umana, un centinaio di maschere in putrefazione aspettavano per accogliere le suore e ricevere i nuovi malati.

Tutte le braccia erano tese: indossavo i guanti, ma sulla nave avevo deciso di non dare la mano a nessuno. Mi pareva meno umiliante che tenderla inguantata. Io e le suore abbiamo attraversato la folla, poi mi sono allontanato perché pensavo di essere di troppo. Sono partito a piedi verso il promontorio portando lo zaino e l'apparecchio fotografico. Il disgusto m'aveva abbandonato: la visione di quelle creature mostruose che sorridevano, e parevano felici di vederci, era stata malgrado tutto una visione di gioia.

Sul sentiero per Kalaupapa scambiavo allegri «aloha» con i malati che arrivavano di corsa. Mi fermavo a tutte le porte per chiacchierare. Ero quasi felice, avevo vergogna soltanto di essere là senza poter rendere alcun servigio. Ho incontrato una donna ancora bella, parlava un buon inglese e pareva pronta a intavolare una conversazione. Era "vezzosa". Pensava che io fossi il lebbroso bianco, il nuovo arrivato. Quando ha compreso che ero soltanto un visitatore, la sua voce, il viso, tutto in lei si è trasformato. È stata la sola cosa triste, moralmente triste voglio dire, che mi sia capitata quel mattino.

*

La creazione del lebbrosario dove Stevenson era approdato risaliva a una ventina d'anni prima, quando il ministero della Sanità, preoccupato di bloccare l'epidemia, aveva comprato dei terreni sull'isola meno popolosa, la più arida dell'arcipelago. Vi avevano lasciato il primo convoglio di malati nel gennaio 1866. Senza viveri, senza medicinali, senza medici, senza sostegno, senza aiuto, senza infrastrutture d'alcun genere. Si presumeva che occupassero le case abbandonate di recente dai contadini, riprendessero le colture laddove quelli le avevano lasciate, fino a che morte sopravvenisse.

Quattro anni dopo il promontorio di Kalaupapa contava 279 abbandonati.

La polizia braccava i malati in tutto il regno. I medici di Honolulu rischiavano rappresaglie dei familiari se firmavano la diagnosi di lebbra che avrebbe mandato il malato all'inferno. C'erano pazienti che arrivavano ammanettati perché si erano difesi abbattendo lo sceriffo e i suoi uomini.

Nel 1873 – cinque anni prima che il ministero della Sanità decidesse di mandare un medico a Moloka'i –, un sacerdote belga decise di occuparsene. Il nome di nascita era Joseph de Veuster. Lo chiamavano padre Damien. Il suo arrivo non fu diverso da quello di un lebbroso qualunque. Non trovò nessuna assistenza, neppure un tetto per ripararsi. Carpentiere di formazione, si rimboccò le maniche e si mise al lavoro. Costruì una casa per sé, edificò una chiesa e un villaggio. Lavorò duro, condivise coi più colpiti tutto quel che possedeva, confortò i morenti, incoraggiò i vivi. E per quattordici anni assillò il ministero della Sanità con continue richieste di sovvenzioni... Alcuni lo accusarono di stornare le donazioni private, i fondi previsti a fini specifici, per realizzare i progetti che gli stavano a cuore, per favorire i "suoi" lebbrosi, quelli d'osservanza cattolica.

Per centinaia di sventurati padre Damien incarnò la sola luce di speranza in quel mondo di tenebre. Trascurando la propria salute, corse tutti i rischi. «La mia vita è nelle mani di Dio» rispondeva al medico che alla fine era riuscito a far arrivare sull'isola. Dieci anni dopo essere giunto a Moloka'i padre Damien era lebbroso. Trascorse gli ultimi quattro anni della sua vita tormentato dalla paura di non aver meritato il paradiso.

Robert Louis Stevenson a Sydney Colvin
Honolulu, giugno 1889

Caro Colvin,

(...) Posso soltanto dire che la vista di tanto coraggio, di tanta gioia, di tanta abnegazione, m'ha troppo sconvolto perché io possa parlartene nel modo giusto ed esprimere la pietà infinita e l'orrore di tutto quel che ho visto (...).

Ho visto cose che non possono essere raccontate e ho sentito storie che non possono essere ripetute; e tuttavia mai ho ammirato altrettanto la mia povera razza, né mai ho altrettanto amato la vita come nel lebbrosario. L'orrore vi raggiunge una sorta di bellezza morale: quel che ti scrivo assomiglia a del pessimo Victor Hugo, ma è il solo modo per esprimere l'emozione che non mi ha mai abbandonato in tutti questi giorni. Ciò a dispetto del fatto che il lebbrosario è gestito dai cattolici e che io non ho mai avuto troppa simpatia per le virtù cattoliche (...). Del defunto Damien, del quale m'hanno raccontato tutto, tutte le debolezze e anche peggio, non penso altro che bene e più che bene. Era un contadino d'Europa: sporco, fanatico, bugiardo, furbacchione, privo di saggezza, ma di sublime generosità, di sublime purezza, di sublime bontà. Se qualcuno riusciva a convincerlo d'aver fatto un errore (potevano essere necessarie ore di ingiurie e di insulti), lui disfaceva quel che aveva fatto e amava di più l'avversario. Un uomo con tutta la miseria, tutte le debolezze dell'umanità ma, attraverso quella stessa miseria, un santo e un eroe.

Fanny capisce l'importanza di tale viaggio? Comprende che Louis ha vissuto senza di lei un conflitto morale e una trasformazione spirituale?

L'incontro con la sofferenza altrui, la scoperta della compassione e della speranza confortano la fede di Robert Louis Stevenson nell'umanità e lo spingono con maggiore passione nella vita. Il saggista, il romanziere, il critico letterario diventerà un autore impegnato. Difficile per chi è rimasto ai margini di quell'esperienza, difficile per Fanny, seguirlo in una via motivata da emozioni non condivise. Ma la Vandegrift non è donna che si lasci distanziare. Condividerà, sosterrà e qualche volta, supererà.

Sei mesi dopo la visita di Louis a Moloka'i, quando gli Stevenson fanno scalo alle Samoa prima di raggiungere Belle a Sydney, Fanny legge un trafiletto nel giornale locale. Informa che è stato abbandonato il progetto di innalzare a Honolulu un monumento alla memoria di padre Damien. L'interruzione dei lavori è dovuta alla pubblicazione su un giornale religioso australiano di una lettera firmata dal reverendo Hyde, importante personalità delle Hawaii. In quella lettera il reverendo rivela le turpitudini del sacerdote cattolico.

Appena sbarcata in Australia Fanny batte le biblioteche. Scova l'edizione del *Sydney Presbyterian*, trova l'articolo, legge ad alta voce a Louis il testo della lettera. Indignato da quel che ha sentito, ferito dalla stupidità e dalla bassezza dell'attacco alla memoria di un morto, Stevenson si rinchiude.

Scrive la *Lettera aperta al Reverendo dottor Hyde di Honolulu*. Le parole che sono zampillate dalla penna di Stevenson continuano a turbare alcuni ammiratori. Taluni biografi condanneranno la violenza e la crudeltà con cui massacra il reverendo Hyde. Lui stesso se ne pentirà... E se la coincidenza con la sua opera, il nome "Hyde", lo fa sorridere, il rimorso d'aver distrutto un uomo, anche se privo di carità, lo ossessionerà per anni. Rinuncerà ai diritti d'autore sul libello: *Non traggo lauti profitti da un omicidio. Non sono un seguace del cannibalismo. Non potrei toccare un soldo guadagnato con quelle randellate.*

Una mazzolata coi fiocchi – forse! Ma come non cogliere nella voce di Stevenson una generosità, un respiro, una grandezza degna dei massimi libellisti? Una causticità che non ha nulla da invidiare al miglior Voltaire? E soprattutto la forza evocativa del visionario...

Un pomeriggio a Sydney – racconta Belle – *Louis ci convocò tutti all'Oxford Hotel. Dopo che ebbe dato ordine al fattorino di non disturbarci per nessun motivo, ci annunciò con gravità inconsueta che ci voleva leggere qualcosa.*

Quando tutti fummo seduti attorno al tavolo stette davanti a noi con un manoscritto tra le mani. Non l'avevo mai visto tanto serio, tanto commosso. Spiegò che l'articolo che aveva appena finito di scrivere avrebbe provocato probabilmente un'azione giudiziaria, un processo per diffamazione. Se avesse perduto il processo, cosa probabile, avrebbe perduto tutta la sua fortuna. Sarebbe stata la rovina e la povertà per tutti noi. Pensava di stampare il libello a sue spese e di mandarlo a personalità di tutto il mondo. Ma sentiva di non avere il diritto di pubblicarlo senza il nostro consenso. Stava a noi decidere se quelle poche pagine dovevano vedere la luce o no. Avrebbe rispettato il nostro verdetto.

A quel punto con la sua voce profonda, vibrante d'emozione, con le guance in fiamme e gli occhi ardenti lesse a voce alta la Lettera aperta al Reverendo dottor Hyde di Honolulu... *Mai nella vita avevo sentito un testo altrettanto forte. Ogni frase, ogni parola, vibrava di emozione. Era il morso del disprezzo, dell'indignazione, dell'ironia... E anche di una pietà infinita. Il tutto animato da una riprovazione che inchiodava l'avversario e dava la pelle d'oca. Finendo aveva le lacrime agli occhi. Gettò il manoscritto sul tavolo. Si voltò verso la moglie...*

Lo sguardo che Fanny e Louis si scambiarono sarebbe rimasto inciso per sempre nella memoria dei testimoni. Lei si era alzata. In piedi entrambi, rimasero per un attimo faccia a faccia. L'emozione metteva in risalto i loro lineamenti, la febbre sconvolgeva i loro visi. Allora, tendendogli le mani in un gesto di entusiasmo, lei esclamò:

«Pubblica!».

«Tu capisci, Fanny, che stamparlo significa tornare alla povertà?».

«Pubblica!».

«Alla povertà e allo scandalo? Se ci sarà un processo, ci trascineranno nel fango... I missionari protestanti ci salteranno addosso, il che significa che non potremo fare più nulla nel Pacifico. Rientrando in Scozia avremo nemica tutta la Chiesa presbiteriana...».

«Pubblica!... Bisogna mandarlo dappertutto... Alla regina Vittoria, al presidente Harrison... Io e Belle prepareremo subito le buste... Ah! bisogna mandarlo al presidente Sadi Carnot, al vescovo di Canterbury. E poi al Vaticano. Al papa!».

*

Un secolo dopo il grido di Robert Louis Stevenson, molti monumenti tengono viva la memoria del sacerdote di Moloka'i, che nel 2009 è stato proclamato santo da Papa Benedetto XVI.

Riconosco come padre l'uomo che tenti di fare quel che ha fatto padre Damien (...). Il padre di tutti gli uomini che cerchino e amino il bene. Sarebbe stato anche vostro padre, reverendo Hyde, se Dio vi avesse concesso la grazia di accorgervene.

Hawaii, isole Gilbert, isole Samoa, giugno-dicembre 1889.
*A bordo dell'*Equator

«Sai perché amo tanto il Pacifico?» urlò Louis a pieni polmoni.

Una revolverata rispose alla domanda. Joe Strong, abbandonato su un'amaca, spostò col pollice il cappello che gli copriva la faccia. In alto e lontana, seduta sul tetto della cabina, le gambe ciondoloni, i piedi nudi al sole, la piccola sagoma azzurra della suocera scaricava i revolver sullo squalo che aveva avuto la cattiva idea di seguire il veliero. Teneva le braccia tese e le maniche dell'*holoku* sbattevano al vento con rumore di bandiera. La sua strana ombra danzava sull'oceano che le pallottole striavano con improvvise strisce di schiuma.

«Perché qua del secolo XIX esistono soltanto le briciole!» gridò Louis.

Joe si contorse per scorgerlo in controluce sulle cime. Ammainava una vela.

«...Perché i mari del Sud sono una *no man's land* del tempo... Una mescolanza di tutte le epoche... Di tutte le razze... Di tutti i crimini e di tutte le virtù!».

Joe ricalcò il cappello e si riaddormentò chiedendosi se Louis parlasse dei mari del Sud oppure di Fanny Stevenson.

Tutte le epoche, tutte le razze, tutti i crimini e tutte le virtù: Mrs Stevenson.

«Beccato!» trionfò lei saltando in piedi. «A puntino! Andate ragazzi, tiratelo su».

Sul ponte di poppa i due marinai che aspettavano il frutto della caccia gettarono la rete e la ritirarono su a fatica con la carrucola.

«Bistecche di squalo... Sarà delizioso, stasera...» commentò lei tranquilla. «Lasciatelo là e togliete il ventrame. Lo taglierò subito».

I marinai obbedirono. Non pensavano di recalcitrare: quella donna incarnava una figura materna decisamente velata di stregoneria.

Tutti ne temevano i poteri e ne rispettavano la resistenza. Non sapeva forse placare le febbri? Guarire le ferite? Preparare le cene? Anche il capitano Reid, uno scozzese di venticinque anni – un duro che finirà in prigione per aver venduto una nave rubata –, anche Reid ottemperava.

Finiti gli splendori del *Casco*! L'*Equator*, un piccolo cabotiero, raccoglieva la copra accumulata ai confini della Polinesia e della Melanesia dai trafficanti. La nave apparteneva a una compagnia di San Francisco e non trasportava passeggeri. Ancora un colpo di Fanny. Era riuscita a far sistemare la goletta in modo da allestire nei corridoi due cuccette supplementari per Joe e per Ah Fu. Lei invece, nonostante il mal di mare, accettava di dormire per terra, avvolta in una coperta, incastrata fra suo figlio e il grosso nostromo, un norvegese poco allettante. Aveva lasciato al marito l'unica cabina, cedendogli tutti i lussi e tutte le comodità affinché potesse scrivere in pace. Paradosso: la passione di Louis per il lavoro di scrittore, la loro simbiosi nell'espressione artistica, la comunione nella creazione che li aveva affascinati fin dai primi giorni del loro legame, l'eterna battaglia per l'elaborazione dell'opera diventava, in quel mese di luglio 1889, una brutale fonte di discordia a bordo dell'*Equator*.

«Se tu ti ostini» riprese lei con furore quando saltarono assieme sul ponte per chinarsi di concerto sull'enorme bestia. «Ti avverto...».

Quella discussione continuava a qualunque ora del giorno e della notte, a casaccio. Si scontravano con la stessa violenza di Bournemouth, quando la vicina esitava fra chiamare i gendarmi o eclissarsi in punta di piedi.

«Se fai un lavoro scientifico, un centone, una tesi barbosa sul Pacifico, è da piangere!... Che spreco! Io, col mio talento da nulla, io, con la mia debole immaginazione, persino io potrei creare un capolavoro da questa miniera di materiali che accumuliamo... Invece – tu! Quando penso che nel tuo diario annoti soltanto statistiche!... I tuoi lettori se ne infischiano altamente dei paragoni fra le missioni cattoliche e le missioni protestanti. Se ne fregano del tutto di sapere se l'etimologia della parola pronunciata "io" in tahitiano viene dallo "oi" hawaiiano!... Tu non sei un linguista, non ne sai nulla! Lascia l'erudizione agli etnologi e fai invece quel che sai fare! Uno scrittore racconta storie... e che storie hai ormai a disposizione!... Le persone sognano di sentire le leggende delle isole e tutte le nostre avventure! Raccontagli come la bella principessa Moe ti ha salvato la vita a Tahiti, racconta la tua meravigliosa amicizia con Ori A Ori, racconta il gemellaggio di sangue con il capo cannibale delle Marchesi. E dire che tu sprechi un soggetto del genere!».

«Tutt'al contrario, sarà il mio libro più grande... Il mio capolavoro... quest'opera non somiglierà a nessun'altra! Sarà degna dell'idea che mi faccio della letteratura, mescolerà tutti i generi, i dati scientifici con l'aneddoto, la barbarie con la civiltà, il bello col mostruoso... Insegnerò il mistero della Polinesia al mondo intero!».

Esacerbata da quelle elucubrazioni lei pestò il piede sul ponte e i marinai accovacciati a vuotare le interiora del pesce sollevarono la testa verso la coppia.

«“Insegnare”! Chi ti chiede di insegnare, Louis? I lettori vogliono che tu li distragga».

«Distrarre non mi basta più, Fanny! Devo andare oltre...».

«Che significa andare oltre? Annoiare? Pontificare?... Tradisci il tuo pubblico e tradisci i polinesiani privilegiando la scienza a danno dei drammi umani di cui siamo testimoni!».

«Tu invece vuoi che io resti eternamente lo Stevenson che il pubblico conosce... Giovane, leggero, caustico... Le persone si evolvono, Fanny! Gli scrittori hanno il dovere di crescere».

«Non tu! Non io... Noi non cambiamo!... Sai che farò? Esporrò il tuo progetto a Colvin, del quale rispetti tanto il giudizio: vedrai che sarà d'accordo con me!».

«Una volta per tutte, Fanny, non immischiarti in ciò che non ti riguarda! Tu non scriverai a Colvin... Non su questo tema, perlomeno».

«Invece sì... Dirò al tuo mentore cosa pensi di fare... Un libro scientifico! Vedrai la sua reazione... Il “dovere di crescere”... A che gioco stai giocando? Non si scrive per dovere!... O magari sì: hai il dovere di rispettare il tuo lettore facendolo sognare!».

«Che ne sai tu del dovere di uno scrittore? Sappi, cara mia, che i tuoi consigli in materia artistica devono essere presi con la massima cautela! In fondo non capisci nulla di...».

Stevenson troncò di netto. Terreno minato. L'arte. In quel periodo parola tabù della loro esistenza. Unico argomento che non potevano affrontare.

«Eppure» ringhiò Fanny a denti stretti, «tu non hai mai avuto tanto successo come quando hai seguito il mio parere...».

«Non confondiamo. Il successo non lo devo al tuo senso artistico ma alle tue intuizioni commerciali» rispose lui freddamente. «Tu hai la mentalità gretta del grande pubblico, che a un libro chiede di essere interessante».

Il colpo la fece impallidire.

«La mentalità gretta del grande pubblico finanzia le tue crociere, caro mio!».

«Chi dice il contrario?... Sono d'accordo con te: mio primo dovere è sfamare la famiglia!».

«Non ho mai pensato» urlò lei ferita, «non ho mai pensato una cosa simile!».

«Sono d'accordo» proseguì lui spietato, «produrre capolavori deve venire in secondo piano nella vita di un artista... Ma smettila di intrometterti!».

A quel punto, in una delle esplosioni di furore che Lloyd temeva, Stevenson tuonò:

«Per l'ultima volta, Fanny, la mia opera mi appartiene!».

Joe Strong, che ascoltava in silenzio godendosi una lite in cui per una volta non si discuteva della sua pigrizia, non avrebbe saputo dire quale dei duellanti avesse vinto la partita...

Ma il grande libro scientifico sognato, Robert Louis Stevenson lo porterà dentro di sé per lunghi anni e non lo scriverà mai.

Intuiranno che in quello scontro, la cui motivazione drammatica non si radica nelle difficoltà finanziarie, nell'alcolismo del marito o nell'infedeltà della moglie, come nel caso degli Strong, intuiranno che in quello scontro loro due, Louis e Fanny, rischiano di uccidere la loro ragion di essere?

«Ho un'idea sensazionale!» annuncia Louis quella sera, dopo aver fatto pace andando in estasi per la squisitezza della bistecca di squalo... «Un piano che ci permetterà di unire gli affari e il piacere, un progetto che ci offrirà una base nel Pacifico! Scriverò con Lloyd un romanzo d'avventure che ci frutterà una fortuna... Con quel denaro compreremo una nave e provvederemo ai nostri bisogni facendo commercio di copra! Che ne dici, mia signora e amor mio?».

«Splendido!».

Lei continua a detestare il mare, ma se la salute di Louis ha questo prezzo accetta senza rimpianti di diventare moglie di un trafficante. Si accinge generosamente a soffrire di nausee per il resto dei suoi giorni.

«La compagnia si chiamerà "Jekyll e Hyde". La nave invece avrà il nome della ditta di mio padre, la ditta che costruiva fari in Gran Bretagna, Northern Lights...».

«È un modo come un altro di proseguire la sua opera» osservò Fanny non senza ironia. Per fortuna Louis rinuncerà da solo a quel sogno.

Dopo una sosta a Butaritari, nelle isole Gilbert, dove corrono il rischio di farsi massacrare da una popolazione inebriata dall'alcol dei bianchi e armata coi fucili dei *traders*, gli Stevenson si rendono conto delle bassezze del commercio con gli indigeni e della corruzione del mondo dei trafficanti. Passano senza rimpianti ad altre avventure.

A un centinaio di miglia da Butaritari, l'*Equator* fa vela su Abemama, la capitale di re Tembinok'. Bellicoso, crudele, astuto, Tembinok' regna su un impero di atolli. Il suo nome corre nei canti guerrieri dell'arcipelago. I bianchi lo chiamano "Il despota leggendario" o "Il Napoleone delle Gilbert".

Il re Kalakaua passerebbe per un pupo malcresciuto se paragonato al guerriero Tembinok'. Centoventi chili. Due metri di statura. *Un profilo a becco d'uccello* – scrive Stevenson –, *qualcosa della maschera di Dante, una lunga criniera di capelli neri, l'occhio lucente, imperioso, inquisitore. Ha una voce adeguata al corpo possente – una voce misteriosa, acuta come il grido di un gabbiano. Si veste secondo la propria fantasia, qualche volta in crinoline, qualche volta in divisa da ufficiale di marina, qualche volta in smoking e cappello di paglia, qualche volta in gibus e abito da vescovo. Tuttavia Tembinok' non è mai ridicolo.*

Il sole risplende sulla targa dorata dove è inciso «Singer». Nella laguna immobile affondano una macchina, due, dieci macchine da cucire, calano diritte fino in fondo all'oceano.

Quando i rematori di Tembinok' gettano in acqua quella ventina di macchine da cucire usate come àncore per le piroghe, la flotta non manca di marzialità. L'inconveniente è che il Napoleone delle Gilbert non accetta l'insediamento di nessuno straniero sulle sue isole. Suo padre ha giustiziato tutti i bianchi che tentavano di stabilirvi degli empori. Quando arrivano gli Stevenson resta un solo trafficante, uno straccio d'uomo che vive nel terrore dei capricci del re.

«Io ho potere» dirà Tembinok' a Robert Louis Stevenson. Proprio così: Tembinok' ha potere. Il potere piacerà a Louis, come pure la politica di Tembinok': tenere il mondo lontano dalle sue isole. Prendere della civiltà quel che gli pare simpatico, rifiutare il resto.

Simpatico? Le armi, il tabacco, i tessuti – il re predilige la stoffa marezzata, il velluto e la seta. Insomma: quel che possono vendergli le navi mercantili.

Nel suo palazzo di bambù marciscono e arrugginiscono centinaia di orologi, di carillon, di pezzi di bicicletta, di ombrelli, di chiodi, di cucine... Poco importa che Tembinok' non li sappia usare. Quando vede un oggetto che gli piace, lo vuole. Segue l'idea di impedire che altri acquisiscano beni che lui potrebbe bramare. Di conseguenza le imbarcazioni che navigano sulle sue lagune gli interessano moltissimo. E gli uomini dell'*Equator* sfregano gli ottoni e lavano il ponte per riceverlo e impressionarlo. Perché Fanny, che sogna di trascorrere quindici giorni a terra mentre il veliero prosegue il cabotaggio fra le isole Gilbert, Fanny spera che il re faccia eccezione alla sua regola.

Ignora che le lagune di Tembinok' mancano di pesci, che le palme da cocco non danno riparo agli uccelli, che le radici commestibili diventano sempre più rare e che a furia di mangiare noci di cocco e carne in scatola scaduta si ammaleranno tutti. Ma Tembinok' apprezza il buon cibo e sa Dio quanto la cucina di Fanny gli paia deliziosa!

Mentre le mogli del re, armate fino ai denti per difenderlo, bevono *kava* con "Pani", Louis e Tembinok' fanno conoscenza discutendo di poesia sulla spiaggia. Colpo di fulmine reciproco. Dai rari missionari Tembinok' ha imparato l'arte di scrivere. Ricco e fiorito, il suo inglese preso qua e là gli permette di comporre quel che i due uomini chiamano poesia lirica: «Gli innamorati, la spiaggia, le palme da cocco... Non sempre veri. Ma belli». Lavora anche alla compilazione della cronaca del suo regno. Vi racconta fra l'altro la visita di un emissario del re Kalakaua, che gli ha fatto firmare un accordo di federazione. Ma lui, se sogna una lega delle isole del Pacifico, lo fa con l'idea di approfittarne per estendere i suoi domini. A discapito delle Hawaii o di altri.

Il soggiorno fra le zanzare di Abemama durerà troppo a lungo per sembrare idilliaco, un campeggio di tre mesi sulla spiaggia con il timore di non veder mai riapparire l'*Equator*, ma le due parti nel lasciarsi verseranno qualche lacrima. Fanny disegnerà per il re la bandiera nazionale, uno squalo nero su sfondo variopinto. La farà realizzare a Sydney e gliela porterà di lì a qualche mese. Indubbiamente gli Stevenson non appartengono al "mondo civilizzato"! Agli occhi di Tembinok' i bianchi si dividono di solito in tre categorie: quelli che l'hanno un po' derubato, quelli che l'hanno ingannato parecchio, quelli che l'hanno danneggiato. Sulla riva compone una poesia in gloria dei primi occidentali che non hanno cercato di barare con lui... Il futuro incontro promette di essere commovente. Ma per il momento Fanny, troppo felice di lasciare quella terra ingrata, s'imbarca per la prossima tappa: le Samoa. Un arcipelago di quattordici isole, lontane l'una dall'altra anche più di trentacinque miglia, chiamato dai marinai, proprio a causa di tali distanze, «l'arcipelago dei navigatori».

Al largo di Upolu, arcipelago delle Samoa, dicembre 1889

A mezza strada fra l'orizzonte e la riva, la goletta rasentava una frangia di schiuma che si formava a regola d'arte, spariva, si riformava, una linea appena visibile che correva e ribolliva come una lingua di fiammelle bianche sul mare grigio. La barriera corallina. In quella zona il muggito del Pacifico diventava assordante, una implosione continua nella quale l'orecchio umano non riusciva a distinguere nulla; né lo sfasciarsi delle onde sulla muraglia né il rumore del riflusso. Fanny sapeva che laggiù, sull'isola lontana, i pescatori che tiravano le reti camminando nella laguna con l'acqua a mezza coscia, le donne che li seguivano, i bambini, anche loro sentivano quel rombo non ritmato da alcuna pausa, quell'eterno rumore di fondo che nessuna forza avrebbe potuto interrompere.

Nelle ultime ore del giorno l'*Equator* cercava il passaggio che gli avrebbe permesso di infilarsi nel cuore della rada di Apia, la breccia fra i coralli che avrebbe permesso di penetrare nelle acque più profonde di Upolu, l'isola più grande dell'arcipelago e la più popolosa, millecentoquindici chilometri quadrati, trentacinquemila indigeni secondo l'ultimo censimento dei missionari... Apia, la capitale, un villaggio annidato alle pendici di una catena di monti, sonnecchiava là, in fondo alla baia, affacciato sulla laguna. Soltanto la cattedrale si stagliava, macchia bianca, massiccia, quasi fosforescente, sul verde scuro e fronzuto dei vulcani.

Le creste, sormontate da una fantomatica linea di palme, sparivano in un cielo pesante, plumbeo, che prometteva temporale. La calura scendeva tanto in basso, tanto vicina, che Fanny sentiva l'umidità sulla nuca, l'umidità che le faceva arricciare i boccoli della fronte.

A ogni approdo la stessa emozione! Con sguardo febbrile fissava la stretta striscia di spiaggia dove i tronchi delle palme, schiacciati dal peso delle nubi, si sdraiavano sull'oceano, si distendevano verso l'orizzonte lambendo coi tristi rami le onde morte della laguna.

Un bacino grigio più piatto di uno stagno. Un greto dalla sabbia tanto pallida che pareva trasparente, liscio come una lama d'acciaio. Alle Samoa la sabbia luccicava sull'acqua, l'acqua si rifletteva sulla sabbia; soltanto le rudi chiazze nere dei grossi massi lavici e la massa scura, inquietante, dei palmeti che risalivano sui versanti, ricordavano che si stava per toccare terra.

Il 7 dicembre 1889, appena prima del tramonto, le mogli dei missionari, i commercianti, i piantatori, la piccola società coloniale andata ad assistere con curiosità all'arrivo della nave, tutti i bianchi di Apia aggrottarono le sopracciglia. Anche i tre consoli rivali, che sotto le rispettive bandiere osservavano lo sbarco dei passeggeri al porto, si scambiarono uno sguardo circospetto. Pigiama di cotone aperto fino all'ombelico, berretto da yachtman, capelli lunghi, piedi nudi, il primo della banda salta sul pontile brandendo uno zufolo. La sua compagna in *holoku* a fiori, con la chitarra sulla schiena, il viso abbronzato sotto un enorme cappello indigeno, una sciarpa porpora attorno al collo, uno scialle variopinto sulle spalle, balza giù dopo di lui e gli trotterella al fianco. Poi arrivano due giovani, uno in giacca slavata a righe, un anello all'orecchio, gli occhi nascosti dietro occhialini neri e il violino in mano. L'altro baffuto fino alle tempie, i fianchi cinti da un pareo a fiori, un cacatua sulla spalla e la fisarmonica a tracolla. Chiude la fila un cinese dal cranio rasato e dalla lunga treccia che dondola come un metronomo.

Quella bella compagnia è uscita dalla barca di Henry J. Moors, il *trader* più influente di Apia, un americano che i consoli sospettano di armare le fazioni indigene. Quale rapporto fra Moors e quei musicanti?

Li ho presi per una compagnia di saltimbanchi – confesserà il pastore locale. *Ho pensato fossero poveri ambulanti venuti qui a cantare con la speranza di guadagnare nei bar di Apia i pochi dollari della traversata per Sydney.*

Saltimbanchi, il reverendo Clark non si inganna. Ma di una specie particolare. Come potrebbe immaginare che la chitarrista e il suonatore di zufolo sfideranno proprio là l'ordine sacrosanto dei bianchi? Che quei due giocolieri, ribelli alla stupidità, alla rapacità della loro razza, raccoglieranno il guanto di sfida della causa samoana? Che il loro campione sarà chiamato un giorno, dai parrocchiani di tutte le missioni di Upolu, "Tusitala", ovvero il Narratore di Storie? E che, un secolo dopo le guerre civili che dilanieranno l'arcipelago, il viso intelligente di Tusitala sarà di profilo sui francobolli delle Samoa?

Apia, Samoa, dicembre 1889 – febbraio 1890

Fanny a Margaret Stevenson,
Natale 1889

Cara zia Maggy,

questo posto supera in splendore i nostri sogni più pazzeschi. Non ho mai visto nulla di più bizzarro... Pensavi che tutte le isole del Pacifico finissero per somigliarsi? Che le descrizioni di Joe e il suo entusiasmo per la spedizione di Kalakaua influenzassero il nostro giudizio? Che non potessimo che essere sfavorevolmente impressionati o delusi approdando qui? Errore! Upolu è magica più d'ogni altro luogo.

Paragonato alle Marchesi o a Tahiti, il fascino delle Samoa non agisce immediatamente. Nulla di spettacolare. Apia, la capitale, ci è parsa addirittura priva di qualsiasi interesse. Una sola strada che costeggia la baia, una fila di baracche che nella migliore delle ipotesi ospitano empori, nella peggiore locali malfamati e bar. La veduta della rada è sciupata dagli scheletri di sei vascelli da guerra. Immagina relitti neri che arrugginiscono sotto gli acquazzoni tropicali e che non possono essere distrutti con la dinamite per non correre il rischio di far saltare in aria la città! La pietosa storia di queste navi illustra la stupidità delle tre potenze che governano l'isola.

In poche parole: da vent'anni quattro famiglie reali indigene si contendono il potere. Dal 1870 i tedeschi, gli inglesi e gli americani hanno approfittato della situazione per costringere i samoani a vendergli le terre in cambio di armi. Quelli che si sono insediati con maggiore successo sono i tedeschi. Una compagnia di Amburgo possiede qui i più grandi palmeti di tutti i mari del Sud. I tedeschi hanno molto successo nel traffico di copra. Per impedire loro di acquisire una potenza troppo grande in questa parte del Pacifico un americano, il colonnello Steinberger, concluse un accordo con re Laupepa, uno dei pretendenti, affinché regnasse per quattro anni lasciando poi il potere agli altri tre re a turno. Ciascuna dinastia avrebbe regnato perciò ogni dodici anni – sotto la ferula del colonnello americano, nominato Primo ministro. È chiaro che l'idea non poteva piacere né ai tedeschi né agli inglesi, che si diedero da fare per rovesciare lui e la sua Costituzione, lasciando le Samoa nelle mani delle fazioni partigiane che l'una o l'altra delle tre potenze bianche continuavano ad armare. Eroico, Laupepa si arrese, evitando la guerra civile. I tedeschi lo deportarono. Vivere lontano dalla propria isola per un indigeno è peggio della morte. A quel punto i tedeschi, coltivando senza ragione il mistero, non lesinarono: portarono in giro Laupepa per due anni su tutti i mari del mondo, senza mai informarlo di quale sorte lo aspettasse né della destinazione. Il re decaduto fu condotto fino al largo di Brema, della quale vide soltanto le luci, prima di ripartire in direzione opposta verso la Nuova Caledonia. Durante quel periodo Mataafa, il vecchio candidato dei tedeschi, l'ex rivale di Laupepa, organizzava una resistenza all'occupazione bianca, in sostegno al re esiliato. Le tre potenze occidentali a quel punto si coalizzarono per mandare nella rada le navi da guerra di cui ti dicevo prima... Puoi imma-

ginare cosa rappresenti una tale flotta dinanzi al minuscolo porto di Apia? Centinaia d'uomini e più di quaranta cannoni. La Germania, la Gran Bretagna e gli Stati Uniti, tre grossi cani che si litigano lo stesso osso – in realtà un piccolo pezzo di cartilagine... Ma la natura ci ha messo lo zampino! Il cielo, come se volesse vendicarsi della stupidità degli uomini, rimuginò uno dei più violenti cicloni della storia. L'incredibile è che i comandanti delle tre flotte l'avevano visto arrivare, quel ciclone: nella giornata del 16 marzo 1889 il barometro era sceso di colpo. Ma né gli americani, né i tedeschi, né gli inglesi volevano essere i primi a lasciare la rada. Bastava tuttavia un'occhiata per capire che questa baia è una bacinella dove la violenza delle onde viene decuplicata da una diga temibile: la barriera corallina. All'ultimo momento una delle navi inglesi ha scelto di battere il ciclone e di fuggire. Scagliate le une contro le altre, le sei corazzate sono affondate con tutti gli equipaggi. Dopo la carneficina, nella quale sono morti più di centonovanta marinai senza che gli indigeni dovessero sparare un solo colpo, le tre potenze si sono incontrate a Berlino per firmare un trattato... Una bella farsa! Quell'accordo, non ratificato da nessun indigeno, stabiliva con grande generosità che le Samoa restassero indipendenti e governate dal re che le tre potenze avrebbero scelto per il popolo. Il re, messo e tenuto al potere dai bianchi, avrebbe governato il paese con il concorso e il sostegno di tre consoli, ognuno rappresentante di una delle tre potenze... Ti lascio immaginare, zia Maggy, lo scompiglio. Hanno restaurato Laupepa che avevano esiliato e bandito Mataafa che aveva sostenuto Laupepa. Hanno allontanato dal trono le altre due famiglie, che continuano a reclamare i propri diritti, mentre i tre consoli si depredano l'un l'altro... I soli la cui dignità salva la situazione sono ancora e sempre gli indigeni. Capisco la simpatia di Joe per i samoani e anche il fascino che esercitano su di lui. Gli uomini sono fatti come armadi a specchio, il torso largo che si muove muscolo per muscolo e molto lentamente. Indossano tutti il lava-lava, *una gran pezza di tes-*

suto rosso o azzurro a fiori bianchi, come ne avevamo visti a Tahiti. Ma qui lo annodano sul fianco e Louis sostiene che portino il lava-lava *come gli scozzesi portano il kilt. Pare che questa gente abbia coltivato l'arte della gestualità, la plastica del movimento, come se non avesse altra espressione artistica che la propria bellezza. Hanno un modo di muoversi lentissimo, come frammentato. Il busto diritto, la testa alta, gli occhi che guardano in lontananza... Pare che le forme abbiano qui un'importanza cruciale, credo che il senso estetico sia ancorato nella loro società molto più profondamente che da noi. Ogni istante della loro vita tende impercettibilmente verso un ideale di bellezza. I ragazzi del villaggio, per esempio, scelgono una o più amiche che danno loro consigli sulla pettinatura, sanno con precisione quali ricci e ondulazioni siano adatti alla chioma in questione e mettono una sorta di passione nell'ornarli di fiori o foglie. Gli uomini e le donne si aggiustano l'aspetto l'un l'altro chiacchierando sugli scalini dei* fale *(le baracche tipiche di questo luogo). I più eleganti si schiariscono i capelli con un decotto di calce e limone. L'operazione richiede parecchi giorni, poi se ne vanno a zonzo con la testa tutta bianca, come marchesi del* XVIII *secolo che avessero piantato sulle parrucche immensi fiori rossi... Le case e i giardini sono oggetto di cure gelose. La diserbatura mi pare la loro unica attività. Tengono i prati ben rasati e cosparsi di fiori. Per il resto non è che si diano granché da fare. Possono restare immobili per ore a guardare il mare. A che pensano?... Neppure un'ombra di aggressività. Una gentilezza mai importuna. Ma qualcosa di profondamente, di totalmente estraneo. Sono tuttavia cristiani e molto praticanti. I missionari di tutte le confessioni sono d'accordo nel dire che far accettare il cristianesimo è stato molto facile. I samoani aspettavano da gran tempo il nostro Dio, che passava per più potente e più generoso dei loro, a giudicare dalla ricchezza dei bianchi. Amano particolarmente la domenica, le chiese e i templi sono pieni come uova, le funzioni non finiscono mai: i fedeli non amano nulla più degli interminabili cantici che* *intonano nel loro abbigliamento più pieno di fronzoli... Tuttavia questa gente mi pare più differente da noi di tutti gli altri indigeni, anche quelli delle isole più feroci. Hanno qualcosa di assente che mi affascina e mi incuriosisce. Non sono certa di poter un giorno capirli... Mi colpiscono anche la lingua e l'inflessione delle voci. Un parlottio. Sussurrano, qualche volta faccio fatica a sentirli. Anche i bambini non gridano. Ridono. Corrono. Ma senza rumore. In questo senso l'atmosfera delle Samoa è estremamente diversa da quella di Tahiti. Al porto, quando le famiglie di Savaii e di Manono, isole vicine a Upolu, si incontrano, non si rivolgono la parola. Un silenzio che non impedisce la tensione né l'emozione. Ma anche in questo caso i gesti e le parole paiono trattenuti e ovattati. Un abbraccio, un mormorio, e popolazioni intere spariscono in una nube di umidità verso la boscaglia, il "*bush*" che sovrasta la città: Mr Moors, il* trader *americano che ci ospita, mi diceva che le dimostrazioni sono considerate una mancanza di educazione. L'etichetta ha qui un ruolo di cui i bianchi non capiscono nulla. Mi ci vorranno mesi, forse anni, prima di conoscerne le regole.*

Mesi? Anni? Si presume che il soggiorno alle Samoa duri soltanto fino a febbraio. Louis e Fanny hanno lasciato andare l'*Equator* e pensano di rientrare con il *Lübeck*, il piroscafo che collega San Francisco alle isole e a Sydney. In Australia li aspettano Belle e Austin, dei quali contano di garantire la sussistenza prima di rientrare definitivamente in Inghilterra.

*

Un uomo bianco dalla pelle abbronzata camminava sul fondo piatto rasente la barriera. Armato di fiocina osservava i buchi d'acqua fra le dita dei coralli. La cresta nera della muraglia svettava fuori dall'acqua, grappoli di piante vi seccavano al sole, tutta una fauna acquatica che esalava un odore nauseante di melma e di alghe. In lontananza massi di lava nera, chiudendo la spiaggia, si sollevavano alti e minacciosi, fino alle palme da cocco. Più avanti il bacino si appiattiva, si incavava sotto il sole come una coppa vuota. Una donna indigena avanzava a passi lenti sulla riva. Portava, bloccato sull'anca, un gran cesto. Sedette. Da più vicino si vedeva che era bianca anche lei. Nessun samoano si sarebbe ingannato. Aveva camminato con troppo slancio poco prima sulla sabbia, si era accovacciata troppo rapidamente sulla sabbia. Neppure la sua immobilità, neppure il suo silenzio somigliavano al fantasticare samoano.

Tuttavia una pace inabituale la pervadeva. Strinse le gambe e posò il mento sulle ginocchia, senza staccare lo sguardo dall'esile figura che rasentava i coralli... Meravigliata... Non ci si abituava... A trentanove anni, per la prima volta nella vita, Louis pescava, Louis nuotava, Louis andava a cavallo, aveva persino ballato, la sera di Natale... A maggio sarebbe rientrato a Londra. Che follia! Lei aveva la soluzione: il sole, il mare, un clima tropicale – soltanto queste cose si confacevano a Robert Louis Stevenson! Il caldo, non l'altitudine. L'oceano, non la montagna... Mai allontanarsi più di dieci gradi a nord o a sud dell'equatore... Lui pensava ora di installarsi a Madera, passare là l'inverno e risalire ogni estate verso l'Inghilterra... Correre un tale rischio soltanto per rivedere quel Colvin che si annoiava ai loro racconti di viaggio, quell'Henley che Louis aveva finito col perdonare, tutta la banda che in fondo, pensava lei, si preoccupava di lui come di un fico secco! "...Mentre qui... Qui..." pensava lei. "Perché non dovremmo restare qui?".

Percepiva a pochi metri dietro di sé, fra le palme che frangiavano la riva, la lenta attività di un villaggio samoano. Cinque o sei case, senza muri, senza tramezzi, con tetti ovali in foglie di pandano, sostenuti da una ventina di pilastri. Rialzato su un piedistallo di pietre nere, il *fale* (l'abitazione samoana) non era altro che un vasto spazio a forma d'ellisse, aperto a tutti i venti.

Fra i pilastri dipinti di blu cobalto, di rosso o di giallo acceso, stuoie arrotolate scendevano di notte, sovrapponendosi per proteggere dalle correnti d'aria e dalla pioggia. Dal pilastro centrale pendevano la zucca dell'acqua e le tazze intagliate nelle noci di cocco. Sulla ghiaietta che fungeva da pavimento stavano i mobili, casse di legno dove le donne chiudevano i *lava-lava*, i paramenti che dispiegati servivano a dividere l'ovale della casa in parecchie alcove e le stuoie intrecciate su cui i componenti della famiglia si coricavano per dormire... Cosa chiedere di più? pensava Fanny. La natura provvedeva ai bisogni di ognuno. Le donne cucivano abiti di scorza d'albero che intrecciavano e coloravano. Bastava chinarsi per raccogliere i frutti dell'albero del pane, le noci di cocco e le radici di taro. Il mare brulicava di pesci e acchiapparli era considerato il più divertente fra gli sport. Louis non se ne stancava mai, lui che non aveva mai saputo fare alcun lavoro manuale... I problemi che si pongono, pensava, sono le conseguenze sull'opera di Louis di una sistemazione permanente nei mari del Sud. Troverà difficoltà a scrivere qui? La sua produzione rischia di rallentare? Riuscirà a farsi pubblicare? Taglierà i ponti coi giornali e i critici? Perderà i lettori? In queste isole sperdute gli mancheranno i contatti intellettuali coi suoi pari?... E ammettendo che Louis abbia bisogno di pochissimi introiti per sopravvivere alle Samoa, riuscirà a guadagnarsi la vita?

Come faceva un tempo a Grez, quando tentava di scegliere fra Sam e Louis, di valutare pregi e difetti dell'uno e dell'altro, tracciò con l'indice una riga sulla sabbia. A sinistra i più, a destra i meno.

"Le Samoa hanno un vantaggio" riprese Fanny tre sé e sé, "un grande vantaggio sulle altre isole del Pacifico: la nave che collega l'Australia a San Francisco vi si ferma una volta al mese. La posta impiega soltanto trenta giorni per raggiungere l'Europa... Upolu è a non più di una settimana dalla Nuova Zelanda. E di là si può telegrafare a Londra in meno di un minuto... Ma l'opera di Louis? Ammettendo che possa avere una corrispondenza regolare con gli editori, correggere le bozze, pubblicare senza complicazioni... l'opera di Louis soffrirà di questo isolamento? No" insorse. "La produzione degli ultimi due anni è superiore a tutti i precedenti, l'ispirazione è più ricca... E l'energia con cui lavora! No, non c'è alcuna ragione di concludere che stabilirsi nei mari del Sud gli impedirà di produrre! Inoltre all'attività di scrittore potrebbe aggiungere quella di piantatore!".

Alle spalle sentiva frusciare la boscaglia. Inquietante, molteplice... diano a lei questa terra vergine, le diano questa giungla, questa foresta, queste cascate, questi uccelli, le diano questi grandi alberi, questi fiori, questo terreno fangoso, Fanny Vandegrift li trasformerà in oro... Plasmerà l'humus fino a trasformarlo in immensi campi di vaniglia, di tabacco e di cacao. Immaginava già una grande radura dove allineare le sue piante, sentiva rotolare fra le dita i chicchi neri che annusava a pieni polmoni.

Calava la sera. La marea risaliva. Le palme in riva parevano illuminate dalla luna, come se l'oceano fosse soltanto uno scenario sotto la luce dei proiettori. Abbagliata vedeva l'ombra di lunghe canoe che costeggiavano la riva. Le sagome dei rematori sparivano a momenti dietro le palme da cocco per riapparire fra due tronchi e proseguire in silenzio. L'acqua invadeva il bacino. Louis in controluce rientrava lento brandendo per lei l'enorme rampino carico di pesci. A destra sentiva gli abitanti del villaggio che avanzavano sul prato, un prato ben rasato che smorzava l'eco dei piedi nudi. L'odore del fumo, il mormorio delle donne salivano dall'area sotto le tettoie, che fungeva da cucina. Un gregge di maialetti neri trotterellava sul limitare della spiaggia; un cane bianco, famelico, vagabondava; qualche gallina razzolava qua e là. Tre voci intonarono un cantico. L'*Ave Maria* si levò nell'aria della sera. Agli ultimi raggi del sole le lampade a olio si accesero nelle case. Allora l'ombra raggiunse la dimora del capo e la lenta melopea della preghiera s'alzò sulla riva.

Era l'ora segreta in cui il silenzio dell'acqua si faceva più profondo. Louis sedette accanto a Fanny sulla spiaggia.

Sydney, 5 febbraio 1890

Cara zia Maggy – scriverà Belle un mese dopo.

Ero a letto, una mattina, nella cameretta della pensione familiare indicatami da Louis, quando sentii un clamore di battaglia al piano terra. La cameriera del piano comparve nella mia camera urlando: «Signora Strong: è il signor Strong!». Subito dopo è entrato Joe. Si è molto ammalato alle Samoa. Mamma l'ha mandato qui come avanguardia, affinché si curi la cirrosi e il soffio al cuore in Australia. Ma dopo la partenza di Joe mamma, molto preoccupata, ha mandato Lloyd a inseguirlo. Sono arrivati qui assieme.

*Lloyd è in piena forma e non la pianta di raccontare il loro viaggio a bordo dell'*Equator*... Ma la notizia, la grande notizia che lei, cara zia, ha già saputo col telegramma da Auckland, la grande notizia è che Louis ha comprato un terreno alle Samoa dove costruirà una casa gigantesca!*

Non le spedirò questa lettera prima d'aver visto mamma e Louis: vorrei dirle come stanno. Lloyd vuole aggiungere una parola.

Con tutta la mia tenerezza,
Belle

P.S.: *La proprietà delle Samoa è situata a cinque chilometri alle spalle della capitale e a duecento metri sul livello del mare. Si chiama Vailima, i Cinque Fiumi, a causa dei cinque corsi d'acqua che la attraversano. Sono circa centotrenta ettari.*

Baci, Lloyd

P.P.S.: *Il clima è idilliaco. Due navi al mese fanno la spola per la posta.*

Affettuosamente,
Lloyd

P.P.P.S.: *La terra è ricchissima, il paesaggio sontuoso, pieno d'alberi. Pochissime zanzare.*

Sinceramente,
Lloyd

P.P.P.P.S.: *Lloyd dice che si possono coltivare la vaniglia, il cacao e le arance, che dovrebbero fruttare molto denaro. Forse Lloyd allestirà una segheria su uno dei fiumi. Mamma, a quanto pare, parla di creare una distilleria e produrre profumi. Crede d'aver trovato l'albero ylang-ylang. A New York una goccia di estratto di ylang-ylang si vende a sette dollari. Louis sogna di creare ad Apia un club dove ci siano libri, carta, un biliardo e il tè.*

Con affetto
Belle

Unico dettaglio che Lloyd e Belle omettono nei loro post-scriptum: non c'è nulla su quella terra, nient'altro che un intrico di macchia, alberi, radici, liane. Vailima è giungla.

Finché non ho visto coi miei occhi quei tronchi, toccato quelle felci, quei fusti, quelle edere, sanguinato per le loro spine, avuto la pelle irritata per il loro veleno, non avevo valutato la portata del compito degli Stevenson.

I muscoli di cinque uomini, le braccia aperte di due giganti, non riuscirebbero ad abbracciare il più esile dei loro *banian*. E se per miracolo le asce o la dinamite riuscissero ad abbatterli, la terra furiosa si nutrirebbe dei loro resti per produrre nuovi rami, pieni di succo e linfa. Rampicanti, striscianti, rapide, flessuose, le piante di Vailima intrecciano fra terra e cielo una rete con la quale la natura strangola chiunque tenti di assoggettarla.

Malgrado le descrizioni e le numerose foto non avevo colto la demenza dell'impresa.

Louis pesava meno di cinquanta chili. Fanny stava per compiere cinquant'anni.

L'altra cosa che Lloyd non dice: nessuna strada collega la proprietà alla capitale; durante la stagione delle piogge i rari sentieri che scendono verso Apia si trasformano in torrenti di fango; piove da ottobre a maggio; i venti scoperchiano le case; i quattrocento bianchi, funzionari e trafficanti, riuniti dal destino sull'isola, preferiscono fomentare intrighi e miscelare cocktail piuttosto che costruire nei territori dell'interno; i trentacinquemila samoani disprezzano il lavoro manuale e in quei primi mesi dell'anno 1890 si uniscono in fazioni e si armano per una nuova guerra indigena. E infine: se i barili di polvere da sparo e le casse di champagne riempiono gli empori dei *traders*, è impossibile scovare in città una scatola di chiodi, una pala, una vanga o una cazzuola. Il colono che spera di insediarsi deve importare tutto da San Francisco o equipaggiarsi presso i commercianti più vicini, a tremilacinquecento chilometri di distanza, ad Auckland o a Sydney.

Sydney, febbraio-aprile 1890

L'ascensore atterrò mollemente nell'atrio lussuoso del più grande albergo di Sydney, la grata si aprì e lasciò passare un uomo:

«Per chi mi prendete?» urlò dirigendosi verso la reception. «Ho chiesto un appartamento al primo, vengo portato al quarto...».

Il portiere guardò sprezzante l'incredibile figura che si avvicinava. Il cappello di paglia che si sfilacciava. L'abito pareva avesse passato gli ultimi sei mesi stipato in un baule fra palline di canfora, a giudicare dall'odore...

«Ho chiesto tre camere grandi, ben arieggiate, e mi date uno sgabuzzino!... In più non avete fatto portar su le mie valigie!».

Spazzando l'aria con il braccio il viaggiatore le mostrò col dito. I presenti si voltarono nella direzione indicata. Carapaci di tartaruga, noci di cocco, migliaia di conchiglie si ammucchiavano in ceste legate da un traliccio di spaghi. Tamburi in reti da pesca, un machete, armi, maschere, bauli, casse – il prodotto di due anni di acquisti nei mari del Sud –, un mucchio atto a preoccupare il meno snob degli ascensoristi. Che razza di clienti... Su quel cumulo, che l'uomo era palesemente il solo a giudicare degno di un gentleman, vigilava la moglie. Più cosciente di lui dell'anomalia del loro bagaglio, ostentava un vago sorriso da sfinge nel quale l'ironia rivaleggiava con l'imbarazzo. In quel tempio della civiltà, su quell'assito lucido di cera, sotto i parati di velluto e i lampadari, *presi d'improvviso coscienza*, racconta Belle corsa ad accoglierli, *che loro due parevano bizzarri almeno quanto i loro bagagli!*

Il direttore gli fece capire che erano indesiderabili e consigliò un albergo meno elegante. Si sarebbe presto pentito dello sgarbo.

Il giorno dopo l'arrivo, il nome di Robert Louis Stevenson era in prima pagina su tutti i giornali. Se aveva creduto di essere celebre a New York e a San Francisco, a Sydney il suo successo superava tutte le attese. I suoi libri – l'intera opera – erano esposti nelle vetrine di tutte le librerie. Foto, articoli, editoriali, interviste, il pubblico australiano scopriva il corpo e i progetti di Stevenson. Trascorreva qualche giorno in Australia prima di ripartire per l'Europa, dove avrebbe passato l'estate. Soltanto l'estate...

* * *

«Ma mia madre contava proprio di tornare alle Samoa dopo il viaggio in Inghilterra!» bisbigliò Belle mentre dietro il tramezzo cresceva uno spaventoso accesso di tosse... «Mr Stevenson ha numerose faccende da sistemare in patria. Deve incontrare l'editore a Londra. Mettere in affitto la casa di Bournemouth... La madre vive ancora a Edimburgo e...».

«Le condizioni del paziente non permettono rinvii, Mrs Strong! Deve partire con la prima nave per le Samoa, perché questo è...».

«I *docks* sono chiusi, dottore. Nessuna nave leva l'àncora. C'è uno sciopero... Il mio patrigno deve restare qui almeno fino alla fine dello sciopero!».

«In tal caso...».

Il dottor Ross abbozzò un gesto che lasciava presagire il peggio.

Chiudendosi alle spalle la porta della stanza del malato, Fanny sollevò il viso verso il medico. Pareva più pallida, più grigia sotto l'abbronzatura. Le labbra, che il tempo non aveva segnato, parevano aver ceduto di colpo. Aveva compiuto cinquant'anni. Le occhiaie, le rughe del collo, i calli e le lentiggini sulle piccole mani, tutto diceva con chiarezza che quella donna era logorata dalla vita. Gli occhi che Belle non aveva più visto piangere dopo la morte di Hervey, lo sguardo, parevano d'improvviso andare alla deriva. La frase, le parole che formulava nella sua testa da quindici anni, uscirono come un grido:

«Mio marito morirà?».

«Se non lo portate rapidamente via da Sydney, non rispondo di nulla...».

Appena Louis aveva posato il piede sul molo freddo, umido in quell'inverno australiano, era accaduto l'inevitabile. Si era buscato un raffreddore che degenerava in emorragia polmonare. Tremava di febbre in una camera dell'Union Club, sputava sangue. Fuori la pioggia tamburellava sui vetri.

«...Riporti suo marito ai Tropici... Lo sistemi su un'isola qualunque. E restateci! Quanto ai soggiorni in Inghilterra di cui mi parlava sua figlia, sono fuori discussione, madame... Né ora né mai! Mi ha capito? Il vostro *fale* alle Samoa non sarà una seconda casa... Siete condannati all'esilio... Il messaggio è chiaro, abbiamo la prova: non dovete più lasciare il Pacifico».

* * *

Sulle banchine deserte del porto di Sydney vagava una donna. Le mani nelle tasche del cappotto inzuppato, senza cappello, senza guanti, andava da un pontile all'altro, cercava fra le casse ammucchiate, perlustrava i capannoni, si arrampicava sulle passerelle, misurava a grandi passi i ponti deserti di tutte le navi. Nessuno. I rari marinai che vagavano sui *docks* la mandavano in cerca del loro capitano al Pappagallo azzurro o allo Sdentato, le taverne dove tutti consumavano la paga in attesa che si risolvessero i conflitti fra armatori e portuali.

Il freddo e la pioggia le pungevano il viso. Aveva perso l'abitudine. La paura. Aveva creduto di dimenticare tutto di quella paura... L'incubo risorgeva, più intenso che mai. "Mio Dio, fa' che io scompaia prima di lui... Che non mi lasci sola... Senza di lui non esisto...". L'ultima volta – era stata a Tahiti nell'ottobre 1888. Il clima di Papeete aveva giovato a Louis quanto le piogge di Sydney... Per colmo d'ironia: in Scozia d'estate la temperatura delle due città sarebbe sembrata clemente.

Non sentiva il bruciore del sale che le inaridiva le labbra, né l'odore di copra che persisteva, oleoso, sui *docks*. Non sentiva il grido lamentoso dei gabbiani; né il ticchettio delle drizze che sbattevano sui pali. Era ossessionata da una sola immagine: Louis che ripiomba a letto, stravolto, sfinito, dopo un accesso di tosse. Come a Oakland, Edimburgo, Davos, Marsiglia,

Hyères, Bournemouth. Nonostante le raffiche di vento che le spezzavano il respiro, vedeva soltanto quel viso troppo magro dove neppure i grandi occhi le rispondevano più, quei grandi occhi pieni di energia, di vita, che parevano spegnersi. Le palpebre ricadevano, tanto pallide, tanto sottili che mostravano i globi morti. Morte? "Se morisse... Se mi abbandonasse...". Quest'idea la ossessionava da quindici giorni, non la reggeva più. La riscoperta della sofferenza le dava le vertigini "Ebbene, muoia! Tre giorni basterebbero... Che resti ancora tre giorni a Sydney e muoia! Almeno la finiremo! Io mi getterò in mare". Non era la prima volta che si figurava l'onda verde e viscida che l'avrebbe portata via. Immaginava il proprio corpo nudo, rigido e grondante, che qualcuno avrebbe steso su una banchina. Visualizzava le centinaia d'alberi di navi che avrebbero danzato come scheletri di pesci smembrati. L'avrebbero portata via per seppellirla accanto a Louis. Le loro spalle si sarebbero toccate, i fianchi e le gambe saldati in uno stesso blocco di pietra... Sì, che Louis resti qui e la si faccia finita! Soltanto la prospettiva della propria morte riusciva ormai a esserle di sollievo... Da due anni vagabondavano nel Pacifico per arrivare a quel punto. La fine in una camera d'albergo nel cuore della prima città civile che raggiungevano. Due anni per quel risultato! A momenti tuttavia ricominciava a sperare... Anche a Tahiti avevano dato Louis per spacciato! Anche a Tahiti avevano ordinato che riprendesse il mare... Ma, come a Sydney, impossibile salpare. Quella volta il *Casco* aveva bisogno di riparazioni. Impossibile salpare, come qui. Lacrime di impotenza le scorrevano sul viso, lacrime o pioggia?... A Tahiti aveva deciso di portarlo dall'altra parte dell'isola, a Tautira, un piccolo villaggio di cui tutti vantavano la bellezza e la purezza dell'aria... Dicevano che là non pioveva, che era caldo... Ma in Australia dove portare Louis? Anche a Tahiti era stato necessario andare lontano, in capo al mondo, per fuggire l'umidità. Sessantacinque chilometri fra Papeete e Tautira, sessantacinque chilometri nella foresta. Unico mezzo di trasporto il carro e i due cavalli posseduti da un cinese da qualche parte sulla costa. A memoria d'uomo il felice proprietario di tale rarità non aveva mai voluto venderla o noleggiarla e neppure noleggiarsi assieme al suo tiro a due. Un mattino al levar del sole, Fanny era partita a piedi da Papeete. A mezzogiorno era di ritorno. In vettura. Non ricordava più quali argomenti avesse usato per convincere il cinese. Lui non parlava inglese. Lei non parlava francese. Ma l'aveva ottenuta, quella carretta... A guardare indietro, quel successo le pareva facile. Almeno aveva trovato qualcuno con cui parlare! A Sydney, nessuno. Quel porto pieno di navi era un porto fantasma.

Non ho la più pallida idea di come mia madre abbia scovato la Janet Nicholl – racconta Belle nell'autobiografia. *Era una piccola imbarcazione mercantile in partenza per le Sporadi Equatoriali. Tutti i marinai erano canachi neri originari delle isole Salomone; poiché nell'equipaggio non c'era alcun bianco lo sciopero non la toccava. Ero presente quando uno degli armatori, Mr Henderson, venne alla pensione a trovare mia madre. Lei preparava i bagagli perché aveva sentito dire che la* Janet *salpava l'indomani. Serio, rigido, il visitatore prese una sedia e, mentre lei continuava a chiudere le valigie, disse che era fuori discussione che la sua imbarcazione potesse prendere passeggeri.*

Continuò spiegando dettagliatamente la scomodità d'un tale viaggio per un malato. Inoltre non c'era alcuna cabina disponibile per una donna. Tacque. Mia madre, senza smettere d'andare e venire per la camera, di piegare, pigiare, ordinare, osservò che sarebbero partiti in tre, il marito, il figlio e lei.

Mr Henderson insistette a dire che non poteva assolutamente prendere passeggeri a bordo. Mia madre mi mandò a fare una commissione e lasciai la camera, passai da Lloyd, che aspettava con angoscia, per dirgli che non c'era più alcuna speranza di partire. Quando tornai rimasi di stucco nel sentire Mr Henderson che dava istruzioni a mia madre sul modo di trovare la Janet *nel porto. A causa dello sciopero l'imbarcazione era ormeggiata all'uscita dei* docks. *La avvertì di essere puntuale all'imbarco e la mise in guardia contro il sia pur minimo ritardo.*

Il giorno dopo faceva freddo, pioveva, quando ci calammo in una grande barca che beccheggiava terribilmente. Un triste gruppo di passeggeri. Louis era sdraiato su una barella, avvolto in una coperta. La moglie si teneva al suo fianco, silenziosa, per vegliare sulla sua comodità. Io, Lloyd e Joe ci afferrammo tristemente al nostro sedile, troppo depressi per parlare.

La Janet Nicholl *era dipinta di nero, incarnazione precisa di una vecchia bagnarola rovinata, a fior d'acqua (...). Aveva alti parapetti e fu difficile tirare su Louis con la barella e portarlo giù in cabina.*

(...) Quando lasciammo la Janet Nicholl, *io e Joe avevamo il cuore gonfio. Louis era tanto malato che pensavamo non l'avremmo mai rivisto. Era terribile pensare che partiva così, su quella barca vetusta, con un equipaggio di ubriachi, di marinai neri e selvaggi. Non mi piaceva neppure l'idea che mia madre fosse la sola donna a bordo, senza neppure Ah Fu a vegliare su di lei (era partito per il suo periplo della Cina).*

Presto ricevemmo una lettera da Auckland, dove la goletta aveva fatto scalo. Con nostra grande sorpresa venimmo a sapere che i viaggiatori si divertivano come matti. Nel momento in cui erano arrivati ai Tropici, Louis aveva recuperato... Contavano di restare sulla Janet Nicholl *per cinque mesi, fermarsi in tutte le isole, andare a trovare il loro amico Tembinok', raccogliere materiali che sarebbero serviti per il prossimo libro.*

*

Nel mese di agosto si ritrovano tutti a Sydney... e Louis si ammalerà nuovamente! Stavolta i giochi son fatti. Il nomade che un tempo si vantava d'aver dormito almeno una notte in duecentotrentuno città d'Europa, il vagabondo che supplicava la madre di accettarlo come tale, il sognatore che a venticinque anni scriveva a Fanny Sitwell, suo primo amore: *Un funzionario della Nuova Zelanda è venuto a cena a Heriot Row, stasera. Ci ha parlato delle isole dei mari del Sud tanto che mi sono ammalato di desiderio d'andarle a visitare. Luoghi superbi, sempre verdi, clima ideale, uomini e donne fatti in modo meraviglioso, con fiori rossi nei capelli (...). Quel posto si chiama: arcipelago dei Navigatori...*

...quell'uomo poggia lo zaino e getta l'àncora.

La casa, le terre... scherzerà solo a metà chiamandoli: ritorno al feudo degli antenati, rinascita del clan Stevenson, *Impero.*

Gli Stevenson si fermano soltanto il tempo necessario ad approvvigionarsi di piante e sementi, utensili, pollame: tornano alle Samoa. Insieme. Soli. Per un'impresa per la quale non sarebbero bastati venti uomini.

Fanny delega il figlio: Lloyd parte per Bournemouth col compito di vendere la proprietà, quella casa e quel giardino dove lei aveva creduto di trovare la tranquillità. Scorterà nel Pacifico i mobili del salotto blu e tutti i ninnoli della villa borghese. Porterà con sé zia Maggy, che spera di trascorrere una vecchiaia felice, una fine serena e sradicata accanto all'unico figlio. Quanto a Belle e Joe, che continuano a vivere a Sydney grazie alla rendita che concede loro il patrigno, s'ingannano se sperano di sottrarsi alla vita di famiglia che Fanny ha in mente.

Si fa conto su di loro per il mese di maggio, quando la casa sarà costruita, quando Fanny e Louis avranno lavorato per sei mesi a tagliare, falciare, scavare. *La mia vita* – commenta Robert Louis Stevenson nel settembre 1890 – *promette d'esser fatta in futuro di molte piogge, molti diserbamenti, poche lettere e diabolicamente poco cibo!* A meno che ancora una volta non ci pensi Fanny. Si rimbocca le maniche, si calca il cappello sulla testa e si mette al lavoro. *Finché le mie galline non saranno rinchiuse sarò costretta a cacciare le frittate nella savana.* Comincia quindi con la costruzione di un pollaio. Poi farà il porcile, il trogolo, la stalla... Pianterà sessanta picchetti, stenderà ottocento metri di recinzione, da sola libererà dalla sterpaglia due ettari di terra e sarchierà un orto dove un giorno spunteranno lattughe, pomodori, carciofi, cavolfiori, zucchine, piselli, cipolle, ravanelli e persino asparagi. Ma al principio è carestia. *La nostra cena di ieri si è limitata a un avocado che io e mia moglie abbiamo diviso.* Non hanno mezzi di trasporto per scendere ad Apia né il tempo di fare provviste. Fanny tenta di addestrare una decina di operai samoani, che conoscono in egual modo orticoltura e falegnameria: non ne sanno nulla. *Fanny mostrava a Lafaele come continuare la staccionata che aveva cominciato* – scrive Stevenson a Baxter. *Pareva molto probabile che Lafaele la decapitasse con l'ascia e le schiacciasse le dita col martello. Ma era così pieno di buona volontà che lei l'ha lasciato fare. Risultato: tutta la staccionata è crollata. Fanny, che avrebbe dovuto riposare, l'ha ricostruita da sola, da cima a fondo. Poi Lafaele doveva costruire una mangiatoia: ha costruito una scala che stanotte servirà ai maiali che vogliono fuggire. Poi lei ha preparato la cena. Poi come un'idiota ha tenuto a servirmela di persona. Poi è scoppiata in lacrime.*

Due viaggiatori, un pittore e uno storico, ricchi turisti americani che navigano nel Pacifico per svago e cura, come un tempo Louis sul *Casco*, così descriveranno lo scenario delle imprese degli Stevenson al comune amico Henry James:

Vailima: una radura a malapena liberata dalle sterpaglie, costellata di ceppi bruciati. Un capanno dal tetto di lamiera affiancato da una scala esterna per accedere al piano... Una topaia irlandese, tanto sporca che al confronto una casa indigena sembra un palazzo... Un uomo tanto magro, tanto emaciato, che

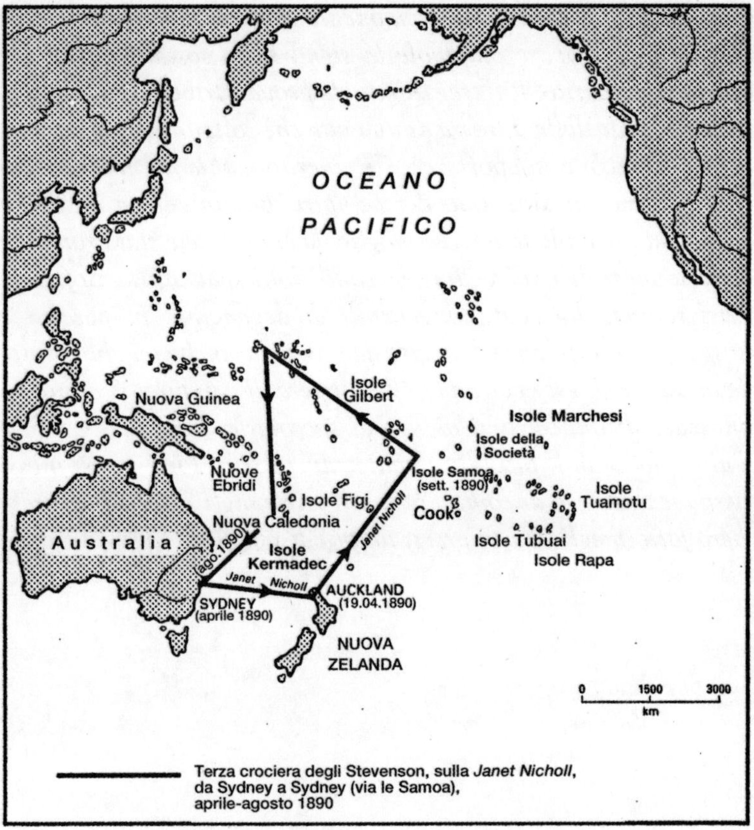

lo diresti un mucchio d'ossa in un sacco. Sempre in movimento, con occhi ardenti che brillano di una sorta d'intelligenza morbosa. Si agita in un pigiama a righe disgustoso, una gamba di pantalone rozzamente infilata in una calza di lana ocra, l'altra in una calza di un porpora quasi marrone... Una donna conciata con una casacca da missionario non più pulita del pantalone e delle calze del marito, ma lei ha dimenticato di mettersi le calze. Capelli, occhi, carnagione scuri quanto quelli di una squaw apache o di una meticcia messicana. Benché sia assolutamente impossibile scordarsi della loro sporcizia e della loro miseria, ho trovato R.L. Stevenson estremamente divertente... Siamo giunti al punto di trovare piacevole la signora. In sostanza lei è più umana del marito. Lui trae diletto da prove e triboli, gusta la scomodità, gode della durezza di una vita che soltanto un'anima selvatica potrebbe sopportare... In merito abbiamo una teoria: Stevenson è un aitu, *uno dei vampiri che abitano la boscaglia samoana... Uccide la povera moglie, la cui salute è stata rovinata da due anni di navigazione in condizioni spaventose. Soffre di crisi reumatiche acute suscettibili di degenerare in paralisi e sospetto sia sofferente di dispepsia... Benché anche lei abbia tutte le qualità richieste per una bella carriera di vampiro, si dimostra incapace di impedire al marito di succhiarle il sangue. L'uno e l'altra lavorano più duramente di tutti i loro boys messi assieme... Invece di comprare tanto terreno gli Stevenson avrebbero fatto meglio a comprarsi un po' di sapone!*

IX
La follia Stevenson: villa Vailima

Fanny V. de G. Stevenson
La strana donna
Nome indigeno: Tamaitai

Se non andrete d'accordo con lei
sarà un peccato per voi e
per il piacere della vostra visita.
È lei che conduce le danze (...)
Un'amica violenta, una nemica temibile (...)
È sempre odiata o servilmente adorata;
indifferenza impossibile.
Gli indigeni la credono stregata
e pensano che gli spiriti le obbediscano.
Ha visioni e sogni premonitori.
Robert Louis Stevenson

Samoa, Vailima I, settembre 1890 – maggio 1891

«Attaccare la foresta vergine, domare una natura ribelle, addomesticarla... È roba per lei, Mrs Stevenson» concesse il *trader* Henry J. Moors, salito in visita a Vailima. «Ma...».

«Ma cosa?» interruppe seccamente Fanny.

In quel tardo pomeriggio la misteriosa montagna coperta di boscaglia a sinistra del capanno, il monte Vaea, risuonava di grida acute come quelle di bambini che fanno ricreazione in cortile. Il pigolio degli uccelli pareva stranamente umano in cima ai grandi alberi che Fanny aveva risparmiato nel cuore della radura.

«Ma...».

Moors sorrise con una punta di condiscendenza. Lei non si

aspettava la visita e l'aveva ricevuto a piedi nudi, secondo il suo solito, vestita dell'eterno *holoku* blu, sudicio di sudore e di fango. Lasciando a malincuore il coltello da diserbatura, aveva guidato Moors per la scala esterna fino al primo piano del capanno, nella stanza che usava come salotto. Il pianoterra era tutto occupato dalle famiglie dei boys e dall'attrezzatura da lavoro. "Com'è possibile che una donna bianca viva in un tale disordine?" si chiese il trafficante. Dalla porta di fondo scorgeva la camera di lei. "E quella" pensò, "sarebbe la camera di una signora?". La stanza aveva un aspetto straordinario. Fra gli abiti appesi a un grande attaccapanni pendevano briglie, cavezze, cinghie. In primo piano, su un baule che le serviva da toeletta, fra spazzolino da denti, pettine e accessori vari, s'ammucchiavano attrezzi: martello, cesoie, pinze, scalpelli... Sul muro tappezzato di *tapa*, fra finimenti e collane di denti di squalo, erano appesi un secchio, una lancia intagliata, una lampada a petrolio. Il letto da campo aveva un'aria sperduta fra due casse di munizioni.

«Quando Lafaele perde due volte di seguito la stessa cosa» si sentì obbligata a spiegare, «ordino che quella cosa venga portata su da me. È il solo modo per riacciuffarla...».

Si alzò per chiudere la porta.

«...Prima che lei arrivasse l'ho sorpreso che stava per accendere il fuoco con l'alcol per i fornelli a spirito, gliel'ho proibito già mille volte. "Porta quell'alcol su in camera!" ho ordinato, come faccio di solito. Ma...».

Fanny indicò il bidone su cui Moors si era seduto.

«...Ma nella mia camera accetto tutto tranne l'alcol da fuoco». Sorrise, divertita. «Speriamo che l'ardore dei miei invitati non lo faccia esplodere».

Moors non parve gradire lo scherzo.

Possente, villoso, quattordici anni più giovane della padrona di casa, l'americano era proprietario di una delle organizzazioni commerciali più importanti delle Samoa. Oltre un emporio in città, erano suoi il Tivoli Hotel, un palmeto e alcune barche da cabotaggio. Trafficava la copra da indipendente. Le nozze con un'indigena l'avevano messo al bando dalla società bianca. Il che non gli impediva di esservi ricevuto, ma senza moglie. Fanny preferiva di gran lunga le riunioni da Moors ai tè danzanti dai consoli. Il matrimonio e gli affari legavano strettamente Moors agli interessi dei samoani. Intelligente, ambizioso, con una reale conoscenza dei popoli della Polinesia, amava avere un ruolo nelle vicende politiche e aveva una sete di potere illimitata. Si era premurato di prendere sotto la propria ala protettrice l'illustrissimo suocero del vecchio amico Joe Strong. Moors aveva trovato Vailima per Robert Louis Stevenson e aveva negoziato la transazione. E ancora Moors si era assunto il compito di far disboscare i primi cinque ettari e far costruire quel primo capanno – il tugurio descritto dagli amici di Henry James – che avrebbe ospitato gli Stevenson per il periodo necessario alla costruzione della villa.

«...Ma» riprese lui posando il cappello sul tavolo, per l'occasione coperto da uno scialle rosa della padrona di casa, «far crescere il caffè richiede tempo, Mrs Stevenson... Non sono sufficienti, al contrario di quel che lei pare credere, né uno, né due e neppure tre anni... Ci vogliono come minimo cinque anni prima che gli alberi diano frutti... E in questi cinque anni quanti uragani le sradicheranno le piante, quanto fango le sommergerà durante la stagione delle piogge, quante erbacce, radici e felci le soffocheranno... E stia attenta alla *tuitui*, una pianta velenosa che avvelenerà tutte le colture...».

«La conosco» disse lei tetra, mostrandogli le mani rosse e gonfie. Moors diede appena un'occhiata e continuò:

«...La *tuitui* devasterà le piante di caffè proprio quando lei le crederà sul punto di fiorire... Qui si piantano circa seicento esemplari ad acro... Quali samoani faranno questa fatica? Loro non coltivano la terra... La parola lavoro non ha alcun significato, qui. Se conta di allettarli con la paga sappia che per loro i salari sono nient'altro che spiccioli per le piccole spese. Non ne hanno bisogno per vivere ma li "prenderanno in prestito" con tante belle promesse... La nozione di furto qui è molto meno chiara che da noi. Naturalmente lei potrà, come i tedeschi, impiegare quelli che chiamiamo *black boys*... Li ha sicuramente notati, camminano a testa bassa sui sentieri che portano ad Apia; non li si può confondere con i samoani! Piccoli, magri, neri come il diavolo, sono stati portati dalle isole Salomone su quelle imbarcazioni che vengono chiamate *black birders*... Io stesso ne ho fatto commercio per le piantagioni delle Hawaii e le auguro molta fortuna con loro! Sono stupidi e capiscono soltanto le bastonate. Prepari la frusta e li ammassi qua sotto... I samoani ne disprezzano la bruttezza e ne temono le usanze... A ragione: i *black boys* delle piantagioni tedesche sono cannibali! Si mangiano fra loro. Eh sì... Se sceglie questo sistema, taglia i ponti col resto della popolazione indigena dell'isola. A proposito, ho scoperto un particolare che ignoravo, su Vailima... I suoi boschi e quel monte, il monte Vaea, servono da nascondiglio a tutti i *black boys* che evadono dalle piantagioni... Ha sentito strani rumori durante la notte? Temo che gli *aitu* non siano i soli a disturbare il suo sonno...».

«Perché» chiese lei con freddezza, «viene a dirmi tutte queste cose, Moors? Che vuole che faccia? I bagagli?».

«Per l'appunto, Mrs Stevenson. Suo marito è ancora a Sydney. Lei qui è sola. Comincia la stagione delle piogge. Non è prudente. Sono venuto a offrirle ospitalità».

«È molto gentile da parte sua... Ma chi porterà avanti i lavori se scenderò in città? Lei sa perché mio marito è ripartito per l'Australia? Per accogliere la madre. La porterà qui con la prossima nave. Al suo arrivo tutto dev'essere ultimato. Ho meno di un mese».

Dalla finestra del capanno Fanny lanciò un'occhiata desolata sul cantiere. Un'enorme nube di vapore nero, che minacciava di esplodere, avvolgeva lo scheletro di villa Vailima, un gran cubo di legno fiancheggiato per tutta la lunghezza da due verande, al pianoterra come al primo piano. Il vento faceva vibrare i pilastri, sollevava le tavole sconnesse della scalinata esterna, sballottava la lamiera del tetto. Nove stanze in tutto, più una lavanderia e parecchi bagni. Duecento metri quadrati, a pianoterra. Era previsto un atrio rivestito di sequoia della California, con un superbo assito, ci sarebbe stato posto per cento ballerini e un pianoforte.

Erano stati necessari una ventina di preventivi e centinaia di disegni – quelli di un architetto di Sydney, di Moors, di Fanny – prima di mettersi d'accordo sul progetto definitivo. «Ho bisogno di posto...» aveva spiegato Louis. «Quel che amo, qui, è lo spazio. Non importa se non ci sarà nient'altro nella casa, avrò il mio salotto largo dieci metri!... Dal mio letto vedrò il mare e la cima di quella montagna...». L'ala sinistra della villa poggiava quasi sul fianco del monte Vaea.

Folti e misteriosi i boschi si inerpicavano come un muro ripido, tanto vicini alle finestre che si potevano scorgere i rivoli di fango fra gli alberi.

Moors aveva seguito lo sguardo di lei.

«Per l'appunto» ricominciò, «proprio di questo voglio parlarle... Voi avete manie di grandezza! Nessuno ha mai costruito una casa del genere sulle isole! Avete pensato a quanto vi costerà nell'insieme la proprietà? Louis mi deve già settemila dollari...».

«Glieli restituirà, Mr Moors...».

Moors non batté ciglio.

«Quante migliaia di copie dovrà vendere per rimborsarmi, signora?».

«Da qui a cinque anni, come diceva lei stesso, da qui a cinque anni il mio caffè sarà cresciuto... Penso di coltivare anche il cacao... Vailima provvederà ai propri bisogni e libererà mio marito dai problemi finanziari. Non avrà più bisogno di scrivere per mantenerci... Non vivremo dei suoi diritti d'autore, Mr Moors, ma di quel che frutterà la mia piantagione».

Il trafficante sogghignò:

«L'utopista della famiglia non è suo marito...».

«Io mi sarei accontentata di un *fale*. Ma Louis no. Louis sogna un palazzo... Lei sa quanto me, Moors, quanto lui ami ricevere... Vuole che l'ospitalità di Vailima sia sontuosa... Che se ne parli fino alle isole Figi, fino alle Tonga... Fino a Londra!».

«Ma questo caminetto che vi ostinate a costruire è un'idea... L'ha pensato lei, vero? Non esiste un solo caminetto in tutta la Polinesia! Dovrà importare ogni mattone da San Francisco, a prezzi assurdi... E da Apia portarli fin quassù... Con la sabbia e il cemento! Come farete? Alberi enormi tagliano il vostro sentiero in continuazione... Si sguazza nel fango; a cavallo non si passa, bisogna smontare... Quanto le costerà il caminetto? Più di mille dollari! Se non è un capriccio questo! Una mattana completamente inutile!».

«Inutile, Moors?» esplose Fanny. «Lei dimentica che Stevenson è un uomo malato... La diserbatura di questi ultimi mesi, che l'ha tanto divertito, è il primo lavoro fisico che abbia mai potuto fare... Quando si vantava con lei della felicità di arrivare pieno di fango alla fine della giornata, tutto appiccicoso di sudore e di pioggia, della felicità di cambiarsi, di fare la doccia sotto la cascata, di sedersi di fronte all'immensità, era l'ebbrezza di un uomo che fino all'età di quarant'anni ha vissuto come un verme in un biscotto! Produce senza posa e ama tanto la vita e il lavoro perché sa che in qualunque momento la fiamma può spegnersi... E ora guardi il tempo, Mr Moors. Guardi!».

La nube aveva finito per esplodere. Torrenti d'acqua gocciolavano dalle finestre. Il capanno oscillava e cigolava. Ogni raffica lo faceva vacillare. Un diluvio martellava il tetto con una ostinazione talmente regolare da far impazzire.

«Diceva che è soltanto il principio della stagione delle piogge... Sente questa stanza? Tutto è già umido e viscido. La muffa invade i muri. Di notte invade anche le scarpe... E lei ha la faccia tosta di dire che un caminetto non sarebbe utile? Senza fuoco come asciugherei la roba di Louis? Come potrei lottare contro l'umidità delle lenzuola? Lei sembra ignorare, Moors, che un raffreddore può ucciderlo... quanto al costo di questa mattana, lei non si deve preoccupare di nulla».

Moors, esasperato, si alzò e prese il cappello.

«...Credevo che lei avesse i piedi per terra...» ringhiò. «La credevo lo spirito pratico della famiglia. Vedo che invece condivide la follia di Stevenson...».

Nel diluvio scese la scala a balzi borbottando fra i denti:

«...Se le si toglie fascino e talento... In fondo questa donna è soltanto una contadina».

"Contadina". In piedi sotto la pioggia Fanny seguì con sguardo omicida il trafficante che slegava il cavallo... Louis aveva fatto confidenze a quell'imbroglione di Moors?... "Contadina", quella parola che il trafficante non aveva destinato alle orecchie di Mrs Stevenson l'aveva sferzata, ferendola fino al cuore. "Contadina" era proprio la grande teoria di Louis, il discorso che le aveva fatto prima di partire per Sydney. Aveva sostenuto di aver fatto una nuova scoperta sulla moglie: lei aveva *l'anima di una contadina*. Non perché amasse lavorare la terra, ma perché la inebriava il possesso... Se Fanny fosse stata l'artista che da vent'anni credeva di essere, il possesso della terra non l'avrebbe gettata in quell'estasi visibile quando disboscava; e quest'analisi non l'avrebbe fatta infuriare oltre ogni dire. Lui assicurava d'altronde d'avere il massimo rispetto per i contadini e grande ammirazione per quel mondo misterioso... Tanto più che secondo lui nessuno aveva diritto di definirsi artista, a meno che con l'arte non provvedesse ai bisogni della famiglia.

I paradossi di Louis gettavano il turbamento e il dubbio nel cuore di Fanny. Credeva che lei avesse lo spirito a tal punto sprofondato nella materia, così stupido da non capire che la disprezzava?... Proprio così, la disprezzava, come l'aveva disprezzata Henley! Come osava mettere assieme i vecchi pezzi della sua dottrina dell'arte per l'arte con questa nuova filosofia dell'artista la cui sola giustificazione sarebbe provvedere al quotidiano? Le teorie gli servivano soltanto a legittimare i suoi voltafaccia e le sue contraddizioni. Una sola costante: la sete di potere. Quanto alla buona coscienza, la difendeva scaricandola sulle spalle della moglie. Evidentemente a lui le spiritosaggini non costavano nulla! Godeva a scoprire le sue nuove forze... L'avrebbe aiutato... Non era quello che si aspettava da lei?... Se credeva di non aver più bisogno dei suoi servigi, gli avrebbe dimostrato il contrario! Senza di lei, senza la contadina, i castelli in aria del poeta sarebbero crollati come un mucchio di cenere... Senza di lei l'artista cessava di esistere! Sì, la contadina gliel'avrebbe dimostrato.

Robert Louis Stevenson ha mai preso coscienza che, attirando di continuo l'attenzione di Fanny sui tratti della sua personalità che non concordavano con l'immagine che lei aveva di se stessa, apriva una pericolosa breccia all'angoscia? Che quel costante essere rimessa in discussione la lasciava svuotata, palpitante, incerta della propria identità? Che erano i fallimenti alla School of Design e all'Accademia Julian che l'avevano portata a sublimare le aspirazioni creative in quell'amore folle?

Altri non si lasceranno trarre in inganno.

Dopo la morte di Fanny i figli si accaniranno a depennare dal suo diario tutte le allusioni all'orgoglio ferito, tutti i segni di tensioni col loro patrigno. Con grandi tratti d'inchiostro cancelleranno le frasi che forse tradivano la disperazione della madre. Belle e Lloyd avevano riconosciuto in quei frammenti di dubbio e in quei brandelli d'angoscia i primi indizi della tragedia che li travolgerà tutti?

* * *

Sdraiata al buio sotto la zanzariera, ascoltava la tempesta con gli occhi fissi al tetto che stava per cedere e aprirsi su di lei. La lamiera avrebbe lasciato passare un torrente d'acqua. Quel rumore continuo di ghiaia che esplodeva contro il vetro la faceva impazzire... Il barometro si era abbassato d'improvviso, in serata. Erano i prodromi di un uragano, lo sapeva... Perché preoccuparsi? Lafaele, l'ercole indigeno che l'aiutava nei lavori campestri, dormiva al pianoterra con la moglie... A meno che la donna non fosse corsa ad Apia al primo acquazzone, per battere laggiù il marciapiede, lasciandolo solo, avvolto nella stuoia e scosso dai singhiozzi... Lafaele esasperava Fanny. Non più tardi del giorno prima l'aveva mandato in città a prendere le sementi che aveva ordinato a Sydney. Tutti gli alberi del frutteto, i fiori esotici da cui pensava di distillare i profumi, anche l'erba da bisonti che aspettava con impazienza per piantarla nel recinto dei cavalli. Era l'erba con cui pensava di sfamare il bestiame.

«Roba preziosissima, Lafaele. Bisogna fare bene attenzione. Stare attento alle piccole etichette. Senza le piccole etichette non posso far nulla con quelle sementi...». Lafaele era stato più che scrupoloso. Di ritorno a Vailima le aveva teso fieramente il tesoro, un pacchetto avvolto con precauzione in una foglia di banano. Aprendolo, Fanny aveva scoperto tutte le etichette, alla rinfusa... Che dire? Di che rimproverarlo? Fra il gigante e la minuscola Tamaitai, "signora" in samoano, era nato una sorta d'affetto... Da quando Louis era partito la chiamava «Mama»... Una dipendenza che non la rassicurava: lei temeva che fra i due il più impaurito fosse lui. Nel pieno della bufera una raffica fece vacillare il capanno. Fanny lo sentì oscillare fino a terra. Gli alberi fuori si schiantavano con scricchiolii di denti strappati. Non vedeva nulla ma sentiva che la stanza era nel caos. A tentoni cercò i fiammiferi: trovò la scatola su un baule. Strizzò gli occhi e sollevò il braccio fino al barometro sulla testata del letto. Il mercurio era basso, incredibilmente basso, più basso di quanto avevano raccontato i marinai ai tempi del ciclone che aveva distrutto le sei navi nella rada di Apia e affogato gli equipaggi. «Sarà terrificante» disse fra sé... La pioggia che continuava ad abbattersi sul tetto le pareva i resti di un'onda enorme che si fosse infranta sulla barriera corallina e risalisse ribollendo verso Vailima. Il fiammifero si spense, rituffandola nel buio. Aveva tuttavia avuto il tempo di vedere che l'attaccapanni con tutte le briglie, le cavezze e gli abiti era stato rovesciato dall'ultimo colpo di vento. La spazzola per i capelli e gli oggetti da toeletta giacevano a terra fra gli attrezzi. Valutò la violenza delle scosse subite dal capanno. E il peggio doveva ancora venire. Meglio prepararsi. Urlò: «Lafaele!». Calzò le scarpe, strappò la zanzariera... L'indigeno apparve nel vano della porta. I ricci neri che decolorava in rosso erano appiccicati sulla fronte, il torso nudo sgocciolava, il *lava-lava* era incollato alle cosce...

«Lafaele, porta i materassi, le candele, il tavolo e la zanzariera nella stalla...».

«Io non andare a stalla. Laggiù fantasma... Spirito... non andare laggiù, non andare laggiù!».

Lei gli mise il carico tra le braccia e lo spinse fuori.

Soffocati dal vento e dalla pioggia attraversarono la radura. Dovettero scavalcare parecchie palme da cocco e sguazzare nel fango prima di riuscire ad aprire la porta. Lafaele si affrettò a deporre gli oggetti e scappò via.

L'acqua entrava a ruscelli. Appallottolata, coi piedi nelle pozzanghere, Fanny guardava, dagli interstizi delle tavole, la carcassa della grande casa, temendo di vederla sprofondare e sparire nel diluvio da un momento all'altro... Immaginava l'arrivo di zia Maggy, le esclamazioni di gioia davanti alla camera che le stava preparando. Quieta, dava direttamente sul prato, una camera verde, con un piccolo ingresso tappezzato con la bandiera inglese che un tempo sventolava sul *Casco*... Zia Maggy sarebbe stata volentieri a Vailima? "Tutto dovrà essere pronto, che sia una bella sorpresa... È tanto importante, la prima impressione...".

Le raffiche si succedevano e sballottavano la stalla; i galli sconvolti cantavano come fosse l'alba, i maiali grugnivano sbattendo contro le pareti del box, i cavalli isterici nitrivano e scalpitavano, l'ombra di villa Vailima aveva finito per confondersi con il velo di pioggia e neppure per un istante Fanny si pentiva d'aver scelto un tale luogo d'esilio.

I due mesi di assenza di Louis e la tremenda lettera di zia Maggy che annunciava la notizia di una ricaduta a Sydney, la minaccia sempre rinascente della morte, avevano spazzato via vessazioni e risentimenti. Restava soltanto la nostalgia. Credeva d'aver capito che lui non aveva mai voluto umiliarla ma pensava per paradossi, la reciproca aggressività delle ultime settimane era dovuta soltanto alla fatica... Prodotto della ben nota suscettibilità di Fanny Stevenson.

Grazie alla lontananza riconosceva che non erano mai stati più vicini e più uniti che durante quell'inverno. E Dio solo sa quanto era stata dura la vita. Assieme avevano lottato per far nascere l'ordine dal caos, avevano lottato contro la natura e contro gli uomini, contro il cielo e la terra, contro l'inerzia dei *boys*, contro la propria ignoranza delle regole sociali e morali del paese che avevano scelto per vivere e morire... Rientrare in Europa? Raggiungere l'America? Ci avevano messo una pietra sopra. Louis aveva accettato – a prezzo di quanta sofferenza! – di non rivedere gli amici. Sapeva che non avrebbe più misurato a grandi passi il salotto di Heriot Row, la sua camera da bambino, lo studio del padre; che non avrebbe mai fatto quell'entrata al Savile Club che immaginava da due anni...

Un'entrata che aveva sognato drammatica e allegra: il ritorno di uno Stevenson glorioso, abbronzato, forte, ribollente di storie da far rizzare i capelli in testa ai vecchi compagni. L'esilio perpetuo. Per entrambi. Perché Fanny non immaginava neppure per un attimo di lasciare Louis prigioniero nell'isola, di abbandonarlo a Samoa mentre lei si offriva magari il piacere di una visita a Dora o a Rearden, alla madre o alle sorelle... No, nulla uguagliava la magia di quegli ultimi mesi assieme... Quando chini sulla terra – la loro terra – vangavano fianco a fianco sotto un sole bianco, quando il sudore gocciolava lungo i loro nasi per fondersi in una sola goccia sullo stesso filo d'erba che l'uno o l'altra strappava con una risata. E che eccitazione esplorare assieme i confini della tenuta. Appoggiarsi l'uno all'altra nella boscaglia, sostenersi nel fango, camminare in fila indiana aprendosi un sentiero, lottare con le liane che scendevano in nodi scorsoi sulle loro teste, tagliarle con una coltellata, sentirle cedere e morire con quello scricchiolio morbido che conoscevano tanto bene... Rivedeva le canne che cadevano al primo colpo di machete, mentre l'erba si ostinava a rizzarsi sotto la sua gonna, a graffiarle la caviglie e i polpacci, a conficcarsi nelle ginocchia... Era il prezzo da pagare per l'immensa felicità di scoprire un bananeto insospettato, alberi lucidi carichi di frutti, da liberare e ripiantare assieme. "Credo che noi abbiamo qualcosa di profondo e di forte" pensava Fanny tremando di paura e di freddo. "La casa e la terra saranno con me dolci e clementi. Non m'hanno mai tradita...".

Concludendo l'ultimo pensiero Fanny Stevenson intirizzita, sola, si addormentò alle soglie del sogno della grande casa illuminata ai piedi del monte Vaea.

Vailima II, *maggio 1891 – luglio 1892*

E così, quel mattino del 19 maggio 1892, stavano per celebrare il loro dodicesimo anniversario di matrimonio. Fanny non riusciva a capacitarsi che fossero passati quei dodici anni... Dodici anni! Impensabile.

Impensabile anche il fatto che abitavano nella boscaglia ormai da quasi due anni. Come immaginare, sia pure solo per un istante, di non aver mai vissuto qui? Tutto a Vailima sembra talmente incivilito, talmente ben sistemato!

Davanti alla grande casa dipinta in verde e azzurro, con tetto, pilastri, balconi in rosso veneziano, il prato rasato scende in dolce pendio fino al lungo muro di pietra che separa il giardino dal recinto dei cavalli e dalla stalla. Sul prato, come infilzati a caso, svettano immensi alberi sfuggiti al disboscamento della radura e agli uragani. Alle spalle chiudono il frutteto le doppie siepi di ibisco, macchiettate di fiori porporini grandi come mani. I filari di limoni gialli e verdi si piegano sotto il peso dei frutti, così numerosi che li usano per cerare l'assito del salone grande di Vailima; quanto alle migliaia d'arance tonde e dure come proiettili, se le sfregano addosso sotto la cascata come fossero unguento, lasciano i capelli morbidi, profumati, di seta. Aiuole interminabili s'allungano ai piedi della terrazza, gelsomini, tuberose e gardenie che emanano un profumo soffocante.

In kilt scozzese, il torso frizionato di olio di noce di cocco, un grande *boy* samoano prepara le poltrone per i cocktail che saranno serviti in veranda. A sinistra mormora il canto dell'acqua, il fiume che si precipita ai piedi del monte, una successione di cascate che vanno a spargersi in un bacino d'acqua fresca. Si sentono le risate delle giovani serve che nuotano. I rintocchi a distesa delle campane della lontana cattedrale suonano i vespri. Il muggito di una sirena da nebbia sale dalla rada di Apia: una corazzata manovra probabilmente in quelle acque pericolose. Guardando dritto sulle cime degli alberi, la distesa marina a perdita d'occhio. Lo sguardo corre fino alla barriera di schiuma, là dove il grigio d'altomare si giustappone al turchese della laguna. Attorno, colline ondulate fino all'orizzonte, vaste prospettive aperte al vento. Dappertutto il respiro possente della boscaglia. Neppure un tetto in vista. Non una campagna, non una coltura eccettuate quelle dell'immensa proprietà. Villa Vailima pare ergersi sola sull'isola. Dignità, solidità, continuità, una dimora nobiliare dove regna il capo del clan Stevenson.

Fra poco, sotto i ritratti del padre Thomas e del mentore Sydney Colvin, Louis presiederà a un lungo tavolo d'ebano carico d'argenteria e cristalli – quelli della villa di Bournemouth, portati da Lloyd l'anno prima. La splendida Faamua, che viene chiamata ridendo anche "maggiordomo" o, a seconda dell'umore, Birba, una samoana vestita appena d'un fazzoletto, verserà nei calici vini francesi; si gusteranno panini dolci fatti in casa, i piselli dell'orto, gli ananas del frutteto. Zia Maggy, vestita di seta nera per la cena, benedirà il cibo. Il giovane Austin racconterà il suo bagno in piscina. Lloyd riferirà i mille pettegolezzi di Apia e le voci sulla guerra. Joe descriverà con minuzia la bruttezza delle mogli dei consoli. E la ragazza di casa, Belle, che oggi funge da segretaria del padrone, farà allegramente l'elogio del lavoro fatto. Lusingato, lui prometterà di leggere la "loro" opera al dessert. Soltanto il posto di Fanny resterà vuoto. Arriva sempre in ritardo a cena. I suoi atteggiamenti feriscono zia Maggy, fanno disperare Belle, esasperano Louis. In sua assenza si deve ringraziare Iddio per il cibo e far servire la minestra.

«Austin, sai dov'è tua nonna?» finisce per spazientirsi il capofamiglia.

«Alla piantagione di caffè...» risponde placidamente il bambino.

«O nell'orto... Oppure sistema il ponte di liane sul fiume...

O striglia il cavallo... A meno che non stia curando il disgustoso *black boy* arrivato questo pomeriggio...».

«L'ho vista attraversare il prato, portava un albero tre volte più grande di lei...» commenta Belle. «Quel fannullone di Lafaele la seguiva a passettini, tutto il suo carico era una paletta...».

«Austin, vai a cercarla!».

Quello sarà il momento scelto per la sua apparizione. Starà immobile per qualche attimo, minuscola sagoma azzurra nel vano dell'enorme porta scorrevole che dà sulla veranda. Se le grandi tende ocra sono chiuse, resterà nascosta agli sguardi. A meno che il suo respiro non agiti i fili argentati che broccano il tendaggio. A piedi nudi, sporca, i capelli negli occhi, entra tendendo le mani e mormorando con voce piena di rimprovero:

«Io lavoravo!».

«Non è più l'ora di lavorare nell'orto» brontola zia Maggy.

«Sanguino» si difende Fanny.

«Non hai sentito la conchiglia?» chiede Louis. «Abbiamo suonato tre volte. Dov'eri?».

«Nella piantagione di cacao... Dodicimila piante a tutt'oggi!».

«Il cacao poteva aspettare... Siediti».

Ma lei non siede. Fa lentamente il giro della tavola mostrando le palme.

«Sanguino».

«Ma perché non ti sei messa i guanti?» chiede Louis davanti alla carne viva delle dita ferite a tutte le giunture.

«Perché Belle li ha persi».

«Non è vero!» esclama la giovane donna. «Sono appesi al loro chiodo in lavanderia».

Feroce, Fanny si immobilizza per un attimo.

«Dimmi che mento, se osi!».

«Non ho detto questo, ma...».

«I guanti non erano in lavanderia...» Fanny gira attorno alla propria sedia. «...Credete che sarei tanto pazza da strappare la *tuitui* a mani nude? O mio genero li ha nascosti per farmi ferire?...» insinua, avvicinandosi pericolosamente a Joe che si tuffa sul piatto. «Potrebbe darsi che li abbia venduti?... Non sarebbe la prima volta che vende oggetti di nascosto... Oggetti che appartengono a noi!» precisa minacciosa, china sulla spalla di lui. «Tu che vivi della nostra generosità, Joe, credi che sia questo il modo di trattarci? Credi che non siamo al corrente delle maldicenze che diffondi ad Apia su Belle e su questa casa? Se penso che complotti coi consoli per farci deportare...».

Joe non reagisce ma Belle scoppia in lacrime.

«Fanny, siediti» tronca Louis, «e mangia!».

Indignata si volta verso di lui:

«Prendi ancora le sue difese? Non fa nulla dall'alba al tramonto, dice che va dal dentista ma è soltanto un pretesto per bighellonare ad Apia... Non fa nulla, nulla, nulla! Eccetto rubare la chiave della cantina per sbronzarsi di notte e aggiungere acqua a tutti i Bordeaux che apre... Fai finta di non saperlo! Ci succhia anche l'anima mentre io mi ostino a mandare avanti questa piantagione!... Guarda le mie mani! Guarda! Ecco cosa ne hanno fatto la tua proprietà, la tua terra, la tua casa... Mani da contadina!».

*

Quelle esplosioni brevi, imprevedibili, lasciano Fanny distrutta dal terrore e dai rimorsi... Com'è possibile? Non capisce... Meno di un'ora dopo che una delle sue tirate ha gettato tutta la famiglia nell'angoscia e Louis in un attacco di bile da cui si rimetterà soltanto due giorni dopo, non sa che fare per farsi perdonare. La vedono vagare per casa, bussare umile a tutte le porte, implorare indulgenza dalla suocera, dalla figlia, dal marito... Non capisce. Si disprezza. Si detesta.

La settimana successiva le gentilezze, le tante attenzioni per tutti, la dimenticanza completa di sé, della propria salute, del proprio benessere, le riguadagnano tutti i cuori. A Vailima torna l'ordine. Tutti mettono gli umori di lei sul conto della fatica. Il dottor Funk, il medico tedesco addetto alle piantagioni, si è permesso di attirare l'attenzione di Stevenson sullo sfinimento fisico della moglie.

«Lo so, lavora troppo...» ha risposto lui. «Non sa fermarsi. Ma...».

«È facile dire che devo sedermi» replica Fanny, «ma il lavoro non si fa da solo». A sua volta e a proprie spese Louis impara quanto possa essere esasperante la sollecitudine altrui, i «Riposati. Mettiti lo scialle... Va' a prendere le scarpe...», i consigli dati a chi non vuole ascoltarli.

«...Chi si occuperà delle pianticelle se non lo faccio io? Chi? Forse Joe? O tu?».

Ogni conversazione diventa discussione che si trasforma in litigio... Sempre più violenti e irrazionali gli alterchi si moltiplicano.

* * *

Tutto era cominciato un anno prima, cinque mesi (giorno più giorno meno) dopo l'arrivo di Belle, Joe, Austin e di zia Maggy con la cameriera australiana, di Lloyd con i mobili, i tappeti, l'argenteria, i servizi da tè in porcellana, la scultura di Rodin, il ritratto di Louis dipinto da Sargent, il bassorilievo di Louis opera di St. Gaudens, gli oggetti di Louis, il passato di Louis... In totale trenta tonnellate di casse. Fanny aveva fatto salti mortali per farle portar su fino a Vailima. Le sedie Chippendale in cuoio, la credenza dai mille pomelli d'ottone, i due Buddha indiani portati da Delhi tanto tempo prima da un fratello di zia Maggy, ogni ricordo, ogni gingillo aveva trovato naturalmente il proprio posto in quel luogo che lei aveva pensato, pianificato e preparato per sei mesi. Nessuno aveva compreso davvero l'entità dello sforzo. Le librerie dello studio di Louis aspettavano i suoi libri. E il pianoforte portato su a spalle, ultimo collo che aveva raggiunto Vailima, aveva dovuto soltanto infilarsi sotto l'immenso fodero in foglie di palma da cocco intrecciate che lei aveva immaginato per proteggere lo strumento dall'umidità.

A zia Maggy bastava ruotare i rubinetti per fare una doccia nel bagno a lei riservato: un sistema di canalizzazione portava l'acqua da un fiume a monte, attraverso tutta una rete di serbatoi e tubi disegnati e realizzati da Fanny. Nei bicchieri d'aranciata di Austin i ghiaccioli tintinnavano e forse al momento del dolce avrebbe potuto gustare un sorbetto: in fondo al giardino, azionata da un generatore, ronzava una ghiacciaia. Armata di una livella, una vanga e alcune corde, la sacerdotessa del luogo aveva appena terminato un campo da tennis per lo svago dei giovani.

Gli Strong avevano creduto di metter piede in paradiso. Come resistere all'ebbrezza di appartenere a Vailima, una terra la cui bellezza gli pareva senza uguale, alla voluttà di partecipare alla gloria della famiglia che passava ormai per la più potente dell'isola?

Prestigio e bellezza; proprio i due concetti che erano la chiave di volta del sistema sociale indigeno avevano impressionato i samoani al punto di farli interessare a Vailima.

Moors non aveva esagerato le difficoltà di farsi aiutare dagli autoctoni. E Fanny aveva dovuto capire molto in fretta che dall'efficacia del personale dipendeva la piantagione. Vailima non poteva funzionare senza servitori.

Su consiglio dei residenti di Apia aveva tentato dapprima di impiegare qualche bianco. Fallimento. Gli uni bevevano, gli altri si imbarcavano, i restanti scappavano se per caso qualcuno offriva una paga migliore. Contro l'opinione generale aveva quindi assoldato Lafaele e la moglie (che aveva reputazione di vendere le proprie grazie...). Tre mesi dopo la signora Lafaele giaceva in fondo alla baia, buttata giù dalla scogliera da un cliente. Il giorno stesso della sepoltura il vedovo si risposava. E stavolta era un'incantevole samoana del villaggio più vicino a Vailima. Fanny l'aveva assegnata al guardaroba e alle pulizie. Faamua aveva portato le amiche, affascinate dal mistero e dal lusso della casa.

I samoani avevano visto gli alberi cadere, i mattoni, il legno e la calce salire per il sentiero, avevano visto l'argenteria, la porcellana, i tessuti, le casse di vino e di libri, senza riuscire a capire da dove saltassero fuori quelle ricchezze. Il loro proprietario non era trafficante di copra, non aveva emporio in città, né albergo né bar. Non vendeva armi né alcol. Non comandava una nave da guerra e non apparteneva alla classe politica. Quella villa, più grande, più piena delle residenze dei tre consoli, non veniva costruita coi denari delle tasse...

Allora? Qual era il misterioso potere del padrone? Il caso aveva dato loro una risposta. Poco dopo il completamento di Vailima avevano letto, sul giornale pubblicato dal reverendo Clark, la traduzione di *Il diavolo nella bottiglia* – primo testo di narrativa tradotto in lingua samoana. Scritta da Stevenson, era la storia di un hawaiiano, padrone di un genio chiuso in bottiglia, che esaudiva tutti i suoi desideri. Poco abituati alla differenza fra racconto e realtà, i lettori avevano naturalmente dedotto che quella bottiglia apparteneva al narratore della storia, a "Tusitala"... Avevano la spiegazione! Il genio gli obbediva. Tusitala era un grande capo, la sua potenza si manifestava con la produzione d'ogni sorta di ricchezze e con la stregoneria: agli occhi degli indigeni entrambe manifestazioni del soprannaturale. La moglie, che chiamavano Tamaitai, "signora", curava e guariva la famiglia: aveva quindi il potere di scacciare gli spiriti. Nulla le sfuggiva: errori, dimenticanze, ritardi, lei vedeva ogni cosa, aveva occhi tutto attorno alla testa.

Nessuno meglio di Fanny sapeva incoraggiare quel modo di pensare. Da sempre aveva fede nelle proprie intuizioni e nel proprio istinto. "Sentiva" quando un cavallo si staccava in fondo al giardino, quando Lafaele si addormentava lontano da lei all'ombra dei banani, quando stava per arrivare una lettera o una visita. Diceva di essere un po' "medium".

I talenti di guaritrice li doveva all'antica frequentazione degli indiani di Austin, alle ricette della nonna dell'Indiana e a dieci anni di lettura di *Lancet*, il giornale medico britannico. Si era tenuta informata sulle ultime scoperte e i nuovi intrugli, che faceva arrivare da San Francisco. Per il resto ricorreva al bluff e alla messinscena: «Lo sai» diceva a Lafaele, «che nessuno spirito oserebbe affrontare un uomo che mi appartiene?». «Lo so!» diceva lui. «Ma un anno fa Tamaitai ignorava la mia esistenza, lo spirito ne ha approfittato per introdursi nel mio piede, mi mangerà la gamba». «Chiudi gli occhi» ordinava lei, imponendo le mani e mormorando incantesimi.

Gli indigeni temevano il ridicolo, ma Fanny li conosceva troppo bene per farsi beffe delle loro superstizioni: si cimentava con i loro guaritori e si divertiva ad atteggiarsi a strega.

Imparare da loro quanto loro imparano da noi, da quest'aforisma, che aveva guidato la curiosità di Louis nei due anni di viaggi, sarebbe scaturita tutta l'organizzazione di Vailima.

Louis aveva osservato che un villaggio samoano si componeva di una ventina di *fale* ed era guidato da un *matai* che aveva tanto il titolo di capo quanto quello di predicatore. Nelle assemblee dei capi ogni *matai* occupava il posto che era stato tenuto dai suoi antenati prima di lui. Rappresentava la sua gente, di cui si riteneva responsabile. La sua gente andava dalla famiglia – genitori, mogli, figli – al gruppo di quindici-venti persone legate al *matai* dal sangue, dal matrimonio e dalla pratica molto diffusa dell'adozione. La gente del villaggio, cellula economica, dipendeva dal *matai* cui obbediva ciecamente.

Lavoravano per lui e sotto la sua direzione. In cambio il *matai* provvedeva alla vita di tutti. Doveva loro giustizia, accoglienza, protezione.

Questo sistema non poteva non trovare un'eco nell'uomo che nel 1886 scriveva alla madre: *Ho ereditato un po' da te il mio modo quasi feudale di comportarmi coi servitori. Il sinistro destino del borghese che sceglie di ostracizzare i domestici – la sua "famiglia", nel vecchio significato scozzese del termine –, di tenerli lontano dalla sua intimità, di privarli di tutte le gioie della casa, ci aspetta a ogni svolta. La segregazione fra padroni e servi crea una situazione umana impossibile e getta la confusione nello spirito di tutti.* Robert Louis Stevenson aveva troppo detestato la mancanza di generosità dei proprietari di Bournemouth, la loro indifferenza verso tutto ciò che non li riguardava direttamente, per poter riprodurre quel comportamento alle Samoa. Nella più pura tradizione scozzese e secondo il modo samoano, i salariati di Tusitala non saranno mai servi ma componenti di uno stesso clan, condivideranno feste e lutti del capo. Il convenzionalismo dei samoani, il gusto per gli ordinamenti – mentre parevano i più tranquilli e liberi degli uomini –, la passione per tutto ciò che ordina e regolarizza la vita, il bisogno di trarre la bellezza dal caos, tutto concordava perché Robert Louis Stevenson ottenesse da loro – e loro da lui – il meglio di se stessi.

Louis esigeva dal suo gregge l'obbedienza dovuta al *matai* e l'esecuzione immediata degli ordini.

A ciascuno veniva assegnato un lavoro; veniva distribuito l'elenco delle consegne; su un tabellone del salone i proclami venivano affissi con puntine. Un furto, una grave negligenza, e il colpevole compariva davanti a una corte di giustizia. In presenza di tutta la "famiglia" Robert Louis Stevenson ascoltava il resoconto del reato, esposto dall'accusato. Riassumeva il caso e deliberava. La punizione, della quale spiegava ragioni e conseguenze, non era mai somministrata il giorno stesso. Se condannato a un'ammenda, il colpevole la versava alla cassa della sua chiesa, sia che fosse cattolico sia protestante.

Tusitala prendendo il potere ne aveva assunto le responsabilità. Anche quando il lavoro lo assorbiva, quando scriveva con passione, con frenesia, anche quando il piroscafo minacciava di riprendere il mare senza i suoi manoscritti e le sue lettere, partecipava alla vita dei componenti del clan. A qualunque ora del giorno, su tutti gli argomenti possibili, liti domestiche, rapporti di buon vicinato, pagamento delle tasse, potevano andare a consultarlo. Era sempre pronto ad ascoltarli, a sostenerli, a salvare chiunque avesse bisogno del suo aiuto. Accoglieva i genitori dei suoi protetti, costruiva i loro *fale* sulle sue terre, offriva loro grandi cerimonie indigene e splendide cene. *Ieri* – scrive non senza fierezza a Sydney Colvin – *eravamo in trenta. Avresti dovuto vedere la processione, tutti coi vestiti della domenica, mentre marciavamo solennemente dalla villa alla nuova casa indigena. L'avevamo completata per l'occasione. I pilastri e le travi erano addobbati di lunghe trecce di ibisco rosso. La ghiaia coperta da un tappeto di grandi foglie di pandano. Ci hanno assegnato i posti con molta attenzione, di fronte alle donne indigene della nostra casa. Sui lati sedevano gli uomini. I capi invitati dalla "famiglia" sono stati sistemati accanto a noi (...). Dopo cena abbiamo bevuto il* kava – *una faccenda estremamente complicata, poiché ognuno deve prendere la tazza secondo un rito preciso, ci si bagna le labbra per ordine di importanza.*

L'originalità dello sguardo che Louis rivolgeva sulle isole del Pacifico l'aveva portato a studiare le società indigene non soltanto nelle loro differenze, ma soprattutto nelle loro somiglianze con la civiltà occidentale. Stevenson aveva capito che i "barbari" samoani erano più fieri della propria stirpe, più puntigliosi in materia di tradizioni che un hidalgo spagnolo; la gloria del *matai* ricadeva su tutti i componenti della casa, come un tempo la gloria del capoclan delle Highlands. La nostalgia della sua terra rendeva la storia della Scozia vicina al cuore di Louis, e l'immaginazione si accendeva all'idea che Vailima potesse diventare il compimento del lavoro del padre e degli antenati.

Tusitala aveva dunque scelto alcuni dettagli visibili che segnalassero, se mai ve ne fosse bisogno, la sua appartenenza a un clan la cui aristocrazia li lusingava tutti. In segno di adesione Fanny aveva tagliato in forma di kilt i *lava-lava* dei suoi protetti. Su fondo rosso, quadri verdi e bordure gialle: il tartan reale degli Stuart.

Belle, appassionata dell'aspetto esteriore degli esseri e delle cose, si era ben presto interessata alla prestanza della "gente di Vailima".

In comune con loro aveva la cura dell'estetica e l'allegria: con grande naturalezza, il giorno dopo l'arrivo, aveva assunto la guida del personale di casa. A lei spettava l'incarico di dirigere le pulizie, la cucina e il servizio a tavola. Insomma, si atteggiava a governante. Compito pesante. Quattordici persone da sfamare ogni giorno, sette delle quali erano servitori provvisti di grandi famiglie, genitori e cugini di ogni grado ai quali Vailima doveva ospitalità.

Zia Maggy vigilava sulla vita spirituale del piccolo mondo. Dirigeva le preghiere che ogni mattina dicevano tutti assieme nel salone. Non aveva fatto alcuna fatica a imporre quel rito. I samoani, religiosi d'istinto, nulla amavano quanto riunirsi per cantare.

Lloyd invece si occupava dell'intendenza. La meticolosità, il gusto dell'ordine e il piacere dell'autorità che gli erano propri trovavano piena soddisfazione nell'organizzare il lavoro e nel controllare i conti. Joe, che pareva collezionasse ogni vizio e ogni debolezza, dirigeva le squadre di lavoratori agricoli. L'amico Moors dava un giudizio severo sui talenti da caposquadra di Joe: diceva che aveva troppo senso artistico per non ronfare sotto gli alberi di cacao.

Dapprincipio però aveva fatto sforzi autentici. L'avevano visto sparire nella boscaglia, con in testa un casco coloniale, stivali ai piedi, cinghie dappertutto, la vanga in mano e il cacatua sulla spalla. A metà strada fra l'esploratore d'Africa e l'ufficiale dell'esercito delle Indie, baffi spioventi e gambe vacillanti. Al vedere lo spettacolo di Joe che s'allontanava, ultimo della fila, a Belle si stringeva il cuore. Che era successo al giovane *vaquero* che galoppava nella polvere di Monterey? Che rapporto c'era fra quel pupazzo patetico minato dall'oppio, dall'alcol e dall'odio, e il pittore tanto allegro e dotato di San Francisco? Sentivano il flauto che ritmava il lavoro dei boschi, la voce che contava i semi che piantavano. La sua inefficienza era uguagliata soltanto dalla sua ipocrisia. Fingendosi pieno di buona volontà, simulava di interessarsi al rendimento delle squadre, al costo del loro cibo, al loro salario. Cercava di dimostrare in modo ostentato la propria gratitudine. Sapeva bene che da oltre due anni viveva della generosità di Robert Louis Stevenson. E non riusciva ad accettare di essere mantenuto da colui che per molto tempo aveva guardato come il proprio alter ego. Tre anni più giovane di Louis, Joe reputava il proprio talento infinitamente superiore a quello del fabbricante di bestseller. E per giunta aveva una salute tanto più precaria!... Poco c'era mancato l'anno prima che il soffio al cuore lo uccidesse... E Louis lo mandava nel caldo umidiccio e soffocante della boscaglia a controllare una banda d'incapaci? La verità è che Stevenson voleva vederlo morto... Joe pensava fosse l'idea fissa della suocera: liberare Belle! Un'ossessione che risaliva ai tempi di Monterey. Fin dall'inizio Fanny aveva cercato di sbarazzarsi di lui...

«D'altronde è un'abitudine, in questa famiglia...» brontolava Joe, disteso con la moglie nel primo letto usato dagli Stevenson a Vailima.

Abitavano nel capanno costruito da Moors. Austin dormiva nel vecchio salotto.

«...Ci si sbarazza di chi non serve più».

«Di che parli?» si spazientì Belle, che lo sospettava ubriaco.

«...Guarda tua madre... Finché Louis ha avuto bisogno di lei per il lavoro, bisogno del giudizio, delle critiche, le ha riconosciuto un formidabile senso della composizione, gusto e intuizione in materia d'arte... Ora che si sente sicuro di sé, del proprio genio, la tiene nel fango...».

Belle fece spallucce.

«Lei ha troppo da fare! Senza di lei Vailima non esisterebbe».

«Appunto... Se all'inizio Louis faceva volentieri i lavori manuali, ben presto è risalito nella sua torre... In fondo, dietro quell'aria gentile, è pazzo quanto lei!... Se fossi tua madre diffiderei di un tipo che si vanta di inventare soltanto assassini simpatici, carnefici che il lettore preferisce alle vittime, criminali che si alzano bianchi come neve dal banco degli accusati. È che li conosce! Dopo tutto le carneficine più sanguinose della storia della letteratura le scrive Louis Stevenson... Il suo meglio sono le scene di violenza... Quelle di cui nessuno qui sa nulla... Guarda come mette tua madre fra galline e maiali, come la incastra, come la rinchiude nel ruolo di contadina».

«Deliri. Taci. Lei ama soltanto la terra e il "fango" che dici tu...».

«Ma che ne sai? Ha paura del passato, ha paura del futuro... Non le resta che il presente. Ci si aggrappa. Questo posto è il suo trionfo. Hai visto l'espressione che aveva, gli occhi febbrili, il giorno del nostro arrivo? La fierezza nel rivelarci tutti gli sforzi, tutti i successi?».

«Ho visto» concluse Belle tenendo ferma la zanzariera.

Il timore che da sotto si infilasse una scolopendra, quel millepiedi velenoso e peloso, la teneva sveglia. Ne aveva intravista una lunga come una mano sulla cornice della porta.

«...E ho anche visto che il loro matrimonio è riuscito come meglio non si potrebbe sognare!» rincarò. «Ciascuno dei due è di complemento all'altro, pur senza smettere di esistere nella propria sfera... Li ammiro e li invidio».

Joe sogghignò:

«Però per provare la loro felicità hanno bisogno di testimoni... Da soli si annoiano... Questo è il motivo per cui siamo qua... Per distrarli da loro stessi, per servirgli da spalla...».

«Povero Joe! Tu saresti una spalla?» sibilò Belle. «Quanto alla distrazione...».

Joe ritenne preferibile tacere. "Non ho chiesto io di venire qua!" pensava furioso voltandosi verso il muro. "È lei, è Belle che mi ha costretto".

C'era un'altra faccenda che Strong non perdonava a Stevenson. Cos'era accaduto fra Belle e Louis, durante l'ultimo soggiorno del patrigno a Sydney? «Nulla», assicurava la giovane.

«Che ti ha detto?» chiedeva il marito. «Cos'ha fatto perché tu accondiscenda d'improvviso a tutte le sue volontà? Credevo che non sopportassi il suo bisogno di dirigere la nostra vita... Credevo che la sua allegria troppo rumorosa ti esasperasse... Alle Hawaii gli rimproveravi di servirsi del successo, del potere e del suo sporco denaro per dividerti da tua madre...».

«Il suo sporco denaro, Joe, fa vivere tuo figlio! Dove saremmo senza di lui? Credi che io ignori che hai venduto dei quadri a Honolulu e non hai detto nulla? Che mendicavi e prendevi il suo denaro mentre guadagnavi di tuo e lo spendevi a sua insaputa? Ti sei bevuto tutto, fumato tutto... Hai sperperato tutto. Senza quello che chiami lo sporco denaro di Louis, tuo figlio non avrebbe mai potuto frequentare una scuola».

«E credi che qui Austin imparerà qualcosa?».

«Louis gli darà lezioni di storia, Zia Maggy gli farà letteratura... E altrimenti: dove vorresti che andassimo?... Abbiamo la fortuna di avere genitori abbastanza generosi da accoglierci e voglio far bene quel che mi spetta di fare... Se volessimo potremmo essere felici come loro, a Vailima...».

«Felici? Ma hai visto in che condizioni è tua madre?».

«Appunto, spetta a noi alleviarle la fatica. Io potrei sostituirla se decidesse di riposare un po' o prendersi una vacanza».

Nell'agosto 1891, ovvero due mesi dopo l'arrivo degli Strong, la famiglia aveva convinto Fanny: aveva bisogno d'un salutare cambiamento d'aria. Troppo debole, troppo sfinita per resistere, si era lasciata imbarcare sulla prima nave in partenza. Aveva trascorso quindici giorni di calma e solitudine alle Figi.

Durante l'assenza di mia madre imparai davvero a conoscere mio fratello – racconta Belle – *e capii che nonostante l'accento inglese e le arie di superiorità era il degno nipote di Jacob Vandegrift... Si rimboccò le maniche e ci mettemmo al lavoro... Se faceva qualcosa, la faceva bene. Assieme tentammo di riorganizzare tutta la casa.*

Al ritorno dalle Figi Fanny aveva portato con sé un cuoco indiano, per trovarlo si era data un gran daffare. E davanti ai fornelli aveva trovato il nuovo *boy* assunto da Belle. Si chiamava Talolo e sarebbe diventato uno dei pilastri della vita domestica di Vailima. Con lui erano arrivati tutti i componenti della sua famiglia. Talolo obbediva soltanto a colei che l'aveva addestrato. In adorazione davanti a Belle, la chiamava "Teuila", "la nobile donna che abbellisce tutto quel che tocca".

Altro mutamento: l'uso del tempo di Louis.

Un giorno Stevenson si era mostrato preoccupato della pila di lettere da finire prima della spedizione mensile via nave. "Teuila" aveva chiesto:

«Ti sarebbe utile se scrivessi io sotto tua dettatura? O se rispondessi al tuo posto alla posta poco importante... O ricopiassi le tue annotazioni?».

«Buona idea. Proviamo!».

La collaborazione si era rivelata un tale successo che Fanny al ritorno avrebbe trovato la figlia alla scrivania del marito, china sul lavoro di lui.

Belle aveva raggiunto l'età che aveva la madre ai tempi dell'incontro all'Hôtel Chevillon. Trentaquattro anni. Somigliava in tutto e per tutto alla Fanny di un tempo.

La storia di quella nuova alleanza, il momento del riavvio della complicità di Grez, sarà raccontato da Belle trent'anni dopo nella sua autobiografia. *Una sera nel periodo del suo soggiorno solitario a Sydney, Louis m'aveva chiesto di andare con lui a fare delle compere per Vailima. Mia madre gli aveva dato una lista e ricordo quanto le sue istruzioni ci avevano incuriosito: «Un po' di vernice d'alluminio e una quantità ragionevole di zucchero in polvere»... Al ritorno verso il suo albergo, sedemmo su una panchina del parco (...). Il luogo, l'ora erano tranquilli. Dio sa perché d'improvviso m'ero sentita tanto libera da potergli parlare come non avevo mai fatto. Gli avevo detto bruscamente tutto quel che avevo nel cuore da mesi.*

L'avevo supplicato di lasciare me e Joe a Sydney. Gli avevo detto ch'ero molto riconoscente per tutto ciò che faceva per noi, ma che non potevo sopportare l'idea d'essergli ancor più di peso; inoltre non era necessario. Potevamo benissimo provvedere ai nostri bisogni. Un giornale m'aveva offerto una rubrica teatrale. Degli amici m'avevano assicurato che avrei potuto dare lezioni di disegno e che se non avessi trovato abbastanza allievi avrei potuto mettere su una scuola di danza... Costruire una casa alle Samoa, creare una piantagione, dovevano essere oneri pesanti per lui, e quante spese! Perché aumentarle con la nostra presenza? Lavorava duramente, non era in buona salute... A quelle parole ero scoppiata in lacrime.

Allora Louis mi aveva spiegato la sua visione delle cose. Era la prima volta che prendevo coscienza della sua sofferenza... Mi aveva parlato della disperazione provata nel capire che mai sarebbe potuto tornare a Londra o ad abitare di nuovo a casa sua, rivedere la città natia, Edimburgo. Condannato all'esilio perpetuo... Tutto quel che ormai voleva era rendere sopportabile l'esilio. «Tu e Lloyd siete la sola famiglia che mi resta» aveva detto, «io voglio una casa, voglio una famiglia, la mia famiglia, attorno a me».

Aveva anche detto che la più grande ambizione di Lloyd era stata andare a Oxford, ma che aveva rinunciato per restare con lui e mia madre alle Samoa.

Avevamo parlato fino a tarda notte, chiarendo vecchi malintesi, tornando su vecchie scenate. Benché l'avessi sempre rispettato e ammirato, una rivalità nascosta, un antagonismo, ci divideva fin dal principio. Per tutti quegli anni ce l'avevo avuta con lui, forse perché avevo tanto adorato mio padre...

Ma quel giorno tutto era cambiato. Aveva parlato con tanta gentilezza, tanta comprensione, che il mio risentimento era scomparso di colpo e mi ero sentita la figlia prediletta.

Strani echi da un'esistenza all'altra. Joe oggi sembra l'*alter ego* di Louis, un doppio irresponsabile che non ha saputo crescere; Louis ora lo tratta con l'indulgenza che un tempo il padre aveva esercitato nei suoi confronti; il giovane Austin ha l'età che aveva Lloyd a Monterey. Belle affronta col marito lo stesso inferno, gli urli e gli odi vissuti da Fanny con Sam. Come la madre trova rifugio e conforto accanto a Robert Louis Stevenson.

* * *

Il sole illuminava gli ultimi giorni del dicembre 1891. Ma s'annunciava la stagione delle piogge e il vento soffiava senza interruzione. Sulle spiagge tutto sembrava sempre in movimento, le foglie delle palme da cocco si accartocciavano a ogni burrasca. Nei villaggi le pezze di tessuto a fiori rossi si tendevano in orizzontale sulle funi della biancheria e le reti dei pescatori si aggrovigliavano. A Vailima i *lava-lava* delle donne che passavano sul prato si aprivano d'improvviso sul petto, i kilt degli uomini si infilavano fra le cosce, le nubi arrivavano veloci dal mare portandosi dietro una scia nera che ristagnava un momento sulla lamiera rossa del tetto. In lontananza l'oceano passava dal blu al grigioverde. Si sentiva il rumore delle onde sulla barriera corallina; un rumore sordo, continuo, faceva sì che a Vailima il silenzio non fosse mai completo. L'aria sapeva d'acqua, di citronella e di legno affumicato.

Fanny aveva lasciato gli attrezzi e cuciva sotto la veranda. Il cucito di solito era competenza di Belle. Ma da qualche tempo Tamaitai voleva godere della quiete di quell'occupazione. Confezionava giacche per i servitori. Complemento della bella uniforme, avrebbero potuto indossarle nei giorni di festa. Aveva fatto arrivare una tela rigata che si armonizzava con il tessuto scozzese dei *lava-lava*.

Seduta all'ombra, creava l'illusione della quiete e induceva a credere che l'ordine regnasse a Vailima.

Ma Fanny non riusciva a sopportare a lungo quel lavoro. Imbastire, increspare, fare gli orli non le occupavano a sufficienza la mente. Qualche pensiero l'agitava. Nulla di personale. Non si preoccupava delle corbellerie di Lafaele né degli imbrogli di Joe. Quel che la turbava, che la addolorava, era che i bianchi si preparavano ancora a tradire la fiducia dei samoani. Il trattato di Berlino stabiliva che gli indigeni potessero eleggere il loro re. La stirpe del grande capo Mataafa, i titoli e la tradizione lo designavano come capo dei capi, unico uomo a cui in tutta naturalezza spettasse il potere. Ma Germania, Inghilterra e Stati Uniti avevano convenuto in segreto che Mataafa non poteva essere eleggibile e dovesse rimanere ai margini. Un regolamento di conti perché un giorno aveva affrontato i tedeschi e li aveva vinti... I samoani ignoravano persino l'esistenza di un protocollo d'accordo...

Quattro anni prima, quando il re Laupepa, spezzato dall'esilio, aveva riavuto dai bianchi il potere, si era messo d'accordo con Mataafa affinché questi non reclamasse alcunché e restasse nell'ombra fino alle elezioni successive. Mataafa aveva rispettato la parola data. In quel periodo aveva vissuto a Malie, il suo dominio, come in un eremo. "...Adesso il regno legale di Laupepa arriva a conclusione. E i bianchi si guardano bene dall'organizzare un passaggio di poteri..." pensava lei. "Tuttavia il vecchio guerriero Mataafa non è soltanto il *matai* più potente, è anche un gentleman. Tutto quel che ha fatto è stato per le Samoa! Ha sostenuto il re mandato in esilio. Ha battuto le tre potenze. Ha rifiutato tutti gli onori, ha resistito a tutte le tentazioni che avrebbero potuto ostacolare la sua lealtà. E ora noi bianchi tradiamo le nostre promesse e lo costringiamo a prendere le armi contro i suoi fratelli! Che trappola... Che ingiustizia!".

Solita compassione per i deboli? Oppure Fanny vedeva qualche somiglianza fra il doloroso destino di Mataafa e la propria sorte? Le dita si innervosivano sulla tela... Finì per sbarazzarsi dell'opera e tornare al cacao. Anche Lloyd e persino Louis le avevano dato una mano, la settimana prima. Avevano riempito di terra le centinaia di piccole ceste che lei aveva disposto sulla veranda e avevano vigilato affinché non ci si infilasse nessun sasso e nessun insetto... Ma i semi di cacao li piantava lei, lei e nessun altro... Scottata dalle ultime esperienze, non avrebbe lasciato quell'impegno a nessuno.

Fanny si sarebbe ricordata molto a lungo del giorno in cui aveva affidato a Lafaele un sacco intero di semi di vaniglia, con istruzioni precise sul modo di piantarli. L'indomani mattina aveva scoperto tutti i semi piantati al contrario. Lafaele, mortificato, si era offerto di ripiantarli, ma in quel momento lei aveva scorto il *Lübeck* al largo. La posta, dopo un mese! Lafaele doveva scendere rapidamente in città a prendere l'enorme sacco impermeabile pieno di lettere per portarlo in camera di Louis... Correnti avverse avevano mandato alla deriva la nave. Aspettando il ritorno di Lafaele, Fanny e Belle avevano trascorso la giornata a ripiantare ogni seme nel modo giusto. All'alba del giorno dopo avevano ispezionato il lavoro fatto. Avevano scoperto con stupore che, mentre dormivano, Lafaele aveva ripiantato tutti i semi, rimettendoli al rovescio «per fare una bella sorpresa a Tamaitai». Scopo raggiunto, in effetti. Lei aveva rimesso i semi di vaniglia nel giusto verso, ma la maggior parte, isteriliti, erano morti.

Adesso, dunque, vigilava sul cacao. La messa a dimora era durata una settimana.

Finito il lavoro Fanny aveva fatto uccidere il maiale e aveva dato una grande festa di cui ancora si parlava in tutti i villaggi. E ogni giorno nel periodo della piantumazione aveva servito cioccolata calda agli aiutanti, una delizia dolce e cremosa, affinché tutti conoscessero le qualità nutritive e il gusto squisito dell'alimento e comprendessero il valore dei propri sforzi.

Apia, aprile 1892

«Non si è mai visto un samoano correre... eccetto a Vailima!» ammise Moors con una risatina.

Dietro il bar del suo albergo il trafficante americano offriva uno scotch al nemico personale sir Berry Cusack-Smith, console britannico. Si erano appena uditi i dodici rintocchi di mezzogiorno della cattedrale. Con un gesto Moors invitò l'ospite a prender posto a uno dei tavolini della hall.

Era un'abitudine, ad Apia: due bianchi potevano non rivolgersi la parola per settimane, le loro mogli si incrociavano senza salutarsi... Finché in occasione di un ballo al Municipio il caso metteva i nemici l'uno di fronte all'altro per una quadriglia. Allora si divertivano a danzare assieme e si davano appuntamento per un bicchiere, e ognuno tentava di carpire all'altro qualche informazione, prima di tornare nemici.

Scriminatura da una parte, capelli cortissimi, baffi larghi e unti, la testa d'uccello di Cusack-Smith si avvicinò alla facciona rubiconda di Henry Moors. Il contrasto fra il colletto militare, i bottoni dorati della giacca del console e la camicia di madras che si apriva sul petto del trafficante offriva uno spettacolo abbastanza divertente. I due brindarono. Erano soli. Dalla finestra che dava su Beach Road vedevano sfilare grandi ombrelli rossi e grappoli di *lava-lava* multicolori. A bande di tre o quattro gli indigeni si proteggevano dagli improvvisi e brevi temporali che concludevano la cattiva stagione.

«Mia moglie si lamenta, non riesce a ottenere nulla da loro...» sospirò il funzionario. «È molto peggio che nelle Indie... Dice che gli autoctoni sono incurabilmente lenti, stupidi e pigri. Come fa la Stevenson?».

«Ha progressivamente sostituito i *boys* protestanti con *boys* cattolici».

Cusack-Smith aggrottò le sopracciglia:

«I cattolici, Moors, appartengono al capo Mataafa. E Mataafa è un ribelle!».

«Ecco perché voialtri volete la sua pelle... Perché Mataafa e i suoi cattolici sfuggono all'influenza delle vostre missioni?».

Il console britannico si vantava di essere il più liberale dei tre consoli. Il suo viso espresse appena un leggero fastidio:

«Temo tu non abbia letto il proclama di stamane, con le sanzioni in cui incorrono i partigiani di Mataafa... Non dire altro, Moors: sarei costretto a farti arrestare».

In fondo Laupepa o Mataafa, che differenza faceva? Cusack-Smith se ne infischiava. Uno o l'altro era la stessa cosa. Quel che contava era che l'Inghilterra conservasse il diritto di ingerenza nelle questioni del paese. Un'influenza uguale a quella dei due partner. La Germania, la più potente perché possedeva numerose piantagioni, non voleva Mataafa, assolutamente. Bene. Inghilterra e Stati Uniti le lasciavano l'osso. Perché rompere un equilibrio già precario, perché battersi fra loro per una faccenda di "re negri"?

L'equilibrio pareva tuttavia minacciato dalle grida di indignazione del residente più celebre di Upolu, per di più cittadino britannico. Robert Louis Stevenson reclamava il rispetto del trattato di Berlino che stabiliva l'indipendenza delle Samoa e il diritto degli indigeni a scegliersi il capo. Consigliava il ravvicinamento fra Laupepa e Mataafa, affinché i due governassero assieme. Pensava, con ragione, che quella coalizione avrebbe evitato la guerra... Ma i consoli non volevano assolutamente la coalizione! Era addirittura l'unico loro terreno d'intesa. Tenere il popolo diviso per continuare a governare senza i samoani.

Le lettere di Robert Louis Stevenson al *Times* di Londra esponevano con virulenza l'incuria e la disonestà dei funzionari bianchi. Il suo scopo? Ottenere la loro espulsione. Le proteste gli attiravano molte antipatie. I rappresentanti locali delle tre potenze occidentali sognavano di vederlo far fagotto. Quale dei due schieramenti sarebbe riuscito ad allontanare l'altro? Le prese di posizione di Stevenson infastidivano non soltanto i poteri politici; a ogni lettera Colvin si lamentava: ne aveva abbastanza di leggere difese di *neri e cioccolatini* il cui destino non interessava a nessuno.

Fanny era l'unica, oltre Moors, che difendesse il marito. Sapeva tuttavia quanto poteva costargli l'opposizione alla politica della Gran Bretagna e degli Stati Uniti, loro paesi d'origine: la perdita di Vailima. L'ordinanza che metteva fuori legge i partigiani di Mataafa minacciava esplicitamente gli Stevenson di deportazione. Quanto a Moors, i consoli pensavano di incastrarlo durante una consegna di armi ai partigiani di Mataafa.

«Mi hai chiesto dell'attività di Vailima...» riprese il trafficante in tono neutro. «Dovresti interrogare Stevenson! È lui che dirige la piantagione... Detto fra noi: un'amministrazione colabrodo! Inghiotte tutti i diritti d'autore. Lui lavora a ritmo infernale. Si alza alle cinque del mattino per scrivere. L'altro giorno mi confidava che in un anno ha completato *Il relitto*, ha redatto *L'isola di Samoa: note a piè di pagina della storia*, ha scritto *La spiaggia di Falesá* e praticamente terminato *Catriona* mentre cominciava le ricerche per una biografia di suo nonno... In totale quasi duemila pagine pubblicate... per non parlare delle lettere e degli articoli. Non ha scelta... Vailima e il mantenimento di venti persone prosciugherebbero le ricchezze dei Rockefeller in cinque anni... Sai che sono riusciti a dissodare soltanto sei ettari su centotrenta? E di quei sei ettari, quattro li avevo fatti ripulire io... Povero Stevenson, si è caricato sulla schiena un dannato peso... Per non parlare delle scopate del genero con Faamua, la moglie del suo factotum... e del legame del nipote con la figlia adottiva del dottor Funk...».

«Scherzi!» esclamò il console, estasiato e scandalizzato. «Lloyd con...».

«Che diavolo, lui ha ventiquattro anni, e la piccola è bella...».

«Un'indigena!».

Moors posò su Cusack-Smith uno sguardo carico di minaccia:

«E allora?».

«Mi stupivo, ecco tutto... Lloyd Osbourne mi pareva tanto dignitoso...».

«È noioso, questo puoi dirlo. Ma ha sangue caldo, ama le ragazze, è una cosa che vedrebbe anche un cieco, forse ha preso dal padre. Ho saputo che il primo marito della signora era un dannato donnaiolo».

«E la vecchia gentildonna come sopporta la situazione?».

«Insultandosi con la nuora».

«Cielo!» esclamò Cusack-Smith incantato dalla crudezza di Moors. «Credevo andassero d'accordo...».

«...Vanno d'accordo. Ma sono femmine: chiuse nello stesso recinto rivaleggiano... e proprio a proposito dei cattolici. Stevenson madre appartiene come te e me alla chiesa protestante... Legge la funzione protestante ogni mattina... Conosci bene la vecchia rivalità fra missionari protestanti e sacerdoti cattolici... Le pecorelle mariane di Vailima rifiutano di leggere le preghiere protestanti! Stevenson madre si è lamentata con Fanny, ma Fanny ha replicato che a Vailima la libertà di culto resterà totale. Non costringerà nessuno a pregare nel salone. Credo che questa risposta abbia mandato fuori di sé la gentildonna...».

«Che famiglia!» sospirò Cusack-Smith alzandosi.

«...Ed è soltanto l'inizio!» ridacchiò Moors. «Auguro a Louis molta fortuna per mantenere l'ordine fra tutti quegli scrocconi... Gli costerà più fatica che a me e te evitare la guerra con Mataafa...» concluse facendo l'occhiolino e riaccompagnò il console fino alla strada. Lo trattenne un momento per il gomito: «Dimmi, Cusack, a proposito di famiglia, mi hanno raccontato che la moglie di lord Jersey, il vostro governatore generale, il grande capo, se non mi inganno, di tutte le colonie britanniche in queste acque torbide, che la sua signora moglie verrà a farci visita... Significa che la regina Vittoria s'interessa alla nostra isola?».

Cusack-Smith si liberò dal braccio potente che si era infilato sotto il suo.

«Lo yacht di lady Jersey farà in effetti scalo ad Apia ma la visita non ha nulla di ufficiale. Bazett Haggard, il commissario delle zone interne, accoglierà la lady, che resterà a bordo, il che ti dice il carattere puramente amichevole e ricreativo delle sue vacanze».

«La sua presenza promette qualche ballo, allora?» insistette il trafficante. «La contessa passa per una gran dama... sportiva... intrepida... Qualche partita di polo, magari?».

«Non prima di agosto, Moors, non prima di agosto...».

«Speriamo che fino a quella data tu riesca a mantenere l'ordine...».

«Speriamo che per quella data Mataafa e il suo villaggio siano radiati dalle carte geografiche!».

Il console risalì a cavallo. Moors guardò la sagoma magra, vestita tutta di bianco alla moda coloniale, che si allontanava al passo fra i cespugli di euforbia gialla, i capannoni amministrativi e gli empori. Dopo il temporale il sole picchiava forte sulle pozzanghere. Dal monte Vaea, che dominava la baia, scendeva una calura da serra, umida e soffocante. Apia era una città soltanto di nome. Nessuna banchina nel porto, giusto un molo di legno e un pontile. Vie non selciate, strade di fango. Solo la cattedrale, tutta bianca con vetrate a colori vivaci, grandi muri e contrafforti, dava alla capitale l'illusione di esistere. Moors vide il console mettere il cavallo al trotto in direzione della penisola di Malinu'u, dove risiedeva il re... Che andava a fare da Laupepa? Sua Maestà abitava in un *fale* a malapena degno di un capo. Di fronte, nello stesso villaggio, il ministro della Giustizia si costruiva una nuova e lussuosa residenza. "Un'altra stupidaggine..." pensò Moors. "Questi bianchi sono proprio rimbambiti, non si rendono conto che umiliando Laupepa, mantenendolo nell'indigenza, ne diminuiscono il prestigio e lo rendono impopolare...".

Moors lasciò ricadere dietro di sé il battente della porta zanzariera del Tivoli Hotel e scese a sua volta per strada a slegare il cavallo. L'edificio faceva angolo con la via che conduceva a Vailima. In quel punto si raggruppavano i pochi cottage di uomini bianchi sposati con samoane. Con le piccole staccionate e le verande, erano le sole vere case di Apia. Il quartiere residenziale. A poca distanza, sotto i manghi dei giardini, si scorgevano i gruppi di *fale* dove i bianchi avevano il dovere di alloggiare la grande famiglia della sposa indigena. Un dovere d'ospitalità cui non potevano sottrarsi. Le spese per quei parenti, che si installavano stabilmente a casa loro, succhiavano le loro risorse di funzionari e li chiudevano a vita in quei recinti.

* * *

«Se Lloyd sposa quella ragazza, non sa in che guai va a cacciarsi» ridacchiò Joe.

«Pensa ai fatti tuoi» obiettò sua moglie.

Strong respinse i maialini neri che le addette alla biancheria avevano legato in lavanderia ai piedi dei tavoli da stiro. Le stiratrici erano tre fanciulle in *lava-lava* rosso sui fianchi, il petto coperto da una bandana annodata al collo. Sudavano e i piccoli seni tendevano il foulard. Joe non aveva nulla da fare, lì. Belle, che soprintendeva al piccolo gruppo, sospettava che fosse là per ronzare attorno a Faamua, che Louis chiamava "Birba". Anche la seconda moglie di Lafaele era molto generosa delle proprie grazie.

«Hai ragione» approvò Joe. «Quando un uomo ha deciso di fare una stupidaggine...».

«Lloyd non ha deciso proprio nulla».

«Ci scommetto: sarà tua madre a decidere per lui. Lo manderà per qualche settimana a San Francisco e tutto sarà risolto, fino alla prossima volta. Tuo fratello fa benissimo a divertirsi con queste ragazze. Quanto a sposarle... mica scemo! Ho visto parecchi tipi correre il rischio. Non funziona mai».

«Quel che non funziona mai» replicò Belle lasciandolo padrone del campo, «è bere, cornificare la moglie e sprecare la vita».

Uscì. Joe si avvicinò a "Birba" e la strinse fra le braccia mentre le altre due ragazze si lasciavano andare alla ridarella.

* * *

Joe doveva procurare loro ben altri grattacapi. Non contento di tradire Belle, sotto il loro stesso tetto, con le ragazze di Vailima e di diffondere in città le peggiori calunnie sulle abitudini della moglie e della suocera, si era invischiato ad Apia in una relazione con un'indigena, sotto gli occhi di tutta la comunità bianca. Questa vecchia storia, cominciata ai tempi del suo primo soggiorno a Samoa e del suo famoso ruolo di ambasciatore per conto di re Kalakua, assumerà le proporzioni di uno scandalo quando, per metter su casa all'amante, Joe le affitterà un appartamentino – a spese degli Stevenson.

Questo ennesimo gesto grossolano segnò la sua espulsione: Louis chiese al tribunale di Apia il divorzio a nome della figliastra e lo ottenne. Chiese anche l'affidamento del bambino, di cui divenne l'unico tutore legale. Come un tempo Sammy, figlio di Fanny, anche il figlio di Belle crescerà con Robert Louis Stevenson come unico referente maschile e paterno.

Austin e Belle – commenta Fanny in una lettera indirizzata alla sorella Nellie – *hanno lasciato il cottage e si sono trasferiti da noi nella casa grande. Belle occupa una camera a pianterreno, accanto all'ufficio di Louis. È diventata ufficialmente la sua segretaria. Guadagnerà quaranta dollari al mese. Scriverà sotto dettatura. Aspettiamo la visita di un nipote di zia Maggy, un cugino Balfour che Louis non ha mai visto. Abiterà con Lloyd nel cottage lasciato libero dagli Strong.*

Non una parola che tradisca la sofferenza di Fanny. Quanto doveva apparirle lontana l'epoca in cui Louis non scriveva una riga senza sottoporgliela e un paragrafo non andava in stampa se lei non l'aveva approvato. A Vailima gode, come tutti, della lettura pomeridiana del lavoro in corso d'opera. Ma la sua critica pesa ormai meno del giudizio di Lloyd. Lloyd prende appunti, a lui si chiede un parere e l'autore ne attende con preoccupazione il giudizio.

In collaborazione con Robert Louis Stevenson, Lloyd ha già scritto *Il relitto*. Colvin non ha apprezzato quel romanzo di avventure, ma i lettori si sono contesi i fascicoli a puntate. Il frutto della seconda collaborazione, *Il riflusso della marea*, è stato giudicato troppo debole dagli autori, che l'hanno lasciato nel cassetto. Ci resterà fino all'arrivo di Graham Balfour, il cugino annunciato nella lettera di Fanny.

È scozzese. Ha trentatré anni. In lui la signorilità rivaleggia con la fantasia. Un degno rampollo della stirpe di zia Maggy. Diplomato a Oxford, intelligenza curiosa, anima letteraria, il giovane si entusiasma per quella storia. Louis e Lloyd trovano in Graham un complice ideale, la sua visita durerà un anno invece del mese inizialmente previsto. Il trio si capisce a cenni... E il clan dei giovani si ripromette di divertirsi molto, a Vailima.

Quell'inverno gli abitanti di Apia sentirono parlare molto più delle malattie di Fanny Stevenson che della salute dell'illustre marito.

Vailima III, *agosto 1892 – luglio 1893*

Lloyd, il viso rivolto verso la piccola figura della madre, chiuse dolcemente la porta. Fanny soffriva di spaventosi dolori alle reni. Il dottor Funk aveva diagnosticato coliche nefritiche, la morfina non le alleviava.

Sdraiata in camera sul divano, accolse il figlio con quel sorriso timido che lo turbava fin dall'infanzia. Per lui, soltanto per lui, aveva mantenuto la pazienza, il silenzio e l'avvolgente dolcezza che lui cercava nelle donne indigene. Lloyd le amava piccole, di pelle molto scura e occhi neri e fissi. Come la madre.

Fanny non aveva mai colmato il figlio di tenerezza; carezze, coccole, parole d'amore bisbigliate all'orecchio. Ma Lloyd non aveva mai dubitato che lo amasse. Lo amava con forza, lo amava con sollecitudine e vigilanza, lo proteggeva, lo circondava d'attenzioni, lo vegliava. Con Fanny viva nessun male avrebbe potuto distruggere Lloyd Osbourne. Lui lo sentiva, l'aveva sempre sentito.

Lloyd aveva condiviso tutto con lei, gioie e lutti. Assieme avevano perduto Hervey e avevano scoperto Grez. Assieme avevano amato Louis, zia Maggy e l'Inghilterra. Tale era stata l'impressione di Lloyd fino allo scontro con Henley. Lloyd aveva amato Henley, turbinoso poeta, con tutta la forza del giovane cuore. Lo considerava il proprio mentore letterario. Terribile era stata la delusione quando, tornato in Scozia per andare a prendere zia Maggy, Henley aveva rifiutato di riceverlo. Il giornalista aveva mandato a dire che non si presentasse e non scrivesse, in nessun caso avrebbe avuto risposta. Lloyd non aveva lasciato trasparire nulla del dolore provocato da quel rifiuto. Ma la madre sapeva. Sapeva tutto. Egli provava per lei un sentimento simile a quello che le testimoniavano gli indigeni. Curiosa mescolanza d'amore e timore. Diffidava dei suoi poteri, la teneva a distanza, ma non riusciva a viverle lontano. Lafaele non sapeva più quali pretesti inventare per salire in camera di Fanny e quando ci entrava restava pietrificato dalla paura. Così Lloyd: mai entrava dalla madre senza una punta d'apprensione. Il mistero di Fanny restava impenetrabile. La pelle di tigre del sofà e l'orma del piede impressa sul soffitto procuravano a Lloyd la stessa vertigine che provocavano ai servitori. Lafaele sorrideva educato quando Fanny gli spiegava che quel piede era soltanto la traccia del passaggio di qualche operaio sulla vernice, impressa *prima* che il pannello venisse inchiodato alla volta. Così Lloyd: assentiva alle parole della madre ma non ci credeva. Tamaitai comandava agli spiriti. Nella sua camera gli *aitu* passeggiavano in libertà.

Il luogo tuttavia non aveva nulla di inquietante. Non somigliava più alla bottega di rigattiere d'altri tempi. Gli appartamenti di Fanny occupavano l'ala destra della casa e i finestroni facevano angolo, aprendosi sul mare e su un campo da tennis. La doppia esposizione rendeva la stanza tanto luminosa che il verde delle pareti al sole pareva blu. I tendoni color topazio del letto, gli sgabelli ocra sotto la finestra, il tappeto turco ad arabeschi gialli, tanto folto che i piedi nudi affondavano fino alla caviglia, tutto invitava il visitatore al benessere.

Lloyd prese la mano che la madre gli tendeva e sedette al suo fianco su uno sgabello. Quel gesto non pareva da lui. Come immaginare che quell'uomo biondo di un metro e ottanta, dall'andatura rigida che accentuava l'impressione di miopia, fosse nato da quella donna? In piedi Fanny gli arrivava a malapena al petto. A cinquantadue anni continuava a essere agile e svelta almeno quanto lui pareva rigido e lento, passionale e violenta quanto lui pareva freddo. Nelle vene di Lloyd scorreva tutto il retaggio della famiglia Vandegrift. Il vento del nord soffiava sulla sua mente caustica e capace di scherzare senza un sorriso.

«Guarda» disse lei, indicandogli il paesaggio.

Si intravvedeva fra le cime il grande oceano scintillante, bianco sotto il sole...

«...Non rivedrai mai quel che abbiamo adesso dinanzi agli occhi... Quest'ora è fuggevole... Ma prolunghiamo per un istante il piacere».

Ebbe coscienza della sorpresa, dell'inquietudine quasi, di Lloyd, e sorrise:

«Mi trovi un po' bizzarra? Perdonami... Funk mi ha prescritto un farmaco. Mi sento molto meglio ma forse mi mette in uno stato strano... Vedi» proseguì, riprendendo la mano del figlio, «mi rincresce tanto che zia Maggy si annoi qui con noi... Perché si annoia, vero? Vorrebbe convincerci ad abbandonare la piantagione e andare a vivere nelle colonie, in Nuova Zelanda per esempio... Penso che sarebbe più felice a Vailima se avesse da fare... Ma non riesco a trovare qualcosa che la diverta... Mi è talmente difficile immaginare che lei possa preferire una vita sociale, un universo in cui gli uni e gli altri si scambiano biglietti da visita con gli angolini piegati, una vera chiesa, veri ricevimenti, la siesta della domenica... Che qualcuno possa preferire queste cose alla vita paradisiaca che facciamo qui... Ci si sente così vicini a Dio, a Vailima!».

Lloyd gettò ancora uno sguardo inquieto alla madre. Era davvero il nuovo farmaco che la metteva in quello stato d'estasi che lui non le conosceva?

«Dimmi...» riprese lei con voce d'altri tempi, voce bassa senza inflessioni, mai più sentita dopo l'arrivo alle Samoa, quella voce d'acqua sotto il ghiaccio, strana, insidiosa, «dimmi, come sta Belle? Sono preoccupata per lei... Da quando è arrivato Graham è stranissima... Sai com'è tua sorella... Capace di seguire qualsiasi uomo purché abbia una bella testa e talento. Devo dire che paragonato a quell'infame di Joe, Graham Balfour è una delizia. Si è fuso in tutta naturalezza nella famiglia. Ha trentatré anni, ma Belle dimentica che lei ha vissuto così tanto più di lui... Lei...».

Lloyd evitò di far notare alla madre che lei fosse molto più esperta della vita rispetto a lui.

«Tua sorella è un bel tipo. Ha il cervello di una zucca. Parlale tu... Ti ascolterà. Da me non accetterà nulla... Se Graham si innamorasse di lei, che fortuna! Sarei la prima a congratularmi. Ma quell'uomo non è per lei... Non voglio che soffra, capisci?... E non voglio che a Londra si dica di noi che ci avventiamo tutti sulla famiglia di Louis... Lady Jersey sarebbe troppo felice di raccontare dappertutto che mia figlia dà spettacolo di sé...».

«Lady Jersey?» si stupì Lloyd. «Proprio per nulla! Si è affezionata a Belle, vanno d'accordo, sono il gatto e la volpe... La contessa è deliziosa, mamma. È una grande ammiratrice di Louis. Conosce le sue opere a menadito. Anche *L'isola di Samoa.* Domani la porteremo a incontrare Mataafa».

Se Lloyd avesse visto l'espressione della madre avrebbe probabilmente frenato l'impeto.

Senza dire una parola lei si alzò, attraversò la stanza e scomparve in corridoio.

«Tu dici che lavori per la pace, Louis» esplose Fanny facendo irruzione nello studio, «ma se fai questo sarai proprio tu a scatenare la guerra!».

«Se faccio cosa?» si spazientì lui.

Non tollerava di essere interrotto mentre dettava. Belle, col manoscritto sulle ginocchia, si rannicchiò, piccola piccola sullo sgabello.

«Portare lady Jersey al campo di Mataafa! Quella donna, che tu dici tanto brillante, tanto coraggiosa, tanto letterata... Quella donna è la moglie del governatore del Nuovo Galles del Sud. Rappresenta la regina... La "tua" regina, che considera Mataafa un ribelle, un fanatico, un uomo da abbattere...».

Louis si dominò, posò le carte e, prendendo Fanny per il gomito, la guidò fino al divano che gli serviva da letto. Belle ne approfittò per svignarsela.

Simulando calma Louis disse: «Per l'appunto: che lady Jersey constati la buona volontà di Mataafa, ne giudichi la saggezza... Capisca che ha sempre trattenuto le sue truppe, che non cerca la guerra e che senza di lui e i suoi sforzi oggi Upolu sarebbe devastata!».

«L'incontro di un personaggio ufficiale, qual è lady Jersey, con Mataafa mette il console britannico in una posizione impossibile nei confronti delle altre due potenze. Vuoi a tutti i costi esasperare i tedeschi? Come si potrà dimostrare loro che l'Inghilterra non tradisce gli impegni presi, che non è diventata sostenitrice di Mataafa a loro insaputa?».

Fanny, resistendo alla pressione di Louis, rifiutava di sedersi. Mentre lui tentava di accomodarsi fra i cuscini, gli parlava dall'alto:

«...Costringerai lord Jersey e Cusack-Smith a piombare su Mataafa per provare la loro buona fede! I tedeschi aspettano soltanto l'avallo degli inglesi, per attaccare...».

«Nessuno deve sapere che la dama che mi accompagna è moglie del governatore: non è la prima volta che vado a trovare

Mataafa nel suo villaggio... la presenterò come mia cugina, miss Amelia Balfour...».

«Oltre a tutto il resto vuoi pure mentire a Mataafa? Ti comporti in modo non soltanto ignobile, ma stupido. Speri di ingannarlo? Nessun segreto può esser tale in quest'isola, le voci si propagano in un lampo. Mataafa non fiuterà l'inganno. E i consoli saranno informati all'istante».

Coi nervi a fior di pelle Louis saltò su. Si squadrarono.

«Fanny, sei paranoica!... Vedi il male dappertutto... Questa gita non farà altro che aiutare la causa di Mataafa. Ad Apia nessuno ne saprà nulla. Sarà un'avventura così esaltante... Ho appuntamento domani all'alba con lady Jersey. Ci troveremo all'ultimo guado del fiume Papase'ea. Belle, Lloyd e Graham mi accompagnano... E tu se vuoi sei la benvenuta!».

«Esaltante, come dici, questa gita!... Tu giochi alla guerra, Louis, come un tempo giocavi ai soldatini di piombo con Lloyd, come ci giochi ancora oggi con Austin... E ora con quella donna vanitosa e volgare, lady Jersey!».

«Non capisci, Fanny...» disse lui raddolcendosi. «Io voglio morire con gli stivali ai piedi! Annegato, caduto da cavallo, buttato giù da una fucilata. Non importa come, pur di non passare di nuovo per la lunga disintegrazione di Bournemouth...».

«Sì che capisco! Il tuo egoismo mi rivolta lo stomaco. Sei della stessa pasta dei Cusack-Smith... E di tutti i bianchi di Apia... Tu. Tu. Tu. Pensi soltanto al tuo piacere... Loro sono mossi dal denaro, dall'interesse. Tu dall'avventura. Sei incapace di rinunciare al piacere di un'avventura, anche se costerà la vita agli esseri che dici di difendere... Gli indigeni patiranno per questa tua gita "tanto esaltante". Te ne infischi, purché il tuo cuore batta e tu ti senta vivo».

Gli lanciò un'occhiata feroce, metà disprezzo metà minaccia:

«Se domani porterai lady Jersey da Mataafa, Robert Louis Stevenson non è l'uomo che credevo...».

«Non sarei Robert Louis Stevenson» rispose lui nello stesso tono, «se mi piegassi alla tirannia di una contadina isterica».

Sbatté la porta e la lasciò sola.

*

"Mi piacerebbe molto che l'indole artistica di Louis ricevesse una monumentale punizione, che le pretese aristocraticamente scozzesi di questa famiglia ricevessero una di quelle umiliazioni da cui non ci si rialza" pensava Fanny con cattiveria, ascoltandoli ridere e progettare la spedizione dell'indomani.

A capotavola, non apriva bocca. Aveva il viso severo e concentrato. I gesti lenti e prudenti. Si teneva a freno. Non voleva dire nulla. Non voleva parlare della catastrofe che sentiva arrivare. Si teneva a freno, con fermezza. Si concentrava, riuniva tutte le forze per custodire quel prigioniero astuto, la sua mente... Si aggrappava alla tavola con il terrore di lasciar sfuggire i pensieri che le divoravano l'anima. Se non fosse stata attenta, avrebbe gridato a tutti le sue minacce, il suo disprezzo. Si aggrappava alla tovaglia, piantando le unghie nel tessuto damascato.

D'improvviso i muscoli si rilassarono, la volontà cedette. Come se qualcosa si spezzasse, nella testa, e si precipitasse col fragore e il calore d'un incendio... Era necessario che Belle se ne andasse, che zia Maggy se ne andasse, e anche Lloyd e Graham, e che lei restasse sola con Louis... Soli, loro due... A meno... A meno che non andasse via lei...

Saltò dalla sedia, attraversò l'atrio e, scendendo a precipizio i due gradini della veranda, si ritrovò sul prato. Talolo e Lafaele litigavano a voce bassa sulla soglia della cucina, una costruzione a sé stante e un po' discosta. Sollevarono la testa. Videro con sorpresa i lineamenti scomposti di Tamaitai. Scomparve nell'ombra per ricomparire accanto ai due senza aver coscienza della loro presenza. Camminava sul prato avanti e indietro a grandi passi fra la cucina e il monte Vaea, sussurrando e gesticolando. I due finirono per assopirsi senza smettere di sorvegliare la strana padrona. Pensavano che Tusitala avrebbe finito per chiamarla perché tornasse a coricarsi. Ma Tusitala non chiamò.

Al levar del sole Louis, Belle, Graham e Lloyd, come una banda di cospiratori, si intrufolarono nella scuderia. Sellarono i cavalli e si avviarono verso la città in una misteriosa cavalcata.

Vuota. La casa era vuota. Zia Maggy forse era intenta a lucidare il cuoio dei libri, proteggendo le rilegature dall'umidità devastatrice. A meno che non fosse scesa nel recinto delle cavalle, col cappello di paglia, i guanti da giardinaggio e un cestinetto al braccio, per dare la caccia al *lantau*, un'erba che accusava di avvelenarle il cavallo. Se per caso un visitatore fosse apparso sul sentiero, zia Maggy sarebbe risalita rapidamente verso casa, sarebbe entrata nella sua camera dalla porta posteriore e sarebbe riuscita pochi istanti dopo in cuffia coi cannoncini e abito di taffetà nero. Graziosa e sorridente avrebbe interpretato con amabilità il ruolo dell'ospite, soprattutto se il visitatore fosse stato il pastore Clarke o qualche missionario.

Accovacciata sulle rocce calde, scabre, della cascata, dove il fiume non scorreva più perché in agosto il bacino era secco, Fanny scrutava sopra di sé il monte Vaea. Detestava quel monte con le sue foreste e l'ombra eterna.

Quel mammellone enorme, simile alla montagna di un disegno infantile, lo si vedeva dappertutto. Lo si vedeva dal mare, lo si vedeva da Apia, dall'ingresso di Vailima, dalla veranda, dalla camera di Louis... E si sentivano i suoi abitanti, di giorno gli uccelli, di notte i pipistrelli. Frusciava sempre. Anche il suo silenzio, si sentiva. Tutti parlavano del monte Vaea. Lafaele, terrorizzato dagli spiriti, rifiutava di avventurarvisi. Talolo, Sosimo, Faamua raccontavano d'averci incontrato l'*aitu* Fafine, una donna vampiro che attirava il passante nel bosco per succhiargli il sangue. Anche il pastore Clarke evocava le battaglie avvenute là meno di vent'anni prima. In maggio i *boys* avevano trovato i resti di uno scheletro, un corpo per due crani. Ne avevano dedotto che si trattava di un guerriero morto mentre riportava come trofeo, secondo le usanze, la testa del nemico... E Louis, che ogni mattina guardava la vetta del monte, lo evocava soltanto per parlare della propria morte: «Voglio essere sepolto lassù, la cima del monte Vaea sarà la mia tomba».

Sopra di lei la montagna esalava una sorta di respiro nel quale si confondevano la paura di Fanny e la sua opprimente solitudine. Si guardò attorno. Grosse lucertole nere si contorcevano al suolo e scomparivano fra le pietre. Piccoli frutti si staccavano dagli alberi, cadevano di ramo in ramo, con un rumore secco di bomba a mano che viene innescata, e andavano a esplodere ai suoi piedi. Era sotto la mira di una mano maldestra? Sul limitare del bosco l'erba tremava ancora. Dalla cascata alla boscaglia correva un fremito. Neppure un alito d'aria. Qualcuno era appena passato di là? L'*aitu* Fafine cercava di trascinarla nella boscaglia? Fanny si alzò e penetrò in uno stretto passaggio, un sentiero nero, melmoso, che si addentrava fra gli alberi e non portava da nessuna parte. Avanzava, sconcertata, snervata dalla violenza della vita tropicale. Tutto là aveva bisogno del sole per meglio fermentare nelle tenebre. Al pari di Vailima la foresta sembrava tutta fiori e colori, ma quell'allegria non era altro che la fioritura della morte... La terra di Vailima, promessa di gioia e di bellezza, conteneva soltanto veleno e marciume... Il cielo di Vailima, coi suoi tralicci di liane enormi, non faceva altro che nascondere il vuoto.

Vacillò, preda del terrore che una forza sconosciuta si fosse impadronita della sua anima. Cadde a terra, si lasciò stordire dal sole che filtrava vigoroso tra le foglie. Rotolò fra i tronchi, si nascose nell'erba. Restò là, guardando in alto, perdendosi in quel miraggio tiepido e profumato, lasciando dissolvere quel che restava delle sue forze.

D'improvviso si sentì placata. Dimenticò la collera e la disperazione.

Il ricordo dell'amore per Louis, delle battaglie per tenerlo in vita, delle ambizioni e delle sconfitte, evaporava lento in quell'umidità che scioglieva il rimpianto e la speranza.

* * *

La piccola banda rimase assente due giorni e due notti... Sarebbero tornati certo in serata... Perché non andar loro incontro? Tutti i pensieri di Fanny si concentravano ormai nell'attesa di quel ritorno... Avrebbe chiesto perdono a Louis di non essergli più indispensabile... e tutto sarebbe tornato come prima. Sì, avrebbe detto a Louis quanto avesse sofferto perché lui non aveva più bisogno di lei, quanto avesse temuto che la respingesse, la mandasse via. Gliel'avrebbe detto. E tutto sarebbe stato come prima! Sarebbero stati nuovamente uniti. Loro due, soli, a combattere assieme contro l'universo.

Lasciandosi alle spalle la strada per Vailima, scese a piedi verso il villaggio. Dietro la curva, all'incrocio con la via per Apia, sentì un uomo che rideva forte e allegramente. Era la voce di Louis. Si fermò ad ascoltare, ma i cavalieri le comparvero davanti e passarono al galoppo senza vederla.

Al ritorno dalla spedizione Louis e Lloyd, Belle e Graham non la trovarono. Stremati, con la testa piena d'immagini e di sogni, andarono a dormire. Di comune accordo avevano deciso di non vantarsi con Fanny delle loro imprese. Non raccontarono nulla.

Tre giorni dopo il ritorno, nell'atrio dove la famiglia era riunita, Fanny scoccò a Louis un'occhiata feroce. La gita da Mataafa aveva provocato l'incidente diplomatico previsto. Lady Jersey era tornata mogia mogia dal marito che soffocava di rabbia. Cusack-Smith aveva quasi di certo pronto un ordine di deportazione per la famiglia Stevenson. Le tre potenze si armavano per la guerra e la Gran Bretagna forniva con generosità uomini e munizioni alle truppe di Laupepa.

Stevenson fumava in silenzio, preparando mentalmente i capitoli che l'indomani avrebbe dettato a Belle. La sua calma faceva alla moglie l'effetto di un affronto. Perché non parlava, quell'egoista, quell'incosciente, quell'indifferente? Esauriva con Belle tutti i piaceri della conversazione? Le chiacchiere di quella tizia insipida lusingavano il suo orgoglio stanco? O col silenzio tentava di torturare Fanny? Era chiaro che non la giudicava più degna di tenere in mano una penna e di capire le sue elucubrazioni d'artista! Preferiva le bianche manine di quella civetta di Belle, che non toccava un rastrello manco morta per timore di sciuparle. Fanny Stevenson non aveva nulla da spartire con quella gente. Doveva tornare fuori, all'erba, all'acqua, alla terra... Sì, la foresta la chiamava. Si alzò e corse verso la porta. Passando rovesciò il tavolino con il decantatore e i bicchieri d'alcol. Nel fracasso e nell'attimo di stupore che seguirono, nessuno reagì. Soltanto Belle esclamò:

«È diventata completamente pazza!».

Per la prima volta qualcuno esprimeva quel che Louis da mesi non osava manifestare. Si precipitò dietro Fanny.

Lei si addentrava nella boscaglia, l'andatura allucinata di un essere che insegue uno spettro. Quando raggiunse la cascata si fermò, l'espressione del viso attenta, come se ascoltasse una voce. Il sudore le imperlava la fronte. Sopra di lei si ergeva il monte Vaea, nero contro il cielo ancora più nero. Il silenzio. Quell'immobilità del mondo le pareva un rimprovero, un'accusa. La sicurezza non esisteva, da nessuna parte. Meno che mai fra le braccia di Louis e di Lloyd che l'avevano raggiunta e tentavano di riportarla indietro. Traditori. Spie e ipocriti. Desideravano soltanto sbarazzarsi di lei... Perché volevano strapparla alla terra che la esigeva? Combatteva contro l'impressione di essere sconfitta in partenza. Si confondeva, ricadeva nella tenebra. La riportavano verso Vailima. Resisteva con tutte le forze. D'improvviso abbandonò la lotta.

Sdraiata in camera, fu percorsa da un gran brivido. Respingendo brutalmente, con disgusto, la mano di Belle che le si posava sulla fronte, saltò giù dal letto per avventarsi verso la porta.

«Louis!» urlò la giovane.

Quel nome risuonò nella notte e inchiodò Fanny. Restò in piedi, immobile, per un momento. Ansimava penosamente cercando di controllare il respiro. Stevenson comparve sulla soglia.

«Non mi tollera» spiegò Belle in lacrime. «Non permette che mi avvicini... Mi odia».

«Vai a dormire. Stasera la veglierò io. La veglierò tutte le sere».

Belle uscì. Louis si avvicinò dolcemente a Fanny, le afferrò le spalle e la girò verso di sé come aveva fatto la prima volta nella barca di Grez.

«Cos'è che cerchi di dirmi?» chiese con voce tenera e supplice. «Cos'è che devo capire, Fanny?».

Lei posò la fronte sul torace magro di Louis. La testa scoppiava.

«Tu parli» bisbigliò, «parli sempre. E non dici nulla».

«Piccola mia» sussurrò lui stringendola al petto, «parlare è una cosa tanto difficile. Si parla e non è mai quel che si sarebbe voluto dire... Meglio il silenzio. Meglio la gentilezza, il riguardo, l'indulgenza...».

Lei si staccò bruscamente ed esclamò: «Ma io muoio di quest'indulgenza!».

«Bene» disse lui cercando di essere allegro, «non ti perdonerò più nulla, sarò spietato... E domani mi dirai tutto quel che volevi gridare stasera. Ora torna a letto».

Fanny obbedì. S'addormentò subito di un sonno pesante e senza sogni. Poteva riposare soltanto se Louis la vegliava.

«Sta per morire, dottore?».

Quella frase che Fanny aveva ripetuto per quindici anni, quel giorno la pronunciava Louis. L'angoscia, la sofferenza, la compassione, lo sguardo sconvolto posato sulla testolina risolutamente rivolta al muro, la dicevano lunga sui suoi sentimenti.

«Non credo che sia in pericolo di vita» mormorò il dottore chiudendo la borsa.

Barbetta, lunghi baffi spioventi, capelli grigi a spazzola, il dottor Bernard Funk, qualunque cosa succedesse, affettava l'ottimismo più beato. Il suo brio, i suoi sigari e la sua canna da passeggio appartenevano al paesaggio di Apia. Era arrivato dodici anni prima, nel febbraio 1880, per conto di Ets Godefroy and Son, la più grande compagnia che trafficava in copra. Ex chirurgo dell'esercito prussiano durante la guerra francotedesca, aveva studiato medicina a Berlino e a Tubinga. Ma il suo pallino era la meteorologia. Affermava spudoratamente che studiare le nubi gli interessava molto più che studiare i pazienti.

«...Stia tranquillo, la sua vita non corre alcun pericolo».

«E la sua ragione?».

Fino a quel momento Belle non aveva mai veramente compreso l'amore del patrigno per Fanny... L'inflessione della voce, le mani che tremavano, le notti e i giorni accanto a lei dicevano quanto la amasse, tutto in lui urlava passione e terrore di perderla.

«La ragione... Non è escluso che si spenga».

«Definitivamente?».

Il dottor Funk fece un gesto ampio con la mano. Assenso? Ignoranza? Il tedesco si alzò...

L'intuizione non aveva ingannato Belle, all'arrivo a Vailima, e Joe era soltanto un imbecille... Robert Louis Stevenson non abbracciava Fanny negli angolini, non la chiamava «cara» e non la prendeva fra le braccia in pubblico: per questo avevano creduto raffreddata l'antica tenerezza... Che Fanny fosse sempre innamorata del marito – era palese, era certo. Che lui avesse conservato stima e riconoscenza – nessuno ne dubitava. Ma perché non avevano notato i segni di attaccamento carnale che ora balzavano agli occhi?

Il mese precedente, facendo il gioco della verità, Louis aveva dato dieci su dieci a Fanny per la bellezza... Belle aveva interpretato il complimento come una gentilezza. Errore. A cinquantatré anni Fanny Vandegrift restava per Stevenson l'incarnazione della femminilità. Strana. Imprevedibile. Inafferrabile.

Aveva la forza e il mistero del felino.

Louis, come Lloyd, amava le donne dalla pelle olivastra. Amava le spalle tonde; le mani piccole, brune e nodose; gli scuri fondoschiena e i piedi sempre nudi... Belle, in tutti quegli anni, non aveva compreso l'essenziale della vita di Vailima.

Scortò il dottor Funk nel corridoio, come un tempo faceva a Sydney quando Fanny, dopo una visita del medico, restava per un momento sola al capezzale di Louis.

«Lei crede, dottore» chiese la giovane donna con difficoltà, «lei crede che mia madre stia diventando pazza?».

«Cos'è la follia?» filosofeggiò Funk. «Cos'è la follia?».

«Rifiuta di mangiare. Rifiuta di parlare. Resta sempre voltata verso il muro. Non riusciamo a distrarla... È come se non ci sentisse...».

«Poco fa mi parlava di delirio?».

«Ha d'improvviso quasi delle allucinazioni. Vede cose».

«Che dice?».

«Frasi senza senso».

«Ma che dice?» insistette il medico.

«Ho l'impressione che confonda il passato e il presente... Che creda di essere qualcun altro...».

«Chi?».

«Credo riviva l'agonia del mio fratellino... Che soffra la sofferenza di lui». Belle fece una pausa. «Qualche volta sussurra frasi che non capisco».

«Per esempio?».

Imbarazzata, Belle esitò:

«Dice... che Louis sta costruendo una stalla per mungerla... Che...».

La giovane scosse dolorosamente la testa:

«Che...?» ripeté il tedesco.

«Che lui la prende per una vacca da latte».

Funk fece una risatina:

«Pur nel delirio sua madre non è priva d'umorismo...».

«Lei trova?» borbottò Belle.

«Mrs Stevenson utilizza alla lettera le espressioni che traducono i suoi motivi di risentimento...».

«Quali motivi?».

«Lo ignoro... Se li conoscessi, sua madre sarebbe già guarita» pontificò il dottore. «Da vent'anni vive sotto tensione... E gli ultimi due anni non sono stati facili... Ma la vita non è mai facile, nevvero?».

Il dottore fece una pausa, come valutando la straordinaria giustezza dell'ultima riflessione. Poi, togliendo gli occhialini per guardarsi attorno:

«Questa villa, per esempio, Vailima, che impresa! Costruita in sei mesi... Si rende conto? In sei mesi edificare una casa come questa in un luogo come questo? Un miracolo!... Entrando ho visto che hanno finito il tetto del nuovo edificio. Vi ingrandite? Raddoppiate lo spazio?».

Belle eluse:

«Questa... questa malattia potrebbe... sarà la menopausa?».

«Perché no?» assentì Funk. «In sua madre i sintomi dei mali più benigni si presentano moltiplicati per dieci... Tutto quel che la tocca pare più grande e più ampio che fra i comuni mortali... Forse in fondo soffre soltanto di menopausa, un disordine naturalissimo... A meno che... A meno che non sia stata colpita dal morbo di Bright...».

«Cos'è?».

«Una nuova malattia. Conosciamo i sintomi soltanto da vent'anni...» Funk fece un lungo e profondo sospiro. «E le nostre care Samoa sono tanto lontane dagli ospedali, dalle università e dagli scambi di informazioni fra colleghi... Per quel che ricordo, il morbo di Bright distrugge i reni provocando turbe di coscienza... Può modificare il comportamento... Da due anni curo sua madre per le coliche nefritiche... E se i calcoli avessero sfasciato tutto il sistema?... Ben inteso la malattia, come lei suggerisce, può anche non essere soltanto fisica».

«La follia, vuol dire?».

«La schizofrenia» rettificò Funk. «Non le erano già capitate vertigini, perdite di memoria... Alla morte del figlio...?».

«Ma i suoi disturbi non somigliavano... non somigliavano a questa cosa! Lei non può immaginare com'è quando... quando perde la testa...» ansimò Belle spaventata al ricordo di certe scenate. «Qualche volta ho l'impressione che...».

Non concluse la frase. Appoggiandosi alla balaustra della veranda lasciò che lo sguardo corresse sulla piantagione:

«...Ho sognato che dava fuoco a Vailima...» riprese, «e che alimentava l'incendio gettandoci i libri del mio patrigno...».

«Adesso è lei a esagerare, cara bambina...».

«...Come se mia madre, incapace di raggiungerlo nella gioia, cercasse di trascinarlo alla morte... Qualche volta ho l'impressione che voglia ucciderlo!».

«Se c'è una cosa della quale sono assolutamente certo» la

interruppe allegramente Funk, «è l'assoluta devozione di sua madre a Stevenson».

«Proprio per questo... L'amore, l'odio, due facce di una stessa medaglia?».

«Psicologia spicciola!».

Il poco silenzioso dottor Funk non lasciò il pomolo della canna da passeggio per scuotere l'indice in segno di biasimo:

«Lei...» sgridò in tono complice, «lei ha letto troppo *Lo strano caso del dottor Jekyll*. Prenda una boccata d'aria e lasci perdere queste idee morbose!».

Attraversavano il prato, andando a piccoli passi verso Lafaele che portava per le redini il cavallo del medico. Deliziosi profumi salivano dai boschetti, dai frutti e dai fiori.

«...Là: guardi gli ananas come stanno bene...» andava in estasi l'ometto. «Talmente colmi di succo... Scommetterei che superano gli otto chili... Approfitti di Vailima! Approfitti, signora Osbourne! Il frutteto è ricco... E la luce, che bella, che cruda... Con questo cielo plumbeo, questo mare grigio, questi grandi alberi fosforescenti, si può credere di essere in Scozia dopo la pioggia... Erano le goccioline rosse del vostro caffè che fiammeggiavano agli ultimi raggi del sole. Scende la sera. Lei sa quanto la notte qui venga veloce...».

Il dottore interruppe i voli pindarici per infilare la canna da passeggio nella fondina e salire a cavallo.

«Mi tenga al corrente...» gridò allontanandosi al trotto.

Belle incrociò freddolosamente le braccia sul petto. Non riusciva a decidersi a rientrare a casa. Restava inchiodata al prato come un grosso fiore fra le cime fonde dei manghi, le foglie lucenti dei banani e i frutti ammaccati dei *chirimoya*. «...Approfitti, signora Osbourne!». Quando Funk l'aveva chiamata col nome da ragazza, aveva avuto la penosa impressione che si rivolgesse a qualcun altro. "Signora Osbourne" era sua madre. «Prenda una boccata d'aria, signora Osbourne» aveva detto il medico di Hervey dopo la morte del piccolo... E ormai la signora Osbourne era Belle. Fino a che punto avrebbe seguito le orme della madre?... La giovane fece un lungo sospiro di tristezza... Graham Balfour non sarebbe stato il Louis Stevenson della situazione, non si sarebbe innamorato di una donna divorziata e con prole... Comunque non di una signora Osbourne... Sapeva di essere attraente, piena di fascino e di vita... Ma pareva che Graham Balfour non se ne accorgesse... Perché? Non aveva quel che aveva avuto la madre per sedurre un uomo così sofisticato?... Belle Osbourne era forse troppo sana? Troppo aperta, pensava con amarezza... Sul suo viso si leggeva come su un libro spalancato... Nessun segreto, nessun mistero.

Con lentezza Belle si voltò verso Vailima. Accanto alla casa, un po' distaccato, si innalzava il nuovo edificio... Vailima, l'opera di Fanny, concluse malinconicamente la giovane... Smisurata. Esotica. E violenta... Vailima era la storia di un uomo all'apice della gloria; di un palazzo su un'isola, che serviva da scrigno al genio; e di una donna alle prese con la follia nel segreto delle alcove: un racconto fantastico degno di una fantasticheria Vandegrift, una favola nata dall'immaginazione materna. *Cime tempestose*, riveduto e corretto da Fanny Stevenson...

Belle risalì i due gradini della scalinata. I piedi nudi, silenziosi, avanzarono fino alla porta. Ritardò il ritorno alla camera verde e si appoggiò allo stipite... Per fortuna Austin era dalla zia Nellie, a Monterey. L'avevano mandato lì a settembre, per tutto l'anno scolastico. Una separazione che a Belle era costata tanto, ma quella sera diventava un sollievo. Il figlio ormai dodicenne frequentava una scuola e giocava coi ragazzi della sua età... Zia Maggy passava l'inverno in Scozia. Era andata a far visita alla sorella e a vendere la casa al 17 di Heriot Row. L'estate successiva avrebbe portato i mobili, i quadri rimasti, i cristalli, i soprammobili, tutti gli oggetti della tradizione

Stevenson, che avrebbero trovato posto nella seconda ala della casa. Lo scalone d'onore, largo due metri, portava alle camere previste per una famiglia molto numerosa... Oddio! pensò Belle, come aveva potuto dimenticare quel dettaglio? Perché non l'aveva segnalato al medico?... Nel suo delirio Fanny credeva di aspettare dieci figli di Louis – dieci figli che portava in sé! Si vedeva con un ventre tanto enorme da non potersi muovere... Era quella rotondità – spiegava – che l'aveva costretta a portare l'*holoku* per tutti quegli anni. Era incinta!... Quando Belle le aveva dimostrato la vacuità di quell'illusione, Fanny era scoppiata in lacrime. Voleva scusarsi con Louis. Farsi perdonare. Sì, doveva assolutamente perdonarla di non avergli dato tutti i bambini che desiderava... Durante quella scenata si era tappata le orecchie quando Louis aveva giurato che si sbagliava, lui non voleva figli, non li aveva mai voluti, non avrebbe fatto a nessuno il dono della sua cattiva salute.

Belle inspirava profondamente l'aria della sera... Ancora qualche momento prima di risalire... Lei sapeva. Sapeva che Louis mentiva. Nelle lettere a Edmund Gosse che le aveva dettato, Louis confidava all'amico il dolore dell'uomo che morirà senza lasciare discendenza. Il temibile istinto di Fanny non l'aveva ingannata...

Domani, pensò Belle, racconterò al medico anche questa sofferenza.

Quel vecchio Funk se l'è cavata come meglio non potevo sperare...– scrive Robert Louis Stevenson alla madre il 17 aprile 1893. *Nel bel mezzo di tutti questi drammi Belle è crollata. Penso che i suoi disturbi siano stati dovuti soltanto all'ansia e all'eccesso di lavoro. Talolo e Sosimo si sono ammalati entrambi, con ascessi. Che casa incantevole! Sono stato estremamente contento che tu non fossi qua... Ora tutti ci siamo ripresi, o siamo perlomeno sulla via. (Belle protesta a proposito di quel che ho appena detto. Insiste perché ti dica la verità, Fanny non sta meglio.) È vero che stamattina pare sia regredita, ma sta molto meglio di quest'estate.*

(Sta a letto – interviene la segretaria. *Non fuma, rifiuta di mangiare o di parlare. Louis non vuole allarmarti, ma credo tu debba sapere qual è la preoccupazione quotidiana, quaggiù... Mi piacerebbe che mamma si interessasse a qualche cosa, qualunque cosa. Belle.)*

Forse Belle ha ragione, ma preferisco permettermi il lusso di un po' di speranza.

Ci siamo interrotti per pranzare e penso, al contrario della distinta segretaria, che Fanny stia molto meglio di ieri.

(Lasciamo stare! Non ha fatto colazione e non ha pranzato. Se questo è "star meglio"... B.)

Il 20 aprile, stavolta scrivendo a Colvin, Louis e Belle aggiornano la situazione.

Fanny sta veramente meglio. E chiederò a Belle di controfirmare questo bollettino sanitario, il che dovrebbe servire a provare che non è una mia illusione e che non baro per rassicurarvi tutti.

(È vero. Sta meglio. Belle.)

La notte scorsa i gatti ci hanno svegliato attorno alle dieci. Belle non era ancora a letto. Perciò siamo andati tutti e tre nella mia camera, abbiamo bevuto un grog e fumato una sigaretta. Eravamo allegri quasi come ragazzi in gita. È stato meraviglioso. Fanny era gentilissima e non sembrava assolutamente malata. Ieri per la prima volta è uscita. È andata con l'ombrello nel frutteto e mi ha sfinito – volevo seguirla dappertutto.

Un mese dopo, nel maggio 1893, Louis trionfante esclama: *Sta nuovamente bene. Pare calma. Ha ancora qualche idea bizzarra, forse non se ne sbarazzerà mai, ma sono prive d'importanza. Sta bene. Bene. Bene.*

Louis non dice che i tamburi rumoreggiano sulla montagna. Bande armate scendono verso Apia, i guerrieri si anneriscono il viso per spaventare l'avversario nei corpo a corpo. Le donne si rasano la testa per adornare coi loro capelli i costumi dei padri e dei mariti. Gli indigeni di Vailima sul prato della villa mimano le danze funebri lanciando strani urli.

Vailima IV, *luglio 1893 – dicembre 1894*

A Vailima, ad Apia, a Malinu'u, in tutti i villaggi, in tutte le coltivazioni non si parla d'altro: la guerra!

Louis, Lloyd e Palema (il nuovo nome di Graham Balfour nel gergo di casa), gli "uomini" di Vailima, eccitati come bambini, si avventurano tra le fazioni armate e tornano alla piantagione con la testa piena di idee sulle strategie da adottare, di piani d'alleanza e di tecniche di combattimento. La guerra, la guerra! Fanny ne ascolta il brusio lontano, non senza chiedersi se riuscirà mai a tener lontano Louis dai suoi pericoli.

In città, l'inquietudine dei trafficanti bianchi sembra di altra natura. Loro che un tempo consideravano i samoani come "negri" e li costringevano a camminare in fila per tre dietro di loro, ora si affrettano a stringere nuove alleanze con le bande minacciose di guerrieri che sfilano sotto le loro finestre. Il che rivela quel che accade, annota Fanny con disprezzo. I bianchi, la guerra l'hanno voluta. E ora tremano. Come disinnescare la bomba fabbricata dai tre consoli, la miccia accesa dalle tre potenze per distruggere d'un colpo solo tutte le fazioni indigene?

Una volta di più, i fatti confermeranno i timori di Fanny.

Fin dai primi scontri Mataafa, il vecchio capo sostenuto dal clan Stevenson, è sconfitto. Schiacciato dalle armi dei bianchi – ma anche, e soprattutto, tradito dai consoli. In cambio della sua resa, le tre potenze avevano promesso di proteggere i suoi fedeli, le loro famiglie, le loro case dalla ferocia delle fazioni avverse. Invece, e l'indignazione di Fanny non conoscerà limiti, nonostante la parola data, il capitano del vascello britannico lascerà bruciare, sotto gli occhi del vecchio capo prigioniero, tutti i villaggi che l'hanno appoggiato.

Fanny insorge: accusa apertamente le autorità bianche di venir meno a tutti i codici d'onore. Alle sue proteste il console americano risponde che non sono state bruciate delle case, ma delle capanne indigene.

«Quell'uomo è un imbecille!» esplode Fanny. «Io so cosa sia una "capanna indigena". Ne ho costruite tre e, se fossero bruciate, per me sarebbe stata una catastrofe. Imbecille! È come se la regina d'Inghilterra gli dicesse: "La sua casa è in cenere? Ma che importanza ha? Non era Balmoral, era la residenza di un console". Vorrei vedere, allora, la sua faccia!». Ma quello che Fanny non si perdona e che continua a rimproverarsi – a rimproverare a tutti quelli di Vailima – è di aver assunto un ruolo in una vicenda di cui nessuno aveva valutato le conseguenze. Se Louis non avesse trattenuto il braccio di Mataafa in quegli ultimi anni, pensa, se Mataafa fosse piombato su Apia quando ne aveva l'intenzione, l'avrebbe vinta, la guerra.

Senza i consigli di Stevenson quell'uomo, quel capo che Louis e Fanny avevano creduto di aiutare, oggi sarebbe al potere, al sicuro, felice con tutti i suoi cari accanto, a spese probabilmente di qualche vita che Fanny giudica ormai senza grandezza e senza valore. Tutto ciò che Mataafa ha tratto dalla sua amicizia con la gente di Vailima, tutto quel che gli è venuto dal ruolo di Fanny e di Louis nella sua vita – è la rovina di tutti i suoi, la loro morte. Pensando di agire nell'interesse di Mataafa e di evitare un bagno di sangue, Louis e Fanny hanno consigliato la pace. Ma di questa pace i vigliacchi hanno approfittato per armarsi. Come potrebbe, lei, sentirsi innocente?

Rispetto alla sorte che attende Mataafa – per lui, la deportazione a vita; per i suoi guerrieri, la prigione – come potrebbe, Fanny, negare la propria responsabilità?

Su questi dolorosi interrogativi si conclude per sempre il diario di Fanny a Samoa.

Ma lei non disarma. Il 22 novembre 1893 in Beach Road i perdigiorno di Apia avrebbero assistito a uno spettacolo molto curioso, una straordinaria parata offerta dal clan di Vailima.

Quel giorno le prime luci dell'alba lambivano appena i tetti fulvi dei *fale* raggruppati come un villaggio dietro la villa quando Louis, Fanny, Belle e Lloyd montarono a cavallo. Il fumo dei focolari saliva, appena visibile, verso il monte Vaea, una massa scura nella bruma del primo mattino. Fra i pilastri delle quattro case indigene gli uomini tiravano su le stuoie. I corpi seminudi delle donne si stiracchiavano sotto la zucca dell'acqua o spazzavano già la ghiaia nera della stanza ellittica. Dall'albero del pane risparmiato dall'ultima tempesta saliva il grido d'un uccello. Un neonato vagiva. I bambini del parentado dei dodici servitori di Vailima correvano fino ai cavalli gridando allegri *talofa*. «*Talofa*» rispondeva Belle, voltandosi sulla sella. Sul lato sinistro del sentiero correvano i fili spinati che delimitavano la proprietà. Sul lato destro la carreggiata era tutta fossi. Le bestie inciampavano e slittavano.

Era giorno fatto. Uscendo dalla foresta i cavalieri sbucarono su un prato rasato, punteggiato di capanne sperdute fra i banani. Piccoli cani bianchi famelici si avventarono abbaiando.

I quattro misero al trotto i cavalli sulla pista perfettamente diritta che si addentrava nel cuore della Weber Plantation fra ettari di palme da cocco.

Al Tivoli Hotel misero piede a terra e lasciarono i cavalli. Poi, occupando tutta la larghezza di Beach Road, si recarono al più grosso emporio di alimentari di Apia, Herr Berger Trading Post, dove si riforniva la colonia tedesca. Là noleggiarono l'enorme carro su cui i *black boys* accatastavano tonnellate di copra. In fila indiana vi portarono noci di cocco, radici di *kava*, banane, frutti dell'albero del pane, scatole di tabacco da fumo e da masticare che caricavano con lentezza, affinché tutti i residenti potessero vedere bene le loro compere. Fanny prese il cavallo di destra per le redini, Louis quello di sinistra. Belle e Lloyd chiudevano il corteo.

Costeggiando le palme in riva al mare, rallentando davanti ai bungalow dei consoli, ai capannoni del Municipio e del Tribunale, attraversarono la città da un capo all'altro. La carcassa dell'*Adler*, una delle navi da guerra affondate dall'uragano, spuntava nera nel cuore della baia, come un mostro marino che marcisse al sole. Un gruppetto di indigeni sussurrava qualcosa seguendo la strana banda. Raramente erano stati visti dei bianchi caricarsi così di mucchi di radici di *kava* e di *taro*.

Sulla stretta diga che scavalcava la palude delle mangrovie, Fanny e Louis avanzarono assieme. La prigione si ergeva oltre la staccionata grigia di lamiere ondulate che chiudeva la strada. Una sola costruzione, una baracca di legno divisa in due da un corridoio su cui si aprivano sei celle. I diciotto capi si erano radunati nel cortile. In *lava-lava*, torace nudo e tatuato, ma senza collane di fiori e rosari di semi, senza scacciamosche e bastoni da marcia, corpi smagriti, occhi ansiosi, in un sol moto circondarono i visitatori. Alcuni, molto anziani, parevano allo stremo delle forze. "Old Poe", suocero di Talolo e ben noto a Fanny, riusciva appena a reggersi sui piedi gonfi. E tuttavia che formidabile soffio di speranza, quella visita. Dinanzi a tutta la città, a rischio della deportazione, un uomo, Tusitala, portava a quei guerrieri vinti e traditi la certezza della sua amicizia.

Il 25 dicembre i diciotto capi imprigionati avrebbero restituito la cortesia. Gli Stevenson avrebbero passato il Natale 1893 in prigione. E la sorpresa, nel cortile, sarebbe stata per loro. Le famiglie, i villaggi, i clan dei capi avevano mandato centinaia di maiali, pesci, polli e galline, una gran quantità di viveri e cestini per un festino polinesiano. *Nessuna festa* – scrive Louis a Colvin – *era stata mai data in onore di una sola famiglia, nessuno di quelle decine di doni era mai stato offerto a un uomo bianco. Hanno fatto sedere Belle alla destra del capo più importante e Fanny è stata chiamata per prima a bere la* kava. *Mai una donna, mai una bianca aveva avuto quest'onore.* Poi, in conformità con la tradizione, ciascun oggetto fu presentato a Louis, dono per dono. L'oratore salutò Tusitala definendolo unico loro amico e scusandosi di non aver denaro per offrirgli cose di valore, come bue salato e scatole di biscotti.

«Questi» concluse l'oratore, «sono doni di poveri prigionieri all'Uomo ricco». Parole di cortesia, retorica indigena che privilegiava la litote. Le offerte includevano sontuosi *tapa*, dozzine di ventagli e cesti e, come pezzo forte, parecchi *ula*, le collane di semi rossi che i capi si levarono dal collo per offrirle agli ospiti. Fanny e Louis protestarono, adducendo di non poter accettare un tale sacrificio. Compresero il senso schiettamente politico del gesto quando gli fu risposto che re Laupepa aveva molto ammirato quegli *ula*; aveva persino chiesto di averli in prestito; e che Louis e Fanny, Belle e Lloyd dovevano portarli passando lenti dinanzi al palazzo del re. Ubbidirono.

Sotto l'occhio esasperato delle autorità bianche il clan Tusitala sfilò in parata a piedi, risalendo la penisola fino al *fale* reale, a Malinu'u, con gli *ula* porporini attorno al collo e le pile di doni tra le braccia. La folla commentò la loro eleganza e la generosità dei doni che tutti potevano ammirare... Soltanto i samoani erano in grado di apprezzare il coraggio necessario a esibirsi in quel modo. Alla fine del 1893 il partito del terzo pretendente al trono, Tamasese, fomentava una nuova guerra. Tusitala e la sua famiglia sarebbero stati ottimi ostaggi la cui cattura avrebbe messo in imbarazzo il governo delle tre potenze come pure la fazione sconfitta di Mataafa. Louis e

Fanny lo sapevano. Nei loro sforzi per superare la paura mettevano tutta la grazia e la gioia che avevano.

La lealtà di Fanny non si sarebbe limitata a quello. Quindici giorni dopo faceva carte false per introdurre in prigione il gioviale dottor Funk. Voleva che esaminasse le gambe di Old Poe, trovato in pessime condizioni durante l'ultima visita. Il medico dichiarò che il vecchio non poteva essere curato in mezzo a una palude. Bisognava trasportarlo in città o a Vailima. Fanny ottenne dal direttore della prigione, un conte austriaco che lei seppe sedurre, che guardasse da un'altra parte mentre gli portava via il prigioniero. Diede la sua parola che l'avrebbe riportato una volta guarito. Mantenne la promessa. Old Poe tornò in cella. Il conte austriaco invece perse l'impiego. Fu accolto a Vailima.

* * *

Mataafa sarebbe rimasto in esilio per parecchi anni nelle isole Marshall. Ma il primo lunedì del settembre 1894 i diciotto capi della prigione di Apia furono liberati. Dopo dodici mesi di detenzione potevano finalmente rientrare nelle loro case. Preferirono salire a Vailima. In testa marciava Old Poe. Sul prato, a tutta la famiglia riunita per festeggiare la loro liberazione, annunciarono che in segno di riconoscenza per la generosità del Narratore di storie, per la compassione della moglie, per la fedeltà nei giorni cattivi, avevano deciso di fare loro un dono. Dopo molte discussioni avevano scelto di costruire una strada che collegasse Vailima alla Weber Road. Avrebbero fatto arrivare i giovani dei loro villaggi e pensato essi stessi a sfamarli: chiedevano agli Stevenson soltanto di rifornirli di attrezzi.

Chi ignori quanto ai samoani ripugni il lavoro manuale non può apprezzare la grandezza di quel gesto. Per i giovani il lavoro manuale è un insulto, i capi lo disprezzano e l'assenza di vie di comunicazione resta uno dei grandi freni all'economia delle Samoa.

Quella strada sarà completata. I capi la chiameranno Via della Gratitudine.

Turbati, Louis e Fanny accetteranno il dono inestimabile durante una festa offerta alle famiglie dei capi da tutto il clan Tusitala.

L'alba del 20 ottobre 1894 parve a tutti il più bel mattino del mondo. L'aria sembrava tanto pura da irradiare nel cielo inverosimili trasparenze. Dal mare giungevano sui tetti di Vailima nubi blu crudo e rosa carico che andavano a schiacciarsi in grosse onde color porpora sui fianchi del monte Vaea. Dal viluppo di alberi, di viti, di fiori, da tutta la foresta emanava una conturbante sensazione di pace. Un miracolo di freschezza. L'unico rumore che spezzasse il silenzio era il cinguettio d'un uccello, in cima al pino longilineo che svettava sul prato. In lontananza scintillava la barriera corallina, appena un'increspatura, e non si sapeva dove finisse il mare e cominciasse il cielo. Il muggito eterno del Pacifico, che non diminuiva e non cresceva, faceva parte della vita di Vailima, come il pulsare del sangue alle orecchie del dormiente.

La festa cominciò con un *siva* offerto dalle fanciulle di casa. Coi *lava-lava* scozzesi e i seni nudi sotto le collane di fiori, si allinearono sul prato, una lunga fila grave e silenziosa. Sedettero all'indiana. Dietro le fanciulle si scorgeva la porpora dei pilastri di Vailima, le grandi vetrate, i mucchi di taro, di pesci, di maialini, un festino che aspettava gli ospiti sul tappeto di foglie della veranda.

Louis, Fanny e i diciotto capi si erano seduti sulle stuoie antichissime che simboleggiavano la potenza d'ogni clan. Quelle stuoie avevano il senso e il valore di un gioiello di famiglia, dell'anello d'oro con le iniziali o del medaglione stemmato che vengono tramandati di generazione in generazione. Dietro le fanciulle, in piedi, stavano gli uomini. Dai toraci bruni, possenti, su cui danzavano collane, saliva l'odore dolce dell'olio di cocco che si spalmavano addosso, del seme di pandano di cui s'adornavano. Si raggrupparono e avanzarono sul prato con la splendida andatura, il lento dondolio dei fianchi, del collo e della testa che evocavano l'indifferenza e la sicurezza di sé delle statue greche. I drappeggi dei *lava-lava*, annodati attorno ai fianchi o lasciati cadere dietro le spalle e la cui meticolosa disposizione indicava sesso, età e rango sociale, facevano pensare alla grazia di Aiace prima della battaglia.

Davanti a loro, simili a divinità indiane, le fanciulle ripiegarono le lunghe gambe, le caviglie ornate di braccialetti rossi. Faamua intonò un canto. Le altre la seguirono. Facevano oscillare le braccia a tempo. Ondeggiavano con le spalle, la vita e le anche, senza che una sola vertebra della schiena si muovesse. Sempre diritte, si alzavano un po' sulle cosce, i piedi e gli alluci fremevano come le onde che rasentano la riva e non muoiono mai. Il ventre tremava, le dita si curvavano, le spalle si serravano, loro distendevano le mani a destra, a sinistra, come nuotando a rana sulle stuoie, e le pance si allungavano mentre le cosce immobili seguivano col solo fremito dei muscoli l'ondeggiare del corpo.

Dopo il *siva* i capi si riunirono sotto la veranda. Si sistemarono obbedendo al cerimoniale. Seduti a terra con la schiena contro la casa, Fanny e Louis ascoltavano gli interminabili discorsi degli oratori e le traduzioni degli interpreti. In piedi Lloyd, che parlava samoano, faceva qualche precisazione. Quando fu il suo turno Louis si alzò. Con lo sguardo bruno e caloroso avvolse la lunga fila d'uomini e donne che si allineavano fino al termine della veranda. Pochi bianchi. Rari erano gli inglesi, gli americani e i tedeschi che avevano accettato di andare a una festa in onore dei ribelli sconfitti di Mataafa. Soltanto gli indigeni e i meticci non temevano di compromettersi.

Oggi – disse Louis solennemente – *la Via della Gratitudine è finita. E tutti voi l'avete presa per salire fin qua. Questa via è stata scavata da voi, capi (...). Alcuni erano vecchi, altri malati, tutti erano stati liberati di recente dopo una lunga, estenuante detenzione. A dispetto del caldo e dell'umidità ho visto questi capi lavorare con le loro mani, con valore e con fatica (...). E voglio dirvi, capi, che quando vi ho visti chini su quella via, il mio cuore ha cominciato a battere. Batteva di riconoscenza ma soprattutto batteva di speranza. Nei gesti che facevate ho letto una promessa di felicità per le Samoa. Quel che ho visto in voi è un esercito di guerrieri in lotta contro tutte le aggressioni per la difesa del territorio comune. C'è un tempo per combattere e un tempo per scavare. Voi samoani potrete combattere, e potrete vincere, e vincere ancora, vincere venti volte, vincere trenta volte... Ma le vostre vittorie saranno sempre vane! C'è un solo modo di difendere le Samoa. Ascoltate, prima che sia troppo tardi. Questo modo, l'unico, è costruire le vostre vie, coltivare i vostri frutteti, vegliare sui vostri alberi, vendere voi stessi il prodotto delle vostre terre.*

In poche parole: dovete occupare e usare il vostro territorio: se non lo farete, altri lo faranno al vostro posto.

Due ore prima del tramonto gli ultimi invitati si ritirarono. Scesero in processione lungo la Via della Gratitudine. Louis e Fanny accompagnarono gli ospiti fino all'incrocio. Là, tutti assieme, piantarono un cartello coi nomi e i titoli dei costruttori. Poi i clan si separarono, gli uni mossero verso l'interno, gli altri si diressero verso il mare. Tusitala e Tamaitai risalirono lenti verso Vailima. Era la prima volta che le loro caviglie affondavano mollemente nella terra grassa del sentiero, che i fossi non li facevano inciampare. Mai più torrenti di fango nella stagione delle piogge, mai più buche in cui cadevano i cavalli e si rovesciavano le carrette. Piana, diritta, la Via della Gratitudine conduceva difilato alla grande casa illuminata. L'aria sapeva di umidità. La foresta frusciava di strani respiri.

Scendeva la sera. Gli uccelli tacevano. Sotto la volta degli alberi spiccavano distintamente le sagome molto vicine di un uomo e di una donna. Lei aveva un vestito di velluto nero e i grandi cerchi d'oro che portava alle orecchie danzavano nella notte grigia dei suoi capelli. Lui in maniche di camicia, pantaloni bianchi infilati negli stivali, larga cintura porpora attorno alla vita, accanto a lei pareva troppo alto e troppo magro. Gli occhi a mandorla, il sorriso sibillino sotto i baffi conservavano il fascino eterno d'un uomo giovanissimo... Sarebbe passato d'un tratto dall'adolescenza alla vecchiaia.

Alle loro spalle i cantici che preludevano alla preghiera della sera salivano dal villaggio di Tanugi-Manono, dolci, lancinanti voci di donna dove il canto tribale si mescolava agli inni religiosi della cristianità. In fondo alla foresta, come una torcia nella notte tropicale, scintillava Vailima. La sera, rientrando da Apia, per Louis nulla era più bello che scorgere quelle luci nel cuore della boscaglia. L'usanza voleva che a ogni finestra brillasse una candela. La sua vita si basava sul contrasto, sull'equilibrio fra "civiltà" e "barbarie". Lo inebriava l'idea che nel suo salone stessero fianco a fianco le *Carceri d'invenzione* di Piranesi e i tamburi delle Marchesi, le ultime opere di Paul Bourget e le collane di denti di squalo delle Tuamotu, gli acquerelli di Bob Stevenson e le stuoie a disegni geometrici dei samoani, gli abiti da sera di zia Maggy e i seni ritti di Faamua – tutti paradossi che lo rendevano felice... Ai suoi occhi il fascino di Fanny, la sua grazia timida e selvaggia erano legati a quelle contraddizioni, a tutto ciò che quella donna concreta, palpabile, ancorata alla terra manteneva di inaccessibile.

Da quattordici anni Louis valutava con lucidità la forza e le debolezze di Fanny. Di recente si era immerso nel cuore della sua terribile malattia, era penetrato nella sua disperazione, aveva frugato nella sua anima, nei recessi, tra i segreti più aridi. Anche se aveva visto tutto di lei, conosciuto tutto, capito tutto, quella donna ancora gli sfuggiva. Come il pensiero fuggevole che svanisce prima che le parole abbiano potuto fissarlo.

Il volto sollevato verso le luci della casa, rallentarono. I cuori battevano all'unisono e Louis si voltò verso Fanny. Dopo la malattia gli sembrava più piccola e più fragile. Senza smettere di camminare le cinse il collo e la trasse a sé. Lei si lasciò scivolare contro quel magro corpo che la teneva stretta. Un sorriso da sfinge errava sulle sue labbra quando sollevò lo sguardo sul viso emaciato di cui conosceva tutti i misteri.

«Il discorso sulle Samoa» bisbigliò lei intensamente, «ciò che hai detto ai capi, era assolutamente giusto».

Lui rise di piacere:

«È la prima volta da mesi che mi concedi un complimento».

Lei non rispose e si appoggiò al suo braccio. Un'ondata di tenerezza sommergeva entrambi. Il canto misterioso dei fiumi di Vailima scorreva attorno a loro nel viluppo d'alberi strani, di cespugli d'ibisco che parevano neri sul grigio delle grandi foglie. Man mano che salivano lei pesava di più.

«Sei stanca?».

In tutti quegli anni Louis non si era granché preoccupato delle comodità della moglie, male aveva sopportato le sue liti con Belle e il broncio costante da quando si erano sistemati a Vailima. Ma negli ultimi giorni non sapeva più quali gentilezze inventare affinché lei trovasse pace. La circondava d'attenzioni. Era sempre preoccupato. Temeva che lavorasse troppo, che si spossasse. L'organizzazione della festa per la Via della Gratitudine, le decine di polli ripieni, i maialini, le marinate di pesci, la preparazione della *kava*, erano naturalmente opera di Fanny.

«No» rispose lei. «E tu?».

La strinse a sé senza rispondere.

«Sei stanco?» insistette lei.

«Invecchio...».

Lei rise:

«Una cosa simile dobbiamo ancora vederla...».

«Ho scritto troppi libri...» sospirò lui. «E i migliori sono alle spalle!».

Liberandosi con violenza dall'abbraccio lei insorse:

«Che dici? Non avevo mai sentito nulla di più bello di quel che ci hai letto ieri!... *Weir di Hermiston* è il tuo capolavoro».

«Se potessi ricominciare rivedrei tutte le mie eroine... Vedi, il peggio della nostra educazione è che la morale cristiana condanna e rinnega la sessualità. Suppongo che non avrei potuto essere più libero di quanto non fosse la mia generazione... Ma mi rincresce che i personaggi femminili siano rimasti tanto scialbi nell'amore...».

«Ma non è vero! Le tue due Kristie di *Weir* non potevano essere più complesse... molteplici... vive!».

Un'espressione di felicità distese i lineamenti di Robert Louis Stevenson: avevano firmato la pace. Lei si riconciliava finalmente con l'idea che Belle lavorasse con lui... Quella sera entrambi sapevano quanto Louis avesse bisogno dell'approvazione e delle critiche di Fanny.

«Una domanda mi ossessiona e non riesco a liberarmene» proseguì lui. «Ho mai scritto qualcosa di buono? Chi potrebbe dirmelo? E perché dovrei volerlo sapere? Fra così poco non ci sarò più. Le mie parole, le frasi, la lingua avranno smesso di esistere. Tutti morti alla memoria degli uomini... E tuttavia... Tuttavia mi piacerebbe lasciare un ricordo, un'immagine, un riflesso nella mente di chi verrà poi...».

Avevano attraversato il prato per sedersi fianco a fianco sui gradini freddi, umidi, della scalinata di Vailima. Da dove veniva quell'inedita preoccupazione? Come distrarlo da quella tristezza che lui prendeva per serenità? Come scuoterlo da quello strano torpore? Il dolore, la malattia, per lui erano vecchie storie. Fino ad allora la tisi, la paura di morire, tutti i mali erano toccati in sorte a lui. Richiedevano meno immaginazione, meno sforzi, meno compassione della battaglia che aveva ingaggiato l'anno precedente per tirare fuori dalla disperazione la donna che amava e che forse aveva torturato... Aveva raggiunto i propri limiti, aveva toccato il fondo della sofferenza immergendosi negli abissi della disperazione di Fanny?... Certo, pareva pienamente padrone di sé... E tuttavia...

«Hai lavorato troppo in questi ultimi anni» concluse lei preoccupata.

«Ma il solo talento ch'io abbia mai avuto, Fanny, è per il lavoro! Il successo lo devo soltanto all'industriosità... Quante energie ho dovuto dispiegare per sviluppare al massimo il mio piccolissimo fondo di ricchezze... In totale quanti volumi? Ventidue? Venticinque?».

«Baxter ci darà la risposta quando porterà i primi due tomi delle tue opere complete» commentò lei. «Probabilmente in questo momento si sta imbarcando a Liverpool...».

«È stato al suo matrimonio che per la prima volta ho sognato di averti per sempre accanto... Povero Charles... Quel giorno ho capito quanto ti volevo in moglie».

L'uno e l'altra pensarono al triste destino dell'avvocato che aveva appena perduto la moglie, a Edimburgo. Correva voce che Baxter si fosse messo a bere.

«Di tutti gli amici è il solo cui mi senta ancora vicino, il solo che mai avrei immaginato di vedere qui! Man mano che invecchio le cose perdono molto del loro senso... Ero fatto per morire giovane, come la moglie di Baxter».

«La speranza è l'ultima a morire...» ironizzò lei.

Fece il gesto di scacciare una zanzara e si chinò sulle lanterne. Spense le candele che illuminavano la scala. Le loro sagome, di cui non si vedevano più i visi, si stagliavano come ombre cinesi sulle finestre dorate della casa. Louis emise un sospiro e levò lo sguardo sulla massa nera del monte Vaea. Nessun rumore. Anche i pipistrelli avevano smesso di battere le ali fra le foglie degli alberi. Soltanto la cascata sussurrava, e l'onda eterna sui coralli.

«Ricordi i tuoi dubbi dopo l'esilio di Mataafa?» chiese lui. «Ti rimproveravi il nostro intervento negli affari interni delle Samoa. Dicevi che avevamo fatto le anime belle a spese degli indigeni. Ce l'avevi con me perché per il mio solo piacere m'ero preso responsabilità che non potevo assumermi... Più andiamo avanti e più penso che tu avessi ragione... Ma che dovevo fare? Che potevo fare? Lasciare che i consoli danzassero il loro girotondo di ingiustizia, di follia e di morte? Lasciargli saccheggiare le Samoa con una cupidigia di cui non erano neppure coscienti? Che dovevo fare? Guardare gli indigeni esplodere nel cielo di Upolu mentre venivano fatte saltare con la dinamite le loro prigioni... Ho creduto giusto agire... Però avevi ragione tu... Le nostre debolezze sono invincibili, le nostre virtù sterili... Gli sforzi che ci ostiniamo a fare per comportarci onestamente sono destinati alla sconfitta. La battaglia volge per forza a nostro svantaggio al termine del giorno... Vuoi che te lo dica? La vita è splendida perché è disperata...».

Lei odiava quelle frasi perché non appartenevano al Louis di cui ammirava da quasi vent'anni la gioia di vivere e l'ottimismo. Quelle frasi terribili sulla condizione umana gli sfuggivano e lei rifiutava di ascoltarle.

Erano quelli i pensieri di Louis quando serrava le labbra sul sangue che gli riempiva la bocca? Erano quelli i suoi pensieri quando disboscava frenetico la boscaglia di Vailima?

«Non siamo noi a correre dietro l'inaccessibile ideale, Fanny, ma è lui che ci bracca. Il desiderio del bene ci insegue, ci perseguita...».

«Taci...» sussurrò lei. «Quando filosofeggi, ti perdo. E senza di te non esisto... Senza di te, Louis, non sono nulla».

«Questa, Fanny» disse lui, allegramente, «è soltanto un'ipotesi... La certezza, l'unica certezza, è che senza di te non avrei vissuto abbastanza a lungo da poter pubblicare un solo libro. L'aria che respiro l'ho avuta da te. La mia vita, la devo a te ».

Lei lo strinse, lui la prese fra le braccia. Rimasero entrambi silenziosi sotto il velo di dolcezza e di pace che avvolgeva Vailima.

Lunedì 3 dicembre 1894

Ore 5 – Piove. Reggendo un vassoio Sosimo bussa alla porta dello studio. È la quotidiana routine. Porta una tazza di tè e due fette di pane tostato. Sdraiato alla luce delle lampade Robert Louis Stevenson prende appunti per il lavoro che detterà fra poco.

Ore 6 – Spunta il sole. Colazione tutti insieme nell'atrio. Austin è tornato dal collegio di Wellington per le vacanze estive.

Ore 7 – Ciascuno attende alle proprie occupazioni.

Lloyd batte a macchina i promemoria che affiggerà al tabellone. Sul grande tavolo dell'atrio Belle presiede alla lucidatura delle lampade, una cinquantina in totale, che vanno smontate pezzo per pezzo. In fondo al giardino Fanny si chiude in laboratorio. Distilla profumi.

Ore 9 – Belle sale da Louis a scrivere sotto dettatura. Lui lavora a un grande romanzo scozzese che lo porta lontano dall'esilio e dal Pacifico. Considera *Weir di Hermiston* il suo capolavoro.

Ore 11 – Louis interrompe la stesura del nono capitolo per rispondere alle lettere arrivate domenica con la nave mensile. Fanny entra nello studio. Inalbera l'espressione febbrile dei giorni brutti. Louis teme una ricaduta nella tremenda malattia. Tenta di distrarla. Lei dice che non riesce a lavorare perché da due giorni uno spaventoso presentimento la attanaglia. «Sta per succedere qualcosa». Non sa cosa. Non sa a chi. Teme qualche pericolo per Graham Balfour che di recente si è imbarcato su una miserabile cabotiera per visitare le isole come un tempo hanno fatto gli Stevenson. Fanny esce dicendo che manderà Sosimo a chiedere notizie al porto.

Ore 12 – La conchiglia usata come tromba suona l'avviso del pranzo. Fanny resta muta. Non tocca cibo. Al dolce, Sosimo compare nell'atrio. Annuncia che ad Apia non si parla di nessun naufragio. Louis punzecchia Fanny. Si burla gentilmente delle sue bambinate. Spera di liberarla dalla paura. Non riesce che a sprofondarla maggiormente nell'umore cupo. Al caffè lei se la svigna.

Ore 14 – Louis attraversa il prato. Ritrova Fanny in fondo al giardino. Spalla a spalla, risalgono assieme verso la casa. «...Non riesco a non pensarci» sussurra lei a mezza voce. «So, sento che qualcosa di spaventoso minaccia qualcuno che amiamo. Dove, cosa? Uno di noi è in pericolo. Chi?... Ho un peso sul cuore, una cappa sulla testa, non riesco a sollevarli... Lasciami vedere tutto nero da sola... Se scopriremo che mi sono ingannata ne rideremo assieme. E prenderò una buona dose di calomelano per rodermi meno il fegato».

Si sorridono e si separano.

Ore 15 – Louis risale nello studio. Fanny torna agli alambicchi.

Ore 18 – Louis fischietta e corre giù per le scale. Trova Fanny seduta al tavolo sotto la veranda, allinea la decina di ingredienti, le bottiglie e le ciotole necessarie alla preparazione della "maionese Vailima". È il piatto forte della casa. Louis ne va pazzo.

Ore 18.30 – Lloyd torna da Apia. Si ferma a chiacchierare con Louis e Fanny, poi raggiunge il suo bungalow per fare una doccia e cambiarsi. In piedi dietro la sedia di Fanny, Louis le sussurra all'orecchio: «La signora gradirebbe che un gran bell'uomo le desse una mano?». Si chinano entrambi sull'insalatiera. Una gira e monta la maionese; l'altro versa goccia a goccia olio e succo di limone. Le teste si toccano. I due non si parlano. Louis poggia bruscamente l'oliera sulla tavola. «Che male!». Ha portato la mano alla fronte. Tenta di riprendersi. «Ho un'aria strana?».

«No» urla lei. Mente. Ha lasciato il cucchiaio. Si è precipitata verso di lui che cade in ginocchio. Sosimo lo afferra. Assieme lo portano all'ombra. Si avvicinano alla grande poltrona del nonno. «La mia testa» sussurra lui. «La mia testa!». Lei lo fa sedere. Lui perde conoscenza. Lei lo schiaffeggia, lo chiama. Gli apre la camicia. Gli massaggia le braccia, il cuore. Con voce quasi inaudibile ordina che siano portati brandy, acqua calda, pezze fredde. Louis ha gli occhi fuori dalle orbite. Respira con difficoltà. Lei gli fa vento. Lo chiama. Lo chiama in continuazione: «Louis». Le grida richiamano Belle e zia Maggy. Fanny inumidisce le labbra di Louis. Gli asciuga la fronte. Gli slaccia gli stivali. «Andate a chiamare Lloyd» ordina.

Lloyd attraversa il prato. Corre. Ha visto Louis rovesciato sulla poltrona. Fanny in ginocchio. Belle e zia Maggy in piedi, pallidissime.

«Funk!» mormora Fanny. «Presto!».

Lloyd ha sellato la giumenta più veloce. Galoppa giù per la discesa della Via della Gratitudine. Fra le palme da cocco della Weber Road, a spron battuto. Attraversa la città.

«Non ho cavallo» si scusa il medico.

«Prenda il mio».

Funk parte al trotto. Lloyd gli corre dietro. Al Tivoli Hotel ruba un cavallo sotto gli occhi del proprietario, torna su al galoppo.

Fanny ha fatto portare nell'atrio un lettino da campo. Louis è sdraiato. Respira a fatica. Ha il viso rosso, congestionato. Gli occhi stralunati. I servitori gli si sono seduti attorno a semicerchio. Talolo e Sosimo hanno un ginocchio a terra, pronti a obbedire al minimo ordine. «Un attacco». La voce corre. Il pastore Clarke sale dalla missione... Era stato il primo a individuare Louis e Fanny nel porto di Apia, il giorno del loro arrivo. Li aveva presi per saltimbanchi.

Fanny, china su Louis, gli tiene la mano, gli tasta il polso. Di momento in momento il ritmo rallenta. Funk entra. Fanny indietreggia. Funk ausculta. Fanny avanza. Funk si tira su.

«Un grumo di sangue al cervello... Non c'è più nulla da fare».

Alle ore 20.10 della sera del 3 dicembre 1894 Robert Louis Stevenson è morto.

Fanny sta in piedi nell'atrio, ai piedi del grande scalone. Una piccola sagoma rigida. Fredda come il marmo. Non versa una lacrima.

«Senza te» aveva detto, «non sono nulla».

«Bisogna seppellirlo domani prima delle 15» mormora in giardino il dottor Funk all'orecchio di Lloyd.

Lloyd, lo sguardo fisso sulla vetta del monte Vaea, non reagisce. Il medico insiste: «Prima delle 15... a causa dell'umidità... sarebbe un disastro...».

«Impossibile! Ho bisogno di almeno tre giorni... Come aprire una via in quella giungla? In una notte? Sovrumano! "Voglio essere sepolto là in alto" ripeteva. Per scaramanzia avevo sempre rifiutato di far aprire un passaggio... E ora...».

«Prima delle 15 di domani» ripete Funk.

Sarà ancora Fanny ad attingere in sé l'energia necessaria per realizzare l'ultimo desiderio dell'uomo che ama. Manda messaggeri ai diciotto capi. I suoi amici. Quelli che hanno costruito la Via della Gratitudine.

«Ma dovremmo avere almeno duecento uomini!» esclama Lloyd.

«Li avrai».

«E gli attrezzi? Anche se i capi riuniscono tutti i *matai*, tutti gli uomini validi, tutti i giovani dei loro villaggi, anche se arrivano qui prima dell'alba, dove troveremo le asce, i machete, i coltelli, le leve, i picconi, le zappe?».

Il desiderio di Louis... Rispettare il desiderio di Louis...

«Scendi ad Apia, fai aprire tutti gli empori. Che Moors e gli altri setaccino i magazzini. Prendi con te Talolo e Sosimo. Bussa da tutti i bianchi e risalite qui con gli attrezzi di cui i capi avranno bisogno».

«Ma nessuno è mai arrivato in cima a quel monte. Cosa troveremo là in alto?».

«Louis c'era andato... i samoani lo seguiranno».

«I fianchi sono talmente scoscesi che si può cadere per cento metri in linea retta. La pioggia ha reso fangosi i pendii. È tanto buio...».

I soli rumori che sentimmo per tutta la notte furono i colpi di scure sulla montagna – scriverà Belle –, *il mormorio di centinaia di voci che si mescolava ai tonfi degli alberi abbattuti, il fischio sordo dei rami che crollavano nel fango.*

Sorge l'alba pesante e calda. L'aria ristagna. Centinaia di indigeni lavorano ancora. Ogni capo una squadra. Ogni uomo un pezzetto di montagna. La foschia scende lenta dalla cima degli alberi per incombere sulla sottile striscia di terra fra gli alberi. Respirare diventa difficile. Proseguono.

Nel grande atrio le lampade muoiono. Non un pianto. Non un grido. Non un lamento. Sosimo sussurra una preghiera in cui si mescolano latino e samoano. Fanny lentamente spalma sul corpo di Louis un olio profumato. Strofina con dolcezza quel petto incavato, quelle braccia magre che può stringere in una mano, quei lunghi piedi diafani... «Morire con gli stivali ai piedi» diceva lui... Lo veste con gli abiti che avrebbe indossato a sera per cena. Camicia bianca, pantalone marrone, larga cintura indaco. Gli infila anche la giacca di velluto nero che gli ha visto a Grez, a Parigi, a Hyères, a Bournemouth...

Gli congiunge le mani sul cuore. Al dito brilla la povera fede d'argento comprata la mattina del matrimonio. Sul corpo addormentato Fanny srotola la bandiera britannica cui Louis teneva tanto da quand'era in esilio.

Da ogni dove arrivano i capi. Portano collane di fiori e trecce preziose. Depongono a una a una ghirlande e trecce sul letto. Spossati dalla notte, tutti sprofondano nella preghiera. Uomini, donne, i componenti del clan Tusitala intonano a mezza voce salmi e cantici. Gli inni raggiungono la folla silenziosa ammassata sotto la veranda. All'una del pomeriggio sei samoani si caricano il feretro sulle spalle. Attraversano il grande prato e si addentrano nello strettissimo passaggio. In fila indiana sessanta indigeni e diciannove bianchi li seguono passo passo. L'ascensione sarà tanto dura che molti dovranno fermarsi lungo il percorso. Di dosso in dosso, lungo tutta la china, gruppi di sei giovani si danno il cambio. Il corteo impiegherà più di due ore per raggiungere la piattaforma dove Lloyd ha scavato la tomba. Gli amici samoani hanno esaudito l'ultimo desiderio di Tusitala. A costo di un lavoro del quale chi non si sia inerpicato su quella montagna non può valutare la fatica.

Sotto i drappi funebri, la sabbia e i fiori, di fronte al Pacifico, sopra Vailima, Robert Louis Stevenson riposa.

Qualche giorno dopo – racconterà Austin – *sorpresi la nonna in piedi, immobile in un raggio di luna sotto la veranda. Il piccolo viso e lo sguardo sollevati verso il monte Vaea.*

La fulmineità, quasi un tradimento, di quella scomparsa, annienta Fanny. Per diciannove anni ha combattuto contro l'emorragia polmonare. Per diciannove anni ha protetto Louis da ogni minima corrente d'aria, ha braccato i raffreddori, i microbi... Alle Samoa aveva creduto di vincere la battaglia. Trionfare sulla malattia e sulla povertà. Ma il destino l'ha colpita alle spalle. Non è stata la vecchia nemica, la tubercolosi, a portare via Stevenson. Ma un male nuovo, imprevedibile, un aneurisma. *Dopo tutti quegli anni passati a prepararmi* – scriverà a Colvin – *quando il momento è arrivato non ero pronta... Il giorno della sua morte ho detto a Louis: «Non sono vile...». Parola vana! Dov'è ora il mio coraggio?*

Vailima V, *gennaio 1895 – settembre 1897*

Rannicchiata nella grande poltrona di cuoio, teneva gli occhi fissi sul focolare. Il fuoco moriva. Il caminetto, l'unico caminetto del Pacifico, fumava. Una candela diffondeva la sua torbida luce sul lungo tavolo di mogano. Su quello stesso tavolo un tempo risplendevano l'argenteria di Heriot Row e i quattro bicchieri del servizio Stevenson... Dio sa perché l'immagine di quei bicchieri danzava davanti ai suoi occhi... Meno di tre mesi prima... Il porpora dello sherry, l'ocra del madera, il viola del porto, l'amaranto del bordeaux. L'ultima festa a Vailima. Che dolcezza, che pace... La sera del giorno del Ringraziamento, Louis aveva ricevuto tutti i concittadini di Fanny, i residenti americani delle Samoa... Avevano trinciato il tacchino tradizionale in memoria dei primi immigranti del Nuovo Mondo. Lo vedeva in piedi, che sollevava il bicchiere, si voltava verso il visetto radioso di Austin... Sentiva la voce calda e musicale che proclamava: «C'è anche un bambino in casa: Vailima è benedetta!».

Il temporale era cessato. Il fuoco era morto. Lei non si muoveva. Doveva restare per accoglierlo quando sarebbe rientrato? Salire a coricarsi? Uscire?... Una sensazione di isolamento infinito la rinchiudeva in quell'atrio dove tutto parlava di lui. Perché aprire gli occhi? Sapeva che alle sue spalle, alla fiamma vacillante della candela, c'era il ritratto di Louis. Continuava a camminare, dentro la cornice di legno, si accarezzava i baffi, si avvicinava a parlarle. Le avrebbe detto quel che le ripeteva senza sosta quando lei soffriva, che i dubbi e i conflitti non erano condizioni patologiche, al contrario, erano la base e la norma della vita dell'uomo. Tentava di ragionare... Gli ultimi tempi, l'assenza di conflitti fra loro portava a questo, alla morte? Louis l'aveva lasciata perché avevano trovato la pace a Vailima? Fanny vedeva e sentiva la propria testa come un gomitolo di lana che si dipanava sull'impiantito. Il filo dei pensieri si sdoppiava spargendosi lontano da lei... Finì per alzarsi. Attraversò l'atrio e si avvicinò alla porta scorrevole. La aprì. La corrente d'aria spense la fiamma. A braccia aperte, guardò il monte. Era notte, e buio. Dietro il velo di foschia scintillavano le stelle, pallide e umide. Con vigilanza ringhiosa e curiosità accanita scrutò la vetta. Aveva l'impressione di avanzare sul prato come un fantasma, credeva di attraversare il giardino, addentrarsi nel sentiero, salire. Altre donne solitarie incalzavano alle sue spalle. Una lunga fila di donne identiche, nella boscaglia... Scomparvero... La loro assenza la agitò. Un'ondata di angoscia la sommerse. Lasciò l'atrio, costeggiò la veranda, salì la scala che portava allo studio. Ogni gradino parlava di Louis. Lei lo ascoltava. Lo sentiva. Lo vedeva. Ne desiderava la presenza fino a star male. Aveva male al cuore. Stava per vomitare. Esplodeva di desiderio, desiderio di Louis. Uscì in veranda e ricominciò a respirare. Ogni cantuccio le parlava di Louis. Le lunghe mani di Louis si richiudevano sul parapetto. La voce familiare le descriveva il paesaggio, la somiglianza fra quelle colline fosforescenti e i valloni della Scozia... Passò davanti alla camera di Belle. Intravide il profilo della figlia che in camicia da notte si pettinava. Un gesto instancabile dall'alto in basso su quelle onde nere. Belle era fierissima dei lunghi capelli che, sciolti, le arrivavano alle ginocchia. Da... da dicembre li perdeva a manciate. Fra gli alberi, alle pendici del monte, brillava la finestra di Lloyd. Gli teneva tristemente compagnia Charles Baxter, che a Suez aveva saputo della morte di Louis. Lloyd non apriva più bocca. Aveva cominciato a tossire. Funk temeva per i polmoni. Una vecchia storia: subito dopo la morte di Hervey era stata la debolezza polmonare di Lloyd a mandarli tutti a Grez... In due mesi aveva perduto dieci chili. Baxter e Graham avevano deciso di portarlo via con loro quando sarebbero rientrati in Inghilterra passando per San Francisco. Al pianoterra la camera di zia Maggy, quella graziosa camera verde che Fanny aveva arredato con tanta cura, sarebbe rimasta anch'essa vuota e buia. La vecchia signora era partita per andare a vivere dalla sorella, in Scozia. Sulla Bibbia di famiglia Margaret Stevenson aveva scritto, sotto le date di nascita e matrimonio di suo figlio: *Morto d'improvviso di apoplessia a Vailima, isole Samoa (...). E io resto sola, sconsolata.*

Fanny costeggiò prudentemente il lungo balcone del primo piano. Dai *fale* disseminati nel pendio le giungevano i suoni strascicati della preghiera della sera... Come sfamare tutte le bocche di Vailima? Come pagare i servigi dei dodici indigeni della casa? Senza Louis? Senza il talento di Louis? Dieci giorni dopo il funerale Fanny aveva dovuto licenziare le squadre esterne che lavoravano nella piantagione... Da quanto tempo gli Stevenson vivevano alle Samoa? Quattro anni? Un'eternità... E tuttavia cosa sono quattro anni per un albero di cacao? Soltanto quattro anni!

Dalla porta esterna entrò nello studio di Louis. L'umidità gonfiava le scaffalature della libreria, il legno scricchiolava. L'odore familiare dei libri, i due ibischi rossi che Sosimo continuava a portare ogni mattina, tutto pareva in attesa di Louis. Sarebbe tornato. E lei, lei stava per svegliarsi... Si sdraiò sul divano dove un tempo lui prendeva appunti, poggiò la schiena al muro dove lui s'appoggiava, chiuse gli occhi... Dormire! Al risveglio Louis l'avrebbe raggiunta e Fanny sarebbe appartenuta ancora al mondo orgoglioso di Vailima. Ma finché non fosse riuscita ad addormentarsi non si sarebbe svegliata da quell'incubo...

Dapprima Belle ebbe paura. Attraverso il vetro della porta chiusa aveva creduto di vedere Louis sdraiato sul letto, come lo trovava quando andava a scrivere sotto dettatura. Sarebbe balzato giù, avrebbe camminato, gesticolato e con la sua voce d'attore interpretato tutti i personaggi dei suoi libri, le idee sarebbero scaturite e l'opera sarebbe giunta a compimento.

Ma la figura non si mosse quando Belle aprì la porta. Sollevando il lume riconobbe Fanny. Aveva gli occhi chiusi. Il viso chiuso dal dolore. I lineamenti e la bocca lividi. Una donna vecchia. Per la prima volta Belle ebbe l'idea che la madre potesse morire. Quel piccolo corpo asciutto, rannicchiato, svuotato, quelle fattezze devastate appartenevano a una donna giunta alla fine del proprio cammino. Il cuore di Belle si strinse di pena. La prodigiosa energia di Fanny appena scomparso Louis, il vertiginoso silenzio del suo dolore, avevano fatto intendere che fosse immortale. Ma Belle in quel momento ritenne che stava per perdere la madre. Fanny sarebbe sparita presto.

Quando la giovane donna si immobilizzò dinanzi alla piccola forma atrofizzata, Fanny aprì gli occhi e la fissò con l'espressione assente che aveva da quel terribile lunedì di dicembre.

«Non ti avevo sentita» mormorò con difficoltà. «Non dormi?».

Belle, avvolta nella grande camicia da notte, scosse la testa e posò il lume sulla scrivania. La stanza era grande, tutti i muri coperti di libri. In quel momento entrambe sentivano la sagoma magra che andava da una parte all'altra.

Fanny si sollevò sui gomiti e disse:

«Avvicinati».

Belle avanzò. Restava in piedi, china su quel corpo rattrappito che la vita aveva sconfitto.

«Volevo chiederti una cosa...» cominciò Fanny.

Il suo sguardo nero se ne andò attraverso la finestra e si perse nell'ombra del grande pino che svettava tutto solo sul prato.

«...Volevo chiederti... Mi hai perdonato?».

Belle indietreggiò per la sorpresa.

«Io?».

«Tu».

«Gran Dio, di che?».

Le parole parevano impiegare un tempo infinito per raggiungere il cervello di Fanny. Di colpo radunò i propri pensieri e sussurrò: «...Chiederti perdono di... della mia gelosia... ti ho fatto fare una vita d'inferno, qui. Tutte le preoccupazioni che ti ho dato... A te... A Louis...».

Si raggomitolò nell'angolo. Mille rimpianti, mille rimorsi l'assalivano. Come una bambina paralizzata dalla paura, dalla vergogna, pareva spiare ogni minimo rumore prima di continuare.

«...Chi sa se quelle cose, le mie accuse, le mie crisi... non hanno affrettato la sua morte?».

Sgranò gli occhi dinanzi a ciò che intravedeva, e disse ancora:

«...Ho finito per ucciderlo?».

«Oh mamma, non pensare mai più una cosa simile!».

Le due donne si strinsero l'una all'altra e per la prima volta piansero assieme.

* * *

Nella grande casa vuota nel cuore della boscaglia due donne restano faccia a faccia. Non si lasceranno più. Una divorziata, l'altra vedova, entrambe sole. Parlano poco. Lavorano duro. Continuano il lavoro che avevano cominciato. Tentano di tenere la piantagione nelle condizioni in cui lui l'ha amata. Entrambe evitano di parlare del defunto ed evitano anche qualunque allusione al futuro. Coltivano. Cuciono. Cucinano.

Fino al mese di aprile 1895 Fanny e Belle lotteranno contro i temporali e la malerba, contro il silenzio e la solitudine. In primavera Belle taglia i capelli che continuano a cadere. Fanny soffre di calcoli renali che la paralizzano. Il dottor Funk consiglia insistentemente un cambiamento d'aria. Partono quindi per una tregua a Honolulu, dove Belle era stata tanto felice. Ma anche a Honolulu tutto è cambiato...

Il partito dei missionari ha rovesciato il partito del re. Kalakaua è morto. La sorella, la regina Lili'uokalani, vive reclusa sotto la sorveglianza degli ufficiali americani. Gli Stati Uniti vogliono annettere le Hawaii. Fanny vaga sulla spiaggia di Waikiki.

Tutto è diverso, tutto è simile, tutto qui mi parla di Louis. Credo non vi sia un solo momento in cui non penso a lui. La gente mi dice: «Comunque è certo un bel conforto per te la celebrità di tuo marito». Sono fiera della sua gloria, ma non confortata. Mi piacerebbe di più avere Louis con me, il mio Louis povero, sconosciuto – vivo. Non mi piace neppure che la gente mi offra la sua simpatia. La accetto soltanto da chi lo amava per quel che era, non per quel che ha scritto... Pare che ci si abitui a tutto, col tempo. A me ogni giorno senza di lui sembra più duro da vivere.

Si spingono fino a San Francisco. Il giudice Timothy Rearden è morto di recente. Il banchiere John Lloyd ha sposato una bostoniana che rifiuta di ricevere Fanny. John prende tuttavia in mano gli affari di Fanny, che alloggia a casa della vecchia amica Dora Williams. Dora l'esaltata, che partecipa a sedute spiritiche per comunicare con Virgil, il marito scomparso. Le due donne si ritrovano attorno a tavolini tremanti. Vertigine.

Tuttavia in nessun momento la ragione di Fanny vacilla. Durante tutta la terribile prova nessuna crisi, neppure una ricaduta. L'equilibrio mentale pare più saldo che mai. Meglio: non soffre più. A San Francisco si rimette in salute. Non prende più gusto a nulla, la noia la opprime, ma ha smesso d'avere paura. Il dramma che temeva da vent'anni è infine giunto. E la spaventosa angoscia di perdere Robert Louis Stevenson è scomparsa con lui.

Nella disgrazia Fanny si rasserena. Pare che oscuramente la perdita di Louis la rassicuri. Immutabile nella morte, lui le appartiene molto di più...

Vorrei parlarle di quella donna che mi commuove e mi interessa... – scriverà presto Henry James a Mrs Sitwell –, *Fanny Stevenson, talmente superba a modo suo... Somiglia a una vecchia leonessa brizzolata, o a una regina del Pacifico, prigioniera e rassegnata.*

Fanny rassegnata? Soltanto in apparenza.

In California Lloyd si innamora. Ha sofferto di una depressione nervosa e poco è mancato morisse di dispiacere, la primavera precedente. Un anno dopo la morte di colui che incarnava il padre, il fratello, il compagno, si è innamorato di una maestra venticinquenne. Coraggiosa e colta, lei insegna nelle missioni del Nuovo Messico. Si chiama Katharine Durham.

Come tutte le Katharine della sua vita, anche questa non porterà fortuna a Fanny. Sotto la solidità, sotto le maniere dolci, Katharine nasconde una sete di potere e un bisogno di esistere più frenetici di quelli della suocera. Più intellettuale di Fanny, non ne ha però la generosità né il fascino né la finezza. Lloyd la sposa a Honolulu il 9 aprile 1896.

Dopo un anno d'assenza la signora Stevenson accoglie Belle e Austin, Lloyd e Katharine alle Samoa. Fanny esulta: Vailima sta per rivivere. Stavolta la famosa intuizione non le suggerisce che sta accogliendo una rivale, una donna che avvelenerà i suoi rapporti coi bianchi, le inimicherà i vicini, trasformerà la vita della piantagione in un inferno.

Katharine Durham Osbourne sale in cima al monte Vaea e mentre sta in raccoglimento è folgorata da una rivelazione: nessuno là capisce Robert Louis Stevenson! Fanny, Belle, Lloyd, ne tradiscono la memoria e l'opera. *Quando la moglie mi dice che il garofano era il fiore preferito di Louis io sento che preferiva un altro fiore!* Katharine non ha conosciuto Stevenson? Poco importa! È lei, l'ultima signora Osbourne, l'unica depositaria del testamento letterario del grande autore.

Forte di tale certezza, pubblicherà articoli, scriverà libri, terrà conferenze che punteranno, con ostinazione patologica, a screditare l'influenza di un'altra donna sul suo eroe. *Certo* – racconterà Katharine alla stampa – *la Vandegrift affascinava Louis... Ammetto che Fanny esercitasse un misterioso potere di seduzione sul sesso opposto. Soggiogava come una bohémienne. La sua volontà, la sua faccia tosta, il suo gusto della messinscena attiravano, per contrasto, gli uomini ligi al dovere... Ma se guardo al mio passato, il romanticismo delle mie avventure dà scacco matto alle misere esperienze di Fanny Vandegrift (...). «E non ho finito!» direbbe Louis. In fondo Mrs Stevenson non è mai uscita dall'infanzia, anzi, se vogliamo dire tutto, appartiene all'infanzia dell'umanità, è una primate di razza nera. Risale a dieci secoli prima di Cristo.*

I pettegolezzi di Katharine Durham si diffonderanno ai quattro venti letterari durante i trent'anni successivi. Daranno i loro frutti. Il suo accanimento e la sua nevrosi proietteranno sulla memoria di Mrs Stevenson l'immagine di una moglie villana e al tempo stesso santarellina.

Delle loro dispute Fanny non dirà una parola. Mantiene un

silenzio altero. Con l'efficacia abituale si accontenterà di far sequestrare i libri della nuora e di umiliarla con un paragrafo del proprio testamento, che il *Pall Mall Magazine* di Londra e il *New York Times* pubblicheranno in prima pagina, dopo la sua morte: *A Katharine Durham Osbourne, incredibilmente feroce, che visse esclusivamente della mia generosità pur perseguitandomi con le sue calunnie, lascio... cinque dollari.*

L'umorismo e il mordente di queste poche righe riassumono Fanny tutta intera. "Un'amica violenta" – aveva detto Louis –, "una nemica temibile...". E anche astuta... Quel testamento, in cui Katharine compare, impedisce qualunque contestazione: la moglie di Lloyd non è stata dimenticata.

In attesa della vendetta postuma, Fanny vive ancora sotto tensione. Vailima senza Louis è l'anarchia. È anche una rovina finanziaria. La vedova Stevenson non ha più i mezzi per mantenere Lloyd e consorte, Belle, Austin e i venti indigeni di cui avrebbe bisogno per lottare contro la foresta, contro gli alberi, le liane, le radici che invadono le coltivazioni.

E il cuore non c'è più.

A Edimburgo è morta zia Maggy. Aveva soltanto dieci anni più di Fanny. Scomparsa la madre di Louis, Fanny resta unica erede degli Stevenson. Colvin si è assunto l'incarico di scrivere la biografia dell'amico. Ma lasciato a se stesso non lavora. Da parte sua Baxter si è permesso di pubblicare un'opera postuma di Louis – ma Fanny la giudica indegna del talento del marito. I lettori rischiano di dimenticare o non stimare più Robert Louis Stevenson. A meno che non se ne occupi la Vandegrift...

Perché Louis continui a esistere dopo la morte, per proteggerne l'opera e celebrarne il genio, Fanny riprenderà le armi. Tornerà in Inghilterra. Ritroverà coloro che aveva giurato a se stessa di non rivedere mai più: *i cazzotti mascherati da amici.* Combatterà con Baxter perché escluda dalle opere complete

Fables, edito senza la sua autorizzazione. Con Colvin, perché si affretti a redigere una *Vita* di Stevenson.

Perdoni la mia impazienza...– gli scrive dopo averlo accusato di pigrizia e indifferenza. *Perdoni la mia rivolta... Ma quando non mi sento bene mi dico che non posso, che non devo morire senza aver letto la* Vita... *E per essere franca fino in fondo, quando sento che lei è malato, il mio primo pensiero va nella stessa direzione: «Non può, non deve morire prima di averla scritta». Se vuole distruggermi, minacci di fermare il lavoro. È per la* Vita *che mi alzo ogni mattina. Per la* Vita *prima di tutto, poi per i miei figli.*

Per due anni tallonerà Colvin. Finirà per togliergli la responsabilità del progetto e per affidare il lavoro a Graham Balfour, che Belle aveva tanto amato e che Louis aveva incaricato della selezione delle sue lettere e dei suoi documenti.

Fanny pensa che tale scelta rispetti la volontà di Stevenson. Balfour è il solo a conoscere bene il passato familiare del cugino, il solo che abbia vissuto con lui a Vailima. Ne conosce tutti i segreti... E la sua visione concorda con quella di Fanny. Balfour racconta la storia che lei desidera ascoltare. La lite con Henley e la grave malattia mentale di Mrs Stevenson non compaiono: ma il coraggio, la bontà e il genio di Louis lo issano al rango degli eroi. Graham traccia il ritratto del poeta che a Grez aveva costretto Fanny al rispetto e ne aveva conquistato l'amore.

Tale versione, la versione di Mrs Stevenson, risveglia l'odio di Henley. Nel novembre 1901 sul *Pall Mall Magazine* Henley stronca la biografia, stronca Balfour, stronca Stevenson... ma ha sempre Fanny nel mirino: *Ed ecco* – scrive con cattiveria – *che ci ritroviamo di fronte alle ultime lettere del grand'uomo e al bilancio di Balfour: Stevenson, un angelo venuto dal cielo. Per quanto mi riguarda rifiuto di riconoscerlo in questo ritratto acidulo (...). Se le mie proteste danno al lettore l'impressione che la mia visione di Robert Louis Stevenson sia del tutto personale, mi scuso, ma sento che non mi riguarda per nulla questo serafino di cioccolata qui dipinto, questa effigie in zucchero d'orzo di un uomo di carne e sangue. La sua migliore interpretazione, la partita più interessante della vita di Stevenson, non saranno mai scritte – di certo non da me (...). Dappertutto sento vantare i suoi innumerevoli atti di generosità e mi ricordo qualche esempio di una condotta di tutt'altro genere (...). Ancora una parola: leggo in ogni pagina che bisogna ammirare "R.L.S." perché era un uomo condannato che a dispetto della malattia ha scelto di vivere la propria vita. Non siamo tutti condannati? E tutti viviamo la nostra vita... non è sufficiente scrivere qualche bella pagina prima della morte per fare di un uomo un eroe.*

Per la prima volta Fanny fa spallucce: *Henley doveva essere ubriaco quando ha scribacchiato quella pagina...* Passa oltre. Ma non ha dimenticato nulla. E soprattutto non dimentica che Henley ha rifiutato l'ultimo ricordo di Louis, la bandiera britannica che sventolava sul *Casco*, la bandiera che aveva coperto la spoglia il mattino del 4 dicembre 1894. Superando il proprio rancore l'aveva mandata a Henley per fare quel che Louis avrebbe voluto da lei. Henley si rivela gretto? Poco importa. Impaziente di proseguire la propria ricerca, infaticabile nel costruire la propria opera, Mrs Stevenson ha ritrovato la sua ragione di vita.

Lascia le Samoa per non tornarci più, vita natural durante. Vende Vailima per un tozzo di pane, un quinto di quanto la piantagione era costata, a un mercante tedesco che era stato pellicciaio a Vladivostock.

Tiene soltanto la proprietà della cima di un monte e della striscia di terra che porta fin su.

La mattina del 7 settembre 1897, sette anni, giorno più giorno meno, dopo il suo arrivo, Fanny annusa per l'ultima volta la vaniglia, il legno affumicato, il limone selvatico... Il profumo delle Samoa. Scende per l'ultima volta la Via della Gratitudine. Tutti gli amici indigeni la accompagnano. Dal piroscafo vedrà a lungo le strette piroghe cariche di fiori danzare nel porto di Apia. Vedrà anche, dietro la cittadina addormentata, i tetti rossi di Vailima e la cima boscosa del monte Vaea.

Conto sulla sua capacità di recupero... – aveva scritto Louis. *Lei ha una tale energia...*

Epilogo
Fanny

San Francisco, 1903-1914

«Scioccante... Ignobile... Mostruoso... Non avrò più il coraggio di uscire... E i miei figli, come potranno mostrarsi in strada?».

Così si esprimeva la signora Osbourne, moglie di Lloyd, attraversando le sale della grande casa che condivideva con la suocera. L'ala sud dominava tutta la città di San Francisco. L'ala nord-est, dove viveva Fanny, sovrastava il Pacifico.

All'angolo fra Hyde e Lombard Street, dinanzi all'oceano, la cittadella di Mrs Stevenson esiste ancora. I turisti che si arrampicano ogni giorno fino a quel picco, per sporgersi sulla strada più in pendenza della città, notano quella fortezza intonacata di rosa, col tetto piatto, la scalinata in ferro battuto e il giardino pensile? Nessuna guida segnala che all'inizio del XX secolo, dietro i suoi grossi muri, si ammucchiavano i tesori dell'uomo che aveva fatto rimare letteratura con avventura. Le prime edizioni delle opere, i trofei dei viaggi, i ninnoli dell'infanzia, di Bournemouth, di Vailima... Dove trovare la storia di quel forte che non riuscirono a distruggere né il terremoto né l'incendio del 1906? Destino romantico, se mai ve ne fu uno: quella casa avrebbe ben presto ospitato le preghiere di un convento di carmelitane. In attesa del silenzio eterno delle religiose il gran casamento riecheggiava degli strilli di una nuora offesa:

«Uno scandalo! È persino più giovane di mio marito... Ha l'età di Austin... Del nipote! Venticinque anni... E lei – quanti? Ne dichiara una sessantina, ma chi lo sa? Come osa installare qui sotto il suo tetto, sotto il mio, quel... "segretario"? Uno scroccone che vivrà dei diritti d'autore del povero Louis e ne succhierà la fortuna... Come osa? Quel... quel protetto, quel Field, non è neppure il primo...».

Il "primo" cui la moglie di Lloyd faceva elegantemente allusione non si chiamava Field, infatti, ma Burgess. Giovane artista, disegnatore, uomo di lettere lanciatissimo nell'avanguardia di San Francisco, secondo gli amici Gelett Burgess aveva un solo difetto: imitare servilmente i tic letterari del suo autore preferito, il suo modo di pensare e di scrivere... Copiare in tutto le maniere di Robert Louis Stevenson. Quando la vedova del suo eroe era tornata per la prima volta in California dopo le Samoa, per un breve soggiorno, Burgess aveva fatto l'impossibile per esserle presentato. Aveva trent'anni. Lei cinquantasei. *Affascinato dalla curvatura della bocca rinvigorita dal coraggio, addolcita dalla generosità, dalla linea delle labbra, dal mento volitivo*, Burgess le aveva fatto la corte e aveva spinto l'audacia fino a proporle un progetto per la pietra tombale del maestro. Mrs Stevenson si era lasciata sedurre dalla sobrietà del disegno e lo aveva fatto realizzare in bronzo. Le due tavolette immaginate da Gelett Burgess sono oggi sigillate nel mausoleo bianco in cima al monte Vaea.

Tornata a vivere a San Francisco, Fanny l'aveva rivisto. Lui si considerava già il suo protetto. Lei amava interpretare la parte della mecenate. L'allegria, l'intelligenza e la vivacità di Burgess fecero il resto. Divenne l'amante. Il terzo uomo della vita di Fanny.

Il loro legame, di cui per molto tempo ho dubitato, mi è stato confermato dalla scoperta di un pacchetto di lettere conservate alla Bancroft Library dell'università di Berkeley. Vi si possono leggere le parole di Fanny, una riconoscenza ardente per il piacere ricevuto e la gioia donata. Parole d'amore da far arrossire di sorpresa o di piacere i più scettici, quelli che sono portati a dubitare della passione di un uomo per una donna di trent'anni più vecchia.

Fu un'avventura di breve durata. Gelett Burgess fece l'errore di usare l'intimità con la vedova di Stevenson per vendere qualche articolo. Lei lo congedò. Cinque anni dopo, l'incontro con Edward Salisbury Field, detto Ned, avrebbe aperto una nuova era.

A venticinque anni Ned Field lavora come giornalista per il gruppo editoriale Hearst. Un metro e settantacinque. Bel ragazzo. Conversazione così piena di fascino e intelligenza che l'illustre datore di lavoro lo riceve a cena. Tratto comune con Burgess: fin dall'infanzia Field ha una passione per la vita e l'opera di un grande autore, Robert Louis Stevenson. A differenza di Burgess non ha altra ambizione oltre la felicità. E contrariamente a quanto lascia intendere Katharine Durham, Field non ha bisogno né delle ricchezze né della fama di Mrs Stevenson. Il padre ha fondato nell'Indiana la casa editrice che un giorno diventerà la famosissima Bobbs Merril. Field padre fa anche l'agente immobiliare a Los Angeles. Con successo. Due anni prima ha mandato il figlio a fare le prime esperienze di vita a Parigi. Ned, pilastro del Bohemian Club come prima di lui Sam Osbourne e Timothy Rearden, passa per un allegro compagnone. Negli archivi del Club figura come membro attivo, popolare e sportivissimo. Per piacere a Fanny ha tre atout: l'anima vagabonda, la mente da letterato, il pollice verde. Personalità appena quanto basta a reggere il colpo dell'incontro con una tale sirena. *Da giovane era graziosa. Invecchiando diventò bella* – racconta la sorella Nellie. *I giovani adoravano la sua compagnia.*

Gioielli barbarici, broccati, velluti, merletti, Fanny ha ritrovato la civetteria di un tempo. Profilo ambrato ora scurito dai ricci bianchi, occhi neri e penetranti, il piede minuscolo infilato in una ballerina rossa non nascosta dalla gonna. Sorprende. Seduce. Lo sa. *Gioca anche tu la carta "orientale"* – consiglia a Belle. *Altrimenti resterai una donnina grassottella dalla pelle troppo scura. Forza la nota esotica e diventerai una uri. Fai attenzione alla voce, parla lentamente e soprattutto non schiamazzare.*

Con un distacco ostentato che nasconde la timidezza di sempre, Fanny raccoglie tutti i fili della sua vita. Il silenzio dell'innamorata di Sam, l'avidità estrosa dell'amica di Rearden, la devozione appassionata della moglie di Stevenson. Ascolta sorridendo la conversazione di Ned e domina come una sfinge l'avanguardia di San Francisco.

Quel giovane e quella vecchia signora disdicevole creeranno un ranch nelle montagne di Santa Cruz, una piccola *hacienda* in Messico, una tenuta con uno splendido giardino a pochi chilometri da Santa Barbara. *Costruire è così eccitante!* dice lei. Lui si diverte. Ogni momento con Fanny gli pare pieno di fascino, di fantasia, di sorpresa. Al punto che non la lascerà sola neppure per un giorno. Per dieci anni Ned condividerà tutte le ore di Mrs Stevenson. Fino alla fine.

La famiglia Field, come la famiglia Stevenson una generazione prima, non mancherà di preoccuparsi per quella coabitazione. Echi lontani di una storia già vissuta, si lamenteranno di vedere il figlio sciupare la giovinezza accanto a una vecchia bohémienne. Fanny lascia dire e fa sempre di testa sua. *Hai dimenticato di mandarmi la foto di una fanciulla graziosa, te l'avevo chiesta per ragioni di Stato...* – scrive a Belle. *Che aspetto abbia la fanciulla non ha importanza. Puoi anche comprarla in un negozio. Preferirei una bionda* – prosegue maliziosa. *Penso davvero che il mio giovanotto dovrebbe portarla con sé. Basterà che la mostri alla famiglia e lo scherzo sarà riuscito (...). Indirizza la foto a Ned F. Io capirò.*

Da rue Ravignan a rue de Douai, su una delle prime Ford importate da New York, Fanny Stevenson corre sul selciato grigio di Montmartre. Le sciarpe al vento, le piccole mani posate sul plaid, passa in tromba davanti al passage des Panoramas e all'atelier Julian. Ben accompagnata. Il figlio Lloyd guida. L'amico Ned legge la carta. Nel loro abbigliamento da "motoristi", mani infilate nei guanti, cappello in testa, i bei visi nascosti dagli occhiali, attraversano la Francia, si spingono fino a Hyères, fino a Marsiglia, risalgono passando dalle Cévennes, si fermano a Le Puy, a Le Monastier dove l'asina Modestine trent'anni prima aveva riportato alla memoria di un uomo molto giovane «una certa signora». Al ritorno verso Parigi, fra i pioppi, scorgeranno il ponte di Grez, la torre della Regina Bianca, la chiesetta del XII secolo. Ma Fanny non vorrà fermarsi.

I miei programmi sono vaghi – aveva scritto a Belle lasciando le Samoa. *Gli anni che mi aspettano somigliano a grandi sale vuote piene di echi. Dici che non è allegro. Ma non sono mai stata molto adatta all'allegria. Forse scoprirò in questo vuoto una certa grandezza.*

A settant'anni Fanny ha trovato qualcosa di più: la leggerezza. Paragonato agli anni della maturità il crepuscolo della sua vita pare davvero sorridente. Ma Fanny non rinuncia neppure per un attimo.

A Saint-Jean-de-Mer, a Madera, in Messico, a Londra, a Parigi, continua la stessa ricerca. Insegue un sogno: tenere Louis vivo. Farlo continuare a esistere dopo la morte. Farne riconoscere e celebrare il genio dalla posterità. Punta a un ideale: una nuova edizione delle opere di Robert Louis Stevenson. In collaborazione con Edward Salisbury Field scrive prefazioni, collaziona, corregge bozze, sovrintende al lancio. Fanny e Ned lavorano assieme per l'eternità del Narratore di storie.

Il 25 marzo 1911 scrive ancora agli editori del defunto marito: *Con la presente invio l'introduzione al testo in difesa di padre Damien. Non so come redigere tutti gli altri articoli che mi chiedete... E questo che accludo è probabilmente molto brutto.*

Arrossisco quando ci penso, ma sono incapace di fare di meglio. Se è troppo brutto ditemelo, ve ne prego, e tenterò di nuovo. Il lavoro di Louis era talmente mescolato alla sua vita privata che mi è molto difficile capire quando ne dico troppo, quando non abbastanza. Detesto sollevare il velo e permettere che il pubblico si introduca nei dettagli privati che non lo riguardano. Penso sia questo fastidio a rendere il mio stile tanto impacciato – stile è una parola eccessiva, avrei dovuto dire il mio brutto stile.

Continua l'opera. È infaticabile. Qualche giorno prima della morte mette in ordine il proprio diario di viaggio a bordo della *Janet Nicholl*, tutte le impressioni che aveva annotato per aiutare Stevenson quando avrebbe scritto il grande libro sui mari del Sud.

A metà febbraio del 1914, quasi vent'anni dopo la morte di Tusitala, due mesi prima dell'inizio della Grande guerra, un vento formidabile soffia sul giardino di Fanny a Santa Barbara. La pioggia cade a raffiche. Martella le tegole e le terrazze. Il sipario si chiuderà su una scena attraversata dai lampi. Fanny, drammatica fino alla fine, si spegne in un giorno nero di temporale. Lasciamo le ultime parole a chi l'ha amata appassionatamente: i suoi servitori.

Cara Mrs Strong – scrive la cameriera di Fanny a Belle in viaggio a Honolulu – *abbiamo tutti il cuore spezzato al pensiero che la nostra cara piccola Signora se ne sia andata per sempre. Ci sembra talmente crudele che se ne sia andata in sua assenza, lei che le aveva dedicato tutta la vita... Talmente spaventoso che ci abbia lasciati proprio nel momento in cui si godeva la vita (...).*

Non era malata e non ha sofferto. Domenica alcuni amici sono venuti a trascorrere il pomeriggio per ascoltare con lei Mr Field che leggeva il suo ultimo lavoro. Mrs Stevenson era tanto carina! Aveva l'abito di raso blu guarnito di fasce di crespo e un leggero velo di tulle nero e bianco sui bei capelli (...). Martedì sera, 17 febbraio, si sentiva bene, ha letto i giornali fino alle nove e Mr Field ha giocato a carte con lei fino alle dieci e trenta. Poi si è ritirata. L'indomani, come ogni mattina, sono entrata nella sua stanza e ho trovato la cara piccola Signora incosciente. Dapprima ho creduto fosse svenuta e sono corsa a cercare Mr Field. È saltato giù dal letto, si è infilato una vestaglia da camera e si è precipitato da lei mentre io telefonavo al dottore (Non si è più svegliata e alle due dello stesso giorno ha smesso di respirare. Mr Field non l'ha lasciata neppure per un attimo. Per tutta la giornata non ha voluto mangiare nulla. Sono riuscita a fargli mandar giù una tazza di caffè prima che telefonasse a lei e a Mr Osbourne) (...). Per noi tutti è un colpo spaventoso (...). Questa casa non sarà più la stessa per William e per me, adoravamo la nostra piccola Signora. Era un piacere fare qualunque cosa, per lei. Era tanto generosa. L'ho adorata dal primo momento in cui l'ho vista e penserò sempre che servirla è stata la gioia della mia vita e il mio più grande privilegio.

La pioggia continuerà a cadere per giorni e notti. Lloyd, che arriva da New York, dovrà passare lunghe ore su treni deviati a causa del diluvio, su percorsi interrotti dalla tempesta, prima di raggiungere la madre. Il corpo di Fanny, secondo le sue volontà, sarà cremato.

Ma aveva previsto il colpo di scena che avrebbe fatto spettegolare tutta San Francisco, impallidire Colvin e consorte, sorridere Henry James? Il 29 agosto 1914, ovvero sei mesi dopo la morte della madre, Belle Strong sposa Ned Field. Lei ha cinquantasei anni, lui trentasei.

Il loro legame risale ai tempi in cui Fanny era viva? Perché si sono nascosti? Oppure la scomparsa di lei ha fatto nascere fra loro nuovi sentimenti? Si uniscono per affetto? Abitudine? Solitudine? Interesse? La prima volta Belle si era sposata per entusiasmo, la seconda ha avuto dieci anni per riflettere. Ha avuto coscienza che Ned cercava di legarsi quanto più strettamente possibile alla donna che aveva tanto amato e aveva perduto, sposandone la figlia, il doppio? Di quasi quarant'anni più giovane dell'una, di venti più giovane dell'altra, Edward Salisbury Field fu felice con entrambe le generazioni.

Prima di abbandonarsi alla gioia i Field sono assillati dal desiderio, dal bisogno, di compiere un ultimo dovere. Esaudire il desiderio di Fanny che i giochi della politica internazionale impediscono di realizzare.

Quindici anni prima, subito dopo che Mrs Stevenson aveva abbandonato le Samoa, le tre potenze avevano abrogato il trattato di Berlino per dividersi la torta. L'America si era installata a Pago Pago, sull'isola di Tutuila. L'Inghilterra si era ritirata dall'arcipelago in cambio della rinuncia della Germania alle isole Tonga, Salomone e Niue. La Germania aveva annesso Upolu, Savai'i, Manono e Apolima, da allora chiamate Samoa Occidentali. Colmo d'ironia: i tedeschi avevano messo Mataafa al posto di Laupepa nel ruolo di fantoccio! Alla morte di Fanny la guerra del 1914 aveva chiuso le frontiere fra colonie tedesche e mondo anglosassone.

Nuovo colpo di scena! La Gran Bretagna convince la Nuova Zelanda a invadere le Samoa Occidentali. Troppo impegnata su altri fronti, la Germania si lascia cacciare via.

La bandiera britannica sventola di nuovo su Vailima. Il governatore, uno scozzese, mette la proprietà a disposizione dei Field. Il 12 maggio 1915 Belle si imbarca a San Francisco. Con l'ultimo compagno della madre ritorna alle Samoa...

Samoa, giugno 1915

La sera di mercoledì 23 giugno 1915 aveva piovuto di continuo su Vailima. Quel diluvio era stato un vero supplizio per la signora Field. A tarda notte Belle aveva ascoltato i venti e ricordato il passato. Poi era giunta un'alba secondo i suoi desideri: fresca e soleggiata, come vent'anni prima quella del 4 dicembre 1894.

La cerimonia funebre di Mrs Stevenson era stata organizzata dagli amici indigeni e dai servitori di un tempo, quelli che le guerre e il trascorrere degli anni avevano risparmiato. Belle aveva badato che fossero invitati i capi che avevano costruito la Via della Gratitudine e i duecento uomini che in una sola notte avevano aperto un sentiero sul monte Vaea. Dai forni di pietra dietro la casa fuggivano gli aromi dolci della banana, dell'ananas e del maiale in cottura per la grande festa che i capi avrebbero dato dopo i funerali.

Lo scrigno di bronzo – con le ceneri di Fanny – era nell'atrio che dava sulla veranda a pianterreno, di fronte all'oceano. Belle in lungo abito da lutto, una tunica bianca alla maniera samoana, stava a braccia aperte fra le due porte scorrevoli. Guardava la barriera corallina che scintillava oltre le cime degli alberi e i gruppi di vecchi samoani che risalivano il prato a passi lenti, con la fascia nera al braccio sinistro e ghirlande di fiori rossi al collo. Da lontano non riusciva a distinguere se erano il grande capo Tamasese con la moglie Vaaga, il figlio dell'ex re Laupepa o i figli del cuoco Talolo. "Tutto è uguale. Tutto è diverso. Avanzo sul prato senza riconoscere nulla". Le siepi di ibisco erano scomparse assieme ai campi da tennis, all'orto di Fanny, ai suoi fiori e al prezioso cacao. La cascata era diventata una diga e la pozza d'acqua una piscina con cabine da bagno. "Tuttavia sono di ritorno a Vailima". Non riusciva a crederci.

"A Vailima". Le emozioni, che aveva temuto violente, restavano confuse e ovattate.

Sono appena scoccate le nove. Il sole è salito. È giunta l'ora. Ned è in raccoglimento davanti alle stoffe samoane e alle corone di fiori posate sullo scrigno. Come un tempo sulle spoglie di Tusitala. Il corteo si avvia verso la montagna. La boscaglia si richiude. Avanzano a piccole tappe. Belle sa, perché già una volta l'ha percorso, che il sentiero si arrampicherà sempre più scosceso fino in vetta. Più sinuoso e più scivoloso. Per due ore non vedranno il cielo. Ma i raggi che filtrano fra le foglie cadono fitti e caldi sulle loro teste.

La processione si muove a zigzag fra liane, palme e radici giganti. Attraversano tratti in ombra e pozzanghere smeraldo. Improvvisi schizzi di luce li accecano e li inchiodano.

Abbigliamento coloniale, senza cappello, viso teso, il più giovane apre la fila: è Ned Field. Il compagno degli ultimi giorni di Fanny Vandegrift l'accompagna dall'uomo che mai lei ha smesso di amare. Ned porta lo scrigno di bronzo avvolto in un tappeto prezioso. Subito dietro, fianco a fianco, avanzano due donne: Vaaga, moglie del grande capo Tamasese, e Belle. Ciascuna regge le estremità di un drappo funebre teso in tutta la sua larghezza. Uno color zafferano, l'altro indaco, gli stessi che un tempo avevano coperto il corpo di Louis. Seguono i due capi Laupepa e Tamasese. Poi, a perdita d'occhio fra gli alberi, coi toraci bardati di ghirlande di fiori, i fianchi cinti di *lava-lava* bianchi, salgono i sopravvissuti della Via della Gratitudine e tutti gli amici di Fanny Stevenson. Dopo molte soste la colonna giunge in vetta al monte Vaea. È una piattaforma, grande come una camera da letto, quasi chiusa dalla boscaglia fitta, umida, frusciante. Dinanzi al Pacifico e al muggito della barriera corallina s'innalza un grande sepolcro bianco: *Qui riposa il Narratore di storie.*

Sui fianchi del mausoleo sono inserite le due tavolette funerarie disegnate un tempo dal giovane Gelett Burgess: *Dove andrai tu, andrò anch'io. Dove starai tu, io pure starò. Il tuo popolo sarà il mio popolo e il tuo Dio sarà il mio Dio*: tale l'epitaffio a ovest, in lingua indigena. È il versetto del Libro di Ruth che era stato scelto da Margaret Stevenson per il figlio. Il simbolo di Samoa, un ibisco, fiorisce nel bronzo. A est, in direzione delle lussureggianti montagne di Tamaaga, piogge, venti e trascorrere del tempo levigano una seconda iscrizione: il cardo di Scozia, un nome, una poesia. Il Requiem che Robert Louis Stevenson aveva scritto per se stesso quando aveva creduto di morire della prima emorragia polmonare a San Francisco. *Ho vissuto allegramente, allegramente muoio.*

Sullo zoccolo di granito bianco, fra stoffe e fiori, posano lo scrigno.

Il governatore dell'isola legge il servizio anglicano. Il pastore indigeno pronuncia un'orazione funebre. E il muratore che un tempo costruì la tomba si accinge a sigillarvi le ceneri.

Allora, staccandosi dal semicerchio degli amici in preghiera, un vecchio capo avanza e si rivolge a Belle:

«Questo momento è dolce, non si può essere tristi» le dice in samoano. «Essi sono finalmente riuniti nella terra degli amici che ne ameranno teneramente la memoria. Puoi andare in pace. Tamaitai è felice, ha ritrovato il grande amore».

Mrs Field abbassa la testa. Le pare di perdere la madre per la seconda volta. Che quella tomba che stringe i due amanti l'allontani e la scacci. Per cinquantasette anni Belle ha accompagnato, trascinato, ritrovato Fanny. Arte, avventure, amori, hanno condiviso tutto. Condividono ancora Ned, ultimo compagno di strada di entrambe. E ora come abbandonarla? Partire col cuore in pace? Belle ha vissuto la propria vita attraverso quella di Fanny. Ma Fanny l'ha vissuta attraverso quella di Robert Louis Stevenson. Un segreto che nonostante tutti gli sforzi Belle non ha penetrato.

Gli uomini di Malietoa Laupepa hanno portato sulla piattaforma una terza tavoletta, dove Belle e Ned hanno fatto iscrivere la poesia che Robert Louis Stevenson compose in gloria di colei che non l'aveva mai lasciato e l'aveva raggiunto lassù:

Maestra e tenera, amica e amante, sposa
Compagna di cammino
Fedele fino alla fine del viaggio
Anima libera, cuore saldo (...).

Istoriati nel bronzo, due fiori, il giglio tigrato e l'ibisco, incorniciano sei lettere: F.V. di L.S., le iniziali di colei che fu Fanny Vandegrift, Fanny Stevenson. Fanny.

Gli avvenimenti successivi

Le Samoa Occidentali resteranno neozelandesi fino al 1961, data dell'indipendenza. Vailima servirà da residenza ufficiale a tutti i capi di governo, fino al ciclone del dicembre 1992 che danneggerà gravemente la casa. Tre uomini d'affari americani, due dei quali mormoni un tempo missionari a Upolu, hanno ottenuto di recente dal governo samoano la proprietà in affitto per vent'anni, al prezzo simbolico di una noce di cocco all'anno. Hanno quindi restaurato la tenuta per fare di Vailima il Robert Louis Stevenson Museum, che è stato inaugurato due giorni dopo il centenario della morte di Louis, il 5 dicembre 1994.

Belle andrà avanti e indietro allegramente per Broadway, la via dei teatri, a New York, per più di un quarto di secolo. Dovrà soltanto attraversare la strada per assistere nella stessa settimana alle rappresentazioni del fratello, del figlio, del marito. Vivranno tutti nell'agiatezza fino alla fine. Alla morte della madre, Lloyd erediterà i diritti d'autore delle opere di Stevenson; Belle tutti gli oggetti e le case di Fanny. Riceverà inoltre i terreni che Ned Field, tramite suo padre, aveva fatto acquistare a Mrs Stevenson. Da quei terreni zampilleranno nel 1920 dei geyser di petrolio. Belle, la bambina che era cresciuta fra i cercatori d'oro, che aveva corso nelle gallerie e sulle tonde colline minerarie, all'età di sessantadue anni diventerà miliardaria.

Quanto al giovane marito, sceneggiatore di Mary Pickford

e di George Cukor, lo perderà come avevano vissuto: in una festa. All'indomani del settantottesimo compleanno di Belle, Ned non si sveglierà. A cinquantotto anni muore di indigestione. Fedele alla sua allegria leggendaria, aveva chiesto di essere sepolto in abiti variopinti, per non deprimere nessuno.

Il giovane marito, il fratello, il figlio, Belle seppellirà tutti. Morirà nel 1953, in pieno possesso delle sue facoltà, all'età di quasi novantacinque anni.

Lloyd Osbourne dal matrimonio con Katharine Durham avrà due figli, la cui lealtà nei confronti della madre e della nonna, a dispetto di un'infanzia di contrasti, non si smentirà. Lloyd divorzierà nel 1914, dopo una lunga separazione, e si risposerà con una protetta di Fanny, Ethel Head. Il matrimonio resisterà vent'anni e finirà in un nuovo divorzio.

L'agiatezza in cui lo lascia l'eredità della madre spiega forse perché Lloyd non si sia fatto un nome nella letteratura. Nonostante alcuni piccoli successi come autore drammatico e malgrado il fascino di qualche libro, non manterrà le promesse delle collaborazioni letterarie col patrigno. La Prima guerra mondiale lo sorprende a Grez, la seconda a Nizza. Ha settantadue anni. Vive con una francese ventiseienne che gli ha appena dato un terzo figlio. Lloyd riconoscerà il bambino e lo battezzerà col nome di suo padre: Sam Osbourne. Fuggendo l'invasione tedesca, farà di tutto per raggiungere gli Stati Uniti. Si farà poi raggiungere dalla compagna e dal piccolo Sam, che arriveranno a New York pochi giorni prima della morte di lui, avvenuta il 22 marzo 1943, all'età di settantacinque anni.

Austin Strong, il nipote di Fanny, firmerà con Lloyd il primo adattamento teatrale dell'*Isola del tesoro*. Di tutti i discendenti di Fanny, Austin è quello che avrà maggior successo. La nonna gli ha lasciato in eredità la passione per la terra: diventa architetto paesaggista e disegna il Cornwall Park a Auckland, in Nuova Zelanda. Da “zio Louis”, giovanissimo nonno, ha ereditato la passione per i velieri: Austin Strong sarà commodoro del celeberrimo Sailing Club di Nantucket. A venticinque anni abbandonerà l’orticoltura per la letteratura. Si lancia nel teatro. I suoi spettacoli saranno di grande richiamo, a Broadway, fino agli anni Trenta. *The Toymaker of Nüremberg* e *Seventh Heaven* saranno entrambi adattati per il cinema. *È diventato uno splendido giovane...* aveva scritto fieramente Fanny. *Tutto il contrario, da tutti i punti di vista, del povero padre.*

Joe Strong rientra a San Francisco nel luglio 1892. Come aveva fatto un tempo il suocero Sam Osbourne, si risposa. Un matrimonio felice. Joe morirà sette anni dopo il divorzio da Belle, all’età di quarantasei anni, come Sam Osbourne.

Robert Alan Mowbray Stevenson, “Bob”, il primo Stevenson che aveva attirato lo sguardo e catturato il cuore di Fanny Stevenson, sopravvisse soltanto sei anni a Louis. Morì nell’aprile 1900, dopo una vita oscura come professore di Storia dell’arte all’università di Liverpool. I suoi saggi su Velázquez aprono la strada alla critica moderna.

Lasciò la moglie e i due figli in relativa povertà. William Ernest Henley organizzerà una sottoscrizione per aiutarli.

William Ernest Henley sopravviverà soltanto due anni al suo articolo del novembre 1901. La bassezza di quell’attacco alla memoria dello scrittore che era stato l’amico più caro gli procurerà molte critiche. I complici di un tempo, Colvin, Baxter, Gosse, concorderanno tutti per dichiarare forte e chiaro che se qualcuno doveva tacere questi era Henley. Ciò nonostante la sua analisi letteraria dell’opera di Stevenson si ripercuoterà sulle giovani generazioni. Per lunghi anni Robert Louis Stevenson sarà relegato al rango di maestro minore, autore per bambini, *serafino di cioccolata*, *effigie in zucchero d'orzo*. Fino agli anni Cinquanta incarnerà il tipo dello scrittore timorato dell'epoca vittoriana, lui che non aveva mai smesso di denunciare di quell'epoca le paure e le ipocrisie.

Sydney Colvin, maltrattato da Lloyd e Fanny durante lo scontro a proposito della *Vita*, sarà loro nemico per alcuni anni. Nel 1903 finirà per sposare Mrs Sitwell. Vivranno felici fino agli anni Venti. Poco prima della pubblicazione del libro di Graham Balfour, Colvin aveva dato alle stampe le lettere di Stevenson agli amici e alla famiglia. Desideroso di non ferire nessuno, aveva soppresso lunghi passi senza mai segnalare i tagli. Aveva occultato la psicosi di Fanny a Samoa, che Louis aveva confidato soltanto a lui. I montaggi arbitrari di Colvin saranno rivelati soltanto nell'aprile 1967, in un articolo che non esiterà a suggerire che la preoccupazione di Louis durante la malattia della moglie, la tensione di quei mesi terribili, abbiano contribuito all'attacco del 3 dicembre 1894.

La signora Stevenson madre, "zia Maggy", torna in Scozia qualche mese dopo la morte di Louis. Lascia a Vailima tutti i mobili e gli oggetti della casa di Heriot Row, che era stata venduta. Con la consueta discrezione assiste in incognito alle cerimonie in gloria del figlio. Muore di polmonite nel 1897: *Ecco Louis... Devo andare*, saranno le sue ultime parole.

Fanny Osbourne
Ha vent'anni durante la guerra di Secessione. Lascerà presto la fattoria di famiglia nell'Indiana per raggiungere, all'altro capo del continente, il marito cercatore d'oro nei deserti del Nevada. Il loro amore ha radici profonde.
(Robert E. Van Dyke Collection)

Sam Osbourne
Ha studiato giurisprudenza ma preferisce l'avventura. Fanny gli darà tre figli.
(Robert E. Van Dyke Collection)

Belle
Condividerà tutte le passioni della madre.
(Robert E. Van Dyke Collection)

Samuel Lloyd
Per distrarlo il patrigno scriverà un giorno *L'isola del tesoro*.
(R.L.S. Collection, Lady Stair's House, Edimburgo)

Hervey
Il figlio che Fanny avrà in sé per tutta la vita.
(Robert Louis Stevenson Museum, St. Helena, California)

Robert Louis Stevenson ritratto da Fanny Osbourne
È l'epoca dei corsi all'atelier Julian. R.L.S. non aveva ancora scritto nessuno dei suoi grandi romanzi.
(Foto tratta da The Life of Robert Louis Stevenson *di Graham Balfour)*

© Alamy

Fanny Osbourne nel 1875
(Foto Beinecke Rare Book and Manuscript Library, Yale University)

© Bridgeman

Robert Louis Stevenson nel 1879
Ha quasi undici anni meno di lei.
(The Albert E. Norman Collection, California Historical Society, San Francisco)

Villa Vailima (Samoa), prima versione, 1891-1893
Louis ripeteva di voler essere sepolto in cima al monte Vaea,
mai esplorato da nessuno.
(R.L.S. Collection, Lady Stair's House, Edimburgo)

Il clan Stevenson a Vailima
Da sinistra a destra, in ultima fila: Joe Strong col pappagallo sulla spalla, Margaret Stevenson (zia Maggy), Lloyd Osbourne, Robert Louis Stevenson, Fanny Stevenson, Simi.
In seconda fila: seduta e vestita di bianco Mary, la cameriera di zia Maggy, il cuoco Talolo, Belle Strong col piccolo Austin e, in piedi con l'ascia in mano, Lafaele.
(R.L.S. Collection, Lady Stair's House, Edimburgo)

Bibliografia
Fonti principali

Prologo: LE NOSTRE VOCI CONFUSE

Si vedano: necrologi di Edward Salisbury Field sul *New York Times* e l'*Herald Tribune* del 22 settembre 1936; *The National Cyclopaedia of American Biography*. Si vedano anche gli archivi del Lambs Club, del Players Club e del Bohemian Club. E l'elenco delle sue opere nella bibliografia generale.

Edward Salisbury Field, 24 anni, nato a Indianapolis, Indiana, incontrò nel 1903 a San Francisco Fanny Stevenson, vecchia amica della madre. Lei aveva trentotto anni più di lui. Avrebbero trascorso assieme gli undici anni successivi. Avrebbero viaggiato, lavorato, vissuto sotto lo stesso tetto senza lasciarsi neppure un giorno. E Ned Field avrebbe chiuso gli occhi a Mrs Stevenson, nella loro casa di Santa Barbara, California, il 18 febbraio 1914 alle due del pomeriggio. Ne fu l'amante? È stato detto ed è probabile. Ma non ho trovato alcun testo autografo che provasse tale intimità, mentre nel caso di un altro giovane ammiratore di Fanny esiste uno scambio epistolare che non lascia alcun dubbio a proposito del tipo di relazione (vedi *Epilogo*). Ned sposerà Belle ed entrambi vivranno nel ricordo appassionato di colei che avevano amato.

Capitolo I: LA FIGLIA DI JACOB
Indianapolis, maggio 1864

Sulla giovinezza di Fanny si veda la biografia scritta dalla sorella minore, Nellie Sanchez: *The Life of Mrs Robert Louis Stevenson*, Charles Scribner's Sons, New York, 1920.

Vedi anche gli scritti inediti di Fanny sul padre, "A Backwoods Childhood", Centers' Collection, Indianapolis e il racconto inedito di Lannes McPhetrige, infarcito di dettagli sulla casa di campagna che i Vandegrift possedevano a Hendricks County, "A Tiger Lily Transplanted", Danville Public Library, maggio 1926.

Lettere da New York

Quel che resta della corrispondenza di Fanny con la famiglia è conservato a Indianapolis da una delle discendenti di Joséphine Vandegrift. Una ventina di lettere sono state ricopiate da Mrs Betty Lane quand'era conservatrice della biblioteca municipale di Plainfield, Indiana. Purtroppo molte altre sono state distrutte. In base a quanto resta ho ricostruito due lunghe lettere di Fanny che raccontano il viaggio in treno attraverso gli Stati dilaniati dalla guerra di Secessione. Sulla vita nell'Indiana ai tempi della guerra di Secessione vedi Meredith Nicholson, *The Hoosiers*, MacMillan, London, 1916.

La via di Panama

V. Doris Muscatine, *Old San Francisco, Biography of a city*, Putnam, New York, 1975; Dee E. Brown, *The Gentle Tamers, Women of the Old West*, Putnam, New York, 1958.

Mi sono servita anche della corrispondenza di Timothy Rearden. Per raggiungere la California era passato per Aspinwall, come Fanny, e aveva dovuto aspettare per una settimana il piroscafo che non arrivava al porto di Panama City. Anche Rearden si era imbarcato sul *Moses Taylor*, ma nel 1863. Le lettere di Timothy Rearden alla famiglia sono conservate alla Bancroft Library, a Berkeley, University of California. Baeck Collection.

Nella splendida biografia, *This Life I've Loved*, Longmans, Green and Co., New York, 1937 e Michael Joseph, London 1937, la figlia di Fanny evoca l'attraversamento dell'istmo in treno e l'arrivo a San Francisco. A quel tempo Belle aveva soltanto sei anni e le sue memorie contraddicono qua e là le rare lettere di Fanny alla famiglia. Non ho trovato alcuna traccia di Mister Hill, che pure è più volte citato nella corrispondenza. Fanny resterà tuttavia in contatto con altri passeggeri, Miss Annie McAlpine, Art e Jenny Hyatt, che andranno a trovarla a San Francisco nella primavera del 1867.

Arrivo a San Francisco

Vedi Isobel (Belle) Field, *This Life I've Loved*, *op. cit.*; Nellie Sanchez, *The Life of Mrs Robert Louis Stevenson*, *op. cit.* Nei due libri la figlia e la sorella di Fanny divergono su un punto: l'una scrive che Sam Osbourne aspettava la famiglia allo sbarco a San Francisco, l'altra che invece aspettava a settecento chilometri da lì, sul Reese River, ad Austin Camp. Credo imprecise entrambe le versioni. Il 17 giugno 1864 Sam è ad Austin dove registra un atto di proprietà dopo aver avuto in prestito 300 dollari per prendere una concessione insieme a due compagni, Moses Kirkpatrick e H. Hurge. Ma il 5 luglio il suo nome appare nell'elenco delle persone giunte ad Austin in diligenza provenienti da San Francisco, elenco pubblicato quotidianamente dal giornale locale, il *Reese River Reveille*. Fra il 17 giugno e il 5 luglio ha dunque lasciato Austin e c'è tornato. Due viaggi senza Fanny. La data del ritorno ad Austin precede di pochi giorni l'arrivo a San Francisco del *Moses Taylor* proveniente da Panama. Suppongo che Fanny e Sam abbiano mancato l'incontro.

Nevada 1864

Non ho trovato nulla sulle prime impressioni di Fanny in Nevada. Mi sono perciò servita di ciò che io stessa ho provato quando ho ripercorso sulle sue tracce la via del Pony Express, ai nostri giorni ancora soprannominata "*The Loneliest Road in America*". La via più solitaria d'America merita il nome che ha:

oltre 600 chilometri in linea retta nel deserto. Nessuna vettura. Nessuna casa.

Sulla storia del Nevada, delle corse all'oro e delle miniere d'argento, la documentazione abbonda. Vedere la bibliografia generale.

Capitolo II: La moglie di Sam

Austin

Su Austin esistono due libri notevoli: di Oscar Lewis *The Town that Died Laughing*, Little Brown Co., Boston, 1955 e di Donald Abbe, *Austin and the Reese River Mining District*, University of Nevada Press, Reno, 1985.

Mi sono anche servita dei *Journals of Alf Doten*, University of Nevada Press, Reno, 1973. Quel reporter, Doten, diverrà più tardi caporedattore del *Reese River Reveille* di Austin, pubblicato ancora oggi. L'ho trovato, immutato, nel salone dell'International Hotel di Austin.

Gli archivi del *Reese River Reveille*, conservati alla Nevada Historical Society di Reno, sono una inestimabile fonte di informazioni sullo stato delle miniere, gli arrivi dall'Est o da San Francisco, le partenze, le morti e i matrimoni. Tutto è annotato. Anche i dati di censimento conservati a Carson City, Nevada, danno un'idea abbastanza precisa dello stato della popolazione fra il 1862 e il 1864. Al censimento del 1863, su 1168 abitanti ho contato 44 donne. 18 su 44 hanno meno di 14 anni. Ne restano 26 per tutta la regione. Una passeggiata nei cimiteri dà anche un'idea abbastanza precisa dell'età media di morte della maggioranza degli abitanti: meno di 25 anni.

Nel *Reese River Reveille* del 4 aprile 1865 ho trovato il resoconto del suicidio di un certo Benton Van de Grift, impiegato al telegrafo di Austin dopo essere stato impiegato postale a Indianapolis. È un cugino di Fanny da parte di padre e Belle ne cita la morte in *This Life I've Loved*, *op. cit.* Pare abbia lasciato l'Indiana nello stesso periodo di Fanny. Malgrado tutte le ricerche non ho trovato nulla su di lui, vicolo cieco. Sono però certa del fatto che non lasciò l'Indiana con Sam. In una lettera a Jacob Vandegrift, Sam garantisce che troverà a Benton un lavoro nel Nevada, sia pure un lavoro manuale. Sam nella stessa lettera incoraggia il suocero a partire con Benton, giurando che se non tutti faranno fortuna perlomeno non perderanno nulla nell'avventura. In tutte le lettere Sam, con tono proselitista, invita la famiglia della moglie a lasciare la fattoria e raggiungere l'Ovest.

Precisiamo che il necrologio di Benton Vandegrift dice che soffriva di una *inflammation of the brain* che rendendolo pazzo lo portò al suicidio. Infiammazione del cervello ossia encefalite, il male di cui Fanny nelle lettere si lamenterà di continuo.

Notiamo anche che il *Reese River Reveille* del 4 aprile 1865 segnala la partenza da Austin, per l'Ovest, di Virgil Williams, che diverrà un giorno il maestro di Fanny. Si sono conosciuti nel Nevada? È una semplice coincidenza? Nessun elemento mi permette di supporre che la loro amicizia sia nata ad Austin.

Per la vita quotidiana delle donne nell'Ovest vedi la bibliografia generale, e in particolare *The Gentle Tamers, Women of the Old West* di Dee Brown, *op. cit.* e *Women of the West*, Antilope Island Press, 1982. Mi sono stati particolarmente preziosi i diari di Flora Bender, conservati alla State Historical Society of North Dakota, e di Claire Hewes, University of Nevada Library, nonché le autobiografie di E.J. Oulrin, *Mountain Charlie*, University of Oklahoma Press, 1968, di Malinda Jenkins, *Gambler's Wife*, Huston, Bufflin Co., 1933 e di Sarah Royce, *A Frontier Lady*, New Haven Yale University Press, 1932. Infine l'articolo apparso sull'*Overland Monthly*, maggio 1869, *How We Live in Nevada*, di Louise M. Palmer.

Si veda anche e soprattutto, di Mrs McNair Mathews, *Ten Years in Nevada*, Bakers and John, 1880. Mrs Mathews è ben rappresentativa della mentalità delle "donne oneste" nelle città del Far West. Molte volte la sua voce si confonde con quella di

Fanny. Leggendo le autobiografie, le lettere e i diari delle pioniere, sono stata straordinariamente colpita dalla somiglianza con le reazioni e le frasi di Fanny. Robert Louis Stevenson non si ingannerà. Fanny non smetterà mai di appartenere al gruppo sociale, limitato nel tempo e nello spazio, delle pioniere.

Virginia City

Per la storia di Virginia City e della Comstock Lode mi sono basata sull'opera notevole di Cari Burgers Glasscock, *The Big Bonanza*, The Bobbs Merrill Co., Indianapolis, 1931. Si vedano anche *The Comstock Commotion*, di Lucius Beebe, Stanford University Press, Stan Co., 1945; *Silver Kings*, di Oscar Lewis, David Mc Kay Co., A.A. Knopf, 1947; *Mark Twain, his Life in Virginia City*, di George William III, Tree by the River, Riverside, Cal., 1984; *Mark Twain in Virginia City*, di Paul Fatout, Indiana University Press, 1964. *Gold Diggers and Silver Miners*, di Marion S. Goldman, University of Michigan Press, 1981, fornisce utilissime informazioni sulla condizione delle donne, "oneste" o prostitute, e dei loro rapporti con la popolazione maschile di Virginia City.

Per la vita quotidiana a Virginia City si vedano *Ten Years in Nevada*, di Mrs McNair Mathews, *op.cit.*; *The Life I've Loved*, di Isobel Field, *op. cit.*

Tre capolavori di tre reporter di Virginia City sono stati straordinariamente preziosi: *The Big Bonanza*, di William Wright, alias Dan de Quille, Apollo Editions, New York, 1969; *The Journals of Alf Doten*, *op. cit.; Roughing It*, di Mark Twain, American Publishing Co., Hartford, Conn., 1872 (ed. it. *In cerca di guai*, Adelphi 1993). I tre scritti hanno in comune umorismo e vigore, gusto del macabro e tendenza all'esagerazione, con risultati di acuto realismo. Nonostante le sue imprecisioni, o forse proprio a causa di esse, *Roughing It* descrive genialmente il modo di pensare dei cercatori d'oro degli anni attorno al 1860.

Sul lavoro nelle miniere: *The Miners*, Time-Life Books, New York, 1975. Ho controllato i dati sulla profondità delle gallerie. Raggiungeranno i 900 metri negli anni attorno al 1870 e non l'anno in cui Fanny risiedeva a Virginia City, ovvero il 1865-1866.

La lettera di Sam al suocero è conservata al Silverado Museum, St. Helena, California. Per l'anno 1864-1865 Sam risulta nell'annuario di Virginia City come "Deputy City Clerk, Office n° 2, Roe Building".

Corrisponde al vero che Fanny ha lasciato Virginia City per Sacramento dopo una malattia di Belle, vedi Dan Centers Coll., Indiana. Vero anche che durante il periodo di assenza Sam Osbourne ha prestato i mobili a una delle amanti. Fanny al rientro ha trovato la casa vuota. «Se non mi restituisce le mie cose andrò alla polizia e le farò portar via tutto. La buona donna è turca per metà, ma anche se fosse turca del tutto, non avrà le mie cose!», lettera a Jo, in Centers Collections. Fanny non data mai le sue lettere. Talvolta il destinatario ha conservato la busta e fa fede il timbro postale.

Sulla partenza di Sam Osbourne v. *The life I've Loved*, di Isobel Field, *op. cit.*, *The Life of Mrs Robert Louis Stevenson, op. cit.*

Nel marzo 1866, per la precisione il 26, una carovana di cercatori d'oro parte per il Montana. Alf Doten lo annota nel suo *Diario*: «Una carovana di otto carri ha lasciato la città stamane per il Montana. Dalle 40 alle 50 persone. Molti partivano a cavallo. Fino a oggi è l'esodo più numeroso in partenza da questa città». Anche Sam lascia Virginia City per il Montana alla fine di marzo del 1866. Ne deduco che ha fatto parte della carovana, ma non ho alcuna prova.

Nessuna prova anche sulla data precisa della partenza di Fanny per San Francisco. Fino a novembre le sue lettere sono datate Virginia City. Poi silenzio. So soltanto che durante l'inverno del 1866 le miniere a Virginia City sono "*borrasca*", esaurite. Negli ultimi due anni molte raffinerie hanno chiuso. Vengono sistematicamente riscattate in nome della Banque of California da colui che diventerà il re del Comstock Lode, William Sharon. I piccoli proprietari rovinati si ritirano a San Francisco, come John Lloyd, ex minatore di Austin, che diverrà direttore della banca dove più tardi Fanny depositerà i diritti d'autore di Stevenson.

San Francisco, 1866-1875

Vedere la bibliografia generale. Ma quattro libri mi hanno aiutata in modo particolare a descrivere la San Francisco di Fanny: di Kevin Starr *Americans and the California Dream*, 1850-1915, Oxford University Press, New York, 1973; di Oscar Lewis *This Was San Francisco*, David McKay Co., New York, 1962; di Doris Muscatine *Old San Francisco, Biography of a City, op. cit.*; di Julia Cooley Altrocchi *The Spectacular San Franciscans*, E.P. Dutton, New York, 1949.

La sparizione di Sam è raccontata nelle memorie di Belle, *This Life I've Loved, op. cit.*, e nella biografia di Nellie Sanchez, *The Life of Mrs Robert L. Stevenson, op. cit.*

Ho trovato alcune allusioni posteriori in una lettera di Fanny alla sorella Cora che il 24 dicembre 1874 sposerà Sam Orr, migliore amico di Osbourne, col quale scomparve per parecchi mesi. Il tempo della loro erranza varia, a seconda delle versioni, da otto mesi a due anni. Otto mesi paiono più verosimili, probabilmente fra marzo e novembre del 1866. Nella biblioteca di Plainfield ho trovato una lettera di Fanny a Jo, spedita da San Francisco e datata maggio 1867. Scrive: *Sam ha deciso di rientrare all'Est appena può. Sono certa che torneremo molto presto.* Ha dunque raggiunto la famiglia e il ritorno, dal tono della lettera, pare già abbastanza lontano. *Riesci a concepire che Sam avrà trent'anni fra un mese o due? È sempre lo stesso ragazzo turbolento, lo stesso scavezzacollo, lo stesso allegrone.*

Clayton, Indiana

The Life I've Loved, di Isobel Field, *op. cit.* dà un'ottima descrizione di casa Vandegrift.

Mi sono anche basata sulla formidabile genealogia stabilita da Frederick A. Thomas, figlio di Jo Vandegrift e del secondo marito Benjamin F. Thomas, conservata alla Genealogy Division dell'Indiana State Library, Indianapolis. Vedi anche *The People's Guide*, di Hendricks County, Indianapolis Printing Pub., 1874, conservato alla biblioteca municipale di Danville. Infine, e soprattutto, *A Tiger Lily Transplanted*, di Lannes McPhetrige, *op.cit.*, con le foto che ci mostrano la casa com'era ancora undici anni dopo la morte di Fanny. Oggi tutto è quasi immutato. L'insieme mi è sembrato un po' più piccolo di quanto immaginassi, ma ben proporzionato. La casa è sempre in mattoni, il porticato di legno dipinto di bianco. È abitata da fittavoli che coltivano i campi disseminati di grandi alberi.

Capitolo III: L'AMICA DI REARDEN

East Oakland

Al principio del decennio 1870 East Oakland si chiamava ancora Brooklyn. Ho optato per East Oakland al fine di evitare ogni confusione con la Brooklyn di New York.

Nell'annuario conservato all'Historical Room della biblioteca di Oakland, Fanny compare in quanto sposa di Sam Osbourne, *Court Reporter* a San Francisco. Nel 1878 è citata allo stesso indirizzo ma in quanto artista. Sam non è più citato.

Esistono parecchie descrizioni della proprietà di East Oakland. Alcune scritte da Belle, altre da Nellie Vandegrift, che ci visse con Fanny dal 1878 al 1880. I disegni di Belle sono conservati al Silverado Museum di St. Helena, Cal., Album Isobel Field n° 1, assieme a parecchie foto fatte da Fanny.

San Francisco School of Design

Sul sorgere di una comunità artistica nel Far West la letteratura abbonda. Vedi la bibliografia generale. Ma vedi in particolare: *Inventing the Dream: California through the Progressive Era*, Oxford University Press, New York, 1985, opera notevole del professor Kevin Starr, che mi ha accolta a San Francisco e guidata alla scoperta della bohème degli anni 1870-1880.

Kevin Starr inoltre mi ha introdotta al Bohemian Club, del quale è membro. Negli archivi del Club ho trovato un gran numero di informazioni sulle personalità di Virgil Williams e di Ned Field, segretario e ultimo compagno di Fanny.

Le opere di Virgil Williams e dei suoi allievi di maggior talento sono conservate all'Oakland Museum. Se ne trova un catalogo abbastanza completo nel libro di Marjorie Arkelian, *The Khan Collection of Nineteenth Century Paintings by Artists in California*, The Oakland Museum Art Department, Oakland, 1975. Virgil Williams, Dora Norton Williams, Fanny Osbourne e Belle Osbourne sono citati nel libro di Edan Milton Hughes, *Artists in California 1786-1940*; Hughes Pub. Co., San Francisco, 1986. Mi sono anche riferita a *San Francisco Art Association, Constitution by Laws, List of Members and Rules of the School of Design of the San Francisco Art Association*, B.F. Sterett, San Francisco, Cal., 1878; Jeanne Van Nostrand, "San Francisco 1866-1906" in *Contemporary Paintings, Drawings and Watercolours*, San Francisco Bookclub of California, 1976; Edmund Swinglehurst, *The First Hundred Years of Painting in California 1775-1875*, J. Howell Books, San Francisco, 1980; Oscar Lewis, *Bay Window Bohemia, An Account of the Brillant Artistic World of Gazlit California*, Doubleday, Garden City, New York, 1956.

La Bancroft Library dell'Università di California a Berkeley conserva le lettere di Fanny Osbourne all'avvocato Timothy Rearden, datate fra il 1875 e il 1892. Timothy Rearden, avvocato, diverrà giudice alla Corte Suprema della California nel

1885. Le lettere sono state legate alla biblioteca dalla figlia di Rearden, Mrs Baeck. Nella collezione Baeck si trovano, fra l'altro, due eccellenti foto di Rearden, una delle quali risale al 1875, inizio della corrispondenza con Fanny Osbourne.

La Bancroft Library conserva anche le carte legate da Miss Anne Roller Issler, che è stata conservatrice del museo Stevenson a Monterey. La studiosa, al tempo in cui preparava i suoi interessantissimi interventi su *Robert Louis Stevenson in Monterey*, Pacific Coast Branch of the American Historical Association, University of California Press, Berkeley and Los Angeles, 1965, ebbe uno scambio epistolare con Mrs Baeck a proposito del padre, Timothy Rearden.

Le risposte di Mrs Baeck brulicano di precisazioni e dettagli toccanti sulla personalità di Rearden. Non ama molto Fanny e rigetta l'idea che si possa parlare d'amicizia amorosa fra suo padre e quella donna: critica in particolare *The Violent Friend*, Doubleday, Garden City, New York, 1968, eccellente libro di Margaret MacKay, seconda biografa di Mrs Stevenson. Mrs Baeck le rimprovera d'aver fatto di Timothy Rearden un personaggio frivolo. Mrs Issler difende con tatto la versione di Mrs MacKay.

Capitolo IV: ANCHE SE!

Per descrivere il viaggio da San Francisco ad Anversa mi sono servita del libro di Dee Brown, *Hear That Lonesome Wistle Blow*, Holt, Rinehart and Winston, New York, 1977 che dà in modo ottimo l'idea delle condizioni dei trasporti in America nel 1875.

È divertente anche notare che a quel tempo la Francia si interessava alla vita quotidiana negli Stati Uniti. Sarah Bernhardt recita nella primavera del 1876 alla Comédie Française *L'Américaine*: da aprile ad agosto dello stesso anno su *L'Illustration* appaiono a puntate le *Notes sur les États Unis*, reportage esauriente sulle condizioni di viaggio in America. I disegni brulicano di dettagli a proposito delle occupazioni dei passeggeri, delle consuetudini di vita nelle cabine, sui tre ponti e nei vagoni ferroviari.

Anversa-Parigi, corrispondenza di Fanny Osbourne.

Soltanto l'ultima lettera, datata aprile 1876, nella quale Fanny racconta a Rearden l'agonia del figlio, è interamente di suo pugno. Per giungere a quella lettera terribile ho scelto di fare appello alla testimonianza diretta della sua corrispondenza durante tutto il primo periodo belga e francese, affinché il lettore scopra gli atelier di pittura per signore, la miseria a Parigi, la malattia di Hervey attraverso gli occhi e la voce di Fanny Osbourne. Chi meglio di lei poteva raccontare l'orrore? Per evocare quel periodo della vita degli Osbourne mi sono dunque servita di due gruppi di lettere: il primo, indirizzato a Dora Williams, è conservato nelle cartelle della Beinecke Rare Book and Manuscript Library della Yale University; l'altro gruppo, quello delle lettere a Timothy Rearden, Baeck Collection, citata, conservate nella Bancroft Library, University of California, Berkeley. Quest'ultimo gruppo di lettere, in totale più di duecento fogli, è stato preziosissimo. Fanny vi appare con tutti i suoi difetti, le sue debolezze, la sua umanità. La prima lettura di queste lettere mi ha commossa al punto di decidermi a scrivere questo libro.

Talvolta le lettere indirizzate ai due corrispondenti sono state scritte nelle stesse date e raccontano gli stessi avvenimenti. Riportarle integralmente con tutte le ripetizioni inutili e le digressioni avrebbe rallentato parecchio il racconto. Ho dunque scelto in ogni lettera il paragrafo che mi pareva più rivelatore, magari unendolo al paragrafo più vivo della lettera indirizzata all'altro corrispondente. Perciò l'inizio di una lettera a Dora s'innesta talvolta nella conclusione della lettera a Rearden sullo stesso argomento. Se qualche volta la frase non è del tutto di Fanny, la visione è sua e ho cercato di restituire la sua intelligenza e il suo tono. Spero con questo lavoro di montaggio d'aver raffigurato al meglio la verità.

I telegrammi di Sam e le risposte di Fanny sono autentici. Sono conservati al Silverado Museum di St. Helena, California, dove li ho trovati nell'album di Belle. La figlia di Fanny ci aveva incollato i biglietti di treno e di nave del padre nonché un biglietto di un'opera che videro assieme a Parigi il 9 aprile 1876: si trattava del primo spettacolo allestito al Palais Garnier, la *Jeanne d'Arc* di Mermet.

Nonostante le mie ricerche non ho ritrovato le lettere di Timothy Rearden. A partire dalle reazioni epistolari di Fanny, che riporta talvolta parola per parola, per difendersene, certe frasi del corrispondente, ho immaginato quel che aveva scritto Rearden.

Per completare gli ultimi tasselli del puzzle ho fatto riferimento a *This Life I've Loved*, di Isobel Field, *op. cit.*, ai ricordi d'infanzia del fratello e alle prefazioni di Mrs Stevenson all'edizione dell'*opera omnia* di Robert Louis Stevenson, Tusitala Edition, Heinemann, London, 1923-24.

A proposito della tomba del piccolo Hervey si vedano invece le lettere di Robert Louis Stevenson al suo avvocato e amico, *Stevenson's Letters to Charles Baxter,* a cura di Ferguson e Waingrow, Oxford University Press, New Heaven, 1956.

Grez-sur-Loing

Sulla riva del Loing, l'Hôtel Chevillon e il suo piccolo giardino a terrazze esistono ancora. Nel 1988, anno in cui ho cominciato le ricerche, l'albergo era in vendita. È stato comprato nell'estate 1989 da un industriale svedese che ne ha fatto una fondazione. La *Fondation Grez-sur-Loing* lavora oggi al restauro del vecchio casamento, all'interno del quale vengono allestiti studi, laboratori, una biblioteca e una zona lavoro. L'Hôtel Chevillon accoglierà presto una nuova generazione di creatori svedesi. Per sostenere la fondazione e farla conoscere al pubblico il Centro culturale svedese ha organizzato a Parigi nel dicembre 1991 una prima mostra su "La Scuola di Grez-sur-Loing, una colonia di artisti nordici nel 1880". I quadri, anche se posteriori di una decina d'anni al soggiorno di Fanny, evocano la dolcezza dei paesaggi di Grez, l'atmosfera cosmopolita della locanda, l'allegria dei giovani pittori. Il catalogo dell'esposizione, *L'arte svedese a Grez*, è stato prezioso per questo racconto.

Un elenco di tutti gli artisti che hanno soggiornato all'Hôtel Chevillon è nell'interessante opuscolo di Fernande Sadler *L'Hôtel Chevillon et les artistes de Grez-sur-Loing*, contributo alla storia regionale pubblicato dall'*Informateur de Seine-et-Marne*, s.d.

Taluni dipinti sono esposti al municipio di Grez-sur-Loing o conservati nei suoi magazzini.

Oltre i fratelli Goncourt, che evocarono più volte Grez e l'Hôtel Chevillon nel loro *Journal*, Flammarion-Fasquelle, Paris, s.d. tomo II, raccontarono l'allegria che regnava a Grez il pittore Will Low in *A Chronicle of Friendship*, Hodder and Stoughton, London, 1908 e il paesaggista Birge Harrison nel lungo articolo "*With Stevenson at Grez*", The Century Magazine, dicembre 1916. Birge Harrison si trovò così bene a Grez che vi comprò una casa e vi si stabilì.

Grez-sur-Loing resta un luogo mitico nell'immaginazione di tutti i protagonisti. Belle Osbourne, che là visse il primo amore, torna di continuo a quel periodo in *This Life I've Loved*, *op. cit.* Lloyd Osbourne racconta più volte il primo incontro con l'uomo che sarebbe diventato suo patrigno. Ci torna nelle prefazioni all'edizione completa delle opere di Robert Louis Stevenson, *op. cit.* e nel libro *An Intimate Portrait of Robert Louis Stevenson*, Charles Scribner's Sons, New York, 1924. Quando fu dichiarata la Prima guerra mondiale Lloyd Osbourne era nuovamente a Grez, a casa di Birge Harrison.

L'ispirazione trascina di continuo Robert Louis Stevenson nel bosco di Fontainebleau, a Barbizon e a Grez. Per evocare il fascino delle colonie d'artisti che tanto amò mi sono riferita alle sue descrizioni. Due brani mi sono serviti in modo particolare. *Forest Notes*, pubblicato sul *Cornhill Magazine* di maggio 1876, ovvero due mesi prima dell'incontro con Fanny Osbourne; una lettera alla madre, datata agosto 1876, dove descrive Grez che quel giorno non l'aveva specialmente sedotto, in *The Letters of Robert Louis Stevenson to his Family and Friends,* curato da Sydney Colvin, Methuen, London, 1899, vol. I. E naturalmente il magnifico romanzo *Il relitto*.

Per presentare Bob Alan Mowbray Stevenson, per il quale ho provato una simpatia del tutto particolare, mi sono servita delle lettere di W.E. Henley, pubblicate nell'interessante biografia di John Connel, *W.E. Henley*, Constable and Co., London, 1949.

Se all'inizio delle mie ricerche avevo avuto una riserva in merito all'amore di Bob Stevenson per Belle Osbourne – passione che la sola Fanny volentieri evocava –, il dubbio è stato dissipato dalla scoperta di una lettera di Bob a Louis, conservata nelle cartelle della Beinecke Library di Yale:

Cernay la Ville, 11 gennaio 1879
Non ho speranza e sono ogni giorno più innamorato... Belle ha rotto con O'Meara. Mi ha scritto una lettera gentilissima che mi è arrivata con un po' di ritardo, dove mi dice quanto è stata sfortunata e che desidera vedermi non avendo più nessuno da amare.

Quanto mi ha consolato! Se potessi avere dalle 500 alle 1000 sterline l'anno, oso sperare che Belle mi sposerebbe, ma purtroppo non le ho. Credo sarei immensamente felice di poter vedere Belle anche soltanto per tre ore ogni quindici giorni, anche se abitasse in un'altra casa con altre persone...

Per la nascita dell'amore fra Fanny e Louis mi sono servita delle lettere di Fanny a Rearden, *coll. cit.*; delle lettere di Louis a Charles Baxter, *op. cit.*; delle lettere di Louis a Mrs Sitwell e a Sydney Colvin, *Letters of Robert Louis Stevenson*, *op. cit.*; e soprattutto di due articoli di Robert Louis Stevenson, "On Falling in Love", *Cornhill Magazine*, 1876 e "Truth in Intercourse", *Cornhill Magazine*, 1879, saggi d'apparenza filosofica dove Stevenson racconta in modo romantico la propria avventura.

Capitolo V: Una gentilezza passionale
Parigi, secondo inverno, ottobre 1876 – aprile 1877
Per la descrizione di un atelier per signore negli anni dell'impressionismo mi sono basata sull'articolo pieno d'umorismo della vicina di casa di Fanny Osbourne al 5 di rue de Douai, conservato fra le carte di Timothy Rearden alla Bancroft Library, *coll. cit.*, "A Lady's Studio", di Margaret Wright. Vedi anche i due articoli di Robert Louis Stevenson pubblicati sul *London Magazine* del 10 e del 17 febbraio 1877, "In the Latin Quarter: a Bal at Mr Elsinare's", "A Studio of Ladies".

Nel primo articolo Robert Louis Stevenson descrive esplicitamente Belle, che chiama Belle Bird. Belle e Fanny fanno riferimento all'articolo in una lettera a Rearden datata aprile 1877. Dopo aver letto l'articolo Rearden le aveva accusate di civetteria e leggerezza.

La bella serie di caricature mandate da Belle al padre e conservate nelle cartelle del Silverado Museum, St. Helena, California restituisce alla perfezione l'atmosfera dell'atelier Julian. Si possono riconoscere la svedese col mal di denti e l'inglese in bigodini, si intuiscono l'effervescenza e la tensione.

Ho anche utilizzato il *Journal de Marie Bashkirtseff*, Edition Mazarine, Paris, 1980 che descrive l'atelier Julian negli stessi anni.

V. anche *L'atelier Julian, 100 ans d'histoire de la peinture.*

Per l'evoluzione dei rapporti amorosi fra Robert Louis Stevenson e Fanny Osbourne si vedano le due stupende biografie dedicate l'una a Stevenson, *Voyage to Windward*, di J.C. Furnas, Faber and Faber, London, 1952, l'altra alla moglie, *The Violent Friend*, di Margaret MacKay, *op. cit.*: due libri che mi paiono capolavori di intelligenza e precisione.

J.C. Furnas resta a tutt'oggi il miglior biografo di Robert Louis Stevenson, il più raffinato conoscitore dell'uomo e dell'opera. Ma non ama affatto Fanny Osbourne! È stata un po' l'antipatia di quel formidabile ricercatore, di quel grandissimo scrittore, a darmi il desiderio di riabilitare ai suoi occhi Fanny.

Per gli amori di Frank O'Meara e di Belle Osbourne vedi *This Life I've Loved*, *op. cit.* Vedi anche le lettere di Fanny a Timothy Rearden, Bancroft Library, Baeck Collection.

Sugli allievi dell'atelier Carolus Durand, fra i quali c'erano Frank O'Meara, John Singer Sargent e Bob Alan Mowbray Stevenson, vedi *A Chronicle of Friendship*, di Will Low, *op. cit.* Sugli amici di Grez, e Theodore Robinson in particolare, vedi anche l'eccellente catalogo del Museo americano di Giverny, *Lasting Impressions, American Painters in France 1865-1915*, Terra Foundation of the Arts, 1992.

La poesia di William Ernest Henley, *A Californian Girl*, apparteneva a una serie intitolata *A Gallery of Fair Women*, pubblicata nel giornale ultraconservatore del quale era caporedattore, *The London Magazine*. La poesia ispirata da Fanny apparve sul numero di maggio 1877. Il giornale aveva continuo bisogno di articoli e Stevenson produceva per Henley materiali in serie. È capitato che Henley e Stevenson scrivessero da soli un intero numero. Il giornale fallì nella primavera del 1879.

Grez-sur-Loing, seconda estate, giugno-settembre 1877

Le biografie concordano di solito nel dire che Sam Osbourne arrivò a Parigi soltanto alla morte del figlio, nell'aprile 1876. Ho trovato traccia di un secondo viaggio di Sam in

Francia nell'album di foto e ricordi conservato al Silverado Museum, St. Helena, California. Belle ci ha incollato il biglietto della nave, la data d'arrivo del padre a Parigi, 20 maggio 1877 e la prenotazione del ritorno via Montreal, 20 giugno 1877. Sam trascorre a Grez soltanto la prima settimana di giugno: Fanny allude al messaggio che la richiama a San Francisco in due lettere scritte da Grez a Timothy Rearden.

Nelle cartelle Baeck la prima lettera è datata luglio 1876. Penso si tratti di un errore. Fanny racconta l'episodio dei musici ambulanti invitati da Stevenson a fermarsi dagli Chevillon; episodio situabile con certezza nel luglio 1877. Inoltre dice a Rearden che frequenta gli artisti di Grez «da due anni». Il che mi conforta nell'idea che il soggiorno di Sam a Grez fu al tempo della seconda visita.

La corrispondenza di Louis, *Letters to Family and Friends, op. cit.*, prova la sua presenza a Edimburgo durante il periodo in cui Sam soggiorna in Francia. Non penso che i due si siano incontrati. Mentre Bob e Sam hanno cenato assieme alla tavolata degli Chevillon.

Belle amoreggia con sei scozzesi assieme, i loro nomi terminano tutti con "son", due paia di fratelli, un paio di cugini... Uno degli scozzesi, mi rattrista dirlo, scrive Fanny nella lettera che credo del luglio 1877, *ha perso la testa a causa di una storia che gli ha raccontato mio marito. Da allora ci rende la vita impossibile. Si metterà a letto e ci resterà.* Suppongo si tratti di Bob, dalle reazioni sempre esagerate.

Per i dialoghi amorosi fra Louis e Fanny ho citato integralmente talune riflessioni di Stevenson sull'amore in *On Falling in Love, op. cit.* e sulla verità nei rapporti umani in *Truth in Intercourse, op. cit.*

Dopo la morte di Fanny la figlia e la sorella, che fu anche la sua prima biografa, faticarono parecchio per negare qualunque legame carnale di lei con Stevenson prima del matrimonio. Fatica sprecata. Mentre certi "stevensoniani" pretesero che il colpo di fulmine reciproco fosse diventato subito, fin dall'estate 1876, una relazione amorosa. Ritengo improbabili entrambe le versioni.

Se è difficile situare con precisione il momento della "caduta", è certo che Fanny diventò l'amante di Louis prima della primavera del 1878. Stevenson, chiuso a casa dei genitori a Edimburgo, scrive in quella stagione a Henley: *Il tempo è così cupo che devo accendere il gas per tutta la giornata... Sono un miserabile vedovo, ma per quanto lungo sia il mio lavoro manterrò il buonumore... Forse non amo? Forse non sono amato? E non ho amici che sono l'orgoglio del mio cuore? No, no, la cattiva malinconia non mi avrà... Sarò solo, spaventosamente solo visto che non posso impedirlo, e detesterò andare a letto dove la testolina amatissima non mi aspetta sul guanciale – Signore, non posso impedire tutto questo. Ma non esagererò la mia piccola sofferenza e non farò di un grano di sabbia una montagna.*

Questo brano, molto esplicito per uno Stevenson di solito discreto, risale all'aprile 1878, quando l'intimità fra Louis e Fanny è confermata, accettata, nota a tutti i loro amici. Suppongo dunque che la loro relazione sia iniziata alla fine dell'estate 1877 e si sia consolidata durante l'inverno.

Parigi, 1877-1878, terzo inverno

Alla Bancroft Library, Baeck Collection, è conservata una lettera di Fanny a Rearden del novembre 1877; racconta il viaggio a Londra, le prime impressioni sulla vita intellettuale inglese e l'incontro con Sydney Colvin, William E. Henley, Leslie Stephen e Mrs Sitwell.

Per la visita di Thomas Stevenson, padre di Louis, a Parigi nel febbraio 1878, vedi due lettere di Louis. L'una a Sydney Colvin: *Non sorprenderti... ma ammira piuttosto il mio coraggio e quello di Fanny. Vogliamo essere in regola col mondo, per quanto possiamo*, Beinecke Library, Yale University, Collection Stevenson. L'altra proprio al padre, dopo l'incontro al caffè:

Ho fatto un passo verso te, un passo verso una relazione più confidenziale... È stato tra noi un momento privilegiato e ne ho tratto piacere e profitto. Ma prendilo per quel che è. Né di più né di meno. Un momento d'eccezione... Vedi *Letters to his Family and Friends, op. cit.*

Grez-sur-Loing, giugno-luglio 1878, terza estate

I tormenti, le esitazioni, l'angoscia della separazione imminente sono esplicitamente espressi in tutte le lettere agli amici, dal febbraio al luglio 1878. La lettera a Charles Baxter con l'interrogativo sulla possibilità legale di un matrimonio fra un suddito scozzese e un'americana è datata luglio 1878, *Letter to Charles Baxter, op. cit.* Baxter sarà il legale di Louis e si occuperà di tutti i suoi affari privati o pubblici. Si incaricherà anche di percepire per lui i diritti d'autore e di negoziare l'edizione delle opere complete.

No man's land, Londra, luglio-agosto 1878

Fanny lascia Parigi per Londra alla fine di luglio del 1878. È Bob che va a prenderla a Douvres poiché Louis è trattenuto a Parigi dal lavoro come segretario di uno dei suoi ex professori, l'ingegner Fleeming Jenkin, membro del jury all'Esposizione universale. Bob sistema la famiglia Osbourne a Chelsea, in Radnor Street, dove Louis la raggiunge ai primi di agosto. Lui abita ufficialmente da Henley, in Sheperd Bush. Il 12 agosto 1878 accompagna Fanny alla Victoria Station per farle prendere il treno che la porterà a Liverpool. Da Liverpool, dopo una deviazione per l'Irlanda, lei navigherà sul *City of Richmond* in direzione di New York. Trascorre la fine del mese nell'Indiana, poi prende la Transcontinentale fino a Sacramento, dove arriva nel settembre 1878, tre anni dopo, giorno più giorno meno, l'inizio della grande avventura europea.

Tutte queste date sono annotate da Belle nel suo album, Silverado Museum, St. Helena, California.

Frank O'Meara morirà nel 1888 e resterà il grande amore sfortunato di Belle. Dalle Samoa, il 22 maggio 1893, ovvero quindici anni dopo la rottura, Belle scrive all'amico Charles Warren Stoddard: *Il vulcano che tenevo ben nascosto in me mostra qualche velleità di esplodere... Una settimana con Frank – è tutto quel che chiedo – una settimana con Frank e poi ridiventerò buona come un angioletto.* Una grande retrospettiva dell'opera, a Dublino nel 1989, ha attirato l'attenzione del pubblico sul talento misconosciuto di Frank O'Meara.

Capitolo VI: *A ROMANCE OF DESTINY*
San Francisco, inverno 1878-1879
Per il ritorno di Belle e i suoi sentimenti per il padre v. *This Life I've Loved*, *op. cit.* V. anche la prima biografia di Fanny, scritta dalla sorella Nellie Vandegrift Sanchez, *The Life of Mrs Robert Louis Stevenson*, *op. cit.*

Nellie era la beniamina delle sorelle Vandegrift. La primogenita Fanny la portò con sé in California dopo il periodo nell'Indiana. Ai tempi del passaggio precedente, dieci anni prima, aveva preso sotto la sua ala un'altra sorella, Cora.

Sul carattere di Nellie e i suoi rapporti con Fanny si veda quel che dice il futuro cognato, Robert Louis Stevenson, a Sydney Colvin, in una lettera dell'ottobre 1879: *La mia bella cognata. Non è cattiva, come vedrai. Ma molto imbarazzante per un uomo, di solito. È così coscienziosamente egoista!* Louis allude ai problemi di Nellie preoccupata che il legame di Fanny le comprometta il matrimonio? I rapporti fra Nellie e Louis miglioreranno e si trasformeranno in complicità quando Stevenson abiterà a East Oakland. Le dedicherà *Il principe Otto*, Nottetempo, Milano, 2017. Sulla carriera letteraria di Nellie si legga l'articolo dedicatole dal figlio, Louis Adolfo Sanchez, nell'*Academy Scrapbook*, Academy of California Church History, 1959.

Per il comportamento di Fanny e la sua depressione nervosa a Oakland durante l'inverno 1878-1879 fanno fede la corrispondenza con Rearden, Beinecke, *coll. cit.* e le lettere di Louis a Colvin, Beinecke Library, Yale University e *Letters to His Family and Friends*, *op. cit.* Si vedano anche le lettere a Henley, National Library of Scotland, Edimburgo e *Letters to Charles Baxter*, *op. cit.*

Sulle infedeltà di Sam, i suoi redditi, le sue spese e l'instabilità del suo carattere si legga l'intervista concessa da Dora Williams all'*Indianapolis Star* del 6 gennaio 1889, pag. 2, sesta colonna, conservata all'Indianapolis State Library.

Monterey, California del Sud, febbraio-ottobre 1879

Nessuno ha descritto la penisola meglio di Robert Louis Stevenson in *The Old Pacific Capital*, Charles Scribner's Sons, New York, 1897.

Mi sono servita delle mie impressioni personali e mi sono tuffata nella collezione di vecchie fotografie conservate da Pat Hataway di Monterey. Si vedano anche le piante dell'antica città e i quadri del Colton Hall Museum of the City of Monterey.

Un articolo firmato F.M.O., Fanny Mathilda Osbourne descrive i piaceri della penisola. Intitolato "An Old Spanish Rodeo on Cattle Ranch in Carmel Valley", appare nel gennaio 1880, data presunta del divorzio da Sam, sul *Lippincot Magazine of Popular Literature and Sciences*. Le numerose illustrazioni sono di Belle Osbourne e di Joe Strong.

Si veda anche, alla Monterey Public Library, il *Monterey Californian* dell'estate 1879, con le pubblicità dell'albergo di Jules Simoneau situato a fianco all'antica prigione, il Bohemia Saloon di Adolfo Sanchez, la vita quotidiana della città. Leggere soprattutto i numeri del 7 ottobre, 14 ottobre, 21 ottobre, 4 novembre, 11 novembre, 18 novembre, 25 novembre e 9 dicembre 1879, per i vari articoli non firmati che Stevenson vi avrebbe pubblicato, in particolare il racconto di una caccia al tesoro, nei numeri del 16 e 23 dicembre 1879.

Joseph Dwight Strong è stato uno dei fondatori della prima comunità d'artisti di Monterey. Figlio di un ex missionario alle Hawaii residente a East Oakland, operatore di borsa, Joe Strong era stato mandato a Monaco di Baviera per completare gli studi artistici. La Bancroft Library a Berkeley conserva una copia della breve autobiografia di Elisabeth Strong, sorella di Joe, che visse a Monterey con lui e poi andò a Parigi sulle tracce della cognata, Belle Osborne, per studiare pittura. Divenne una pittrice animalista di una certa fama e compare col fratello nell'elenco di artisti californiani *Artists in California 1746-1940*, *op. cit.*

Su Joe Strong v. gli annali del Bohemian Club, *op. cit.*

I saloni del club conservano oggi un ritratto poco conosciuto di R.L.S. firmato da Strong. Alcune sue opere dipinte nelle isole del Pacifico sono esposte al Silverado Museum di St. Helena. I suoi affreschi, che ornavano i muri dei saloni dell'hotel Sans Souci sulla spiaggia di Waikiki alle Hawaii, sono scomparsi con la distruzione dell'edificio.

Le poche opere che ho potuto ammirare mi sono parse ricche di talento.

Swanston Cottage, Scozia, giugno 1879

Per i rapporti di Stevenson con i genitori, per i loro sentimenti nei confronti della relazione con Fanny Osbourne, mi sono servita della corrispondenza di Robert Louis Stevenson conservata alla Beinecke Library, *coll. cit.* Per la descrizione di Swanston Cottage ho attinto dalle impressioni ricavate durante una visita nell'estate 1989. Mi sono anche ispirata alle annotazioni di Lord Guthrie, che lo prese in affitto nel 1908: *Robert Louis Stevenson*, W. Green and Son, Edimburgo, 1920.

I gioielli della signora Stevenson madre nella scena descritta esistono ancora. In particolare il braccialetto di capelli intrecciati che chiude un medaglione con l'immagine di Louis bambino. Sono conservati dal collezionista Robert E. Van Dyke delle Hawaii.

Swanston Cottage, Edimburgo, Londra, Glasgow, New York, San Francisco, agosto 1879

Per l'odissea di Robert Louis Stevenson v. le sue opere, capolavori del racconto di viaggio (apparsi tutti nel 1897): *Emigrante per diletto*, *Attraverso le pianure*, *Gli accampati di Silverado.*

È vero che Thomas Stevenson pagò cento sterline agli editori perché *Emigrante per diletto* non vedesse la luce. Fu dunque ritirato dal commercio prima della pubblicazione. J.C. Furnas, in *Voyage to Windward*, *op. cit.* spiega il gesto con l'opinione di Stevenson padre che il libro non fosse all'altezza del talento del figlio e col rifiuto di capire le sofferenze che Louis esplicitamente descrive; anche se liberamente scelte, quelle sofferenze disonoravano la famiglia.

Si veda anche l'edizione francese delle opere citate, stabilita e presentata da Michel Le Bris, *La Route de Silverado*, Phoebus, Paris, 1987. Il lettore può trovarvi, tradotte per la prima volta in Francia, le lettere e il diario di quel difficile periodo della vita di Robert Louis Stevenson.

Monterey, agosto 1879

Belle nella sua autobiografia, *This Life I've Loved*, *op. cit.*, resta nel vago a proposito della data precisa del suo matrimonio ma fa intendere al lettore che l'avvenimento si situi *dopo* l'arrivo di Stevenson a Monterey, il 30 agosto 1879. Ma il matrimonio è annotato con nomi e cognomi in data 9 agosto 1879 nel registro di un pastore di Pacific Grove Retreat.

Visto dal giovane Sammy, il racconto dell'arrivo di Robert Louis Stevenson a Monterey e tutte le impressioni del bambino in quella fine estate del 1879 sono riuniti in un piccolo libro, *An Intimate Portrait of R.L.S.*, firmato col nome datogli dalla madre nel 1887 alla scomparsa di Samuel Osbourne Senior. Con quel nome, Lloyd Osbourne, il figlio di Fanny sarà noto alla posterità. Lloyd Osbourne scrisse in collaborazione con Stevenson alcuni romanzi, segnatamente *Il relitto* e *Il riflusso della marea*. Firmò raccolte di racconti, testi teatrali e innumerevoli articoli sul patrigno.

Le esitazioni e i tormenti di Fanny all'arrivo di Louis sono descritti con dolore nella corrispondenza di Stevenson, Beinecke Library, *coll. cit.* e suggeriti nella biografia di Nellie Sanchez, *op. cit.*

East Oakland, metà settembre 1879

I rapporti fra Fanny e Belle continueranno a degradarsi fino alla scomparsa di Sam Osbourne. Anche dopo il matrimonio con Robert Louis Stevenson le lettere di Fanny a Dora Williams, Bancroft Library, *coll. cit.* traboccano di osservazioni sgradevoli su Belle, su Joe e anche sul piccolo Austin Strong. Le due donne si riconcilieranno soltanto nel 1888 a San Francisco.

Londra, Savile Club, inverno 1879

Per i dialoghi di William Ernest Henley, di Sydney Colvin e di Edmund Gosse mi sono servita delle lettere che si scambiavano a proposito dell'amico comune e della loro corrispondenza con Robert Louis Stevenson. V. le lettere di Henley, conservate alla National Library of Scotland e alla Beinecke Library, *coll. cit.* V. anche E.V Lucas, *The Colvins and Their Friends*, a Methuen, London, 1928. Ho praticamente trascritto le loro frasi parola per parola, soprattutto la lettera di Gosse a Louis del 27 febbraio 1879: *Ho scommesso sei centesimi contro me stesso che non ti rivedrò più*, e la lettera di Henley a Colvin del febbraio 1880: *Non rimandare, col pretesto che è malato, il momento di dirgli la verità.*

Per la personalità di Sydney Colvin, E.V. Lucas, *The Col-*

vins and their Friends, *op. cit.* Per il carattere e il fisico di Edmund Gosse mi sono ispirata a *The Life and Letters of Sir Edmund Gosse*, dell'Onourable Charteris Evans, Heinemann, London, 1931. Infine, per William Ernest Henley leggere la biografia di John Connel, *op. cit.* e il libro di Jerome Hamilton Duckley: *William Ernest Henley, A Study in the Counter-Decadence of the Nineties*, Princeton University Press, 1945.

Monterey, East Oakland, dicembre 1879 – marzo 1880

Per la vita di Robert Louis Stevenson a Monterey, fare riferimento all'inchiesta di Anne Roller Issler, "Robert Louis Stevenson in Monterey", *Pacific Historical Review*, col. 34, n° 3, University of California, 1965. Si vedano anche il libro di Anne B. Fisher, *No More a Stranger*, Stanford University Press, s.d. e quello della nuora di Fanny, prima moglie di Lloyd Osbourne, Katharine Durham, *Robert Louis Stevenson in California*, McClurg, Chicago, 1911. Infine la eccellente cronologia stabilita da Roger Swearingen, "Robert Louis Stevenson in California – Chronology 1879-1880", manoscritto.

La somiglianza fra Sam Osbourne e Robert Louis Stevenson è stata sottolineata da numerosi biografi. In particolare da George S. Hellmann, *The True Stevenson*, Little, Brown and Co., Boston, 1925, il cui libro è peraltro zeppo di imprecisioni.

Le frasi sul razzismo e sulla tolleranza citate sono state scritte sia da Osbourne che da Stevenson. Ho tratto:

Chinatown era in fiamme, ieri..., dalla lettera di Sam al figlio, datata 7 settembre 1881 e conservata al Silverado Museum;

I più stupidi fra tutti i sentimenti... appartiene a *Emigrante per diletto*, *op. cit.*;

Soltanto le mezze cartucce diventano estremisti... è di Osbourne, nella lettera a Sammy del 29 novembre 1882, coll. cit..;

Ma è altrettanto importante ammettere...: ancora una lettera di Osbourne, del 28 agosto 1883.

La confusione dei propri sentimenti nei confronti di Sam Osbourne ha spinto Robert Louis Stevenson a porsi parecchi interrogativi sul proprio comportamento: *Letters to His Friends and Family*, *op. cit.*

San Francisco, fine dicembre 1879 – fine marzo 1880

Per la vita di Robert Louis Stevenson a San Francisco e la descrizione di tutto questo periodo di miseria e di lotta, vedere l'opera esaustiva di Anne Roller Issler, *Happier for His Presence*, *op. cit.*

Ho immaginato le testimonianze di Mrs Carson, l'affittacamere di Robert Louis Stevenson, che non amava Fanny, e di Dora Williams, ispirandomi ai brani di interviste citati da Mrs Issler e alla conferenza tenuta da Dora Williams il 13 novembre 1897 al Century Club di San Francisco, il cui testo di suo pugno è conservato al Silverado Museum. Ho montato queste testimonianze in modo da farne due racconti complementari e coerenti. Ma la tabella di marcia quotidiana di Robert Louis Stevenson, il costo dei suoi cibi, i luoghi e gli avvenimenti sono rigorosamente esatti. Quanto al marito di Mrs Carson, è stato usato come modello di "Speedy" nel *Relitto*. Tornando a San Francisco nel 1888 Stevenson andrà a far visita a Mrs Carson. Lei sarà una degli ospiti d'onore all'inaugurazione del primo monumento alla gloria di Robert Louis Stevenson, tuttora in Portsmouth Square a San Francisco.

La data precisa del divorzio di Fanny è incerta. Penso con Furnas che sia nel gennaio 1880, v. lettere di gennaio e febbraio a Colvin e Baxter, *op. cit.* Ma James Pope-Hennessy, nella biografia *Robert Louis Stevenson*, J. Cape, London, e Simon and Shuster, New York, 1974 la pone con molta precisione il 18 dicembre 1879; mentre Anne Roller Issler parla di marzo-aprile 1880. Quest'ultima data si basa su una tradizione orale di East Oakland. Ho trovato alla Bancroft Library di Berkeley la testimonianza della figlia dei vicini di Fanny, il cui racconto risale agli anni Trenta del Novecento: *Domenica scorsa ho detto a mia madre che John Howell aveva avuto una foto della vecchia casa degli Osbourne all'angolo fra l'Undicesima avenue e la Diciottesima strada, occupate poi da Mr Barrett. Questa cosa ci ha fatto ricordare la presenza di Robert Louis Stevenson, laggiù, e mia madre ha notato che se oggi divorziare è roba corrente e fa parte della vita, divorziare quaranta o cinquant'anni fa a East Oakland era considerato un disonore e una disgrazia. Ricordò poi che Mrs Osbourne un giorno aveva divorziato per risposarsi il giorno stesso o l'indomani con Robert Louis Stevenson... Quel giorno Mr Colby, il bottegaio che era venuto a consegnare la spesa, aveva chiesto a mia madre se sapeva la notizia. Lei disse di no. Lui esclamò: «Diommio, non sa che la sua vicina di fronte ha sposato il malato che ha vissuto da lei tutto l'inverno? L'ha sposato appena divorziata dal marito...». Se non fosse fuggita subito, tutta East Oakland le avrebbe fatto assaggiare il catrame e le piume.*

East Oakland, aprile-maggio 1880

La prima emorragia polmonare di Robert Louis Stevenson ebbe luogo al Tubb's Hotel di East Oakland nell'aprile 1880. La tubercolosi fu diagnosticata dal dottor William A. Bamford.

Ma era davvero tisi, come si crederà nei quindici anni successivi? Una cosa è certa: la malattia di Stevenson ne presenta i sintomi; ma lui non ne morirà. Lo ucciderà un'emorragia cerebrale nel dicembre 1894.

Nel secolo XX si affermerà addirittura che Robert Louis Stevenson non sia mai stato tisico. Avrebbe sofferto di una malattia della pleura, dolorosa quanto la tisi ma priva di rapporti col bacillo di Koch. Nel *Voyage to Windward*, *op. cit.*, Furnas si interroga a lungo sulla possibilità di una diagnosi sbagliata. Una lettera del caposervizio del Dipartimento della tubercolosi e delle malattie polmonari all'ospedale di San Francisco, ricevuta da Furnas dopo la pubblicazione del suo libro, tenderebbe a confermare quest'ipotesi. La lettera è datata 11 marzo 1957. Eccola:

Personalmente penso che oggi abbiamo abbastanza prove per dire che Robert Louis Stevenson non ha mai avuto la tubercolosi ma un'altra malattia polmonare, la bronchiectasia. Questa malattia, abbastanza nota, comincia nell'infanzia, dopo una polmonite o una crisi di laringite difterica, o una serie di gravi bronchiti successive. La membrana normalmente sottile s'ispessisce con la malattia, si gonfia, trasuda, e le difese abituali di un sistema respiratorio normale scompaiono. Come conseguenza si sviluppa un formidabile terreno per i batteri che a quel punto proliferano con velocità anormale. Il paziente comincia a tossire. Perde peso, ha la febbre, manifesta sfinimento, perdita d'appetito e tutti i segni di una infezione grave. Quando i batteri invadono i confinanti tessuti polmonari, ricorrono pleuriti e bronchiti. Il paziente ha polmoniti a ripetizione. Una delle caratteristiche della malattia è la presenza di sputi di sangue e di emorragie polmonari... Potrei continuare a descriverle tutti i sintomi di questo male e sono certo che lei sarebbe d'accordo con me nel riconoscere che coincidono perfettamente con la descrizione clinica del caso di Robert Louis Stevenson. A quell'epoca non c'era alcun modo per diagnosticare la malattia. Non esistevano radiografie. D'altro canto la tubercolosi polmonare era la malattia del secolo e veniva ritenuta assurda l'idea che potessero esistere altre malattie dai sintomi identici. Vent'anni fa fui io stesso paziente nel sanatorio di Trudeau a Saranac, dove fu curato Robert Louis Stevenson, ed ebbi accesso alla cartella del dottor Trudeau e alle sue descrizioni del caso di Stevenson. Come lei sa, non ci fu mai alcuna evidenza di bacillo di Koch nelle analisi. E all'epoca si era capaci di individuare il bacillo.

Comunque sia, Stevenson non ne morì e i dettagli della sua

convalescenza sono riferiti nella biografia di Nellie Sanchez, che ha la netta tendenza a trasformare la sorella in santa.

Talune lettere di Margaret Stevenson al figlio sono conservate alla Beinecke Library di Yale, ma non ho alcuna prova che Fanny abbia scritto ai genitori *prima* del matrimonio. Tuttavia la maggior parte dei biografi di Stevenson la sospettano d'aver corrisposto in segreto con Edimburgo. Non ho trovato neppure la lettera che lei avrebbe indirizzato a Colvin che l'avrebbe a sua volta comunicata alla famiglia. Che Fanny abbia avvisato Colvin dello stato di Stevenson pare probabile. Conosceva Colvin per averlo incontrato con Mrs Sitwell nel marzo 1877 a Londra.

La lettera del 19 aprile 1880 di Nellie Vandegrift alla sorella Betty è conservata alla biblioteca di Plainfield, Indiana. Betty era stata molto malata. Si temeva che stesse diventando pazza. Il timore di aggravare l'alienazione della sorella inviterà Fanny a tacere la notizia del divorzio e a ritardare quanto più possibile le nuove nozze: Robert Louis Stevenson fa un'allusione a ciò nella lettera a Baxter del 22 febbraio 1880. È anche vero, in direzione opposta, che la triste diagnosi del medico di Louis finirà per affrettare il matrimonio.

Mercoledì 19 maggio 1880

Un dipinto del *Casco* era davvero esposto nella sala d'attesa dell'imbarcadero di East Oakland. Ma esistono parecchi dipinti della goletta del dottor Merritt, tutti conservati oggi nel museo di Oakland. Quale quello giusto? Nel dubbio ho scelto quello che mi faceva sognare.

Mille voci scandalose sono nate attorno allo svolgimento del matrimonio di Robert Louis Stevenson e Fanny Osbourne. Dovute in gran parte alla malalingua di Katharine Durham, prima moglie di Lloyd Osbourne, che detestava la suocera, furono riprese da parecchi giornali.

Fanny, per smentire quei pettegolezzi assurdi, racconterà la scena al primo biografo di Stevenson, Graham Balfour, le cui carte sono conservate alla National Library di Scotland, Edimburgo. In una lettera del 1901 Fanny gli dice che soltanto Dora, il reverendo, la moglie di questi e un gatto assistettero alla cerimonia. La versione di Dora nella conferenza al Century Club di San Francisco il 13 novembre 1897 è rigorosamente identica.

Nelle lettere conservate alla Hamilton Library di Honolulu, Catton Papers Collection, Katharine Durham, la nuora, pretende che Fanny non fosse più giovane del primo marito, Sam Osbourne, come vuole la leggenda, ma più vecchia di sei anni. Se fosse così, Robert Louis Stevenson sarebbe stato più giovane di Fanny non di dieci ma di sedici, forse diciassette anni. Questa versione, contraddetta dall'atto di nascita di Miss Vandegrift a Indianapolis, continua a circolare fra gli stevensoniani.

Il giorno dopo il matrimonio, 20 maggio 1880, Robert Louis Stevenson darà a Dora l'incarico di portare al pastore Scott il libro *In Defense of Christianity*, di Thomas Stevenson. L'opera fu lasciata dal reverendo, assieme a tutti i suoi libri e le sue carte, alla biblioteca del San Francisco Theological Seminary di San Anselmo. Sul pastore che sposò Robert Louis Stevenson, leggere Clifford Merrill Drury, *Biography of William Anderson Scott*, Arthur H. Clark Co., Glendale, California, 1967.

Dopo la cerimonia Louis e Fanny invitarono Dora in una pasticceria viennese. Non tornarono mai al cottage di East Oakland. Trascorsero due notti al Palace Hotel di San Francisco. V. gli articoli del *San Francisco Chronicle* del 10 e del 19 gennaio 1989. Recuperarono i bagagli all'imbarcadero. Partirono per le montagne di St. Helena, dove contavano di trascorrere la luna di miele. L'avrebbero vissuta all'aperto, in una miniera abbandonata nella città fantasma di Silverado. E Fanny avrebbe rispolverato gli antichi talenti di pioniera per trasformare l'ex campo minerario in un nido d'amore. V. *Gli accampati di Silverado*, *op. cit.*

Capitolo VII: La signora Stevenson
Londra, Savile Club, agosto 1880
Per la discussione fra Edmund Gosse e Sydney Colvin mi sono servita di lunghe lettere scritte da Sydney Colvin nell'agosto 1889, in particolare quella a William Ernest Henley. Vedi *The Colvins and their Friends*, a cura di E.V. Lucas, *op. cit.*, pp. 127-128. Ho ripreso la lettera quasi parola per parola.

Liverpool, Northwestern Hotel
Per immaginare le prime impressioni di Thomas e Margaret Stevenson mi sono servita del diario di quest'ultima, conservato alla Beinecke Library di Yale, *coll. cit.*

Per i rapporti di Fanny e Sammy coi genitori di Louis vedi le lettere dell'una e dell'altro a Belle Strong, conservate al Silverado Museum, *coll. cit.* e le lettere di Fanny a Dora Williams, conservate alla Bancroft Library, *coll. cit.*

Heriot Row, 17, Edimburgo
Per la sorpresa di Louis dinanzi al modo in cui Fanny va d'accordo con la famiglia Stevenson e si destreggia nel suo universo, v. *I Can Remember Robert Louis Stevenson*, di Rosaline Masson, Chambers, London, 1922, la lettera che egli scrive appena giunto in Scozia a James Cunningham, incontrato sulla nave fra New York e Liverpool.

Per la scenata che Fanny osa fare al suocero durante la prima cena a Heriot Row, v. i racconti dei suoi biografi, Nellie Sanchez, *The Life of Mrs Robert Louis Stevenson*, *op. cit.* e Margaret McKay, *The Violent Friend*, *op. cit.*

V. anche le lettere a Belle, Silverado Museum, *coll. cit.* e a Dora Williams, Bancroft Library, *coll. cit.*

Per la descrizione della casa mi sono servita della mia visita al 17 di Heriot Row. I proprietari hanno avuto la cortesia di ricevermi. Ho anche usato l'inventario dei mobili e degli oggetti appartenuti alla famiglia Stevenson, conservato alla Stevenson House di Monterey.

I versetti del Libro di Giobbe letti da Thomas Stevenson prima di cena sono gli stessi che ha ricopiato nel testamento affinché fossero letti ai funerali. Il testamento di Thomas Stevenson è conservato alla Beinecke Library, *coll. cit.*

Londra, ottobre 1880

Per la descrizione di Fanny fatta da Sydney Colvin v. *The Colvins and their Friends*, *op. cit.* e tutte le prefazioni di Colvin alle *Letters of Robert Louis Stevenson*, *op. cit.*

Le lettere di Margaret Stevenson sono conservate alla Bancroft Library, *coll. cit.*, quelle di Fanny a Margaret al Silverado Museum, *coll. cit.* La lettera di Fanny qui tradotta è datata ottobre 1880. È la prima di una serie importante che conta un centinaio di fogli e riferisce gli stati d'animo di Mrs Stevenson durante i sette anni europei.

Ho tratto la materia delle discussioni sull'arte di Louis coi suoi amici da una lettera posteriore a questa scena. Si tratta di una vera professione di fede in merito all'estetica che Louis manderà da Hyères a Bob Stevenson nell'ottobre 1883. La lettera è conservata alla Pierpont Morgan Library di New York.

Davos, Saint-Marcel, Hyères, Bournemouth

V. le lettere di Fanny a Margaret Stevenson, Silverado Museum, *coll. cit.*; le lettere di Fanny a Dora Williams, Bancroft Library, *coll. cit.*; le lettere di Fanny a Belle Strong, Silverado Museum, *coll. cit.*

V. anche l'edizione francese della corrispondenza di Robert Louis Stevenson con Henry James, a cura di Michel Le Bris: *Une amitié littéraire*, Verdier, 1987.

Si faccia riferimento anche al libro di Lloyd Osbourne, *An Intimate Portrait of Robert Louis Stevenson*, *op. cit.* e soprattutto al *Voyage to Windward* di J.C. Furnas, *op. cit.*

New York, Saranac

V. il libro di Margaret Stevenson, *From Saranac to the Marquesas and Beyond*, Methuen, London, 1903.

Per la lite fra Henley e Stevenson leggere tutte le lettere scritte da Louis e da Fanny a Charles Baxter fra marzo e giugno 1888. Vi si troveranno anche alcune delle risposte di Henley. *Letters to Charles Baxter*, *op. cit.* Leggere anche la corrispondenza fra Henley e Sydney Colvin in *The Colvins and their Friends*, *op. cit.* Leggere soprattutto le lettere di Henley conservate alla National Library of Scotland, a Edimburgo, come pure le due biografie che gli sono state dedicate da John Connel, *op. cit.* e da Jerome Hamilton Duckley, William Ernest Henley. *A Study in the Counter Decadence of the Nineties*, *op. cit.*

Fanny aveva già raggiunto San Francisco nel marzo 1888 quando Robert Louis Stevenson riceve a Saranac la lettera di Henley che accusa la moglie di plagio. A sua volta Stevenson informa Fanny dell'accusa con una lettera che lei riceve la vigilia del giorno in cui deve farsi operare di un flemmone alla gola creduto tumore maligno. Ho tagliato l'episodio del flemmone perché complicava ulteriormente i rapporti. Ho conservato soltanto quel che mi pareva essenziale alla comprensione dell'incidente dell'*Ondina*, *The Nixie*; una versione del racconto è conservata al Silverado Museum, *coll. cit.*

Per il telegramma che annuncia la possibilità di noleggiare il *Casco*, v. *A Chronicle of Friendship*, di Will Low, *op. cit.* e *Stevenson at Manasquan*, di Charlotte Eaton, Bookfellows, Chicago, 1921.

Capitolo VIII: IL CANTO DELLE SIRENE

La frase in esergo è tratta da una lettera di Stevenson a James Payne in *The Letters of Robert Louis Stevenson*, *op. cit.*, vol. 3.

San Francisco, isole Marchesi, arcipelago delle Tuamotu, Tahiti, Hawaii. A bordo del Casco

Sull'avventura che comincia in quel mese di giugno del 1883 Robert Louis Stevenson ha scritto di tutto: racconti di viaggio, novelle, romanzi, opuscoli polemici, diari e lettere. Un'opera considerevole. Raccontare dopo di lui quel periodo della sua vita significa rischiare troppo spesso la parafrasi. Ho dunque deciso di invitare il lettore a un ritorno alle fonti. *Nei mari del Sud* restituisce intatte le reazioni di Louis e Fanny dinanzi ai mondi che via via scoprono.

Il relitto e *Il riflusso della marea* sono due capolavori del romanzo d'avventure. Il Nares del *Relitto* è direttamente ispirato al capitano Otis del *Casco*.

Spero d'aver solleticato l'attenzione del lettore e che si tuffi in cerca dell'opera di Stevenson.

Per questo capitolo mi sono anche riferita al terzo volume di *Letters to Family and Friends*, *op. cit.*, che restituisce la violenza delle emozioni di Stevenson e dei suoi compagni di viaggio.

Per il resto ho usato le mie reazioni da imbarcata, un secolo dopo, sulle tracce di Fanny.

Hawaii

La descrizione di Iolani Palace è basata su una mia visita a Honolulu dell'agosto 1992. Mi sono anche molto ispirata a *This Life I've Loved* di Isobel Field, *op. cit.*

Per la storia delle Hawaii, fare riferimento alla bibliografia generale. Il libro di Edward Joesting, *Hawaii, An Uncommon Story*, Robert Hale, London, 1974, è stato prezioso per capire bene la situazione economica e politica dell'arcipelago e stesso ruolo ha avuto il libro di J.C. Furnas, *Anatomy of Paradise*, Curtis Publishing, NY, 1947.

Si vedano anche, naturalmente, di James Michener, *Hawaii* e *Rascals in Paradise*, Secker and Warburg, London, 1957. V. anche *Hawaii's Story*, di Lili'uokalani, sorella di Kalakaua e ultima regina di Hawaii, Mutual Publishing, 1990.

Le dieci lettere di Louis e Fanny, di cui ho tradotto qui degli estratti, sono pubblicate in *Travel in Hawaii*, Robert Louis Stevenson, a cura di A. Groveday, University of Hawaii Press, 1973. Ho citato gli estratti rispettando l'ordine cronologico, ma la lettera n. 2 indirizzata a Charles Baxter è un collage tra quella indirizzata effettivamente a Charles, a proposito del rischio finanziario affrontato noleggiando il *Casco*, e una lettera a Bob dello stesso periodo.

Esiste inoltre una straordinaria collezione di fotografie, vera cronaca della vita quotidiana degli Stevenson nei mari del Sud. Parte delle foto sono state raccolte in *R.L.S. in the South Seas. An Intimate Photographic Record*, a cura di Alanna Knight, Mainstream Publishing, 1986.

Un centinaio d'altre foto inedite scattate da Lloyd Osbourne ma anche da Fanny e da Louis sono conservate a Edimburgo, nelle cartelle del Lady Stair's House Museum. Una parte di questa collezione è stata sfortunatamente bruciata durante la terza crociera degli Stevenson, nell'aprile 1890.

Nell'unico libro firmato da sola, Fanny racconta l'incidente. *The Cruise of the* Janet Nicholl – *A diary by Mrs Robert Louis Stevenson*, Charles Scribner's Sons, New York, 1914 e Chatto & Windus, London, 1915 sarà pubblicato dopo la sua morte.

*Isole Gilbert, isole Samoa. A bordo dell'*Equator

V. *Nei mari del Sud*, di Robert Louis Stevenson, opere complete, *ed. cit.*

Sulla storia delle Samoa, la situazione politica estremamente complicata, le battaglie fra le tre potenze che le governano, l'incartamento più completo e appassionante è ancora quello di Robert Louis Stevenson: *L'isola di Samoa: note a pie' di pagina della storia*, opere complete, *ed. cit.*

Vedi anche l'ottima guida di Deanna Swaney, edita da Lonely Planet, *Samoa Travel Survival Kit*. Vedi anche *Le voyage à Samoa* di Marcel Schwob, Ombres, Toulouse, 1990; i racconti di Somerset Maugham, *L'archipel aux sirènes*, Hachette, Paris, 1961; i formidabili racconti del trafficante Louis Beck, *Pacific Tales*, K.P.T. Ltd, 1987 e le impressioni di viaggio di un uomo che incontrò Stevenson alle Samoa, il pittore John La Farge, *An American Artist in the South Seas*, K.P.I., 1987.

Apia, Samoa, dicembre 1889 – febbraio 1890

La politica coloniale della Germania, della Gran Bretagna e degli Stati Uniti fra il 1880 e il 1900 è estremamente complessa. Il loro governo tripartito alle Samoa coi suoi voltafaccia, imbrogli e incongruenze raggiunge il culmine della confusione. Preoccupata di render chiaro il quadro al lettore, e cercando di semplificarlo, ho scelto di lasciar raccontare Fanny. Ma la lettera di Fanny a zia Maggy è interamente di mio pugno. Mi sono ispirata al suo racconto delle prime impressioni, alle mie annotazioni e lettere dell'arrivo alle Samoa un secolo più tardi, al libro di Robert Louis Stevenson che racconta la storia dell'arcipelago, *L'isola di Samoa: note a pie' di pagina della storia, op. cit.*, al libro del trafficante Henry J. Moors, *With Stevenson in Samoa*, Fisher Unwin, London, e Small Maynard, Boston, 1910 e ai racconti di viaggio del pittore John La Farge, *An American Artist in the South Seas*, *op. cit.*

Sydney, 5 febbraio 1890

La lettera di Belle e Lloyd è un montaggio di due lettere, del

5 e 6 febbraio 1890, spedite a zia Maggy per annunciarle l'acquisto di Vailima, Silverado Museum, *coll. cit.*

Per il modo in cui Fanny ha preso d'assalto la *Janet Nicholl*, vedi l'originale del racconto di Belle in *This Life I've Loved, op. cit.*

La descrizione di Vailima, della radura, del primo capanno e dei due Stevenson è dovuta alla penna acerba del compagno di viaggio di John La Farge, lo storico Henry Adams, in *Letters*, Constable, London, 1930.

Capitolo IX: LA FOLLIA STEVENSON: VILLA VAILIMA

L'esergo è tratto da una lettera di Robert Louis Stevenson a James Barrie, datata 2 aprile 1893, che descrive per filo e per segno ogni personaggio di Vailima. Robert Louis Stevenson vi si mette in scena con Belle, Lloyd e Fanny. La sua analisi del carattere di Fanny rivela profonda conoscenza della moglie e tenerezza nei suoi confronti. È l'analisi più viva e concisa del carattere di Fanny.

Per scrivere questo capitolo mi sono basata su numerose fonti, il lettore le troverà in dettaglio nella bibliografia generale. *The Cyclopedia of Samoa*, McCarron Stewart, Sydney, 1907 è stata preziosa per evocare Apia, le sue botteghe, i suoi bungalow, i suoi abitanti nel periodo degli Stevenson. Vi si trovano, in particolare, le fotografie del dottor Funk, del console Cusack-Smith e dei capi Mataafa e Tamasese. Come pure il curriculum vitae del trafficante americano Moors.

Sono stata costretta a ridurre a pochi tipi umani la profusione di personaggi appartenenti al governo, i capi e gli uomini delle tre fazioni indigene, la dozzina di servitori di Vailima. Per incarnare le potenze bianche ho scelto il console britannico Sir Cusack-Smith, per le fazioni indigene Mataafa, per i servitori Lafaele, l'uomo di fatica di Fanny, Talolo, il cuoco addestrato da Belle e Sosimo, il cameriere di Louis. Sono le sole libertà che mi sono permessa per scrupolo di semplificazione. Non ho neppure fatto cenno ai viaggi che Louis o Fanny o Belle o Lloyd hanno fatto per una settimana o un mese a Honolulu o a Sydney. A meno che non abbiano una qualche importanza nello svolgimento della storia. Due documenti si sono rivelati indispensabili per ricostruire la vita quotidiana di Vailima: le *Lettere da Vailima* di Robert Louis Stevenson; *Our Samoan Adventure* di Fanny Stevenson a cura di Charles Neider, Harper and Row, New York, 1955. Questi due documenti sono stati però molto censurati, il primo da Sydney Colvin, il secondo dai figli di Fanny. Per il reinserimento dei passi soppressi nelle lettere di Louis leggere l'appassionante articolo del professor Bradford A. Booth in *Harvard Library Bulletin*, vol. 15, aprile 1967: "The Vailima Letters of Robert Louis Stevenson". L'articolo rivela la gravità della psicosi di Fanny Stevenson nell'ottobre 1892 e nella primavera del 1893. Lascia intendere che la vita a Vailima fosse molto meno idilliaca di quanto Belle e Lloyd vorranno farci credere. Robert Louis Stevenson vuol tenere segreta la malattia mentale della moglie. Fece la confidenza soltanto a Sydney Colvin. Secondo il professor Booth i disordini mentali di Fanny rattristarono la vita di Louis e ne affrettarono la morte.

Belle Strong e Lloyd Osbourne hanno scritto a profusione su Vailima. Vedi in particolare le loro *Memories of Vailima*, Charles Scribner's Sons, New York, 1902; *This Life I've Loved, op. cit.*; *An intimate Portrait of Robert Louis Stevenson*, *op. cit.* nel quale Lloyd descrive la morte di Louis. Vedi anche tutte le lettere di Margaret Stevenson alla sorella Jane Balfour, *Letters from Samoa*, Methuen, London, 1906 e tutte quelle che le sono indirizzate, durante i suoi due viaggi in Scozia, da Fanny, da Belle e da Lloyd.

Per tutta questa parte tanto ricca di documenti ho tenuto come riferimento fisso due capolavori, l'uno dedicato a Louis, l'altro a Fanny: *Voyage to Windward*, *op. cit.* e *The Violent Friend*, *op. cit.* Margaret MacKay è la prima biografa di Fanny che osa insistere sulla "malattia segreta". Dopo aver letto i lavori degli psichiatri e psicologi scozzesi, in particolare i dottori Harold Searls e Gregory Bateson, sono arrivata a pensare che in realtà Fanny presentasse numerosi sintomi di schizofrenia.

Nell'ultimo ventennio i biografi di Stevenson citano la possibilità che Fanny fosse stata colpita dalla malattia di Bright, senza mai soffermarsi sui sintomi... È molto probabile che soffrisse di tale malattia ai reni, della quale di continuo si lamenta nel diario. Soffriva inoltre di calcoli alla cistifellea per i quali si farà operare in Inghilterra nel 1898.

Corre anche voce che fosse rimasta incinta, avesse abortito e il bambino fosse sepolto nella cantina di Vailima. Per quanto Fanny fosse un personaggio teatrale e romanzesco, l'eventualità mi pare altamente improbabile. A Vailima, vivo Louis, lei ha fra i cinquanta e i cinquantaquattro anni. Sarei dunque tentata di dire che a tutti i suoi mali si aggiungesse il contraccolpo della menopausa.

Sui sentimenti di Belle nei confronti di Fanny, di Louis e di Graham Balfour vedi le sue lettere confidenze al poeta Charles Warren Stoddard, conservate al Silverado Museum.

Sull'odio della prima moglie di Lloyd Osbourne nei confronti della suocera e della cognata vedi l'abbondante corrispondenza di Katharine Durham a Robert Catton, conservata alla Hamilton Library di Honolulu. Le lettere traboccano di aneddoti su Fanny, Belle e Lloyd. Pur essendo tendenziose chiariscono tuttavia certi aspetti delle loro personalità.

Le lettere di Fanny alla stessa famiglia Catton di Honolulu, anch'esse conservate alla Hamilton Library, restituiscono bene l'atmosfera di Vailima, gli sforzi per salvare la piantagione, i fallimenti dopo la morte di Louis. Mostrano anche la formidabile complicità con la figlia dopo tutti quegli anni di amori e rivalità. La loro tenerezza non si smentirà.

EPILOGO

Nelle sue lettere alla famiglia Catton delle Hawaii, Katharine Durham non tratta Edward Salisbury Field con indulgenza maggiore di quella riservata a Lloyd e Belle. Tuttavia riconoscerà che il matrimonio della cognata col giovanissimo Ned sarà un successo.

Le lettere di Fanny al giovane ammiratore Gelet Burgess, conservate alla Bancroft Library di Berkeley University, Burgess Collection non lasciano nessun dubbio sui loro rapporti. La biografia inedita di Burgess ad opera di Joseph Backus, che ho avuto il piacere di leggere al Silverado Museum, descrive con chiarezza i sentimenti del giovane nei confronti della vedova di Stevenson. Fanny lo introdurrà presso Henry James, col quale Burgess avrà scambi epistolari.

La lettera di Agnes Crowley, la cameriera, che racconta a Belle la morte di Fanny, è conservata al Silverado Museum, *coll. cit*. La stessa lettera è riprodotta quasi parola per parola in *The Life of Mrs Robert Louis Stevenson*, *op. cit.*, dove appare però indirizzata a Nellie Sanchez.

Per evocare il ritorno dei Field alle Samoa e i funerali di Fanny mi sono basata sul diario di Belle (dal maggio al settembre 1915) conservato al Silverado Museum, *op. cit.* Queste pagine fanno pensare che lei fosse molto innamorata del marito. Esistono foto straordinarie del corteo che sale nella boscaglia fino alla vetta del monte Vaea, conservate alla Beinecke Library di Yale e al Silverado Museum.

Indicazioni bibliografiche

Sette opere sono state particolarmente preziose:

Balfour, Graham, *The Life of Robert Louis Stevenson*, 2 voll., Methuen, London, 1901.

Field, Isobel Osbourne Strong, *This Life I've Loved*, Michael Joseph, London, 1937.

Furnas, J.C., *Voyage to Windward*, Faber and Faber, London, 1952.

Mackay, Margaret, *The Violent Friend*, Doubleday, New York, 1968.

Osbourne, Lloyd, *An Intimate Portrait of R.L.S.*, Charles Scribner's Sons, New York, 1924.

Sanchez, Nellie Van de Grift, *The Life of Mrs Robert Louis Stevenson*, Charles Scribner's Sons, New York, 1920.

Stevenson, Robert Louis, *Works* (lettere comprese), 35 voll., con prefazioni di Stevenson, F., Osbourne, L., e Colvin, S., Tusitala Edition, Heinemann, London, 1923-24.

–, *Works* (lettere comprese), 26 voll., a cura di Osbourne, L., con annotazioni di Stevenson, F., Vailima Edition, Heinemann, London, 1922-23. Trad. it. a cura di Rosati, S., *Tutte le opere di R.L. Stevenson*, Mursia, Milano, 1963-1985.

Abbe, Donald R., *Austin and the Reese River Mining District*, University of Nevada Press, Reno, 1985.

Adams, Henry, *Henry Adams and His Friends*, Houghton Mifflin Co., Boston, 1947.

–, *Letters*, Constable, London, 1930.

Adcock, A. St. J., a cura di, *Robert Louis Stevenson – His Work and His Personality*, Hodder and Stoughton, London, 1924.

Aldington, Richard, *Portrait of a Rebel, The Life and Work of Robert Louis Stevenson*, Evans, London, 1957; trad. it. di Cossali, C., *Ritratto di un ribelle*, Mursia, Milano, 1975.

Allen, Maryland, "South Seas Memories of Robert Louis Stevenson", *The Bookman*, New York, agosto 1916.

Annan, Noël, *Leslie Stephen, The Godless Victorian*, Weidenfeld and Nicolson, London, 1984.

Arkelian, Marjorie, *The Khan Collection of Nineteenth Century Paintings by Artists in California*, The Oakland Museum Art Department, Oakland, 1975.

Baildon, H.B., *Robert Louis Stevenson*, Chatto and Windus, London, 1901.

Baker, Ray Jerome, *Honolulu Then and Now*, R. J. Baker, Honolulu, 1941.

Balfour, Michael, "How the Biography of Robert Louis Stevenson Came to Be Written", *The Times Literary Supplement*, London, 15 e 22 gennaio 1960.

Barnhart, Jacqueline Baker, *The Fair but Frail*, University of Nevada Press, Reno, 1986.

Bay, J. Christian, *Echoes of Robert Louis Stevenson*, Walter M. Hill, Chicago, 1920.

Becke, Louis, *Pacific Tales*, K.P.I., New York, 1987.

Beebe, Lucius Morris, *Legends of the Comstock Lode*, Stanford University Press, Cal., 1958.

–, *The Comstock Commotion*, Stanford University Press, Stan Co., 1945.

Beer, Thomas, *The Mauve Decade*, Alfred A. A. Knopf, New York, 1926.

Benson, E.F., *As We Were*, Longmans, London, 1930.

Bermann, Richard A., *Home From the Sea*, The Bobbs-Merrill Co., Indianapolis, 1939.

–, *Robert Louis Stevenson in Samoa*, Mutual Publ., Hawaii, 1987.

Bethke, Frederick John, *Three Victorian Travel Writers*, G.K. Hall, Boston, 1977.

Billy, André, *Les beaux jours de Barbizon*, Editions du Pavois, Paris, 1947.

Bird, Isabella, *Six Months in Hawaii*, Routledge Kegan and Paul, New York, 1987.

Black, Margaret Moyes, *Robert Louis Stevenson*, Famous Scots Series, Oliphant Anderson and Ferrier, Edinburgh e London, 1899.

Blondel, Jacques, *Aspects du romantisme anglais*, Université de Clermont II, Clermont-Ferrand, 1980.

Bonet-Maury, Gaston, "R.L. Stevenson, voyageur et romancier", *Revue des Deux-Mondes*, settembre 1902.

Boodle, Adelaide A., *R.L.S. and His Sine Qua Non*, Murray, London, 1926.

Booth, Bradford A., "The Vailima Letters of Robert Louis Stevenson", *Harvard Library Bulletin*, Cambridge, Mass., aprile 1967.

Brown, Dee A., *The Gentle Tamers: Women of the Old Wild West*, Putman I. W., New York, 1958.

–, *Hear That Lonesome Wistle Blow*, Holt, Rinehart and Winston, New York, 1977.

Brown, George, *Pioneer Missionary and Explorer*, Hodder and Stoughton, London, 1908.

Brown, George E., *A Book of Robert Louis Stevenson*, Methuen Co., London, 1919.

Brown, J. Ross, *A Peep at Washoe*, Lewis Osborne, Palo Alto, Cal., 1968.

Brown, Mark II, e Felton, W. R., *The Frontier Years*, Bramhall House, New York, 1955.

Buckley, Jerome Hamilton, *William Ernest Henley*, Princeton University Press, N.J., 1945.

Buell, Llewellyn M., "Eilean Earraid: the Beloved Isle of Robert Louis Stevenson", *Scribner's Magazine*, New York, febbraio 1922.

Burgers Glasscock, Cari, *The Big Bonanza*, The Bobbs Merrill Co., Indianapolis, 1931.

Burgess, Gelett, "An Interview with Mrs Robert Louis Stevenson", *The Bookman*, New York, agosto 1898.

–, *Some Mad Americans in Dorking, Illustrated London News,* CXIII, 17 settembre 1898.

Burlingame, Roger, *Of Making Many Books*, Charles Scribner's Sons, New York, 1946.

Calder, Jenni, *R.L.S.: A Life Study*, Hamish Hamilton, London, 1980.

–, *Stevenson and Victorian Scotland*, University Press, Edinburgh, 1981.

Carre, Jean-Marie, *Robert Louis Stevenson*, Gallimard, Paris, 1929.

Carrington, James B., "Another Glimpse of R.L.S.", *Scribner's Magazine*, New York, agosto 1927.

Chalmers, Stephen, *The Penny Piper of Saranac*, Houghton Mifflin Co., Boston, 1916.

Charteris, Evan, *John Singer Sargent*, Heinemann, London, 1927.

–, *The Life and Letters of Sir Edmund Gosse*, Heinemann, London, 1931.

Chastaings, Pierre, *Avec Stevenson dans les Cévennes en 1878*, Pensée Universelle, Paris, 1979.

Chesterton, G.K., *Robert Louis Stevenson*, Hodder and Stoughton, London, 1927.

Churchill, William, "Stevenson in the South Sea", McClure's, dicembre 1894.

Clare, Maurice, *A Day with Robert Louis Stevenson*, Hodder and Stoughton, London, 1910.

Clark, Harry Hayden, *American Litterature*, Appleton-Century-Crofts, New York, 1971.

Clarke, W.E., "Robert Louis Stevenson in Samoa", *Yale Review*, gennaio 1921.

Clifford, Mrs W.K., "The Sydney Colvins: Some Personal Recollections", *Bookman*, London, aprile 1928.

Cohen, Edward H., *The Henley-Stevenson Quarrel*, University Presses of Florida, Gainesville, 1974.

Colvin, Sydney, *Memories and Notes of Persons and Places, 1852-1912*, Charles Scribner's Sons, New York, 1921.

Cooley Altrocchi, Julia, *The Spectacular San Franciscans*, E.P. Dutton, New York, 1949.

–, "Robert Louis Stevenson at Hampstead", *Hampstead Annual*, dicembre 1902.

–, Gosse, Edmund, et al., *Robert Louis Stevenson, His Work and Personality*, Hodder and Stoughton, London, 1924.

Conliffe, J.W., *English Literature During the Last Half Century*, Macmillan Co., New York, 1920.

Connell, John, *W.E. Henley*, Constable, London, 1949.

Conrad, Joseph, *La follia di Almayer*, trad. it., Mursia, Milano, 1989.

Cooper, Lettice, *Robert Louis Stevenson*, English Novelists Series, Home and Van Thal, London, 1947.

Copeland, Charles Townsend, "Robert Louis Stevenson", *Atlantic Monthly*, aprile 1895.

Coulter, E. Merton, *Auraria: The Story of a Georgia Gold-Mining Town*, University of Georgia Press, 1956.

County, Hendricks, *The People's Guide*, Indianapolis Printing Pub.,1874.

Cunningham, Alison, *Cummy's Diary*, Chatto and Windus, London, 1926.

Daiches, David, *Robert Louis Stevenson*, Maclellan, Glasgow, 1947.

–, *Robert Louis Stevenson and His World*, Thames and Hudson, London, 1973.

Dalglish, Doris N., *Presbyterian Pirate: A Portrait of Stevenson*, Oxford University Press, London, 1937.

Daniels, Zeke, *The Life and Death of Julia C. Bulette*, Lamp Post, Virginia City, Nev., 1958.

Daplyn, A.J., "Robert Louis Stevenson at Barbizon", *Chambers's Journal*, Series 7, 1917.

Dark, Sidney, *Robert Louis Stevenson*, Hodder and Stoughton, London, 1930.

Daws, Gavan, *A Dream of Islands*, Mutual Pub., Hawaii, 1989.

Delebeque, Jacques, "À propos du roman d'aventures: Notes sur quelques ouvrages de R.L. Stevenson", Mercure de France, Paris, gennaio-febbraio 1921.

De Quille, Dan, *The Big Bonanza*, A. A. Knopf, New York, 1947.

De Voto, Bernard, *Mark Twain's America*, Little, Brown Co., Boston, 1932.

Dickie, Francis, "The tragic end of Stevenson's yacht *Casco*", *World Magazine*, 4 gennaio 1920.

Dinnean, Lawrence, *Les Jeunes: An Account of Some Fin de Siècle San Francisco Authors and Artists*, University of California, Berkeley, 1980.

Doten, Alfred, *The Journals of Alfred Doten*, University of Nevada Press, Reno, 1973.

Doughty, Leonard, "Answering R.L.S.", *Southwest Review*, autunno 1928.

Douglas, Ann, *The «Feminization» of American Culture*, A. A. Knopf, New York, 1977.

Droppers, Garrit, "Robert Louis Stevenson", *Harvard Monthly*, marzo 1887.

Drury, Clifford M., *First White Women over the Rockies*, Arthur H. Clark Co., Glendale, Cal., 1966.

–, *Biography of William Anderson Scott*, Arthur H. Clark Co., Glendale, Cal., 1967.

Drury, Wells, *An Editor of the Comstock Lode*, University of Nevada Press, Reno, 1984.

Duncan, William Henry Jr., “Stevenson’s Second Visit to America”, *Bookman*, New York, gennaio 1900.

Eaton, Charlotte, *A Last Memory of Robert Louis Stevenson*, Thomas Y. Crowell, New York, 1906.

Edel, Leon, *Henry James, une vie*, Éditions du Seuil, Paris, 1990.

Edinburgh Public Library, *Catalogue of The Robert Louis Stevenson Collection*, Edinburgh, 1950.

Ellison, Joseph W., *Tusitala of fhe South Seas: The Story of Robert Louis Stevenson’s Life in the South Pacific*, Hastings House, New York, 1953.

Elwin, Malcom, *Old Gods Falling*, Collins, London, 1939.

–, *The Strange Case of Robert Louis Stevenson*, MacDonald, London, 1950.

Eno, Henry, *Letters from California and Nevada, 1848-1871*, W. Turrentine Jackson ed.; Yale University Press, New Haven, 1965.

Esarey, Logan, *Indiana Home*, Indiana University Press, 1953.

Ewing, Sir Alfred, *An Engineer’s Outlook*, Methuen and Co., London, 1933.

Fabre, Frédéric, “Un ami de France: Robert Louis Stevenson dans le Velay”, estratto della *Revue d’Auvergne*, 1932.

Fatout, Paul, *Mark Twain in Virginia City*, Indiana University Press, 1964.

Fender, Stephen, *Plotting the Solden West*, Cambridge University Press, Cambridge e New York, 1981.

Ferlinghetti, Lawrence, e Peters, Nancy J., *Literary San Francisco*, City Lights Books, San Francisco, 1980.

Festetics de Tolna, Rodolphe, *Chez les cannibales*, Librairie Plon, Paris, 1903.

Field, Edward Salisbury, *The Complete Optimist* by Child Harold, Dutton Co., New York, 1912.

–, *Cupids Understudy*, Grosset and Dulap Cop., New York, 1909.

–, (in collaborazione con Frances, Marion), *Happy Endings*, New York, 1930.

–, *In Pursuit of Priscilla: A Chronicle of the Man Willing and the Woman*, Henry Altemus Company, Philadelphia, 1906.

–, *The Purple Stockings*, W.J. Watt, New York, 1911.

–, *The Quest and Other Poems*, R.G. Badger, Boston, 1904.

–, *The Rented Earl*, W.J. Watt, New York, 1912.

–, *The Saphire Bracelet*, W.J. Watt, New York, 1910.

–, *A Six Cylinder Courtship*, Grosset and Dulap, New York, 1907.

–, *Twin Beds*, Grosset and Dunlap, New York, 1913.

–, *Twin Beds* (adattamento del romanzo con Mayo, Margaret), New York, 1915.

–, *Wedding Bells*, Typed Script, NCOF, p.u. 467.

Field, Isobel Osbourne Strong, *Robert Louis Stevenson, Saranac Lake*, Stevenson Society of America, New York, 1920.

–, (con Lloyd Osbourne), *Memories of Vailima*, Charles Scribner's Sons, New York, 1902.

Figaro (Le), 1875-1876.

Finch, Philip, *Birthright*, Penguin Publishing Group, New York, 1979.

Fisher, Vardis, e Holmes, Opal L., *Gold Rushes and Mining Camps of Early American West*, Caxton Printers, Caldwell, Idaho, 1968.

Fletcher C., Brundson, *Stevenson's Germany*, Heinemann, London, 1920.

Frady, Steven R., *Red Shrits and Silver Helmets*, University of Nevada Press, 1984.

Fraser, Marie, *In Stevenson's Samoa*, Smith, Elder and Co., London, 1895.

Furnas, J.C., *Anatomy of Paradise*, Curtis Publ., New York, 1947.

Gauguin, Paul, *Noa Noa, Séjour à Tahiti*, Complexe, Bruxelles, 1989; trad. it. *Noa-Noa*, Passigli, Firenze 1991.

Geduld, Harry M., *The Definitive Dr Jekyll and Mr Hyde Companion*, Garland, New York, 1983.

Genung, John Franklin, *Stevenson's Attitude to Life*, Thomas Y. Crowell, New York, 1901.

Gilder, Jeannette L., "Stevenson – and After", *Review of Reviews* (U.S.), febbraio 1895.

Gilder, Richard Watson, *Letters*, Constable, London, 1916.

Goldman, Marion S., *Gold Diggers and Silver Miners*, University of Michigan Press, Ann Arbor, 1981.

Gorsky, Bernard, *Trois tombes au soleil,* A. Michel, Paris, 1976.

Gosse, Edmund, *Bibliographical Notes on the Writings of Robert Louis Stevenson*, Privately printed at the Chiswick Press, London, 1908.

–, *Critical Kit-Kats*, Charles Scribner's Sons, New York, 1914.

–, *Leaves and Fruit,* Charles Scribner's Sons, New York, 1927.

–, *Questions at Issue*, William Heinemann, London, 1893.

–, *Silhouettes*, Charles Scribner's Sons, New York, 1925.

–, *Some Diversions of a Man of Letters*, William Heinemann, London, 1919.

–, "Stevenson's Relations with Children", *Youth's Companion*, Perry Mason & Co, 13 giugno 1899.

Green, Roger Lancelyn, "Stevenson in Search of a Madonna", *Essays and English Studies*, English Associates, Murray, London, 1950.

Greene, Charles S., "California Artists. II. Joseph D. Strong, Jr.", *Overland Monthly*, maggio 1896.

Greever, William S., *Bonanza West: Western Mining Rushes, 1848-1900*, University of Oklahoma Press, 1963.

Groffier, Jean, *Robert Louis Stevenson: la dualité incarnée*, H. Peladan, Uzès, France, 1977.

Guthrie, Lord C.J., *Robert Louis Stevenson*, Green and Son, Edinburgh, 1920.

– *«Cummy», the Nurse of Robert Louis Stevenson*, O. Schulze, Edinburgh, 1913.

Gwynn, Stephen, *Robert Louis Stevenson*, Macmillan, London, 1939.

Hamilton, Clayton, *On the Trail of Stevenson*, Hodder and Stoughton, London, 1915.

Hammerton, J.A., *On the Track of Stevenson*, J.W. Arrowsmith, Bristol, 1907.

–, *Stevensoniana*, J. Grant, Edinburgh, 1910.

Hammond, John R., *A Robert Louis Stevenson Companion*, Macmillan, London, 1984.

Harrison, Birge, "With Stevenson at Grez", *The Century Magazine*, dicembre 1916.

Hart, James D., *From Scotland to Silverado, Robert Louis Stevenson*, Harvard University Press, Cambridge, Mass., 1966.

Hattori, Eugene Mitsuru, *Northern Paiutes on the Comstock*, Nevada State Museum, Carson City, 1975.

Hellmann, George S., *Lanes of Memory*, A. A. Knopf, New York, 1927.

–, *The True Stevenson*, Little, Brown and Co., Boston, 1925.

–, "R.L.S. and the Streetwalker", *American Mercury*, luglio 1936.

–, "Stevenson and Henry James", *Century*, gennaio 1926.

–, "The Stevenson Myth", *Century*, dicembre 1922.

–, "Stevenson's Annotated Set of Wordsworth", *Colophon*, VII, 1931.

Henley, William Eenest, *Essays*, Macmillan and Co., London, 1921.

–, "Obituary of R.A.M. Stevenson", *Pall Mall Magazine*, luglio 1900.

–, "R.L.S.", *Pall Mall Magazine*, dicembre 1901.

Hervier, Paul-Louis, “Stevenson jugé par son beau-fils”, *La Nouvelle Revue*, maggio-giugno 1922.

Hinckle, Warren, *The Richest Place on Earth*, Houghton Mifflin, Boston, 1978.

Hinkley, Laura L., *The Stevensons: Louis and Fanny*, Hastings House, New York 1950.

Hinsdale, Harriet, *Robert Louis Stevenson*, Caxton Printers, Caldwell, Idaho, 1947.

Holland, Clive, “Robert Louis Stevenson at Bournemouth”, *Chambers' Journal*, dicembre 1934.

Hubbard, Elbert, *Little Journeys to the Homes of English Authors*, Putnam, London, 1903.

Hughes, Edan Milton, *Artists in California, 1786-1940*, Hughes Pub. Co., San Francisco, 1986.

Illustration (L'), 1874, 1875, 1876, 1877, 1878, rivista settimanale, 1843-1944, Parigi.

Issler, Anne Roller, *Happier for His Presence*, Stanford University Press, 1949.

–, “Robert Louis Stevenson in Monterey”, *Pacific Historical Review*, Los Angeles, agosto 1965.

–, *Stevenson at Silverado*, Caxton, Caldwell, Idaho, 1939.

Jacquette, Rodolphe, *Tusitala, ou la Vie aventureuse de Robert Louis Stevenson*, Seghers, Paris, 1980.

James, Alice, *Diary*, a cura di Edel, L., Hart-Davis, London, 1965.

James, Henry, *Letters*, 2 voll., a cura di Lubbock, P., Macmillan, London, 1920.

–, *Partial Portraits*, Macmillan, London, 1888.

–Stevenson, Robert Louis, *Letters*, a cura di Smith, A.J.M., Hart-Davis, London, 1948; trad. it. di Angelini, L., *Amici rivali*, Archinto, Milano 1987.

–, *Selected Letters*, a cura di Belknap, L.E., Harvard University Press, 1987.

Japp, Alexander H., *Robert Louis Stevenson*, Werner Laurie, London, 1905.

Jenkins, Malinda, *Gambler's Wife*, Huston, Bufflin Co., 1933

Jersey, Countess of, *Fifty-One Years of Victorian Life*, Murray, London, 1922.

Joesting, Edward, *Hawaii, an Uncommon History*, Robert Hale, London, 1974.

Johnson, Paul, *San Francisco: As It Is, As It Was*, Doubleday, New York, 1979.

Johnstone, Arthur, *Recollections of Robert Louis Stevenson in the Pacific*, Chatto and Windus, London, 1905.

Kelman, John Jr, *The Faith of Robert Louis Stevenson*, Oliphant Anderson and Ferrier, Edinburgh e London, 1903.

Kent, Harold Coinfield, *The Life of Rev. Dr Charles Mc Ewen Hyde*, Charles E. Tuttle, Rutland, Vermont, 1973.

Knight, Alanna, *The Passionate Kindness*, Hilton House Books, Aylesbury, 1971.

La Farge, John, *An American Artist in the South Seas*, K.P.I., New York, 1987.

Lang, Andrew, *Adventures Among Books*, Longmans, Green, London, 1905.

Lawson, M.S., *On the Bat's Back, The Story of Stevenson*, Lutterworth, London, 1950.

Le Bris, Michel, *La Porte d'or*, Grasset, Paris, 1986.

Le Gallienne, Richard, *The Romantic Nineties*, Putnam, London, 1926.

Leslie, Mrs Shane, *Girlhood in the Pacific*, Macdonald, London, 1940.

Lewis, Marvin, *Martha and the Doctor*, University of Nevada Press, 1977.

Lewis, Oscar, *The Autobiography of the West*, Holt, New York, 1958.

–, *This Was San Francisco*, David McKay Co., New York, 1962.

–, *Bay Window Bohemia, An Account of the Brillant Artistic World of Gazlit California*, Doubleday, New York, 1956.

–, *The Life and Times of The Virginia City Enterprise*, J.L. Osborne, Ashland, Co., 1971.

–, *The Town that Died Laughing*, Little Brown Co., Boston, 1955.

–, *Silver Kings*, A. A. Knopf, 1947.

–, *The War in the Far West*, 1861-1865, Doubleday, New York, 1961.

Liluokalani, *Hawaii's Story*, Mutual Publ., Hawaii, 1990.

Lockett, W.G., *Robert Louis Stevenson at Davos*, Hurst and Blackett, London, 1934.

Lord, Eliot, *Comstock Mining and Miners*, David Myrick ed., 1959.

Loti, Pierre, *Le Mariage de Loti*, Safrat, Paris, 1991.

Low, Will H., *A Chronicle of Friendships, 1873-1900*, Hodder and Stoughton, London, 1908.

Lucas, E.V., *The Colvins and Their Friends*, Methuen, London, 1928.

Luchetti, Kathy, *Women of the West*, Antilope Island Press, St. George, 1982.

Lyman, George D., *Ralston's Ring: California Plunders the Comstock Lode*, Scribners, New York, 1937.

MacCallum, Thompson Murray, *Adrift in the South Seas*, Wetzel Publishing Co., Inc., Los Angeles, 1934.

McClure, Samuel S., *My Autobiography*, Murray, London, 1914.

MacCulloch, J.A., *R. L. Stevenson and the Bridge of Allan*, John Smith and Son, Glasgow, 1927.

McGaw, Sister Martha Mary, *Stevenson in Hawaii*, University of Hawaii Press, Honolulu, 1950.

MacKaness, George, *Robert Louis Stevenson*, Privately printed, Sydney, 1935.

–, R.L.S., *His Association with Australia*, Review Publications, Sydney, 1976.

McKay, George L., *A Stevenson Library: Catalogue of the*

Edwin Beinecke Collection, 6 voll., Yale University Press, 1951.

MacKenzie, Compton, *R. Louis Stevenson*, Morgan-Grampian Books Ltd. and International Profiles, London, 1968.

McLaren, Moray, *Stevenson and Edinburgh*, Chapman and Hall, London, 1950.

Maitland, Frederic William, *The Life and Letters of Leslie Stephen*, G.P. Putnam's Sons, New York, 1906.

Maixner, Paul, *Robert Louis Stevenson: The Critical Heritage*, Routledge and Kegan Paul, London e Boston, 1981.

Marder, Daniel, *Exiles at Home*, University Press of America, Lanham, MD, 1984.

Martin, Michael Rheta, *Dictionary of American History*, Rowman and Littlefield, Totowa, N.J., 1978.

Maser, Frederick E., *A Collector's View of Robert Louis Stevenson*, Temple University Press, Philadelphia, 1970.

Masson, Flora, *Victorians All*, Chambers, London e Edinburgh, 1931.

Masson, Rosaline, *The Life of Robert Louis Stevenson*, Frederick A. Stokes Co., New York, 1923.

–, *I Can Remember Robert Louis Stevenson*, Chambers, London e Edinburgh, 1922.

–, *Poets, Patriots, and Lovers*, James Clarke and Co. Ltd., London, 1933.

–, *Robert Louis Stevenson*, T.C. e E.C. Jack, London, 1923.

Mathews, Mary McNair, Mrs. *Ten Years in Nevada*, Bakers and John, Buffalo, 1880.

Maugham, Somerset, *L'Archipel aux sirènes*, Hachette, Paris, 1961.

Mead, Margaret, *Sex and Temperament*, Routledge and Kegan Paul, London and Henley, 1935; trad. it. di Maffi, Q., *Sesso e temperamento*, Il Saggiatore, Milano, 1979.

Melville, Herman, *Omoo*, K.P.I., New York, 1985.

–, *Typee*, K.P.I., New York, 1987; trad. it. di Saba Sardi, F., *Taipi*, Mondadori, Milano 1985.

Moody, Eric, *Western Carpetbagger*, University of Nevada Press, 1978.

Moorman, Lewis J., *Tuberculosis and Genius*, University of Chicago Press, Chicago, 1940.

Moors, Harry Jay, *With Stevenson in Samoa*, Fisher Unwin, London, e Small Maynard, Boston, 1910.

Morris, David B., *Robert Louis Stevenson and the Scottish Highlanders*, Mackay, Stirling, 1929.

Morse, Hiram G., *Robert Louis Stevenson as I Found Him in His Island Home*, Folcroft Press, PA, 1902.

Moure, Nancy Dustin Hall, *Dictionary of Art and Artists in Southern California Before 1930*, Dustin Publications, Glendale, Cal., 1975.

Muir, Edwin, "Robert Louis Stevenson", *Modern Scot*, autunno 1931.

–, *Scott and Scotland*, George Routledge and Sons Ltd., London, 1936.

Munro, D.G. Macleod, *The Psychopathology of Tuberculosis*, Humphrey Milford, Oxford University Press, London, 1926.

Muscatine, Doris, *Old San Francisco, Biography of a City*, Putnam, New York, 1975.

Nakajima, Atsushi, *Light, Wind, and Dreams*, The Hokuseido Press, Tokyo, 1962.

Nicholson, Meredith, *The Hoosiers*, McMillan, London, 1916.

Nickerson, Roy, *Robert Louis Stevenson in California*, Chronicle Books, San Francisco, 1982.

Noble, Andrew, *Robert Louis Stevenson*, Barnes and Noble, London, 1983.

Norris, Frank, *A Story of San Francisco*, Penguin Books, New York, 1982.

Oakland Museum, Art Dept., *The Kahn Collection of Nineteenth-Century Paintings*, by Marjorie Arkelian, Oakland Museum, CA, 1975.

Osbourne, Alan, "A Letter to the Editor of *The Times Literary Supplement*", London, 25 marzo 1960.

Osbourne, Katharine Durham, *Robert Louis Stevenson in California*, A.C. McClurg and Co., Chicago, 1911.

Osbourne, Lloyd, *Some Letters of Robert Louis Stevenson*, Methuen, London, 1914.

–, e Strong, Isobel, *Memories of Vailima*, Charles Scribner's Sons, New York, 1902.

Palmer, Louise M., "How We Live in Nevada", in *Overland Monthly*, maggio 1869.

Pinero, Arthur Wing, *Robert Louis Stevenson as a Dramatist*, N.P. printed for the Dramatic Museum of Columbia University, 1914.

Pope-Hennessy, James, *Robert Louis Stevenson*, J. Cape Ltd., London, e Simon and Shuster, New York, 1974.

Prideaux, Col. W.F., C.S.I., *A Bibliography of the Works of Robert Louis Stevenson*, Hollings, London, 1917.

–, *Stevenson at Hyères*, Privately printed, 1912.

Oulrin, E.J., *Mountain Charlie*, University of Oklahoma Press, 1968

Quiller-Couch, Arthur Thomas, *Adventures in Criticism*, G.P. Putnam's Sons, New York, 1925.

Raleigh, Walter, *Robert Louis Stevenson*, Arnold, London, 1895.

Rankin, Nicolas, *Dead Man's Chest*, Faber and Faber, London e Boston, 1987.

Rather, Lois, *Stevenson's Silver Ship*, Rather Press, Oakland, CA, 1973.

Rearden, Timothy, "Favoring Female Conventionalism", *Overland Monthly*, vol. 1, n. 1, luglio-dicembre 1868.

Reinhardt, Richard, *Treasure Island*, Scrimshaw Press, San Francisco, 1973.

Rice, Richard Ashley, *Robert Louis Stevenson*, Bobbs-Merrill Co., Indianapolis, 1916.

–, *Journey to Upolu*, Dood, Mead, New York, 1974.

Ricklefs, Roger, *The Mind of Robert Louis Stevenson*, Thomas Yoseloff, New York e London, 1963.

Rivenburgh, Eleanor, "Stevenson in Hawaii", *Bookman*, New York, ottobre-novembre-dicembre 1917.

–, *Robert Louis Stevenson's Handwriting*, Edwin J. Beinecke Collection, Private printed, New York, 1940.

Rosenbach, A.S.W., *Catalogue of the Robert Louis Stevenson Collection in the Winder Library*, Privately printed, 1913.

Ross, Nancy W., *Westward the Women*, Random House Inc., New York, 1944.

Royce, Sarah, *A Frontier Lady*, New Haven Yale University Press, 1932

Russailh, Albert Bernard de, *Journal de voyage en Californie à l'époque de la ruée vers l'or*, Aubier Editions Montaigne, Paris, 1980.

Ryan, J. Tighe, "A Gossip about Robert Louis Stevenson", *The Antipodean*, Sydney, 1893.

Sadler, Fernande, *L'Hotel Chevillon et les artistes de Grez-sur-Loing*, Fontainebleau, 1938.

Safroni-Middleton, A., "A New View of R.L.S.", *John o' London's Weekly*, 20 gennaio 1950.

–, *Sailor and Beachcomber*, Grant Richards Ltd., London, 1915.

–, "With R.L.S. in Old Samoa", *The Journal of the Robert Louis Stevenson Club*, London, maggio 1950.

Sanchez, Nellie Van de Grift, "Some Stevenson Legends", *Overland Monthly*, gennaio 1930.

Schwob, Marcel, "R.L.S.", *New Review*, febbraio 1895.

–, *Voyage à Samoa*, Ombres, Toulouse, 1990.

Segalen, Victor, *Les Immémoriaux*, Éditions du Seuil, Paris, 1979.

Shipman, Louis Evan, "Stevenson's First Landing in New York", *Book Buyer*, febbraio 1896.

Silverman, Ruth, *San Francisco Observed: A Photographic Portfolio from 1850 to the Present*, Chronicle Books, San Francisco, 1986.

Simpson, Eve Blantyre, *Robert Louis Stevenson*, Luce, Boston e London, 1906.

–, *The Robert Louis Stevenson Originals*, Foulis, Edinburgh e London, 1912.

–, *Robert Louis Stevenson's Edinburgh Day*, Hodder and Stoughton, London, 1914.

Sitwell, Sir Osbert, *Great Morning!*, Little, Brown and Co., Boston, 1947.

Slocum, Captain Joshua, *Sailing Alone Around the World*, Low and Marston, London, 1900.

Smith, G. Horace, *History of Comstock Lode 1850-1920*, Nevada State Bureau of Mines, Reno,1943.

Smith, Helena Huntington, "Pioneers in Petticoats", *American Heritage*, 10, n. 2, febbraio 1959.

Smith, Janet Adam, *Henry James and Robert Louis Stevenson*, Rupert Hart-Davis, London, 1948.

–, *R.L. Stevenson*, Great Lives Series, Duckworth, London, 1937.

Starr, Kevin, *Americans and the California Dream, 1850-1915*, Oxford University Press, New York, 1985.

–, *Inventing the Dream*, Oxford University Press, New York, 1985.

–, *Land's End*, McGraw-Hill, New York, 1979.

Stephen, Leslie, *Studies of a Biographer*, Duckworth and Co., London, 1898.

Stern, G.B., *He Wrote Treasure Island*, Heinemann, London, 1954.

–, *No Son of Mine*, Cassell and Co., London, 1948.

Steuart, John A., *The Cap of Youth*, J.B. Lippincott and Co., Philadelphia, 1927.

–, *Letters to Living Authors*, Sampson, Low, Marston, Searle and Rivington, London, 1890.

–, *Robert Louis Stevenson*, Little, Brown and Co., Boston, 1924.

–, *Robert Louis Stevenson: Man and Writer*, 2 voll., Low, Marston and Co., London, 1924.

Stevenson, Fanny Van de Grift Osbourne, *The Cruise of the* Janet Nicholl *Among the South Sea Islands*, Charles Scribner's Sons, New York 1914, e Chatto and Windus, London, 1915.

–, "Too Many Birthdays", *St Nicholas*, luglio 1878.

–, "The Warlock's Shadow", *Belgravia*, giugno 1881.

–, "Miss Pringle's Neighbors", *Scribner's Magazine*, giugno 1887.

–, "The Nixie", *Scribner's Magazine*, marzo 1888.

–, "The Half-White", *Scribner's Magazine*, marzo 1891.

–, "The Far West", *The Queen*, 31 marzo, 5 aprile 1894.

–, "A Backwoods Childhood", Center's Collection, Indianapolis.

–, "Kept at the Underlaker", manoscritto conservato alla Yale University, s.d.

–, "Under Sentence of the Law", *McClure's*, giugno 1893.

–, "Some Letters of Mrs R.L. Stevenson and One from Henry James", *Empire Review*, London, marzo-aprile 1924.

–, "More Letters of Mrs Robert Louis Stevenson", *Scribner's Magazine*, New York, aprile 1924.

–, e Robert Louis, *The Dynamiter*, Longmans, Green and Co., London, 1885.

–, *Our Samoan Adventure*, a cura di Neider, C., Harper and Row, London, 1955.

Stevenson, Margaret Isabella Balfour, *From Saranac to the Marquesas and Beyond*, Methuen, London, 1903.

–, *Letters from Samoa*, Methuen, London, 1906.

–, *Stevenson's Baby Book*, John Henry Nash, San Francisco, 1922.

Stevenson, Robert Louis (oltre alle edizioni citate nella prima sezione della bibliografia): *Romanzi, racconti e saggi*, trad. it. di vari a cura di Brilli, A., Mondadori, Milano 1982; *Romanzi e racconti*, trad. it. a cura di Maffi, M., Mondadori, Milano 1994.

–, *Collected Poems*, a cura di Smith, A.J.M, Hart-Davis, London, 1950; trad. it. di Mussapi, R., e Sorace Maresca, T., *Poesie*, Studio Tesi, Pordenone, 1987.

–, *Letters to His Family and Friends*, a cura di Colvin, S., Methuen, London, 1899.

–, *Letters to Charles Baxter*, a cura di De Lancey, F., Waingrow, M., Oxford University Press, 1956.

–, *Some Letters*, Lloyd Osbourne, Methuen, London, 1914.

–, *Vailima Letters*, Methuen, London, 1895.

–, *Vailima Letters to Sydney Colvin*, Methuen, London, 1899; trad. it. di Crespi Bortolini, A., *Lettere da Vailima*, Mursia, Milano, 1990.

–, *The Silverado Squatters*, Chatto and Windus, London, 1883; trad. it. a cura di Brilli, A., *Gli accampati di Silverado*, Studio Tesi, Pordenone, 1985 e in *Romanzi, racconti e saggi*, cit.

–, *The Old Pacific Capital*, Charles Scribner's Sons, New York, 1897.

–, *Amici rivali, Lettere di R.L. Stevenson e Henry James*, trad. it. di Angelini, L., Archinto, Milano, 1987.

–, *Catriona*, trad. it. di Cariello, A., Leone, Milano, 2015.

–, *Emigrante per diletto, seguito da Attraverso le pianure*, trad. it. a cura di Mochi, G., Einaudi, Torino, 1987.

–, *Favole*, trad. it. di Fink, D., Le Lettere, Firenze 1992 e in *Romanzi, racconti e saggi*, cit.

–, *Forest Notes*, in *Cornhill Magazine*, maggio 1876.

–, *La France que j'aime*, trad. franc. di Lacassin, F., 10\18, Paris, 1978.

–, *The Black Arrow: A Tale of Two Roses*, Scribner's and Cassell, New York e London, 1888; trad. it. a cura di Porcelli M., e Ferracin, L., *La freccia nera*, SEI, Torino, 1990.

–, "In the Latin Quarter-I, A Ball at Mr Elsinare's", *London Magazine*, 10 febbraio 1877.

–, "The Enchantress", 1889, Uncollected, First published in the Fall 1989 issue of *The Georgia Review*, University of Georgia, 1989; trad. it. di Messina, C.M., *L'incantatrice*, Biblioteca del Vascello, Roma, 1993.

–, *L'isola del tesoro*, trad. it. a cura di Torregrossa, C., SEI, Torino, 1991.

–, *Janet la sbilenca*, trad. it. in *Romanzi, racconti e saggi*, cit.

–, *Nei mari del Sud*, trad. it. in *Romanzi e racconti*, cit.

–, *Le nuove Mille e una notte*, trad. it. in *Romanzi, racconti e saggi*, cit.

–, *Olalla*, trad. it. in *Romanzi, racconti e saggi*, cit.

–, *Il diavolo nella bottiglia*, trad. it. a cura di Venturi, F., La vita felice, Milano, 2021.

–, *Il dinamitardo* in *Racconti e romanzi brevi (1882-1887)*, a cura di Rosati S., Mursia, Milano, 1985

–, *Il giardino dei versi*, trad. it. di Montanari, R., Nutrimenti, Roma, 2010.

–, *Il principe Otto*, trad. it. a cura di D'Amico, M., Nottetempo, Milano, 2017.

–, *Il relitto*, con la collaborazione di Osbourne, L., trad. it. di Legati, I., a cura di Lanati, B., Einaudi, Torino, 1991.

–, *Prayers Written at Vailima*, Chatto and Windus, London, 1895; trad. it. di Albinati, E., *Natale, Quattordici preghiere scritte a Vailima...*, Nuovi Equilibri, Viterbo, 1992.

–, *Il riflusso della marea*, trad. it. in *Romanzi, racconti e saggi*, cit.

–, *Il signore di Ballantrae*, trad. it. di Pozzo, G., Mondadori, Milano, 1993.

–, *Lo strano caso del dottor Jekyll e del signor Hyde*, trad. it. di Fruttero, C., e Lucentini, F., Einaudi, Torino, 1987.

–, *Il trafugatore di salme*, trad. it. in *Romanzi, racconti e saggi*, cit.

–, *La spiaggia di Falesá*, trad. it. di Malagodi, G., Passigli, Firenze, 1989.

–, *Una chiacchierata sul romanzesco* e *Alcuni elementi tecnici dello stile nella letteratura*, trad. it. in *Romanzi, racconti e saggi*, cit.

–, *Viaggio nell'entroterra. In canoa tra Belgio e Francia*, trad. it. di Tonitto D., e Bettini, M., Mondadori, Milano, 1992 e in *Romanzi, racconti e saggi*, cit.

–, *Viaggio nelle Cévennes in compagnia di un asino*, a cura di Pignata P., Ibis, Como, Pavia, 2012.

–, *Will del mulino*, trad. it. in *Romanzi, racconti e saggi*, cit.

–, "On Falling in Love", *Cornhill Magazine*, 1876.

–, "Truth in Intercourse", *Cornhill Magazine*, 1879.

–, "In the Latin Quarter: a Bal at Mr Elsinare's" e "A Studio of Ladies", *London Magazine* del 10 e del 17 febbraio 1877.

–, e Fanny, *The Hanging Judge, a Play*, Privately printed, London, 1914.

Stevenson, Thomas, *Christianity Confirmed by Jewish and Heathen Testimony*, Adam and Charles Black, Edinburgh, 1884.

Stewart, George R., "The Real Treasure Island", *University of California Chronicle*, aprile 1926.

Stewart, Robert E., *Adolph Sutro: a Biography*, Howell North, Berkeley, CA, 1962.

Stoddard, Charles Warren, *Exits and Entrances*, Lothrop Publishing and Co., Boston, 1903.

–, "Stevenson's Monterey", *National Magazine*, dicembre 1906.

Strong, Austin, "His Oceanic Majesty's Goldfish", *The Atlantic Monthly*, Boston, maggio 1944.

–, "The Most Unforgettable Character I've Met", *The Reader's Digest*, Pleasantville, New York, marzo 1946.

Stubbs, Laura, *Stevenson's Shrine*, L.C. Page and Co., Boston, 1903.

Swearingen, Roger G., *The Early Literary Career of Robert Louis Stevenson*, tesi di dottorato, Yale University, New Heaven, Conn., 1970.

–, *The Prose Writings of Robert Louis Stevenson*, Archon Books, Hamden, Conn., 1980.

Swinglehurst, Edmund, *San Francisco*, Mayflower Books, New York, 1979.

Swinnerton, Frank, *Robert Louis Stevenson*, Secker, London, 1914.

–, *Stevenson and Victorian Scotland*, a cura di Calder, J., University Press, Edinburgh, 1981.

Symonds, John Addington, *John Addington Symonds*, John Murray, London, 1903.

–, *Letters and Papers*, Murray, London, 1923.

–, *Our Life in the Swiss Highlands*, Black, London, 1907.

Taylor, Albert P., *Under Hawaian Skies*, Advertiser Publishing Co. Ltd., Honolulu, 1926.

Theroux, Paul, *The Happy Isles of Oceania*, Hamish Hamilton, London, 1992.

Thompson, Francis, *The Real Robert Louis Stevenson*, New York University Publishers, 1959.

Tilden, Freeman, *Following the Frontier with F. Jay Haynes*, A.A. Knopf, New York, 1964.

Triggs, W. H., "R.L. Stevenson as a Samoan Chief", *Cassell's Family Magazine*, febbraio 1895.

Trudeau, Edward Livingston, *An Autobiography*, Doubleday, Page and Co., New York, 1916.

Twain, Mark, *Mark Twain's Autobiography*, Harper and

Brothers, New York e London, 1924; trad. it. a cura di Mirizzi, P., *Autobiografia*, Pozza, Vicenza, 1963.

–, *Roughing It*, American Publishing Co., Hartford, Conn., 1872 (ed. it. *In cerca di guai*, Adelphi 1993).

Van Nostrand, Jeanne Skinner, *The First Hundred Years of Paintings in California, 1775-1875*, J. Howell Books, San Francisco, 1980.

–, *San Francisco, 1806-1906, in Contemporary Paintings, Drawings, and Watercolors*, Books Club of California, San Francisco, 1975.

Wallace, Robert, *The Miners*, Time-Life Books, New York, 1975.

Wallace, William, "The Life and Limitations of Stevenson", *Scottish Studies Review*, gennaio 1900.

–, "Scotland, Stevenson, and Mr Henley", *New Liberal Review*, febbraio 1902.

Ward, Harriet S., *Prairie Schooner Lady: Journal, 1853*, Ward G. and Florence S. DeWitt, 1959.

Weisbuch, Robert, *American Literature and British Influence in the Age of Emerson*, University of Chicago Press, 1986.

Wendt, Albert, *Leaves of the Banyan Tree*, Penguin Books, New York, 1979.

–, *The Birth and Death of the Miracle Man*, Penguin Books, New York, 1987.

Williams, George III, *The Redlight Ladies of Virginia City*, Trees by the River Publishing., Riverside, Cal., 1984.

–, *Mark Twain, his Life in Virginia City*, Tree by the River, Riverside, Cal., 1984.

Williamson, Kennedy, *W.E. Henley*, Harold Shaylor, London, 1930.

Ringraziamenti

Con grande rammarico non posso qui citare tutti coloro che mi hanno aiutata durante questa lunga avventura. Senza l'affettuoso sostegno della famiglia e degli amici, senza l'aiuto di corrispondenti sconosciuti, questo libro non avrebbe mai visto la luce.

Desidero esprimere tutta la mia gratitudine a Danielle Guigonis, la cui pazienza ed efficienza quotidiana mi hanno sostenuta nei momenti di incertezza. Che Colette Goujon a New York, Tony Guigonis ed Emilia Rosa a Parigi, Georges Tuiletufuga a Upolu sappiano quanto m'ha commosso la loro assistenza.

Ringrazio dell'immensa gentilezza Paul e Manuela Andreota, Carole Hardoüin, Sophie Lajeunesse, Mathieu Meyer, che hanno passato lunghe ore a correggere il manoscritto, Carlos e Xavier Moro che mi hanno scortata nei viaggi più difficili.

Tutta la mia riconoscenza va all'autore di una notevole biografia di Robert Louis Stevenson, J.C. Furnas, che mi ha sostenuta continuamente con incoraggiamenti e consigli preziosissimi. Voglio anche ringraziare gli "stevensoniani" del mondo intero, che non hanno esitato a interrompere il loro lavoro per rispondere alle mie incessanti domande. Ringrazio dal profondo del cuore Ernest Mehew in Inghilterra; Jenny Calder, David Daiches, Robin Hill in Scozia; Francis Lacassin in Francia; Betty Lane, Barry Menikoff, Roger Swearingen, Roger Van Dyke, Dan Wakefield negli Stati Uniti. E i conservatori delle due importantissime biblioteche dedicate a Robert Louis Stevenson, Vincent Giroud della Beinecke Rare Book and Manuscript Library alla Yale University e la compianta Ellen Shaffer del Silverado Museum di St. Helena. Entrambi hanno dato prova nei miei confronti di cortesia instancabile: senza di loro questo libro non esisterebbe.

Ringrazio per la loro disponibilità le numerose biblioteche delle quali mi sono servita. In particolare la Beinecke Rare Book and Manuscript Library, Yale University; il Silverado Museum e la Bancroft Library, University of California, Berkeley, che mi hanno generosamente autorizzata a citare le lettere inedite di Dora Williams, Fanny Stevenson e Timothy Rearden conservate nelle loro collezioni. Tutti i miei ringraziamenti vanno anche a: Hawaii State Archives, Auckland Public Library, Bishop Museum of Honolulu, British Museum, California Historical Society, California State Library, Danville Public Library, Indiana State Historical Society Library, Indiana State Library, Lady Stair's House, Library of Congress, Lily Library, Monterey State Historic Park, National Library of Australia, National Library of Scotland, Nevada Historical Society, Nevada State Museum, New York Public Library, Oakland Public Library, Pierpont Morgan Library, Princeton University Library, Public Library of Western Samoa, Robert Louis Stevenson's Club of Scotland, Sacramento History Center, University of Hawai'i at Manoa. E all'ambasciata delle Samoa occidentali a Bruxelles.

Voglio anche ringraziare gli editori di New York Charles Scribner's Sons per *An Intimate Portrait of R.L.S. di Lloyd Osbourne* (1924); la Yale University Press di New Haven per *Stevenson's Letters to Charles Baxter* (1956).

Desidero inoltre ringraziare il mio traduttore, Sergio Atzeni, per il suo ottimo lavoro. Infine voglio esprimere immensa gratitudine, ammirazione e affetto specialissimo ai miei editori, Robert Laffont e Andrea Cane, e a tutti i loro collaboratori.

Nota sull'Autrice

Autrice di biografie e romanzi incentrati su grandi personaggi dimenticati della Storia, soprattutto donne, Alexandra Lapierre è stata recentemente premiata dall'Académie Française, mentre l'Académie Goncourt ha scelto *Belle Greene* come libro dell'estate 2021. Sempre con *Belle Greene*, pubblicato dalle nostre edizioni nel 2021, Alexandra Lapierre ha vinto il premio Giovanni Comisso 2022 per la sezione biografia.
Tra le sue opere pubblicate in Italia ricordiamo *La donna dalle cinque vite* (Edizioni E/O, 2023), *Artemisia*, *Le Angeliche*, *La Regina dei mari*, *La dissoluta* e *Tutto per l'onore*, premiati e tradotti in una ventina di paesi. Figlia dello scrittore Dominique Lapierre, nel 2001 ha vinto il Premio Fiore di Roccia e nel 2005 è stata nominata Cavaliere dell'Ordine delle arti e delle lettere dal ministero della Cultura francese. Nota per il suo impegno nel valorizzare l'immagine della donna nella società attraverso i suoi indimenticabili ritratti, Alexandra Lapierre vive oggi tra l'Italia e la Francia.

INDICE

Finito di stampare il 5 marzo 2024
presso Arti Grafiche La Moderna di Roma